J.B. Asendorpf

Psychologie der Persönlichkeit

Grundlagen

Mit 106 Abbildungen und 83 Tabellen

Springer

Professor Dr. Jens B. Asendorpf
Humboldt-Universität zu Berlin
Institut für Psychologie
Oranienburger Straße 18
D-10178 Berlin

ISBN 3-540-61217-3 Springer-Verlag Berlin Heidelberg New York

Die Deutsche Bibliothek-CIP-Einheitsaufnahme
Asendorpf, Jens B.:
Psychologie der Persönlichkeit: Grundlagen/J.B. Asendorpf
- Berlin, Heidelberg; New York; Barcelona; Budapest;
Hong Kong; London; Mailand; Paris; Santa Clara; Singapur;
Tokio; Springer, 1996
ISBN 3-540-61217-3

Einbandgestaltung: MetaDesign, Berlin

Satz: Scientific Publishing Services (P) Ltd, Madras

Druck und Weiterverarbeitung: Stürtz, Würzburg

SPIN: 106878/2 26/3111 - 5 4 3 2 1 - Gedruckt auf säurefreiem Papier

Vorwort

Dieses Lehrbuch gibt eine Einführung und Übersicht über die Grundlagen des Faches Persönlichkeitspsychologie und differentielle Psychologie für Studierende der Psychologie im Haupt- oder Nebenfach. Das Buch baut auf der These auf, daß Persönlichkeitspsychologie die empirische Wissenschaft von der *individuellen Besonderheit* des Erlebens und Verhaltens von Menschen ist. Diese individuelle Besonderheit macht die Persönlichkeit eines Menschen aus. Im Mittelpunkt steht also die Frage, wie stark und warum sich Menschen in ihrem typischen Erleben und Verhalten *unterscheiden*. Mit dieser differentiellen Fragestellung ist die Persönlichkeitspsychologie komplementär zur allgemeinen Psychologie, die zu beschreiben und erklären sucht, was Menschen gemeinsam ist. Im Gegensatz zur klinischen Psychologie, die sich mit pathologischen Besonderheiten beschäftigt, interessieren in der Persönlichkeitspsychologie vor allem die *Normalvarianten* des Erlebens und Verhaltens.

Individuelle Besonderheiten in der sozialen Kognition und der Gestaltung der sozialen Beziehungen sind ebenso Gegenstand der Persönlichkeitspsychologie wie individuelle Besonderheiten im Kindes- und Jugendalter und die Entwicklung von Persönlichkeitsunterschieden. Insofern gibt es Überlappungen der Persönlichkeitspsychologie mit der Sozialpsychologie und der Entwicklungspsychologie. Ich habe nicht gezögert, diese überlappenden Bereiche einzubeziehen, um einen Blick auf die volle Breite persönlichkeitspsychologischer Fragestellungen zu ermöglichen. Die Frage nach der Persönlichkeitserklärung erzwingt ohnehin eine entwicklungspsychologische Perspektive.

Auf diese Weise wird eine vergleichsweise große Breite in der Darstellung der Persönlichkeitspsychologie erreicht. Gleichzeitig ist diese Darstellung voraussetzungslos. Das sollte aber nicht mit Plausibilität oder Einfachheit verwechselt werden; dieses Buch durchzulesen erfordert *Arbeit*. Ich habe mich bemüht, diese Arbeit durch viele konkrete Beispiele, Abbildungen und Tabellen zu erleichtern. Kernaussagen und zentrale Inhalte sind besonders hervorgehoben. Strukturiert wird der Stoff noch einmal am Ende jedes Kapitels durch Verständnisfragen, deren Beantwortung wiederum durch Stichworte angedeutet wird (s. Hinweise zur Beantwortung am Ende des Buches). Ein englisch-deutsches Glossar für nicht selbstverständliche Übersetzungen von Fachbegriffen soll die Lektüre englischsprachiger Originalarbeiten erleichtern.

Trotz Voraussetzungslosigkeit und Breite habe ich versucht, eine gewisse analytische Tiefe in der Darstellung zu erreichen (z. B. Trennung von Alltagspsychologie und Psychologie, Bewertung alltagspsychologischer und psychologischer Ansätze nach wissenschaftstheoretischen Kriterien, ein eigenes Kapitel nicht nur über Methodik, sondern auch über Methodologie). Zusätzlich die historische Entwicklung und Verflechtung der einzelnen persönlichkeitspsychologischen Ansätze und Gebiete nachzuzeichnen, war mir im Rahmen dieses Buches nicht möglich. Angesichts der derzeitigen Zersplitterung der Persönlichkeitspsychologie in einzelne Teilgebiete erschien es mir wichtiger, inhaltliche Querverbindungen zwischen traditionell getrennten Gebieten herzustellen (z. B. zwischen Motiven, Handlungsüberzeugungen und Werthaltungen) und zu versuchen, einzelne in sich heterogene Gebiete zu integrieren (z. B. selbstbezogene Eigenschaften und Geschlechtsunterschiede). Nicht gelingen konnte es, den gesamten Stoff in einem übergreifenden systematischen Modell zu vereinen.

Um den Umfang des Textes trotz Voraussetzungslosigkeit, Breite und Tiefe in Grenzen zu halten, mußte jeder Anspruch auf Vollständigkeit aufgegeben werden (für eine umfassendere Darstellung sei auf drei jüngst erschienene Bände der Enzyklopädie der Psychologie verwiesen, die in diesem Buch nicht mehr berücksichtigt werden konnten: Amelang, 1995, 1996; Pawlik, 1996). Die Darstellung der Literatur kann im vorliegenden Lehrbuch daher immer nur *exemplarisch* erfolgen: Zentrale Methoden und Ergebnisse werden an wenigen, dafür aber möglichst konkret und detailliert geschilderten Beispielen illustriert.

Diese Art der Darstellung ist für jeden Lehrbuchautor riskant, weil sie viel über seine persönlichen Vorlieben und Schwächen offenbart. Ich bin dieses Risiko bewußt eingegangen und habe es durch persönliche Wertungen von Konzepten und Methoden sogar noch erhöht, weil ich denke, daß ein Text mit persönlicher Note, in dem ein eigener Standpunkt des Autors klar erkennbar ist, dem Anfänger den Einstieg in ein Gebiet erleichtert. An einem solchen Standpunkt kann man sich reiben; es handelt sich um einen möglichen, aber nicht um den einzig möglichen Standpunkt. Eine ausgewogene Darstellung mit allem wenn und aber wirkt dagegen oft nicht nur ermüdend, sondern auch desorientierend.

Immerhin haben zahlreiche Kolleginnen und Kollegen mir geholfen, allzu grobe Schnitzer und Einseitigkeiten zu vermeiden und Unverständliches verständlicher zu machen. Mein Dank gilt ganz besonders Peter Borkenau, Rainer Banse und Almut Köppe, die aus Sicht des Fachkollegen, des Assistenten und der Studentin Vorformen des Textes gelesen und kommentiert haben. Einzelne Abschnitte und Kapitel haben Experten auf den jeweiligen Gebieten begutachtet: Wolfgang Bilsky, Norbert und Doris Bischof, Hildegard Felder, Sigrun-Heide Filipp, Günter Krampen, Wolfgang Schneider, Gerhard Stemmler, Hanns-Martin Trautner, Michael Waldmann und Hans Westmeyer.

Mein Dank gilt ebenso Harald Schneider, der die meisten Abbildungen in Form brachte, und Irene Rakow für das Literaturverzeichnis. Heike Berger und dem Springer-Verlag danke ich für die kompetente und schnelle Produktion. Nicht zuletzt danke ich Elfriede und Jonas für ihr Verständnis für meine Abwesenheit, wenn ich anwesend war.

Berlin-Heiligensee, Januar 1996 Jens B. Asendorpf

Inhaltsverzeichnis

1 Von der Alltagspsychologie zur Persönlichkeitspsychologie

Wer sich mit der Psychologie als Wissenschaft beschäftigt, tut dies immer vor dem Hintergrund der Alltagspsychologie – der von den meisten Mitgliedern einer Kultur geteilten Annahmen über das Erleben und Verhalten von Menschen. Wir alle nehmen das Verhalten anderer Menschen und unser eigenes Erleben und Verhalten durch die Brille der Alltagspsychologie wahr. Suchen wir nach Erklärungen für auffälliges Verhalten oder möchten wir das Verhalten anderer vorhersagen, weil es wichtig für uns ist, so tun wir das zunächst immer mit Hilfe unseres alltagspsychologischen Wissens. Dazu gehören auch Vorstellungen darüber, was die Persönlichkeit eines Menschen ausmacht und wie sie zu erklären ist. Wissenschaftliche Theorien der Persönlichkeit gehen über diese naiven Vorstellungen hinaus und können zu Ergebnissen führen, die dem alltagspsychologischen Vorverständnis widersprechen. Deshalb ist es wichtig, Alltagspsychologie und Psychologie klar auseinander zu halten. Diese Einführung in die Persönlichkeitspsychologie beginnt deshalb mit einer Analyse des alltagspsychologischen Persönlichkeitskonzepts.

1.1 Alltagspsychologie und Psychologie

Die einzelnen Wissenschaften emanzipieren sich im Verlauf ihrer Entwicklung nach und nach von naiven Vorstellungen, die über ihren Gegenstand herrschen. Die Vorstellung zum Beispiel, daß Blitze von einem Gott namens Zeus geschleudert würden, ist naiv, weil sie aus Sicht der heutigen Physik nicht zutrifft. Sie hatte aber in der Alltagsphysik – der in einer Kultur jeweils dominierenden Meinung über physikalische Phänomene – einen festen Platz im klassischen Griechenland. Die Alltagsphysik im heutigen Griechenland kommt ohne Zeus aus; Blitze werden durch elektrische Entladungen erklärt (wobei das alltagsphysikalische Verständnis von elektrischer Entladung aus Sicht der heutigen Physik wiederum naiv ist). Die Alltagsphysik wird also durch wissenschaftliche Erkenntnisse beeinflußt, bleibt aber immer ein Stück hinter dem aktuellen Stand der Wissenschaft zurück. Das liegt daran, daß die weite Verbreitung solcher Erkenntnisse Zeit braucht – Zeit, die nicht in Jahren, sondern in Generationen zu messen ist – und viele Ergebnisse der heutigen Physik so schwer zu verstehen sind, daß sie den Normalbürger kaum noch erreichen.

Das gilt genauso für die Psychologie. Wir alle – Nichtpsychologen und Psychologen – haben eine Alltagspsychologie im Kopf, die auf kulturell tradierten Überzeugungen beruht und die wir tagtäglich zur Beschreibung, Erklärung und Vorhersage des Erlebens und Verhaltens von Mitmenschen und von uns selbst anwenden.

! Die Alltagspsychologie ist ein System kulturell tradierter Überzeugungen über menschliches Erleben und Verhalten und dessen Ursachen.

Im Vergleich zur Alltagsphysik erscheint die Alltagspsychologie sowohl besonders differenziert als auch emotional besetzt; sie enthält nicht nur Meinungen, die wir schnell ändern könnten, sondern viele tiefsitzende Überzeugungen, die aufzugeben uns äußerst schwerfällt. Das liegt wohl vor allem daran, daß wir uns selbst kompetenter für psychologische Fragen fühlen als für physikalische Probleme. Wir sind gewohnt, die Lösung alltagsrelevanter physikalischer Probleme an Experten – Physiker und Ingenieure – zu delegieren, denen wir aufgrund der unbestreitbaren praktischen Erfolge

der Physik nahezu unbegrenztes Vertrauen schenken. Von der Psychologie, die bisher keine so durchschlagenden praktischen Erfolge wie die Physik aufweisen kann, erwarten wir vergleichsweise weniger. Entsprechend skeptisch stehen wir psychologischen Erkenntnissen und psychologischen Experten gegenüber.

Diese Skepsis dürfte ein Grund dafür sein, daß es den meisten Menschen schwerfällt, Alltagspsychologie und Psychologie auseinander zu halten. Ein weiterer Grund ist sicherlich, daß psychologische Begriffe oft denselben Namen tragen wie alltagspsychologische Konzepte, obwohl sie als wissenschaftliche Begriffe eine präzisere und teilweise auch eine vom alltagspsychologischen Konzept abweichende Bedeutung haben. Bei vielen physikalischen Begriffen kommt eine solche Verwechselung schon deshalb nicht vor, weil sie keine Entsprechung in der Alltagsphysik haben; was ein Elektron oder ein Quark ist, überlassen wir ganz den Physikern. Ängstlichkeit, Aggressivität, Geselligkeit oder die Persönlichkeit eines Menschen sind dagegen alltagspsychologische Konzepte, die gleichnamigen psychologischen Begriffen entsprechen. Deshalb ist es ein Ziel dieser Einführung in die Persönlichkeitspsychologie, den Unterschied zwischen alltagspsychologischen und psychologischen Persönlichkeitskonzepten von Anfang an möglichst klar herauszuarbeiten. Dieses Kapitel beschäftigt sich deshalb noch gar nicht mit Persönlichkeitspsychologie, sondern mit dem alltagspsychologischen Persönlichkeitskonzept.

1.2 Die naive Dispositionstheorie

Laucken (1974) unternahm einen umfassenden Versuch, die deutsche Alltagspsychologie zu analysieren. Dazu notierte und katalogisierte er eineinhalb Jahre lang alle alltagspsychologischen Erklärungen, die ihm in Gesprächen, Büchern und Filmen begegneten. Gestützt auf dieses Datenmaterial – aber sicherlich auch auf sein psychologisches Wissen – rekonstruierte Laucken die Struktur der deutschen Alltagspsychologie. Danach besteht sie aus einer naiven Prozeßtheorie und einer naiven Dispositionstheorie (Abb. 1.1).

Alltagspsychologisch beobachtbar, vorhersage- und erklärungsbedürftig ist das Erleben und Verhalten einer Person in einer bestimmten Situation. Laucken unterschied dabei zwei Komponenten alltagspsychologischer Erklärungen:

- die naive Prozeßtheorie, die aus Vorstellungen über aktuell ablaufende Prozesse der Informationsverarbeitung besteht (Wahrnehmungsprozesse, kognitive, motivationale und emotionale Prozesse bis hin zu Prozessen der Verhaltensaktivierung);
- die naive Dispositionstheorie, die aus Vorstellungen über Dispositionen besteht, d. h. überdauernden Merkmalen der Person, die für ihr Verhalten verantwortlich gemacht werden (z. B. Wissensbestände, Fähigkeiten, Temperamentsmerkmale, Interessen).

Diese beiden naiven Theorien sind Rekonstruktionen der Alltagspsychologie, d. h. alltagspsychologische Argumentationen laufen so ab, als ob sie auf diesen beiden Theorien beruhen würden. Explizit repräsentiert sind diese Theorien alltagspsychologisch nicht. Sie haben also denselben Status wie eine grammatikalische Regel der Muttersprache: Wir benutzen solche Regeln beim Sprechen intuitiv, also ohne uns dessen bewußt zu sein. Fragt uns ein Ausländer, der etwas Deutsch beherrscht, nach einer solchen Regel, geraten wir meist in Verlegenheit, weil wir sie nie explizit erlernt haben wie beim Erwerb einer Fremdsprache; wir müssen sie erst mühsam aus unserem Wissen über Einzelfälle rekonstruieren.

Zentral für das alltagspsychologische Persönlichkeitskonzept ist die Dispositionstheorie und ihr Dispositionsbegriff (Tafel 1.1).

Tafel 1.1. Der Dispositionsbegriff

Eine Disposition ist ein Merkmal einer Person, das eine mittelfristige zeitliche Stabilität aufweist, d. h. zumindest Wochen oder Monate überdauert. Eine Disposition disponiert die Person dazu, in bestimmten Situationen ein bestimmtes Verhalten zu zeigen. Die Dispositionen einer Person müssen streng von ihrem Verhalten unterschieden werden. Verhalten fluktuiert von Sekunde zu Sekunde und ist direkt beobachtbar. Dispositionen sind zeitlich stabiler und nicht direkt beobachtbar, sondern nur aus den beobachtbaren Verhaltensregelmäßigkeiten einer Person erschließbar. In der Alltagspsychologie werden Dispositionsbegriffe intuitiv zur Beschreibung von Verhaltensregelmäßigkeiten und zur Erklärung und Vorhersage von Verhalten verwendet.

Beispiele für naiv-prozeßtheoretische Erklärungen sind: „Warum verläßt X sein Bürozimmer? –

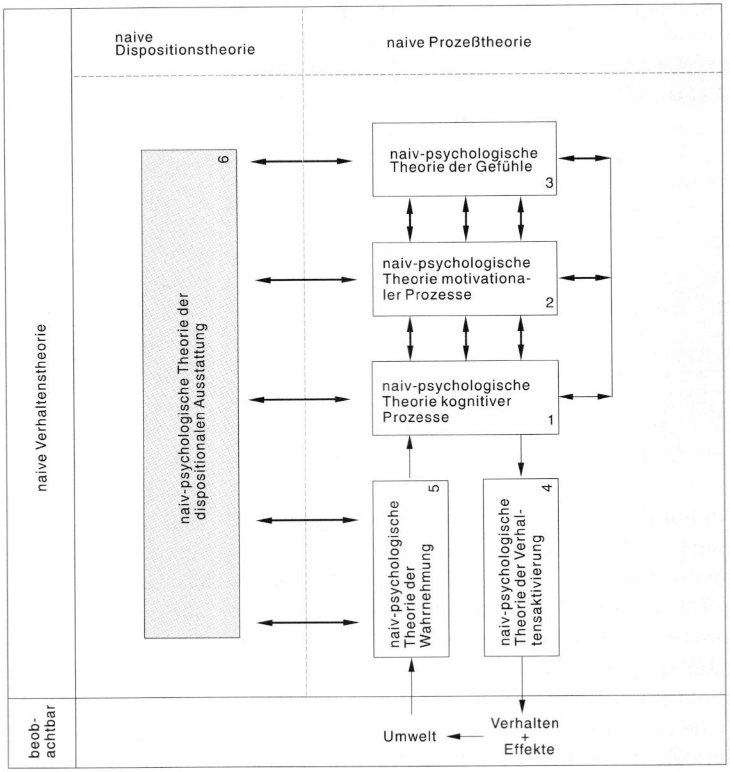

Abb. 1.1. Die Struktur der Alltagspsychologie. (Nach Laucken, 1974, Diagramm I)

Um Zigaretten zu holen", „Warum fiel X durch die Prüfung? – Sie hatte einen emotionalen Block". Beispiele für naiv-dispositionstheoretische Erklärungen desselben Verhaltens von X in denselben Situationen sind: „Warum verläßt X gerade sein Bürozimmer? – Weil er immer um diese Zeit geht", „Warum fiel X durch die Prüfung? – Weil sie prüfungsängstlich ist". Diese Beispiele zeigen, daß dasselbe Verhalten alltagspsychologisch sowohl auf Prozesse als auch auf Dispositionen zurückgeführt werden kann. Diese beiden Erklärungsmuster schließen sich nicht wechselseitig aus, sondern sind zwei mögliche, durchaus auch kombinierbare Erklärungsansätze, z. B. in: „Warum fiel X durch die Prüfung? – Weil sie prüfungsängstlich ist und deshalb einen emotionalen Block hatte." In der Alltagspsychologie wird ohnehin angenommen, daß Dispositionen immer über eine Einwirkung auf das Prozeßgeschehen das Verhalten beeinflussen (vgl. Abb. 1.1); oft wird dies nur nicht ausdrücklich gesagt. So ist mit „prüfungsängstlich" die Vorstellung verbunden, daß jemand in Prüfungen besonders aufgeregt sei, was die Konzentration auf die Aufgaben behindere und dadurch zu einer Leistungsbeeinträchtigung führe.

In der naiven Prozeßtheorie finden sich auf der einen Seite Akte (z. B. Wahrnehmen, Fühlen, Planen, Entscheiden) und auf der anderen Seite Inhalte, an denen sich die Akte vollziehen (z. B. Wahrnehmungsinhalte, Gefühle, Denkinhalte). Dispositionen werden in der Alltagspsychologie eingesetzt, um zu erklären, warum jemand bestimmte Akte vollzieht oder woher bestimmte aktuelle Inhalte stammen. Laucken (1974) unterschied dementsprechend aktbestimmende und inhaltsliefernde Dispositionen (Tabelle 1.1).

Zu den aktbefähigenden Dispositionen gehören intellektuelle, soziale und körperliche Fähigkeiten, während die aktgestaltenden Dispositionen beschreiben, wie jemand Akte vollzieht. Von diesen beiden aktbestimmenden Dispositionsarten grenzte Laucken (1974) inhaltsliefernde Dispositionen ab. Hierzu gehören der Wissensvorrat (alles erfahrene und erlernte Wissen über die Umwelt und sich

Tabelle 1.1. Beispiele für sechs Dispositionsarten in der Alltagspsychologie. (Nach Laucken, 1974)

Dispositionsart	Beispiele
Aktbefähigend	Intelligenz, Geschick, Einfühlungsvermögen, Kraft
Aktgestaltend	Umsicht, Vorsicht, Trägheit, Wankelmut, Humor
Wissensvorrat	Alltagsphysik, Selbstbild, Sprachkenntnisse
Neigungsdispositionen	Aggressivität, Reiselust, Geiz, Fremdenfeindlichkeit
Normdispositionen	Hilfsbereitschaft, Ehrlichkeit, Tischmanieren
Gefühlsdispositionen	Ängstlichkeit, Lustigkeit, Erregbarkeit, Schamhaftigkeit

selbst), Gefühlsdispositionen (die überdauernde Bereitschaft, auf bestimmte Situationen mit bestimmten Gefühlen zu reagieren), Neigungsdispositionen (individuelle Neigungen, Interessen und Einstellungen) sowie Normdispositionen. Während in der Alltagspsychologie Neigungsdispositionen spontanen individuellen Präferenzen entspringen, haben Normdispositionen einen gesellschaftlichen Charakter: Es handelt sich um die Tendenz, bestimmte kulturelle Normen zu akzeptieren und das eigene Verhalten danach auszurichten. Verbietet z. B. eine Kultur das Essen von Schweinefleisch, so ist die Disposition, Schweinefleisch zu vermeiden, eine Normdisposition. Gibt es kein solches Verbot, handelt es sich um eine Neigungsdisposition.

Wie die aktbestimmenden Dispositionen in aktuelle Prozesse der Situationsverarbeitung eingreifen, wird nach Laucken (1974) alltagspsychologisch wenig thematisiert. Im wesentlichen wird aus beobachteten Verhaltensregelmäßigkeiten direkt auf eine zugrundeliegende aktbefähigende oder aktgestaltende Disposition geschlossen. Wer z. B. ohne viel zu pauken gute Noten erzielt, gilt als intelligent; wer unter Einbeziehung vieler Kriterien ruhig und planvoll komplexe Probleme angeht, gilt als umsichtig. Die inhaltsliefernden Dispositionen lassen sich jeweils primär einem Prozeßtyp der naiven Prozeßtheorie in Abb. 1.1 zuordnen: Wissen den kognitiven Prozessen, Neigungs- und Normdispositionen den motivationalen Prozessen und Gefühlsdispositionen der Gefühlstheorie. Die Aktualisierung der inhaltsliefernden Dispositionen wird nach alltagspsychologischer Auffassung durch den jeweiligen Prozeß gesteuert. Zum Beispiel wird beim zielgerichteten Handeln, bei der Bestimmung der aktuellen Situation und bei der Bestimmung vermuteter Effekte von Handlungsalternativen auf Wissen zurückgegriffen.

Die einzelnen Dispositionen eines Menschen (vgl. Tabelle 1.1) stehen nach alltagspsychologischer Auffassung nicht zusammenhangslos nebeneinander, sondern sind horizontal und vertikal verknüpft. Ihre horizontale Verknüpfung kommt durch die Annahme zustande, daß bestimmte Dispositionen gekoppelt auftreten: z. B. die Tendenz, den eigenen Besitzstand um jeden Preis zu wahren (eine Neigungsdisposition) verbunden mit der Annahme, daß Menschen nur unter äußerem Druck arbeiten (einem Wissensbestand) und mit Rigidität (einer aktbestimmenden Disposition). Gekoppelte Dispositionen bilden eine Äquivalenzklasse, die wiederum als Disposition höherer Ordnung aufgefaßt wird. Zum Beispiel sind die drei gerade genannten Dispositionen vertikal mit der übergeordneten Disposition „erzkonservativ" verknüpft. Die Dispositionen eines Menschen bilden also nach alltagspsychologischer Auffassung eine Dispositionshierarchie. Abbildung 1.2 illustriert dieses Konzept an einem weiteren Beispiel: der Angsthierarchie einer Person.

Nach alltagspsychologischer Meinung kommt die Dispositionshierarchie eines Menschen durch zwei Prozesse zustande: Vererbung und Lernen. Es wird angenommen, daß alle Dispositionen – außer denen im Wissensvorrat – vererbbar sind und daß vererbte Dispositionen besonders änderungsresistent sind ("dumm bleibt dumm, da helfen keine Pillen"). Ansonsten werden Dispositionen nach alltagspsychologischer Auffassung durch direkte Auseinandersetzung mit der Umwelt oder durch Instruktion erlernt.

1.3 Die naive Persönlichkeitstheorie

Nach Kluckhohn et al. (1953) gleicht das Verhalten eines Menschen

- in vielerlei Hinsicht allen Menschen;
- in mancherlei Hinsicht einigen, nicht aber allen Menschen;

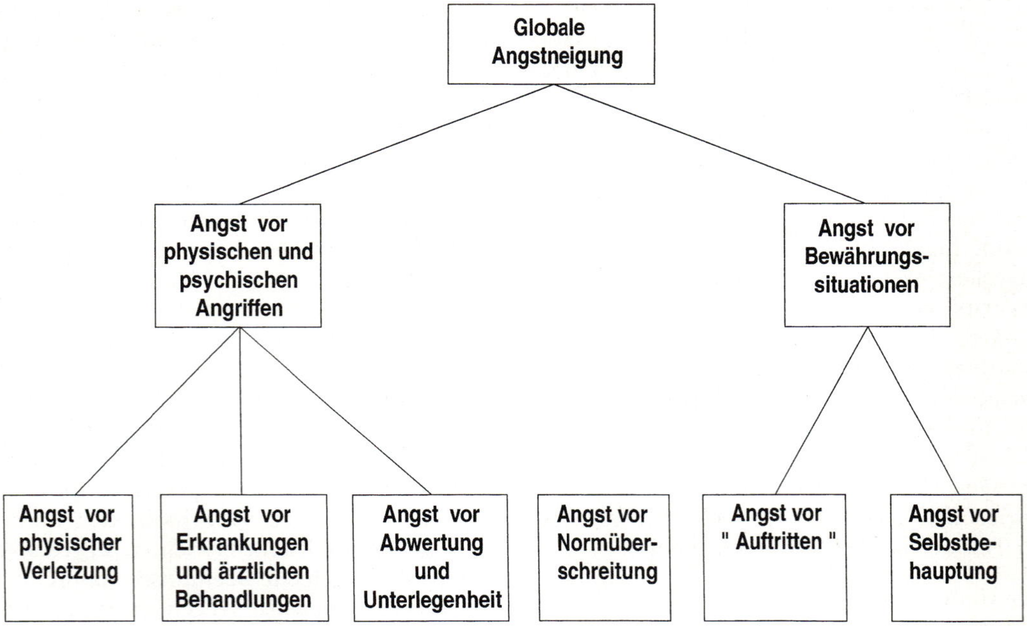

Abb. 1.2. Beispiel einer Dispositionshierarchie einer Person

- in bestimmter Hinsicht keinem anderen Menschen, ist also einzigartig.

Beziehen wir diesen klassischen Ausspruch auf Dispositionen, so heißt das, daß ein Mensch über viele Dispositionen verfügt, über die fast alle Menschen verfügen, zudem über manche Dispositionen verfügt, die er mit einigen, nicht aber allen Menschen teilt, in seiner gesamten Dispositionshierarchie aber einzigartig ist.

Dies entspricht auch der alltagspsychologischen Sichtweise, wonach es zwei Arten von Dispositionen gibt:

- universelle Dispositionen, über die fast alle Menschen verfügen, z. B. die Fähigkeit zu laufen, zu sprechen, zu denken. Universelle Dispositionen kennzeichnen die allgemeine Natur des Menschen.
- Persönlichkeitsdispositionen, über die einige Menschen verfügen oder die nur einen einzigen Menschen charakterisieren, z. B. hohe, durchschnittliche oder niedrige Intelligenz; hohe, durchschnittliche oder niedrige Ängstlichkeit; die ganz bestimmte, einzigartige Form des Sadismus, die der Marquis de Sade aufwies.

In der Alltagspsychologie werden universelle Dispositionen meist nicht zur Charakterisierung der Persönlichkeit eines Menschen herangezogen, denn der alltagspsychologische Persönlichkeitsbegriff zielt auf individuelle Besonderheiten: auf Merkmale, in denen Menschen nur einigen oder gar keinen anderen Menschen ähnlich sind. Dazu zählen auch körperliche Merkmale eines Menschen, die von anderen Menschen unmittelbar wahrnehmbar sind und dadurch deren Verhalten diesem Menschen gegenüber beeinflussen, z. B. Gesichtsform, Größe, Schlankheit. Die Gesamtheit dieser Gestalteigenschaften bildet die Gestalt eines Menschen.

> ! **Unter der Persönlichkeit eines Menschen wird in der Alltagspsychologie die Gesamtheit aller seiner Eigenschaften (Dispositionen und Gestalteigenschaften) verstanden, in denen er sich von anderen Menschen unterscheidet.**

Bisweilen bezieht sich das alltagspsychologische Persönlichkeitsverständnis nur auf positiv gewertete Eigenschaften, z. B. in der Aussage „Sie ist wirklich eine Persönlichkeit“. Diese eingeschränkte Bedeutung von Persönlichkeit macht systematisch wenig Sinn und wird im folgenden ignoriert.

Nach alltagspsychologischer Auffassung handelt es sich bei der Persönlichkeit nicht um ein zusammenhangsloses Nebeneinander von Eigenschaften, sondern um eine Eigenschaftshierarchie: um denjenigen Teil der Dispositionshierarchie, der aus Persönlichkeitsdispositionen besteht, ergänzt um Gestalteigenschaften. Die Eigenschaftshierarchie, bestehend aus horizontalen und vertikalen Koppelungen von Eigenschaften (vgl. Abb. 1.2), ist die alltagspsychologische Beschreibung der Persönlichkeitsstruktur.

Die naive Persönlichkeitstheorie ist derjenige Teil der Alltagspsychologie, der zur Beschreibung, Vorhersage und Erklärung individueller Besonderheiten dient. Sie enthält damit denjenigen Teil der naiven Dispositionstheorie, der sich auf Persönlichkeitseigenschaften bezieht, und die naive Prozeßtheorie. Die naive Persönlichkeitstheorie ist also ein Teil der naiven Verhaltenstheorie.

> **!** **Die naive Persönlichkeitstheorie ist derjenige Teil der naiven Verhaltenstheorie, der sich auf individuelle Besonderheiten bezieht.**

In der naiven Persönlichkeitstheorie werden individuelle Besonderheiten im Erleben und Verhalten erklärt durch das Zusammenwirken von Persönlichkeitseigenschaften mit Prozessen der Wahrnehmung, der kognitiven, motivationalen und emotionalen Weiterverarbeitung bis hin zu Prozessen der Verhaltensaktivierung. Hinzu kommen Annahmen über die Koppelung von Gestalteigenschaften mit anderen Persönlichkeitseigenschaften (z. B. „Dicke sind gemütlich"), die Wirkung der Gestalt auf die soziale Umwelt (z. B. „Große können sich leichter durchsetzen als kleine") und die Rückwirkung von Verhalten auf die Gestalt (z. B. „Lachfältchen sind ein Zeichen von Lebensfreude").

Die naive Persönlichkeitstheorie kann deshalb als funktionalistische Eigenschaftstheorie charakterisiert werden: Einheiten der Persönlichkeit sind überdauernde Merkmale, die Funktionen in verhaltenssteuernden Prozessen, der sozialen Interaktion oder der Gestaltbildung ausüben. Tabelle 1.2 gibt eine Übersicht über die wichtigsten Grundbegriffe der so rekonstruierten naiven Persönlichkeitstheorie.

Nach alltagspsychologischem Verständnis üben Persönlichkeitsdispositionen direkten Einfluß auf Verhalten aus, indem sie in bestimmten Situationen aktualisiert werden und auf Prozesse der aktuellen Situationsverarbeitung wirken. Individuelle Besonderheiten im Verhalten sind deshalb immer eine Funktion der Persönlichkeit und der Situation. Ängstlichkeit z. B. wird nach alltagspsychologischer Meinung nur in angsterregenden Situationen aktualisiert.

Ansonsten kann Ängstlichkeit nur indirekt durch Koppelung mit anderen Persönlichkeitsdispositionen Verhalten beeinflussen. Zum Beispiel wird in der Alltagspsychologie angenommen, daß Ängstlichkeit und offene Aggressivität weitgehend inkompatibel seien: Wer hochängstlich ist, werde kaum einmal sichtbar aggressiv reagieren (höchstens in versteckter oder indirekter Form); eine niedrige Angstschwelle erleichtere aggressives Verhalten. Ängstlichkeit beeinflusse damit nicht nur das Verhalten in angsterregenden Situationen, sondern auch das Verhalten in Situationen, die Aggression provozieren.

Zusätzlich zu diesen Annahmen über die Wirkung individueller Besonderheiten auf die Umwelt durch Verhalten und Gestalt enthält die naive Persönlichkeitstheorie Vorstellungen über die Entwicklung von Persönlichkeitseigenschaften. Gestalt-

Tabelle 1.2. Konzepte der naiven Persönlichkeitstheorie

Konzept	Erläuterung
Persönlichkeitsdisposition	Disposition zu einem bestimmten Verhalten, in der sich Menschen unterscheiden
Gestalteigenschaft	Körperliches Merkmal, das von anderen unmittelbar wahrgenommen werden kann und in dem sich Menschen unterscheiden
Persönlichkeitseigenschaft	Überdauerndes Merkmal eines Menschen, in dem er sich von vielen anderen Menschen unterscheidet (Persönlichkeitsdisposition oder Gestalteigenschaft)
Gestalt	Gesamtheit aller Gestalteigenschaften eines Menschen
Persönlichkeit	Gesamtheit aller Persönlichkeitseigenschaften eines Menschen (Persönlichkeitsdispositionen und Gestalteigenschaften)

eigenschaften beruhen nach alltagspsychologischer Auffassung vor allem, aber nicht nur auf Vererbung (z. B. wird angenommen, daß Übergewicht auch auf erlernten Eßgewohnheiten beruht). Persönlichkeitsdispositionen werden nach alltagspsychologischer Auffassung durch Vererbung und Lernen erworben.

Insgesamt ist die naive Persönlichkeitstheorie also ein komplexes System von Aussagen über individuelle Besonderheiten in Verhalten und Gestalt, über ihre Funktionen in aktuellen Situationen und über ihre Entwicklung. Ist die naive Persönlichkeitstheorie auch eine Theorie im Sinne der Wissenschaften? Wenn ja, könnte sie als Ausgangspunkt einer psychologischen Persönlichkeitstheorie dienen, die sich dann durch ein Wechselspiel von Beobachtung und hierdurch bedingter Theorieverbesserung weiterentwickeln ließe. Um diese Frage zu beantworten, muß geprüft werden, ob die naive Persönlichkeitstheorie die wesentlichen Kriterien für wissenschaftliche Theorien erfüllt.

1.4 Bewertung der naiven Persönlichkeitstheorie

Die heutige Psychologie ist eine empirische Wissenschaft (Erfahrungswissenschaft), d. h. ihre Aussagen beziehen sich auf Beobachtungsdaten und lassen sich deshalb durch Beobachtung bestätigen oder widerlegen. Theorien in den empirischen Wissenschaften sind Systeme von Aussagen über einen bestimmten Gegenstandsbereich, die es erlauben, möglichst viele Beobachtungen zu beschreiben, vorherzusagen und zu erklären. Psychologische Theorien sind Systeme von Aussagen über menschliches Erleben und Verhalten; eine Persönlichkeitstheorie ist ein System von Aussagen über die individuelle Besonderheit von Menschen.

Nicht jedes System von Aussagen ist eine Theorie. Eine Theorie im Sinne der empirischen Wissenschaften muß verschiedene Qualitätskriterien erfüllen (vgl. z. B. Groeben & Westmeyer, 1975; Breuer, 1991). Tabelle 1.3 führt die wichtigsten Kriterien auf. Erfüllt die naive Persönlichkeitstheorie diese Kriterien?

Tabelle 1.3. Kriterien für Theorien in empirischen Wissenschaften

Kriterium	Erläuterung
Explizitheit	Die Begriffe und Aussagen der Theorie sollen explizit dargelegt sein
Empirische Verankerung	Die Begriffe der Theorie sollen sich direkt oder indirekt auf Beobachtungsdaten beziehen
Widerspruchsfreiheit	Die aus der Theorie ableitbaren Aussagen sollen sich nicht widersprechen
Prüfbarkeit	Die Aussagen der Theorie sollen sich empirisch überprüfen lassen
Vollständigkeit	Die Aussagen der Theorie sollen alle bekannten Phänomene des Gegenstandsbereichs der Theorie erklären
Sparsamkeit	Die Theorie soll mit möglichst wenigen Grundbegriffen auskommen
Produktivität	Die Theorie soll neue Fragestellungen erzeugen und dadurch die Forschung voranbringen
Anwendbarkeit	Die Theorie soll sich praktisch anwenden lassen

Explizitheit Die Begriffe von Erfahrungswissenschaften sollen explizit definiert sein, damit sie von unterschiedlichen Wissenschaftlern in gleicher Weise verstanden werden können. Explizitheit ist also eine zentrale Voraussetzung für eine einheitliche Benutzung desselben Begriffs („intersubjektive Übereinstimmung“). Die Grundbegriffe der naiven Persönlichkeitstheorie sind eher schwammig und nur implizit repräsentiert, d. h. sie werden von unterschiedlichen Menschen in ähnlicher, aber nicht identischer Weise verwendet, und wenn Nichtpsychologen um eine Definition eines solchen Begriffs gebeten werden, müssen sie scharf nachdenken, um die Bedeutung einigermaßen zutreffend zu rekonstruieren. Was bedeutet „schüchtern“ genau? Wo ist die Grenze zwischen „stark schüchtern“ und „etwas schüchtern“? Was ist eine Persönlichkeitseigenschaft, was ist die Persönlichkeit eines Menschen? Die Erläuterungen der Grundbegriffe der naiven Persönlichkeitstheorie in Tabelle 1.2 beruhen auf mühsamen Rekonstruktionen der Alltagspsychologie durch Psychologen; Laien können hierzu nur bruchstückhafte Auskunft

geben. Entsprechendes gilt für die Aussagen der Theorie, z. B. die Koppelungen zwischen Persönlichkeitseigenschaften.

Empirische Verankerung Von den Grundbegriffen in den empirischen Wissenschaften wird erwartet, daß sie sich direkt oder indirekt auf Beobachtungsdaten beziehen. Die Körpergröße ist z. B. eine Eigenschaft, die sich direkt beobachten läßt. Verhaltensdispositionen dagegen sind nicht direkt beobachtbar: Es sind theoretische Konstruktionen, Konstrukte, die „hinter" dem beobachtbaren Verhalten liegen und es erklären sollen. An Konstrukte wird in den Erfahrungswissenschaften die Forderung gestellt, daß sie sich jedenfalls indirekt auf Beobachtungsdaten beziehen, indem sie durch Zuordnungsregeln mit Beobachtungsdaten verknüpft sind (den empirischen Indikatoren des Konstrukts). Diese Verknüpfung eines Konstrukts mit Beobachtungsdaten wird Operationalisierung des Konstrukts genannt.

Zum Beispiel ließe sich das Konstrukt der Prüfungsängstlichkeit dadurch definieren, daß fünf verschiedene Verhaltensweisen angegeben werden, die typisch für Prüfungsangst sind (die Indikatoren), für jede Verhaltensweise entschieden wird, ob sie während einer Prüfung auftrat oder nicht, und die Zahl aller aufgetretenen Verhaltensweisen als Operationalisierung von Prüfungsangst (nicht Prüfungsängstlichkeit!) betrachtet wird. Wenn Untersuchungen ergeben haben, daß diese Zahl zwar ziemlich stark zwischen verschiedenen Prüfungen schwankt, so daß man aus einer solchen Zahl alleine noch nicht auf Prüfungsängstlichkeit schließen kann, daß aber der Mittelwert von drei Prüfungen sehr gut den Mittelwert in den nächsten drei Prüfungen vorhersagt, könnte der Mittelwert der Prüfungsangst in drei Prüfungen als Operationalisierung von Prüfungsängstlichkeit betrachtet werden.

Diese Operationalisierung von Prüfungsängstlichkeit durch die mittlere Prüfungsangst in drei Prüfungen enthält einen „Bedeutungsüberschuß": das auf empirische Untersuchungen gegründete Wissen, daß dieser Mittelwert so stabil ist, daß daraus auf die Disposition der Prüfungsängstlichkeit geschlossen werden darf. Ein Bedeutungsüberschuß kann auch auf Verknüpfungen von Konstrukten mit anderen Konstrukten (und damit auch deren Operationalisierungen) oder Annahmen über Konstrukte zustandekommen, die von der Theorie postuliert werden. Zum Beispiel können Eigenschaftskonstrukte mit Annahmen verbunden sein, in welchen Situationen sie verhaltensrelevant sind.

> **!** **Empirische Verankerung bedeutet operationale Definition plus Bedeutungsüberschuß.**

Sind die Eigenschaften der naiven Persönlichkeitstheorie empirisch verankerte Konstrukte? Auf den ersten Blick scheint das der Fall zu sein, denn Eigenschaften werden ja aus beobachtbarem Verhalten im Kontext beobachtbarer situativer Bedingungen erschlossen. Ein Hauptproblem der naiven Persönlichkeitstheorie besteht allerdings darin, daß nur geringe Anforderungen an die Bedingungen gestellt werden, unter denen aus Beobachtungen auf Eigenschaften geschlossen werden darf.

- Erstens sind die Anforderungen an das zu beobachtende Verhalten und seinen situativen Kontext unpräzise: Reicht die Feststellung, daß ein Prüfling mit kalten Händen zur mündlichen Prüfung erschien, mit zittriger Stimme begann und nach einer bestimmten Frage überhaupt nichts mehr zum Thema sagte, um auf einen emotionalen Block und damit auf hohe Prüfungsangst zu schließen?
- Zweitens ist der Begriff des „überdauernden Merkmals" äußerst schwammig: Wieviele Beobachtungen innerhalb welchen Zeitraums reichen aus, um aus ihnen auf eine bestimmte Eigenschaft zu schließen? Wie oft muß jemand in Prüfungen Anzeichen eines emotionalen Blocks zeigen, um als stark prüfungsängstlich zu gelten? Einmal wohl kaum, aber reichen zwei Blocks in drei Vordiplomsprüfungen innerhalb von zwei Monaten aus?

Der Eigenschaftsbegriff ist also unzureichend empirisch verankert. Insbesondere legt die unpräzise Definition der „überdauernden Eigenschaft" einen Zirkelschluß in der Definition von Eigenschaften nahe: Aus einem einmaligen Verhalten wird direkt auf eine Eigenschaft geschlossen, die dann zur Begründung des Verhaltens herhalten muß. Beispiel: „Warum hat X den Y geschlagen? Weil X aggressiv ist. Warum ist X aggressiv? Weil X den Y geschlagen hat." Eine korrekte Begründung würde lauten „Weil X generell dazu neigt, andere

zu schlagen", und dies müßte durch Beobachtung an vielen Fällen belegbar sein.

Widerspruchsfreiheit Die große Zahl von Eigenschaften, die zur Erklärung individueller Besonderheiten zur Verfügung stehen, erlaubt es in Verbindung mit der mangelnden Explizitheit der Eigenschaftsbegriffe und ihrer unzureichenden empirischen Verankerung sehr oft, aus denselben Verhaltensbeobachtungen auf ganz unterschiedliche Eigenschaften zu schließen. Dies führt zu widersprüchlichen Verhaltensvorhersagen. Zum Beispiel kann unsicheres Verhalten in einer Prüfung alltagspsychologisch sowohl durch starke Prüfungsängstlichkeit oder durch mangelndes Wissen aufgrund von Faulheit erklärt werden. Da ein Bewerbungsgespräch eine Situation ist, auf die Faulheit kaum Einfluß hat, wohl aber Prüfungsängstlichkeit, weil sie die Sicherheit des Auftretens beeinträchtigt, fällt die alltagspsychologische Prognose für Bewerbungssituationen widersprüchlich aus: Nach der Ängstlichkeitsinterpretation wird ein schlechteres Abschneiden erwartet als nach der Faulheitsinterpretation.

Widerspruchsvolle Theorien sind dadurch gekennzeichnet, daß sich aus ihnen logisch widersprüchliche Aussagen ableiten lassen, z. B. „gleich und gleich gesellt sich gern" (im Sinne von „ähnliche Persönlichkeiten gehen eher eine Beziehung ein als unähnliche") und „Gegensätze ziehen sich an" (im Sinne von „unähnliche Persönlichkeiten gehen eher eine Beziehung ein als ähnliche"). Eine solche Theorie erklärt jeden beliebigen Sachverhalt und damit auch immer sein Gegenteil: Es handelt sich nur um Scheinerklärungen. Das fällt bei der Erklärung beobachteter Sachverhalte durch die Theorie nicht unbedingt auf. Im Gegenteil: Die Theorie scheint zutreffend zu sein, denn sie liefert für alles eine Erklärung.

Prüfbarkeit Von Theorien in empirischen Wissenschaften wird erwartet, daß sie empirisch prüfbar sind. Genauer gesagt wird erwartet, daß Aussagen der Theorie über ihren Gegenstandsbereich sich empirisch bestätigen oder widerlegen lassen. Dazu müssen sie so klar formuliert sein, daß ein solcher Test überhaupt möglich ist. Die mangelnde Explizitheit und die unzureichende empirische Verankerung des Eigenschaftsbegriffs sowie die Widersprüchlichkeit der naiven Persönlichkeitstheorie erschweren einen solchen Test, weil sie diese gegen eine Widerlegung immunisieren.

- Erstens besteht die Gefahr einer beliebigen Modifikation der Erklärung, weil es meist mehrere alltagspsychologische Erklärungen für dieselbe Beobachtung gibt. Beispiel: „Sagtest Du nicht, X werde die Prüfung wegen ihrer hohen Intelligenz leicht bestehen? Sie ist aber durchgefallen! – Ja, ja; X ist eben ganz schön faul, sie hat sich wohl nicht genug vorbereitet. – Ihr Freund ist da aber ganz anderen Meinung; er hat sich schon beklagt, daß sie nur noch gelernt hat. – Da hat X wohl einen schlechten Tag gehabt; vielleicht war sie zu aufgeregt." Zunächst wird hier eine dispositionale Erklärung durch eine andere ersetzt; als sich das als unplausibel erweist, wird auf eine Erklärung durch aktuelle Prozesse ausgewichen („X war aufgeregt"), ohne weiter zu begründen, warum dies der Fall war. Wegen solcher Ausweichmöglichkeiten fällt es im Alltag meist nicht auf, daß naiv-persönlichkeitspsychologische Erklärungen oft nicht zutreffen.
- Zweitens sind naiv-persönlichkeitspsychologische Vorhersagen in ähnlicher Weise gegen Widerlegung gefeit. Wenn Verhalten A aus Eigenschaft B vorhergesagt, aber statt dessen Verhalten C beobachtet wurde, wird dies dadurch begründet, daß C durch die auch vorhandene Eigenschaft D verursacht sei. Beispiel: „X wird die nächste Prüfung aber sicher bestehen – er hat ja so viel gebüffelt. – X fällt durch die Prüfung. – Da sieht man mal wieder, daß selbst soviel Büffelei nichts nützt, wenn man soviel Angst vor einer Prüfung hat wie X."
- Drittens gibt es aufgrund der mangelnden Widerspruchsfreiheit Aussagen, die sich überhaupt nicht widerlegen lassen, weil ihr Gegenteil auch für wahr gehalten wird (z. B. „gleich und gleich gesellt sich gern" – „Gegensätze ziehen sich an"). Widerspruchsfreie Theorien sind gerade dadurch charakterisiert, daß sich bestimmte Aussagen aus ihnen nicht ableiten lassen; diese können dann zum Test der Theorie verwendet werden.

Da sowohl die Erklärungen als auch die Vorhersagen der naiven Persönlichkeitstheorie weitgehend gegen empirische Widerlegung immunisiert sind, gilt das auch für die naive Persönlichkeits-

theorie als Ganzes. Dies ist aus erfahrungswissenschaftlicher Sicht die größte Schwäche der naiven Persönlichkeitstheorie, denn ein Aussagensystem, das jeden beliebigen Befund und damit auch immer sein Gegenteil erklärt und vorhersagt, erklärt letztlich nichts und produziert wertlose Vorhersagen.

Vollständigkeit Theorien sollen alle bekannten Phänomene eines bestimmten Anwendungsbereichs der Theorie erklären. Hier liegt eine der Stärken der naiven Persönlichkeitstheorie, denn wegen des riesigen Instrumentariums von Eigenschaften, die zu einer Erklärung herangezogen werden können, können fast alle beobachtbaren individuellen Besonderheiten erklärt werden. Das wird allerdings durch eine mangelnde Widerspruchsfreiheit und Prüfbarkeit erkauft.

Sparsamkeit Die naive Persönlichkeitstheorie ist extrem reich an Grundbegriffen, weil jede Persönlichkeitseigenschaft ein Grundbegriff ist (sie ist nicht aus anderen Grundbegriffen abgeleitet). Es gibt also mindestens soviele Grundbegriffe in der naiven Persönlichkeitstheorie, wie es Worte im Lexikon einer Sprache gibt, die Persönlichkeitseigenschaften bezeichnen. Ostendorf (1990) fand unter ca. 12 000 deutschen Adjektiven über 5 000 personenbeschreibende Adjektive. Eine solche Fülle von Grundbegriffen kann durch die Komplexität des Gegenstandsbereiches nicht unbedingt gerechtfertigt werden, wie ein Blick in die Chemie zeigt, wo die riesige Vielfalt von Stoffen auf Kombinationen weniger Elemente zurückgeführt werden kann. Auch wenn eine solch drastische Reduktion in der Psychologie nicht möglich sein mag, erscheint die Verwendung einer so großen Zahl fastsynonymer Eigenschaftsbegriffe völlig überzogen. Die naive Persönlichkeitstheorie verletzt massiv das Sparsamkeitsprinzip.

Produktivität Wäre die naive Persönlichkeitstheorie eine wissenschaftliche Theorie, würde ihr reiches Reservoir von Eigenschaften nahezu unbegrenzte Möglichkeiten für empirische Untersuchungen über die Funktion bestimmter Eigenschaften und ihrer Koppelungen untereinander bieten. Deshalb wird oft in der Persönlichkeitspsychologie dazu aufgerufen, doch die „Weisheit der Sprache" zu nutzen (gemeint ist damit die Weisheit der Alltagspsychologie). Diese Vielfalt möglicher Fragestellungen würde aber gleichzeitig die Gefahr der Verzettelung in immer neuen, wenig aufeinander bezogenen Fragestellungen heraufbeschwören, die einen kontinuierlichen Erkenntnisfortschritt behindern würde. Insgesamt wäre eine solche Theorie damit wissenschaftlich nicht allzu produktiv.

Anwendbarkeit Die größte Stärke der naiven Persönlichkeitstheorie liegt in ihrer einfachen, schnellen und robusten Anwendbarkeit auf alltägliche Probleme der Verhaltenserklärung und -vorhersage. Im Alltag geht es vor allem darum, das Verhalten von Mitmenschen schnell annähernd richtig einzuschätzen und vorherzusagen. Beispiele: „Kann ich mich auf sie verlassen? Wenn ich das von ihm fordere, wird er es akzeptieren, passiven Widerstand leisten oder sich aktiv widersetzen? Warum war sie plötzlich so pikiert? Wie kann ich das wiedergutmachen? Wird diese Aufgabe ihn überfordern?" Um solche Fragen beantworten zu können, muß Wissen über die Persönlichkeit des anderen abrufbar sein und handlungsleitend genutzt werden können. Das geschieht meist in der direkten sozialen Interaktion und muß deshalb sehr schnell gehen, um den Interaktionsfluß nicht zu unterbrechen. Dafür ist die naive Persönlichkeitstheorie in geradezu idealer Weise geeignet. Zu jeder individuellen Besonderheit gibt es eine passende Persönlichkeitseigenschaft. Versagt die Erklärung oder Vorhersage, sind Alternativen schnell zur Hand.

Damit verleiht die naive Persönlichkeitstheorie ihrem Nutzer ein Gefühl der Orientierung und Sicherheit: Alles hat seine Ordnung, und ich kann diese Ordnung erkennen und nutzen. Das erleichtert schnelle Entscheidungen in unübersichtlichen Situationen. Daß dieses Gefühl der Orientierung und Sicherheit letztlich trügt, weil die Erklärungen windig und die Vorhersagen oft nicht besser als der Zufall sind, spielt für den Alltag nur eine sekundäre Rolle; oft ist es wichtiger, schnell zu irgendeiner einigermaßen angemessenen Reaktion zu kommen, als die beste Lösung zu finden. Deshalb bewährt sich die naive Persönlichkeitspsychologie trotz ihrer Schwächen im Alltag recht gut.

Die naive Persönlichkeitstheorie schneidet also in vielen, wenn auch nicht allen Kriterien für erfahrungswissenschaftliche Theorien schlecht ab. Ihr Gebrauchswert für den Alltag ist aber so groß,

daß sie dort durchaus von großem Nutzen ist. Die naive Persönlichkeitstheorie ist ein gutes Beispiel dafür, daß eine nützliche Theorie eine schlechte Theorie im Sinne der Erfahrungswissenschaft sein kann.

> ! **Die naive Persönlichkeitstheorie ist praktisch für die Erklärung und Vorhersage von Verhalten im Alltag, aber unbrauchbar als psychologische Theorie.**

Auch wenn die naive Persönlichkeitstheorie als psychologische Theorie unbrauchbar ist, ist sie dennoch aus drei Gründen wichtig für die Psychologie.

- Erstens ist sie eine psychologische Tatsache: Wir alle haben diese Theorie im Kopf und nutzen sie ständig. Wer verstehen will, wie Menschen individuelle Besonderheiten ihrer Mitmenschen und von sich selbst wahrnehmen und damit umgehen, muß sich mit der naiven Persönlichkeitstheorie beschäftigen.
- Zweitens ist die naive Persönlichkeitstheorie ungeachtet ihrer Probleme ein möglicher Ansatzpunkt für die persönlichkeitspsychologische Theorienbildung. Viele ihrer Probleme lassen sich vermeiden, wenn Eigenschaften besser operationalisiert werden und ihre Funktion in aktuellen Prozessen der Situationsverarbeitung klarer herausgearbeitet wird. Wie in den folgenden Kapiteln deutlich werden wird, knüpfen alle persönlichkeitspsychologischen Theorien an Konzepte der naiven Persönlichkeitstheorie an. Das gilt besonders für den Begriff der Verhaltensdisposition, der in der Persönlichkeitspsychologie eine zentrale Rolle spielt.
- Drittens laufen Psychologen ständig Gefahr, alltagspsychologische Konzepte mit wissenschaftlichen Begriffen zu verwechseln, weil sie ja über beides verfügen: ihre Alltagspsychologie und ihre Psychologie. Diese Gefahr ist im Falle der Persönlichkeitspsychologie besonders groß, weil sie sich noch nicht so weit wie manche andere Gebiete der Psychologie (z. B. die Wahrnehmungspsychologie) von alltagspsychologischen Vorstellungen gelöst hat. Einer Verwechselung von Alltagspsychologie und Psychologie kann dadurch vorgebeugt werden, daß beide möglichst klar und streng getrennt voneinander konzeptualisiert werden.

1.5 Definition der Persönlichkeitspsychologie

Auf der Grundlage des alltagspsychologischen Persönlichkeitskonzepts kann nun eine erste Definition der Persönlichkeitspsychologie gegeben werden. Diese Definition reicht für die folgenden Kapitel aus, sie wird jedoch in Abschn. 3.1.2 noch weiter präzisiert.

> ! **Persönlichkeitspsychologie ist die empirische Wissenschaft von den überdauernden, nichtpathologischen, verhaltensrelevanten individuellen Besonderheiten von Menschen.**

„Empirische Wissenschaft" bedeutet, daß sie den Kriterien von Erfahrungswissenschaften genügen soll, die im vorigen Abschnitt erläutert wurden. „Überdauernde verhaltensrelevante individuelle Besonderheit" ist ähnlich wie in der Alltagspsychologie zu verstehen als mittelfristig stabile Persönlichkeitsdisposition oder verhaltensrelevantes körperliches Merkmal. Allerdings umfassen die verhaltensrelevanten körperlichen Merkmale mehr als nur Gestalteigenschaften; auch nicht direkt wahrnehmbare körperliche Merkmale wie z. B. das Genom (die Gesamtheit der genetischen Information eines Menschen) oder neuronale anatomische Strukturen sollen dazu gehören, weil auch sie verhaltensrelevant sind.

Eine wichtige Einschränkung gegenüber der naiven Persönlichkeitstheorie ist „nichtpathologisch". In der Alltagspsychologie werden auch pathologische körperliche Merkmale und Dispositionen, z. B. Blindheit, hochgradiger Schwachsinn, Schizophrenie oder eine Spinnenphobie als Persönlichkeitseigenschaften betrachtet. Pathologische Eigenschaften werden aber in der Psychologie von der klinischen Psychologie untersucht, die eine eigenständige psychologische Disziplin neben der Persönlichkeitspsychologie darstellt. Dabei ist es eine der Aufgaben der klinischen Psychologie zu definieren, wo die Normalität aufhört und die Pathologie anfängt (was oft nicht einfach ist). Hier gibt es also eine Arbeitsteilung zwischen Persönlichkeitspsychologie und klinischer Psychologie: Persönlichkeitspsychologie beschäftigt sich mit Normalvarianten der Persönlichkeit, klinische Psychologie mit pathologischen Störungen.

> ! **Persönlichkeitspsychologie beschäftigt sich mit Normalvarianten der Persönlichkeit einschließlich verhaltensrelevanter genetischer und neuronaler individueller Besonderheiten.**

Fragen

1.1 Welche Struktur weist die Alltagspsychologie nach Laucken auf?
1.2 Was versteht man unter einer Disposition, was unter einer Dispositionshierarchie?
1.3 Welche Dispositionen und körperlichen Merkmale sind aus Sicht der Alltagspsychologie keine Persönlichkeitseigenschaften?
1.4 Welchen Kriterien sollen erfahrungswissenschaftliche Theorien genügen?
1.5 Welchen Nutzen hat die naive Persönlichkeitstheorie im Alltag?
1.6 Warum ist die naive Persönlichkeitstheorie für die Persönlichkeitspsychologie wichtig?
1.7 Mit welchen individuellen Besonderheiten beschäftigt sich die Persönlichkeitspsychologie nicht?

Weiterführende Literatur

Breuer, F. (1991). *Wissenschaftstheorie für Psychologen* (5. Aufl.). Münster: Aschendorff.
Laucken, U. (1974). *Naive Verhaltenstheorie*. Stuttgart: Klett.

2 Fünf Paradigmen der Persönlichkeitspsychologie

Unter einem Paradigma einer Wissenschaft wird ein Bündel von theoretischen Leitsätzen, Fragestellungen und Methoden zu ihrer Beantwortung verstanden, das das Vorgehen einer größeren Zahl von Wissenschaftlern in einer bestimmten historischen Periode der Wissenschaftsentwicklung charakterisiert. In diesem Kapitel werden fünf Paradigmen der Persönlichkeitspsychologie, die die heutige Persönlichkeitspsychologie stark beeinflußt haben, in ihrer historischen Reihenfolge dargestellt. Es besteht also aus einer Übersicht über psychologische Theorien der Persönlichkeit und ihre charakteristischen Methoden.

2.1 Der Begriff des Wissenschaftsparadigmas

In den empirischen Wissenschaften besteht ein relativ präzise gefaßter Theoriebegriff: Theorien müssen verschiedenen Kriterien genügen, wie im vorigen Kapitel erläutert wurde. Die naive Persönlichkeitstheorie genügt diesen Kriterien nicht. Wie in diesem Kapitel deutlich werden wird, genügen aber nicht alle theoretischen Ansätze, die in der Psychologie traditionellerweise als „Persönlichkeitstheorien" bezeichnet werden, den Ansprüchen einer erfahrungswissenschaftlichen Theorie. Meist wird deshalb in der Persönlichkeitspsychologie der Begriff der Theorie aufgeweicht, um noch von Persönlichkeitstheorien sprechen zu können. Ich möchte hier einen anderen Weg einschlagen: Ich halte am erfahrungswissenschaftlichen Theoriebegriff fest und diskutiere aus dieser Sicht die fünf wichtigsten theoretischen Ansätze der Persönlichkeitspsychologie, die ich nicht als Theorien sondern als Paradigmen der Persönlichkeitspsychologie bezeichne.

Der Begriff des Wissenschaftsparadigmas stammt von Kuhn (1967). Kuhn interessierte sich aus wissenschaftshistorischer Sicht dafür, wie sich die jeweils dominanten theoretischen Leitbilder einer Erfahrungswissenschaft verändern. Nach Kuhns Analyse durchlaufen empirische Wissenschaften wiederholt eine typische Abfolge von Phasen. Lange Zeit dominiert die Phase der „normalen Wissenschaft", charakterisiert durch ein Bündel von theoretischen Leitsätzen, Fragestellungen und Methoden zu ihrer Beantwortung, dem Paradigma, das von einer größeren Zahl von Wissenschaftlern – der Mehrheit oder jedenfalls einer bedeutenden Minderheit des Faches – geteilt wird. Es können also auch unterschiedliche Paradigmen in einer Wissenschaft nebeneinander bestehen. Die theoretischen Leitsätze eines Paradigmas müssen nicht unbedingt eine Theorie sein. Es kann sich auch um eher diffuse, in sich widersprüchliche, empirisch nicht überprüfte oder nicht überprüfbare Aussagen handeln.

Diese Paradigmen verändern sich nach Kuhn dadurch, daß im Prozeß der „normalen Wissenschaft" Anomalien auftauchen: erwartungswidrige Befunde. Das können Beobachtungen sein, die Kernannahmen des Paradigmas widersprechen, oder die Entdeckung von theoretischen Schwachstellen, z. B. Widersprüche zwischen Annahmen oder mehrdeutige Begriffe. Können diese Anomalien nicht durch eine leichte Veränderung des Paradigmas behoben werden, löst das nach Kuhn eine Krise aus, die zu einer Auseinandersetzung mit den Anomalien führt.

Anomalien können längere Zeit bestehen bleiben und die Suche nach Erklärungen anfeuern. Nach einiger Zeit erfolglosen Bemühens schwindet das Interesse an den Anomalien; sie werden als

unlösbares Problem für folgende Wissenschaftlergenerationen deklariert und archiviert. So schlummern sie dann als Stachel im Fleisch der Wissenschaft vor sich hin, können aber bei Auftauchen eines neuen Paradigmas plötzlich wieder in den Mittelpunkt des Interesses rücken. Wird ein alternatives Paradigma vorgeschlagen, das die Anomalien erklärt, wird es meist nach einiger Zeit die Überhand gewinnen und das alte Paradigma verdrängen (Paradigmenwechsel).

Einen solchen Paradigmenwechsel bezeichnete Kuhn als wissenschaftliche Revolution. Ein Paradigmenwechsel, der weite Bereiche der Psychologie betraf, war z. B. der Übergang vom Behaviorismus zum Kognitivismus. Hier geht es nicht um eine Analyse der Gründe für Paradigmenwechsel und der Prozesse, die sie ermöglichen – Kuhns (1967) eigentliche Leistung –, sondern nur um die Anwendung des Begriffs „Wissenschaftsparadigma" auf die Persönlichkeitspsychologie.

> ! **Ein Wissenschaftsparadigma ist ein in sich einigermaßen kohärentes, von vielen Wissenschaftlern geteiltes Bündel aus theoretischen Leitsätzen, Fragestellungen und Methoden, das längere historische Perioden in der Entwicklung einer Wissenschaft überdauert.**

Im folgenden werden fünf Paradigmen der Persönlichkeitspsychologie skizziert. Drei davon (Eigenschaftsparadigma, Informationsverarbeitungsparadigma und dynamisch-interaktionistisches Paradigma) beherrschen die heutige empirische Persönlichkeitspsychologie. Für zwei weitere Paradigmen (das psychoanalytische und das behavioristische Paradigma) gilt das nicht, aber sie werden dennoch hier aus zwei Gründen dargestellt. Zum einen haben sie die Entwicklung der modernen Persönlichkeitspsychologie stark beeinflußt; einige ihrer Konzepte erwiesen sich als fruchtbar und wurden in nachfolgende Paradigmen integriert. Zum anderen haben Psychoanalyse und Behaviorismus die heutige naive Persönlichkeitstheorie deutlich beeinflußt – in ihren Stärken wie auch in ihren Schwächen.

Diese Paradigmen werden nicht in der vollen Breite der bearbeiteten Fragestellungen und nicht in ihren wesentlichen Verästelungen im Verlauf ihrer Entwicklung geschildert; das hätte ein eigenes Buch ergeben (vgl. Pervin, 1993). Statt dessen beschränke ich mich auf eine Darstellung ihrer jeweiligen zentralen inhaltlichen und methodischen Kernannahmen und der hiermit verbundenen Probleme, soweit sie persönlichkeitspsychologische Fragestellungen betreffen und für die heutige empirische Persönlichkeitspsychologie relevant sind. Im Falle der Psychoanalyse, des Behaviorismus und der Informationsverarbeitungsansätze entsteht so ein stark verkürztes Bild des Gesamtparadigmas. Dafür werden die persönlichkeitspsychologisch relevanten Anteile aber, so hoffe ich, klar herausgearbeitet.

In nordamerikanischen Lehrbüchern werden zusätzlich meist noch „phänomenologische" oder „humanistische" Ansätze (z. B. von Rogers, 1961; Maslow, 1968; Kelly, 1955) diskutiert, seltener auch soziobiologische Ansätze. Deren Substanz für heutige persönlichkeitspsychologische Fragestellungen scheint mir aber so gering, daß sie hier nicht als Paradigma dargestellt werden. Interessierte Leser seien auf Pervin (1993, Kap. 5–8) und D.M. Buss (1991) verwiesen. Im übrigen werden einige Konzepte und Methoden dieser Ansätze an anderer Stelle diskutiert (z. B. Maslows Bedürfnishierarchie in Abschn. 4.5.1, Kellys Rep-Test in Abschn. 2.4.3 und soziobiologische Erklärungsversuche für Geschlechtsunterschiede in Abschn. 7.5.5).

Bei jedem Paradigma wird zunächst das allgemeine Menschenbild umrissen (Annahmen im Paradigma über das Erleben und Verhalten, die für alle Menschen gelten), und dann vor dessen Hintergrund das Persönlichkeitskonzept (Annahmen über individuelle Besonderheiten) und die Methodik zur Untersuchung der Persönlichkeit dargestellt. Anschließend wird die empirische Bewährung des Paradigmas geprüft: Lassen sich aus dem Persönlichkeitskonzept empirisch prüfbare Aussagen ableiten, und wenn ja, wurden sie bestätigt oder nicht? Abschließend wird das Paradigma einer kritischen Bewertung unterzogen, wobei auch Beziehungen zwischen den Paradigmen hergestellt werden.

2.2 Das psychoanalytische Paradigma

Das psychoanalytische Paradigma der Persönlichkeitspsychologie geht auf Sigmund Freuds (1856–1939) Psychoanalyse zurück (Freud, 1982). Die

Psychoanalyse war einerseits der Versuch, eine relativ umfassende Theorie des „menschlichen Seelenlebens“ zu entwickeln, andererseits handelt es sich um eine bestimmte psychotherapeutische Technik. Die Psychoanalyse hat in den vergangenen 100 Jahren zahlreiche Wandlungen erfahren. Freud selbst änderte vielfach seine Betrachtungsweise. Nach seinem Tod gab es Bestrebungen, Freuds Auffassungen zu systematisieren und in eine einheitliche Theorie zu integrieren (vgl. besonders Brenner, 1982). Von dieser orthodoxen Schule grenzten sich zahllose einzelne Psychoanalytiker ab, deren Auffassung z. T. zum Kristallisationspunkt eigenständiger Strömungen wurde (z. B. Adler, Jung, Fromm, Horney, Sullivan; vgl. Pervin, 1993, für kurze Skizzen dieser Ansätze). Aus Sicht der orthodoxen Schule handelt es sich bei diesen Theorievarianten nicht um Psychoanalyse, sondern um „psychodynamische Theorien“. Andererseits gab es nach Freuds Tod mindestens zwei wesentliche Weiterentwicklungen der Psychoanalyse im engeren Sinne, die einerseits die Ich-Funktionen und ihre Entwicklung betreffen („Ich-Psychologie“; Hartmann, 1958; Erikson, 1950; Kohut, 1971) und andererseits die Bedeutung früher enger Beziehungen, vor allem zu den Eltern (Objektbeziehungen), für die Entwicklung der Persönlichkeit und der späteren sozialen Beziehungen betonten („Objektbeziehungstheorien“; Klein, 1971; Sandler, 1987; Mahler, Pine & Bergman, 1975); vgl. Weston (1990) für eine Übersicht.

Wegen dieser langen und heterogenen Entwicklungsgeschichte ist es nicht unproblematisch, von „dem psychoanalytischen Paradigma“ zu sprechen. Dennoch läßt sich ein Kern von Grundannahmen über menschliches Erleben und Verhalten und ein grundlegender methodischer Ansatz ausmachen, der unter Psychoanalytikern von Freud an bis heute zumindest mehrheitsfähig war und immer noch mehrheitsfähig ist. Vor allem der methodische Ansatz ist klar abgrenzbar vom Vorgehen der empirischen Psychologie. Dieser gemeinsame Kern aller psychoanalytischen Richtungen wird hier als „das psychoanalytische Paradigma“ bezeichnet.

Im folgenden wird nicht etwa das psychoanalytische Paradigma in voller Breite dargestellt, sondern nur in denjenigen Anteilen, die für die Persönlichkeitspsychologie unmittelbar von Bedeutung sind. Freud selbst interessierte sich viel mehr für pathologische Störungen, wie sie in der klinischen Psychologie untersucht werden, als für Normalvarianten der Persönlichkeit; letztere bezeichnete er als Charakter. Das läßt sich auf alle psychoanalytischen Richtungen verallgemeinern: Im Vordergrund steht immer die Erklärung pathologischer Störungen. Im folgenden interessiert aber nur derjenige Anteil des psychoanalytischen Paradigmas, der sich mit dem Charakter und seiner Entwicklung beschäftigt.

2.2.1 Allgemeines Menschenbild

Zentral für Freuds Menschenbild ist die Ansicht, daß alle menschliche Aktivität, einschließlich des Erlebens und Verhaltens, auf der Verarbeitung von Energie beruhe. Er sah den Menschen als ein energiemäßig weitgehend abgeschlossenes System an, das eine bestimmte Menge an Energie zur Verfügung habe, so daß die Energie für eine Aktivität nur auf Kosten der Energie für eine andere Aktivität verbraucht werden könne. Das „Seelenleben“ (psychische Prozesse wie Wahrnehmen, Fühlen, Denken, Erinnern, Träumen) beruhe auf dem Fluß von Energie.

Gespeist werde diese Energie aus angeborenen Trieben (körperlichen Spannungszuständen). Sie drängten zur Entladung durch Triebbefriedigung an Triebobjekten. Diese Triebimpulse könnten aber oft nicht durch entsprechendes Verhalten direkt befriedigt werden. Sie würden dann in vielfältiger Weise umgeformt oder auf andere Triebobjekte umgelenkt (z. B. Befriedigung in der Phantasie oder in Träumen). Freud interessierte sich vor allem für Energie aus sexuellen Spannungszuständen (die „Libido“, lateinisch für Verlangen, Lust), später auch für aggressive Energie.

Freuds Energie- und Triebbegriff war ein Kind des 19. Jahrhunderts; ihm stand der Begriff der Information noch nicht zur Verfügung (vgl. Abschn. 2.5.1). Freud hoffte bis zu seinem Tod, daß psychische Energie und Triebimpulse sich später einmal physiologisch messen lassen würden. Inzwischen herrscht auch unter orthodoxen Psychoanalytikern die Auffassung vor, daß psychische Energie und Triebe lediglich theoretische Begriffe sind, die zur Erklärung beobachtbaren Erlebens („Wünsche“) und motivierten Verhaltens einge-

führt werden, ohne daß sie eine Entsprechung auf physiologischer Ebene haben, und Freuds Triebkonzept wird von vielen Psychoanalytikern als zu mechanistisch abgelehnt (vgl. für eine Kritik Holt, 1976).

Die Energieverarbeitung werde von drei psychischen Instanzen geregelt:

- Es,
- Ich,
- Über-Ich.

Bei der Geburt sei nur das Es vorhanden; es repräsentiere das Gesamtreservoir der Energie, die durch angeborene Instinkte verarbeitet werde, sowie angeborene Dispositionen. Das Es sei dem „Lustprinzip“ unterworfen: Es sei bestrebt, Energie sofort zu entladen, indem es Lust suche und Schmerz vermeide.

Im Verlauf der Entwicklung bilde sich aus Teilen des Es durch den Kontakt zur Außenwelt das Ich heraus. Das Ich sei dem „Realitätsprinzip“ unterworfen: Es vermittle zwischen den Ansprüchen des Es und der Außenwelt, indem es einerseits den Einfluß der Außenwelt zu ändern suche (durch Flucht, Anpassung oder aktive Veränderung) und andererseits die Triebansprüche des Es einzudämmen suche.

Das Über-Ich stelle eine besondere Instanz im Ich dar. Die durch die Eltern und Vorbilder vermittelten Normen der Kultur würden verinnerlicht und dadurch eine Eigendynamik im Ich entfalten: Das Über-Ich beobachte das Ich und suche es anstelle der Eltern und Vorbilder zu kontrollieren. So müsse das Ich nicht nur zwischen Es und Außenwelt, sondern zwischen Es, Außenwelt und Über-Ich vermitteln.

Freuds metaphorische Sprache verleitet zu der Vorstellung, die drei Instanzen seien drei kleine Männchen in unseren Köpfen, die miteinander um die Kontrolle der psychischen Energie ringen. Das wäre eine ebenso falsche Interpretation wie die Vorstellung, es handele sich um anatomisch oder physiologisch bestimmbare Hirnstrukturen. Es handelt sich vielmehr um theoretische Begriffe, die Freud einführte, um bestimmte beobachtbare Phänomene – z. B. Erinnerungsblockaden, Versprecher im Alltag oder bestimmte pathologische Symptome zu erklären.

Das Seelenleben finde auf drei Ebenen statt:

- unbewußte,
- vorbewußte,
- bewußte Ebene.

Auf der bewußten Ebene fänden sich Inhalte des momentanen Bewußtseins, z. B. Wahrnehmungen, Empfindungen, Gefühle, Gedanken, Vorstellungen und Erinnerungen. Auf der vorbewußten Ebene fänden sich prinzipiell dieselben Inhalte, nur daß ihre Stärke nicht ausreiche, das Bewußtsein zu erreichen. Wenn man z. B. versuche, sich an einen Namen zu erinnern und er „auf der Zunge liegt“, man ihn aber nicht nennen könne, sei die Erinnerung an den Namen vorbewußt. Inhalte des Unbewußten seien der bewußten Ebene auch bei großer Anstrengung nicht zugänglich. Die gesamten Inhalte und Aktivitäten des Es seien unbewußt, ebenso Teile des Über-Ich und des Ich. Andere Teile des Über-Ich und Ich seien vorbewußt oder bewußt.

Unbewußte Prozesse seien nicht einfach nichtbewußte Prozesse, sondern hätten eine eigene Qualität („primärprozeßhaftes Denken“; z. B. Verschmelzung von Orten, Zeitpunkten oder logischen Gegensätzen). Gegen unangenehme Wahrnehmungen, Gedanken und Erinnerungen, die auf Triebimpulsen des Es beruhen, könne sich das Ich wehren, indem es sie ins Unbewußte verdränge. Dort würden sie jedoch weiterhin motivational und affektiv wirksam sein. Abbildung 2.1 illustriert den Zusammenhang zwischen den drei psychischen Instanzen und den drei Ebenen des Seelenlebens.

Die drei psychischen Instanzen (das „Strukturmodell“) und die drei Bewußtseinsebenen (das

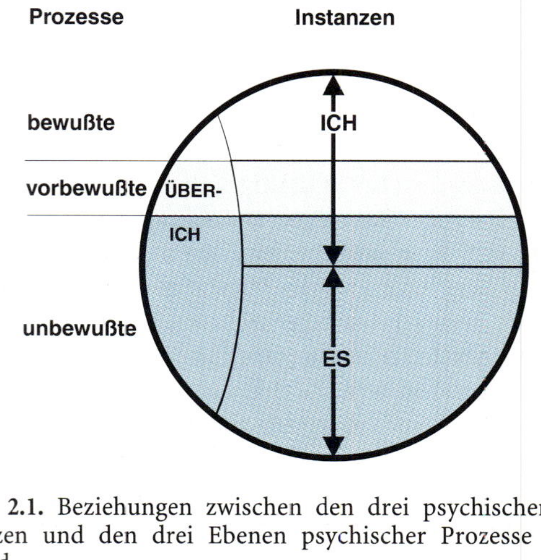

Abb. 2.1. Beziehungen zwischen den drei psychischen Instanzen und den drei Ebenen psychischer Prozesse nach Freud

„topographische Modell") sind bis heute Kernannahmen aller psychoanalytischen Richtungen. Mit dem Aufkommen der Ich-Psychologie und der Objektbeziehungstheorien entstand die Frage, wo das Selbstbild und das Bild wichtiger Bezugspersonen anzusiedeln sei: Sollten diese als Komponenten des Ich betrachtet werden, des Über-Ich (das z. T. durch Internalisierung des Bildes der Eltern entstehe) oder des Es (weil sie Teile von Triebstrukturen seien)? Oder seien vielmehr Selbstbild und das Bild wichtiger Bezugspersonen Kompromisse aus Ich-, Es- und Über-Ich-Anteilen? Oder seien es eigenständige psychische Instanzen? Diese Kontroversen machen deutlich, daß der Begriff der psychischen Instanz keineswegs so klar ist, wie die Kontinuität seiner Benutzung in allen psychoanalytischen Richtungen nahezulegen scheint.

Zu den psychoanalytischen Kernannahmen wird meist auch Freuds Phasenlehre der Entwicklung gezählt. Wegen ihrer offenkundigen Schwächen wird sie heute zunehmend auch von Psychoanalytikern in wesentlichen Teilen abgelehnt. Sie wird im nächsten Abschnitt skizziert.

Das allgemeine Menschenbild des psychoanalytischen Paradigmas betont motivationale, affektive und irrationale Prozesse, die menschlichem Erleben und Verhalten zugrunde liegen. Rationale Prozesse des Denkens, Planens und Handelns werden wenig thematisiert. Wie Menschen beispielsweise systematisch Probleme lösen können, ist kein Thema der Psychoanalyse. Das ist aus der klinischen Orientierung der Psychoanalyse verständlich, stellt aber eine wesentliche Einschränkung des Anwendungsbereichs der Psychoanalyse dar.

Zudem wurden von Freud an bis heute sexuelle und aggressive Motive überbetont und andere wie z. B. Neugier oder das Kompetenzmotiv (das Streben nach Vervollkommnung der eigenen Fähigkeiten ihrer selbst willen) vernachlässigt. Das dürfte wohl darauf zurückzuführen sein, daß sexuelle und aggressive Impulse sozial besonders konfliktträchtig sind, deshalb besonders häufig in pathologischen Störungen eine Rolle spielen und von daher in den primär klinischen Beobachtungen der Psychoanalytiker überrepräsentiert sind. Zusammen mit der Überbetonung irrationaler Prozesse ergibt sich ein verzerrtes Menschenbild, das dem heutigen Wissen über die irrationalen und rationalen Seiten menschlichen Erlebens und Verhaltens nicht entspricht.

> **!** **Das allgemeine Menschenbild des psychoanalytischen Paradigmas überbetont aufgrund seiner klinischen Orientierung irrationale auf Kosten rationaler Prozesse und sexuelle und aggressive Motive auf Kosten anderer Motive.**

2.2.2 Persönlichkeitskonzept

Das alles hat allerdings noch nichts mit Persönlichkeitspsychologie zu tun; es handelt sich um Annahmen über motivationale Prozesse, die für alle Menschen in gleicher Weise gelten sollen. Diese motivationalen Prozesse stellen nach Freud aber gleichzeitig auch den Schlüssel zum Verständnis der Persönlichkeit dar. Die Stärke der Es-Ansprüche könne konstitutionell bedingt von Person zu Person unterschiedlich ausfallen, und die Stärke und Form der Ich-Funktionen und die Ansprüche des Über-Ich könnten erfahrungsbedingt variieren. Die resultierende typische Triebdynamik einer Person, ihr Charakter, sei damit eine gemeinsame Funktion von angeborener Konstitution und Erfahrung. Eine wichtige Konsequenz dieses Persönlichkeitskonzepts ist es, Motive, also individualtypische motivationale Tendenzen, nicht nur auf der bewußten Ebene zu suchen (durch Erfragen), sondern auch auf der unbewußten Ebene.

Was den Einfluß der Erfahrung auf die Persönlichkeitsentwicklung betrifft, nahm Freud an, daß es besonders die frühkindlichen Erfahrungen seien, die den späteren Charakter prägen. Nach Freud durchläuft jedes Kind drei Phasen der Entwicklung, die durch jeweils bevorzugte Körperzonen der Triebbefriedigung („erogene Zonen") gekennzeichnet seien:

- orale,
- anale,
- phallische Phase.

In der oralen Phase (1. Lebensjahr) finde die Triebbefriedigung vor allem mit Hilfe der Mundzone statt (Saugen, Beißen, Kauen). In der analen Phase (2. – 3. Lebensjahr) richteten sich die Triebimpulse vor allem auf den Anus. Lustvoll sei zunächst das Ausscheiden, später das Zurückhalten von Kot. In der phallischen Phase (3. – 5. Lebensjahr, von lat. Phallus = Penis) sei der Penis bzw. die Scheide die bevorzugte erogene Zone. Während der phallischen Phase richteten sich die Triebim-

pulse auf das gegengeschlechtliche Elternteil, verbunden mit Phantasien, es vollständig in Besitz zu nehmen. Das Kind liebe beide Elternteile und möchte von ihnen geliebt werden, befinde sich aber gleichzeitig in einer Rivalitätssituation zum gleichgeschlechtlichen Elternteil, was eine tiefgehende emotionale Ambivalenz diesem Elternteil gegenüber auslöse.

Bei Jungen löse die Rivalität mit dem Vater Angst vor Kastration durch den Vater aus. Den Konflikt zwischen Wunsch nach Besitznahme der Mutter und aggressiver Rivalität mit dem Vater bezeichnete Freud als Ödipuskonflikt (nach dem griechischen Mythos vom Königssohn Ödipus, der unwissentlich und unwillentlich seinen Vater erschlug und seine Mutter heiratete). Dieser Konflikt werde bewältigt, indem der Junge sich mit dem Vater identifiziere und seine Triebimpulse gegenüber der Mutter in Zärtlichkeit verwandle. Insbesondere übernehme er dabei die Wert- und Moralvorstellungen des Vaters.

Weniger interessierte sich Freud dafür, wie Mädchen die phallische Phase verarbeiteten. Sie hätten keine Kastrationsängste gegenüber der Mutter, sondern empfänden einen Penisneid und würden ihn der Mutter anlasten. Ein Wunsch nach Übernahme des väterlichen Penis werde später durch den Wunsch ersetzt, von ihm ein Kind zu bekommen. Gefördert werde die Zuwendung zum Vater durch Identifikation mit der Mutter und Angst vor Liebesentzug und Bestrafung durch die Mutter. Insbesondere übernehme das Mädchen dabei die Wert- und Moralvorstellungen der Mutter.

Der Charakter (die Persönlichkeit) eines Menschen werde entscheidend durch die individuelle Verarbeitung der drei frühkindlichen Entwicklungsphasen bestimmt. Ließen die Eltern in einer der drei Phasen eine zu große Triebbefriedigung zu oder schränkten sie diese zu sehr ein, komme es zu einer Fixierung der vorhandenen frühkindlichen Triebimpulse, die den Charakter fortan bestimmten.

Orale Fixierung resultiere beispielsweise in übermäßiger Abhängigkeit von anderen und übermäßigem Trinken, Essen oder Rauchen. Anale Fixierung führe zu einem zwanghaft ordentlichen, pedantischen und geizigen Charakter. Die Bedeutung der phallischen Phase für die Charakterentwicklung liege vor allem in der Verarbeitung des Ödipuskonflikts. Werde er nur unzureichend gelöst, resultiere ein Charakter, der durch einen „Ödipuskomplex" gekennzeichnet sei. Bei einer Überkompensation der Kastrationsangst resultierten Charakterzüge, die heutzutage als „machohaftes" Gehabe bezeichnet werden; übertriebenes Erfolgsstreben im Beruf sei eine Fortsetzung der frühen Rivalität zum Vater mit anderen Mitteln.

> **!** **Freud glaubte, daß die frühkindliche Geschichte der Triebregulation in der oralen, analen und phallischen Phase den späteren Charakter forme. Ihm liege eine Sequenz** *elterliches Verhalten → Fixierung → Charakter* **zugrunde.**

Diese Sicht der Charakterbildung leidet wie die meisten von Freuds Konzepten unter der fehlenden Operationalisierung zentraler Begriffe. Wie läßt sich die Stärke der Rivalität zum gleichgeschlechtlichen Elternteil, der sexuellen Triebimpulse gegenüber dem gegengeschlechtlichen Elternteil, der Kastrationsangst oder des Penisneides messen? Wie läßt sich nach Abschluß einer Entwicklungsphase entscheiden, ob eine Fixierung tatsächlich stattgefunden hat?

Neben der Charakterbildung durch Fixierung entwickelte Freud eine zweite Auffassung der Charakterentwicklung, die auf einer Theorie der Angstverarbeitung beruht. Danach entstehe Angst immer dann, wenn das Ich durch Reize überflutet werde, die es nicht mehr bewältigen könne. Bei Reizen aus der Umwelt, die subjektiv oder objektiv Gefahr anzeigen, resultiere „Realangst". Könnten Triebimpulse des Es nicht ausreichend abgewehrt werden, entstehe „neurotische Angst". Könne das Ich Ansprüchen des Über-Ich nicht genügen, handele es sich um „moralische Angst". Die Angst signalisiere in jedem Fall eine Überforderung des Ich. Während Furcht immer ein spezifisches Objekt habe, das gefürchtet werde, sei Angst ein objektunabhängiges Alarmsignal.

Um mit der Angst fertig zu werden, wehre sich das Ich gegen die angstauslösenden Triebimpulse durch Abwehrmechanismen. Dem Ich ständen dafür vielfältige Formen der Abwehr zur Verfügung (Tabelle 2.1).

Die häufigste Form sei die Verdrängung, bei der die angsterregenden Impulse ins Unbewußte ge-

Tabelle 2.1. Einige Abwehrmechanismen des Ich nach Sigmund Freud

Mechanismus	Wehrt ab	Durch
Verdrängung	Innere und äußere Reize	Verdrängung ins Unbewußte
Projektion	Innere Reize	Projektion eigener Triebimpulse auf andere
Verschiebung	Innere Reize	Verschiebung des Triebziels auf ein anderes Objekt
Reaktionsbildung	Innere Reize	Verkehrung ins Gegenteil
Verleugnung	Äußere Reize	Nicht wahrhaben wollen
Rationalisierung	Eigenes Verhalten	Umdeutung in akzeptables Verhalten
Sublimierung	Innere Reize	Befriedigung der Triebimpulse durch akzeptable Ersatzhandlungen
Regression	Trauma	Rückzug auf frühkindliche Stufe der Triebregulation

drängt würden. Dort würden sie jedoch weiter existieren und müßten durch weitere Abwehrmechanismen im Zaum gehalten werden. Bei Ich-Schwäche (z. B. durch Alkoholisierung oder im Schlaf) würden sie wieder ins Bewußtsein drängen. Deshalb seien Träume oder Reaktionen unter Drogen informativ über die ins Unbewußte verdrängten Triebimpulse. Aber auch bei vollständiger Verdrängung könnten sich verdrängte Impulse indirekt zeigen in Form von Versprechern, neurotischen oder somatischen Symptomen.

Bei der Projektion würden die angsterregenden Impulse anderen Personen unterstellt (auf sie „projiziert"). Zum Beispiel könnten aggressive Impulse dadurch abgewehrt werden, daß das Verhalten anderer als feindselig interpretiert werde (wodurch eigene aggressive Tendenzen wiederum gerechtfertigt würden).

Bei der Verschiebung würden die angsterregenden Impulse auf andere Objekte der Triebbefriedigung verschoben. Zum Beispiel könnten aggressive Impulse gegenüber dem Chef dadurch abgewehrt werden, daß sie zu Hause gegen die Ehefrau gewendet würden.

Bei der Reaktionsbildung würden die angsterregenden Impulse ins Gegenteil verkehrt, damit akzeptabel für das Ich und somit zugänglich für das Bewußtsein. Beispielsweise könne eine Mutter feindselige Impulse gegenüber ihrem Kind, die in Widerspruch zu ihrem Über-Ich stehen, durch Reaktionsbildung in überbehütendes Verhalten ummünzen.

Projektion, Verschiebung und Reaktionsbildung würden sich vor allem auf die Abwehr von neurotischer Angst beziehen. Die folgenden beiden Abwehrmechanismen würden primär zur Abwehr von Realangst eingesetzt.

Bei der Verleugnung würden reale Gefahren verleugnet. Ein Beispiel wäre eine Frau, die Knoten in ihrer Brust fühlt, aber nicht wahrhaben will, daß es sich um Krebs handeln könnte.

Bei der Rationalisierung werde inakzeptables eigenes Verhalten vor anderen oder sich selbst so umgedeutet, daß es akzeptabel erscheint. Ein Beispiel wäre ein Chef, der eine offensichtlich inkompetente, aber hochattraktive Mitarbeiterin einstellt und der Überzeugung ist, daß seine Wahl durch fachliche Gesichtspunkte begründet sei.

Schließlich würden manche Menschen bei einem Trauma (ein emotional extrem belastendes Ereignis wie z. B. der Tod eines nahen Angehörigen, Arbeitsplatzverlust, bleibende köperliche Behinderung) mit Regression reagieren. Darunter verstand Freud den Rückzug auf eine frühkindliche Entwicklungsstufe, erkennbar an entsprechendem unreifen Verhalten. Oft finde der Rückzug auf diejenige Entwicklungsphase statt, auf der eine Fixierung stattgefunden habe (s. oben). Ein Beispiel ist ein Erwachsener, der nach der Trennung von seiner Frau wieder zu rauchen anfängt, obwohl er vorher damit aufgehört hatte.

Neben diesen acht Abwehrmechanismen werden in der psychoanalytischen Literatur noch weitere diskutiert (vgl. z. B. Zimbardo, 1995, Tabelle 10.2). Entscheidend für die Frage nach der Charakterbildung ist Freuds Annahme, daß sich im Verlauf der Ich-Entwicklung individualtypische Bevorzugungen bestimmter Abwehrmechanismen herausbilden würden. Es gebe also z. B. typische Verdränger, Projizierer oder Verleugner. Damit sei der Charakter doppelt bestimmt: durch eine eventuelle Fixierung auf eine der drei frühkindlichen Entwicklungsphasen und die typischen Abwehrmechanismen, die das Ich bei Gefahr von innen bzw. außen bevorzugt einsetze.

Diese Auffassung der Charakterentwicklung leidet unter einer mangelhaften empirischen Verankerung der zentralen Begriffe. So plausibel es auch ist, daß es Abwehrmechanismen gibt: Unklar bleibt, nach welchem Kriterium entschieden werden soll, ob ein beobachtetes Verhalten auf Abwehr beruht oder nicht. Wenn jemand in einer Situation, die bei vielen Menschen Angst hervorruft (z. B. eine Stegreifrede vor einem unbekannten Publikum halten) über keine Angst berichtet, so könnte es sich um Nichtängstlichkeit aufgrund einer ausgeprägten Selbstsicherheit handeln oder aber um Angstverdrängung. Wie kann zwischen diesen beiden Alternativen entschieden werden?

Psychoanalytiker begegnen diesem Einwand meist mit der Erwiderung, daß sie durchaus in der Lage seien, Abwehrmechanismen im Verhalten zu erkennen. Dies gelänge aber nicht alleine aus der Beobachtung des Verhaltens im aktuellen Kontext, sondern erfordere den Einbezug vielfältiger Informationen über vergangenes Erleben und Verhalten der betreffenden Person, bis hin zur Triebdynamik in ihrer frühen Kindheit. Genaue Regeln, unter welchen Bedingungen welche Abwehrform diagnostiziert werden kann, gibt es aber in der psychoanalytischen Literatur nicht.

Kritisch für die Anwendbarkeit des Abwehrbegriffs auf die Charakterentwicklung ist vor allem das Fehlen von Kriterien dafür, warum verschiedene Menschen in derselben Situation unterschiedliche Abwehrmechanismen bevorzugen. Der spezielle Abwehrtyp kann bestenfalls diagnostiziert, nicht aber aus bestimmten Entwicklungsbedingungen vorhergesagt werden. Hier ist eine Lücke in Freuds Theorie, die auch seine Nachfolger bis heute nicht füllen konnten. Tafel 2.1 faßt Freuds Persönlichkeitskonzept noch einmal zusammen.

Tafel 2.1. Freuds Persönlichkeitskonzept

Freud verstand unter dem Charakter die individualtypische Ausformung der weitgehend unbewußt ablaufenden Triebdynamik. Sie sei durch die frühkindliche Geschichte der Triebdynamik bestimmt. Bei zu starker Verwöhnung oder zu starker Einschränkung durch die Eltern in der oralen, analen oder phallischen Phase würden die frühkindlichen Triebimpulse fixiert und so die weitere Triebregulation prägen. Im Verlauf der Ich-Entwicklung würden sich individualtypische Abwehrmechanismen gegenüber inneren bzw. äußeren Gefahrreizen herausbilden. Fixierungen und Abwehrformen prägten gemeinsam den Charakter, der ab dem Ende der phallischen Phase weitgehend konstant sei.

Während das Konzept der Abwehrmechanismen zum Kernbestand aller psychoanalytischen Richtungen gehört, nehmen neuere Strömungen Abstand von Teilen der Phasenlehre, da diese sich als unhaltbar erwiesen hat – meist allerdings, ohne dabei das Konzept des Ödipuskonfliktes aufzugeben. Betont wird nun die Entwicklung des Selbstbildes und Selbstwertgefühls und des Bildes wichtiger Bezugspersonen und enger Beziehungen. Neben die Libido wird das Motiv nach Verbundenheit mit anderen Menschen gestellt (und z. T. für zentraler erklärt). Der spätere Charakter und die späteren sozialen Beziehungen werden auf eine Internalisierung früher Objektbeziehungen zurückzuführen versucht (ein ganz anderer Internalisierungsbegriff als bei Freud). Dabei besteht meist in dem Punkt Einigkeit mit Freud, daß es frühkindliche Erfahrungen mit den Eltern seien, die die weitere Charakterentwicklung prägten. Strittig ist dabei innerhalb der Psychoanalyse vor allem, ob diese neueren Auffassungen Freuds Annahmen ersetzen oder ergänzen sollen (während die Gültigkeit der Annahme, daß frühe Objektbeziehungen einen starken Einfluß auf die Persönlichkeits- und Beziehungsentwicklung haben, fast nie problematisiert wird; vgl. dazu Abschn. 5.3).

! Neuere psychoanalytische Persönlichkeitskonzepte betonen die Rolle früher Objektbeziehungen für die Entwicklung der Persönlichkeit und der sozialen Beziehungen.

2.2.3 Methodik

Wie kamen Freud und seine Nachfolger zu ihren Persönlichkeitskonzepten? Untersuchten sie Kinder von der frühen Kindheit an und beobachteten dann viele Jahre später, was aus ihnen als Erwachsene geworden war? Keineswegs. Freud selbst arbeitete so gut wie gar nicht mit Kindern; dafür wäre seine Methodik auch gar nicht geeignet gewesen. Sie bestand im Kern aus dem Versuch, erwachsene Patienten durch freies Assoziieren dazu zu bringen, unbewußte Triebimpulse verbal zu äußern. Dazu

sollte sich der Patient auf eine Couch legen und über ein problematisches Thema, einschließlich Träume und Kindheitserinnerungen, möglichst spontan reden. Freud saß neben der Couch, unsichtbar für den Patienten, und versuchte, aus dem Redefluß oder auch aus dem Stocken des Redeflusses an bestimmten Stellen Rückschlüsse auf unbewußte Prozesse des Patienten zu ziehen.

Die empirischen Daten, die Freud benutzte, um die aktuelle Triebdynamik von Patienten und deren Geschichte seit der frühesten Kindheit zu rekonstruieren, bestanden also primär aus den freien Assoziationen dieser Patienten in Therapiesitzungen (Freud deutete darüber hinaus auch faktische Erlebnisse und schriftlich niedergelegte Gedanken seiner Patienten). Er deutete dieses Material im Rahmen seiner theoretischen Annahmen und bot diese Interpretationen von Zeit zu Zeit an. Akzeptierte der Patient die Deutung nicht, vor allem nicht gefühlsmäßig, interpretierte Freud diesen „Widerstand“ als Abwehr des Ich gegenüber unangenehmen Aspekten der Interpretation, was ihn darin bestätigte, an einen kritischen Punkt gekommen zu sein. Bei erfolgreichem Durcharbeiten dieser kritischen Punkte im Verlauf der Analyse akzeptierte der Patient die Interpretationen nicht nur rational, sondern auch emotional, und auch beim Analytiker stellte sich nicht nur rational, sondern auch gefühlsmäßig die Überzeugung ein, Einsicht in die tatsächlichen unbewußten Beweggründe des bewußten Erlebens und Handelns des Patienten gewonnen zu haben. Diesen Therapieerfolg hielt Freud dann für eine Bestätigung der Theorie, auf der seine Interpretationen beruhten.

Diese klassische psychoanalytische Methodik ist aus Sicht der empirischen Wissenschaften aus mehreren Gründen inakzeptabel (vgl. vor allem Grünbaum, 1988). Der kritischste Punkt ist die Gefahr der Immunisierung der theoretischen Konzepte der Analytiker gegenüber den empirischen Daten aus der Analyse. Akzeptiert der Patient die Deutung, betrachten Analytiker dies als Bestätigung der Deutung und damit auch der Theorie. Akzeptiert der Patient die Deutung nicht, neigen Analytiker dazu, dies als Widerstand aufzufassen und nach unbewußten Prozessen zu suchen, die den Widerstand hervorrufen. Das gewaltige Instrumentarium der Abwehrmechanismen und die nahezu beliebige Interpretation des symbolischen Gehalts von Aussagen erlauben es, nahezu jede beliebige Äußerung des Patienten, aber auch ihr Gegenteil, auf passende unbewußte Triebimpulse zurückzuführen.

Das fördert die Analytiker in dem Glauben, Recht zu haben, und verstärkt wegen ihrer Autorität als Experten suggestive Wirkungen auf die Patienten, die sich im Laufe der Therapie schon deswegen immer konformer mit den Erwartungen der Analytiker verhalten. Diesen Erfolg verbuchen die Analytiker für sich und ihre Theorie. Der Erfolg ist aber möglicherweise nur eine scheinbare Bestätigung der Theorie, denn er könnte auf einer selbsterfüllenden Prophezeiung beruhen: Was prophezeit wird (die Theorie) wird fast immer bestätigt, weil sich fast alles und damit auch sein Gegenteil in einer für Analytiker und Patienten letztendlich akzeptablen Weise deuten läßt.

Hier gibt es eine klare Parallele zwischen Alltagspsychologie und Psychoanalyse: Beide sind sehr erklärungsmächtig. Das ist aber, wie schon in Abschn. 1.4 erläutert wurde, nicht unbedingt ein Qualitätsmerkmal einer Theorie; auch unklare Begriffsbildung und mangelnde empirische Verankerung können über widersprüchliche Aussagen die Erklärungsmächtigkeit einer Theorie fördern.

Kritisch ist deshalb das Kriterium der Vorhersagbarkeit. Schon Freud erkannte, daß seine Methode erheblich besser zur Erklärung als zur Vorhersage geeignet ist – eine Tatsache, die von Psychoanalytikern durchweg anerkannt wird. Begründet wird dies von ihnen durch die Komplexität des Gegenstandes. Die deutlich bessere Erklärbarkeit könnte aber auch Ausdruck einer unscharfen oder faktisch falschen Theorie sein, die sich dennoch hält, weil sie aufgrund ihrer Methodik gegen Widerlegung immunisiert ist.

! **Die klassische psychoanalytische Methodik ist aufgrund ihrer suggestiven Wirkungen auf Patient und Therapeut in Gefahr, selbsterfüllende Prophezeiungen zu produzieren und ist von daher nicht akzeptabel als Methodik einer empirischen Wissenschaft.**

Freud war sich dieses Problems der Scheinbestätigung von Deutungen durch suggestive Wirkungen auf den Patienten schon früh bewußt. Seine Lösung des Problems bestand in der folgenden Argumentation (vgl. Grünbaum, 1988):

- Neurosen ließen sich nur durch Bewußtmachen der ihnen zugrunde liegenden unbewußten Konflikte dauerhaft beseitigen;
- nur die psychoanalytische Methode sei in der Lage, Patienten unbewußte Konflikte bewußt zu machen;
- insofern sei jeder Therapieerfolg eine Bestätigung, daß die Deutungen der Therapie korrekt gewesen seien.

Der Schluß von (1) und (2) auf (3) ist zwar korrekt, aber seine Voraussetzung ist falsch, weil es Spontanremissionen von Neurosen gibt, d. h. Heilung ohne jede Psychotherapie, geschweige denn Psychoanalyse. Dies wird heute von niemandem mehr ernsthaft bestritten, und Freud selbst anerkannte in späteren Jahren die Rolle von Spontanremissionen. Damit kann aber ein Therapieerfolg nicht mehr als Bestätigung korrekter Deutungen gewertet werden. Daß damit seine ganze Argumentation zur Verteidigung der psychoanalytischen Methode der Theoriebestätigung zusammenbrach, hat Freud aber in seinen Schriften nie thematisiert – er selbst hätte dies wohl als Verleugnung interpretiert.

Ein weiterer, speziell für die Frage nach der Charakterbildung kritischer Punkt ist die methodenbedingte Beschränkung auf Erwachsene. Die frühe Kindheit wird aus den Erinnerungen Erwachsener an diese Kindheit rekonstruiert. Diese Erinnerungen können aber durch Erlebnisse nach der phallischen Phase unabsichtlich verfälscht sein. Empirische Untersuchungen zur Verfälschung der Erinnerung an frühere Ereignisse durch Erwartungen, was früher wohl passiert war, nachfolgende Erlebnisse und suggestive Fragen anderer haben überzeugend zeigen können, daß Erinnerungen weit von der Realität entfernt sein können (vgl. z. B. Loftus, 1980). Damit sind die aus psychoanalytischen Sitzungen rekonstruierten Daten über die Kindheit äußerst zweifelhaft.

> **!** **Die klassische psychoanalytische Methodik der Persönlichkeitserklärung beruht auf Erinnerungen von Erwachsenen an Kindheitserlebnisse; dies ist wegen der bekannten Erinnerungsfehler inakzeptabel als Methodik einer empirischen Wissenschaft.**

Eher untergeordnet ist ein dritter Kritikpunkt zu sehen: die weitgehende Beschränkung auf neurotische Patienten. Charakterunterschiede bei neurotischen Patienten sind möglicherweise nur ein Teil der Charakterunterschiede in der gesamten Population. Von daher dürften die Daten verzerrt sein (z. B. Überrepräsentation konflikthafter Motive).

Auch wenn die klassische Psychoanalyse (definiert durch die klassische psychoanalytische Methodik der Theorienprüfung) empirische Daten nutzt, genügt ihre Methodik nicht den in Abschn. 1.4 dargelegten Kriterien einer empirischen Wissenschaft:

> **!** **Die klassische Psychoanalyse ist aus methodischen Gründen keine empirische Wissenschaft.**

In den letzten Jahren gibt es vielfältige Versuche, die psychoanalytische Methodik zu erweitern, indem Therapeut-Patient-Interaktionen aber auch normale soziale Interaktionen, vor allem zwischen Müttern und ihren Kindern, systematisch beobachtet werden und diese Daten psychoanalytisch interpretiert werden, wobei zunehmend Wert auf die empirische Sicherung der Übereinstimmung der Interpretationen unabhängig arbeitender Beobachter gelegt wird. Hier nähert sich die Verfahrensweise der erfahrungswissenschaftlichen Methodik an.

2.2.4 Empirische Bewährung

Auch wenn die klassische psychoanalytische Methodik aus den genannten Gründen inakzeptabel für die empirische Persönlichkeitspsychologie ist, ist nicht auszuschließen, daß Freud und seine Nachfolger trotz inadäquater Methodik tatsächlich vorhandene Phänomene und Gesetzmäßigkeiten erkannt haben, die sich mit adäquater Methodik empirisch bestätigen lassen. Mehrere Jahrzehnte lang bemühten sich deshalb Forscher, zunächst aus Freuds Gedankengebäude Aussagen abzuleiten, die sich mit den Methoden der empirischen Wissenschaften überprüfen lassen (vgl. z. B. Eysenck & Wilson, 1973; Fisher & Greenberg, 1977; Kiener, 1978; Kline, 1981; Masling, 1983).

Was persönlichkeitspsychologisch relevante Anteile der klassischen Psychoanalyse betraf, so gingen diese Überprüfungsversuche fast immer negativ aus, und zwar in zweierlei Hinsicht. Entweder war eine Überprüfung nicht sinnvoll möglich, weil die zu überprüfenden Konzepte zu schwammig

definiert waren, um einer klaren Operationalisierung zugänglich zu sein (z. B. das Konzept der Libido). Oder eine Überprüfung war möglich, bestätigte aber nicht psychoanalytische Vermutungen. Hierzu gehört insbesondere Freuds Phasenlehre der frühkindlichen Entwicklung. Die primäre Bedeutung der oralen, analen und phallischen Stimulation in den entsprechenden Phasen ließ sich nicht nachweisen, und für den Ödipuskonflikt bei Jungen bzw. den entsprechenden Konflikt bei Mädchen gibt es keine überzeugende empirische Evidenz: Weder läßt sich durch Interviewverfahren eine besondere Häufung von berichteter Kastrationsangst bzw. Penisneid im entsprechenden Alter nachweisen, noch gibt es einen klaren Beleg dafür, daß diese Emotionen in diesem Alter auf unbewußter Ebene besonders häufig wären (vgl. Eysenck & Wilson, 1973; Fisher & Greenberg, 1977; Eschenröder, 1984).

Wenn sich auch manche physiologische Reaktionen, die später im Dienste der Sexualität stehen, schon sehr früh beobachten lassen (z. B. begleiten Peniserektionen regelmäßig ein bestimmtes Schlafstadium [REM-Schlaf] schon bei Säuglingen), spielen Vorformen der sexuellen Motivation bei Kindern eine viel geringere Rolle, als Freud annahm (vgl. z. B. Martinson, 1980). Theorien der Identifikation mit dem gleichgeschlechtlichen Elternteil sind unhaltbar, denn würden sie zutreffen, müßten Söhne ihrem Vater in ihrer Persönlichkeit (z. B. Werthaltungen) ähnlicher sein als ihrer Mutter, und Töchter ihrer Mutter ähnlicher sein als ihrem Vater; das ist aber nicht der Fall (vgl. Abschn. 7.5.1).

Da Freuds Auffassung von der Charakterentwicklung auf durchweg falschen entwicklungspsychologischen Annahmen beruhte, ist es nicht erstaunlich, daß auch Überprüfungsversuche der nach Freud zu erwartenden Charakterkonsequenzen bestimmter Entwicklungbedingungen fehlschlugen (vgl. Eschenröder, 1984). Zum Beispiel sollten nach psychoanalytischer Auffassung Kinder mit ausgeprägten Lippen-, Kiefer- oder Gaumenspalten, die nicht saugen konnten, weil sie ihre Mundhöhle wegen des Spalts nicht luftdicht verschließen konnten, schwere orale Frustrationen erleiden und später entsprechend gestört sein. Das ließ sich nicht bestätigen (vgl. Hartmann et al., 1972).

Weiterhin sollten Erwachsene, die als Kinder einer besonders strengen Sauberkeitserziehung ausgesetzt waren, die entsprechenden Züge des analen Charakters zeigen (Ordnungsliebe, Sparsamkeit und Eigensinn); auch das ließ sich nicht bestätigen (vgl. Fisher & Greenberg, 1977; Kline, 1981). Insgesamt ist die Befundlage auch der empirischen Prüfungen von Freuds Annahmen über die Charakterentwicklung durchweg negativ. Keine der postulierten Beziehungen zwischen Bedingungen frühkindlicher Fixierungen und späterem Charakter konnten eindeutig empirisch bestätigt werden.

> **!** **Freuds Auffassung der Charakterformung als Konsequenz der frühkindlichen Triebregulation erwies sich entweder als empirisch nicht prüfbar oder kann in den zentralen Annahmen als widerlegt gelten. Deshalb spielt sie in der heutigen empirischen Persönlichkeitspsychologie keine Rolle mehr.**

Als fruchtbarer für die empirische Persönlichkeitspsychologie hat sich dagegen Freuds Konzept unbewußter Prozesse und Abwehrmechanismen erwiesen. Inzwischen kann kein Zweifel mehr daran bestehen, daß der weitaus größte Teil der menschlichen Informationsverarbeitung faktisch unterhalb der Bewußtseinsschwelle verläuft und auch bei größter willentlicher Anstrengung nicht ins Bewußtsein geholt werden kann (vgl. Perrig et al., 1993). Nicht die Existenz unbewußter Prozesse ist heutzutage erklärungsbedürftig, sondern umgekehrt ist es eines der größten ungeklärten Probleme der Psychologie und der Neurowissenschaft, unter welchen Umständen welche Prozesse und Inhalte auf welche Weise überhaupt bewußt werden (vgl. Abschn. 2.5.1). Das gilt insbesondere für motivationale Prozesse.

Abwehrmechanismen werden nach Freud sowohl gegenüber äußeren als auch gegenüber inneren bedrohlichen Reizen angewendet, und zumindest im Erwachsenenalter sollten sich Menschen nach ihren typischen Abwehrstilen unterscheiden lassen. Tatsächlich unterscheiden sich Erwachsene deutlich und in recht stabiler Weise in ihrem Umgang mit bestimmten äußeren Bedrohungen, wobei sich die von Freud postulierten Abwehrmechanismen weitgehend wiederfinden lassen. Die Bewältigung äußerer Belastungen ist inzwischen ein bedeutendes Gebiet der empirischen Persönlichkeitsforschung geworden (vgl. Abschn. 4.5.3).

Freud selbst interessierte sich jedoch mehr für

den Umgang mit inneren Bedrohungen – inakzeptablen Gedanken, Erinnerungen, Phantasien oder Handlungsimpulsen, die aus dem Es ins Bewußtsein drängten. Diese Art der Abwehr ist empirisch viel schwerer zu untersuchen, weil die Es-Inhalte, die die Abwehr auslösen sollten, im Gegensatz zu äußeren Bedrohungen nicht beobachtbar sind. Es gibt aber einige empirische Hinweise darauf, daß Abwehr innerer Bedrohungen tatsächlich stattfindet und daß sich Menschen im bevorzugten Abwehrstil inneren Bedrohungen gegenüber unterscheiden. Dies wird im folgenden exemplarisch am Beispiel der Verdrängung erläutert.

Nach Freud ist die Verdrängung ein Abwehrmechanismus, der insbesondere gegenüber sozial unerwünschten sexuellen und aggressiven Triebimpulsen angewandt wird, die unvereinbar mit dem Über-Ich sind und daher vom Ich als inakzeptabel empfunden werden. Dies sollte vor allem für Menschen gelten, die danach streben, ein idealisiertes Selbstbild als „Mensch ohne Fehl und Tadel" vor anderen und vor sich selbst aufrecht zu erhalten, um Ablehnung durch andere zu vermeiden. Sozial unerwünschte sexuelle und aggressive Impulse sind sehr bedrohlich für solche Menschen und sollten deshalb von ihnen abgewehrt werden, u. a. durch Verdrängung. Bei erfolgreicher Verdrängung sollten diese Menschen in Situationen, in denen sie Gefahr laufen, sich entgegen ihrem perfektionistischen Selbstbild zu verhalten, auf unbewußter Ebene in Konflikte geraten, bewußt aber keine Angst verspüren.

Weinberger et al. (1979) überprüften diese auf Freuds Annahmen beruhende Vorhersage empirisch. Zur Identifizierung von Menschen mit einem sozial erwünschten idealisierten Selbstbild verwendeten sie einen Fragebogen, die Soziale Erwünschtheitsskala (Social Desirability Scale; SDS) von Crowne und Marlowe (1964). Sie besteht aus einer Vielzahl von Fragen, die mit ja oder nein zu beantworten sind. Die Fragen beziehen sich entweder auf sozial erwünschtes, aber gänzlich unwahrscheinliches Verhalten (z. B. „Ich habe niemals mit Absicht etwas gesagt, was die Gefühle des anderen verletzen könnte") oder auf sozial unerwünschtes, aber sehr wahrscheinliches Verhalten (z. B. „Ich bin manchmal ärgerlich, wenn ich meinen Willen nicht bekomme"). Je öfter die Fragen des ersten Typs bejaht und die Fragen des zweiten Typs verneint werden, desto stärker sollte die Tendenz zu einem sozial erwünschten, idealisierten Selbstbild sein.

Wie zahlreiche Experimente zeigten, streben Menschen mit hohen SDS-Werten eher danach, soziale Ablehnung zu vermeiden, als danach, soziale Anerkennung zu gewinnen (vgl. Millham & Jacobson, 1978). Zum Beispiel mogeln Personen mit hohen Werten im SDS eher als Menschen mit niedrigen SDS-Werten, um eine negative Bewertung anderer zu vermeiden, aber sie mogeln nicht stärker, wenn es darum geht, positive Anerkennung zu gewinnen.

Weinberger et al. (1979) vermuteten deshalb, daß Personen mit hohen Werten im SDS, die sich außerdem in einer Ängstlichkeitsskala als wenig ängstlich schildern (Represser), zur Verdrängung (englisch: repression) innerer Bedrohungen neigen, während Personen, die sich als wenig ängstlich schildern und niedrige Werte im SDS haben (Niedrigängstliche), nicht zu einer solchen Verdrängung neigen. Zur weiteren Kontrolle verglichen die Autoren zudem beide Gruppen mit Personen, die sich hochängstlich schilderten und niedrige SDS-Werte hatten (Hochängstliche); vgl. Abb. 2.2 für die Operationalisierung der drei Versuchsgruppen. Selbstbeurteilte Ängstlichkeit operationalisierten Weinberger et al. (1979) durch einen klassischen Ängstlichkeitsfragebogen, den MAS (Manifest Anxiety Scale; Taylor, 1953).

Zur Überprüfung ihrer Hypothese, daß Represser innere Bedrohungen verdrängen, brachten Weinberger et al. (1979) alle Versuchspersonen in

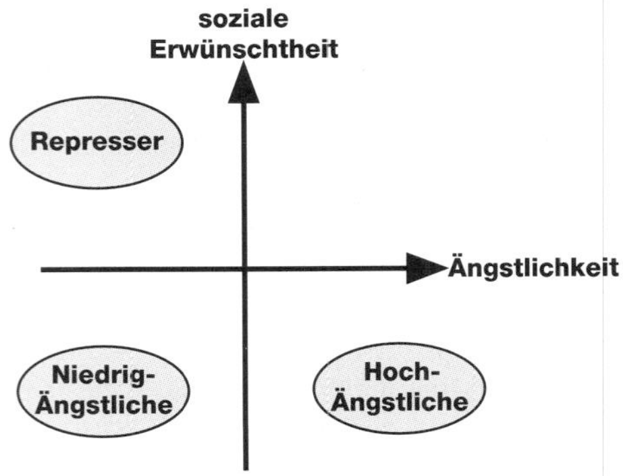

Abb. 2.2. Operationalisierung von Repressern, Niedrigängstlichen und Hochängstlichen durch Werte im SDS (Social Desirability Scale) und MAS (Manifest Anxiety Scale)

eine Situation, die eine solche Bedrohung potentiell hervorruft. Die Versuchspersonen sollten auf Sätze mit teilweise sozial unerwünschtem sexuellem oder aggressivem Inhalt so schnell wie möglich mit dem ersten Satz antworten, der ihnen in den Sinn kam („Satzassoziationstest"). Gemessen wurde bei jedem Satz u. a. die Reaktionszeit bis zur Antwort und die Erhöhung der Herzrate gegenüber einer neutralen Ruhebedingung (aufgefaßt als Maße des inneren Konflikts). Wie erwartet reagierten die Represser in beiden Maßen stärker als die Niedrigängstlichen und mindestens so stark wie die Hochängstlichen, gaben aber nach dem Experiment an, weniger Angst gehabt zu haben als Hoch- und Niedrigängstliche.

Asendorpf und Scherer (1983) konnten diese Ergebnisse replizieren und weiter präzisieren. Einerseits erfragten sie die Angst ihrer Versuchspersonen nicht nur nach, sondern auch vor dem Test, so daß sie den testspezifischen Anstieg der berichteten Angst erfassen konnten. Zweitens filmten sie ohne Wissen der Versuchspersonen deren Mimik und ließen diese Aufnahmen von Beurteilern bezüglich der gezeigten Angst einschätzen. Abbildung 2.3 zeigt die Veränderung der berichteten Angst, der Herzrate und der beurteilten mimischen Angst zwischen einer Ruhebedingung vor dem Test und dem Satzergänzungstest. Diese drei Konfliktindikatoren wurden in einem einheitlichen Maßstab ausgedrückt (z-Werte; vgl. genauer dazu Abschn. 2.4.3) und können deshalb in ihrer Stärke direkt miteinander verglichen werden. Die Represser berichteten über den geringsten Angstanstieg, zeigten aber einen leicht überdurchschnittlichen Anstieg in der Herzrate und der mimischen Angst; Niedrigängstliche hatten den geringsten Anstieg in Herzrate und Mimik; und Hochängstliche hatten einen mindestens durchschnittlichen Anstieg in allen drei Konfliktindikatoren.

Die Experimente von Weinberger et al. (1979) und Asendorpf und Scherer (1983) belegen zunächst nur, daß Represser eine Diskrepanz zeigen zwischen niedriger berichteter Angst und spontanem, unkontrolliertem Verhalten, was auf einen innerpsychischen Konflikt hinweisen könnte. Niedrig- und Hochängstliche dagegen reagieren einheitlich schwach bzw. stark in spontanem und in kontrolliertem Verhalten. Weist das Verhalten der Represser tatsächlich auf eine Verdrängung des

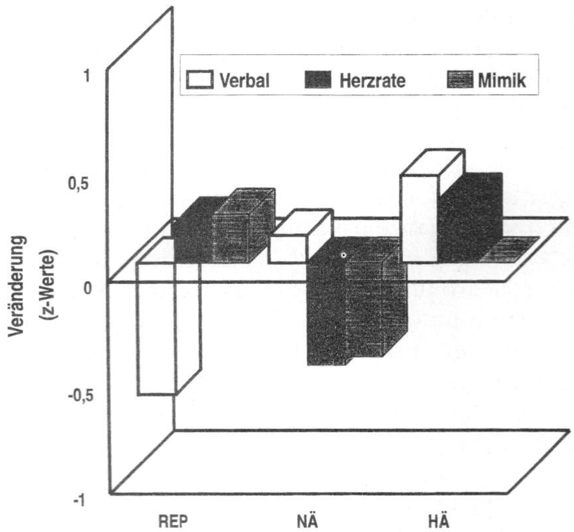

Abb. 2.3. Veränderung verschiedener Konfliktindikatoren zwischen Ruhebedingung und Satzassoziationstest im Experiment von Asendorpf und Scherer (1983) *REP* = Represser, *NÄ* = Niedrigängstliche, *HÄ* = Hochängstliche

Konflikts hin? Nicht unbedingt, denn es kann nicht ausgeschlossen werden, daß Represser in diesen Experimenten zwar den Konflikt oder die hierdurch ausgelöste Angst wahrnahmen, dies aber einfach nicht zugeben wollten. In diesem Fall hätte gar keine Verdrängung stattgefunden, sondern eine bewußte Leugnung.

Nachfolgende Studien, die Represser, Niedrigängstliche und Hochängstliche genauso operationalisierten, unterstützen die Hypothese, daß Represser defensiv mit negativen selbstbezogenen Gefühlen umgehen. So fanden Davis (1987) und Davis und Schwartz (1987), daß Represser sich schlechter an angsterregende Erlebnisse erinnerten (nicht aber ein allgemein schlechtes Gedächtnis haben), und Newton und Contrada (1992) konnten zeigen, daß Represser besonders dann defensiv reagieren, wenn sie im Mittelpunkt der Aufmerksamkeit anderer stehen. Offen bleibt aber auch in diesen Studien, ob es sich tatsächlich um Verdrängung oder nur um bewußte Leugnung negativer Gefühle handelte. Ein eindeutiger Nachweis, daß Represser verdrängen, ist bis heute nicht geliefert worden, weil es sehr schwer ist, Verdrängung von bewußter Leugnung zu unterscheiden. Fest steht jedenfalls, daß Represser mit negativen Gefühlen

und Situationen, die ihr idealisiertes Selbstbild bedrohen, defensiv umgehen.

Der Ansatz von Weinberger et al. (1979) wurde hier so ausführlich geschildert, um an einem Beispiel deutlich zu machen, daß die methodische Kriik am psychoanalytischen Paradigma nicht dazu verleiten darf, das Kind mit dem Bade auszuschütten und das ganze psychoanalytische Paradigma ad acta zu legen. Gerade die Theorie der Abwehr innerer Bedrohungen scheint es wert, viel genauer empirisch untersucht zu werden, als es bisher der Fall ist (vgl. auch Abschn. 4.5.3). Gleichzeitig illustriert das Beispiel aber auch die Schwierigkeiten, die sich bei einer empirischen Verankerung psychoanalytischer Konzepte ergeben.

Freuds Annahme unbewußter Motive hat zu einer umfangreichen empirischen Forschung zu Unterschieden zwischen unbewußten motivationalen Themen und bewußt repräsentierten motivationalen Tendenzen geführt, nachdem unbewußte Themen durch projektive Tests operationalisiert wurden (vgl. Abschn. 4.5.1). Freuds Konzept der Übertragung (emotionale Gleichsetzung des Therapeuten mit einer Bezugsperson des Patienten, z. B. dem Vater) wurde in der empirischen Sozialpsychologie aufgegriffen und inzwischen dort systematisch untersucht, wenn auch weitgehend entkleidet von seinen triebpsychologischen Komponenten (vgl. Andersen et al., 1995). Schließlich hat das Konzept, daß mentale Repräsentationen früher Objektbeziehungen die weitere Entwicklung der Persönlichkeit und Beziehungen beeinflussen, das ursprünglich im Rahmen der Objektbeziehungstheorien entwickelt wurde (vgl. Sandler & Rosenblatt, 1962), eine fruchtbare empirische Forschung zum Bindungsverhalten von der frühen Kindheit bis zum Erwachsenenalter angeregt, nachdem es gelang, Bindungsstile zu operationalisieren (vgl. Abschn. 5.3).

> **!** **Einige Konzepte des psychoanalytischen Paradigmas erwiesen sich als fruchtbar für die Persönlichkeitspsychologie – darunter das Konzept unbewußter Motive, der Abwehrmechanismen und der frühen Objektbeziehungen – nachdem es gelang, diese Konzepte ausreichend empirisch zu verankern.**

Unerheblich für die empirische Bewährung der Psychoanalyse als Paradigma der Persönlichkeitspsychologie ist die Frage, ob die psychotherapeutische Technik der Psychoanalyse in empirischen Therapieerfolgsstudien Erfolge vorzuweisen hat oder nicht (Grawe et al., 1993). Therapieerfolge einer Behandlungstechnik, die auf einer bestimmten Theorie des menschlichen Erlebens und Verhaltens beruhen, könnten ja auf Behandlungskomponenten beruhen, die mit dieser Theorie gar nichts zu tun haben. Zum Beispiel könnten die psychoanalytischen Deutungen völlig falsch sein, die Tatsache aber, daß dem Patienten irgendeine plausible Deutung seiner Probleme offeriert wird oder daß ein eindrucksvolles Ritual über lange Zeit hin vollzogen wird, therapeutisch wirksam sein. Und selbst dann, wenn sich ein therapeutischer Effekt korrekter gegenüber inkorrekten Deutungen nachweisen ließe, würden dadurch bestenfalls klinisch relevante Annahmen der Psychoanalyse bestätigt, nicht aber ihre Annahmen über die in der Persönlichkeitspsychologie interessierenden nichtpathologischen individuellen Besonderheiten.

2.2.5 Bewertung

Das klassische psychoanalytische Paradigma ist von seiner Methodik her inakzeptabel für die empirische Persönlichkeitspsychologie. Viele seiner Grundbegriffe erwiesen sich als zu unscharf, um in empirischen Untersuchungen sinnvoll verwendet werden zu können, und Teile der Theorienbildung, z. B. die Phasenlehre der Entwicklung, ist empirisch unhaltbar. Andere Bestandteile des Paradigmas konnten empirisch verankert und dadurch für die empirische Persönlichkeitspsychologie fruchtbar gemacht werden. Insgesamt ist das psychoanalytische Paradigma deshalb als Paradigma – also als Einheit von Konzepten, Annahmen und Methoden – unbrauchbar für die empirische Persönlichkeitspsychologie, auch wenn sie Teile psychoanalytischen Gedankenguts heuristisch nutzen kann (d. h. hieraus Ideen für die Formulierung empirisch prüfbarer Hypothesen beziehen kann).

Aus dieser Bewertung darf nicht der Schluß gezogen werden, die Psychoanalyse (als psychologische Theorie) sei keine Wissenschaft. Es gibt z. B. den weiten Bereich der hermeneutischen (verstehenden) Wissenschaften (z. B. Literaturwissenschaften), die anderen Wissenschaftskriterien verpflichtet sind als die empirischen Wissenschaften. Ob die Psychoanalyse aber den Kriterien der hermeneutischen Wissenschaften genügt oder genü-

gen sollte, läßt sich begründet bezweifeln (vgl. wieder Grünbaum, 1988). Auch würden sich viele Psychoanalytiker vehement gegen radikal-konstruktivistische Interpretationen der Psychoanalyse wehren, die in psychoanalytischen Interpretationen lediglich Konstruktionen einer fiktiven Realität von Therapeut und Patient sehen – Geschichten, auf die man sich geeinigt hat (vgl. Spence, 1982). Diese Kontroversen spielen hier aber keine Rolle, weil es um die Eignung der Psychoanalyse als Paradigma der empirischen Persönlichkeitspsychologie geht.

Überraschenderweise war Freud der Meinung, die Psychoanalyse sei eine Naturwissenschaft. Zumindest aber in seiner zweiten Lebenshälfte scheint er so überzeugt von den Grundzügen seiner Theorie gewesen zu sein, daß er nicht mehr wirklich nach der empirischen Bewährung seiner Thesen aufgrund unabhängiger Überprüfung durch andere fragte. Diese Haltung ist nicht nur bei Psychoanalytikern weit verbreitet; so soll ein in Ehren ergrauter, empirisch orientierter Psychologe auf die Mitteilung einer Mitarbeiterin, daß die Daten seiner Theorie völlig widersprechen, gesagt haben: „Umso schlimmer für die Wirklichkeit!"

Typisch für eine orthodoxe, selbstüberzeugte und von daher von vornherein gegen jede Kritik immunisierte Haltung ist Freuds Antwort auf einen Brief von Rosenzweig, der ihm schrieb, er habe Freuds Thesen zur Verdrängung experimentell erhärten können. Tafel 2.2 kontrastiert Freuds Antwort mit dem klassischen Credo des Naturwissenschaftlers, das Bertold Brecht dem Galileo Galilei in den Mund legte.

Tafel 2.2. Orthodoxie vs. Aufklärung

Freud antwortete auf Rosenzweigs Mitteilung, er habe das Verdrängungskonzept experimentell bestätigen können:
„Ich habe Ihre experimentellen Arbeiten zur Prüfung psychoanalytischer Behauptungen mit Interesse zur Kenntnis genommen. Sehr hoch kann ich diese Bestätigungen nicht einschätzen, denn die Fülle sicherer Beobachtungen, auf denen jene Behauptungen ruhen, macht sie von der experimentellen Prüfung unabhängig. Immerhin, sie kann nicht schaden." (zitiert nach Kiener, 1978, S. 1200)
Brecht legte dem Galileo Galilei das klassische Credo des Naturwissenschaftlers in den Mund:
„Ja, wir werden alles, alles noch einmal in Frage stellen. Und wir werden nicht mit Siebenmeilenstiefeln vorwärts gehen, sondern im Schneckentempo. Und was wir heute finden, werden wir morgen von der Tafel streichen und erst wieder anschreiben, wenn wir es noch einmal gefunden haben. Und was wir zu finden wünschen, das werden wir, gefunden, mit besonderem Mißtrauen ansehen. ... *Mit einem Zwinkern*: **Sollte uns dann aber jede andere Annahme als diese unter den Händen zerronnen sein, dann keine Gnade mehr mit denen, die nicht geforscht haben und doch reden." (Brecht, 1967, S. 1311)**

Fragen

2.1 Welche Beziehungen bestehen nach Freud zwischen den drei psychischen Instanzen und den drei Bewußtseinsebenen?
2.2 Sind Es, Ich und Über-Ich Konstrukte im erfahrungswissenschaftlichen Sinn?
2.3 Welche Beziehungen bestehen nach Freud zwischen den drei frühkindlichen Entwicklungsstufen und dem Charakter von Erwachsenen?
2.4 Was wehren Abwehrmechanismen wie ab?
2.5 Ist die klassische psychoanalytische Methodik akzeptabel als Methode der Erfahrungswissenschaft?
2.6 Welche Bedeutung hat die Psychoanalyse für die heutige empirische Persönlichkeitspsychologie?

Weiterführende Literatur

Eschenröder, C.T. (1984). *Hier irrte Freud*. München: Urban & Schwarzenberg.
Grünbaum, A. (1988). *Die Grundlagen der Psychoanalyse: Eine philosophische Kritik*. Stuttgart: Reclam. Vgl. auch Grünbaum, A. (1986). Précis of 'The foundations of psychoanalysis: A philosophical critique'. *Behavioral and Brain Sciences, 9*, 217–284 (mit ausgiebigem Diskussionsteil).
Westen, D. (1990). Psychoanalytic approaches to personality. In L.A. Pervin (Ed.), *Handbook of personality: Theory and research* (pp. 3–65). New York: Guilford.

2.3 Das behavioristische Paradigma

Die empirisch orientierte Psychologie zu Beginn dieses Jahrhunderts verließ sich in vielen Bereichen auf die Introspektionsmethode: Hoch trainierte Experten versuchten, ihre Wahrnehmungen, Gefühle, Denkprozesse usw. in standardisierten Situationen möglichst detailliert verbal zu beschreiben. John B. Watson (1878–1958) kritisierte diese Methodik als zu spekulativ und forderte, die

Psychologie solle sich auf die Analyse des Verhaltens (englisch: behavior) und der aktuellen Situation von Personen beschränken, so wie sie Beobachter dieser Personen direkt, d. h. ohne Zutun der beobachteten Personen, wahrnehmen können (Watson, 1913). Weder für psychoanalytisch gedeutete noch für introspektiv beschriebene innere psychische Prozesse war in diesem Ansatz Platz. Watson leugnete zwar nicht die Existenz solcher Prozesse, hielt ihre wissenschaftliche Untersuchung jedoch nicht für sinnvoll. Damit umriß Watson das Programm des Behaviorismus, der zwischen 1920 und 1970 die empirisch orientierte Psychologie in Nordamerika beherrschte.

2.3.1 Allgemeines Menschenbild

Nach behavioristischer Auffassung läßt sich das Verhalten von Menschen sinnvoll beschreiben und erklären, wenn aus dem kontinuierlichen Verhaltensstrom einer Person bestimmte Reaktionen abgegrenzt werden und deren Beziehung zu bestimmten Reizkonstellationen der Umwelt untersucht wird. Diese Reizkonstellationen bestehen aus zeitlichen Verhältnissen zwischen einzelnen Reizen (Objekten der Wahrnehmung). Behavioristische Ansätze werden deshalb auch als Reiz-Reaktions-Theorien bezeichnet. Sie suchen nach funktionalen Abhängigkeiten zwischen Reizen und Reaktionen.

Nach behavioristischer Auffassung kommt ein Neugeborenes sozusagen als unbeschriebenes Blatt zur Welt [ein Bild, das von dem englischen Philosophen John Locke (1632–1704) stammt]. Es sei nur ausgestattet mit ungerichteter Spontanaktivität sowie mit einigen Reflexen, die es ihm erlaubten, erfahrungsunabhängig auf Reize der Umwelt zu reagieren (z. B. Brustwarze – saugen). Nach und nach gerate das Verhalten dann aber unter den Einfluß der Reize aus der Umwelt; alle komplexeren Reaktionen auf Situationen seien deshalb erlernt.

Drei Lernmechanismen wurden dabei im Behaviorismus besonders ausführlich untersucht. Sie werden hier nur äußerst knapp geschildert, weil es sich dabei um Standardwissen der allgemeinen Psychologie handelt (vgl. z. B. Spada, 1992, Kap. 5). Iwan Pawlow (1849–1936) entdeckte in den 20er Jahren bei seinen Untersuchungen der Speichelsekretion von Hunden das Prinzip des klassischen Konditionierens. Hunde reagieren auf Futter (unkonditionierter Reiz) reflexartig mit der Sekretion von Speichel, der den Verdauungsprozeß einleitet (unkonditionierte Reaktion). Ein neutraler Reiz wie z. B. ein Glockenton löst an sich noch keine Speichelsekretion aus. Wird jedoch eine Glocke unmittelbar vor dem Futter geläutet und dies mehrfach wiederholt, speichelt der so trainierte Hund anschließend bereits auf den Ton der Glocke hin, selbst wenn er kein Futter bekommt: Die Glocke ist zum konditionierten Reiz, das Speicheln zur konditionierten Reaktion geworden. Anschließende Studien zeigten, daß zahlreiche physiologische und emotionale Reaktionen auch beim Menschen klassisch konditionierbar sind.

Während Pawlow sich für Reaktionen als Konsequenz unmittelbar vorangehender Reize interessierte, untersuchte Burrhus Skinner (1904–1990) in den 30er Jahren Reaktionen als Konsequenz unmittelbar nachfolgender Reize (Skinner, 1938). In einem typischen Experiment zum operanten Konditionieren fällt immer dann Futter aus einer Klappe (Belohnung), wenn eine Ratte auf eine Taste drückt, oder es wird ihr ein unangenehmer elektrischer Schlag versetzt (Bestrafung), wenn sie einen markierten Teil des Versuchskäfigs aufsucht. Ratten, aber auch Menschen, lernen oft schnell, neues Verhalten bei entsprechender Belohnung zu zeigen bzw. altes Verhalten bei entsprechender Bestrafung zu unterlassen.

Ob ein bestimmter Reiz eine Belohnung oder eine Bestrafung für eine bestimmte Reaktion ist, läßt sich nach behavioristischer Auffassung nur aus seiner Wirkung auf die Reaktion erschließen. Denn sein Belohnungswert sei auch von der individuellen Lerngeschichte des Lernenden abhängig. Hier besteht die Gefahr eines Zirkelschlusses: Lernen beruht auf Belohnung; Belohnung hat stattgefunden, wenn erfolgreich gelernt wurde. Um diese Gefahr zu umgehen, müsse zunächst die Konstanz des Belohnungswertes eines Reizes über die Zeit oder verschiedene Reaktionen nachgewiesen werden; erst auf dieser Grundlage könnten dann Vorhersagen über die Reizwirkung gemacht werden.

Beim klassischen und operanten Konditionieren betreffen die Reize den Lernenden direkt. Bandura (1965) zeigte, daß manche Reaktionen auch durch stellvertretende Belohnung/Bestrafung erlernt wer-

den können. Wenn z. B. Jungen einen aggressiv auftretenden Helden in einem Film sehen, reagieren sie nach dem Film aggressiver, wenn der Held für seine Aggressivität im Film belohnt wurde (z. B. als Rächer der Enterbten), als wenn der Held für seine Aggressivität im Film bestraft wurde (z. B. als Mörder entlarvt und verurteilt).

Lernen durch stellvertretende Belohnung/Bestrafung ist ein Spezialfall des Beobachtungslernens oder Nachahmungslernens, bei dem Reaktionen anderer durch Beobachtung erworben werden. Im Humanversuch ist es schwierig, hier einen eindeutigen Nachweis zu führen, weil ausgeschlossen werden muß, daß die nachgeahmte Reaktion schon einmal vorher gezeigt wurde. In Experimenten mit Tieren, die im Zoo aufgewachsen sind, läßt sich die Lerngeschichte vollständig kontrollieren und damit ein klarer Nachweis für Beobachtungslernen führen. Zum Beispiel fanden Mineka et al. (1984), daß im Zoo aufgewachsene Rhesusaffen auf Schlangen erst dann mit Angst reagierten, wenn sie ihre Eltern beobachten konnten, als diese mit Angst auf eine Schlange reagierten. Dann aber reichte meist bereits eine kurze Beobachtung des elterlichen Verhaltens, um dauerhaft Angst vor Schlangen zu erwerben.

Gemeinsam ist allen diesen lerntheoretischen Ansätzen die Annahme, daß letztlich die Reizbedingungen der Umwelt entscheiden, ob ein bestimmtes Verhalten erlernt wird oder nicht. Das Lernen folge dabei universellen, bereichsunspezifischen Lerngesetzen, die für alle Menschen (und viele Tierarten) in gleicher Weise gültig seien und die nur auf zeitlichen Beziehungen zwischen Reizen und Reaktionen beruhten, nicht aber auf den spezifischen Inhalten von Reiz und Reaktion. Speicheln ließe sich also nicht nur auf einen Glockenton, sondern auch auf einen Geruch oder das Bild eines Autos konditionieren, und auf einen Glockenton ließen sich nicht nur Speicheln, sondern auch ängstliche oder freudige Reaktionen konditionieren. Sei erst einmal der Belohnungswert eines Reizes etabliert, sollte er beim operanten Konditionieren beliebiger Reaktionen anwendbar sein. Die Kenntnis dieser Lerngesetze ermöglicht es nach behavioristischer Auffassung, menschliches Verhalten durch Schaffung entsprechender Umweltbedingungen beliebig zu manipulieren.

! Nach behavioristischer Auffassung folgt menschliches Lernen drei universellen Lerngesetzen: dem klassischen und dem operanten Konditionieren und dem Nachahmungslernen.

2.3.2 Persönlichkeitskonzept

Individuelle Besonderheiten im Verhalten und im Belohnungswert bestimmter Reize sind damit nach behavioristischer Auffassung ausschließlich Resultat der individuellen Lerngeschichte. Wenn man die Reize kenne, denen ein Kind ausgesetzt war, könne man vorhersagen, welche Persönlichkeit es haben werde. Angst vor Hunden z. B. ist kein angeborener Reflex. Ob jemand später Hunden gegenüber mit Angst reagiert oder nicht, ist nach behavioristischer Sicht nur von der individuellen Erfahrung mit Hunden abhängig (einschließlich beobachteter Reaktionen von Mitmenschen Hunden gegenüber).

Diese Persönlichkeitsauffassung, nach der Personen vollständig Opfer ihrer Umwelt sind, ist ebenso schlicht wie weitreichend. Würde man nämlich alle Situationen kennen, in denen eine Person mit Hunden direkt oder indirekt konfrontiert war, könnte man eindeutig vorhersagen, ob diese Person im Erwachsenenalter Angst vor Hunden habe oder nicht. Mehr noch: Durch Schaffung entsprechender Umweltbedingungen könnte man in beliebiger Weise bei einem Menschen Hundeangst erzeugen oder auch beseitigen. Man müßte nur diese Umweltbedingungen genau kontrollieren und die Lerngesetze beachten. Persönlichkeitsentwicklung sei daher letztlich vollständig erklärbar, vorhersagbar und veränderbar (Tafel 2.3).

Tafel 2.3. Watsons Optimismus

Zu Beginn der behavioristischen Ära herrschte ein nahezu ungebrochener Optimismus, was die Kontrollierbarkeit (also die Therapierbarkeit und Manipulierbarkeit) der Persönlichkeitsentwicklung angeht:
„Man gebe mir ein Dutzend gesunder Säuglinge und eine von mir gestaltete Umwelt, um sie aufzuziehen, und ich würde garantieren, daß ich jeden trainieren könnte zu jeder beliebigen Spezialität – Arzt, Anwalt, Künstler, Händler und, ja sogar Bettler und Dieb, unabhängig von seinen Talenten, Tendenzen, Fähigkeiten, Berufungen und der Rasse seiner Vorfahren. Ich gebe zu, daß ich

hiermit mein faktisches Wissen überschreite, aber genau das tun auch die Vertreter der gegenteiligen Meinung seit vielen tausend Jahren." (Watson, 1930, S. 104; eigene Übersetzung).
Dieser Optimismus erschreckt uns heute, weil er die Mißbrauchsmöglichkeiten nicht thematisiert. Er dürfte aber entscheidend zur Verbreitung des Behaviorismus in den fortschritts- und technologiegläubigen westlichen Kulturen in der ersten Hälfte des 20. Jahrhunderts beigetragen haben.

2.3.3 Methodik

Weil die behavioristischen Konzepte sich auf direkt Beobachtbares beziehen – Reize und Reaktionen – sind sie sehr leicht zu operationalisieren. Die hauptsächlich verwendete Methode ist das Lernexperiment, in dem bestimmte Reize gesetzt und ihre Konsequenzen auf Reaktionen beobachtet werden. Werden dabei zirkuläre Definitionen des Belohnungswertes von Reizen vermieden, sind Lerngesetze empirisch prüfbar.

Prüfbar ist auch die persönlichkeitspsychologisch wichtige Annahme, daß Lerneffekte das Lernexperiment überdauern und damit als Persönlichkeitsänderungen interpretiert werden können. Im Vergleich zu einer Kontrollgruppe, die das interessierende Verhalten nicht systematisch erlernt hat, sollte das von der Experimentalgruppe erlernte Verhalten auch noch lange nach Abschluß des Experiments leichter abrufbar sein. Ist das der Fall, ist eine Persönlichkeitsänderung im Verhalten erzeugt worden. Diese Prüfung ist deshalb unabdingbar, weil sehr viele im Labor erzeugte Lerneffekte nicht einmal über einige Wochen hinweg stabil bleiben.

Der Nachweis, daß sich tatsächlich einige mittelfristig stabile Persönlichkeitsunterschiede in Lernexperimenten erzeugen lassen, belegt jedoch noch nicht die weitergehende behavioristische Behauptung, daß faktisch vorhandene Persönlichkeitsunterschiede nach behavioristischen Lernprinzipien entstanden sind. Um das zu dokumentieren, ist es letztlich notwendig, die Lerngeschichte einer Person lückenlos zumindest ab der Geburt zu beobachten und alle Reiz-Reaktions-Beziehungen zumindest für eine umschriebene Klasse von Reaktionen zu analysieren. Das ist offensichtlich im Humanversuch praktisch undurchführbar und könnte höchstens im Tierversuch realisiert werden.

Ein strenger Nachweis, daß z. B. Unterschiede in menschlichen Angstreaktionen auf einer unterschiedlichen Lerngeschichte beruhen, konnte deshalb nicht geführt werden und wird wohl auch nie geführt werden können. Versuche, die Lerngeschichte durch Befragung der Betreffenden retrospektiv zu rekonstruieren, sind wegen Gedächtnisverzerrungen bei den Befragten äußerst problematisch (Loftus, 1980); hier besteht eine Parallele zur Rolle der Kindheitserinnerungen in der Psychoanalyse (vgl. Abschn. 2.2.3).

Eine weitere Schwäche der behavioristischen Methodik ist eher subtiler Natur. Behavioristische Experimente sind asymmetrisch angelegt: Der Experimentator kontrolliert die Umwelt des Lernenden. Daß das so ist, läßt sich aber letztlich behavioristisch gar nicht oder nur mit größten Verrenkungen begründen. Lernexperimente können nämlich behavioristisch auch so gedeutet werden, daß der Lernende den Experimentator kontrolliert: Wenn ich diese Taste drücke, gibt mir der Experimentator Futter. Wenn ich ihn regelmäßig durch mein Tastendrücken für das Futtergeben belohne, bringe ich ihn dazu zu lernen, wie er mir Futter gibt. Aus dieser Sicht hat hier die Ratte den Experimentator operant konditioniert, nicht umgekehrt (Abb. 2.4).

Diese Interpretation macht eine Schwäche der behavioristischen Methodik deutlich: Sie ist nicht in der Lage, die einfache Tatsache zu erfassen, daß der Experimentator schon vor Beginn des Experiments beabsichtigte, die Ratte für ihr Tastendrücken zu belohnen; die Ratte dagegen hatte eine solche Absicht sicherlich nicht, zumindest dann nicht, wenn sie zum ersten Mal an einem psychologischen Experiment teilnahm. Planvolles Handeln, das über die aktuelle Situation und deren Reizbedingungen hinausgeht, ist behavioristisch wenn überhaupt, dann nur sehr schwer abzubilden.

Die behavioristische Tradition, Lernsituationen asymmetrisch zu analysieren, legt im Falle alltäglicher sozialer Interaktionssituationen nahe, die dort ablaufenden wechselseitigen Belohnungen und Bestrafungen auf eine fatale Weise einseitig zu interpretieren. Dies sei hier am Beispiel der Mutter-Kind-Interaktion bei aggressiven Kindern deutlich gemacht. Die behavioristische Analyse setzte

Abb. 2.4. Konditionierung des Experimentators durch die Ratte: "Boy, have I got this guy conditioned! Everytime I press the bar down he drops in a piece of food." (Nach Skinner, 1956, Fig. 17)

hier einseitig am Kind an, indem die Abhängigkeit der aggressiven Reaktionen des Kindes vom mütterlichen Erziehungsverhalten untersucht wurde. Gesucht wurde deshalb nach mütterlichen Verhaltensweisen, die aggressive Verhaltensweisen des Kindes belohnen oder bestrafen. Die Tatsache, daß kindliche Aggressivität oft gepaart mit einem rigide-einschränkenden Erziehungsstil der Mutter einhergeht, wurde so interpretiert, daß ein solcher Erziehungsstil Kinder aggressiv mache, d. h. daß rigide-einschränkendes Verhalten der Mutter spontan auftretendes aggressives Verhalten von Kindern verstärke. Dies mußte aber eine Hypothese bleiben, weil der Lernprozeß ja immer schon stattgefunden hatte.

Alternativ läßt sich die Paarung von kindlicher Aggressivität und rigide-einschränkendem Erziehungsstil der Mutter aber mindestens ebenso plausibel auf eine ganz andere Weise behavioristisch interpretieren: Aggressive Kinder belohnen durch ihr Verhalten rigide-einschränkendes Verhalten der Mutter – das Kind zwingt die Mutter zu einem solchen Erziehungsstil. Während der behavioristischen Ära wurde diese zweite Interpretation nie ernsthaft untersucht. Erst Bell und Harper (1977) bezogen Effekte des Kindes auf seine Mutter in Erklärungen der Persönlichkeitsentwicklung ein, und inzwischen konnte empirisch belegt werden, daß aggressive Kinder Einfluß auf den Erziehungsstil ihrer Mütter haben (vgl. Abschn. 6.3.3).

Daß hier Behavioristen auf einem Auge blind blieben, dürfte an ihrer generellen Tendenz liegen, das menschliche Leben sozusagen als ein ständiges Lernexperiment zu betrachten, in dem die jeweils betrachtete Person Opfer ihrer Lernumwelt ist. Daß auch Lernende unter Umständen Einfluß auf ihre Lernumwelt haben, indem sie bestimmte Reizkonstellationen aktiv auswählen, verändern oder gar herstellen, wurde dabei ignoriert. Eine entsprechende Einseitigkeit charakterisiert auch die heutige Alltagspsychologie.

> **!** **Im Behaviorismus wird die Lernsituation asymmetrisch angelegt: Lernende sind Opfer ihrer Lernumwelt, nicht umgekehrt.**

2.3.4 Empirische Bewährung

Der Behaviorismus erwies sich zunächst im Tierexperiment, dann im Humanexperiment und schließlich auch im Rahmen der Verhaltenstherapie als erfolgreich bei der gezielten Modifikation bestimmter Verhaltensweisen durch Belohnung und Bestrafung. Nicht nur offenes Verhalten, sondern auch manche physiologischen Funktionen erwiesen sich in bestimmten Grenzen als konditionierbar. Die Erfolge der Verhaltenstherapie bestätigen allerdings ebensowenig das behavioristische Persönlichkeitskonzept wie die Erfolge der psychoanalytischen Therapie das psychoanalytische Persönlichkeitskonzept bestätigen (vgl. Abschn. 2.2.4). Ebenso besagt der Nachweis, daß manche Reiz-Reaktions-Verbindungen im Lernexperiment herstellbar sind, noch lange nicht, daß faktisch vorgefundene Persönlichkeitsunterschiede durch Lernen entstanden sind. Aber die Erfolge behavioristisch angelegter Experimente und Therapien wurden bis in die 70er Jahre hinein noch als Bestätigung jedenfalls eines möglichen Prozesses der Persönlichkeitsentwicklung angesehen.

Nach diesen Anfangserfolgen zeigten sich jedoch allmählich auch die Grenzen des behavioristischen Ansatzes. Entwicklungspsychologen zeigten, daß schon Neugeborene sich erheblich in ihrem Temperament unterscheiden (Thomas & Chess, 1977). Diese schon bei der Geburt vorhandenen Unterschiede betreffen nicht nur den Schlaf-Wach-

Rhythmus und die motorische Aktivität, sondern auch Reizschwellen, Aufmerksamkeitsdauer, Ablenkbarkeit, Annährungs- und Vermeidungstendenz neuen Reizen gegenüber und die allgemeine Stimmungslage. Neugeborene entsprechen in keinster Weise einem „unbeschriebenen Blatt", sondern zeigen von der ersten Minute an deutliche Persönlichkeitszüge, die behavioristisch bestenfalls durch Annahmen über pränatales Lernen erklärt werden könnten (vgl. Asendorpf, in Druck).

Viele Lerneffekte erwiesen sich als wenig stabil trotz langer Lernphasen (z. B. Verhaltenstherapie bei Rauchen, Übergewicht oder Alkoholismus), andere als hochstabil nach einmaligem Lerndurchgang (vgl. z. B. das oben geschilderte Experiment von Mineka et al., 1984). Kritischer als diese behavioristisch nicht erklärbaren Variationen in der Effektivität der Verhaltensmodifikation war für das behavioristische Paradigma seine Unfähigkeit, planvolles Verhalten zu erklären, das über die unmittelbare Reizkonstellation hinausgeht. Die meisten Menschen würden einen zehntägigen Gefängnisaufenthalt gerne in Kauf nehmen, wenn sie dafür hinterher eine Million einstreichen könnten. Behavioristisch läßt sich das nur mit komplizierten und letztlich nicht mehr direkt prüfbaren Annahmen über eine schrittweise Entwicklung der Fähigkeit zum Belohnungsaufschub erklären.

Diese und zahllose andere Unfähigkeiten, behavioristisch Phänomene zu erklären, die durch Annahmen über innere, nicht direkt beobachtbare Prozesse sehr einfach erklärt werden können, brachten das behavioristische Paradigma zunächst für die allgemeine Psychologie zu Fall. Abgelöst wurde es in der allgemeinen Psychologie vom Informationsverarbeitungsparadigma, das es erlaubt, nicht direkt beobachtbare psychische Prozesse empirisch zu untersuchen (vgl. Abschn. 2.5). Infolge dieses Paradigmenwechsels verlor das behavioristische Paradigma auch schnell an Attraktivität für Persönlichkeitspsychologen, die sich vermehrt individuellen Besonderheiten in Informationsverarbeitungsprozessen jenseits einfacher Reiz-Reaktions-Beziehungen zuwandten (vgl. Abschn. 2.5).

Die Lerngesetze wurden dabei als gültig angesehen, aber ihre Bedeutung für die Erklärung zielgerichteten Handelns über Reaktionen auf aktuelle Reizbedingungen hinaus wurde als gering eingeschätzt. Zudem wurde mehr und mehr deutlich, daß die zentrale behavioristische Annahme, daß Lerngesetze bereichsunspezifisch seien, nicht zutrifft. Es gibt artspezifische Prädispositionen, bestimmte Reaktionen auf bestimmte Reize hin sehr leicht und auf andere Reize hin schwer bis gar nicht zu erlernen (Seligman, 1970). Dies trifft auch für Beobachtungslernen zu, wie wohl am bisher klarsten von Cook und Mineka (1989) gezeigt werden konnte (Tafel 2.4).

Tafel 2.4. Genetische Prädisposition zum Beobachtungslernen

Cook und Mineka (1989) erweiterten die schon geschilderte Studie von Mineka et al. (1984) zum Erwerb von Schlangenangst bei Rhesusaffen in mehrerer Hinsicht. Sie zeigten verschiedenen Gruppen von Rhesusaffen, die im Zoo aufgewachsen waren und nie zuvor eine Spielzeugschlange, ein Spielzeugkrokodil, einen Spielzeughasen oder eine Plastikblume gesehen hatten, mehrfach einen Videofilm, in dem ein Artgenosse unängstlich oder mit großer Angst auf einen dieser vier Reize reagierte. Durch Bildmanipulation wurde erreicht, daß die (nicht-)ängstliche Reaktion des Artgenossen bei allen Reizen identisch war. Vor und nach diesem Lernexperiment wurden die Versuchstiere mit den im Film gezeigten Reizen direkt konfrontiert. Filme, in denen der Artgenosse nichtängstlich auf Schlange, Krokodil, Hase oder Blume reagiert hatte, hinterließen keine Wirkung: Die Versuchstiere reagierten wie vor dem Experiment nichtängstlich. Auch der Hase oder die Blume ließen sie unbeeindruckt, selbst wenn sie zuvor im Film mehrfach gesehen hatten, daß ein Artgenosse diesen Reizen gegenüber hochängstlich reagiert hatte. Nur diejenigen Tiere, die ihren Artgenossen zuvor ängstlich gegenüber der Schlange oder dem Krokodil hatten reagieren sehen, reagierten nun auch selbst mit Angst. Die Angst wurde nur bestimmten Reizen gegenüber erworben. Dieses Ergebnis ist behavioristisch nicht erklärbar. Evolutionsbiologisch betrachtet macht es aber viel Sinn, weil Schlangen und Krokodile hochgefährlich für Säugetiere sind, Hasen und Blumen jedoch nicht (deshalb hatten die Autoren diese Reize so gewählt). Es scheint sich im Verlauf der Evolution eine genetische Prädisposition zum Erlernen von Angst gegenüber solchen Reizen herausgebildet zu haben, die in der evolutionären Vergangenheit Gefahr signalisierten.

Dies würde erklären, warum Menschen in Mitteleuropa viel öfter pathologische Angst vor Schlangen zeigen als vor Autos, obwohl für sie Autos viel gefährlicher sind als Schlangen: Das Erschrecken eines Artgenossen vor einer Schlange hat tiefgehendere Wirkungen als das gleiche Erschrecken vor einem Auto, weil nur das Schema

der Schlange genetisch verankert ist und sozusagen nur darauf wartet, mit Angst in Verbindung gebracht zu werden. Selbst die weite Verbreitung von Mythen über Seeschlangen fände so eine evolutionsbiologische Erklärung als Übergeneralisierung eines genetisch tief verankerten Schemas (vgl. Öhman, 1986).

Inzwischen gibt es auch im Humanexperiment Hinweise auf genetische Prädispositionen zum reizspezifischen Erwerb von Ängsten, wenn auch noch nicht so eindeutige wie in der Studie von Cook und Mineka (vgl. Öhman, 1993). Genetischer Einfluß und Lernen können also nicht als unabhängig betrachtet werden: Was wie leicht gelernt wird, kann genetisch vorbestimmt sein.

> ! **Genetische Prädispositionen zum Erlernen bestimmter Lerninhalte widersprechen der behavioristischen Annahme, daß Lerngesetze universell seien.**

Bei diesen genetischen Prädispositionen zum bereichsspezifischen Lernen dürfte es sich teilweise um universelle Dispositionen handeln, die für fast alle Mitglieder einer Art, z. B. fast alle Menschen, gültig sind, weil sie so hilfreich für das Überleben unserer Vorfahren gewesen sind, daß die entsprechenden Genvarianten sich gegenüber Alternativen klar durchgesetzt haben. Sie sind damit noch kein Thema der Persönlichkeitspsychologie. Dennoch wurden sie hier relativ ausführlich diskutiert, weil die Existenz universeller genetischer Prädispositionen zum Lernen die Annahme nahelegt, daß es zumindest bei weniger potenten Gefahrreizen auch individuelle Besonderheiten in derartigen genetischen Prädispositionen gibt: Der eine erwirbt z. B. aus genetischen Gründen leichter Ängste gegenüber Mäusen als der andere.

Tatsächlich fanden Rose und Ditto (1983) in einer der wenigen Studien zum genetischen Einfluß auf spezifische Ängste, daß bei 7 unterschiedlichen Angsttypen 5 einen deutlichen genetischen Einfluß auf den Ängstlichkeitsgrad zeigten (eineiige Zwillinge waren sich wesentlich ähnlicher als zweieiige; vgl. zur Methodik Abschn. 6.2.2). Dies läßt sich im Rahmen eines Lernansatzes als genetisch bedingte Persönlichkeitsunterschiede in der Lernbereitschaft interpretieren.

Genetisch bedingte Unterschiede in der Lernbereitschaft sind nur ein Aspekt eines größeren Problems für behavioristische Ansätze der Persönlichkeitserklärung: Lernen ist generell persönlichkeitsabhängig. Unterschiedliche Menschen lernen nicht gleich schnell – eine Binsenweisheit für jeden Lehrer. Intelligenzunterschiede, Unterschiede im Vorwissen, in Lernstrategien und Unterschiede in der Lernmotivation beeinflussen die Lernleistung (vgl. Abschn. 6.3.2). Diese Persönlichkeitsunterschiede in der Lernbereitschaft müßten nach behavioristischer Auffassung vollständig durch eine unterschiedliche individuelle Lerngeschichte erklärbar sein. Da diese Lerngeschichte aber behavioristisch im nachhinein nicht rekonstruierbar ist, wurden diese Persönlichkeitsunterschiede oft dann doch ignoriert.

Damit wurde nicht nur die Vorhersagbarkeit individueller Lernverläufe unnötig eingeschränkt – der Einbezug von Persönlichkeitsvariablen verbessert diese Vorhersage wesentlich (vgl. Abschn. 6.3.2) – sondern es entstand auch ein verzerrtes Bild vom eigentlichen Lernprozeß. Schüler sind kein Nürnberger Trichter, in den der Lehrer sein Wissen hineinschüttet, sondern sie nehmen – oft zum Leidwesen des Lehrers – wesentlichen Einfluß auf das Lernangebot, indem sie es in individueller Weise wahrnehmen oder nicht beachten, verstehen oder falsch interpretieren und später das erworbene Wissen anwenden oder nicht anwenden. Das gilt für den Lernprozeß ganz allgemein. Der Behaviorismus wies dem Lernenden eine passive Rolle zu, die den faktisch ablaufenden Prozessen nicht entspricht.

> ! **Menschliches Lernen ist wesentlich von Persönlichkeitseigenschaften des Lernenden abhängig. Von daher nimmt die Persönlichkeit Einfluß auf den Lernprozeß.**

2.3.5 Bewertung

Der Vorteil des behavioristischen Paradigmas für die Persönlichkeitspsychologie liegt zunächst in der guten Operationalisierbarkeit der Grundkonzepte Reiz und Reaktion. Dieser Vorteil wird besonders deutlich, wenn man die Operationalisierbarkeit dieser Konzepte mit der Operationalisierbarkeit psychoanalytischer Begriffe vergleicht. Diese gute Operationalisierbarkeit wurde jedoch

erkauft durch eine biologisch und psychologisch völlig inadäquate Vernachlässigung der verdeckten, im Organismus selbst ablaufenden Prozesse. Tiere und Menschen wurden im Behaviorismus als Black box („schwarzer Kasten") betrachtet, in die man nicht direkt hineinsehen und über die man deshalb auch keine Einsicht gewinnen könne. Letzteres ist ein Fehlschluß. Würde die Physik sich auf direkt Wahrnehmbares beschränken, gäbe es weder eine Geologie des Erdinnern noch eine Atomphysik. Alle empirischen Wissenschaften arbeiten mit nicht direkt beobachtbaren Konstrukten.

Ganz im Gegenteil: Der Fortschritt der Naturwissenschaften beruht ganz wesentlich auf dem Erschließen von nicht Beobachtbarem aus Beobachtbarem. Folgt dieser Schlußprozeß den Kriterien der empirischen Wissenschaften, scheinen auch äußerst indirekt vermittelte Schlüsse noch recht zuverlässig zu sein (vgl. Atomphysik). Nur wenn der Schlußprozeß nicht diesen Kriterien genügt, sind Spekulationen Tür und Tor geöffnet (vgl. Psychoanalyse). Das ist jedoch kein Grund, auf empirisch begründete, indirekte Schlüsse zu verzichten (Tafel 2.5).

Tafel 2.5. Psychologie, Psychoanalyse und Behaviorismus

Ihr Verhältnis charakterisiert das folgende Bonmot, das natürlich übertreibt, aber dennoch den Kern der Sache trifft:
Was ist Psychologie? – Nach einer schwarzen Katze in einem stockdunklen Zimmer suchen.
Was ist Psychoanalyse? – Nach einer schwarzen Katze in einem stockdunklen Zimmer suchen, in dem keine schwarze Katze ist – aber trotzdem eine finden.
Was ist Behaviorismus? – Zu glauben, in einem stockdunklen Zimmer könne man keine schwarze Katze finden.

Neben dieser unnötigen Selbstbeschränkung auf direkt Beobachtbares erwiesen sich zwei zentrale Annahmen des Behaviorismus als falsch. Persönlichkeitsunterschiede entstehen nicht erst durch Lernen nach der Geburt, sondern sind vom Zeitpunkt der Zeugung an vorhanden. Lernen ist bereichsspezifisch und damit nicht vollständig durch universelle Lerngesetze erklärbar. Wie die Untersuchungen zu genetischen Prädispositionen zum Erlernen spezifischer Reiz-Reaktions-Verbindungen nahelegen, scheint unsere evolvierte genetische Struktur Umwelteinflüsse zu kanalisieren; unsere biologische Natur scheint ein nicht unbeträchtliches Hindernis für Watsons Manipulationsphantasien (vgl. Tafel 2.3) darzustellen.

Das gilt erst recht für das Lernen in natürlichen Umwelten. Schon dadurch, daß wir Reize hoch selektiv wahrnehmen, bestimmen wir zu einem gewissen Teil mit, welche Umwelteinflüsse auf uns wirken, und da wir Situationen in Grenzen aktiv aufsuchen, vermeiden, verändern und herstellen können, können wir erst recht Einfluß auf unsere Umwelt nehmen. Da diese Einflußmöglichkeiten wiederum persönlichkeitsabhängig sein können, ist unsere Persönlichkeit nicht so abhängig von Umwelteinflüssen, wie es die Behavioristen glaubten. Kinder sind nicht einfach Opfer ihrer Eltern; auch Eltern können in mancher Hinsicht Opfer ihrer Kinder sein.

Auch wenn die meisten Psychologen heute nicht mehr Watsons Glauben an die Manipulierbarkeit der menschlichen Persönlichkeit teilen: Die heutige Alltagspsychologie ist immer noch stark durch den Glauben beeinflußt, Persönlichkeit sei durch Anwendung geeigneter Erziehungsregeln, guten Unterrichts, therapeutischer Interventionen oder effizienter Werbung in großem Maße formbar. Man müsse nur das Wissen über die entscheidenden allgemeinen Regeln kennen und diese dann konsequent anwenden. Daß sich Psychologen mit dieser Anspruchshaltung von Eltern, Lehrern, Patienten und Unternehmern auseinandersetzen müssen, daran ist der Behaviorismus nicht ganz unschuldig.

Fragen

2.7 Sind die Lerngesetze universell?

2.8 Welche Schwierigkeiten ergeben sich bei der Erklärung von Eigenschaften durch die Lerngeschichte?

2.9 Trifft Watsons Annahme zu, daß sich Prozesse in der Black box nicht wissenschaftlich untersuchen lassen?

Weiterführende Literatur

Spada, H. (Hrsg.) (1992). *Lehrbuch Allgemeine Psychologie.* Bern: Huber, Kap. 6.

Pervin, L.A. (1993). *Persönlichkeitstheorien.* München: Reinhardt, Kap. 10.

2.4 Das Eigenschaftsparadigma

Weitgehend unabhängig von Psychoanalyse und Behaviorismus entwickelte sich aus der naiven Persönlichkeitstheorie der Alltagspsychologie (vgl. Abschn. 1.3) ein Paradigma der Persönlichkeitspsychologie, das den Ansprüchen der empirischen Wissenschaften genügt: das Eigenschaftsparadigma. Es wurde vor allem durch William Stern (1871–1938) und Gordon Allport (1897–1967) begründet. Im Eigenschaftsparadigma wird versucht, den Eigenschaftsbegriff der Alltagspsychologie zu präzisieren und ihn vor allem für diagnostische Zwecke zu nutzen. Das Eigenschaftsparadigma hat die empirisch orientierte Persönlichkeitspsychologie lange Zeit dominiert und übt auch heute noch einen wesentlichen Einfluß auf die Persönlichkeitspsychologie aus. Neuere Paradigmen ergänzen es eher, als daß sie es ganz über Bord werfen. Aufgrund seiner zentralen Bedeutung nimmt das Eigenschaftsparadigma einen entsprechend breiten Raum in diesem Kapitel ein.

2.4.1 Allgemeines Menschenbild

Im Behaviorismus wird angenommen, daß Menschen auf einzelne konkrete Reize der aktuellen Umwelt mit einzelnen konkreten Reaktionen oder Reaktionsketten reagieren. Im Eigenschaftsparadigma wird dagegen davon ausgegangen, daß Menschen meist auf komplexe Reizkonstellationen reagieren: auf Situationen. Eine Situation kann einfach strukturiert sein, z. B. die Aufgabe, 1 + 1 zu berechnen. Sie kann aber auch sehr komplex sein, z. B. eine hitzige Debatte zwischen fünf Parteien an einem Tisch. Eine Situation ist derjenige Ausschnitt der aktuellen Umwelt einer Person, der Einfluß auf ihr aktuelles Verhalten ausübt.

Wie im Behaviorismus werden auch im Eigenschaftsparadigma einzelne Reaktionen im Verhaltensstrom einer Person abgegrenzt, aber der Reaktionsbegriff ist breiter gefaßt. Neben konkreten Reaktionen wie Drücken einer Taste oder Lachen sind auch qualitative Aspekte komplexer Reaktionen eingeschlossen wie die Qualität der Lösung einer komplexen Aufgabe oder der Grad, in dem eine Mitteilung eine versteckte Drohung enthält.

Wie im Behaviorismus wird auch im Eigenschaftsparadigma nach funktionalen Abhängigkeiten zwischen den Situationen und Reaktionen einer Person gesucht. Diese funktionalen Abhängigkeiten werden aber nicht in der Lerngeschichte der Person, sondern in Eigenschaften der Person gesucht: Die Eigenschaften einer Person bestimmten, welche Reaktionen sie in einer bestimmten Situation zeige. Wie aggressiv Menschen reagieren, ist danach eine Funktion der Situation und ihrer Aggressivität, wie intelligent sie handeln, ist eine Funktion der Situation und ihrer Intelligenz. Wie in der Alltagspsychologie wird angenommen, daß Eigenschaften Merkmale von Personen sind, die zumindest über mittelfristige Zeiträume stabil sind, wobei langfristige Änderungen nicht ausgeschlossen werden. Eigenschaften werden also als Verhaltensdispositionen betrachtet (vgl. Tafel 1.1).

> **!** **Nach eigenschaftspsychologischer Auffassung erzeugen Eigenschaften stabile Beziehungen zwischen den Situationen und den Reaktionen einer Person.**

Oft wird angenommen, daß Eigenschaften letztlich auf neuronalen Strukturen und Funktionen (Prozessen im Nervensystem) beruhten und deshalb im Prinzip direkt beobachtbar sein müßten (Allport, 1937; Funder, 1991). Die Neuropsychologie sei aber noch nicht weit genug, um Eigenschaften neurophysiologisch zu identifizieren. Faktisch seien deshalb Eigenschaften nur indirekt aus den beobachteten Situations - Reaktions - Beziehungen erschließbar: es seien Konstrukte (Carr & Kingsbury, 1938; vgl. zum Konstruktbegriff Abschn. 1.4). Während im Behaviorismus der Mensch als Black box angesehen wird, in die man keinerlei Einblick habe, stattet das Eigenschaftsparadigma diese Black box mit Konstrukten aus.

Indem eine Eigenschaft Beziehungen zwischen den Situationen und Reaktionen einer Person erzeugt, macht sie bestimmte Situationen ähnlich und andere unähnlich; auch macht sie bestimmte

Reaktionen ähnlich und andere unähnlich. Allport (1937) drückte das so aus, daß eine Eigenschaft Situationen und Reaktionen funktional äquivalent mache. Das sei hier zunächst am Beispiel der Intelligenz erläutert.

Nach eigenschaftspsychologischer Auffassung bestimmt die Intelligenz einer Person, welche Aufgaben eines Intelligenztests sie lösen kann und welche nicht (die lösbaren bilden eine Äquivalenzklasse von Situationen, die unlösbaren eine andere). Gleichzeitig lege ihre Intelligenz fest, welche Strategien die Person bei der Aufgabenbearbeitung verwendet. Die erfolgreichen Strategien (die zur Lösung führen) bilden eine Äquivalenzklasse von Reaktionen für diese Person, die nicht erfolgreichen Strategien eine andere Äquivalenzklasse.

Dieses Beispiel bezieht sich auf dichotome Reaktionen (Reaktionen, die nur zwei Werte annehmen können, z. B. Strategie erfolgreich – nicht erfolgreich). Bei graduellen Reaktionen (Reaktionen, die quantitativ gemessen werden können) wie z. B. Lösungsdauer oder Lösungswahrscheinlichkeit bei mehrfacher Bearbeitung derselben Aufgabe läßt sich die funktionale Äquivalenz von Reaktionen nicht mehr gut durch Äquivalenzklassen beschreiben. Das Konzept der Kovariation von Reaktionen ist hierfür besser geeignet. Bei funktional äquivalenten Reaktionen variiert die Stärke beider Reaktionen in ähnlicher Weise über die Situationen hinweg, sie „kovariiert" über die Situationen. Abbildung 2.5 illustriert dies am Beispiel von Prüfungsangst.

Ein Student werde in sechs Situationen beobachtet, in denen einer seiner Professoren anwesend ist: In der Cafeteria an getrennten Tischen einander gegenüber sitzen, kurzer Wortwechsel auf dem Flur, Seminar, Prüfungsberatung in der Sprechstunde, schriftliche Klausur und mündliche Prüfung. Gemessen werden zwei graduelle Reaktionen auf derselben Skala von 1–5: ängstliche Mimik und die subjektive Wahrnehmung von Herzklopfen. In jeder Situation werde die Mimik beobachtet und das Herzklopfen erfragt. Es ergebe sich der in Abb. 2.5 gezeigte Zusammenhang zwischen diesen beiden Reaktionen über die sechs Situationen hinweg. Der Student reagiert in beiden Reaktionen zunehmend stärker: Beide Reaktionen kovariieren über die sechs Situationen. Graphisch bedeutet das, daß die beiden Situationsprofile, die die Situations-Reaktions-Funktionen des Studenten beschreiben, parallel zueinander verlaufen. Die Kovariation der beiden Reaktionen legt nach eigenschaftspsychologischer Auffassung nahe, daß sie durch dieselbe Eigenschaft des Studenten bedingt sind. Dieser Kovariationsansatz wurde erstmals von Cattell (1946, 1950) systematisch ausgearbeitet.

Zusätzlich muß geprüft werden, ob die Situations-Reaktions-Funktionen für beide Reaktionen zeitlich einigermaßen konstant sind, d. h. ob sich bei mehrfacher Beobachtung des Studenten fast dieselben Situationsprofile ergeben. Erst dann ist die Eigenschaftsinterpretation der Daten abgesichert. Die Situationsprofile in Abb. 2.5 legen die

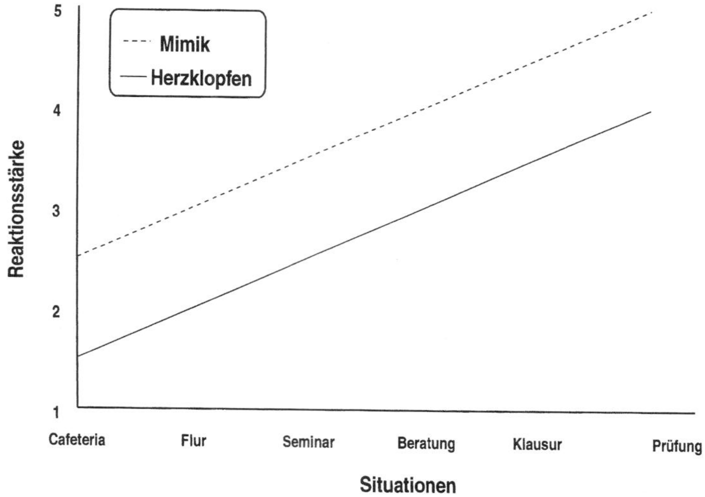

Abb. 2.5. Kovariation von Angstreaktionen bei einem Studenten; die Kovariation weist auf eine Eigenschaft hin

Interpretation nahe, daß es sich dabei um Prüfungsängstlichkeit handeln könnte.

Im Extremfall können sich Eigenschaften auf nur eine einzige Reaktion in mehreren Situationen beziehen. Die Eigenschaften äußern sich in diesem Fall in einer zeitstabilen Variation einer Reaktion über Situationen. In diesem Fall ist die Stabilitätsannahme besonders wichtig, weil sonst beliebige Situationsprofile schon als Eigenschaften angesehen würden.

> ! **Dispositionen einer Person werden bei dichotomen Reaktionen aus stabilen Äquivalenzklassen von Situationen und Reaktionen erschlossen, bei graduellen Reaktionen aus der stabilen (Ko-)Variation von Reaktionen über Situationen, graphisch veranschaulicht durch (parallele) Situationsprofile.**

2.4.2 Persönlichkeitskonzept

Ziel des Eigenschaftsparadigmas in der Persönlichkeitspsychologie ist es, die individuelle Besonderheit einzelner Menschen oder bestimmter Gruppen von Menschen durch Eigenschaften zu beschreiben. Unter der Persönlichkeit wird die organisierte Gesamtheit dieser Eigenschaften verstanden. Damit knüpft das Persönlichkeitskonzept des Eigenschaftsparadigmas eng an die Alltagspsychologie an. Wie in Abschn. 1.5 schon dargelegt wurde, werden dabei pathologische Eigenschaften von der Betrachtung ausgeschlossen, aber dafür auch verhaltensrelevante, nicht direkt beobachtbare Eigenschaften wie z. B. genetische oder neuronale Merkmale berücksichtigt.

Bei der Erfassung von Eigenschaften lassen sich zwei fundamental unterschiedliche Ansätze unterscheiden:

- der individuumzentrierte Ansatz,
- der differentielle Ansatz.

Der individuumzentrierte Ansatz

Im individuumzentrierten Ansatz werden Eigenschaften eines Individuums unabhängig von den Eigenschaften anderer Menschen beschrieben. Für Dispositionen heißt das, daß für jedes einzelne Individuum völlig unabhängig von anderen Individuen Situations-Reaktions-Funktionen beschrieben werden. Die Auswahl der Situationen und Reaktionen unterliegt dabei nur der Beschränkung, daß sie im Leben der betreffenden Person tatsächlich vorkommen.

Abbildung 2.6 zeigt in Fortsetzung des Beispiels von Abb. 2.5 die fiktiven Daten einer Studentin. Die Daten zeigen, daß ihr Verhalten in diesen Situationen auf zwei verschiedenen Eigenschaften beruht: Erwartungsspannung bei bloßer Anwesenheit von Professoren und Ängstlichkeit bei direkter Interaktion mit ihnen. Innerhalb dieser beiden Situationsklassen kovariieren nämlich die Reaktionen perfekt, was sich an einem parallelen Verlauf der Situationsprofile zeigt. Zwischen den beiden Situationsklassen kovariieren sie jedoch

Abb. 2.6. Mangelnde Kovariation von zwei Angstreaktionen bei einer Studentin; sie weist auf zwei Eigenschaften hin

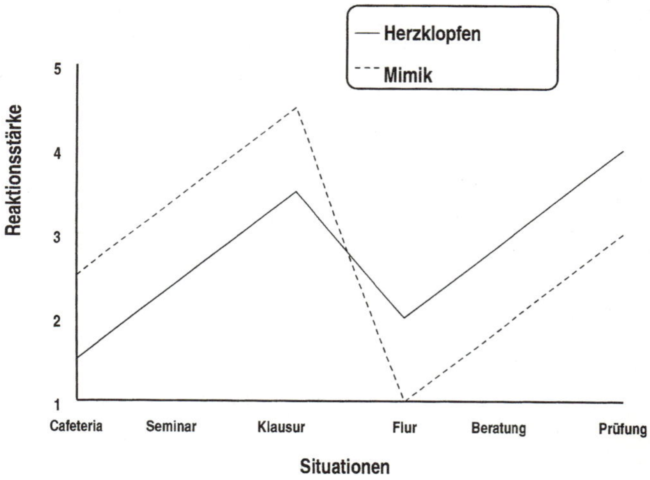

nicht perfekt: Bei Interaktion mit Professoren spürt die Studentin mehr Herzklopfen relativ zu ihrer mimischen Angst als bei bloßer Anwesenheit von Professoren. Das wird graphisch darin deutlich, daß sich die Situationsprofile beim Wechsel zwischen den beiden Situationsklassen überschneiden.

Beim individuumzentrierten Ansatz der Eigenschaftsbestimmung geht es also darum, für eine gegebene Person Situations- und Reaktionsklassen zu finden derart, daß die Reaktionen über die Situationen kovariieren. Jeder solchen Situations- bzw. Reaktionsklasse entspricht dann eine Eigenschaft der Person, die etwas darüber aussagt, wie die Person auf die Situationen reagiert. Die Daten des obigen Beispiels z. B. legen die Interpretation nahe, daß das verspürte Herzklopfen möglicherweise recht gut die empfundene Angst abbildet, während die ängstliche Mimik zusätzlich einer bewußten oder unbewußten Kontrolltendenz unterliegt: Zeige Deine Angst bloß nicht dem Professor, denn das würde einen schlechten Eindruck machen.

Dieser Ansatz erlaubt eine detaillierte Beschreibung einzelner Menschen. Zunächst werden die persönlichen Eigenschaften einer Person bestimmt (Allport, 1937, sprach von den „personal dispositions“), indem für eine bestimmte Reaktionsklasse funktional äquivalente Situationen bestimmt werden oder Situationen gesucht werden derart, daß die Reaktionen über die Situationen in stabiler Weise kovariieren. Die Gesamtheit der persönlichen Eigenschaften beschreibt dann die individuelle Organisation des Verhaltens der Person.

Dieses Verfahren genügt den Anforderungen der empirischen Wissenschaften, weil es auf Messungen aufbaut. Darunter wird das Klassifizieren oder Quantifizieren von Unterschieden verstanden. Eine Messung schließt also immer einen systematischen Vergleich zwischen Beobachtungsdaten ein (vgl. z. B. Steyer & Eid, 1993). Von daher ist nicht jede Zuordnung von Zahlen schon eine Messung. Werden z. B. Reaktionen durch Zahlen quantifiziert, so müssen Beziehungen zwischen den Zahlen (z. B. 5 ist größer 3) auch Beziehungen zwischen den gemessenen Reaktionen entsprechen (die Reaktion, die 5 entspricht, muß stärker oder häufiger sein als die Reaktion, die 3 entspricht).

Ein Problem vieler individuumzentrierter Ansätze ist, daß keine Messung durchgeführt wird, weil es bei einer freien verbalen Beschreibung von Personen in Begriffen der Alltagspsychologie bleibt. Hierzu gehört die Beschreibung der eigenen Person oder guter Bekannter durch beliebige Texte oder Adjektivlisten, die freie Beschreibung des typischen eigenen Verhaltens in bestimmten Situationsklassen und die qualitative Biographieforschung, die sich der detaillierten Beschreibung der Entwicklung der Persönlichkeit einzelner Menschen widmet (vgl. Runyan, 1982; Thomae, 1988). Bleibt es dabei, handelt es sich um Beschreibungen, nicht um Messungen, so daß die so gewonnenen Aussagen keine erfahrungswissenschaftlichen Aussagen sind, sondern lediglich vorwissenschaftliche Beschreibungen.

Zwischen diesen beiden Polen, der Messung individueller Situations-Reaktions-Funktionen und der freien verbalen Beschreibung, gibt es eine Vielzahl weiterer individuumzentrierter Methoden, die dem Meßbegriff der empirischen Wissenschaften genügen und von denen zwei in Abschn. 2.4.3 skizziert werden.

Allport (1937, 1961) legte großen Wert darauf, daß die einzelnen persönlichen Eigenschaften nicht unzusammenhängend nebeneinander ständen, sondern sich in systematischer Wechselwirkung befänden und von daher Ausdruck der individuellen Organisation des Verhaltens seien. Damit erwies sich besonders Allport (1961) als früher Systemtheoretiker. Wie sich diese Organisation empirisch erfassen lasse, ließ er jedoch offen, und auch spätere Anhänger einer individuumzentrierten Persönlichkeitsbestimmung innerhalb des Eigenschaftsparadigmas kamen an diesem Punkt nicht wesentlich weiter.

Das zentrale Problem des individuumzentrierten Ansatzes ist die Unmöglichkeit, nur aus Aussagen über persönliche Dispositionen Aussagen über die individuelle Besonderheit von Menschen zu machen. Kennen wir z. B. nur die Daten der Studentin in Abb. 2.6, wissen aber nicht, wie sich andere Studenten in diesen Situationen verhalten, ist es völlig unklar, ob diese Daten überhaupt eine Persönlichkeitseigenschaft dieser Studentin ausdrücken; es könnte ja sein, daß die Daten eine universelle Disposition aller Studenten widerspiegeln (vgl. Abschn. 1.3). Dasselbe gilt für die Beschreibung der individuellen Organisation des

Verhaltens. Es bleibt unklar, welche Anteile dieser Organisation allen Menschen gemeinsam sind und welche Anteile individuelle Besonderheiten der Verhaltensorganisation beschreiben, also die Persönlichkeit.

Anhänger des individuumzentrierten Ansatzes gehen mit diesem Problem meist so um, daß sie an das alltagspsychologische Wissen appellieren. Der Einzelfall wird genauestens geschildert und es bleibt dem Leser überlassen, mit Hilfe seines alltagspsychologischen Verständnisses in dieser Schilderung die individuelle Besonderheit zu entdecken. Wissenschaftlich betrachtet ist das eine Scheinlösung. Die individuelle Besonderheit muß in der Messung des Einzelfalls selbst stecken, d. h. persönlichkeitspsychologische Aussagen müssen Vergleiche mit anderen Menschen einschließen. Wie im folgenden deutlich werden wird, schließt das individuumzentrierte Methoden nicht aus. Entscheidend ist nur, daß an irgendeiner Stelle der systematischen Analyse der Beobachtungsdaten Vergleiche zwischen Menschen angestellt werden müssen.

> **!** **Der individuumzentrierte Ansatz kann Eigenschaften eines Menschen und ansatzweise auch die individuelle Organisation seines Verhaltens beschreiben, aber weder seine Persönlichkeitseigenschaften noch seine Persönlichkeit. Dazu muß er um Vergleiche zwischen Menschen ergänzt werden.**

Populationsabhängigkeit von Persönlichkeitsaussagen

Aussagen über Persönlichkeitseigenschaften müssen also Vergleiche mit anderen Menschen einschließen. Das Ergebnis eines solchen Vergleichs hängt offensichtlich davon ab, mit wem verglichen wird. Zum Beispiel könnte das Verhalten der Studentin in Abb. 2.6 normal für alle Studentinnen sein, nicht aber für männliche Studenten. Bei Betrachtung nur von Studentinnen handelte es sich damit nicht um eine Persönlichkeitseigenschaft, bei Betrachtung von allen Studenten männlichen und weiblichen Geschlechts dagegen handelt es sich um eine Persönlichkeitseigenschaft (nämlich eine Eigenschaft, die von allen Personen des gleichen, nicht aber des anderen Geschlechts geteilt wird, also um eine geschlechtsspezifische Eigenschaft).

In welcher Weise eine bestimmte Eigenschaft die Persönlichkeit eines Menschen charakterisiert, hängt also davon ab, mit welcher Referenzpopulation er verglichen wird. Aussagen über Persönlichkeitseigenschaften sind immer populationsabhängig. Dies widerspricht unserer alltagspsychologischen Intuition, die davon ausgeht, daß eine Persönlichkeitseigenschaft einen Menschen „an sich" charakterisiere, unabhängig davon, mit wem er verglichen wird. Das liegt daran, daß die Alltagspsychologie an diesem Punkt unscharf ist. Uns ist die Populationsabhängigkeit von Aussagen über Persönlichkeitseigenschaften nicht bewußt, weil wir im Alltag intuitiv eine angemessene Referenzpopulation wählen.

Wir vergleichen z. B. die Aggressivität eines 20jährigen deutschen Skinheads normalerweise mit der Aggressivität gleichaltriger deutscher Männer heutzutage, nicht mit der Aggressivität heutiger 80jähriger deutscher Männer oder 20jähriger Männer vom Stamme der Mundurucú-Indianer zu Beginn des 20. Jahrhunderts (berüchtigte Kopfjäger im Amazonasgebiet; vgl. Durham, 1991). Wir orientieren uns dabei an intuitiven Annahmen darüber, daß die Aggressivität mit dem Alter und der Kultur systematisch variiert.

Da dafür vieles spricht, beziehen sich auch Aussagen in der Persönlichkeitspsychologie immer nur auf individuelle Besonderheiten in der gleichen Altersgruppe und der gleichen Kultur. Warum aber vergleichen wir typischerweise einen deutschen Skinhead mit deutschen Männern, wenn es um eine Charakterisierung seiner Persönlichkeit geht, und nicht nur mit deutschen Skinheads? Und warum kaum mit weiblichen deutschen Skinheads?

Werden in der Alltagspsychologie Vergleiche zwischen Personen angestellt, wird je nach der Fragestellung, um die es geht, eine bestimmte Referenzpopulation zum Vergleich herangezogen. Geht es um Ursachen für die Aggressivität deutscher Skinheads, werden deutsche gleichaltrige Männer als Vergleich herangezogen. Geht es um die Erklärung, warum ein ehemaliger Skinhead zum Sozialarbeiter geworden ist, werden Skinheads mit Skinheads verglichen. Geht es um die besondere Rolle männlicher und weiblicher Skinheads, werden männliche mit weiblichen Skinheads verglichen.

In der Persönlichkeitspsychologie ist es genauso. Es gibt keine Aussagen über „die Eigenschaft" oder „die Persönlichkeit" eines Menschen, sondern nur

Aussagen relativ zu einer bestimmten Referenzpopulation, der die Person angehört.

> **!** **Die Messung der Persönlichkeitseigenschaften einer Person erfordert einen Vergleich mit entsprechenden Eigenschaften der Mitglieder einer Referenzpopulation, der diese Person angehört. Diese Referenzpopulation hat meist das gleiche Alter und entstammt derselben Kultur.**

Der differentielle Ansatz

Der Vergleich von Personen in Eigenschaften und ihrer Persönlichkeit wurde zuerst von Stern (1911) systematisch beschrieben als differentieller Ansatz des Eigenschaftsparadigmas. Der Ansatz zielt auf die Beschreibung von interindividuellen Differenzen, d. h. von Unterschieden zwischen den Personen einer bestimmten Population. Daher rührt die Bezeichnung „differentieller Ansatz" bzw. „differentielle Psychologie". Betrachtet werden nicht mehr Beziehungen zwischen Situationen und Reaktionen bei einer Person, sondern Beziehungen zwischen Personen einer bestimmten Population und Merkmalen, in denen die Personen sich unterscheiden. Jeder Person der Population wird eine bestimmte Merkmalsausprägung zugeordnet, z. B. der Grad ihrer Aggressivität oder das Ausmaß ihrer Intelligenz. Diese Merkmale beziehen sich auf Eigenschaften, sollten hiermit jedoch nicht identifiziert werden, wie weiter unten deutlich werden wird.

Da alle Personen einer Population in jedem Merkmal vergleichbar sind, handelt es sich bei den Merkmalen nicht um persönliche Dispositionen, sondern um Variablen, in denen die Mitglieder der Population Merkmalswerte annehmen können. Merkmalswerte charakterisieren einzelne Personen, Merkmale charakterisieren Populationen. Ihr Gültigkeitsbereich ist genereller als eine einzelne Person. Stern (1911) nannte diese Merkmale deshalb auch „allgemeine Merkmale", und Allport (1937) bezeichnete Dispositionen dieser Art als "common traits".

Zum Beispiel hat beim Merkmal „Prüfungsängstlichkeit bei Studenten" jeder Student einen Wert in der Variable „Prüfungsängstlichkeit", die die Stärke seiner Prüfungsängstlichkeit relativ zu anderen Studenten beschreibt. Diese variablenorientierte Sicht bereitet Anfängern in Persönlichkeitspsychologie immer wieder Schwierigkeiten, weil in der Alltagspsychologie individuelle Besonderheiten stets aus Sicht einer einzelnen Person betrachtet werden. Im differentiellen Ansatz werden sie aber aus Sicht einer Population betrachtet: Ist die Prüfungsängstlichkeit dieses Studenten stärker oder schwächer als die durchschnittliche Prüfungsängstlichkeit von Studenten? Diese Sicht ist eine notwendige Konsequenz des Ansatzes, Unterschiede zwischen Personen zu untersuchen.

> **!** **Persönlichkeitseigenschaften werden im differentiellen Ansatz durch Variablen gemessen, die jeder Person der Population einen Variablenwert zuweisen. Dieser Variablenwert bezieht sich auf eine Eigenschaft der Person und charakterisiert ihre individuelle Ausprägung in dieser Eigenschaft relativ zu anderen Mitgliedern der Population. Damit sind alle differentiellen Aussagen populationsabhängig.**

Variablen- und personorientierter differentieller Ansatz

Der Ansatz, aus variablenorientierter Sicht viele Personen in jeweils einem Merkmal zu unterscheiden, zielt auf die Beschreibung einzelner Persönlichkeitseigenschaften; im Mittelpunkt stehen nicht einzelne Personen, sondern Variablen in Populationen. Deshalb wird dieser Ansatz auch als variablenorientierter differentieller Ansatz bezeichnet. Zusätzlich schlug Stern (1911) einen zweiten differentiellen Ansatz vor, der auf die Beschreibung der gesamten Persönlichkeit eines Individuums zielt. Dazu werden aus personorientierter Sicht Personen in vielen Merkmalen miteinander verglichen. Stern (1911) hat diese beiden Perspektiven auf elegante Weise durch ein Schema beschrieben, das in Abb. 2.7 im Original wiedergegeben ist.

Große Buchstaben kennzeichnen in diesem Schema Personen, kleine Buchstaben Variablen. Die oberen beiden Graphiken illustrieren zwei Möglichkeiten des variablenorientierten differentiellen Ansatzes. In der Variationsforschung wird die Variation eines einzigen Merkmals in einer Population betrachtet, z. B. die Variation des räumlichen Vorstellungsvermögens von Studenten. In der Korrelationsforschung wird die Kovariation von zwei Merkmalen über die Personen der Population hinweg betrachtet. Kovariieren z. B. räumliches Vorstellungsvermögen und sprachliche Fähigkeit

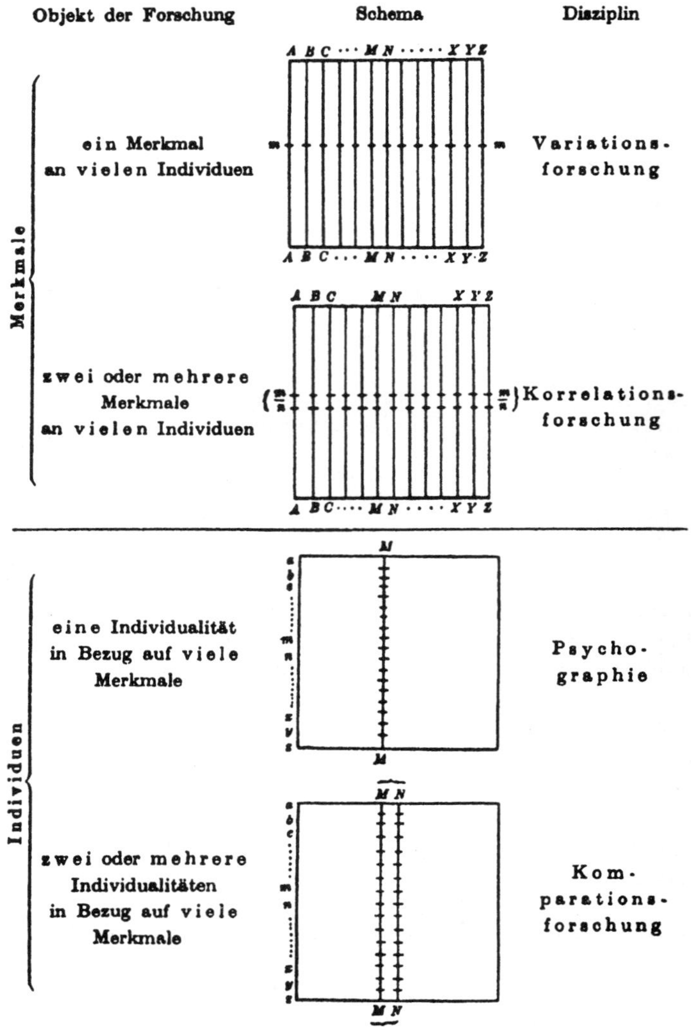

Abb. 2.7. Vier methodische Ansätze. (Nach Stern, 1911)

miteinander? Wenn das der Fall wäre, könnten wir ein übergeordnetes Merkmal „Intelligenz" dadurch bestimmen, daß wir die Werte in beiden Merkmalen mitteln.

Die beiden unteren Graphiken in Abb. 2.7 illustrieren zwei Möglichkeiten des personorientierten differentiellen Ansatzes. In der Psychographie wird eine einzige Person in vielen Merkmalen betrachtet, z. B. in ihrer Leistung in verschiedenen Tests, die spezifische Aspekte ihrer Intelligenz erfassen wie z. B. sprachliche Fähigkeiten, rechnerische Fähigkeiten, räumliches Vorstellungsvermögen. Es entsteht dann ein Persönlichkeitsprofil, das einen Persönlichkeitsbereich, z. B. den Intelligenzbereich, beschreibt. Abbildung 2.8 illustriert ein Intelligenzprofil am Beispiel von acht Untertests des Hamburg-Wechsler Intelligenztests für Erwachsene (HAWIER; Tewes, 1991).

Das Niveau dieses Persönlichkeitsprofils, d. h. die mittlere Leistung der Person in allen Intelligenztests, beschreibt die „allgemeine Intelligenz" der Person. Die Profilgestalt, d. h. Unterschiede zwischen ihren Leistungen in den einzelnen Tests, beschreibt ihre „Intelligenzstruktur", z. B. ob ihre sprachlichen Fähigkeiten (die ersten vier Tests in Abb. 2.8) besser sind als ihre nichtsprachlichen

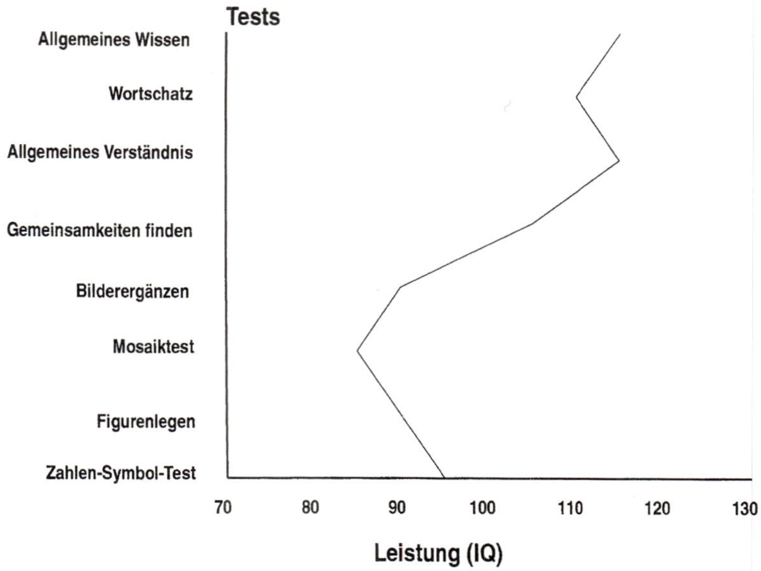

Abb. 2.8. Intelligenzprofil in acht Untertests des HAWIE

(die weiteren vier Tests); vgl. hierzu genauer Abschn. 4.4.1. Die gesamte Persönlichkeit einer Person wird im differentiellen Ansatz ganz analog verstanden:

> **!** **Im differentiellen Ansatz versteht man unter der Persönlichkeit einer Person die Gesamtheit ihrer Merkmalsausprägungen in allen Merkmalen, die Mitglieder der betrachteten Population voneinander unterscheiden. Die Persönlichkeit kann durch ein Persönlichkeitsprofil veranschaulicht werden.**

Die Komparationsforschung schließlich betrachtet die Ähnlichkeit der Persönlichkeitsprofile von zwei Personen, indem die Kovariation der Merkmalsausprägungen der beiden Personen über die Merkmale hinweg untersucht wird. Verglichen wird hier also die Profilgestalt. Handelt es sich um einen Vergleich hinsichtlich der Intelligenz, geht es bei der Komparationsforschung also um einen Vergleich der Intelligenzstruktur unabhängig vom Intelligenzniveau.

Dies eröffnet die Möglichkeit, Personen nach ähnlicher Gestalt ihres Persönlichkeitsprofils zu klassifizieren. Zum Beispiel werden alle Personen, deren räumliches Vorstellungsvermögen schlechter ist als ihre sprachlichen Fähigkeiten, zu einem Persönlichkeitstyp zusammengefaßt; die Personen, bei denen es umgekehrt ist, bilden den Antityp, und Personen, bei denen beide Fähigkeiten gleich gut oder gleich schlecht ausgeprägt sind, bilden einen dritten Typ.

> **!** **Im personorientierten differentiellen Ansatz lassen sich Personen nach Persönlichkeitstypen klassifizieren. Ein solcher Typ besteht aus Personen mit ähnlichem Persönlichkeitsprofil.**

Persönlichkeitsprofile beschreiben Aspekte der Organisation der Persönlichkeit, allerdings auf eine recht oberflächliche Art und Weise. Es lassen sich bestenfalls individuelle Dispositionshierarchien bilden (vgl. Abschn. 1.3, Abb. 1.2). Jenseits dieser Eigenschaftsstrukturen bleibt die Black box Mensch so schwarz wie im Behaviorismus.

Prüfung der Stabilität von Eigenschaften

Damit ist in groben Zügen skizziert, wie im differentiellen Ansatz einzelne Eigenschaften oder komplette Persönlichkeitsbereiche beschrieben werden. Zusätzlich zu dieser Beschreibung muß jedoch noch geprüft werden, ob die erfaßten Merkmale und Persönlichkeitsprofile auch mittelfristig stabil sind. Denn nur dann handelt es sich um Aspekte der Persönlichkeit. Daß dies nicht ganz trivial ist, sei hier am Beispiel der differentiellen

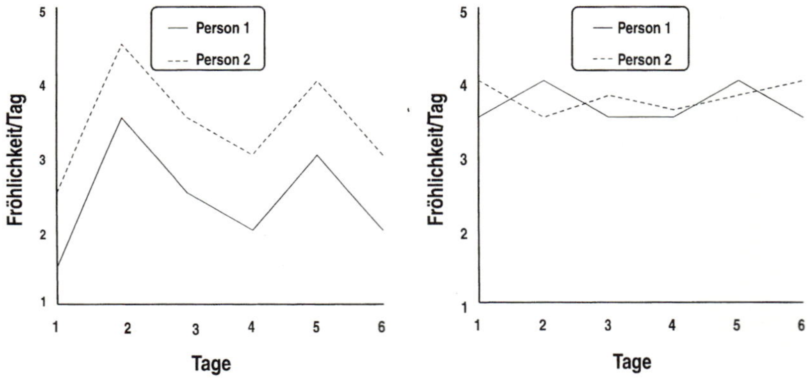

Abb. 2.9. Die tägliche Fröhlichkeit von zwei Personen. *Links*: stabiler Unterschied zwischen Personen. *Rechts*: instabiler Unterschied zwischen Personen

Messung von Fröhlichkeit erläutert. Abbildung 2.9 zeigt fiktive Daten der mittleren Fröhlichkeit von zwei Personen an sechs Tagen. Pro Tag werde die Fröhlichkeit als Reaktion auf mehrere Situationen erfragt (z. B. vor dem Aufstehen, nach dem Mittagessen usw.); die mittlere Fröhlichkeit pro Tag diene als Meßwert für die Eigenschaft Fröhlichkeit.

In der Graphik links variiert die Fröhlichkeit beider Personen intraindividuell zwar stark zwischen den Tagen (z. B. weil das Wetter stark wechselte, was sich auf ihre Stimmung auswirkte), aber sie variiert in gleicher Weise, d. h. an allen Tagen werden dieselben Fröhlichkeitsunterschiede zwischen den Personen gemessen. In diesem Fall scheint eine Eigenschaft gemessen worden zu sein, denn die gemessenen interindividuellen Unterschiede sind konstant (dies müßte allerdings noch für alle Personenpaare aus der betrachteten Population bestätigt werden).

In Abb. 2.9 rechts ist der intraindividuelle Unterschied geringer, aber die interindividuellen Unterschiede sind nicht konstant (z. B. bedingt durch unterschiedliche aktuelle Erlebnisse der beiden Personen). Die mittlere Tagesfröhlichkeit ist in diesem Fall kein Eigenschaftsindikator. Zeitstabilität von Eigenschaften bedeutet also im differentiellen Ansatz nicht Konstanz der individuellen Werte über verschiedene Meßzeitpunkte, sondern Konstanz der interindividuellen Unterschiede über die Meßzeitpunkte.

In empirischen Untersuchungen wurde gefunden, daß differentiell gemessene Tagesmittelwerte von Fröhlichkeit, Niedergeschlagenheit und anderen Stimmungen nur eine geringe Zeitstabilität aufweisen: Es sind keine Indikatoren von Eigenschaften (Larsen, 1987; Buse & Pawlik, 1994). Auch in alltagspsychologischen Erklärungen von Verhalten wird oft die Tagesverfassung einer Person gegen Persönlichkeitsdispositionen ausgespielt.

Ganz analog muß die mittelfristige Zeitstabilität von Merkmalsprofilen gesichert sein, um von einem solchen Profil auf die Persönlichkeit schließen zu können. Würde z. B. ein Profil aus verschiedenen Aspekten von Stimmungen erstellt, wird es keine ausreichende Stabilität von Tag zu Tag aufweisen. Profile aus zeitstabilen Merkmalen sind fast immer selbst zeitstabil.

> **!** Der Schluß von Merkmalen auf Eigenschaften erfordert immer einen empirischen Nachweis der Zeitstabilität dieser Merkmale, der Schluß von einem Merkmalsprofil auf die Persönlichkeit immer einen Nachweis der Zeitstabilität des Profils.

Kombination individuumzentrierter und differentieller Messungen

Das Schema von Stern (1911) hat einen Nachteil: Es suggeriert, daß Persönlichkeitsprofile und daraus abgeleitete Persönlichkeitstypen auf differentiell gemessenen Merkmalen beruhen. Das kann so sein, muß aber nicht so sein. Abbildung 2.10 illustriert eine differentielle Messung auf der Basis von Merkmalen, die individuumzentriert gemessen wurden.

Zwei Studenten führten vier Wochen lang ein systematisches Tagebuch. Jeden Tag notierten sie abends, wie lange sie mit Personen eines bestimmten Typs Kontakt hatten. Die Daten eines Tages

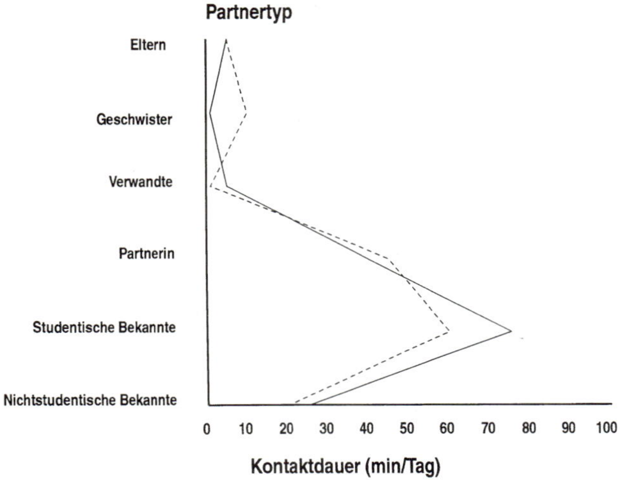

Abb. 2.10. Individuumzentriert gemessene Situationsprofile von zwei Studenten

beschreiben für jeden Studenten eine Situations-Reaktions-Funktion (Situationen sind durch Kontaktpartner charakterisiert, die Reaktion ist die Kontaktdauer). Die Situationsprofile wurden für jeden Studenten getrennt über die 28 Untersuchungstage gemittelt. Dieses mittlere Situationsprofil kann auf mittelfristige Stabilität geprüft werden, indem für jeden Studenten entsprechende Retestprofile für die ersten zwei und die letzten zwei Wochen bestimmt und deren Kovariation bestimmt wird. Kovariieren die beiden Retestprofile jedes Studenten stark miteinander, gibt die Gestalt des mittleren Situationsprofils jedes Studenten Auskunft über die individuelle Organisation seines Verhaltens, z. B. wieviel Zeit er mit anderen Studenten im Vergleich zu Familienangehörigen verbringt.

Das individuelle Profil gibt aber noch nicht Auskunft über die Persönlichkeit, denn die Profile wurden rein individuumzentriert gemessen. Es könnte ja sein, daß alle Studenten ein Profil der in Abb 2.10 gezeigten Gestalt haben, also z. B. alle mehr Zeit mit studentischen Bekannten als mit Eltern verbringen. Abbildung 2.10 gibt keine Antwort auf diese Frage, denn die beiden gezeigten Profile kovariieren stark. Das könnte aber auf Zufall beruhen.

Wie stark die „individuelle Note" des Profils eines Studenten ist, kann differentiell dadurch bestimmt werden, daß die Profile für eine repräsentative Stichprobe von Studenten bestimmt und dann auf Kovariation untereinander geprüft werden (Komparationsforschung nach Stern). Dabei würde sich vermutlich zeigen, daß nicht alle Profile die gleiche Gestalt haben, sondern daß sich Gruppen von Studenten mit ähnlicher Profilgestalt bilden lassen. Diese Persönlichkeitstypen lassen sich durch das jeweils charakteristische Profil beschreiben. Dieses Beispiel zeigt, daß differentielle Messungen auf ausführlichen individuumzentrierten Messungen aufbauen können.

> **!** **Individuumzentrierter und differentieller Ansatz im Eigenschaftsparadigma sind kein Gegensatz. Im Gegenteil ist es oft eine sinnvolle Strategie, differentielle Messungen erst nach ausführlicher individuumzentrierter Messung des Einzelfalls durchzuführen.**

Im Eigenschaftsparadigma gibt es also zwei unterschiedliche, sich sinnvoll ergänzende Ansätze, die Persönlichkeit eines Menschen auf der Basis von Eigenschaften zu beschreiben: den individuumzentrierten und den differentiellen Ansatz (Tafel 2.6).

Tafel 2.6. Individuumzentrierter und differentieller Ansatz

Im Eigenschaftsparadigma gibt es zwei unterschiedliche Ansätze, Personen zu beschreiben. Im individuumzentrierten Ansatz werden die persönlichen Eigenschaften eines Menschen aus seinen Situations-Reaktions-Beziehungen erschlossen. Die Gesamtheit dieser persönlichen Eigenschaften beschreibt die individuelle Organisation des Verhaltens eines Menschen, nicht aber seine Persönlichkeit.

Die Persönlichkeit beruht auf individuellen Besonderheiten. Diese werden aus dem Vergleich eines Menschen mit einer Referenzpopulation deutlich. Dies leistet der differentielle Ansatz. Die Mitglieder einer bestimmten Population können variablenorientiert in einzelnen Merkmalen verglichen werden, die sich auf stabile Eigenschaften beziehen. Oder sie können personorientiert durch stabile Merkmalsprofile beschrieben werden. Diese Merkmalsprofile können auf differentiellen, aber auch auf individuumzentrierten Messungen der einzelnen Merkmale aufbauen.

2.4.3 Methodik

Im letzten Abschnitt wurde deutlich, daß Untersuchungen im Eigenschaftsparadigma aus zwei Pha-

sen bestehen können: einer individuumzentrierten Phase, in der der Einzelfall charakterisiert wird, und einer darauf aufbauenden differentiellen Phase, in der interindividuelle Vergleiche angestellt werden. Die Methodik in diesen beiden Phasen soll nun näher charakterisiert werden. Zunächst werden individuumzentrierte und differentielle Methoden der Datenerhebung besprochen, anschließend Verfahren der Datenanalyse.

Individuumzentrierte Datenerhebung

Wie im letzten Abschnitt bereits dargelegt wurde, variieren individuumzentrierte Methoden auf einer Dimension, die von „weichen", freien verbalen Beschreibungen zu „harten", quantitativen Messungen von Situations-Reaktions-Funktionen reicht. Zwischen diesen beiden Polen gibt es zahlreiche Verfahren der Persönlichkeitserfassung „mittleren Härtegrades" (vgl. Weber & Laux, 1988). Zwei solche Verfahren sollen hier kurz dargestellt werden: der Rep-Test von Kelly (1955) und das Q-Sort-Verfahren von Stephenson (1953).

Kelly (1955) interessierte sich dafür, mit welchen Begriffen einzelne Individuen die Persönlichkeit von Menschen (sich selbst eingeschlossen) beschreiben. Solche Begriffe nannte er die persönlichen Konstrukte (personal constructs) des Individuums („Konstrukte", weil sie vom Individuum konstruiert werden; „persönliche", weil sie von Individuum zu Individuum variieren können). Kelly (1955) interessierte sich also für individualtypische Aspekte der naiven Persönlichkeitstheorie einzelner Menschen. Um die persönlichen Konstrukte eines Individuums zu erfassen, entwickelte er den „Rollen-Konstrukt-Repertoire-Test" (role construct repertory test; abgekürzt Rep-Test).

Dazu bekommt die getestete Person eine Liste von Rollen vorgelegt, die Personentypen beschreiben, die für fast alle Menschen im Alltag eine große Bedeutung haben, z. B. Mutter, ungeliebter Lehrer, geliebter Lehrer, Ex-Freund, Chef. Für jede Rolle wird zunächst eine konkrete Person benannt, die in die Rolle paßt. So werden insgesamt etwa 20–30 Rollen durch unterschiedliche Personen konkretisiert. Dann werden jeweils zwei Personen vorgegeben, und es wird gefragt, in welcher Hinsicht sich diese zwei ähnlich sind und von einer ebenfalls vorgegebenen dritten Person unterscheiden. Worin sie sich nach Meinung der Testperson ähnlich sind, wird das Ähnlichkeitskonstrukt genannt, worin sie sich unähnlich sind, das Gegensatzkonstrukt. Diese Konstrukte soll die Testperson möglichst kurz frei verbal beschreiben. Tabelle 2.2 zeigt ein typisches Testprotokoll.

Das Verfahren baut auf systematischen Vergleichen zwischen Personen durch die Testperson auf, liefert aber zunächst nur freie Beschreibungen von Konstrukten. Es ist keine Messung der Konstrukte der Testperson. Die Beschreibungen können aber in Messungen umgewandelt werden, indem die Konstrukte etwa nach Ähnlichkeit klassifiziert werden. Dann läßt sich z. B. die Zahl unterschiedlicher Konstrukte (oder Konstruktklassen) bestimmen, die etwas über die „kognitive Komplexität" der Testperson aussagt. Diese rein individuumzentrierte Messung der kognitiven Komplexität kann dann zwischen unterschiedlichen Testpersonen verglichen werden (vgl. Riemann, 1991, für eine deutsche Version des Rep-Tests und Scheer & Catina, 1993, für mögliche Anwendungen).

Beim Q-Sort-Verfahren von Stephenson (1953) wird eine bestimmte Person durch einen vorgegebenen Satz von Eigenschaftsbezeichnungen charakterisiert, indem jede Eigenschaft danach beurteilt wird, wie charakteristisch sie für die betreffende Person ist. Die Eigenschaften werden also intraindividuell verglichen. Es handelt sich um eine Psychographie im Sinne von Stern (1911), wobei die Merkmale nicht differentiell, sondern indivi-

Tabelle 2.2. Testprotokoll eines Rep-Tests. (Nach Pervin, 1993)

Nr.	Ähnlich	Ähnlichkeitskonstrukt	Unähnlich	Gegensatzkonstrukt
1	Chef erfolgreiche Person	Beziehung zu mir	begehrte Person	ohne Beziehung
2	abweisende Person bemitleidete Person	unglücklich	intelligente Person	zufrieden
3	Vater geliebter Lehrer	ruhig, unbekümmert	bemitleidete Person	nervös, überspannt
4	Mutter Schwester	überkritisch	Freund	freundlich
5	Ex-Freund bemitleidete Person	Minderwertigkeitsgefühle	Freund	selbstsicher

duumzentriert gemessen werden. Es entsteht ein Eigenschaftsprofil, das die beurteilte Person individuumzentriert beschreibt (Tafel 2.7).

Tafel 2.7. Das Q-Sort-Verfahren

Beim Q-Sort-Verfahren werden einem Urteiler viele Kärtchen zufällig gemischt vorgegeben. Jedes Kärtchen enthält eine Eigenschaftsbeschreibung, z. B. „ist ängstlich", „aggressiv", „hilfsbereit", „intelligent" usw. Aufgabe des Urteilers ist es, diese Kärtchen danach zu klassifizieren, wie charakteristisch die betreffende Eigenschaft für die zu beurteilende Person ist. Urteiler kann diese Person selbst sein (Selbstbeurteilung), ein Bekannter der Person (Bekanntenbeurteilung) oder ein Experte, der die Person aufgrund verfügbarer Daten (z. B. Interviews, Lebenslauf) beurteilt (Expertenbeurteilung). Der Urteiler sortiert die Eigenschaften in vorgegebene Kategorien ein, die angeben, wie gut die enthaltenen Eigenschaften die zu beurteilende Person charakterisieren, z. B.
1 = ganz schlecht, 2 = eher schlecht, 3 = mittelmäßig, 4 = eher gut, 5 = sehr gut.
Meist wird der Urteiler instruiert, in jede Kategorie eine bestimmte Zahl von Eigenschaften zu sortieren, z. B. gleich viele Eigenschaften für alle Kategorien, damit ein möglichst differenziertes Bild der Person entsteht. Faktisch beurteilt der Urteiler damit die Eigenschaften auf einer Skala (z. B. von 1–5), die angibt, wie charakteristisch die Eigenschaft für die Person ist. Damit entsteht ein Q-Sort-Profil, das die Person individuumzentriert beschreibt.

Abbildung 2.11 illustriert das Q-Sort-Profil am Beispiel eines Kindes, das von seiner Erzieherin im Kindergarten mit Hilfe der deutschen Version des California Child Q-Set (CCQ) von Göttert und Asendorpf (1989) beurteilt wurde. Der CCQ enthält 54 Eigenschaftsbezeichnungen, die auf neun Kategorien gleichmäßig verteilt werden müssen (jede Kategorie muß also sechs Eigenschaften enthalten). Angegeben ist nur ein Ausschnitt aus dem Profil (zwei Eigenschaften pro Kategorie).

Das Q-Sort-Verfahren ist nicht wirklich rein individuumzentriert, denn in den Beurteilungsprozeß gehen natürlich Überlegungen der Urteiler darüber ein, wie extrem die beurteilte Person in den zu beurteilenden Eigenschaften im Vergleich zu anderen Personen ist. Wie sonst soll jemand z. B. entscheiden, ob seine Freundin ängstlicher als aggressiv oder hilfsbereiter als intelligent ist? Auch sind die beurteilten Eigenschaften nicht von der zu beurteilenden Person selbst erzeugt, sondern vorgegeben. Insofern handelt es sich auch nicht um

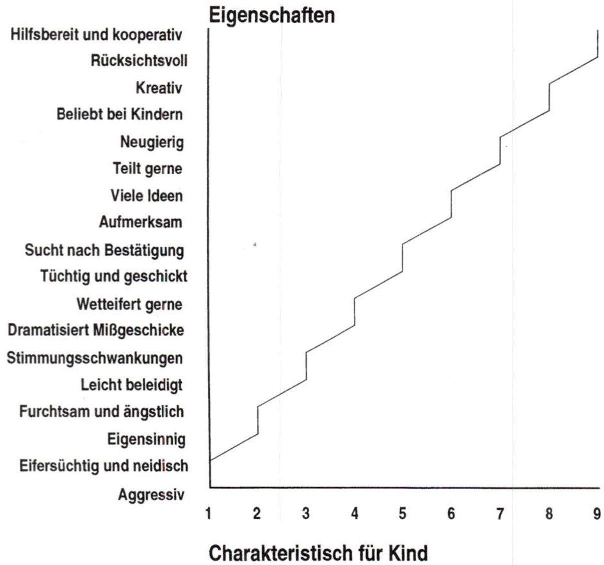

Abb. 2.11. Ausschnitt aus dem Q-Sort-Profil eines Kindes

personale Dispositionen im Sinne von Allport (1937). Urteiler können den einzelnen Eigenschaften sozusagen eine persönliche Note geben, indem sie diese auf die charakteristischen Situations-Reaktions-Funktionen der Person beziehen, aber sie werden sich kaum dagegen wehren können, ihr Urteil auch von differentiellen Erwägungen leiten zu lassen.

! Das Q-Sort-Verfahren ist eine Mischung aus individuumzentrierter und differentieller Messung.

Differentielle Datenerhebung

Im differentiellen Ansatz werden eigenschaftsrelevante Merkmalswerte erhoben. Beziehen sie sich auf Dispositionen, kann man drei verschiedene Methoden unterscheiden, diese Dispositionen zu erfassen:

- bei Persönlichkeitsinventaren werden Persönlichkeitsdispositionen aufgrund alltagspsychologischer Beschreibungen dieser Eigenschaften direkt beurteilt;
- bei Situations-Reaktions-Inventaren wird die Stärke hypothetischer Reaktionen in hypothetisch vorgegebenen Situationen erfragt;
- bei der Verhaltensbeobachtung werden tatsäch-

liche Reaktionen in realen Situationen beobachtet (z. B. Leistung in Test, Prüfungsangst).

Diese drei Methoden der differentiellen Datenerhebung sollen hier kurz geschildert werden. Tafel 2.8 erläutert den Aufbau von Persönlichkeitsinventaren (vgl. ausführlicher Mummendey, 1995a).

Tafel 2.8. Persönlichkeitsinventare

Persönlichkeitsinventare enthalten viele Eigenschaftsbeschreibungen (Items, gesprochen „Aitems", da dieser Begriff aus dem Englischen stammt), die von einem Urteiler auf einer Antwortskala danach beurteilt werden, wie ausgeprägt die jeweilige Eigenschaft für die zu beurteilende Person ist im Vergleich zu anderen Mitgliedern einer jeweils interessierenden Population, der die Person angehört, z. B. im Vergleich zu allen Gleichaltrigen derselben Nation. Die Antwortskalen können dichotom (z. B. „ist ängstlich": ja/nein) oder graduell abgestuft sein (z. B. „ist ängstlich": *gar nicht-wenig-etwas-stark-sehr stark* **oder** *nie-selten-manchmal-oft-sehr oft*)**; den Antwortstufen werden dann Zahlen zugeordnet. Wie beim Q-Sort können Selbst- oder Bekanntenbeurteilungen durchgeführt werden. Jede Eigenschaft wird durch eine Persönlichkeitsskala aus mehreren Items beschrieben, und die Antworten zu den Items derselben Eigenschaft werden gemittelt zu einem Skalenwert, der die Eigenschaft beschreibt. Dadurch können Unterschiede zwischen Beurteilern im Verständnis spezieller Items und andere Fehlerquellen bei der Beurteilung verringert werden. Oft enthalten Persönlichkeitsinventare mehrere Skalen, beziehen sich also auf mehrere unterschiedliche Eigenschaften. Aus den Skalenwerten einer Person in vielen Persönlichkeitsskalen läßt sich ein Persönlichkeitsprofil erstellen.**

Abbildung 2.12 illustriert ein Persönlichkeitsinventar am Beispiel des NEO-Fünf-Faktoren-Inventars (NEO-FFI) von Borkenau und Ostendorf (1993). Dieser Fragebogen soll 5 Eigenschaftsdimensionen anhand von jeweils 12 Items erfassen: Neurotizismus, Extraversion, Offenheit gegenüber neuen Erfahrungen, Verträglichkeit und Gewissenhaftigkeit. Er enthält also 60 Items, die systematisch gemischt wurden, indem die Items immer wieder in dieser Skalenreihenfolge präsentiert werden. Die Items erfassen jeweils beide Pole der Eigenschaftsdimensionen, z. B. hohe oder niedrige Gewissenhaftigkeit. Abbildung 2.12 zeigt einen Ausschnitt aus dem Antwortbogen des Inventars.

Ob sich die einer Skala zugeordneten Items tatsächlich auf dieselbe Eigenschaft beziehen, wird durch die Kovariation der Items über Personen geprüft. Man wählt aus der Population, für die der Fragebogen entwickelt wurde, eine große, möglichst repräsentative Stichprobe von Personen aus und läßt sie durch sich selbst oder durch Bekannte in dem Fragebogen beurteilen. Abbildung 2.13 illustriert eine gelungene und eine mißlungene Skalenkonstruktion anhand der Beurteilungen der vier Items einer „guten" Skala, deren Items dieselbe Eigenschaft erfassen, und der Beurteilungen der vier Items einer „schlechten" Skala, deren Items offensichtlich nicht dieselbe Eigenschaft erfassen, denn sie kovariieren nicht über Personen.

Graphisch wird das darin sichtbar, daß die Itemprofile parallel verlaufen oder nicht. Bei guten Skalen bilden alle Items die interindividuellen Unterschiede in der Stichprobe in ähnlicher Weise ab; sie sind ähnlich, weil sie kovariieren. Zwar könnte man die Kovariation der Items 1 und 3 verbessern, indem eines der Items umgepolt wird (d. h. am Mittelpunkt der Skala gespiegelt wird). Dennoch bliebe die Skala schlecht wegen der Items 2 und 4.

Bei Persönlichkeitsinventaren basieren die einzelnen Itembeurteilungen im Gegensatz zum Q-Sort-Verfahren explizit auf Vergleichen zwischen Personen. Es bleibt aber den Urteilern überlassen, den Bezug von Eigenschaften zu bestimmten Situationen und Reaktionen herzustellen. Der Vorteil dieses Verfahrens ist, daß es wenig aufwendig ist und die Beurteiler individuelle Besonderheiten in Situationen und Reaktionen intuitiv berücksichtigen können. Zum Beispiel ist es so möglich, die Prüfungsängstlichkeit von zwei Studenten miteinander zu vergleichen, die sich bei unterschiedlichen Professoren prüfen lassen (Unterschiedlichkeit der Situationen) oder die unterschiedlich auf Prüfungssituationen reagieren (der eine reagiert vor allem mit Herzklopfen, die andere mit einem ängstlichen Gesichtsausdruck). Die Beurteiler bilden intuitiv Äquivalenzklassen von Situationen und Reaktionen, auf die sie ihr Urteil beziehen.

Die Nachteile dieses Verfahrens sind gravierend. Erstens bleibt sehr viel den Beurteilern überlassen, ohne daß kontrolliert werden kann, wie die Beurteiler damit umgehen: Sie können sich an konkrete Reaktionen der zu beurteilenden Person in konkreten Situationen erinnern und daraus ihr Urteil ableiten (aber wie tun sie das genau?), oder sie haben sich bereits ein alltagspsychologisches Urteil

Abb. 2.12. Ausschnitt aus einem Antwortbogen des NEO-FFI (Items 1–15). (Borkenau & Ostendorf, 1993)

	Starke Ablehnung	Ablehnung	Neutral	Zustimmung	Starke Zustimmung
1. Ich bin nicht leicht beunruhigt	SA	A	N	Z	SZ
2. Ich habe gerne viele Leute um mich herum	SA	A	N	Z	SZ
3. Ich mag meine Zeit nicht mit Tagträumereien verschwenden.	SA	A	N	Z	SZ
4. Ich versuche zu jedem, dem ich begegne, freundlich zu sein.	SA	A	N	Z	SZ
5. Ich halte meine Sachen ordentlich und sauber.	SA	A	N	Z	SZ
6. Ich fühle mich anderen oft unterlegen.	SA	A	N	Z	SZ
7. Ich bin leicht zum Lachen zu bringen.	SA	A	N	Z	SZ
8. Ich finde philosophische Diskussionen langweilig	SA	A	N	Z	SZ
9. Ich bekomme häufiger Streit mit meiner Familie und meinen Kollegen.	SA	A	N	Z	SZ
10. Ich kann mir meine Zeit recht gut einteilen, so daß ich meine Angelegenheiten rechtzeitig beende.	SA	A	N	Z	SZ
11. Wenn ich unter starkem Streß stehe, fühle ich mich manchmal, als ob ich zusammenbräche.	SA	A	N	Z	SZ
12. Ich halte mich nicht für besonders fröhlich.	SA	A	N	Z	SZ
13. Mich begeistern die Motive, die ich in der Kunst und in der Natur finde.	SA	A	N	Z	SZ
14. Manche Leute halten mich für selbstsüchtig und selbstgefällig.	SA	A	N	Z	SZ
15. Ich bin kein sehr systematisch vorgehender Mensch.	SA	A	N	Z	SZ

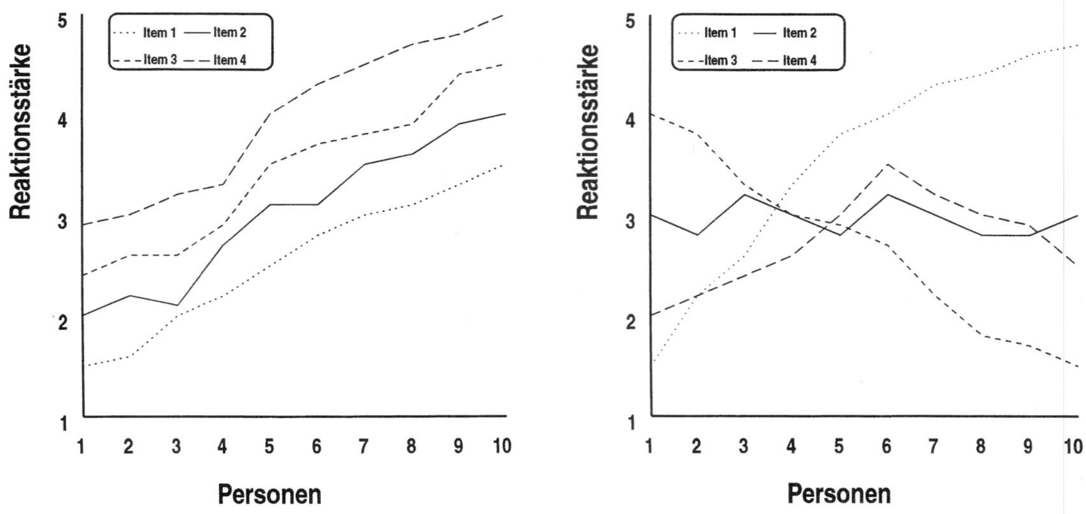

Abb. 2.13. Itemprofile bei gelungener Skalenkonstruktion (*links*) und mißlungener Skalenkonstruktion (*rechts*)

über die betreffende Person gebildet, das sie nur noch abrufen müssen (aber wie haben sie das genau getan?). Zudem müssen sie auf intuitive Weise das Problem lösen, daß die Situationen und Reaktionen unterschiedlicher Personen oft nicht unmittelbar miteinander vergleichbar sind. Das bringt alle möglichen Unwägbarkeiten ins Spiel, die dazu beitragen, daß Eigenschaftsbeurteilungen

derselben Person bei unterschiedlichen Urteilern deutlich unterschiedlich ausfallen (vgl. Abschn. 2.4.4).

Zweitens bleibt die Persönlichkeitspsychologie dann, wenn sie sich ausschließlich auf Eigenschaftsbeurteilungen verläßt, letztlich in der Alltagspsychologie gefangen, denn Beurteiler geben ihr Urteil immer aufgrund alltagspsychologischer Erwägungen ab. Diese Kritikpunkte gelten genauso für das Q-Sort-Verfahren. Die Persönlichkeitspsychologie kann zwar Eigenschaftsbeurteilungen nutzen, muß aber darüber hinausgehen, indem Verhalten in konkreten Situationen untersucht wird.

Ein Schritt in diese Richtung stellen Fragebögen dar, in denen hypothetische Reaktionen in hypothetischen Situationen erfragt werden. Im einfachsten Fall werden viele Situationen hinsichtlich einer einzigen Reaktion beurteilt (Situationsinventar). Abbildung 2.14 illustriert ein solches Situationsinventar anhand einiger Items des Fear Survey Schedule (FSS) von Wolpe und Lang (1964). Im FSS werden hypothetische angsterregende Situationen vorgegeben, die nach dem Grad der vermutlich darin erlebten Angst zu beurteilen sind. In Abb. 2.14 sind die Situationsprofile von drei Personen A, B, C eingezeichnet. B und C unterscheiden sich in ihrem Profilniveau, nicht aber in ihrer Profilgestalt; A und B unterscheiden sich in ihrer Profilgestalt, nicht aber in ihrem Profilniveau.

Werden zusätzlich auch noch mehrere Reaktionen vorgegeben, die jeweils für alle Situationen hinsichtlich ihrer Stärke zu beurteilen sind, entsteht ein Situations-Reaktions-Inventar. Das erste Inventar dieser Art wurde von Endler et al. (1962) zur Messung von Ängstlichkeit entwickelt. Jedes Item beschreibt eine potentiell angsterregende Situation und wird hinsichtlich mehrerer Angstreaktionen auf einer Intensitätsskala beurteilt.

Mit Hilfe von Situations-Reaktions-Inventaren läßt sich nicht nur die allgemeine Ängstlichkeit einer Person erfassen (mittleres Niveau aller Urteile) und ein individuelles Situationsprofil erstellen, das aus Mittelwerten von Reaktionen pro Situation aufgebaut ist, sondern es lassen sich auch individuelle Reaktionsprofile erstellen, die aus Mittelwerten von Situationen pro Reaktion aufgebaut sind. Ein solches Profil könnte z. B. besagen, daß jemand stärker mit Herzklopfen auf Angstsituationen reagiert als mit Schwitzen oder belegter Stimme.

Aber auch Situations-Reaktions-Inventare können letztlich nicht Untersuchungen des tatsächlichen Verhaltens von Personen in realen Si- tuationen ersetzen, denn Reaktionsbeurteilungen für hypothetische Situationen können in vielerlei Hinsicht verzerrt sein, z. B. durch eine verzerrte Wahrnehmung des Verhaltens, Schwierigkeiten bei der Erinnerung daran, wie sich die beurteilte Person in solchen Situationen tatsächlich verhalten

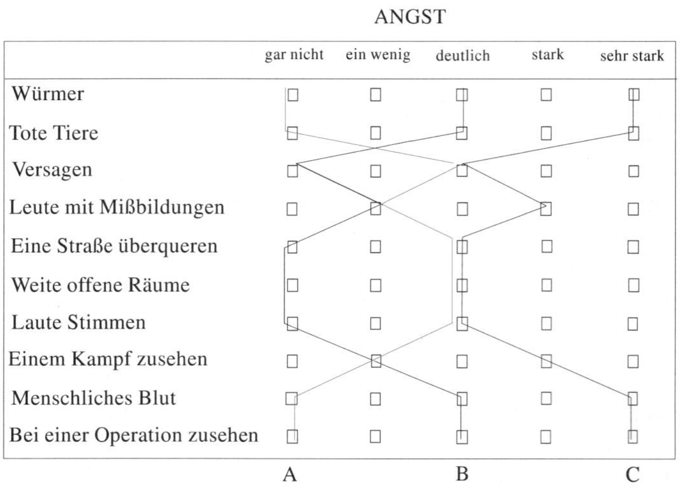

Abb. 2.14. Situationsprofile von drei Personen in Items des FSS (Fear Survey Schedule)

hat oder Tendenzen des Urteilers, die beurteilte Person in einem günstigen Licht erscheinen zu lassen.

> **!** **Fragen nach Verhalten in hypothetischen Situationen ersetzen in der Psychologie nicht die Untersuchung des tatsächlichen Verhaltens in realen Situationen; das gilt auch für die Persönlichkeitspsychologie.**

Bei der Verhaltensbeobachtung wird tatsächliches Verhalten in realen Situationen erhoben (eingeschlossen physiologische Reaktionen wie z. B. Herzrate). Die Situationen können vom Untersucher zum Zweck der Untersuchung hergestellt sein, z. B. die Bearbeitung der Aufgaben eines Leistungstests oder soziales oder emotionales Verhalten in inszenierten Laborsituationen. Oder es handelt sich um Beobachtungen im Alltag (z. B. Beobachtung des Verhaltens von Kindern im Freispiel im Kindergarten oder von Erwachsenen am Arbeitsplatz; ganztägige kontinuierliche Messung der Herzrate oder der Sprechaktivität durch portable Meßinstrumente). Hier ist die Prüfung der Stabilität der gemessenen interindividuellen Unterschiede besonders wichtig, weil Verhalten in realen Situationen meist stärker fluktuiert als Beurteilungen von Verhalten in hypothetischen Situationen.

Verhaltensbeobachtungen sind viel aufwendiger als Fragebögen, aber nur sie liefern ein ungeschminktes Bild vom Verhalten selbst. Ihr Einsatz ist in dreifacher Hinsicht begrenzt:

- Erfaßt werden kann nur beobachtbares Verhalten, nicht subjektives Erleben (z. B. Angsterleben, eine politische Einstellung).
- Erfordert die Verhaltensmessung eine visuelle Beobachtung (z. B. schüchternes Verhalten in sozialen Situationen), so ist eine Messung im Alltag praktisch unmöglich (sie erforderte eine ständige Begleitung durch einen Beobachter).
- Intimes Verhalten zu beobachten wäre ein Eingriff in die Privatsphäre (z. B. bei sexuellem Verhalten).

> **!** **Verhaltensbeobachtung ist die Methode der Wahl zur Messung der Persönlichkeit, kann aber nur bestimmte Persönlichkeitsbereiche erfassen.**

Beschreibung der Variation von Meßwerten

Die Datenanalyse im Eigenschaftsparadigma bezieht sich stets auf Variationen und Kovariationen von Meßwerten. Die Methodik ist für intra- und interindividuelle Variationen und Kovariationen die gleiche; sie wird im folgenden für interindividuelle Vergleiche im differentiellen Ansatz geschildert. Bisher wurden diese Variationen und Kovariationen immer nur an idealisierten Beispielen illustriert, in denen eine Variation vorgegeben war und in denen es stets klar war, ob zwei Variablen kovariierten oder nicht. In Wirklichkeit variiert das Ausmaß der Variation und Kovariation aber natürlich graduell. Um den differentiellen Ansatz empirisch zu realisieren, ist es deshalb notwendig, Formen und Ausmaß der Variation und Kovariation näher zu beschreiben und zu quantifizieren.

Merkmale werden auf einer Skala gemessen (z. B. 0–1 oder 1-2-3-4-5). Jeder Skalenwert repräsentiert den Merkmalswert einer Person. Die Variation der Merkmalswerte über Personen wird durch die Verteilung der Merkmalswerte beschrieben. Man zählt für jeden möglichen Wert (oder für ein enges Intervall von graduell abgestuften Werten) aus, wieviele Personen diesen Wert (oder einen Wert in diesem Intervall) haben (Abb. 2.15).

Die linke Verteilung bezieht sich auf die Extraversionswerte von 1 000 englischen Soldaten, die durch Selbstbeschreibung in einem Fragebogen auf einer Skala von 1–10 erhoben wurden (Eysenck, 1947). Es handelt sich um eine annähernde Normalverteilung, d. h. sie folgt einer Glockenform: Die meisten Personen haben Werte nahe dem Mittelwert der Stichprobe, und je stärker die Werte von diesem Mittelwert abweichen, desto seltener kommt dies vor. Normalverteilungen sind symmetrisch zum Mittelwert, d. h. Abweichungen vom Mittelwert in Richtung niedrigerer oder höherer Werte sind gleich wahrscheinlich. Annähernde Normalverteilungen kommen häufig vor. Man kann mathematisch zeigen, daß Merkmale, die auf vielen voneinander unabhängigen Ursachen beruhen, normalverteilt sind. Eigenschaftsmessungen sind deshalb so oft annähernd normalverteilt, weil die erfaßte Eigenschaft auf vielen relativ unabhängigen Einflußfaktoren beruht (z. B. auf genetischen Faktoren und auf Umweltbedingungen; das wird in Kap. 6 genauer erläutert).

Es gibt aber auch Merkmalsmessungen, bei

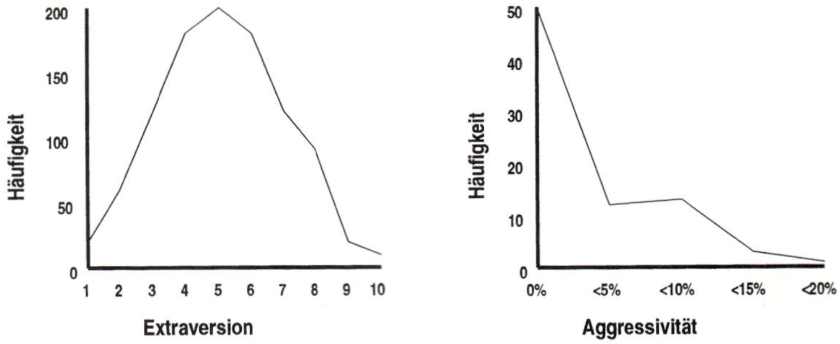

Abb. 2.15. Annähernde Normalverteilung (*links*) und schiefe Verteilung (*rechts*)

denen sich der Mittelwert nahe dem kleinsten oder größten Wert befindet. Das bedeutet, daß sehr kleine bzw. große Werte die Norm darstellen und große Abweichungen nach unten bzw. oben weniger wahrscheinlich sind als Abweichungen in die entgegengesetzte Richtung. Dann ergibt sich eine schiefe Verteilung. Die rechte Verteilung in Abb. 2.15 ist ein solcher Fall (Asendorpf, 1988a). Beobachtet wurde die Art der Kontaktaufnahme von 79 4jährigen Kindergartenkindern. Pro Kind wurde die Rate der aggressiven Kontaktinitiativen unter allen Kontaktaufnahmeversuchen des Kindes in Prozent bestimmt (ein Aggressivitätsmaß, das unabhängig von der Zahl der beobachteten Kontaktaufnahmen ist). Diese Aggressivitätswerte waren sehr schief verteilt: 50 der 79 Kinder zeigten während der insgesamt zweistündigen Beobachtung überhaupt keine aggressiven Kontaktinitiativen, und nur wenige Kinder zeigten eine höhere Aggressionsrate.

Schiefe Verteilungen signalisieren, daß die Variabilität der Merkmalswerte im unteren bzw. oberen Bereich der Skala eingeschränkt ist. Da es das Ziel der differentiellen Eigenschaftsmessung ist, Personen voneinander gut zu unterscheiden, sind schiefe Verteilungen unerwünscht. Erwünscht sind vielmehr symmetrische Verteilungen (wie z. B. die Normalverteilung), bei denen die Eigenschaftswerte nach beiden Richtungen gleichmäßig um den Mittelwert streuen.

Tafel 2.9. Verteilung und Streuung

Die Verteilung einer Merkmalsmessung in einer Population von Personen gibt an, wie viele Personen der Population bestimmte Merkmalswerte haben. Verteilungen sind durch ihre Schiefe (vgl. Abb. 2.15), durch ihren Mittelwert und ihre Streuung weitgehend charakterisiert. Der Mittelwert M einer Verteilung X ist die Summe aller Merkmalswerte x der Personen, geteilt durch die Anzahl der Personen n:

$$M = \frac{\Sigma x}{n}$$

Die Streuung einer Verteilung wird durch ihre Varianz gekennzeichnet. Die Varianz einer Verteilung X ist die mittlere quadrierte Abweichung der einzelnen Merkmalswerte x vom Mittelwert *M*:

$$\text{Varianz} = \frac{\Sigma(x - M)^2}{n}$$

Die Varianz ist um so größer, je weiter die Werte um den Mittelwert streuen, d. h. je breiter die Verteilung ist. Die Varianz ist Null, wenn alle Werte gleich sind. Oft wird die Streuung auch durch die Wurzel aus der Varianz beschrieben: die Standardabweichung (abgekürzt *SD* von englisch: standard deviation). Die Standardabweichung ist ein Maß der mittleren Abweichung der Werte vom Mittelwert.

Die Verteilung einer Eigenschaftsmessung ist neben ihrer Form durch zwei wichtige Kennwerte charakterisiert: Mittelwert und Streuung (Tafel 2.9). Bei gegebener Skala sollte der Mittelwert nahe dem Mittelpunkt der Skala liegen (z. B. bei Prozentwerten nahe 50 %, bei einer Skala, die von 1–10 reicht, nahe 5), denn wenn er zu stark in den unteren bzw. oberen Bereich der Skala rückt, führt dies zu einer schiefen Verteilung mit eingeschränkter Variabilität der Werte im unteren bzw. oberen Bereich. Wie die Formel der Varianz in Tafel 2.9 deutlich macht, sollte bei gleicher Skalierung der Werte die Streuung einer Verteilung groß sein, denn dadurch werden die Personen gut voneinander unterschieden. Die Skala sollte also gut ausgenutzt sein.

! Bei Eigenschaftsmessungen sollten sich symmetrische Verteilungen mit großer Streuung ergeben.

Die Einschränkung „bei gleicher Skalierung der Werte" ist wichtig, denn wenn man die Skala, auf der gemessen wird, transformiert, ändert sich die Streuung entsprechend. Das sei am Beispiel der Extraversionsdaten in Abb. 2.15 illustriert. Diese Werte variieren auf einer Skala von 1–10. Abbildung 2.16 zeigt, was mit der Verteilung geschieht, wenn zu den Werten aller Personen die Zahl 10 hinzugezählt wird und wenn sie mit 2 multipliziert, also verdoppelt werden.

Hinzuzählen von 10 ändert den Mittelwert (er ist nun um 10 höher), nicht aber die Streuung, denn die bezieht sich ja auf den Mittelwert. Multiplizieren mit 2 ändert den Mittelwert (er ist nun doppelt so hoch) und die Streuung. Die Standardabweichung wird doppelt so hoch, weil die einzelnen Abweichungen vom Mittelwert nun doppelt so hoch sind. Zentral für ein tieferes Verständnis differentieller Messungen ist nun die Überlegung, daß diese Veränderungen durch Addieren oder Multiplizieren von Konstanten zwar Mittelwert oder Streuung ändern, die Differenzen zwischen den Personen aber proportional erhalten bleiben (das sieht man an der Gleichung $(ax - ay)/(x - y) = a(x - y)/(x - y) = a$). Die interindividuellen Unterschiede werden durch lineare Transformation der Skala (Addieren oder Multiplizieren von Konstanten) nicht wesentlich verändert. Alle Abstände zwischen Personen bleiben proportional zueinander gewahrt (in diesem Beispiel: Sie werden alle verdoppelt).

! Lineare Transformationen der Meßskala ändern interindividuelle Unterschiede proportional und damit nicht wesentlich.

Weil das so ist, kann man durch einen „Trick" differentielle Messungen unabhängig von der ursprünglichen Skala, auf der gemessen wurde, immer in eine Standardform bringen: Die Werte werden so linear transformiert, daß sie den Mittelwert Null und die Varianz Eins haben (Tafel 2.10).

Tafel 2.10. Die *z*-Transformation

Differentielle Messungen sagen etwas über Personenunterschiede aus. Diese Unterschiede bleiben untereinander proportional erhalten, wenn die ursprünglichen Meßwerte linear transformiert werden (Addition/Subtraktion einer Konstanten oder Multiplikation/Division mit einer Konstanten). Da lineare Transformationen die Resultate differentieller Messungen nicht wesentlich verändern, kann man jede differentielle Messung X standardisieren, indem auf sie die lineare Transformation

$$z = \frac{x - M}{SD}$$

angewandt wird, wobei *M* der Mittelwert und *SD* die Standardabweichung der ursprünglichen Meßwerte x ist. Man zieht also den Mittelwert ab und teilt durch die Standardabweichung. Diese Transformation heißt *z*-Transformation, und die transformierten Werte heißen *z*-Werte.
Sie haben die Eigenschaft, den Mittelwert 0 und die Varianz 1 zu haben. Positive *z*-Werte bedeuten, daß der Merkmalswert der Person größer als der Mittelwert der Stichprobe ist, negative Werte besagen, daß er kleiner als dieser Mittelwert ist. Durch die *z*-Transformation geht die ursprüngliche Information über Mittelwert und Streuung der Eigenschaftswerte verloren. Dafür wird aber etwas Entscheidendes gewonnen: Die *z*-Werte sind

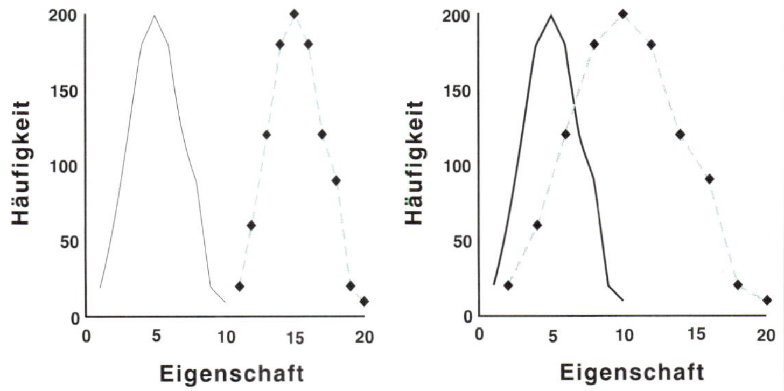

Abb. 2.16. Veränderung einer Verteilung bei Addieren einer Konstanten (*links*) und Multiplikation mit einer Konstanten (*rechts*)

direkt zwischen verschiedenen Meßverfahren oder Untersuchungen vergleichbar. Sie stellen eine „gemeinsame Sprache" dar, in der man über Merkmalsunterschiede zwischen Personen „reden" kann.

Alle differentiellen Messungen kann man also in Form von *z*-Werten ausdrücken – Intelligenzmessungen, Ängstlichkeitsmessungen, Messungen der physischen Attraktivität oder auch Messungen der Schuhgröße. Damit kann man Personen zwischen ursprünglich völlig unvergleichbaren Merkmalen vergleichen. Beträgt z. B. der *z*-Wert einer Person für Intelligenz 0,5 und für Ängstlichkeit 1, so besagt das, daß die Person in ihrer Ängstlichkeit stärker vom Mittelwert der betrachteten Stichprobe nach oben abweicht als in ihrer Intelligenz: Im Vergleich zu anderen Personen der Stichprobe ist sie ängstlicher als intelligent.

Erst dieser „Trick" erlaubt es, auf durchschaubare Weise nicht nur Personen durch ihre Situationsprofile zu charakterisieren, sondern auch durch ihre Reaktionsprofile, d. h. durch ihre individuellen Besonderheiten in mehreren Reaktionen relativ zu einer Referenzpopulation. Abbildung 2.3 in Abschn. 2.2.4 illustrierte das bereits am Beispiel des Experiments von Asendorpf und Scherer (1983), denn dort wurde berichtete Angst, Herzrate und ängstliche Mimik von Repressern, Niedrigängstlichen und Hochängstlichen in *z*-Werten dargestellt, die über alle Personen der untersuchten Stichprobe gebildet worden waren.

Beschreibung der Kovariation von zwei Variablen

Gewappnet mit dem Werkzeug der *z*-Transformation können wir nun die Frage behandeln, wie die Stärke der Kovariation von zwei Variablen quantifiziert wird. Kovariationen variieren graduell zwischen perfekt gleichsinniger Kovariation (immer wenn der Wert der einen Variable hoch ist; ist es auch der Wert der anderen Variable, entsprechend für niedrige Werte), keiner Beziehung zwischen den beiden Variablen und perfekt gegenläufiger Kovariation (immer wenn der Wert der einen Variable hoch ist, ist der Wert der anderen Variable niedrig und umgekehrt). Ein geeignetes Maß für den Grad der Kovariation von zwei Variablen ist ihre Korrelation (Tafel 2.11).

Tafel 2.11. Korrelation und individuelle Konsistenz

Der Grad der Kovariation von zwei Variablen X und Y läßt sich durch eine Zahl beschreiben, die beliebige Werte von +1 bis −1 annehmen kann: die Korrelation der beiden Variablen. Die Korrelation *r* ist das mittlere Produkt aller einander zugeordneten *z*-transformierten Werte aus X und Y:

$$r = \frac{\Sigma[z(\mathrm{X}) \cdot z(\mathrm{Y})]}{\mathrm{n}},$$

wobei *z*(X) und *z*(Y) die *z*-Werte von X und Y sind und n die Zahl der kovariierenden Werte ist. Bei perfekt gleichsinniger Kovariation ist $r = 1$, bei keiner linearen Beziehung zwischen X und Y ist $r = 0$ und bei perfekt gegenläufiger Kovariation ist $r = -1$; die Korrelation kann beliebige Werte zwischen 1 und −1 annehmen.

Eine plausible Interpretation einer Korrelation über Personen liefert die wenig bekannte, äquivalente Darstellung der Korrelation als mittlere individuelle Konsistenz (Asendorpf, 1991):

$$r = \frac{\Sigma i(\mathrm{X}, \mathrm{Y})}{\mathrm{n}}, \text{ wobei}$$

$$i(\mathrm{X}, \mathrm{Y}) = 1 - \frac{[z(\mathrm{X}) - z(\mathrm{Y})]^2}{2} \quad .$$

Die beiden *z*-transformierten Variablen werden Person für Person miteinander verglichen. Wie man an der Formel für die individuelle Konsistenz sehen kann, ist sie ein Maß der Ähnlichkeit der beiden *z*-Werte einer Person. Der Mittelwert der individuellen Konsistenzen aller Personen ist die Korrelation der beiden Variablen X und Y. Die Korrelation ist also ein Maß der mittleren Ähnlichkeit der einander zugeordneten *z*-Werte der Personen.

Graphisch läßt sich die Korrelation von zwei Variablen X, Y über Personen durch ihr Korrelationsdiagramm veranschaulichen, in dem die Wertepaare (x,y) einer Person als Punkte mit den Koordinaten x,y eingetragen sind. Zum Beispiel läßt sich die Korrelation von zwei Items eines Fragebogens über 100 Personen veranschaulichen, indem man jeder Person einen Punkt mit den Koordinaten „Stärke in Item X" und „Stärke in Item Y" zuordnet. Es resultiert eine Punktwolke aus 100 Punkten. Die Form dieser Wolke gibt Auskunft über die Enge der Kovariation der beiden Items. Abbildung 2.17 zeigt vier typische Fälle.

In den beiden ersten Fällen liegen die Punkte ziemlich genau auf einer Geraden. Aus jedem X-Wert läßt sich also mit hoher Genauigkeit der zugehörige Y-Wert vorhersagen und umgekehrt: Es besteht eine enge Kovariation der beiden Variablen X und Y. Die individuellen Konsistenzen sind hoch

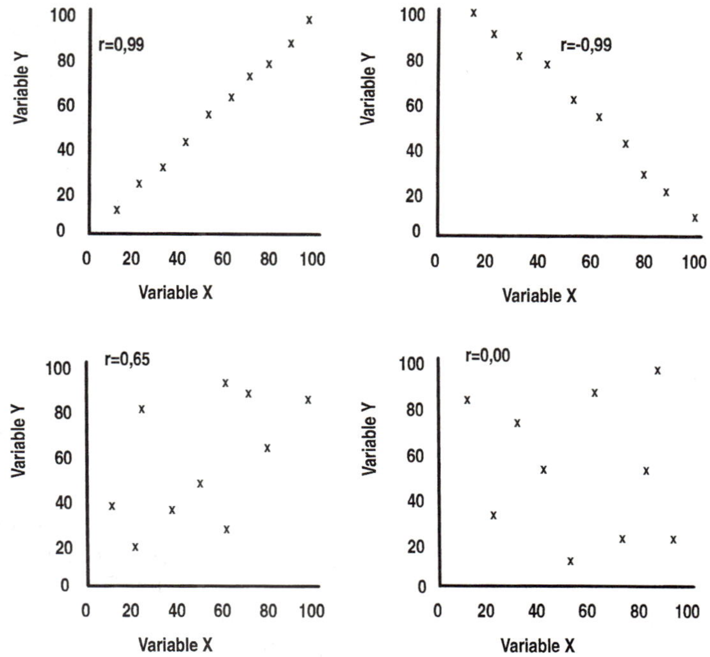

Abb. 2.17. Typische Fälle von Korrelationsdiagrammen. *Links oben*: hohe positive Korrelation. *Rechts oben*: hohe negative Korrelation. *Links unten*: mittelstark positive Korrelation. *Rechts unten*: Nullkorrelation

für alle Personen. Im ersten Fall besteht eine positive Kovariation, d. h. je höher der X-Wert ist, desto höher ist der Y-Wert und umgekehrt. Im zweiten Fall besteht eine negative Kovariation, d. h. je höher der X-Wert, desto niedriger der Y-Wert. Im dritten Fall besteht eine mittelstark positive Kovariation, d. h. aus Kenntnis von X läßt sich der Y-Wert nur ungenau vorhersagen und umgekehrt. Die individuellen Konsistenzen sind nicht alle niedrig, sondern einige sind hoch, andere niedrig. Im vierten Fall kovariieren X und Y weder positiv noch negativ, d. h. aus den X-Werten läßt sich nichts über Y-Werte aussagen und umgekehrt: Die Korrelation von X und Y ist Null.

Umgekehrt kann aber aus einer Null-Korrelation von zwei Variablen nicht geschlossen werden, daß gar kein Zusammenhang zwischen ihnen besteht. Korrelationen messen nur lineare Zusammenhänge. U-förmige Zusammenhänge beispielsweise, bei denen kleine und große Werte der einen Variable mit großen Werten der anderen Variable zusammenhängen, führen zu einer Null-Korrelation.

Korrelationen bleiben von linearen Transformationen der Variablen X,Y unberührt, denn sie beruhen auf *z*-Werten. Messen Korrelationen die Ähnlichkeit von Profilen, sagen sie deshalb nur etwas über die Ähnlichkeit der Profilgestalt aus; Unterschiede im Profilniveau und in der Profilstreuung ignorieren sie. Addiert man z. B. bei einer Reaktion bei allen Personen den Wert 1 hinzu, ändert sich die Korrelation dieser Reaktion mit anderen Reaktionen nicht. Verdoppelt man alle Reaktionswerte, ändert sich die Korrelation auch nicht.

> **!** **Korrelationen zwischen Profilen messen die Ähnlichkeit der Profilgestalt unabhängig von Profilniveau und Profilstreuung.**

Faktorenanalyse

Oft interessiert nicht nur die Kovariation von zwei Variablen, sondern die Kovariation von vielen Variablen. Dies sei hier am Beispiel der Konstruktion eines Intelligenztests erläutert, der acht Skalen enthält, von denen jeweils vier numerische bzw. verbale Intelligenz erfassen sollen. Dieser Test werde 100 Studenten vorgelegt, und die Interkorrelationen der Skalen (ihre paarweisen Korrelationen) in dieser Stichprobe von 100 Studenten würden berechnet. Jede Korrelation gibt dann an, wie ähnlich je zwei Skalen Leistungsunterschiede zwischen den Studenten abbilden. Es ergebe sich

Tabelle 2.3. Interkorrelationsmatrix für acht Intelligenzskalen. (Nach Diehl & Kohr, 1989)

Skala		SP	AL	WG	ER	GR	SCH	ZN
Gleiche Wortbedeutung	GW	0,48	0,45	0,27	−0,05	−0,05	0,04	0,06
Sprichwörter	SP		0,24	0,20	0,19	0,13	0,27	0,05
Analogien	AL			0,15	0,16	0,02	0,32	0,34
Wortgewandtheit	WG				0,15	0,14	0,08	0,30
Eingekleidetes Rechnen	ER					0,44	0,44	0,48
Grundrechnen	GR						0,44	0,34
Schätzen	SCH							0,44
Zahlenreihen	ZN							

die Interkorrelationsmatrix (das Muster aller Interkorrelationen) in Tabelle 2.3.

Ein Vergleich der Korrelationen zwischen den Tests legt nahe, daß die vier verbalen Skalen und die vier numerischen Skalen stärker untereinander korrelieren als die verbalen mit den numerischen Skalen. Da fast alle Interkorrelationen positiv sind, scheint es eine breite Eigenschaft zu geben, die in allen Skalen wirksam wird, z. B. Schnelligkeit des Denkens. Daneben scheint es zwei enge Eigenschaften zu geben, die zusätzlich Einfluß auf die Aufgabenbearbeitung haben: verbale Intelligenz und numerische Intelligenz. „Breite" und „Enge" bezieht sich hier auf die Größe der Situationsklasse (Aufgabenklasse), für die eine Eigenschaft relevant ist.

Es gibt nun ein mathematisches Verfahren, das es erlaubt, ganz allgemein aus einer Interkorrelationsmatrix von Variablen Gruppen ähnlicher, d. h. hoch interkorrelierender Variablen zu bilden: die Faktorenanalyse (Tafel 2.12; für eine genauere Darstellung Amelang & Bartussek, 1990).

Tafel 2.12. Die Faktorenanalyse

Die Faktorenanalyse ist ein mathematisches Verfahren, mehr oder weniger korrelierende Variablen in Gruppen ähnlicher, d. h. hoch interkorrelierender Variablen zusammenzufassen. Jede solche Variablengruppe wird durch einen Faktor repräsentiert, wobei man sich unter einem Faktor eine neue Variable vorstellen kann, die so gewählt ist, daß ihre Ähnlichkeit zu allen Variablen der Gruppe maximal ist. Erfassen die Variablen Eigenschaften, entsprechen die Faktoren breiteren Eigenschaften. Meist wird zusätzlich gefordert, daß die Faktoren unkorreliert sind („orthogonale Lösung"). Die korrelative Ähnlichkeit zwischen Variablen und Faktoren wird durch Faktorenladungen der Variablen beschrieben, die wie Korrelationen zwischen +1 und −1 variieren können. Die Faktoren lassen sich aufgrund dieser Faktorenladungen inhaltlich interpretieren.

Wird die Interkorrelationsmatrix in Tabelle 2.3 einer Faktorenanalyse unterworfen (es gibt verschiedene Verfahren; hier wurde eine sogenannte orthogonale rotierte Lösung erzeugt), ergeben sich zwei Faktoren. Tabelle 2.4 zeigt die Faktorenladungen; sie spiegeln die Ähnlichkeitsverhältnisse zwischen den acht Intelligenzskalen gut wider. Der erste Faktor repräsentiert die vier numerischen Tests, der zweite Faktor die vier verbalen Tests.

Faktorenanalysen verdichten Informationen über Ähnlichkeitsbeziehungen zwischen einzelnen Eigenschaftsmessungen; welche Faktoren in Faktorenanalysen herauskommen, hängt entscheidend davon ab, welche Messungen den Ausgangspunkt der Analyse bilden. Faktorenanalysen von Ängstlichkeitsvariablen liefern Ängstlichkeitsfaktoren; Faktorenanalysen von Intelligenzvariablen liefern Intelligenzfaktoren.

Ganz entsprechend lassen sich aus personorientierter Sicht Faktorenanalysen auf die Interkorrelationen von Personen über Merkmale anwenden. So entstehen Gruppen von Personen mit ähnlichem

Tabelle 2.4. Ergebnis einer Faktorenanalyse der Daten in Tabelle 2.3. (Nach Diehl & Kohr, 1989)

Skala	Ladung auf Faktor	
	I	II
Gleiche Wortbedeutung	−0,17	**0,87**
Sprichwörter	0,11	**0,69**
Analogien	0,20	**0,68**
Wortgewandtheit	0,21	**0,45**
Eingekleidetes Rechnen	**0,79**	0,06
Grundrechnen	**0,74**	−0,04
Schätzen	**0,73**	0,22
Zahlenreihen	**0,72**	0,21

Die jeweils höhere Ladung pro Skala ist fett markiert.

Tabelle 2.5. Anwendungsmöglichkeiten für Faktorenanalysen

Anwendung auf Interkorrelationen von	Über	Ein Faktor repräsentiert
Items eines Persönlichkeitsinventars	viele Personen	ähnliche Items
einer Reaktion in vielen Situationen	viele Personen	ähnliche Situationen
vielen Reaktionen in einer Situation	viele Personen	ähnliche Reaktionen
Personen	viele Merkmale	Persönlichkeitstypen

Persönlichkeitsprofil, also Persönlichkeitstypen. Hier kommt es zu Problemen, wenn die Profile für alle Personen gleiche Mittelwerte und Standardabweichungen haben, z. B. auf z-Werten oder Q-Sorts basieren (vgl. Dunlap & Cornwell, 1994). Tabelle 2.5 zeigt Anwendungsmöglichkeiten für Faktorenanalysen.

2.4.4 Empirische Bewährung

Durch das Studium von Kovariationen, quantifiziert durch Korrelationen und systematisiert durch Faktoren, wird im Eigenschaftsparadigma versucht, zahlreiche unterschiedliche Fragestellungen zu bearbeiten. Der individuumzentrierte Ansatz wurde vor allem mit der Q-Sort-Technik verfolgt. Q-Sort-Profile erwiesen sich als ausreichend stabil über kürzere Zeiträume; die Korrelationen variieren um 0,80 (Block, 1961; Block & Block, 1980). Mit dieser Technik läßt sich also eine Übersicht über breite Bereiche der Persönlichkeit eines bestimmten Menschen gewinnen.

Wenn zwei unterschiedliche Bekannte derselben Person deren Persönlichkeit mit einem Q-Sort beurteilen, oder Selbst- und Bekanntenurteil verglichen werden, variieren die Korrelationen von Person zu Person stark, mit einem Mittelwert um 0,30 bis 0,40 (vgl. z. B. van Lieshout et al., 1990). Da diese Korrelationen zwischen Beurteilern deutlich niedriger sind als die zwischen Zeitpunkten (also die Stabilitäten), gehen in jedes Q-Sort-Profil deutliche Beurteilereffekte ein: Unterschiedliche Beurteiler kommen zu einem systematisch anderen Ergebnis. Das liegt daran, daß unterschiedliche Beurteiler die zu beurteilende Person aus unterschiedlichen Situationen kennen oder ihre Reaktionen in der gleichen Situation unterschiedlich interpretieren. Diese Beurteilereffekte sollten dadurch minimiert werden, daß die Urteile mehrerer Urteiler über dieselbe Person gemittelt werden.

Ein praktisches Problem der Q-Sort-Methode ist ihre Zeitaufwendigkeit. Ein Q-Sort mit etwa 50 Eigenschaften durchzuführen dauert meist mindestens eine halbe Stunde, während ein klassischer Persönlichkeitsfragebogen aus gleich vielen Items in weniger als der Hälfte der Zeit bewältigt wird. Andererseits wird die in der Öffentlichkeit wenig bekannte Q-Sort-Technik von psychologisch interessierten Laien, die eine Aversion gegen Vergleiche einer Person mit einer anderen haben, für interessanter und auch „fairer" gehalten, da sie der Individualität der zu beurteilenden Person gerechter werde. Das stimmt allerdings nur zum Teil (vgl. Abschn. 2.4.3).

> ! **Mit der Q-Sort-Technik lassen sich stabile Merkmalsprofile schon bei einem Urteiler bilden. Beurteilereffekte sind aber stark und sollten durch Mittelung über mehrere Urteiler minimiert werden.**

Auf individuumzentrierte Messungen von Eigenschaften oder Q-Sort-Profile lassen sich differentielle Vergleiche zwischen Personen anwenden. Tabelle 2.6 gibt eine Übersicht über acht zentrale differentielle Fragestellungen; alle beziehen sich auf Kovariationen, können also empirisch durch Korrelationen beantwortet werden. Im folgenden werden nacheinander die wichtigsten empirischen Befunde zu diesen Fragestellungen skizziert.

Zeitliche Stabilität

In empirischen Untersuchungen von Eigenschaften ist es essentiell, die mittelfristige Stabilität der betrachteten Eigenschaften zu sichern, denn aus instabilen Messungen kann nicht auf Eigenschaften geschlossen werden (vgl. Abschn. 2.4.2). In differentiellen Untersuchungen wird die Stabilität einer Eigenschaftsmessung durch die Korrelation zwischen zwei Messungen in kürzerem Zeitabstand bestimmt (vgl. Abschn. 2.4.2). Ist sie hoch (meist wird mindestens 0,80 gefordert), fallen die z-Werte der meisten (nicht unbedingt aller) Personen der untersuchten Stichprobe ähnlich aus. Instabilitäten können auf großen Differenzen weniger Personen

Tabelle 2.6. Acht differentielle Fragestellungen

Ansatz	Kovariation zwischen	über	bei	Fragestellung
Variablen-zentriert	Zeitpunkten	Personen	1 Eigenschaft	Stabilität von Eigenschaften
	Situationen	Personen	1 Reaktion	Transsituative Konsistenz des Verhaltens
	Reaktionen	Personen	1 Situation	Kohärenz des Verhaltens
	Eigen-schaften	Personen	–	Faktoren von Eigenschaften
Person-zentriert	Zeitpunkten	Situationen	1 Person	Stabilität von Situationsprofilen
	Zeitpunkten	Reaktionen	1 Person	Stabilität von Reaktionsprofilen
	Zeitpunkten	Eigen-schaften	1 Person	Persönlichkeits-stabilität
	Personen	Eigen-schaften	–	Persönlichkeitstypen

oder auf kleinen Differenzen vieler Personen zwischen den beiden Messungen beruhen; die Korrelationshöhe unterscheidet diese Fälle nicht (vgl. Asendorpf, 1991, 1992, für eine genauere Diskussion).

Werden Eigenschaften durch Persönlichkeitsfragebögen gemessen, so liegen die mittelfristigen Stabilitäten von Selbst- und Bekanntenbeurteilungen bei 0,80 oder nur leicht darunter. Damit kann man zufrieden sein. Allerdings wird hier nicht wirklich die Stabilität von Eigenschaften geprüft, sondern die Stabilität des Urteils über Eigenschaften. Es könnte sein, daß dieses Urteil stabiler ist als die Eigenschaft, auf das es sich bezieht.

Unzweideutigen Aufschluß über die Stabilität von Verhaltensdispositionen geben deshalb nur Studien, in denen Verhalten direkt beobachtet oder gemessen wird. Tests für den Leistungsbereich erzielen meist Stabilitäten von 0,80 und mehr; bei Intelligenztests werden über 0,90 erreicht. Problematischer sind physiologische Messungen und Beobachtungen des sozialen oder emotionalen Verhaltens in inszenierten Situationen im Labor. Hier ist die Stabilität oft erheblich geringer. Häufig wird sie nicht überprüft; dann bleibt unklar, ob überhaupt Eigenschaften gemessen wurden. Daß sich auch mit dieser Methode annähernd ausreichende Stabilitäten erzielen lassen, zeigen z. B. Studien von Fahrenberg und Asendorpf.

Fahrenberg et al. (1986) untersuchten mehrfach bei 58 Sportstudenten unterschiedliche physiologische Parameter in verschiedenen Situationen, darunter in einer Ruhebedingung im Labor. Bei einem Testabstand von drei Wochen betrug die Stabilität für die mittlere Herzrate 0,64 und für die mittlere Atemfrequenz 0,66. Asendorpf (1990a) konfrontierte 99 Kinder im Alter von 3–4 Jahren und Jahre später mit einer fremden Erwachsenen, die sich dem Kind gegenüber passiv verhielt. Die Zeit, bis das Kind die erste Äußerung an die Fremde richtete (ein Maß seiner Schüchternheit) korrelierte 0,68 zwischen den beiden Meßzeitpunkten. Viel höhere Stabilitäten sind bei einmaliger Verhaltensmessung spezifischer Reaktionen im Labor kaum zu erzielen; insofern sind so gewonnene Daten für eine Diagnostik des Einzelfalls problematisch. Dieses Problem läßt sich aber lösen durch Mittelung über mehrere Reaktionen oder Situationen (vgl. Abschn. 3.2.2).

Felduntersuchungen tatsächlichen Verhaltens sind sehr aufwendig, so daß es hierzu noch keine allzu breite Datenbasis gibt. Die Resultate sprechen aber ebenfalls für eine ausreichende Stabilität von Verhaltensdispositionen. Zum Beispiel ließen Asendorpf und Meier (1993) 41 Zweitklässler mehrere Tage lang von 8.00–18.00 Uhr einen kleinen Computer mit sich tragen, der ihre Herzrate und über ein Kehlkopfmikrophon ihre Sprechaktivität (Sprechen ja-nein) kontinuierlich aufzeichnete. Nach Mittelung der Daten über fünf Tage ergab sich eine Stabilität von 0,86 für die Herzrate und 0,69 für die Sprechaktivität. Wieviel ein Kind pro

Woche spricht, ist also eine Persönlichkeitseigenschaft des Kindes.

Insgesamt kann die alltagspsychologische Stabilitätsannahme für Eigenschaften als empirisch weitgehend bestätigt gelten, wobei man berücksichtigen muß, daß das Verhalten in einzelnen Situationen zusätzlich durch die Tagesverfassung bestimmt ist, so daß es über viele Tage gemittelt werden muß, um die zugrundeliegende Eigenschaft herauszufiltern (vgl. Abschn. 3.2.2).

> **!** **Die Stabilität ist für Eigenschaftsbeurteilungen meist ausreichend hoch. Bei der Verhaltensbeobachtung muß meist über viele Situationen gemittelt werden, um eine vergleichbar hohe Stabilität zu erzielen.**

Transsituative Konsistenz

Die zeitliche Stabilität von Eigenschaftsmessungen, die auf Mittelung über viele Situationen beruhen, macht also keine großen Probleme. Anders sieht es aus, wenn Eigenschaftsmessungen zwischen einzelnen ähnlichen, aber nicht identischen Situationen verglichen werden. Schon früh wurden Persönlichkeitspsychologen darauf aufmerksam, daß die Stabilität von Eigenschaftsmessungen innerhalb der gleichen Situation deutlich höher ist als ihre Kovariation über Personen zwischen unterschiedlichen Situationen. Die Kovariation von Eigenschaftsmessungen zwischen Situationen wird die transsituative Konsistenz der Messungen genannt. Die niedrige transsituative Konsistenz von Eigenschaftsmessungen wurde erstmalig von Hartshorne und May (1928) überzeugend demonstriert.

Die Autoren prüften die transsituative Konsistenz unehrlichen Verhaltens bei 850 Schulkindern in acht Situationen aus dem Klassenzimmer, sportlichen Wettkämpfen und der häuslichen Umwelt. Beobachtet wurde, ob sie sich unehrlich verhielten (mogeln, lügen, stehlen), wenn ihnen dazu ohne ihr Wissen Gelegenheit gegeben wurde. Zudem ließen die Autoren die Kinder eine „Lügenskala" ausfüllen, in der die Tendenz zu lügen dadurch gemessen wurde, daß erwünschtes, aber unwahrscheinliches Verhalten abgefragt wurde (z. B. „ich lüge nie"). Tabelle 2.7 zeigt die Korrelationen zwischen den einzelnen Tests und die Stabilitäten der Tests (kursive Zahlen). Die mittlere Korrelation des unehrlichen Verhaltens zwischen den acht Situationen betrug nur 0,19.

Diese Beobachtung führte zu einer jahrzehntelangen Konsistenzdebatte im Eigenschaftsparadigma der Persönlichkeitspsychologie. Zum einen wurde die Kritik geäußert, daß die Stabilitäten der einzelnen Messungen in den Situationen teilweise sehr gering waren. Wenn aber schon die Messungen in einzelnen Situationen so instabil seien, brauche man sich nicht zu wundern, daß auch die transsituative Konsistenz gering sei. Diese Kritik ist nur teilweise gerechtfertigt, denn es läßt sich abschätzen, wie hoch die transsituative Konsistenz nach Kontrolle dieses Problems wäre (wenn also alle Messungen stabil wären); sie beträgt dann nur 0,37, ist also immer noch sehr niedrig (vgl. Abschn. 3.2.1 für eine genauere Diskussion). Es verbleibt das Problem, daß die Stabilität von Eigenschaftsmessungen deutlich höher ist als ihre transsituative Konsistenz (vgl. Mischel & Peake, 1982).

Durch die Arbeit von Mischel (1968) flammte die Konsistenzdebatte noch einmal besonders kräftig auf. Mischel wies anhand vieler Beispiele darauf hin, daß die transsituative Konsistenz des Verhaltens gering sei, wenn Verhalten in realen Situationen untersucht werde; selten überschreite sie die „magische Grenze" von 0,30. Dies wider-

Tabelle 2.7. Korrelation unehrlichen Verhaltens zwischen Situationen in der Studie von Hartshorne und May (1928)

Situation		1	2	3	4	5	6	7	8
Klassenzimmer	1	*.70*	.29	.29	.29	.15	.20	.13	.31
Klassenzimmer	2		*.44*	.22	.26	.14	.19	.13	.25
Klassenzimmer	3			*.46*	.20	.19	.06	.16	.16
Klassenzimmer	4				*.50*	–	.18	.22	.21
Hausaufgaben	5					*.24*	.09	–.01	.40
Sport	6						*.46*	.16	.00
Geld stehlen	7							–	.13
Lügenskalen	8								*.84*

spreche der grundlegenden Annahme des Eigenschaftsparadigmas, daß eine Eigenschaft das Verhalten in vielen Situationen in vergleichbarer Weise beeinflusse. Tatsächlich seien individuelle Besonderheiten im Verhalten hoch situationsspezifisch; damit seien Eigenschaften und der ganze Persönlichkeitsbegriff des Eigenschaftsparadigmas eine Fiktion.

Dieser Angriff auf das Eigenschaftsparadigma war letztendlich heilsam für die Persönlichkeitspsychologie, weil er dazu zwang, die Beziehung zwischen Situation und Persönlichkeit genauer zu überdenken. Der Schlüssel zu dieser Beziehung ist aus differentieller Sicht das Situationsprofil einer Person (vgl. Abschn. 2.4.2). Abbildung 2.18 kontrastiert transsituative Konsistenz und Stabilität von Situationsprofilen am Beispiel der Studie von Hartshorne und May (1928).

Gezeigt sind fiktive „Ehrlichkeitsprofile" einzelner Kinder. Die Ehrlichkeitswerte aller Kinder wurden für jede Situation einzeln *z*-transformiert. Links ist der Fall annähernder transsituativer Konsistenz dargestellt, rechts der Fall der annähernden Stabilität des Situationsprofils eines Kindes. Bei transsituativer Konsistenz unterscheiden sich Kinder nur darin, ob sie weniger oder stärker ehrlich sind. Die Rangreihe der Kinder in Ehrlichkeit ist in allen Situationen dieselbe. Sie haben deshalb in allen Situationen dieselben *z*-Werte. Profilstabilität läßt unterschiedliche *z*-Werte in unterschiedlichen Situationen beim gleichen Kind zu; diese Unterschiede müssen jedoch zeitlich stabil sein. In Abbildung 2.18 rechts ist der Fall eines Kindes gezeigt, das in stabiler Weise im Klassenzimmer unehrlicher ist als außerhalb.

Mischel (1968) hatte in seiner ursprünglichen Kritik am Eigenschaftsparadigma nicht beachtet, daß Eigenschaften sich nicht nur in einem unterschiedlichen Profilniveau (Mittelwert über viele Situationen), sondern auch in stabilen Situationsprofilen äußern können – obwohl schon Allport (1937) auf diese Möglichkeit hingewiesen hatte. Dann handelt es sich immer noch um Eigenschaften, die transsituative Konsistenz ist aber niedrig. Inzwischen hat das Mischel erkannt und selbst dazu beigetragen, empirisch nachzuweisen, daß es diesen zweiten Persönlichkeitsaspekt – stabile Situationsprofile – tatsächlich gibt.

Dazu beobachteten Shoda et al. (1994) 53 Kinder im Alter von 7–13 Jahren in einem sechswöchigen Ferienlager. Viele trainierte Mitarbeiter beobachteten die Kinder kontinuierlich in den verschiedensten Situationen; die mittlere Beobachtungsdauer pro Kind betrug 167 Stunden – also eine enorme Datenbasis für Analysen ihres Verhaltens in realen Situationen. Unter anderem wurden verbale Aggressionen der Kinder in fünf verschiedenen Situationen beobachtet, die Aggression mehr oder weniger provozieren. Die Stabilität des Situationsprofils in verbaler Aggression variierte von Kind zu Kind; die mittlere Stabilität des Profils betrug 0,47.

Diese mittelhohe Stabilität beschreibt eine systematische Wechselwirkung zwischen Kindern und Situationen: Unabhängig von Unterschieden in der Tendenz, generell mehr oder weniger stark aggressiv zu reagieren, lösten die fünf Situationen diese Tendenz bei unterschiedlichen Kindern unterschiedlich stark aus. Es gab z. B. Kinder, die stärker aggressiv auf Erwachsene als auf Kinder

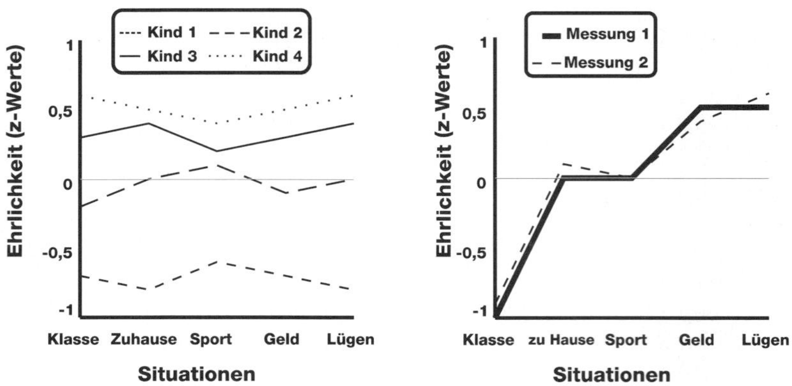

Abb. 2.18. Fiktive Ehrlichkeitsprofile von Kindern. *Links*: annähernde transsituative Konsistenz. *Rechts*: Stabiles Situationsprofil eines Kindes

reagierten und andere Kinder, bei denen es umgekehrt war.

Es gibt also zwei zueinander komplementäre Persönlichkeitsaspekte beim Vergleich von Verhalten über Situationen: individuelle Besonderheiten in der mittleren Tendenz, das Verhalten in diesen Situationen zu zeigen, und individuelle Besonderheiten in der Tendenz, das Verhalten in bestimmten Situationen besonders stark oder besonders schwach zu zeigen (vgl. auch die Angstprofile in Abb. 2.14).

Individuelle Besonderheiten in Situationsprofilen werden subjektiv als Konsistenz erlebt. Das konnten Mischel und Shoda (1995) durch eine Reanalyse einer älteren Studie von Mischel und Peake (1982) zeigen. Mischel und Peake (1982) hatten die Gewissenhaftigkeit von 63 Studenten mehrfach in verschiedenen Situationen des Studienalltags beobachtet. Außerdem ließen sie die Studenten sich selbst danach einschätzen, ob sie glaubten, daß gewissenhaftes Verhalten bei ihnen selbst ein durchgehender Charakterzug sei oder nicht, d. h. daß ihre Gewissenhaftigkeit je nach Situation variiere. Dieser Stabilitätsbegriff ist weder identisch mit der Stabilität noch mit der transsituativen Konsistenz differentiell gemessener Eigenschaften, weil er sich aus individuumzentrierter Perspektive auf intraindividuelle Fluktuationen von Gewissenhaftigkeit bezieht.

Mischel und Shoda (1995) setzten nun die Stabilität des Situationsprofils für Gewissenhaftigkeit in Beziehung zu dieser subjektiven Wahrnehmung der Eigenschaftsstabilität. Bei Studenten, die glaubten, daß Gewissenhaftigkeit bei ihnen ein durchgehender Charakterzug sei, betrug die mittlere Profilstabilität 0,46, bei den anderen Studenten nur 0,02. Individuelle Besonderheiten in der Gestalt von Situationsprofilen unterstützen die subjektive Wahrnehmung, daß das eigene Verhalten durch eine Eigenschaft bedingt sei.

Die transsituative Inkonsistenz des Verhaltens spricht also nicht gegen den Eigenschaftsbegriff, wie Mischel (1968) geglaubt hatte. Sie stellt aber ein Problem für eine Eigenschaftsdiagnostik dar, die den Eigenschaftswert einer Person durch eine einzige Zahl erfassen möchte. Beschränkt man sich auf das Niveau von Situationsprofilen, indem man über alle Situationen mittelt, erhält man eine solche Zahl pro Person, die dann z. B. „die Aggressivität", „die Ängstlichkeit" oder „die Intelligenz" abbildet. Dabei werden aber alle individuellen Besonderheiten in der Profilgestalt ignoriert.

Im wesentlichen gibt es zwei Wege, dieses Problem anzugehen. Zum einen kann man personorientiert die Situationsprofile verschiedener Personen miteinander vergleichen, indem man Typen ähnlicher Situationsprofile sucht. Die Ähnlichkeit von zwei Profilen wird durch ihre Korrelation bestimmt. Es werden also Gruppen einander ähnlicher, d. h. positiv korrelierender Profile gesucht. Diese Gruppen können z. B. mit Hilfe der Faktorenanalyse bestimmt werden (vgl. aber die in Abschn. 2.4.3 erwähnten Probleme hierbei). Ein Faktor repräsentiert dann einen Profiltyp, also auch einen Persönlichkeitstyp. Zum Beispiel könnte eine Faktorenanalyse der Daten von Shoda et al. (1994) möglicherweise einen Profiltyp „Verbal aggressiv gegenüber Erwachsenen – wenig aggressiv gegenüber Kindern" ergeben. Einzelne Kinder ließen sich dann durch die Faktorenladungen ihres Profils auf den einzelnen Faktoren charakterisieren.

Oder man kann variablenorientiert versuchen, die Situationen in Klassen derart einzuteilen, daß die transsituative Konsistenz innerhalb der Klassen höher ist als bei Betrachtung aller Situationen. Dazu werden Korrelationen über Personen zwischen Situationen betrachtet und faktorenanalysiert. Ein Faktor repräsentiert dann einen Situationstyp, der wiederum eine spezifischere Eigenschaft als die ursprüngliche definiert. Zum Beispiel könnte eine solche Analyse der Daten von Shoda et al. (1994) möglicherweise zwei spezifische Eigenschaften ergeben: „verbal aggressiv gegenüber Erwachsenen" und „verbal aggressiv gegenüber Kindern". Auf diese Weise würden Eigenschaften in untergeordnete, spezifischere Eigenschaften zerlegt. Es entstünde eine Dispositionshierarchie, gebildet aus der breiten, übergeordneten Disposition „verbale Aggressivität" und den beiden untergeordneten Dispositionen „aggressiv gegenüber Erwachsenen" und „aggressiv gegenüber Kindern". Dieses Verfahren wurde in Abschn. 2.4.3 bereits anhand von Intelligenzdaten illustriert.

Bei beiden Verfahren werden letztendlich Kinder durch mehr als eine Zahl gekennzeichnet: durch ihren Mittelwert über alle Situationen und durch Zahlen, die ihren Profiltyp oder ihre Aus-

prägung in untergeordneten Eigenschaften angeben. Dadurch kann das Problem der transsituativen Konsistenz verringert (nicht aber immer völlig vermieden) werden.

> **!** **Bei transsituativer Inkonsistenz treten Wechselwirkungen zwischen Personen und Situationen auf, die sich in einer unterschiedlichen Gestalt der individuellen Situationsprofile und niedrigen Korrelationen zwischen Situationen äußern. Dieses Problem kann durch Bildung von Situationsprofiltypen oder durch Bildung von Situationstypen verringert werden.**

Reaktionskohärenz

Ein entsprechendes Problem tritt auf, wenn für eine Situation die Kovariation der Reaktionsprofile zwischen Personen verglichen wird. In der gleichen Weise wie sich eine geringe Kovariation zwischen Situationsprofilen in niedrigen Korrelationen der Situationen über Personen ausdrückt, drückt sich eine geringe Kovariation zwischen Reaktionsprofilen in niedrigen Korrelationen der Reaktionen über Personen aus. Die Korrelation zwischen Reaktionen wird meist als Kohärenz der Reaktionen bezeichnet.

Daß die Kohärenz sehr niedrig sein kann, wurde wohl zuerst in der Psychophysiologie entdeckt, als man begann, nach physiologischen Streßreaktionen zu suchen. Zunächst wurde angenommen, daß Reaktionen, die intraindividuell Streß anzeigen wie z. B. systolischer Blutdruck, Herzfrequenz oder Schwitzen, auch eine hohe Kohärenz zeigen. Beginnend mit Lacey (1950) wurde erkannt, daß das nicht so ist. Manche Menschen reagieren unter Streß besonders mit dem systolischen Blutdruck, andere besonders mit der Herzfrequenz und andere schwitzen besonders. Ihre Reaktionsprofile korrelieren nicht hoch miteinander.

Foerster et al. (1983) fanden in einer Laborstudie, daß 57 % der 125 Versuchspersonen unter Streß ein Reaktionsprofil aufwiesen, das beim Vergleich über drei Streßsituationen überzufällig konsistent war, also die betreffende Person in stabiler Weise charakterisierte. Asendorpf (1988b) untersuchte auf ähnliche Weise Reaktionsprofile im Gesprächsverhalten bei Versuchspersonen, die in leicht angsterregende soziale Situationen gebracht wurden, und fand ebenfalls bei über 50 % der 66 Personen ein überzufälliges Reaktionsprofil. Einige redeten besonders wenig, andere gestikulierten besonders wenig und wieder andere schauten ihren Partner besonders wenig an, wenn eine Pause im Gespräch entstand.

Besonders deutlich sind Reaktionsprofile, wenn nicht nur Reaktionen eines Typs (z. B. physiologische Reaktionen, Gesprächsverhalten), sondern Reaktionen unterschiedlichen Typs einbezogen werden, von denen alltagspsychologisch erwartet wird, daß sie dieselbe Eigenschaft anzeigen, also hoch kohärent sein müßten. Wird z. B. Angst in realen Situationen erfaßt durch Selbstbeurteilung der aktuellen Angststärke, Verhaltensbeurteilung durch Beobachter und physiologische Reaktionen, so korrelieren diese drei Angstreaktionen interindividuell gering bis gar nicht (vgl. Abschn. 4.3.3).

Das Problem der mangelhaften Reaktionskohärenz ist formal identisch mit dem Problem der mangelhaften transsituativen Konsistenz: Es werden nur Situationen mit Reaktionen vertauscht. Deshalb kann es auch in gleicher Weise angegangen werden. Entweder werden Reaktionsprofiltypen gebildet und die Ähnlichkeit der individuellen Reaktionsprofile mit diesen Typen analysiert, oder es werden speziellere Eigenschaften definiert, die Klassen kohärenter Reaktionen entsprechen (vgl. z. B. Stemmler, 1992).

> **!** **Bei Reaktionsinkohärenz treten Wechselwirkungen zwischen Personen und Situationen auf, die sich in einer unterschiedlichen Gestalt der individuellen Reaktionsprofile und niedrigen Korrelationen zwischen Reaktionen äußern. Dieses Problem kann durch Bildung von Reaktionsprofiltypen oder durch Bildung von Reaktionstypen verringert werden.**

2.4.5 Bewertung

Das Eigenschaftsparadigma hat zur Entwicklung eines methodischen Instrumentariums geführt, das es erlaubt, Eigenschaften und auf Eigenschaftsprofilen beruhende Persönlichkeitsbeschreibungen empirisch zu untersuchen. Die Grundbegriffe des Eigenschaftsparadigmas sind explizit, operational definiert und bei Reduktion vieler Eigenschaftsmessungen auf wenige Faktoren (z. B. durch Faktorenanalyse) sparsam. Wird zwischen Verhalten

und Eigenschaften klar unterschieden, ist der Eigenschaftsbegriff nicht zirkulär.

Individuumzentrierte Ansätze sind auf die Beschreibung einzelner Personen zugeschnitten und können das auch leisten. Rein individuumzentrierte Ansätze versagen aber bei der Beschreibung der einzelnen Persönlichkeit, weil dazu ein Vergleich mit anderen Personen einer Referenzpopulation notwendig ist. Ein solcher Vergleich ist auf der Basis individuumzentrierter Eigenschaftsdaten möglich, indem Eigenschaftsprofile verschiedener Personen nach Ähnlichkeit verglichen werden. Möglich ist auch ein Vergleich von Personen in Q-Sort-Profilen, wobei diese Profile aber nicht frei von differentiellen Erwägungen der Beurteiler sind.

Differentielle Ansätze sind auf den Vergleich von Personen einer bestimmten Population zugeschnitten. Die Vergleichsmöglichkeit wird durch das Problem erkauft, daß alle Aussagen prinzipiell populationsabhängig sind. Beschränken sich differentielle Analysen auf Persönlichkeitsinventare, in denen Eigenschaften von Beurteilern direkt eingeschätzt werden, sind auf einfache Weise relativ umfassende Persönlichkeitsbeschreibungen in Form von Persönlichkeitsprofilen möglich. Dabei geht aber der Bezug der erhaltenen Eigenschaftsdaten zu spezifischen Situationen und Reaktionen verloren.

Wie die Untersuchungen zur transsituativen Konsistenz und zur Reaktionskohärenz gezeigt haben, ist in diesem Bezug Information über Situations- und Reaktionsprofile enthalten, die diagnostisch aufschlußreich ist. Um diese Information zu nutzen, müssen Situationen und Reaktionen durch Situations-Reaktions-Inventare oder noch besser durch Analysen des tatsächlichen Verhaltens von Personen in realen Situationen ausdrücklich in die Eigenschaftsbeschreibung einbezogen werden.

Auftretende Wechselwirkungen zwischen Personen und Situationen bzw. Reaktionen können in Form von Situations- und Reaktionsprofilen beschrieben werden. Aufgrund dieser Profildaten können dann entweder Personen direkt nach ihrem Profiltyp verglichen werden, oder breite Eigenschaften werden in untergeordnete, engere Eigenschaften aufgespalten, in denen die Personen dann verglichen werden können.

Das Eigenschaftsparadigma ist aus mindestens drei Gründen problematisch. Erstens bleibt der Bezug der Eigenschaften zu Prozessen der aktuellen Situationsverarbeitung offen. Das ist besonders deutlich, wenn Eigenschaften nur über klassische Persönlichkeitsfragebögen gemessen werden. Aber auch wenn Verhalten in realen Situationen untersucht wird, erhält man aus Situations- oder Reaktionsprofilen nur indirekte Informationen über die vermittelnden Prozesse zwischen Situation und Reaktion. Die Black box des Behaviorismus ist zwar mit Eigenschaften gefüllt, aber diese sind letztlich nur Abstraktionen aus beobachteten Situations-Reaktions-Beziehungen.

Zweitens sind Eigenschaften statische Konzepte. Im Verlauf der Persönlichkeitsentwicklung können sich aber die Eigenschaftswerte einer Person ändern. Dies erfordert eine Erweiterung des Eigenschaftsparadigmas auf langfristige Prozesse der Persönlichkeitsveränderung.

Drittens wird die Suche nach Eigenschaften stark durch alltagspsychologische Überlegungen beschränkt. Um Eigenschaften im tatsächlichen Verhalten zu untersuchen, müssen Situationen und Reaktionen erst einmal so ausgewählt und definiert werden, daß eine reelle Chance besteht, stabile Situations-Reaktions-Beziehungen zu finden, die auch persönlichkeitspsychologisch aufschlußreich sind. Diese Auswahl orientiert sich entweder an alltagspsychologischen Überlegungen über Eigenschaften oder an Anforderungen der diagnostischen Praxis.

Wenn etwa die Fahrtüchtigkeit am Steuer interessiert, ist damit der Situations- und Reaktionsbereich schon ziemlich deutlich vorgegeben. Die genauere Definition der Situationen und Reaktionen bleibt dann aber zunächst wieder alltagspsychologischen Überlegungen überlassen – jedenfalls solange, bis genaueres Wissen über die für Fahrtüchtigkeit wichtigen Situationen und Reaktionen empirisch ermittelt werden konnte.

In beiden Fällen haben es Untersuchungen im Rahmen des Eigenschaftsparadigmas schwer, alltagspsychologische Voreingenommenheiten zu überwinden. Es ist zwar möglich, sich im Rahmen des Eigenschaftsparadigmas wie Münchhausen am eigenen Schopf aus dem Sumpf der Alltagspsychologie zu ziehen, indem alltagspsychologische Eigenschaftskonzepte empirisch untersucht und dadurch schrittweise präzisiert werden (vgl. Asen-

dorpf, 1991). Aber die Geschichte der Persönlichkeitspsychologie zeigt, daß das ein langwieriger Prozeß ist, der bisher nur selten von Erfolg gekrönt wurde (vgl. Abschn. 4.4 für die „Erfolgsgeschichte" im Falle von Intelligenz und die „Mißerfolgsgeschichte" im Fall von sozialer Kompetenz).

! Im Eigenschaftsparadigma können individuelle Besonderheiten im Erleben und Verhalten gut beschrieben und vorhergesagt werden, aber es kann nur schlecht erklärt werden, wie Eigenschaften im aktuellen Erleben und Verhalten wirksam werden und wie sie sich im Verlauf der Persönlichkeitsentwicklung verändern. Da die Wahl der Situationen und Reaktionen, auf die sich Eigenschaften beziehen, zunächst alltagspsychologisch vorgegeben ist, haben Eigenschaftskonzepte eine Tendenz, in der Alltagspsychologie zu verharren. Das wirkt sich hinderlich auf die persönlichkeitspsychologische Forschung aus.

Fragen

2.10 Worin unterscheiden sich die Eigenschaftsbegriffe von Allport und Stern?
2.11 Warum ist der individuumzentrierte Ansatz für die Persönlichkeitspsychologie nicht ausreichend?
2.12 Was ist der Preis für die Vergleichbarkeit von Personen?
2.13 Welche inhaltlichen Fragestellungen entsprechen den vier methodischen Ansätzen im Schema von Stern?
2.14 Kann ein differentiell gemessenes Merkmal stabil sein, obwohl sich die Merkmalswerte aller Personen ändern?
2.15 Setzt eine differentielle Messung der Persönlichkeit differentielle Messungen der einzelnen Eigenschaften voraus?
2.16 In welcher Beziehung ist das Q-Sort-Verfahren „differentiell verunreinigt"?
2.17 Wie ist ein Persönlichkeitsinventar aufgebaut, und welchen Anforderungen sollten die Items einer Skala genügen?
2.18 Welches sind Vor- und Nachteile von Persönlichkeitsinventaren verglichen mit der Verhaltensbeobachtung?
2.19 Wie bestimmt man in S-R-Inventaren Situations- und Reaktionsprofile?
2.20 Wie sollten differentielle Messungen verteilt sein?
2.21 Wofür kann man die z-Transformation gebrauchen?
2.22 Wie ist die individuelle Konsistenz in Korrelationsdiagrammen graphisch repräsentiert?
2.23 Besagt eine Nullkorrelation zwischen zwei Variablen, daß es keine Beziehung zwischen ihnen gibt?
2.24 Wie kann man die Faktoren einer Faktorenanalyse inhaltlich interpretieren?
2.25 Welche Kritik übte Mischel (1968) am Eigenschaftsparadigma, und warum irrte er sich?
2.26 Wie kann man das Problem einer niedrigen Reaktionskohärenz lösen?
2.27 Welche Grenzen hat das Eigenschaftsparadigma?

Weiterführende Literatur

Asendorpf, J. (1991). *Die differentielle Sichtweise in der Psychologie.* Göttingen: Verlag für Psychologie, Kap.1.

Weber, H. & Laux, L.C. (1988). Idiographische und biographische Ansätze in der Persönlichkeitspsychologie. In H. Häcker, H.-D. Schmalt & P. Schwenkmezger (Hrg.), *Handbuch der Persönlichkeitspsychologie.* Weinheim: Beltz.

2.5 Das Informationsverarbeitungsparadigma

Im Behaviorismus wurde der Mensch als Black box angesehen. Im Eigenschaftsparadigma werden Eigenschaften der Black box aus beobachtbaren Situations-Reaktions-Beziehungen erschlossen, z. B. Intelligenz oder Ängstlichkeit. Dabei bleibt im Dunkeln, welche Prozesse in der Black box Situations-Reaktions-Beziehungen erzeugen, also wie es z. B. dazu kommt, daß jemand intelligent handelt oder ängstlich reagiert. Das Informationsverarbeitungsparadigma widmet sich diesen Prozessen. Während in der Psychoanalyse der Mensch als energieverarbeitendes System angesehen wurde, wird er im Informationsverarbeitungsparadigma als informationsverarbeitendes System aufgefaßt. Dabei weichen Computeranalogien zunehmend einer Orientierung an neurowissenschaftlichen Prinzipien der Informationsverarbeitung.

2.5.1 Allgemeines Menschenbild

Erleben und Verhalten beruht nach Auffassung des Informationsverarbeitungsparadigmas auf der Verarbeitung von Information. Unter Information kann man sich die Bedeutung eines bestimmten Zustandes von Materie oder Energie für ein informationsverarbeitendes System vorstellen, z. B. für einen Computer, einen Menschen oder einen Automotor. Um mich in Tokio mit dem Auto zurecht zu finden, brauche ich einen Stadtplan. Und zwar einen mit lateinischen Buchstaben, denn japanische haben für mich keine Bedeutung. Habe ich mich so informiert, drücke ich auf das Gaspedal. Jetzt übertrage ich Information an den Motor; das Auto setzt sich in Bewegung. Energie wird dabei von mir auf den Motor nur in geringem Umfang übertragen; seine Energie bezieht der Motor aus dem Tank. Zu Freuds Zeiten konnte man sich noch nicht vorstellen, daß auch menschliches Erleben und Verhalten mit minimaler Energieübertragung stattfinden kann; auch deshalb wohl benutzte Freud den Begriff der psychischen Energie.

Im Informationsverarbeitungsparadigma wird angenommen, daß menschliches Verhalten und Erleben auf Informationsübertragung im Nervensystem beruht, das über Rezeptoren Reize aus der Umwelt und dem eigenen Körper empfangen, in andere Informationen umwandeln kann, die u. a. verantwortlich für bewußtes Erleben sind, und vor allem über motorische Aktivität Informationen auf die Umwelt übertragen kann (Verhalten). Dabei nutzen diese Prozesse Informationen, die die aktuelle Situation überdauern: das Wissen. Informationsverarbeitungsprozesse werden in der allgemeinen Psychologie ausführlich behandelt (vgl. z. B. Spada, 1992), so daß es hier ausreicht, einige allgemeine Modelle und Prinzipien der Informationsverarbeitung zu skizzieren.

Modelle der Informationsverarbeitung

Drei Modelle der Informationsverarbeitung spielen gegenwärtig eine größere Rolle in der Psychologie:

- klassische Modelle,
- das ACT*-Modell von Anderson (1983),
- konnektionistische Modelle.

Klassische Modelle sind stark an der Informationsverarbeitung in Computern orientiert, die sequentiell, d. h. Schritt für Schritt, von einem Input zu einem Output führt (vgl. z. B. Neisser, 1967). Danach werden physikalisch definierte Reize aus der Umwelt oder der eigenen Person in sensorischen Registern kurzzeitig festgehalten und durch Prozesse der Mustererkennung einer ersten Analyse unterzogen. Aufmerksamkeitsprozesse sorgten dann dafür, daß Informationen, die für aktuell verfolgte Ziele bedeutsam sind, in einen Kurzzeitspeicher begrenzter Kapazität gelangten, wo sie mit dem Wissen eines Langzeitspeichers in Verbindung gebracht und dadurch hinsichtlich ihrer Bedeutung bewertet würden. Währenddessen müßten

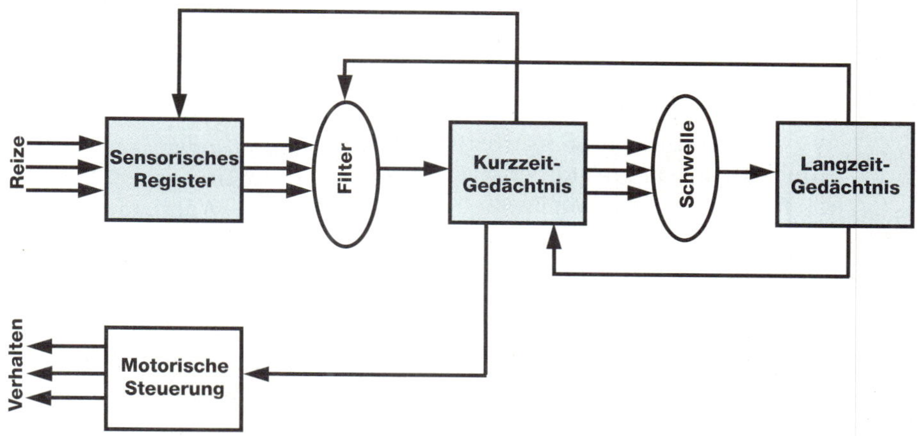

Abb. 2.19. Ein (stark vereinfachtes) klassisches Modell der Informationsverarbeitung

sie durch Wiederholungsprozesse immer wieder „frisch gehalten“ werden, sonst gingen sie verloren. Ihre Bedeutung wiederum beeinflusse die Verhaltensregulation. Inhalte des Kurzzeitspeichers, die dort lange genug verweilt hätten, gelangten in den Langzeitspeicher, wo sie permanent gespeichert würden (Abb. 2.19).

Die Zweiteilung in Kurz- und Langzeitspeicher entspricht der räumlichen Aufteilung von Computerspeichern in einen kleinen Arbeitsspeicher, dessen Inhalt bei Stromausfall verloren geht, und in die Festplatte als großen, permanenten Speicher. Neuere Informationsverarbeitungsmodelle wie das ACT*-Modell von Anderson (ACT = adaptive control of thought, * steht für die vorletzte Variante des Modells; vgl. Spada, 1992, Kap. 3 und 10.4, und Anderson, 1993) gehen dagegen davon aus, daß die Inhalte des Langzeitgedächtnisses lokal aktiviert werden könnten; die aktivierten Inhalte übten Funktionen des Kurzzeitspeichers aus. Im ACT*-Modell bestehen diese Inhalte aus deklarativem und prozeduralem Wissen. Deklaratives Wissen bezieht sich auf Fakten, das „was“ des Wissens: Aussagen über Dinge, Personen und Ereignisse. Prozedurales Wissen bezieht sich auf Regeln und Strategien – das „wie“ des Wissens –, die beim Denken und Handeln auf deklaratives Wissen angewendet werden.

Deklaratives Wissen ist im ACT*-Modell repräsentiert durch ein propositionales Netzwerk aus Knoten und gerichteten Verbindungen zwischen Knoten. Die Knoten repräsentieren Begriffe, die Verbindungen Beziehungen zwischen den Begriffen. Abbildung 2.20 zeigt die propositionale Netzwerkdarstellung des Ereignisses „Ein deutscher Tanker pumpte nachts Säure in die Nordsee, die Fische vergiftete“. Prozedurales Wissen ist im Modell von Anderson repräsentiert durch Produktionsregeln. Produktionsregeln sind Wenn-dann-Anweisungen wie z. B. „Wenn der Wecker klingelt, stehe auf.“ Der Wenn-Teil besteht aus einer Bedingungskomponente, der Dann-Teil aus einer Verhaltensanweisung.

Informationsverarbeitung läuft im ACT*-Modell im wesentlichen so ab, daß bestimmte Knoten durch entsprechende Wahrnehmungen oder interne Verarbeitungsprozesse, z. B. beim Denken, aktiviert werden. Hier gibt es eine Analogie zu der physiologischen Erregung einer Nervenzelle (vgl. z. B. Birbaumer & Schmidt, 1991). Die Aktivierung breitet sich dann über die Verbindungen auf benachbarte Knoten aus, wobei sie mit zunehmender Zeit und Distanz vom ursprünglichen Knoten schwächer wird. Hier besteht eine Analogie zur Erregungsausbreitung in neuronalen Netzen. Das Aktivierungsprinzip gilt auch für Produktionsregeln; wird der Wenn-Teil aktiviert, wird damit auch der Dann-Teil aktiviert. Die Ausbreitung wird zusätzlich durch die Stärke der Knoten bestimmt; starke Knoten werden leichter aktiviert als schwache. Hier besteht eine Analogie zur Reizschwelle für eine Nervenzelle.

Die Stärke eines Knotens wird nach dem ACT*-Modell durch häufige Aktivierung erhöht. Je öfter ein Knoten in Gebrauch ist, desto leichter ist er aktivierbar: Er bekommt eine „zentrale Stellung“ im propositionalen Netzwerk. Daher lassen sich Kurzzeit- und Langzeitgedächtnis durch Netzwerkeigenschaften beschreiben. Das Kurzzeitgedächtnis besteht aus den momentan aktivierten Knoten. Das Langzeitgedächtnis besteht aus allen prinzipiell aktivierbaren Knoten und weist eine komplexe Struktur auf, die durch die Stärke der Knoten und ihre Nachbarschaft bestimmt ist.

Dieses Modell ist sehr sparsam in seinen Grundannahmen und trotzdem in der Lage, komplexe Informationsverarbeitungsprozesse in komplexen Wissenssystemen nachzubilden. Das Verhalten propositionaler Netzwerke und damit verknüpfter Produktionsregeln ist nicht mehr einfach vorhersagbar, sondern kann nur noch auf dem Computer simuliert werden. Dadurch lassen sich aus bestimmten Annahmen über Netzwerkparameter, z. B. Grad der Zunahme der Knotenstärke in Abhängigkeit von der Knotenaktivierung, Vorhersagen über die Informationsverarbeitung ableiten, die sich durch Vergleich mit dem Verhalten von Versuchspersonen empirisch überprüfen lassen. Wenn eine solche Vorhersage möglich ist, heißt das natürlich noch nicht, daß das Modell eine direkte Entsprechung auf neuronaler Ebene hat. Es sollte eher als eine bestimmte Sprache betrachtet werden, über Informationsverarbeitung zu reden (die allerdings wesentlich präziser ist als alltagspsychologische Beschreibungen).

Tatsächlich sind das ACT*-Modell und alle verwandten propositionalen Modelle dann ungeeignet, die neuronale Informationsverarbeitung zu

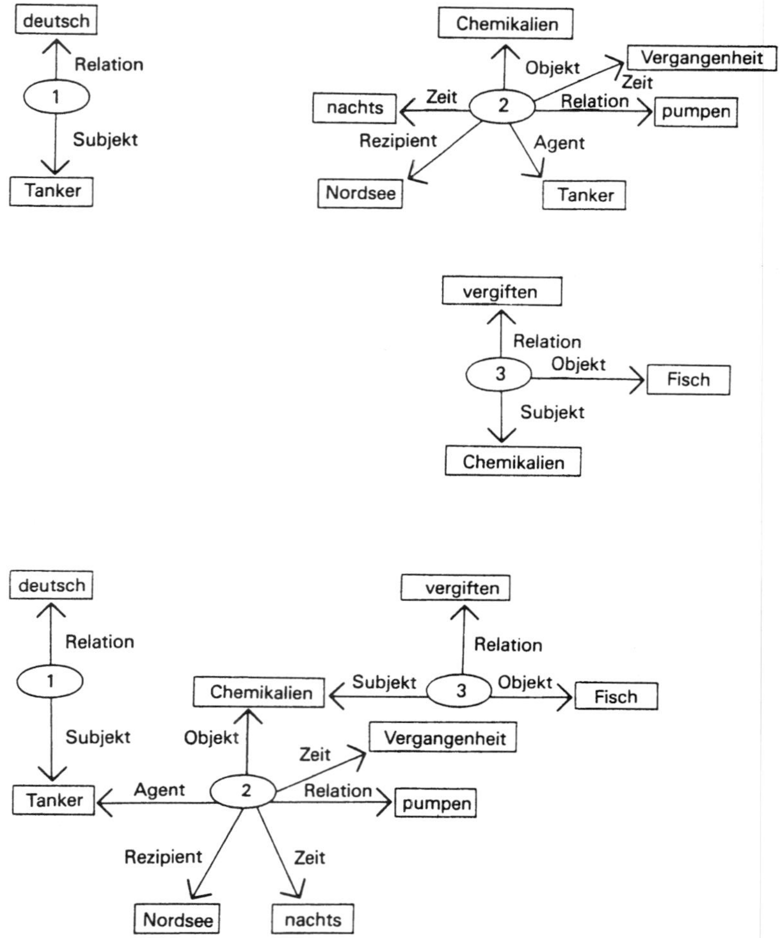

Abb. 2.20. Propositionale Darstellung des Satzes „Ein deutscher Tanker pumpte nachts Säure in die Nordsee, die Fische vergiftete". (Nach Kluwe, 1992)

beschreiben, wenn man eine direkte Beziehung zwischen den Knoten und einzelnen Neuronen herstellen möchte. Denn Informationen wie z. B. „Großmutter" sind keinesfalls neuronal durch ein Neuron abgebildet. Vielmehr sind komplexere Informationen über weite Gehirngebiete verteilt gespeichert (vgl. Birbaumer & Schmidt, 1991).

Verteilte Speicherung wird auch in einigen konnektionistischen Modellen (Hebb, 1949; Rumelhart & McClelland, 1986) angenommen, in denen es zwar auch noch Knoten und gerichtete Verbindungen zwischen Knoten gibt, Information aber weder durch einzelne Knoten noch durch einzelne Verbindungen, sondern durch komplexe Knotenmuster repräsentiert ist (auf neuronaler Ebene spricht man hier von Zellverbänden). Die Wechselwirkung vieler Knoten in Form gegenseitiger Aktivierung, aber auch Hemmung, erzeuge Bedeutung. Zudem wird angenommen, daß die Informationsverarbeitung nicht sequentiell Schritt für Schritt erfolgt, sondern daß viele Prozesse gleichzeitig ablaufen könnten, so daß die Informationsverarbeitung schneller ablaufe (parallele Verarbeitung). Abbildung 2.21 illustriert ein extrem vereinfachtes konnektionistisches Modell in Form einer Matrix.

Diese Matrix kann zwei Reize verknüpfen, die jeweils durch einen Vektor aus sechs Reizmerkmalen repräsentiert sind, wobei jedes Merkmal nur in zwei Zuständen 0 oder 1 vorkommen kann. Auch die Verknüpfung zwischen den Knoten kann in diesem Modell nur aktiviert (1) oder nicht

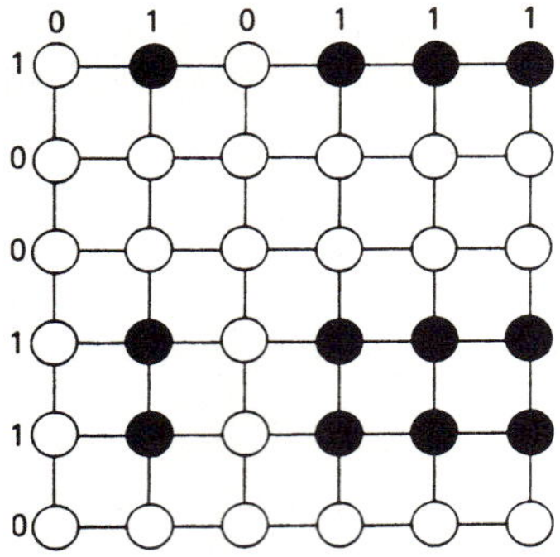

Abb. 2.21. Ein (stark vereinfachtes) konnektionistisches Informationsverarbeitungsmodell. Gefüllte Kreise repräsentieren das Gewicht 1, leere das Gewicht Null. (Nach Wender, 1992)

aktiviert (0) sein. Die Verknüpfung der beiden Reize ist dann durch das Aktivierungsmuster aller $6 \times 6 = 36$ Knoten repräsentiert. In dem Beispiel gibt das Produkt der auf einen Knoten von links und oben treffenden Aktivierung die Aktivierung des Knotens an. Das Aktivierungsmuster beschreibt die Beziehung zwischen den beiden Reizen. Trifft der Reiz 100110 ein, so antwortet das Netzwerk aufgrund seiner Verknüpfungsstruktur mit dem Reiz 010111 (vgl. genauer Wender, 1992). Viele konnektionistische Modelle nehmen darüber hinaus an, daß es auch hemmende Verknüpfungen (−1) gibt.

Parallele verteilte und sequentielle lokale Verarbeitung schließen sich nicht aus, sondern sind miteinander vereinbar. Zum Beispiel kann ein großes Wissenssystem insgesamt konnektionistisch arbeiten, lokal aber sequentiell organisiert sein. Sequentielle Modelle lassen sich konnektionistisch nachbilden und konnektionistische Modelle lassen sich (mit einiger Mühe) auf den gegenwärtig streng sequentiell konstruierten Computern simulieren (vgl. Strube, 1990, für eine genauere Diskussion). Der konnektionistische Ansatz übt gegenwärtig eine besondere Faszination aus, weil sich hier Fragestellungen der Psychologie, Neurophysiologie und Informatik (Entwicklung parallel arbeitender Computer) überschneiden und wechselseitig befruchten können. Tafel 2.13 gibt eine Übersicht über die drei Informationsverarbeitungsmodelle.

Tafel 2.13. Drei Modelle der Informationsverarbeitung

Klassische Modelle sind sequentielle, lokale Speichermodelle. Information gelangt über sensorische Register in einen Kurzzeitspeicher, von dem aus die weitere Verarbeitung durch Vergleich mit dem Wissen im Langzeitspeicher, Verhaltenskontrolle und Einspeicherung in den Langzeitspeicher erfolgt.
Das ACT*-Modell ist ein lokales Speichermodell. Deklaratives Wissen ist in einem propositionalen Netzwerk, prozedurales Wissen in Produktionssystemen repräsentiert. Verarbeitung findet durch Aktivierung lokaler Netzwerkbereiche statt.
Typische konnektionistische Modelle sind verteilte Speichermodelle. Verarbeitung findet durch Aktivierungsausbreitung entlang erregender und hemmender Verbindungen zwischen weit auseinanderliegenden Einheiten statt; funktionale Informationseinheiten sind über das Gesamtnetz verteilt.

Alle drei Modelle stimmen darin überein, daß das Wissen im Langzeitspeicher insofern zentral ist, als es nahezu alle Informationsverarbeitungsprozesse beeinflußt. Zum Beispiel beruht schon die Wahrnehmung eines Stuhls auf einem Vergleich zwischen einer Reizrepräsentation im visuellen Register und dem Langzeitspeicher. Die Wahrnehmung „Stuhl" beinhaltet nicht nur ein visuelles Muster, sondern auch den Namen „Stuhl" und die Funktionen eines Stuhls. Insofern ist jede bewußte Wahrnehmung auch ein Erkennen aufgrund von Wissen.

! In allen Informationsverarbeitungsmodellen spielt das Wissen im Langzeitgedächtnis eine zentrale Rolle; es beeinflußt nahezu alle Verarbeitungsprozesse.

Klassische Modelle, das ACT*-Modell und die konnektionistischen Modelle unterscheiden sich wesentlich in der Rolle, die dem Bewußtsein zugewiesen wird (vgl. Kihlstrom, 1987). In klassischen Modellen sind die Inhalte des Kurzzeitspeichers bewußt. Produkte früher Wahrnehmungsprozesse (z. B. Mustererkennung) sind unbewußt, und Wissen im Langzeitspeicher ist solange unbewußt, wie es nicht in den Kurzzeitspeicher überführt wird. Von daher können unbewußte Informationen keinen Einfluß auf das Bewußtsein ausüben, es sei denn, sie werden vorher ins Bewußtsein (den Kurzzeitspeicher) gehoben.

Im ACT*-Modell kann Bewußtsein mit hoher

Aktivierung von Knoten gleichgesetzt werden (vgl. Kihlstrom, 1987). Bewußt werden kann damit nur deklaratives Wissen. Prozedurales Wissen ist unbewußt; bewußt werden kann nur der Wenn- und der Dann-Anteil, nicht die Wenn-dann-Regel. Prozedurales Wissen kann höchstens dadurch bewußt werden, daß es zu deklarativem Wissen wird (etwa wenn man auf dem Wege des Problemlösens eine Grammatikregel entdeckt oder sie vom Englischlehrer vermittelt bekommt). Beim natürlichen Erwerb einer Sprache, der Tischsitten oder des Fahrradfahrens wird zwar prozedurales Wissen erworben, indem neue Produktionsregeln aus Wenn- und Dann-Anteilen zusammengesetzt werden, die Regeln selbst bleiben aber unbewußt. Damit können unbewußte Prozesse Verhalten beeinflussen, ohne ins Bewußtsein gehoben zu werden.

Konnektionistische Modelle räumen unbewußten Prozessen einen noch größeren Raum ein. Bewußte Prozesse sind nach dieser Auffassung sequentiell und langsam und sozusagen nur die Spitze eines Eisberges ausgedehnter, schnell und parallel ablaufender, unbewußter Prozesse (Kihlstrom, 1987). Während für Freud die Existenz unbewußter Prozesse ein Problem war, das es zu erklären gelte, ist es im konnektionistischen Ansatz ein Problem zu erklären, wie es überhaupt zu bewußten Prozessen kommt.

> **!** **Je stärker Informationsverarbeitungsmodelle neurowissenschaftlich orientiert sind, desto größeren Raum geben sie unbewußten Verarbeitungsprozessen und unbewußten Ergebnissen solcher Prozesse.**

Emotionale und rationale Prozesse

Die drei Modelle der Informationsverarbeitung sind sehr allgemein gehalten. Sie versuchen, übergreifende Prinzipien der Informationsverarbeitung zu formulieren. Dabei laufen sie Gefahr, zuviel über einen Kamm zu scheren, weil evolutionsbiologisch, neurophysiologisch und psychologisch vieles dafür spricht, daß das Nervensystem modular aufgebaut ist: Es besteht aus unterschiedlichen Teilsystemen (Modulen), deren Funktionsprinzipien sich zumindest graduell unterscheiden (Fodor, 1983; Tooby & Cosmides, 1990). Zwei solche Unterscheidungen sollen hier kurz skizziert werden:

- emotionale – rationale Prozesse;
- spontanes – automatisiertes – willentliches Verhalten.

Die emotionale Bewertung der aktuellen Situation liefert zunächst immer eine primäre Bewertung nach den Kriterien Neuheit und Valenz (positiv-negativ). Dadurch wird eine erste Orientierung hinsichtlich künftigen Verhaltens erreicht: Annäherung oder Vermeidung. Die emotionale Valenz läßt sich inzwischen auch physiologisch klar nachweisen (Lang, 1995). Anschließend kann es zu einer sekundären Bewertung kommen, die zu der charakteristischen emotionalen Färbung des Erlebens und Verhaltens beiträgt.

Theorie von Scherer (1984) beispielsweise sind dies die Prüfung der Zielrelevanz (wie weit ist die Information förderlich oder hinderlich für aktuell verfolgte Ziele?), der Kontrollierbarkeit (wie weit ist die aktuelle Situation durch eigenes Verhalten kontrollierbar?) und der Verträglichkeit dieses Verhaltens mit Verhaltensnormen. Auch emotionale Reaktionen selbst können zum Gegenstand der emotionalen Bewertung werden; dann resultieren Phänomene wie Angst vor der Angst oder Verlegenheit über verlegenes Verhalten.

Der Prozeß der emotionalen Bewertung liefert eine Gesamtbewertung der aktuellen Situation (aber auch einer erinnerten oder zukünftig erwarteten Situation) hinsichtlich weniger emotionaler Qualitäten. Die emotionale Qualität einer Situation bildet einen Rahmen für weitere rationale Verarbeitungsprozesse der Analyse und Reflektion (von ratio = lateinisch Vernunft, Verstand). Diese Prozesse werden meist kognitive Prozesse genannt, was aber vom Wortsinn kognitiv = erkennend her irreführend ist, weil mit „rational" bzw. „kognitiv" auch Prozesse der Handlungsplanung und -steuerung gemeint sind, die mit Erkenntnis wenig zu tun haben. Deshalb wird im folgenden abweichend vom üblichen Sprachgebrauch von rationalen und nicht von kognitiven Prozessen gesprochen.

Diese rationalen Verarbeitungsprozesse können sich auch auf das emotionale Erleben beziehen, indem es zum Gegenstand rationaler Reflektion wird, und rationale Verarbeitung kann Emotionen auslösen (z. B. Freude, wenn es gelingt, einen mathematischen Satz zu beweisen). Emotionale und rationale Prozesse stehen also in Wechselwir-

kung miteinander. Es handelt sich aber um unterschiedliche Qualitäten der Informationsverarbeitung (vgl. dazu die Unterscheidung zwischen schematischer und konzeptueller Informationsverarbeitung von Leventhal & Scherer, 1984), die eine unterschiedlich lange evolutionäre Geschichte haben und unterschiedliche Hirnstrukturen nutzen (vgl. Birbaumer & Schmidt, 1991).

Rationale Verarbeitung findet sich vor allem beim Handeln und Problemlösen. Von Handeln wird in der Psychologie dann gesprochen, wenn im Verhalten ein erkennbares Ziel längerfristig verfolgt wird. Handeln bedarf der Planung über die aktuelle Situation hinaus; das können emotionale Bewertungsprozesse nicht leisten. Problemlösen ist der Planungsaspekt des Handelns: Wie kann ich aus der gegebenen Situation zu einem angestrebten Zielzustand gelangen? Wie kann ich z. B. meine Stellung beim Schachspiel durch den nächsten Zug verbessern?

Dieses Problem kann durch rationale Prozesse angegangen werden. Analysiert werden die Ausgangssituation (was liegt vor?), mögliche Zielzustände (was möchte ich eigentlich erreichen?) und mögliche Strategien, Zielzustände zu erreichen (vgl. z. B. Lüer & Spada, 1992). Diese Prozesse nutzen deklaratives Wissen über Ausgangssituation, Zielzustände und mögliche Zwischenschritte beim Überführen eines Ausgangszustandes durch eine Strategie in einen Zielzustand. Die Strategien sind prozedurales Wissen.

Rationale Prozesse beim Handeln lassen sich dadurch übersichtlich gliedern, daß vier Bestimmungsstücke des Handelns unterschieden werden: Situation, Handlung, Ergebnis und Folge (vgl. Heckhausen, 1989). Unter dem Ergebnis einer Handlung wird das direkt vom Handelnden selbst hervorgebrachte Ergebnis verstanden, z. B. die objektive Leistung in einer Klausur, auf die ich mich vorbereite. Unter den Folgen einer Handlung werden alle weiteren Folgen verstanden, die das Ergebnis nach sich zieht und die weitgehend fremdbestimmt sind, z. B. die Note in der Klausur (die vielleicht zu gut ausfällt, weil bei der Benotung ein Fehler übersehen wurde) oder daß mein Freund sauer reagiert, weil ich wegen der Vorbereitung keine Zeit für ihn habe.

Drei Arten rationaler Prozesse spielen für die Persönlichkeitspsychologie eine besondere Rolle:

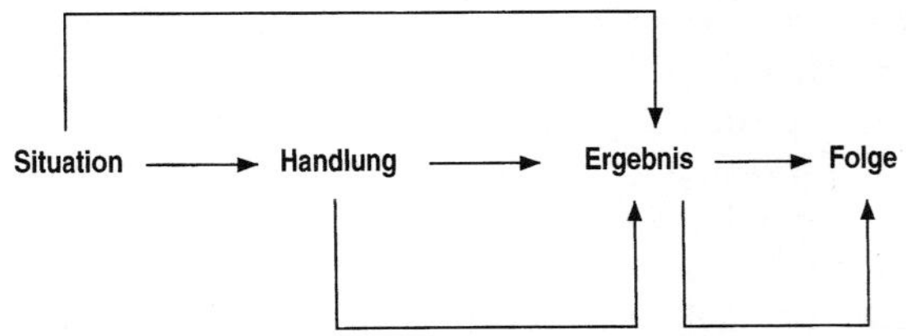

Abb. 2.22. Handlungsbezogene Erwartungen. (Vereinfachtes Schema nach Heckhausen, 1989)

Erwartungsabschätzung, Wertabschätzung und Ergebnisattribution. Mit Heckhausen (1989) lassen sich u. a. drei Arten von Erwartungen unterscheiden (Abb. 2.22). Situations-Ergebnis-Erwartungen beziehen sich darauf, wie günstig oder ungünstig die Situation für einen selbst ist, wenn man nichts tut. Werde ich die Klausur bestehen, wenn ich mich nicht vorbereite? Handlungs-Ergebnis-Erwartungen beziehen sich darauf, wie wahrscheinlich ein Ergebnis durch eigene Handlungen erreicht werden kann. Wie wahrscheinlich ist es, daß ich bestehe, wenn ich mich vorbereite? Ergebnis-Folge-Erwartungen schließlich beziehen sich darauf, welche Folgen bei einem bestimmten Ergebnis zu erwarten sind. Wird mein Freund sauer reagieren, wenn ich bestehe?

Die meisten Handlungstheorien nehmen an, daß die Gesamtbewertung einer Handlungsoption sich aus dem Wert der einzelnen Folgen ergibt, die mit ihrer Erwartung (Wahrscheinlichkeit) gewichtet werden; es sind Erwartungs-mal-Wert-Modelle. Ist $p(F)$ die Wahrscheinlichkeit jeder einzelnen Folge F und $w(F)$ ihr Wert, so ist die Summe der Produkte $p(F)w(F)$, gebildet über alle Folgen, der Anreiz der Situation für die Handlung:

$$\text{Anreiz(Situation)} = \Sigma(p(F)w(F)).$$

Verschiedene Handlungsmöglichkeiten können nun aufgrund ihres Anreizwertes miteinander verglichen werden, und die Handlung mit dem höchsten Anreizwert sollte nach Auffassung der Erwartungs-mal-Wert-Modelle auch ausgeführt werden.

Der Wert einer Folge wird nach motivationspsychologischer Auffassung durch Motive bestimmt. Motive sind in diesem Zusammenhang zeitlich relativ stabile Dispositionen, bestimmte Folgen positiv oder negativ zu bewerten, also Bewertungsdispositionen (es gibt andere Motivbe-

griffe; vgl. Abschn. 4.5.1). Zum Beispiel hängt es nach dieser Auffassung von der individuellen Ausprägung des Leistungsmotivs relativ zum Anschlußmotiv ab, wie positiv ich das Bestehen der Klausur relativ zur Reaktion des Freundes bewerten werde. Erwartungs-mal-Wert-Modelle nehmen nicht an, daß jedes Naseschneuzen einer Erwartungs-mal-Wert-Analyse unterzogen wird, sondern nur komplexere, längerfristige Handlungen. Und sie nehmen nicht an, daß die Anreizbildung notwendigerweise bewußt abläuft.

Neben den erwartungs- und wertbildenden Prozessen gehören zu den rationalen Prozessen Attributionen, d. h. individualtypische Formen der Erklärung von Handlungsergebnissen. Wenn ich trotz Vorbereitung die Klausur nicht bestanden habe, woran liegt das? An Pech, einer zu schweren Klausur, mangelnder Anstrengung oder mangelnder Fähigkeit? Diese Attributionsprozesse stehen in enger Beziehung zur Erwartungsbildung. Wenn ich schlechte Prüfungsergebnisse eher den Umständen als meiner Unfähigkeit zuschreibe, kann ich unrealistisch hohe Erwartungen aufrechterhalten; wenn ich unrealistisch niedrige Erwartungen habe, kann ich gute Prüfungsergebnisse eher den Umständen als meiner Fähigkeit zuschreiben.

Verhaltenskontrolle

Längerfristiges zielgerichtetes Verhalten beruht also immer auf emotionalen und rationalen Prozessen. Das Verhalten selbst unterliegt dabei drei verschiedenen Arten der Kontrolle:

- es kann willentlich gesteuert werden (z. B. Bedienung der Gangschaltung durch einen Fahrschüler in der ersten Stunde),
- es kann automatisiert worden sein (z. B. Schalten eines erfahrenen Autofahrers),
- es kann spontan erfolgen, ohne daß es sich um automatisiertes Verhalten handelt (z. B. Emotionsausdruck, wenn es im Getriebe knirscht).

Viele Verhaltensweisen unterliegen allen drei Kontrolltypen. Zum Beispiel kann man spontan über einen Scherz lächeln (Emotionsausdruck), professionell als Stewardess (automatisiert) oder willentlich (um einen freundlichen Eindruck zu machen).

Spontane, automatisierte und willentliche Verhaltenskontrolle nutzen unterschiedliche Hirnstrukturen (vgl. Birbaumer & Schmidt, 1991). Zum Beispiel gibt es zwei verschiedene Formen der halbseitigen Lähmung der Gesichtsmuskulatur. Bei peripherer Lähmung ist der Gesichtsnerv selbst betroffen; solche Menschen können nur halbseitig lächeln. Bei zentraler Lähmung ist die für die willentliche Kontrolle der Gesichtsmuskeln zuständige Region der Hirnrinde betroffen; solche Menschen können auf Aufforderung nur halbseitig lächeln, sind aber in der Lage, spontan über einen Witz beidseitig zu lächeln (vgl. Rinn, 1984).

Spannungsverhältnis zwischen emotionalen und rationalen Prozessen

Es gibt also eine grobe Unterscheidung nach emotional-spontanen und rational-willkürlichen Prozessen der Informationsverarbeitung. Die Meinungen darüber, wo emotionale Prozesse aufhören und rationale (bzw. kognitive) beginnen, sind geteilt (vgl. z. B. Bischof, 1989, Dörner, 1989a und Scherer, 1989). Das hängt vor allem mit dem Begriff „kognitiv" zusammen. Oft wird er so breit gefaßt, daß darunter alle Informationsverarbeitungsprozesse, also auch die emotionalen, verstanden werden; dann ist er überflüssig. Oder man geht wie hier vom wörtlichen Sinn der Kognition als Erkennen der Bedeutung einer Situation aus, so daß kognitive Prozesse emotionale Bewertung einschließen, nicht aber nachgeordnete Prozesse der Verhaltensregulation; dann ist es nützlich, den übergeordneten Begriff der rationalen Prozesse einzuführen.

Innerhalb des Informationsverarbeitungsparadigmas gibt es also ein Spannungsverhältnis zwischen emotionalen und rationalen Prozessen. Je nach Anwendungsinteresse dominiert der eine oder der andere Aspekt. So werden in Untersuchungen zu intelligentem Handeln emotionale Prozesse weniger betont als in Untersuchungen zu sozialem Verhalten. Eine tiefergehende Analyse intelligenten Handelns erfordert aber auch den Einbezug emotionaler Prozesse. Die Fehler des Betriebspersonals in Tschernobyl lassen sich nicht ausschließlich rational rekonstruieren (Dörner, 1989b). Umgekehrt läßt sich soziales Verhalten ohne Einbezug rational motivierten Verhaltens oft nicht verstehen (Beispiel: der Emotionsausdruck mancher Politiker in Fernsehsendungen). Erleben und Verhalten ist fast immer simultan durch emotionale und rationale Prozesse bestimmt (Tafel 2.14).

Tafel 2.14. Emotionale und rationale Prozesse

Informationsverarbeitungsprozesse lassen sich in emotionale und rationale Prozesse gliedern, die simultan ablaufen. Emotionale Prozesse nutzen emotionale Bewertung, führen zu einer bestimmten emotionalen Färbung des Erlebens und Verhaltens und können zu spontanem emotionalem Verhalten führen (Emotionsausdruck). Rationale Prozesse sind die Voraussetzung für die rationale Analyse und Reflektion und können zu willentlichem Verhalten und langanhaltenden Denk- und Handlungsprozessen führen. Emotionale und rationale Prozesse stehen in ständiger Wechselwirkung.

2.5.2 Persönlichkeitskonzept

Im Rahmen des Informationsverarbeitungsparadigmas können individuelle Besonderheiten im Erleben und Verhalten im Prinzip auf drei verschiedenen Quellen beruhen:

- auf der Architektur des informationsverarbeitenden Systems,
- auf Parametern informationsverarbeitender Prozesse,
- auf Wissen.

Psychologische Informationsverarbeitungsmodelle gehen grundsätzlich davon aus, daß die Architektur des Systems, also seine wesentlichen Funktionsprinzipien, universell ist, also von allen Menschen geteilt wird. Dies läßt sich auch evolutionspsychologisch gut begründen (vgl. Tooby & Cosmides, 1990; Buss, 1991). Danach ist diese Architektur das Resultat einer langen evolutionären Geschichte, genetisch festgelegt durch die Wechselwirkung zwischen sehr vielen Genen. Würde es genetisch bedingte, qualitativ unterschiedliche Architekturen der Informationsverarbeitung geben, würden bei der Vererbung Probleme entstehen, wenn Vater und Mutter eine unterschiedliche Architektur aufweisen würden. Denn bei der Vererbung werden Genabschnitte von Vater und Mutter zufällig gemischt, was zur Folge hätte, daß es zu Konflikten in den Genfunktionen des Kindes käme.

Wenn dies so ist, kann die Architektur der Informationsverarbeitung keine Quelle individueller Besonderheiten sein. Diese werden deshalb fast immer in den beiden anderen Quellen gesucht: den Parametern von Verarbeitungsprozessen und den überdauernden Wissensbeständen.

Parameter von Verarbeitungsprozessen

Ein Beispiel für individuelle Besonderheiten in Parametern von Informationsverarbeitungsprozessen sind Unterschiede in der Geschwindigkeit, mit der einfachste Aufgaben bearbeitet werden, die weitgehend unabhängig von individuellen Besonderheiten im Wissen sind. Ein klassisches Beispiel ist das Sternberg-Paradigma (Sternberg, 1966), das sich am Konzept des Kurzzeitspeichers orientiert. Sechs Buchstaben werden im Abstand von einer Sekunde gezeigt; dann wird nach kurzer Verzögerung ein siebter Buchstabe präsentiert, und die Versuchsperson soll so schnell wie möglich durch Tastendrücken angeben, ob dieser Buchstabe unter den anfänglichen sechs war (drücken) oder nicht (nicht drücken). Dafür brauchen studentische Versuchspersonen ungefähr 0,8 Sekunden.

Die intraindividuell bestimmte mittlere Zeit über viele solche Aufgaben variiert interindividuell im Bereich von etwa 0,6–1,0 Sekunden. Sie läßt sich im klassischen Informationsverarbeitungsmodell interpretieren als Zugriffsgeschwindigkeit zum Kurzzeitspeicher. Unterschiede in der Zugriffsgeschwindigkeit zwischen Personen sind bei Verwendung hinreichend vieler Aufgaben ausreichend stabil über die Zeit.

Im Rahmen des Eigenschaftsparadigmas läßt sich die individuelle Zugriffszeit als Eigenschaft einer jeden Versuchsperson auffassen, denn sie beschreibt eine stabile Situations-Reaktions-Funktion. Im klassischen Informationsverarbeitungsparadigma erfährt diese Eigenschaft eine Interpretation als Parameter von Informationsverarbeitungsprozessen. Die Eigenschaft ist in ein Prozeßmodell eingebettet.

Eine entsprechende Aufgabe, die die Zugriffsgeschwindigkeit zum Langzeitspeicher testet, ist z. B. die NI-PI-Aufgabe von Posner und Mitchell (1967). Gezeigt werden Buchstabenpaare (z. B. AA, Aa, AB), und es soll möglichst schnell entschieden werden, ob sie physikalisch identisch sind (PI-Aufgabe) oder ob sie vom Namen her identisch sind (d. h. ob sie den gleichen Buchstaben unabhängig von seiner Schreibweise bezeichnen; NI-Aufgabe). Die Differenz zwischen der mittleren Bearbeitungszeit vieler Aufgaben des NI- und PI-Typs wird als Indikator der Zugriffszeit zum Wissen (über Buchstaben) interpretiert. Interindividuelle Unterschiede in diesem Parameter sind stabil über die Zeit (Hunt, 1978). Spätere Untersu-

chungen zum NI-PI-Paradigma, in denen die Buchstaben nicht nur auf Gleichheit, sondern auch auf Verschiedenheit beurteilt werden sollten, zeigten allerdings, daß die physikalische Reizerkennung und ihre Bedeutungsanalyse durch Wissensvergleich sich gegenseitig behindern können, so daß die Differenz zwischen NI- und PI-Zeiten kein reines Maß des Wissenszugriffs ist (List et al., 1985).

Parameter von Informationsverarbeitungsprozessen müssen sich nicht nur auf die Geschwindigkeit der Prozesse beschränken; sie können auch in Form von Schwellen für die Wahrnehmung, Einspeicherung oder Erinnerung konzipiert werden. Ein Beispiel hierfür ist eine Studie von Asendorpf et al. (1994). Achtjährige Kinder nahmen an einer psychologischen Untersuchung teil. Ohne das besonders zu erwähnen, waren im Raum vier aggressionsrelevante Reize vorhanden (Pistole, Monster, Schwert und ein Poster mit einem aggressiv blickenden Dinosaurier). Ein Jahr später wurde die Erinnerung an diese Reize mit einem Wiedererkennungstest geprüft, indem Fotos der vier aggressionsrelevanten Reize und Fotos von acht aggressionsrelevanten Distraktoren (ähnliche, aber in der Situation nicht vorhandene Reize) zufällig gemischt jedem Kind präsentiert wurden. Gefragt wurde, ob der jeweilige Reiz damals im Zimmer vorhanden war oder nicht.

Die Wiedererkennungsgüte (wie gut die Kinder tatsächlich vorhandene von nicht vorhandenen Reizen unterscheiden konnten) variierte beträchtlich zwischen den Kindern. Gutes Wiedererkennen wird im klassischen Informationsverarbeitungsparadigma primär als niedrige Schwelle bei der Einspeicherung interpretiert (das Kind beachtet den Reiz, so daß dessen Chance groß ist, in den Langzeitspeicher zu wandern). Unterschiede im Gedächtniszugriff werden dagegen als wenig bedeutsam erachtet, da die Zugriffsgeschwindigkeit hier keine Rolle spielt.

Die Erinnerungsgüte korrelierte überzufällig, wenn auch niedrig, mit dem Aggressivitätsurteil der Erzieherinnen des Kindes im Kindergarten zwei Jahre vor dem Test. Es scheint, daß aggressive Kinder aggressionsrelevante Reize tendenziell mehr beachten als nichtaggressive (vgl. auch Dodge, 1986) und sie deshalb auch eher einspeichern. Dies scheint eine Eigenschaft des Kindes zu sein (Gedächtnisbildung und Aggressivitätsurteil lagen zwei Jahre auseinander). Diese Interpretation der Erinnerungsgüte beruht auf einer Einbettung einer Situations-Reaktions-Beziehung (Leistung beim Wiedererkennen) in ein Modell der Informationsverarbeitung.

Parameter von Informationsverarbeitungsprozessen spielen aber nicht nur im kognitiven Bereich eine Rolle; ebenso können sie für individuelle Besonderheiten im affektiven Bereich verantwortlich gemacht werden. Temperamentseigenschaften (vgl. Abschn. 4.3) und manche Motive (vgl. Abschn. 4.5.1) werden auf Parameter zurückgeführt, die die Verlaufscharakteristiken von Systemen der Verhaltensregulation bestimmen, z. B. Reizschwellen, Reiz-Reaktions-Gradienten (wie stark die Reaktion mit wachsender Reizintensität zunimmt) und die maximal erreichte Reaktionsstärke. Diese Regulationsprozesse werden auf neurophysiologischer Ebene meist in der Wechselwirkung zwischen Erregungs- und Hemmungsprozessen in bestimmten neuroanatomisch umschriebenen Hirnregionen gesucht.

Wissen

Die zweite Hauptquelle individueller Besonderheiten im Informationsverarbeitungsparadigma sind Unterschiede im Wissen. Sofern Wissen mittelfristig stabil ist, handelt es sich um Eigenschaften der Person, und individuelle Besonderheiten im Wissen sind Persönlichkeitseigenschaften. Damit erschließt sich der Persönlichkeitspsychologie ein weites Feld von Eigenschaften, die in Beziehung zur Informationsverarbeitung stehen. Dieses Feld kann z. B. nach dem primären Bezug dieser Eigenschaften auf deklaratives oder prozedurales Wissen geordnet werden. Tabelle 2.8 gibt eine Übersicht über einige wissensbezogene Eigenschaften, die in der Persönlichkeitspsychologie besondere Beachtung gefunden haben.

Situationskonzept ist eine nicht gebräuchliche

Tabelle 2.8. Einige wissensbezogene Eigenschaften

Deklaratives Wissen	Prozedurales Wissen
Situationskonzept	Problemlösestil
Selbstkonzept	Bewältigungsstil
Verhaltensstandard	Handlungskontrollstil

Bezeichnung, die ich hier mangels geeigneter Begriffe als Bezeichnung für die interne Repräsentation aktueller Situationen einführe. In der Problemlöseforschung handelt es sich um die Art und Weise, wie Ausgangszustände und Zielzustände vom Problemlösenden repräsentiert werden. Ein Schachexperte wird eine Schachstellung und mögliche Zielzustände für den nächsten Zug (unter Einbeziehung weiterer Züge) viel differenzierter repräsentieren als ein Schach-Neuling. Entsprechendes gilt für Handeln in sozialen Situationen. Eine prüfungsängstliche Studentin wird vergleichsweise viel Aufmerksamkeit auf ihr Auftreten und den Eindruck des Prüfers von ihrem Auftreten richten und verhältnismäßig wenig Aufmerksamkeit auf die Beantwortung der Fragen als solche.

Sehr gebräuchlich dagegen ist der Begriff des Selbstkonzepts. Damit wird das Bild bezeichnet, das sich Personen von sich selbst machen, also die subjektive Wahrnehmung ihrer eigenen Person. Dies ist offensichtlich ein zentrales Konzept der Persönlichkeitspsychologie; es wird in Abschn. 4.7 ausführlich diskutiert.

Verhaltensstandards sind individualtypische Vergleichsmaßstäbe für die Bewertung konkreter Verhaltensweisen, z. B. das eigene Anspruchsniveau für eine mündliche Prüfung (welche Note man anstrebt, nicht welche man erwartet).

Problemlösestile sind individualtypische Bevorzugungen bestimmter Problemlösestrategien, einschließlich der Unfähigkeit zu bestimmten Strategien aufgrund mangelnder Intelligenz. Wie jemand typischerweise Schach spielt oder eine Berufskarriere plant, kennzeichnet eine Eigenschaft. Handelt es sich um belastende Situationen, weil das eigene Wohlergehen betroffen ist, wird hier meist von einem Bewältigungsstil gesprochen (vgl. Abschn. 4.5.3).

Unter Handlungskontrollstil schließlich versteht man die individualtypische Art und Weise, wie Motive in Handlungen umgesetzt werden. Ist der Anreiz für eine bestimmte Handlung hoch (vgl. Abschn. 2.5.1), wird nach Heckhausen (1989) zunächst eine Intention gebildet, die Handlung auszuführen. Damit komme es aber noch nicht unbedingt zur Handlung, denn die Realisierung der Intention könne auf vielfältige Weise gestört werden, z. B. durch Verharren bei weiterer Situations- oder Zielanalyse oder durch ablenkende Wahrnehmungen, Gefühle und Gedanken (vgl. Kuhl, 1983). Es bedürfe deshalb besonderer Prozesse der Handlungskontrolle, die Handlungsrealisierung gegen konkurrierende Intentionen abzuschirmen.

Kuhl (1983) nahm an, daß individuelle Besonderheiten in der Handlungskontrolle auf einer Dimension mit den Extremen Handlungsorientierung – Lageorientierung beschrieben werden könnten. Handlungsorientierte legten nach der Intentionsbildung schnell los, richteten ihre Aufmerksamkeit kontinuierlich auf die Ausführung und ließen sich durch Mißerfolge nicht so leicht abschrecken wie Lageorientierte, die lange mit der Handlungsausführung zögerten und sich bei der Ausführung leichter stören ließen.

Sofern sich Eigenschaften als deklaratives oder prozedurales Wissen auffassen lassen, erhalten sie eine unmittelbare Beziehung zu Prozessen der Bewertung von Situationen, Handlungen oder Ergebnissen dieser Handlungen oder zu Prozessen der Handlungs- und Verhaltenskontrolle.

! **Im Informationsverarbeitungsparadigma wird von einer universellen Architektur des informationsverarbeitenden Systems ausgegangen. Individuelle Besonderheiten werden in Geschwindigkeit und Schwellen informationsverarbeitender Prozesse und in deklarativem und prozeduralem Wissen gesucht.**

2.5.3 Methodik

Da im Informationsverarbeitungsparadigma von einer universellen Architektur des informationsverarbeitenden Systems ausgegangen wird, ist die Methodik der Persönlichkeitserfassung darauf ausgerichtet, Parameter in informationsverarbeitenden Prozessen zu bestimmen und unterschiedliches Wissen zu testen. Es werden also Eigenschaften bestimmt, und zwar primär durch die Beobachtung von Situations-Reaktions-Beziehungen und nur sekundär durch Persönlichkeits-, Wissens- und Situations-Reaktions-Inventare. Der entscheidende Unterschied zum Eigenschaftsparadigma besteht darin, daß die Definition der Situationen und Reaktionen, auf die sich die Eigenschaften beziehen, auf einem Prozeßmodell der Informationsverarbeitung beruht.

Im Falle von Persönlichkeitsinventaren sind also

die Situations- und Reaktionsbeschreibungen durch ein Prozeßmodell vorbestimmt, und die erfragten Eigenschaften müssen keine alltagspsychologische Entsprechung haben. Ein Beispiel für ein solches Vorgehen ist die Bestimmung von drei Aspekten der Handlungskontrolle (vgl. Abschn. 2.5.2) durch die Handlungskontrollskalen HAKEMP 90 von Kuhl (1990). Die Dimensionen Präokkupation-Disengagement, Zögern-Initiative und Unbeständigkeit-Ausdauer werden durch mehrere Items beschrieben, deren Antwortalternativen sich auf jeweils einen Pol der drei Dimensionen beziehen (Tabelle 2.9).

Der Vorteil dieses Verfahrens besteht darin, daß Eigenschaftskonstrukte operationalisiert werden können, die keine Entsprechung in der Alltagspsychologie haben; damit kann das Korsett der Alltagspsychologie schneller gesprengt werden. Der Nachteil ist, daß die Fragen von Beurteilern nur dann zutreffend beantwortet werden können, wenn sie sich gezielt an ein entsprechendes Verhalten der Beurteilten erinnern. In der Praxis dürfte dies dazu führen, daß das Urteil auf der Erinnerung an wenige Situationen basiert, die noch einigermaßen frisch im Gedächtnis sind, oder aus tatsächlich oder nur scheinbar relevantem Wissen über die Beurteilten erschlossen wird. Werden hingegen alltagspsychologische Eigenschaften erhoben, haben sich die Urteiler meist schon längst ein Urteil im Verlauf ihrer Interaktionen mit den Beurteilten gebildet, das sie nur noch abrufen müssen. Von daher dürfte ein solches Urteil tatsächliches Verhalten dann besser widerspiegeln, wenn dieses Verhalten alltagspsychologisch gut erfaßbar ist.

Tabelle 2.9. Skalen zur Erfassung von Handlungs- und Lageorientierung. (Kuhl, 1990)

Lageorientierung	Handlungsorientierung	Beispielitem
Präokkupation	Disengagement	Wenn ich etwas Wertvolles verloren habe und jede Suche vergeblich war, dann a) kann ich mich schlecht auf etwas anderes konzentrieren, b) denke ich nicht mehr lange darüber nach.
Zögern	Initiative	Wenn ich etwas Wichtiges oder Unangenehmes zu erledigen habe, dann a) kann es eine Weile dauern, bis ich mich dazu aufraffe, b) lege ich meist sofort los.
Unbeständigkeit	Ausdauer	Wenn ich für etwas für mich Wichtiges arbeite, dann a) unterbreche ich gern zwischendurch, um etwas anderes zu tun, b) gehe ich so in der Arbeit auf, daß ich lange Zeit dabei bleibe.

Wissen kann im Informationsverarbeitungsparadigma direkt durch Wissensinventare abgefragt werden. Das ist für deklaratives Wissen vertretbar (z. B. Selbstkonzept, Verhaltensstandards), kaum jedoch für prozedurales Wissen, das zu einem Großteil nicht bewußt ist (vgl. Abschn. 2.5.1). Dennoch können Personen auch prozedurales Wissen angeben, indem sie es aus der Erinnerung an bewußte Zwischenschritte rekonstruieren. Wie bindest Du Deinen Schuh morgens zu? Auf diese Frage kann man schon eine Antwort geben, aber besonders genau wird sie nicht ausfallen, es sei denn, man beobachtet sich noch einmal schnell selbst beim Schuhe binden.

Wissen läßt sich auch indirekt erfassen. So kann der Einfluß des Wissens von Experten auf einem Gebiet (z. B. erfahrenen Programmierern) dadurch geprüft werden, daß man Einflüsse ihres Wissens auf ihre Wahrnehmung, ihre Gedächtnisleistung oder ihre verwendeten Problemlösestrategien untersucht (vgl. Waldmann & Weinert, 1990). Zum Beispiel legte Adelson (1984) erfahrenen Programmierern und Anfängern eine Reihe von Computerprogrammen und zugehörige Flußdiagramme vor. Später sollten sie Fragen nach konkreten Details und nach abstrakten Programmeigenschaften beantworten. Die Experten übertrafen die Anfänger in der Erinnerung an die abstrakten Eigenschaften, waren den Anfängern aber in der Erinnerung an die konkreten Details unterlegen. Wissen auf abstrakterem Niveau scheint effizienter organisiert zu werden, verliert dafür aber an Detailreichtum.

! Wissen läßt sich nicht nur durch Fragebögen abfragen, sondern auch indirekt durch seinen Einfluß auf die Informationsverarbeitung prüfen.

Nicht direkt beobachten lassen sich die Ergebnisse emotionaler und rationaler Bewertung, z. B. Emotionen, Erwartungen oder Attributionen. Zur Erfassung individueller Besonderheiten in diesen Bewertungen werden vor allem Situations-Reaktions-Fragebögen eingesetzt, in denen konkrete Situationen geschildert und die vermutlichen Bewertungen in diesen Situationen erfragt werden. Aber auch dieses Verfahren läßt sich verhaltensnäher gestalten, indem Personen direkt vor realen Situationen befragt werden, welche Erwartungen sie im Moment haben (z. B. beim Warten vor einer Prüfung), oder indem ihre Attributionen für ihr Verhalten direkt nach realen Situationen erfragt werden (z. B. nachdem das Ergebnis einer Prüfung bekannt wird).

Eine interessante Variante ist hier das videounterstützte Erinnern (vgl. z. B. Otto & Schmitz, 1986; Asendorpf, 1991). Die Person wird in realen Situationen mit einer Videokamera gefilmt. Anschließend wird ihr der Film mit der Bitte gezeigt, ihre Gedanken oder Gefühle an bestimmten Punkten zu beschreiben oder auf vorgegebenen Skalen zu beurteilen. Diese Methode ist besonders dann angebracht, wenn verschiedene Situationen unmittelbar aufeinander folgen, so daß eine Unterbrechung des Situationsablaufs zum Zwecke einer Befragung störend wäre. Es muß allerdings damit gerechnet werden, daß Gedächtniseffekte die Erinnerung an das Erlebte verzerren (z. B. motiviertes Vergessen unangenehmer Gedanken und Gefühle).

Bei der Untersuchung des Denkens und Problemlösens wird bisweilen eine Methode verwendet, die die aktuell ablaufenden Verarbeitungsprozesse direkter als die Videorekonstruktionsmethode zu erfassen sucht: die Methode des lauten Denkens (vgl. z. B. Weidle & Wagner, 1982). Hierbei werden Versuchspersonen aufgefordert, während eines längerdauernden Problemlöseprozesses alle einzelnen Schritte, die ihnen dabei bewußt werden, sofort und fortlaufend frei zu beschreiben. Die Schwierigkeit besteht dann darin, aus diesen notwendigerweise bruchstückhaften Beschreibungen (die meisten Prozesse sind ja unbewußt) auf die zugrundeliegenden Prozesse zu schließen (vgl. z. B. Dörner et al., 1983). Zudem muß damit gerechnet werden, daß das Verbalisieren die Art der Problemlösung verändert. Auf soziale Interaktionssituationen läßt sich diese Methode nicht anwenden, weil sie den Interaktionsfluß zu stark stört und sozialen Normen widerspricht.

> **!** **Durch videounterstütztes Erinnern oder lautes Denken in nichtsozialen Situationen können Wissen und Prozeßparameter in realen Situationen teilweise erfaßt werden.**

Die Messung von Prozeßparametern wie Geschwindigkeiten oder Schwellen durch Verhaltensbeobachtung wurde schon in Abschn. 2.5.1 exemplarisch geschildert. Hier entsteht meist das Problem, daß die Beobachtung eines einzelnen Prozesses viel zu ungenau ist, um daraus Rückschlüsse auf stabile Eigenschaften zu ziehen. Deshalb müssen die Reaktionen über viele Durchgänge gemittelt werden. Zum Beispiel werden beim Sternberg-Paradigma (vgl. Abschn. 2.5.2) ca. 60 Durchgänge benötigt, bis stabile Eigenschaftsmessungen zustande kommen.

Im Informationsverarbeitungsparadigma gibt es eine Methode der Persönlichkeitserfassung, die im Eigenschaftsparadigma nicht verwendet wird: der Vergleich des Verhaltens mit dem Verhalten eines komplexen kognitiven Modells. Dies sei hier am Beispiel der Wissensdiagnostik durch kognitive Modellierung erläutert (vgl. Spada & Reimann, 1988). Im Eigenschaftsparadigma wird die Qualität des Wissens über einen Gegenstandsbereich, z. B. physikalisches Wissen, aus der mittleren Leistung in vielen ähnlichen Aufgaben ermittelt. Dadurch läßt sich aber lediglich das Niveau der Leistung feststellen. Unklar bleibt dabei die pädagogisch wichtige Frage, warum jemand Fehler macht: Liegt es an fehlendem Wissen oder an systematisch falschem Wissen, und welches Wissen fehlt oder ist falsch?

Um das herauszufinden, wird im Modellierungsansatz zunächst ein Modell über mögliches Wissen über einen bestimmten Gegenstandsbereich formuliert, z. B. mögliches physikalisches Wissen über Gesetzmäßigkeiten beim Stoß einer Billardkugel. In diesem Fall ist das deklarative Wissen über die Kugel und den Billardstock trivial; was interessiert, ist das prozedurale Wissen über die Wirkung von Kraft und Winkel beim Anstoß auf Masse, Richtung und Geschwindigkeit der Kugel nach dem Anstoß, und zwar sowohl richtiges als auch falsches Wissen. Opwis et al., (1994) formu-

lierten ein solches Modell durch ein System aus 23 Produktionsregeln (vgl. Abschn. 2.5.1), die z. B. proportionale Beziehungen zwischen Kraft und Geschwindigkeit beschreiben: „Wenn beim zentralen Anstoß die Kraft um den Faktor c verändert wird, gilt für die resultierende Geschwindigkeit: Sie verändert sich um denselben Faktor c."

Anschließend wurde eine Aufgabensequenz so konstruiert, daß sich bei systematischem Antwortverhalten der Versuchspersonen diejenigen (richtigen oder falschen) Regeln rekonstruieren lassen, die sie verwenden. Opwis et al. (1994) konstruierten eine Sequenz aus 30 Aufgaben und legten sie 132 Schülern der 5.-11. Klassenstufe vor. Das Verhalten jedes Schülers konnte dann vier Kategorien zugeordnet werden: vollständig korrektes Wissen, unvollständiges Wissen (falsche Beantwortung einiger Aufgaben wegen Nichtverwenden richtiger Regeln), fehlerhaftes Wissen (systematische Anwendung falscher Regeln), nicht identifizierbar (unsystematisches Vorgehen). Tabelle 2.10 zeigt die Ergebnisse für Aufgaben, die proportionale Beziehungen abtesteten.

Wie zu erwarten ist, nahm das vollständig korrekte Wissen mit der Klassenstufe zu. Wichtig ist, daß dieser Ansatz nicht nur falsche Lösungen, sondern abgesehen von den jüngsten Schülern bei fast allen Schülern auch die Fehlerart identifizieren kann. Wird diese Art der Wissensdiagnostik in ein Lernprogramm eingebaut, ist das Programm in der Lage, individuelle Schwächen zu identifizieren und darauf entsprechend zu reagieren, z. B. indem auf die Anwendung einer falschen Regel aufmerksam gemacht wird.

Tabelle 2.10. Relative Häufigkeiten der Wissensdiagnose in der Studie von Opwis et al. (1994) für proportionale Beziehungen in Abhängigkeit von der Klassenstufe (n = 132 Schüler)

Wissensdiagnose	5. Klasse	7. Klasse	9. Klasse	11. Klasse
Vollständig korrektes Wissen	47 %	82 %	91 %	96 %
Unvollständiges Wissen	11 %	0 %	3 %	4 %
Fehlerhaftes Wissen	24 %	12 %	0 %	0 %
Nicht identifizierbar	18 %	6 %	6 %	0 %

Auf ähnliche Weise kann man Wissen auch durch ein konnektionistisches Modell modellieren oder auch mehrere individuelle Prozeßparameter in komplex vernetzten Informationsverarbeitungsmodellen schätzen. So lassen sich komplexe Problemlösestile durch Vergleich mit Computersimulationen eines problemlösenden Systems mit mehreren individuellen Parametern erfassen (vgl. z. B. Dörner et al., 1983). Modelliert werden kann aber auch motiviertes Verhalten in sozialen oder sozialanalogen Situationen durch computersimulierte Prozeßmodelle der Motivation (vgl. Abschn. 4.5.1).

> ! **Durch den Vergleich des Verhaltens mit dem Verhalten eines Informationsverarbeitungsmodells, das komplexe Wissensstrukturen oder mehrere interindividuell variierende Parameter enthält, können im Informationsverarbeitungsparadigma komplexe Eigenschaftsmuster untersucht werden. Dazu zählen in der Wissensdiagnostik spezifische Wissenslücken und systematisch fehlerhaftes Wissen und in der Intelligenzdiagnostik komplexe Problemlösestile.**

2.5.4 Empirische Bewährung

Die starke allgemeinpsychologische Orientierung im Informationsverarbeitungsparadigma ist wohl der Grund dafür, daß die für persönlichkeitspsychologische Fragestellungen unerläßliche Prüfung der zeitlichen Stabilität von Eigenschaftsmessungen (vgl. Abschn. 2.4) oft vernachlässigt wird. Das gilt vor allem für verhaltensbasierte Eigenschaftsmessungen und dort besonders für Messungen des Problemlöseverhaltens in komplexen Problemlösesituationen.

Ein typischer Untersuchungsansatz dieser Art sind die Problemlöseaufgaben von Dörner und Mitarbeitern. Ein stark vernetztes System wie z. B. eine Gemeinde wird in vielen Parametern auf dem Computer simuliert, und die Versuchsperson soll dieses System durch einzelne Maßnahmen hinsichtlich einer Vielzahl gleichzeitig zu beachtender Variablen optimieren (z. B. als Bürgermeister der Gemeinde für ein hohes Steuereinkommen, viele Fremdenverkehrsgäste und wenig Umweltbelastung sorgen; vgl. Dörner et al., 1983). Wie im wirklichen Leben ist dabei das Systemverhalten (also die Vernetzung der einzelnen Variablen)

unbekannt, und abgesehen von einem allgemeinen Oberziel (z. B. Zufriedenheit der Bürger) sind die einzelnen konkret anzustrebenden Unterziele offen (soll z. B. Industrie auf Kosten des Fremdenverkehrs oder die Umweltqualität auf Kosten von Industrieansiedlung gefördert werden?). Die Versuchspersonen müssen durch ihre Eingriffe oder Nicht-Eingriffe erst einmal versuchen zu verstehen, wie das System funktioniert, und müssen außerdem die einzelnen Unterziele festlegen.

Maße der Problemlösegüte für diese Art von Problemen korrelieren typischerweise gering bis Null mit Intelligenztests. Daraus wurde der Schluß gezogen, Intelligenztests hätten wenig mit dem wirklichen Leben zu tun (was falsch ist; vgl. Abschn. 4.4.1) oder die Leistung in komplexen Problemlöseaufgaben sei eine persönlichkeitspsychologisch nützliche Information, die über Intelligenztestergebnisse hinausgeht. Letzteres könnte richtig sein, aber dazu müßte erst einmal nachgewiesen werden, daß diese Leistung tatsächlich eine Eigenschaft ist, also jedenfalls mittelfristig zeitstabil ist. Die Ergebnisse entsprechender Studien ergaben insgesamt ein differenziertes Bild, wobei zu beachten ist, daß ältere Studien meist eine zu geringe Zahl von Versuchspersonen (20–50) hatten, um verläßliche Korrelationsdaten liefern zu können:

- Die Stabilität der Problemlösegüte ist bei zweimaliger Versuchsdurchführung so gering (um 0,50), daß die Leistung bei einmaliger Versuchsdurchführung individualdiagnostisch wertlos ist (Kluwe et al., 1991; Süß et al., 1991).
- Die Stabilität der Problemlösegüte kann mit zunehmender Vertrautheit mit dem System auf ein individualdiagnostisch ausreichendes Niveau steigen (Süß et al., 1991).
- Die typischerweise verwendeten Problemlösestrategien der Personen können bei ausreichend langer Untersuchung eine hohe Konsistenz zwischen strukturell ähnlichen Problemen erreichen (so fanden Streufert et al., 1988, für 12 Strategiemaße eine mittlere Konsistenz von 0,80 zwischen zwei sechs Stunden dauernden Problemlöseszenarien für Manager).
- Es lassen sich Gruppen flexibler und inflexibler Personen unterscheiden. Flexible wechseln ihre Strategien anfangs eher aufgrund ihrer Erfahrungen mit dem System und sind langfristig deshalb etwas erfolgreicher als inflexible, die ihre Strategien eher beibehalten (Schmuck, 1992; Schmuck & Strohschneider, 1995).

Die mangelhaften Korrelationen zwischen der Problemlösegüte in den typischerweise verwendeten komplexen Systemen und Intelligenztests könnten also möglicherweise daran liegen, daß interindividuelle Unterschiede in der Problemlösegüte bei komplexen Problemen instabil sind, weil flexible Personen anfangs oft und in einer von Person zu Person unterschiedlichen Weise ihre Strategien wechseln. Erst mit wachsender Vertrautheit mit dem System (was Versuchswiederholungen oder eine mehrere Stunden dauernde Untersuchung voraussetzt) weisen sowohl die Strategiewahl als auch die Problemlösegüte ein individualdiagnostisch ausreichend hohes Niveau auf. Hier zeigt sich vermutlich wieder einmal die Stärke des Aggregationsprinzips (vgl. Abschn. 3.2.2): Nur bei starker Aggregation der Daten liefern Verhaltensdaten beim komplexen Problemlösen persönlichkeitspsychologisch verwertbare Informationen.

Erst in den letzten Jahren wird Kognitionspsychologen zunehmend das Problem der mangelhaften Konsistenz individueller Informationsverarbeitungsparameter bewußt, die für scheinbar ähnliche Aufgaben ermittelt werden. Zum Beispiel korreliert die ermittelte Zugriffsgeschwindigkeit zum Wissen gering bis gar nicht zwischen unterschiedlichen Aufgaben, die alle zur Erfassung des Wissenszugriffs konstruiert wurden (vgl. z. B. Keating et al., 1985). Persönlichkeitspsychologen ist dieses Problem altbekannt als Problem mangelhafter transsituativer Konsistenz (vgl. Abschn. 2.4.4).

Waldmann und Weinert (1990) schlugen vor, zunächst Prozeßanalysen für verschiedene Aufgaben durchzuführen und dann in einem zweiten Schritt durch „Strukturanalysen" funktional vergleichbare Parameter unterschiedlicher Aufgaben auf Konsistenz zu prüfen. Wenn es gelänge, auf diese Weise Parameter zu identifizieren, die konsistent zwischen unterschiedlichen Aufgaben wären und eine äquivalente Funktion in den entsprechenden Prozeßmodellen hätten, wäre zusätzlich zum Konsistenznachweis ein Nachweis der funktionalen Äquivalenz der Eigenschaften für Infor-

mationsverarbeitungsprozesse erbracht und damit mehr, als im Eigenschaftsparadigma gefordert und erreichbar ist.

> **!** **Die Stabilität und Konsistenz von Messungen der Lösungsqualität für komplexe Probleme sind bei kurzfristiger Messung oft sehr niedrig. Nur bei Mittelung des Verhaltens über sehr viele Einzelentscheidungen im Verlauf des Problemlösens wird eine individualdiagnostisch ausreichend hohe Zuverlässigkeit der Daten erreicht. Allgemein muß bei Messungen von Prozeßparametern oder Wissen eine ausreichend hohe Stabilität und Konsistenz zwischen strukturell ähnlichen Aufgaben bzw. Situationen nachgewiesen werden, bevor diese Daten persönlichkeitspsychologisch interpretiert werden können.**

2.5.5 Bewertung

Auch im Informationsverarbeitungsparadigma der Persönlichkeitspsychologie werden letztendlich Eigenschaften bestimmt, aber diese Eigenschaften sind eingebettet in ein Prozeßmodell der Informationsverarbeitung, was die Suche nach eigenschaftsrelevanten Situationen und Reaktionen erleichtert, den Eigenschaften eine präzisere Bedeutung verleiht und komplexe Eigenschaften wie z. B. komplette Wissenssysteme zu operationalisieren gestattet.

Wegen dieser Vorzüge des Informationsverarbeitungsparadigmas laufen Untersuchungen im Rahmen dieses Paradigmas aus persönlichkeitspsychologischer Sicht in Gefahr, das Eigenschaftskonzept ganz zu ignorieren. Das äußert sich typischerweise darin, daß die zeitliche Stabilität der individuellen Parameter und Systembeschreibungen nicht geprüft wird. Faktisch trifft das auf die Mehrheit der Untersuchungen zu. Für praktische Anwendungen kann das fatale Folgen haben. Zum Beispiel kommt es inzwischen nicht selten vor, daß Personalentscheidungen in Betrieben u. a. von der Problemlöseleistung in komplexen Situationen abhängig gemacht werden, obwohl die Stabilität der Leistung ungeprüft bleibt. Diese bedenkliche Art von Diagnostik konnte nicht zuletzt dadurch eine gewisse Popularität erlangen, daß das Testverfahren für den Laien völlig undurchschaubar ist, eine größere Nähe zu komplexen Arbeitsanforderungen hat als einfachere Testverfahren und mit einem besonderen wissenschaftlichen Nimbus behaftet ist.

Das Informationsverarbeitungsparadigma wird also erst dann nutzbar für die Persönlichkeitspsychologie, wenn es nicht nur Prozesse, sondern auch stabile prozeßrelevante Eigenschaften berücksichtigt. Die Einbettung stabiler Eigenschaften in Prozeßmodelle alleine ist aber noch kein Garant für sinnvolle Ergebnisse. Die Qualität dieses Ansatzes steht und fällt mit der Qualität des zugrundegelegten Prozeßmodells. Produktiv für die Persönlichkeitspsychologie ist der Ansatz nur dann, wenn das Modell tatsächlich ablaufende Informationsverarbeitungsprozesse abbildet und wenn die von Person zu Person variierenden Parameter und Wissenssysteme wichtige Quellen individueller Besonderheiten abbilden.

Letzteres ist nicht immer der Fall, da individuelle Parameter in Untersuchungen mit allgemeinpsychologischer Zielsetzung oft nur dazu dienen, das Modell gut an die tatsächlichen Daten der Versuchspersonen anzupassen. Ab 4–5 Parametern gelingt das fast immer gut, unabhängig von der allgemeinpsychologischen und persönlichkeitspsychologischen Qualität des Modells. Die Personparameter haben dann nur die Funktion von Lückenbüßern. Persönlichkeitspsychologisch wäre aber zu fordern, daß auch in die individuellen Parameter und ihre möglichen Beziehungen untereinander Theorie investiert wird.

> **!** **Informationsverarbeitungs- und Eigenschaftsparadigma sind keine Gegensätze, sondern gut miteinander vereinbar, indem Eigenschaften in ein Modell der Informationsverarbeitung eingebettet werden. Dabei muß in die Eigenschaften und ihre Beziehungen untereinander ebensoviel Überlegung gesteckt werden wie in die allgemeinpsychologischen Aspekte des Modells.**

Wie kommt man zu einem guten psychologischen Modell von Informationsverarbeitungsprozessen? Als Orientierung dienten zunächst Computeranalogien, später Analogien zu neuronalen Netzen. Der Verdacht liegt nahe, daß sich hier die Psychologie zu stark außenorientiert, anstatt sich auf eigene Kriterien zu besinnen, denen ein „gutes" Modell genügen sollte. Das Eigenschaftsparadigma hat es in dieser Beziehung leichter, weil es auf der Alltagspsychologie aufbauen kann. Dem Informa-

tionsverarbeitungsparadigma ist dieser Zugang verwehrt, weil das meiste prozedurale Wissen nicht nur unbewußt bleibt, sondern dem Bewußtsein prinzipiell unzugänglich ist.

Eine prinzipielle Beschränkung ist Eigenschafts- und Informationsverarbeitungsparadigma gemeinsam: Sie liefern ein statisches Bild von Eigenschaften und ihrer Vernetzung im System der Persönlichkeit. Es ist aber eine alltagspsychologische Binsenweisheit, daß Eigenschaften und die Persönlichkeitsorganisation sich längerfristig verändern können. Menschen entwickeln sich und ihre Persönlichkeit. Dieser Prozeß der Persönlichkeitsentwicklung spielt sich in einer anderen zeitlichen Größenordnung ab als der Prozeß der Informationsverarbeitung in aktuellen Situationen. Der Prozeß der Persönlichkeitsentwicklung steht im Mittelpunkt des nachfolgend dargestellten fünften und letzten Paradigmas der Persönlichkeitspsychologie.

Fragen

2.28 Welche Rolle spielen unbewußte Prozesse im klassischen, ACT*- und konnektionistischen Modell?
2.29 Wodurch unterscheiden sich emotionale von rationalen Prozessen?
2.30 Welche Quellen für Persönlichkeitsunterschiede gibt es im Informationsverarbeitungsparadigma?
2.31 Wie läßt sich Wissen erfassen?
2.32 Wie lassen sich Erwartungs- und Attributionsstile durch Persönlichkeitsfragebögen, S-R-Inventare und videounterstütztes Erinnern erfassen? Vor- und Nachteile dieser drei Methoden?
2.33 Welche Vorteile hat die kognitive Modellierung in der Wissensdiagnostik gegenüber klassischen Leistungstests?
2.34 Ist die Güte der Lösung hochkomplexer Probleme eine Eigenschaft?
2.35 Welche Vor- und Nachteile hat das Informationsverarbeitungsparadigma gegenüber dem Eigenschaftsparadigma?

Weiterführende Literatur

Heckhausen, H. (1989). *Motivation und Handeln.* Berlin: Springer.
Mandl, H. & Spada, H. (Hrsg.) (1988). *Wissenspsychologie.* München: Psychologie Verlags Union.
Spada, H. (Hrsg.) (1992). *Lehrbuch Allgemeine Psychologie* (Kap. 2–4, 7, 10). Bern: Huber.

2.6 Das dynamisch-interaktionistische Paradigma

Die bisher besprochenen Paradigmen sind in unterschiedlicher Weise in der Lage, die langfristige Veränderung individueller Besonderheiten, also die Persönlichkeitsentwicklung, zu erklären. Psychoanalyse und Behaviorismus waren sich darin einig, daß die Persönlichkeit eine Funktion der Umwelt sei. Freud nahm – wie auch seine Nachfolger – an, daß es die frühkindliche, familiäre Umwelt sei, die die Persönlichkeit langfristig präge, während der Behaviorismus die Lerngeschichte insgesamt betrachtete und insofern auch außerfamiliäre, späte Lernerfahrungen als Ursache für Persönlichkeitsveränderungen bis ins hohe Alter hinein zuließ.

Das Eigenschaftsparadigma, so wie es bisher geschildert wurde, liefert zunächst ein statisches Bild von Eigenschaften, denn Eigenschaften müssen ja per Definition jedenfalls mittelfristig stabil sein. Dasselbe gilt für das Informationsverarbeitungsparadigma. Es werden zwar Prozesse thematisiert, aber Prozesse der aktuellen Informationsverarbeitung, in die Eigenschaften (Prozeßparameter und Wissen) eingebettet sind, die individuelle Besonderheiten beschreiben. In diesem Abschnitt geht es um Modellvorstellungen, wie sich Eigenschaften langfristig ändern können. Es handelt sich damit um ein Thema im Schnittpunkt von Persönlichkeitspsychologie und Entwicklungspsychologie.

Alle Modelle der Persönlichkeitsentwicklung machen Aussagen über Einflüsse der Umwelt auf die Persönlichkeit oder Einflüsse der Persönlichkeit auf die Umwelt. Die existierenden Modelle lassen sich als Spezialfälle eines umfassenden Modells der Person-Umwelt-Wechselwirkung auffassen. Dieses umfassende Modell bildet den theoretischen Kern des dynamisch-interaktionistischen Paradigmas in der Persönlichkeitspsychologie.

2.6.1 Allgemeines Menschenbild

Das dynamisch-interaktionistische Paradigma beruht auf drei Grundannahmen:

- Die Organisation des Verhaltens einer Person und die Organisation ihrer Umwelt sind mittelfristig konstant.
- Person und Umwelt können sich langfristig ändern.
- Diese Änderungen beruhen auf Veränderungsprozessen innerhalb der Person und der Umwelt und auf Einflüssen der Umwelt auf die Person und umgekehrt.

Die erste Annahme setzt eine mittelfristig konstante individuelle Organisation des Verhaltens voraus. Das ist die Voraussetzung der Persönlichkeitspsychologie überhaupt. Nicht immer wird in Modellen der Persönlichkeitsentwicklung die komplementäre Annahme für die Umwelt formuliert: Auch die Umwelt weist eine mittelfristig konstante Organisation auf. Die soziale Umwelt z. B. erhält ihre Konstanz durch die Menschen, mit denen man regelmäßig Kontakt hat und die wiederum untereinander durch Beziehungen verknüpft sind; dieser Ausschnitt der Umwelt ist repräsentiert durch ein Netzwerk sozialer Beziehungen, in das man eingebettet ist.

Im Modell von Bronfenbrenner (1979) ist die Umwelt einer Person wie eine Zwiebel in verschiedene Schalen gegliedert (Makro-, Exo-, Meso- und Mikrosystem; Abb. 2.23). Umwelteinflüsse können von allen Schalen indirekt auf die Person wirken, wobei sie jedoch durch die dazwischenliegenden Schalen vermittelt werden; direkt auf die Person kann nur das Mikrosystem wirken. Zum Beispiel bedingt die Kultur die Existenz schichttypischer Familiensysteme, die die Struktur der Familie eines Kindes bedingen; auf das Kind selbst wirkt aber nur das Verhalten einzelner Familienmitglieder.

Die zweite Annahme ist, daß sich Person und Umwelt langfristig ändern können. Im Falle von Personen ist das offensichtlich; dies ist die Voraussetzung der Entwicklungspsychologie. Genauso offensichtlich ist, daß sich auch die Umwelt ändert – schon deshalb, weil die Mitglieder des sozialen Netzwerks einer Person sich ändern.

Die dritte Annahme schließlich ist die entscheidende, die dynamisch-interaktionistische Modelle von anderen Modellen der Persönlichkeitsentwicklung unterscheidet. Sie nimmt an, daß die Entwicklung einer Person das Resultat von vier Prozessen ist:

- Veränderungsprozesse in der Person,
- Veränderungsprozesse in der Umwelt,
- Einflüsse der Umwelt auf die Person,
- Einflüsse der Person auf die Umwelt.

Vor allem in der vierten und letzten Annahme unterscheidet sich das dynamisch-interaktionistische Paradigma von anderen Entwicklungsmodellen.

Abb. 2.23. Modell der Umwelt nach Bronfenbrenner

Die anderen Modelle lassen sich als Spezialfälle des dynamisch-interaktionistischen Paradigmas auffassen. Sie berücksichtigen einige dieser vier Prozesse nicht oder machen besondere Annahmen über diese Prozesse. Abbildung 2.24 kontrastiert das dynamisch-interaktionistische Modell exemplarisch mit drei anderen Modellen, die typische alternative Entwicklungsvorstellungen beinhalten.

Um die Gemeinsamkeiten und Unterschiede der Modelle möglichst deutlich zu machen, werden sie hier stark vereinfacht geschildert. Gegeben sei eine Person, die im Verlauf der Zeit verschiedene Zustände ihrer Persönlichkeit P_0, P_1, P_2, P_3 durchläuft. Die Zahlen sollen Zeitpunkte markieren, die so weit auseinanderliegen, daß sich dazwischen jeweils die Persönlichkeit geändert haben kann. P_0 ist der Anfangszustand der Persönlichkeit zum Zeitpunkt der Zeugung; hier besteht also die Person aus nicht mehr als einer befruchteten Eizelle. Verhalten im psychologischen Sinn gibt es noch nicht, wohl aber ein körperliches Merkmal, das hoch stabil und relevant für späteres Verhalten ist: das Genom im Zellkern, d. h. die Gesamtheit der genetischen Information.

Parallel zu den Zuständen der Persönlichkeit $P_0 - P_3$ durchläuft die Umwelt dieser Person Zustände $U_0 - U_3$. Je nach Modell werden kausale Wirkungen zwischen diesen Zuständen der Person bzw. Umwelt angenommen, die durch Pfeile markiert sind. Jeder Pfeil repräsentiert kumulierte Wirkungen zwischen zwei Zeitpunkten t und t + 1, d. h. die Resultante mehrerer Wirkungen, die zu unterschiedlichen Zeitpunkten zwischen t und t + 1 eingetreten sind. Um die Darstellung zu vereinfachen, sind direkte Wirkungen nicht gesondert eingezeichnet, wenn es transitive gibt. Zum Beispiel wirkt im Falle $P_0 \rightarrow P_1 \rightarrow P_2$ auch P_0 auf P_2 vermittelt über P_1 (transitive Wirkung). Besteht unabhängig davon eine direkte Wirkung $P_0 \rightarrow P_2$, so ist sie nicht eingezeichnet.

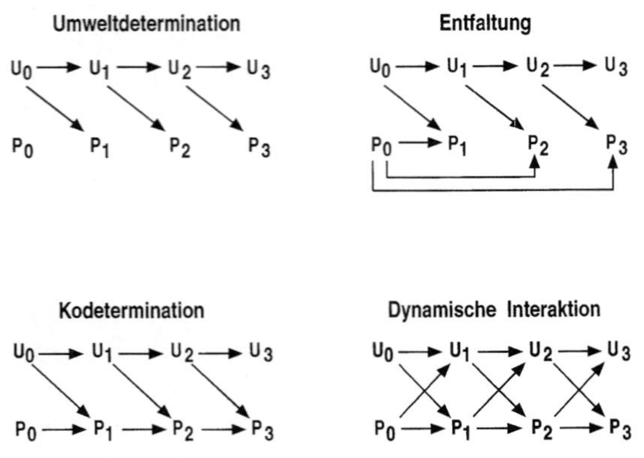

Abb. 2.24. Vier Modelle der individuellen Entwicklung

Das Modell der Umweltdetermination (im Englischen wird hier von „environmentalism" gesprochen) entspricht der behavioristischen Auffassung, daß Menschen Opfer ihrer Umwelt sind. Wie jemand auf seine aktuelle Umwelt reagiert, sei mit Ausnahme weniger Reflexe ausschließlich erklärbar durch seine Lerngeschichte, die wiederum durch die Umwelt festgelegt sei. Was bei Betrachtung der Person als Entwicklung erscheine, sei vollständig rückführbar auf diese Umwelteinflüsse. Es gebe keine davon unabhängigen Entwicklungsprozesse in der Person.

Dem Modell der Entfaltung liegen Vorstellungen zugrunde, daß es im Genom eine Art Programm gibt, das die weitere Entwicklung steuert. Die Umwelt habe nur zeitlich begrenzte Wirkungen; langfristig setze sich das Programm durch. Dadurch wirke die Entwicklung so, als würde sie auf ein Ziel hinsteuern. Es handelt sich also um ein Modell der genetischen Determination, das zeitlich begrenzte Umweltwirkungen zuläßt. Dieses Modell beschreibt recht gut die Entwicklung mancher körperlicher Merkmale. Zum Beispiel läßt sich die Körpergröße eines Kindes in einem bestimmten Alter ziemlich genau schätzen aus der Körpergröße der beiden Eltern, einer Alterskonstante und einer Konstante, die den Zuwachs der mittleren Körpergröße von Generation zu Generation repräsentiert. Mangelernährung oder zu wenig Licht verlangsamen die Entwicklung relativ zu diesem vorgegebenen Pfad; bei Wegfall solcher hemmenden Umweltbedingungen kommt es zu einer beschleunigten Entwicklung, bis das Defizit kompensiert ist (Tanner, 1978).

Wenn auch das Entfaltungsmodell manche Entwicklungsphänomene besonders im Bereich der körperlichen Entwicklung ausreichend beschreiben mag, so ist es doch in fast allen Fällen der psychischen Entwicklung unzureichend, weil dort Umweltwirkungen langfristige Änderungen hervorrufen können. Im Modell der Kodetermination wird angenommen, daß Umweltwirkungen gene-

tisch gesteuerte Reifungsprozesse verändern können. Die weitere Entwicklung hänge aber nicht nur von den Umweltwirkungen ab, sondern auch von den Reifungsprozessen. Direkte genetische Wirkungen auf spätere Zeitpunkte sind dabei berücksichtigt (vgl. dazu Abschn. 6.3.1). Das Modell enthält deshalb Umweltdetermination und Entfaltung als Grenzfälle.

Das Modell der dynamischen Interaktion unterscheidet sich von dem Modell der Kodetermination nur dadurch, daß Wirkungen von der Person auf die Umwelt zugelassen werden. Es enthält alle drei anderen Modelle als Spezialfälle. Personen können nach dieser Auffassung ihre Umwelt in mehrfacher Hinsicht beeinflussen (vgl. z. B. Buss, 1987):

- Auswahl: Sie können Umwelten auswählen, indem sie regelmäßig bestimmte Situationen aufsuchen oder vermeiden, z. B. Parties, den eigenen Garten;
- Herstellung: Sie können Umwelten herstellen, indem sie dauerhaft bestimmte Situationen schaffen, z. B. eine Beziehung zu jemandem knüpfen, einen Baum pflanzen;
- Veränderung: Sie können Umwelten verändern, indem sie längerfristig Situationen ändern, z. B. eine Freundschaft beginnen oder aufkündigen, einen Baum im Garten verpflanzen.

Da diese Wirkungen der Person auf die Umwelt künftige Umweltwirkungen auf die Person verändern, entsteht eine echte Wechselwirkung zwischen Person und Umwelt über die Zeit. Diese Wechselwirkung ist vielleicht am deutlichsten in der Entwicklung enger sozialer Beziehungen. In vielen engen Beziehungen – z. B. Partnerbeziehungen, Freundschaftsbeziehungen, Eltern-Kind-Beziehungen – üben die beiden Partner durch ihre häufige und emotional besetzte soziale Interaktion einen wechselseitigen Einfluß aufeinander aus, der langfristig zu Änderungen des typischen Interaktionsmusters führt. Die individuellen Anteile der beiden Partner am Interaktionsmuster, z. B. wer wie stark Gespräche initiiert, beendet oder den Gesprächsverlauf steuert, sind bei zeitlich konstanten Interaktionsmustern ebenfalls zeitlich konstant, können also als Eigenschaft aufgefaßt werden. Diese Eigenschaft ist möglicherweise auf eine einzige Beziehung beschränkt, also hoch partnerspezifisch, kann aber auch auf ähnliche Partner generalisieren (z. B. wenn ein dreijähriges Mädchen in der Interaktion mit einer Tante entdeckt, wie man sie charmant um den Finger wickeln kann und dies dann gewohnheitsmäßig auch auf die Eltern anwendet).

Das dynamisch-interaktionistische Modell läßt sich nicht nur auf die soziale Entwicklung anwenden. Wissenserwerb läuft meist ähnlich interaktiv ab. Ein Mädchen kommt während des Urlaubs zum erstenmal mit Pferden in Kontakt. Es ist Feuer und Flamme und leiht sich ab jetzt nur noch Pferdebücher aus der Bibliothek aus. Das steigert ihr Interesse weiter, und nach langem Betteln bekommt sie Reitstunden. Dabei lernt sie eine neue Freundin kennen, die ihr Interesse teilt und weiter verstärkt; sie studiert schließlich Veterinärmedizin und wird Tierärztin. Der Wissenserwerb dieser Tierärztin ist durch vielfältige Wechselwirkungen zwischen Umweltauswahl, -herstellung und -veränderung und Rückwirkungen der so veränderten Umwelt gekennzeichnet.

> **!** **Die zentrale Annahme des dynamisch-interaktionistischen Modells ist, daß es eine kontinuierliche Wechselwirkung zwischen Person und Umwelt geben kann.**

Das dynamisch-interaktionistische Modell wird manchmal auch als Modell der Transaktion bezeichnet (Pervin, 1968; Sameroff, 1983; Lazarus & Launier, 1978). Diese Bezeichnung hat sich aber nicht so recht durchsetzen können. Häufiger wird es einfach als interaktionistisches Modell bezeichnet (Endler & Magnusson, 1976; Magnusson, 1990), wobei hier aber die Gefahr einer Verwechselung besteht. Das Wort Interaktion hat nämlich in der Psychologie mehrere Bedeutungen. Insbesondere kann „Interaktion" wie hier oder wie im Falle der sozialen Interaktion eine reziproke Beziehung zwischen zwei Prozessen bezeichnen. Es kann aber auch nur gemeint sein, daß eine Variable die Wirkung einer anderen Variablen auf eine dritte Variable beeinflußt (Tafel 2.15).

Tafel 2.15. Zwei Interaktionsbegriffe in der Psychologie

In der Psychologie wird der Begriff der Interaktion in zwei völlig verschiedenen Zusammenhängen verwendet. Unter einer statistischen Interaktion versteht man, daß zwei Variablen X,Y auf eine Variable Z nicht unabhän-

gig voneinander wirken, sondern daß die Wirkung von X abhängig von der Wirkung von Y ist. Addieren sich die Wirkungen von X und Y, so liegt keine Interaktion vor. Eine statistische Interaktion tritt z. B. dann auf, wenn sich die Wirkungen multiplizieren oder potenzieren. Verlaufen die Situations- oder Reaktionsprofile von Personen nicht parallel, liegt eine Interaktion Person × Situation bzw. Person × Reaktion vor (vgl. Abschn. 2.4.3).
Unter einer dynamischen Interaktion versteht man eine Wechselwirkung zwischen zwei Variablen über die Zeit: X beeinflußt Y und Y beeinflußt später X. Damit kann X künftige Wirkungen von Y verändern und umgekehrt. Soziale Interaktion ist eine Form der dynamischen Interaktion des Verhaltens von zwei Menschen. Die zentrale Annahme im dynamisch-interaktionistischen Paradigma ist, daß die Persönlichkeitsentwicklung auf einer dynamischen Interaktion zwischen Eigenschaften der Person und der Umwelt beruht.

Im Modell der Umweltdetermination und im Modell der Entfaltung gibt es weder eine statistische noch eine dynamische Interaktion zwischen Umwelt und Person, weil von der Person keine Wirkungen ausgehen, auf die die Umweltwirkung Einfluß haben könnte. Im Modell der Kodetermination liegt keine dynamische Interaktion zwischen Person und Umwelt vor, aber es kann zu einer statistischen Interaktion kommen, nämlich dann, wenn derselbe Umwelteinfluß zu verschiedenen Zeitpunkten der Entwicklung der Person unterschiedliche Wirkungen hat. Das ist in der individuellen Entwicklung sehr oft der Fall; hat sich z. B. das Wissen geändert, können diejenigen Reize anders wirken, deren Bedeutung sich durch die Änderung des Wissens geändert hat.

! **Im Modell der Kodetermination kann es zu statistischen Interaktionen zwischen Umwelt und Person kommen, im Modell der dynamischen Interaktion zusätzlich zu dynamischen Interaktionen zwischen Person und Umwelt.**

2.6.2 Persönlichkeitskonzept

Bisher wurde die Persönlichkeitsentwicklung ausschließlich aus individuumzentrierter Sicht behandelt. Dabei ist zunächst offen, ob die Wirkungen der Umwelt auf die Person oder umgekehrt überhaupt persönlichkeitspsychologisch relevant sind. Relevant sind sie nur dann, wenn sie bei der Entstehung oder Veränderung von individuellen Besonderheiten eine Rolle spielen. Um das zu untersuchen, nehmen wir im folgenden die differentielle Sichtweise ein (vgl. Abschn. 2.4) und betrachten zunächst am Beispiel der Aggressivität von Kindern die Entwicklung einer einzelnen Eigenschaft. Dabei bleiben wir zunächst im Eigenschaftsparadigma und beziehen erst später das Informationsverarbeitungsparadigma mit ein.

Aus differentieller Sicht ist Aggressivität eine Variable, die jedem Mitglied einer Population einen Aggressivitätswert zuweist (vgl. Abschn. 2.4.2). Aus differentiell-entwicklungspsychologischer Sicht ist Aggressivität eine Variable, die jedem Mitglied eines Geburtsjahrgangs (einer Kohorte) eine individuelle Entwicklungsfunktion zuweist. Verglichen werden also Menschen desselben Geburtsjahrgangs in ihrer individuellen Veränderung der Aggressivität. Der Entwicklungsverlauf jeder einzelnen Person wird durch ein Zeitprofil charakterisiert. Abbildung 2.25 links illustriert dies anhand der individuellen Entwicklungsfunktionen von fünf Jungen.

Bei fast allen Jungen nimmt die Aggressivität zwischen dem Alter von 10 und 14 Jahren zu und fällt dann bis zum Alter von 16 Jahren etwas ab. Handelte es sich um Lehrerurteile, wären diese Verläufe nicht untypisch. Völlig untypisch ist jedoch, daß die Profile fast alle parallel sind, d. h. daß es fast keine statistische Interaktion Alter × Person gibt. Die Stabilitäten der interindividuellen Unterschiede, bestimmt durch die Korrelationen zwischen den pro Jahr bestimmten Aggressivitätsvariablen, wären sehr hoch. So gäbe es zwar einen allgemeinen Entwicklungstrend (Zu- und Abnahme der Aggressivität bei fast allen Jungen), aber kaum persönlichkeitspsychologisch interessante Information: Die Aggressivitätsunterschiede zwischen den Jungen verändern sich ja fast nicht.

Das wird besonders gut deutlich, wenn die Aggressivitätswerte pro Jahr z-transformiert werden (vgl. Abschn. 2.4.3), so daß in jedem Jahr die Aggressivität den Mittelwert 0 und die Varianz 1 hat. Die Profile beschreiben dann differentielle Entwicklungsfunktionen. Sie verlaufen fast alle parallel zur Zeitache, d. h. die z-Werte fast aller Jungen in Aggressivität ändern sich nicht. Die z-Transformation hat den universellen Entwicklungstrend beseitigt und die Daten auf die diffe-

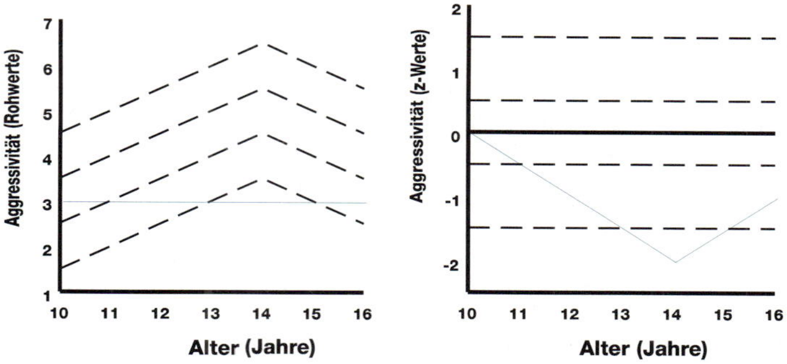

Abb. 2.25. Individuelle (*links*) und differentielle (*rechts*) Entwicklungsfunktionen der Aggressivität von fünf Jungen

rentiell einzig wichtige Information reduziert: die interindividuellen Unterschiede in der Aggressivität der jeweiligen Altersgruppe.

Persönlichkeitsentwicklung findet aus dieser Sicht nur statt, wenn sich die *z*-Werte eines Jungen ändern. Das ist hier bei einem einzigen Jungen der Fall, wobei hier der scheinbar paradoxe Fall gewählt ist, daß sich die Aggressivität individuell betrachtet nicht ändert, wohl aber differentiell betrachtet: Relativ zur Altersgruppe nimmt die Aggressivität ab, weil die anderen Mitglieder der Kohorte sich ändern. Die Herzkönigin in „Alice im Wunderland" drückte das so aus: „Du mußt so schnell wie möglich rennen, um da zu bleiben, wo Du bist!" Hier drückt sich wieder einmal die Populationsabhängigkeit differentieller Aussagen aus (vgl. Abschn. 2.4.2).

> **!** **Individuelle Entwicklungsveränderungen relativ zur Altersgruppe können durch differentielle Entwicklungsfunktionen auf der Basis von z-transformierten Werten innerhalb der Altersgruppe beschrieben werden.**

Deutlich wird hier auch, daß das Konzept der langfristigen Stabilität interindividueller Unterschiede in der Persönlichkeitspsychologie eine andere Rolle spielt als das Konzept der mittelfristigen Stabilität. Im Eigenschafts- und Informationsverarbeitungsparadigma der Persönlichkeitspsychologie ist mittelfristige Stabilität „gut", nämlich notwendig, um überhaupt von Persönlichkeitseigenschaften reden zu können. Bei Fragestellungen der Persönlichkeitsentwicklung ist eine langfristige Stabilität jedoch „schlecht", nämlich uninteressant: Es gibt nichts zu erklären, weil jeder relativ zu seiner Kohorte so bleibt, wie er ist. Das ist kein Widerspruch, weil der Begriff der Persönlichkeitsentwicklung auf mittelfristig stabilen Eigenschaften aufbaut.

> **!** **Voraussetzungen für Persönlichkeitsentwicklung sind mittelfristige Stabilität und langfristige Instabilität von Eigenschaften.**

Diese Überlegungen gelten genauso für die Umwelt. Die Umwelt ist im differentiellen Ansatz repräsentiert durch mittelfristig stabile Umwelteigenschaften von Mitgliedern einer bestimmten Kohorte. Jede Person hat nicht nur einen Eigenschaftswert, der Regelmäßigkeiten ihres Erlebens oder Verhaltens charakterisiert, sondern auch einen „Umwelteigenschaftswert", der Regelmäßigkeiten ihrer Umwelt charakterisiert – z. B. die Zahl der Personen, mit denen sie einen regelmäßigen Kontakt pflegt, die Persönlichkeit ihrer Mutter, die Qualität des Unterrichts in der Schule, das Berufsprestige ihres Vaters, welche Bücher sie im Zimmer hat (vgl. genauer Kap. 5).

Diese Umwelteigenschaften sind differentiell repräsentiert als Variablen, die den Mitgliedern einer Kohorte eine bestimmte individuelle Umweltentwicklungsfunktion zuordnen. Die Werte dieser Funktionen können innerhalb jeder Altersgruppe *z*-transformiert werden. Daraus entstehen differentielle Umweltentwicklungsfunktionen. Die Stabilität einer Umwelteigenschaft in der Kohorte wird durch eine Korrelation zwischen zwei Alterszeitpunkten bestimmt. Umwelteigenschaften von Personen werden formal wie Eigenschaften der Personen behandelt, sind aber keine Eigenschaften der Personen, sondern Eigenschaften ihrer Umwelt.

> **!** **Die Persönlichkeitsentwicklung findet im Kontext der Umwelt statt. Mit der Persönlichkeit entwickelt sich auch die individualtypische Umwelt, beschreibbar durch differentielle Umweltentwicklungsfunktionen.**

Nach diesen Begriffsklärungen lassen sich die vier Entwicklungsmodelle in Abb. 2.24 (vgl. Abschn. 2.6.1) auch als Modelle der Persönlichkeitsentwicklung im Rahmen des Eigenschaftsparadigmas deuten. $P_0 - P_3$ sind jetzt nicht mehr Eigenschaften einer Person, sondern Variablen einer Kohorte, die die Verteilung einer Persönlichkeitseigenschaft zu vier Alterszeitpunkten beschreiben. Dasselbe gilt für $U_0 - U_3$: diese vier Variablen beschreiben die Verteilung einer Umwelteigenschaft. Die Pfeile zwischen den P-Variablen beschreiben Stabilitäten der Persönlichkeitseigenschaft, die Pfeile zwischen den U-Variablen beschreiben Stabilitäten der Umwelteigenschaft.

Die Pfeile zwischen U- und P-Variablen beschreiben Einflüsse der Umwelteigenschaft auf die Persönlichkeitseigenschaft bzw. umgekehrt. Dies wird für die vier Modelle der Persönlichkeitsentwicklung nun am Beispiel der Aggressivität von Jungen im Alter von 10–16 Jahren konkreter erläutert. Als Umwelteigenschaft diene dabei ein klassisches Erziehungsmerkmal der Mütter: die Variation des mütterlichen Erziehungsstils auf der Dimension feindselig-permissiv („Ach mach doch, was Du willst, Du Idiot!") vs. warm-restriktiv („Komm mein Lieber, laß das!"), das mit der Aggressivität der Söhne korreliert (Baumrind, 1971).

Im Modell der Umweltdermination wäre die Aggressivität der Jungen im Alter von 10 Jahren (P_1) vollständig durch die Umwelt seit der Zeugung bestimmt (U_0). Dazu gehört der Erziehungsstil der Mütter ab dem Zeitpunkt der Geburt. Die Lernerfahrungen der Jungen mit diesem Erziehungsstil ihrer Mütter würden sich insgesamt in einer Korrelation zwischen Erziehungsstil (U_1) und Aggressivität im Alter von 10 Jahren (P_1) niederschlagen. Der Erziehungsstil der Mütter im Alter der Jungen von 10 Jahren wäre unbeeinflußt durch die Aggressivität der Jungen vorher, und diese wäre auch nicht durch ihr Genom (P_0) beeinflußt. Das würde sich dann von Jahr zu Jahr fortpflanzen: Die Aggressivität der Jungen in einem Jahr würde keinen Einfluß auf den Erziehungsstil ihrer Mütter im nächsten Jahr haben und würde nur auf der Stabilität der Umwelt zwischen den beiden Jahren beruhen. Würde die Umwelt sich ändern (z. B. Tod der Mutter und Ersatz durch eine Stiefmutter mit anderem Erziehungsstil), würde sich dies unabhängig von der vorangehenden Lerngeschichte sofort auf das Verhalten der betreffenden Jungen auswirken.

Im Modell der Entfaltung wäre die Aggressivität der Jungen genetisch vorprogrammiert. Umweltbedingungen könnten zwar diese Aggressivität aktuell verstärken oder verringern, aber dies wäre nur ein lokaler Effekt. Würde z. B. die Stiefmutter nach dem Tod einer feindselig-permissiv erziehenden Mutter einen warm-restriktiven Erziehungsstil pflegen, so würde dies die Aggressivität der Jungen vermindern.

Im Modell der Kodetermination wäre die Wirkung des Erziehungsstils abhängig von den kumulierten Wirkungen des Genoms der Jungen und aller ihrer vorangegangenen Umweltbedingungen (nicht nur des aktuellen Erziehungsstils ihrer Mütter). Von daher wäre damit zu rechnen, daß ein gänzlich anderer Erziehungsstil der Stiefmutter keine unmittelbar durchschlagenden Wirkungen hat, da diese Wirkungen von der schon etablierten Aggressivität des Kindes abhängen. Die Jungen im Alter von 10 Jahren wären nicht einfach ein Opfer ihrer Umwelt oder Gene, sondern hätten eine genetisch und umweltgeprägte Persönlichkeit, die nicht so leicht zu ändern wäre.

Im Modell der dynamischen Interaktion schließlich hätten die Jungen auf jeder Altersstufe Möglichkeiten, auf den Erziehungsstil ihrer Mutter einzuwirken. Sie könnten sie z. B. aufgrund hoher motorischer Unruhe, Ablenkbarkeit und der Tendenz, immer die Grenzen von Regeln auszutesten, die Mutter schon in der frühen Kindheit zunächst zur Weißglut und dann zum Resignieren bringen. So würden möglicherweise Mütter von Jungen, die schon sehr früh (aus genetischen Gründen oder wegen schwangerschaftsbedingten neurophysiologischen Störungen) aggressiv reagieren, von einem anfänglich warm-restriktiven Erziehungsstil zu einem feindselig-permissiven Stil wechseln. Darin würde ihre hilflose Ablehnung des Kindes deutlich, dem sie nicht mehr Herr werden können. Die

Kinder könnten in diesem Modell die Ursache des Erziehungsstils ihrer Mutter sein. Wie stark die Kinder auf ihre Mütter wirken und umgekehrt, ist in diesem Modell eine rein empirische Frage.

> **!** **Die Modelle der Umweltdetermination, Entfaltung, Kodetermination und dynamischen Interaktion lassen sich auch persönlichkeitspsychologisch interpretieren als Modelle über die Wechselwirkung zwischen Persönlichkeit und Umwelt.**

Diese eigenschaftsorientierte Sicht der Persönlichkeitsentwicklung läßt sich auf das Informationsverarbeitungsparadigma erweitern, indem Einflüsse von Umwelteigenschaften auf Persönlichkeitseigenschaften oder umgekehrt als Resultate von Informationsverarbeitungsprozessen aufgefaßt werden. In der pädagogischen Psychologie beispielsweise interessiert, wie sich der Wissenserwerb von Schülern durch einen geeigneten Unterrichtsstil optimieren läßt. Geht es um den Erwerb bestimmter Rechenfertigkeiten im Mathematikunterricht, würde das aktuell verfügbare prozedurale Wissen durch einen Test abgefragt. Unklar bleibt dabei, auf welchen Unterrichtsstil (Umwelteigenschaft) die Testleistung bezogen werden sollte.

Im Eigenschaftsparadigma würde der Unterrichtsstil nach allgemeinen „alltagspädagogischen" Kriterien wie z. B. „strukturiert – nicht strukturiert" oder „anschaulich – abstrakt" klassifiziert und mit der Leistung der Schüler unterschiedlicher Klassen (die also einen unterschiedlichen Unterrichtsstil erfahren haben) in Beziehung gesetzt werden. Im Rahmen des Modells der Umweltdetermination würde das schon reichen. Im Modell der Kodetermination aber nicht, denn die Unterrichtswirkung würde danach auch vom Vorwissen der Schüler abhängen (vgl. Abb. 2.24). Dieses Vorwissen müßte vor dem Unterricht, dessen Wirkung geprüft werden soll, abgetestet werden.

Im Informationsverarbeitungsparadigma ließen sich aus einem Modell des Wissenserwerbs (vgl. z. B. Mandl et al., 1988) genauere Hypothesen ableiten, welche Unterrichtsmerkmale wie auf den Erwerb von Rechenfertigkeiten wirken (vgl. z. B. Resnick & Omanson, 1987). Der Vorteil dieses Ansatzes besteht darin, daß spezifischere, näher auf das Unterrichtsziel bezogene Unterrichtsmerkmale untersucht werden können, die eine direktere Beziehung zum Prozeß des Wissenserwerbs haben könnten als allgemeine Unterrichtsmerkmale.

> **!** **Im Informationsverarbeitungsparadigma lassen sich nicht nur Hypothesen über intraindividuelle Prozesse ableiten, sondern auch Hypothesen über Umweltmerkmale, die relevant für diese Prozesse sind.**

2.6.3 Methodik

Bisher wurde alltagspsychologisch von einem „Einfluß" von Umwelteigenschaften auf Persönlichkeitseigenschaften und umgekehrt gesprochen. Das kann zu Mißverständnissen führen, weil in der Alltagspsychologie unter einem Einfluß die kausale Wirkung einer Ursache bei einer einzigen Person verstanden wird. Eine bestimmte Umwelteigenschaft wirkt sich auf die Persönlichkeitsentwicklung eines Kindes aus. Ist die Mutter feindselig-permissiv, wird das Kind aggressiv.

Dieser individuumzentrierte Einflußbegriff findet sich in der Persönlichkeitspsychologie nur in wenigen Einzelfallstudien, in denen das Verhalten einer einzigen Person langfristig untersucht wird (vgl. Huber, 1973). Fast alle Studien zur Persönlichkeitsentwicklung sind dagegen differentiell orientiert. Hier interessiert nicht die Wirkung einer spezifischen Umweltänderung bei einer Person, sondern die Auswirkung der normalen interindividuellen Umweltvariation auf die Mitglieder einer Kohorte. Wenn eine Umwelteigenschaft eine Persönlichkeitseigenschaft beeinflußt, gibt es einen Zusammenhang zwischen der Umwelteigenschaft und der Persönlichkeitseigenschaft in der Kohorte. Es handelt sich dabei um einen Zusammenhang zwischen zwei Variablen, der durch eine Korrelation gemessen werden kann. Abbildung 2.26 illustriert den Unterschied zwischen einem Einfluß aus individuumzentrierter und aus differentieller Sicht.

Im individuumzentrierten Fall links in der Abbildung führt eine gezielte Intervention zu einer Veränderung der Merkmalsausprägung einer Person. Sofern diese Intervention nicht von der Person selbst gesteuert wird, sondern nur vom Untersucher abhängt, ist die beobachtete Merkmalsänderung sehr wahrscheinlich auf eine kausale Wirkung der Intervention zurückzuführen (nicht aber mit

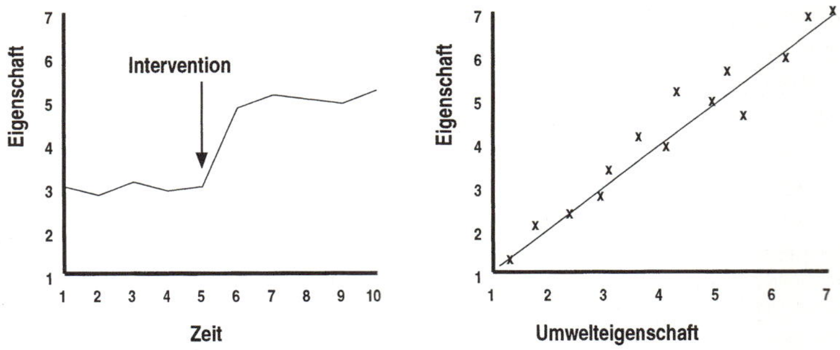

Abb. 2.26. Einflußnachweis in einer Einzelfallanalyse durch Intervention (*links*; die Linie repräsentiert viele Meßergebnisse derselben Person) und in einer differentiellen Analyse (*rechts*; die Punkte repräsentieren die einmalige Messung vieler Personen)

Sicherheit, da die Merkmalsänderung vielleicht ja auch ohne Intervention stattgefunden haben könnte).

Im differentiellen Fall rechts in der Abbildung besteht eine hohe Korrelation zwischen Umwelteigenschaft und Persönlichkeitseigenschaft. Aus dem Umwelteigenschaftswert einer Person läßt sich ihr Persönlichkeitseigenschaftswert gut vorhersagen und umgekehrt. Die Messung der Einflußstärke geschieht also ganz analog zur Messung der Stabilität von Eigenschaften (vgl. Abschn. 2.4.3) durch Korrelationen.

> **!** **Im dynamisch-interaktionistischen Paradigma werden Einflüsse zwischen Persönlichkeits- und Umwelteigenschaften durch Korrelationen beschrieben.**

Daß sich Einflüsse in Korrelationen niederschlagen, ist offensichtlich. Die praktische Fragestellung in der Persönlichkeitspsychologie ist aber umgekehrt: Man hat Korrelationen empirisch bestimmt und möchte daraus auf Einflüsse schließen. Das ist ein dorniger Weg, auf dem es zahlreiche Interpretationsfallen gibt. Die beiden häufigsten Fallen sind:

- Einseitige kausale Interpretation einer Korrelation. Wenn X und Y korrelieren, könnte X auf Y wirken, aber auch Y auf X, oder beides kann der Fall sein. Korrelieren Erziehungsstil und Aggressivität, könnte das auf einer Wirkung der Umwelt auf die Persönlichkeit, auf einer Wirkung der Persönlichkeit auf die Umwelt oder auf einer Wechselwirkung zwischen Persönlichkeit und Umwelt beruhen. Aus einer Korrelation alleine kann man niemals auf die Richtung einer Wirkung zwischen den beiden korrelierten Variablen schließen. Nur wenn eine Richtung aufgrund von Zusatzinformation ausgeschlossen werden kann, wie z. B. beim Zusammenhang zwischen Wetter und Stimmung (die Stimmung kann unmöglich das Wetter verursacht haben), ist eine gerichtete Interpretation möglich.
- Wirkung einer verborgenen Variablen. Wenn X und Y korrelieren, könnte das auf der Wirkung einer verborgenen, d. h. nicht betrachteten Variable Z beruhen, die auf X und Y wirkt. Korrelieren feindselig-permissiver Erziehungsstil und Aggressivität, so könnte das daran liegen, daß Mütter und Söhne bestimmte Gene teilen, die die Aggressivität beider fördern, wobei ein feindselig-permissiver Erziehungsstil lediglich ein spezieller Aspekt der Aggressivität von Müttern ist. Besonders leicht werden verborgene Variablen dann übersehen, wenn eine gerichtete Interpretation einer Korrelation möglich ist, z. B. beim Zusammenhang zwischen ehelicher Zufriedenheit vor der Zeugung eines Kindes und späteren Persönlichkeitseigenschaften dieses Kindes. Das Kind kann die eheliche Zufriedenheit nicht beeinflußt haben, aber Zufriedenheit und Kindmerkmale könnten durch verborgene Drittvariablen bedingt sein (z. B. genetische Faktoren, die Eltern und Kind teilen).

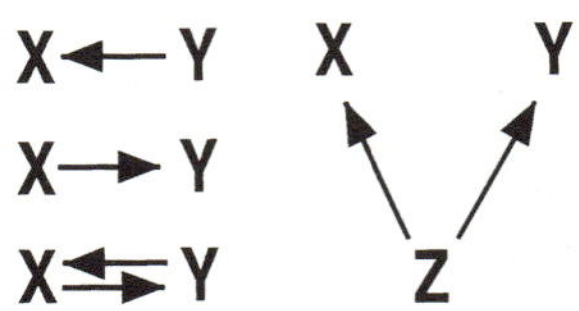

Abb. 2.27. Vier Interpretationsmöglichkeiten für eine Korrelation zwischen zwei Variablen X und Y

Abbildung 2.27 illustriert vier Interpretationsmöglichkeiten einer Korrelation. Die Wirkung einer Drittvariablen kann auch gemeinsam mit einem der drei anderen Fälle auftreten; insgesamt gibt es also sieben verschiedene Interpretationsmöglichkeiten für Korrelationen.

> **!** **Aus einer Korrelation alleine läßt sich wenig über kausale Wirkungen ableiten, weil es sieben verschiedene Interpretationsmöglichkeiten gibt.**

In entwicklungspsychologischen Untersuchungen gibt es eine besonders tückische Falle bei der Interpretation von Korrelationen, weil es dort eine klare zeitliche Ordnung gibt. Da die Kausalität nicht aus der Zukunft in die Vergangenheit wirken kann, liegt die Annahme nahe, daß bei einer Korrelation zwischen zwei Eigenschaften zu unterschiedlichen Zeitpunkten die früher gemessene Eigenschaft die später gemessene beeinflußt haben müsse.

Diese Annahme trifft nicht zu. Abbildung 2.28 illustriert das Problem. Wirkt P_0 auf P_1 und U_1, so wird dadurch eine Korrelation zwischen P_1 und U_1 erzeugt. Aber nicht nur das: Wenn die Umwelt- und die Persönlichkeitseigenschaft einigermaßen stabil sind, pflanzt sich diese Korrelation weiter fort, und zwar nicht nur zwischen Umwelt und Persönlichkeit zum gleichen Zeitpunkt, sondern auch zwischen Umwelt und Persönlichkeit zu verschiedenen Zeitpunkten. Wird nun in einer Untersuchung nur die Beziehung zwischen U_1 und P_2 gemessen, so scheint diese Korrelation durch eine Umweltwirkung auf die Persönlichkeit interpretierbar. Tatsächlich handelt es sich aber um Nachwirkungen einer Persönlichkeitswirkung auf die Umwelt.

Interessiert man sich z. B. für den Einfluß des mütterlichen Erziehungsstils (U) auf die Aggressivität der Kinder (P) und würde eine Korrelation von 0,30 zwischen einem feindselig-permissiven Erziehungsstil der Mütter im Alter der Kinder von 6 Jahren und der Aggressivität der Kinder im Alter von 10 Jahren finden (vgl. Abb. 2.28), so läge der Schluß nahe, daß die Aggressivität der Kinder im Alter von 10 Jahren durch den Erziehungsstil ihrer Mutter beeinflußt sei. Wie Abb. 2.28 zeigt, könnte das ein Fehlschluß sein; der Erziehungsstil der Mütter könnte vor der ersten Messung durch die Aggressivität der Kinder wesentlich beeinflußt

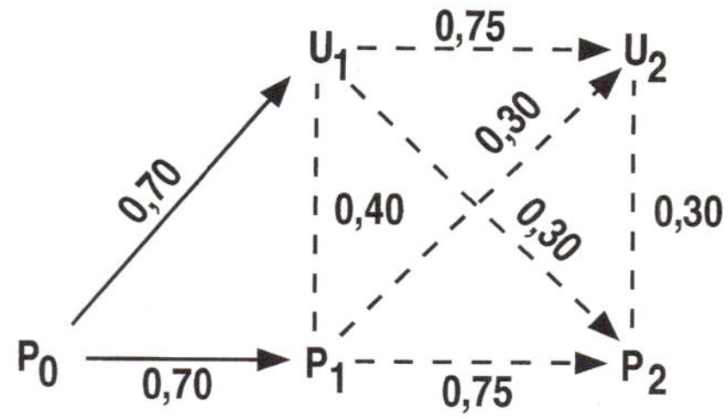

Abb. 2.28. Fortpflanzung eines Persönlichkeitseinflusses auf nachfolgende Korrelationen zwischen Umwelt und Persönlichkeit

worden sein. Wegen der hohen Stabilität des Erziehungsstils und der Aggressivität der Kinder pflanzte sich dieser Einfluß weiter fort.

> **!** **Aus der zeitlichen Ordnung von zwei korrelierenden Variablen kann nicht auf die Richtung des Einflusses geschlossen werden, auf der die Korrelation beruht.**

Dieser Fehler hätte sich vermeiden lassen, wenn nicht nur die eine Korrelation zwischen Umwelt und Persönlichkeit, sondern alle in Abb. 2.28 gestrichelten Korrelationen betrachtet worden wären. Dann hätte sich nämlich gezeigt, daß die Korrelation zwischen Aggressivität im Alter von 6 Jahren und Erziehungsstil im Alter von 10 Jahren mit 0,30 genauso hoch war. In dieser Pattsituation wäre keine Entscheidung möglich über die Richtung der Kausalität im Altersbereich zwischen 6 und 10 Jahren. Deshalb werden zunehmend Kreuzkorrelationsdesigns (englisch: cross-lagged correlation designs) verwendet, in denen beide Einflußrichtungen betrachtet werden (die Korrelationen zwischen Umwelt und Persönlichkeit überkreuzen sich). Das entspricht der Logik des dynamisch-interaktionistischen Modells.

Aber auch die Interpretation von Kreuzkorrela-

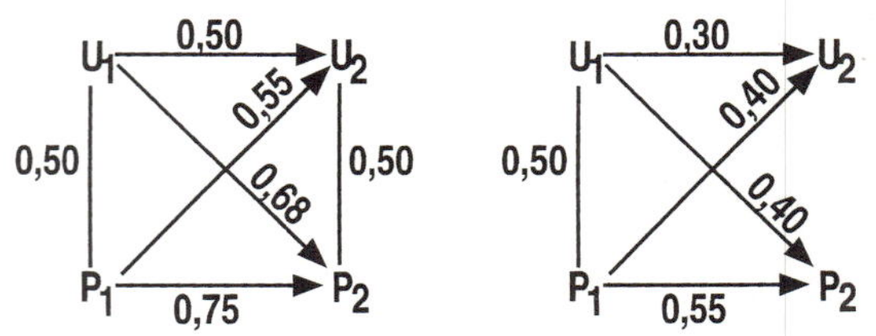

Abb. 2.29. Ein Kreuzkorrelationsdesign. *Links:* Korrelationen; *rechts:* Pfadkoeffizienten

tionen hat ihre Tücken. Das sei hier an einem etwas modifizierten Korrelationsmuster erläutert (Abb. 2.29 links). In diesem Fall sieht es so aus, als würde der Erziehungsstil der Mütter stärker auf die spätere Aggressivität ihrer Kinder wirken als umgekehrt, denn die Korrelation von 0,68 ist höher als die von 0,55. Wie Rogosa (1980) in einer vernichtenden Kritik dieses Ansatzes zeigen konnte, kann man Kreuzkorrelationen nur direkt miteinander vergleichen, wenn die Stabilität der beiden verglichenen Variablen (hier: Erziehungsstil und Aggressivität) gleich hoch ist. Ist das nicht der Fall, kommt es zu Fehlschlüssen.

Das liegt daran, daß Kreuzkorrelationen aus zwei Anteilen bestehen: einem direkten Pfad und einem indirekten Pfad über die Stabilität. Die Korrelation von 0,68 zwischen frühem Erziehungsstil und später Aggressivität beruht auf dem indirekten Pfad $U_1 \rightarrow P_1 \rightarrow P_2$ und dem direkten Pfad $U_1 \rightarrow P_2$. Wie Wright (1934) gezeigt hat, kann man diese beiden Komponenten schätzen, indem man aus den Korrelationen Pfadkoeffizienten berechnet, die die Stärke eines Pfades charakterisieren (vgl. zur Methode z. B. Backhaus et al., 1994, Kap. 7). Abbildung 2.29 rechts zeigt die resultierenden Pfadkoeffizienten. Sie haben die Eigenschaft, daß die Stärke eines zusammengesetzten Pfades gleich dem Produkt der darin enthaltenen Einzelpfade ist und daß sich die Pfadstärken von einem Ausgangspunkt zu einem Ziel zur Korrelation zwischen Ausgangspunkt und Ziel ergänzen. Zum Beispiel ist die Summe des indirekten und des direkten Pfades von U_1 nach P_2 gleich der Korrelation zwischen U_1 und P_2: $0{,}50 \times 0{,}55 + 0{,}40 = 0{,}68$.

Entsprechend läßt sich die Korrelation zwischen P_1 und U_2 zerlegen. Wie Abb. 2.29 rechts zeigt, sind die direkten Pfade zwischen Umwelt und Persönlichkeit gleich stark, obwohl die Korrelationen unterschiedlich hoch sind. Das liegt daran, daß die Stabilitäten des Erziehungsstils und der Aggressivität in diesem Beispiel unterschiedlich hoch sind. Was aber für die Frage der Kausalität letztlich nur wichtig ist, sind die direkten Pfade. Und die sind gleich stark. Es gibt also in diesem fiktiven Beispiel Einflüsse vom Erziehungsstil auf die Aggressivität und umgekehrt. Warum auch nicht; aus Sicht des dynamisch-interaktionistischen Modells kann es ja beide Einflußrichtungen geben, und in Sonderfällen können sie auch gleich groß sein (das Modell nimmt ja nicht an, daß sie gleich stark sind, sondern nur, daß sie bei manchen Eigenschaften der Umwelt oder Persönlichkeit größer als Null sind).

> **!** **Kreuzkorrelationen dürfen nicht direkt miteinander verglichen werden. Sie müssen in Pfadkoeffizienten umgerechnet werden; die Koeffizienten der direkten Pfade liefern eine Schätzung der Einflußstärke im Rahmen des betrachteten Modells.**

Analysieren wir die gestrichelten Korrelationen von Abb. 2.28 mit dieser Methode, so ergibt sich, daß die Kreuzkorrelationen nur indirekt vermittelt sind: Die direkten Pfade sind Null. Das entspricht ja auch der Logik des Gesamtmodells, wonach die gestrichelten Korrelationen letztlich auf den Pfad $P_0 \rightarrow U_1$ zurückgehen. Es gibt also in diesem Fall keine nachweisbaren Wirkungen des Erziehungsstils auf die Aggressivität der Kinder oder umgekehrt im Altersbereich zwischen 6 und 10 Jahren. Die beobachteten Beziehungen zwischen U und P in diesem Altersbereich sind vollständig durch frühere Wirkungen erklärbar.

Diese Logik der Pfadanalyse liegt auch den sogenannten Strukturgleichungsmodellen (z. B. dem LISREL-Modell) zugrunde. Hier wird manchmal auch von „Kausalmodellen" gesprochen. Das ist eine irreführende Bezeichnung. Pfadkoeffizienten geben zwar eine bessere Beschreibung der Kausalität als Korrelationen, weil sie die indirekten Pfade innerhalb des jeweiligen Modells berücksichtigen. Aber es ist niemals sicher, ob sie eine vollständige Beschreibung der Kausalität liefern. Ihre Beschreibung der Kausalität ist so gut oder so schlecht wie das Modell. Werden im Modell wesentliche Einflüsse nicht berücksichtigt, die sich als „verborgene Variablen" auf die beobachteten Korrelationen ausgewirkt haben, so können die Kausalitätsschätzungen gänzlich in die Irre führen (z. B. zu völlig falschen Schätzungen der relativen Stärke berücksichtigter Pfade).

Angewandt auf Modelle der Persönlichkeitsentwicklung heißt das: Man kann nie sicher sein, ob man nicht eine wesentliche Variable übersehen hat. Wird der Zusammenhang zwischen dem Erziehungsstil der Mutter und der Aggressivität des Kindes untersucht, könnten z. B. übersehen worden sein:

- der Erziehungsstil des Vaters, der ja nicht mit dem der Mutter übereinstimmen muß;

- das Genom der Mutter; vielleicht prädisponiert es sowohl zu einem bestimmten Ausmaß an feindselig-permissivem Erziehungsstil als auch zu Aggressivität beim genetisch ähnlichen Kind;
- die Wohnverhältnisse der Familie (das Mesosystem nach Bronfenbrenner; vgl. Abb. 2.23); Raumnot macht vielleicht Mütter eher feindselig-permissiv und Kinder aggressiv;
- die soziale Schicht der Familie (das Exosystem nach Bronfenbrenner); niedrige soziale Schicht, operationalisiert durch geringe Bildung und Berufsprestige beider Eltern, korreliert vielleicht sowohl mit einem feindselig-permissiven Stil der Mutter als auch mit aggressivem Verhalten der Kinder.

Das Makrosystem nach Bronfenbrenner (vgl. Abb. 2.23) kann nichts zur Erklärung beitragen, weil Persönlichkeitsentwicklung sich per Definition innerhalb desselben Makrosystems vollzieht. Einflüsse auf individuelle Besonderheiten können nur solche Umwelteigenschaften ausüben, die zwischen Mitgliedern desselben Makrosystems variieren.

> **!** **Einfache Korrelationen zwischen Umwelt und Persönlichkeit, aber auch komplexe Pfadmodelle über deren Zusammenhang, können kausale Aussagen immer nur innerhalb des jeweils betrachteten Modells machen. Die Nichtbeachtung wirksamer Variablen kann zu einer Fehlinterpretation der gefundenen Zusammenhänge führen. Aussagen über Kausalität in der Persönlichkeitsentwicklung sind immer modellabhängig.**

Ob einfache Korrelationen oder komplexe LISREL-Modelle: In jedem Fall erfordert die empirische Untersuchung der Persönlichkeitsentwicklung eine Längsschnittstudie, in der viele Personen in großem Zeitabstand mindestens zweimal untersucht werden. Das bedeutet, daß eine solche Untersuchung so lange dauert wie das untersuchte Altersintervall. Eine Untersuchung zur Persönlichkeitsentwicklung zwischen 6 und 10 Jahren dauert 4 Jahre, eine zwischen Geburt und 40 Jahren dauert 40 Jahre. Das ist leicht gesagt, aber schwer getan. Kann man nach 40 Jahren überhaupt noch die Personen wiederfinden, die anfangs an der Untersuchung teilgenommen hatten? Welche sind unauffindbar, welche verstorben, welche nach Neuseeland ausgewandert?

Abgesehen von diesen praktischen Schwierigkeiten gibt es methodische Probleme (vgl. z. B. Schneider, 1989). Die zwei wohl größten Probleme sind:

- Selektive Schrumpfung: Wer nach einiger Zeit nicht mehr an der Untersuchung teilnimmt, ist nicht zufällig (das wäre nur ein Problem der Stichprobengröße), sondern fast immer durch systematische Faktoren bestimmt.
- Untersuchungseffekte: Die Stichprobe kann selbst dann, wenn sie zu Anfang noch einigermaßen repräsentativ für die interessierende Population war, nach einiger Zeit nicht nur durch selektive Schrumpfung, sondern auch durch die Untersuchung selbst unrepräsentativ werden. Werden z. B. viele kognitive Tests in kürzeren zeitlichen Abständen bearbeitet, können Lerneffekte resultieren, die zu insgesamt überdurchschnittlichen Leistungen der Stichprobe führen. Das wäre noch kein Problem für differentielle Fragestellungen, denn was letztlich interessiert, sind Leistungsunterschiede; würden alle Teilnehmer gleich stark von der Untersuchung profitieren, würde das nur den Mittelwert verändern. Das wäre aber unwahrscheinlich; zu rechnen wäre mit einer statistischen Interaktion zwischen Untersuchungsdauer und Leistung, d. h. einige Teilnehmer würden mehr von der Längsschnittstudie profitieren, andere weniger.

An Längsschnittstudien führt aber kein Weg vorbei, wenn es um Fragestellungen zur Persönlichkeitsentwicklung geht. Es kann deshalb nur versucht werden, die methodischen Probleme der Längsschnittmethode durch geeignete Maßnahmen zu minimieren (vgl. dazu Schneider, 1989).

> **!** **Untersuchungen zur Persönlichkeitsentwicklung erfordern Längsschnittstudien. Dabei treten neben praktischen auch methodische Probleme auf, die sich aber teilweise kontrollieren lassen.**

2.6.4 Empirische Bewährung

Da empirische Untersuchungen zur Persönlichkeitsentwicklung auf die aufwendige Längsschnittmethodik angewiesen sind, gibt es noch nicht allzu

viele solche Untersuchungen. Vor allem gibt es wenige, in denen im Rahmen des dynamisch-interaktionistischen Ansatzes die Veränderung von Persönlichkeits- und Umwelteigenschaften in einem Kreuzkorrelationsdesign über längere Zeit hinweg untersucht wurde. Exemplarisch seien hier eine Studie zur Intelligenzentwicklung in Abhängigkeit von der sozialen Schicht und eine Studie zur Entwicklung sozialer Beziehungen in Abhängigkeit von der Persönlichkeit geschildert.

Sameroff et al. (1993) untersuchten 152 Mutter-Kind-Paare aus unterschiedlichen Familien, als die Kinder vier Jahre alt waren und noch einmal neun Jahre später. Zu beiden Zeitpunkten wurden die Intelligenz der Kinder durch einen Intelligenztest (IQ) und ihr Umweltrisiko gemessen. Das bestand aus der Summe von 10 Risikofaktoren: nicht-weiße Hautfarbe; niedriges Berufsprestige des Haushaltsvorstands; niedrige Bildung der Mutter; mehr als drei Kinder in der Familie; Vater nicht in der Familie; viele kritische Lebensereignisse wie schwere Krankheit, Arbeitslosigkeit des Haushaltsvorstands, Scheidung der Eltern; konformistisch-dogmatische Erziehungshaltung, Ängstlichkeit und psychiatrische Auffälligkeit der Mutter; negative Interaktion Mutter-Kind. Alle diese Faktoren sind wechselseitig voneinander abhängig. Abbildung 2.30 zeigt das Ergebnis der Kreuzkorrelationsanalyse.

Das Umweltrisiko blieb über die neun Jahre ebenso stabil wie der IQ, und zu beiden Zeitpunkten fand sich eine substantielle Korrelation zwischen IQ und Umweltrisiko. Auch die Kreuzkorrelationen waren beträchtlich. Die in Klammern angegebenen Pfadkoeffizienten zeigen, daß das Umweltrisiko im Verlauf der neun Jahre einen bescheidenen Beitrag zur Intelligenzveränderung der Kinder beitrug (Pfadkoeffizient −0,35), während der IQ der Kinder praktisch nicht zur Veränderung des Umweltrisikos beitrug (−0,16). Diese beiden Wirkungen verstärkten die schon anfänglich vorhandene Korrelation von −0,58 zwischen IQ und Umweltrisiko, so daß der Zusammenhang nach neun Jahren noch etwas negativer wurde (−0,61).

Was sagt diese Studie über die Entwicklung von Intelligenz aus? Ist die Intelligenz von Kindern stärker von ihrer Umwelt abhängig als umgekehrt? Offenbar ja, aber nur in bescheidenem Maße, denn der Unterschied zwischen den Pfadkoeffizienten von −0,35 und −0,16 ist nicht allzu groß. Wie die Korrelation von −0,58 zwischen Umwelt und IQ entstanden ist, bleibt in dieser Studie im Dunkeln. Zum Beispiel könnte sie wesentlich durch die Genome der Mütter bedingt sein (vgl. Abschn. 6.2.5).

In diesem Beispiel war der Einfluß der Persönlichkeit auf die Veränderung der Umwelt äußerst gering. Das umgekehrte Bild zeigte sich in einer noch laufenden Längsschnittstudie von Asendorpf und Wilpers an Studienanfängern, deren Persönlichkeit und soziale Beziehungen während der ersten Semester ihres Studiums mehrfach erhoben wurden. Abbildung 2.31 zeigt ein typisches Ergebnis dieser Studie. Bei 111 Studentinnen wurden die selbstbeurteilte Schüchternheit und die Zahl der männlichen Bekannten ähnlichen Alters in den ersten Tagen des ersten und des zweiten Semesters

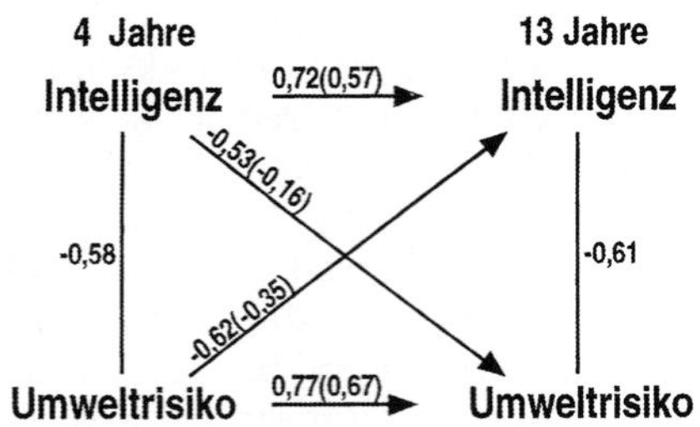

Abb. 2.30. Zusammenhang zwischen Intelligenz und Umweltrisiko. Angegeben sind Korrelationen und in Klammern Pfadkoeffizienten. (Nach Sameroff et al., 1993)

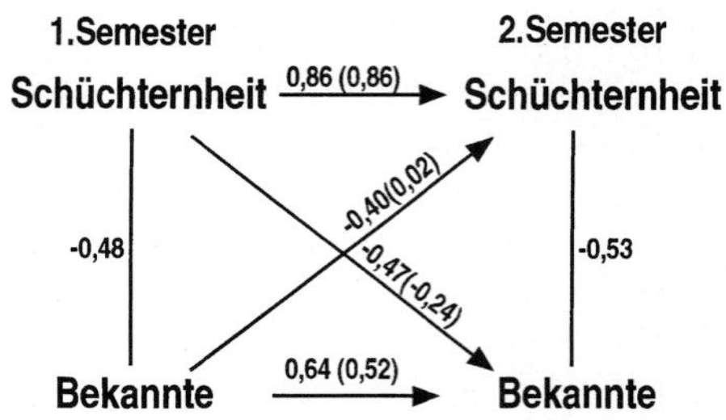

Abb. 2.31. Zusammenhang zwischen Schüchternheit und Zahl der Bekannten bei Studentinnen. Angegeben sind Korrelationen und in Klammern Pfadkoeffizienten. (Unveröffentlichte Daten von Asendorpf & Wilpers)

in einem Kreuzkorrelationsdesign in Beziehung zueinander gesetzt.

Die Pfadkoeffizienten zeigen einen Einfluß der Schüchternheit auf die Zahl der Bekannten im sozialen Netzwerk der Studentinnen. Je schüchterner die Studentinnen waren, desto weniger neue Bekannte lernten sie im Verlauf des ersten Semesters kennen (alle Studentinnen lernten neue Bekannte kennen, aber der Zuwachs war bei den schüchternen geringer). Dadurch verstärkte sich die negative Korrelation zwischen Schüchternheit und Bekanntenzahl. Umgekehrt hatte die Zahl der Bekannten zu Beginn des Studiums keinen Einfluß auf die Schüchternheit, die insgesamt sehr stabil blieb. Diese Robustheit von Persönlichkeitsselbsteinschätzungen auch in Phasen starker Umweltänderungen ist typisch für das Erwachsenenalter (vgl. Abschn. 6.1.1).

In Kapitel 6 wird die Frage nach den Ursachen der Persönlichkeitsentwicklung ausführlich diskutiert. Hier reicht die Feststellung, daß sich das dynamisch-interaktionistische Paradigma in der Persönlichkeitsentwicklung empirisch umsetzen läßt, aber Längsschnittstudien der Persönlichkeit und Umwelt über längere Zeit mit allen ihren Komplikationen erfordert. Wegen dieses großen Aufwandes sind die meisten empirischen Studien zur Persönlichkeitsentwicklung reduzierte Varianten des Kreuzkorrelationsdesigns. Zwei Ansätze kommen häufig vor:

- das Kodeterminationsmodell und
- das Katapultmodell.

Im Kodeterminationsmodell (vgl. Abb. 2.24 in Abschn. 2.6.2) wird erwartet, daß Umwelteigenschaften und Persönlichkeitseigenschaften gemeinsam auf spätere Persönlichkeitseigenschaften wirken. Diese Wirkung kann additiv sein, aber es kann auch eine statistische Interaktion zwischen Umwelt und Persönlichkeit bestehen, so daß dieselbe Umwelteigenschaft bei unterschiedlichen Personen unterschiedliche Wirkungen auf deren weitere Entwicklung hat.

Die Suche nach solchen statistischen Interaktionen zwischen Persönlichkeit und Umwelt erbrachte gemischte Befunde (vgl. Wachs, 1992). In drei Fällen konnte eine statistische Interaktion in jeweils mehreren Studien gut abgesichert werden (Wachs, 1992, nannte mehr Interaktionen, die aber z. T. nicht Persönlichkeitsentwicklung, sondern die aktuelle Person-Situations-Wechselwirkung betreffen):

- Wechselwirkung zwischen Genom und Umwelt: Bei antisozialer Persönlichkeit (Aggressivität plus Delinquenz) wurden mehrfach statistische Wechselwirkungen zwischen genetischen und Umweltrisiken gefunden: Diese beiden Risikofaktoren addieren sich nicht, sondern multiplizieren sich (vgl. Abschn. 6.2.5).
- Wechselwirkung zwischen prä- und perinatalen Risikofaktoren und der familiären Umwelt: Bestimmte Arten von Frühgeborenen und Kindern mit perinatalen Risiken (gemessen durch niedrige Apgar-Werte) haben im späteren Kindesalter im Durchschnitt einen niedrigeren IQ. Dieser Effekt kann aber durch sehr einfühlsame Eltern verhindert werden (vgl. z. B. Beckwith & Parmelee, 1986; Breitmayer & Ramey, 1986).
- Wechselwirkung zwischen positiven engen Beziehungen und belastenden Umweltbedingungen im Kindesalter: Die Existenz zumindest einer positiven, engen Beziehung im Kindesalter (nicht notwendigerweise zur Mutter) kann sonst vorhandene negative Umweltwirkungen verhindern – vermutlich, weil das Kind dadurch Stressoren besser emotional bewältigen kann (Garmezy, 1983). So können anscheinend auch Kinder, die unter den denkbar ungünstigsten Umweltbedingungen aufwachsen, aus engen positiven Beziehungen soviel Kraft schöpfen, daß sie sich langfristig normal entwickeln (Clarke & Clarke, 1977; Werner & Smith, 1982).

Insgesamt sind aber replizierbare (d. h. von unabhängigen Forschergruppen bestätigte) statistische Umwelt-Persönlichkeits-Interaktionen in der Persönlichkeitsentwicklung selten. So wurde z. B. jahrelang nach Wirkungen von Interaktionen zwischen Unterrichtsstil und Schülerpersönlichkeit auf den Wissenserwerb gefahndet; klar replizieren ließ sich aber keine einzige der vielen in einzelnen Studien gefundenen Interaktionen (Cronbach & Snow, 1981). Dazu tragen mehrere Faktoren bei:

- Statistische Probleme: Der Nachweis statistischer Interaktionen erfordert wesentlich größere

Stichproben von Personen als der Nachweis einfacher Beziehungen; deshalb können vorhandene Interaktionen nur schwer entdeckt werden (D. Wahlsten, 1990).

- Person-Umwelt-Kovarianz: Wenn eine deutliche Korrelation zwischen Umwelt- und Persönlichkeitseigenschaften besteht (vgl. z. B. die hohe Korrelation zwischen IQ und Umweltrisiko in Abb. 2.29), variieren Umwelt und Persönlichkeit nicht unabhängig genug voneinander, um Interaktionseffekte zeigen zu können (McCall, 1991).
- Altersabhängigkeit der Interaktion: Manche Interaktionen mögen nur in einer bestimmten Entwicklungsphase ihre Wirkung auf die weitere Entwicklung entfalten. Ist diese Phase nicht bekannt, werden sich die Ergebnisse der einschlägigen Studien widersprechen, weil nur diejenigen eine Interaktion finden können, die die erste Messung zum richtigen Zeitpunkt vorgenommen haben.

Im Katapultmodell (launch model; Kindermann & Skinner, 1992) wird die Umwelt nur beim erstenmal und die Persönlichkeit nur beim zweitenmal erfaßt. Die Idee ist dabei, daß eine bestimmte Umwelteigenschaft in einer bestimmten Periode der Persönlichkeitsentwicklung einen langfristig prägenden Einfluß unabhängig von der ursprünglichen Persönlichkeit habe; die Umwelt „katapultiere" die Persönlichkeit auf einen bestimmten Entwicklungspfad. Von daher sei es ausreichend, die Umwelt in dem entsprechenden Alter zu erfassen.

Solche „sensitiven Perioden" der Entwicklung (vgl. dazu Bornstein, 1989) gibt es z. B. in der Sprachentwicklung. Japaner, die in Japan aufwachsen, verlernen nach einiger Zeit, "r" und "l" im Sprechen, aber auch im Hören, zu unterscheiden. Daß es sich hier nicht um einen genetischen Effekt handelt, kann man daran sehen, daß japanische Kinder, die in einer englischsprachigen Umgebung aufwachsen, "r" und "l" gut unterscheiden können.

Dieser Ansatz ist sehr sparsam, setzt aber voraus, daß es tatsächlich eine solche sensitive Periode gibt. In den allermeisten Fällen bleibt das aber ungeprüft. Dann ist die Sparsamkeit des Katapultmodells gefährlich, denn der Umwelteffekt könnte ja nur ein scheinbarer sein, weil er durch Einflüsse der frühen Persönlichkeit, z. B. des Genoms, auf die untersuchte Umwelt zustande gekommen sein könnte (vgl. Abb. 2.28 in Abschn. 2.6.3). Zudem wird angenommen, daß es keine statistische Interaktion zwischen Umwelt und Persönlichkeit gibt. Das Katapultmodell kann zutreffen (z. B. prägende Wirkung der Muttersprache), aber wenn es nicht zutrifft, kommt es leicht zu Fehlinterpretationen der Ergebnisse.

> **!** **Empirisch wird das dynamisch-interaktionistische Modell wegen des großen Aufwandes selten verwendet. Häufiger werden statistische Interaktionen zwischen Umwelt und Persönlichkeit geprüft; replizierbare Interaktionen wurden dabei nur in wenigen Fällen gefunden. Das Katapultmodell setzt eine prägende Wirkung der Umwelt in einer bestimmten sensitiven Periode der Entwicklung voraus, so daß es hier besonders leicht zu Fehlinterpretationen von Umwelteffekten kommen kann.**

2.6.5 Bewertung

Das dynamisch-interaktionistische Paradigma der Persönlichkeitsentwicklung ist ein umfassendes Modell möglicher langfristiger Wechselwirkungen zwischen Persönlichkeit und Umwelt, einschließlich genetischer Wirkungen auf die Umwelt. Es hat den Vorteil, daß es keine Einflüsse ausschließt, sondern offen für alle Einflußmöglichkeiten ist. Es enthält alle anderen hier betrachteten Modelle der Persönlichkeitsentwicklung als Spezialfälle. Sein Nachteil ist, daß es sehr aufwendig in der Anwendung ist. Deshalb gibt es bisher vergleichsweise wenige Untersuchungen, die ihm folgen.

Verbreiteter sind eingeschränktere Modelle wie das Kodeterminationsmodell, das Katapultmodell oder das Entfaltungsmodell. Solche Einschränkungen sind aber nur dann gerechtfertigt, wenn zunächst empirisch nachgewiesen ist, daß für die betrachtete Umwelteigenschaft und die betrachtete Persönlichkeitseigenschaft bestimmte Pfade im dynamisch-interaktionistischen Modell tatsächlich keine Rolle spielen. Plausibilitätsüberlegungen reichen hier nicht aus, denn was alltagspsychologisch oder aufgrund von Theorien plausibel ist, muß sich nicht empirisch als richtig erweisen. Insofern ist der dynamisch-interaktionistische Ansatz ein geeigneter Rahmen für alle Untersuchungen zur Persönlichkeitsentwicklung.

Ist nachgewiesen, daß bestimmte Pfade im dynamisch-interaktionistischen Modell ignoriert werden können, können nachfolgende Untersuchungen einem eingeschränkteren Modell folgen. Das kann durchaus ein Katapultmodell oder ein Entfaltungsmodell sein, wie die vorhandenen empirischen Daten zur Sprachentwicklung (Katapultmodell) oder zur Entwicklung der Körpergröße (Entfaltungsmodell) nahelegen. Dadurch wird die Forschung erheblich vereinfacht. Das Risiko besteht darin, daß die eingeschränkte Sichtweise auf falschen Voraussetzungen beruht, z. B. einer Unterschätzung der Stärke von Pfaden aufgrund unzureichender Methodik.

Diese logisch stringente Darstellung, wie der Forschungsprozeß idealerweise ablaufen könnte, spiegelt aber in keiner Weise den tatsächlich vorhandenen Wildwuchs in der Forschung zur Persönlichkeitsentwicklung wider. Weite Teile dieser Forschung sind gekennzeichnet durch Traditionen, die auf ungeprüften Vorannahmen beruhen. So wurde z. B. die klassische Sozialisationsforschung von der völlig einseitigen Vorstellung beherrscht, daß die Persönlichkeit eine Funktion der Umweltbedingungen nach der Geburt sei. Erst langsam gelangte ins Bewußtsein, daß es auch pränatale Umweltwirkungen, genetische Wirkungen auf die Persönlichkeit und genetische Wirkungen auf die Umwelt geben kann (vgl. Abschn. 6.2.5).

> ! **Das dynamisch-interaktionistische Paradigma ist ein weitgehend nicht realisiertes Ideal der Forschung zur Persönlichkeitsentwicklung.**

Der Einbezug aller möglichen Beziehungen zwischen Persönlichkeit und Umwelt und die Abschätzung von Pfadstärken in Kreuzkorrelationsdesigns allein sind aber auch noch nicht ausreichend für ein tieferes Verständnis der Persönlichkeitsentwicklung. Was in diesen korrelativen Ansätzen fehlt, sind die Prozesse, die zwischen Persönlichkeit und Umwelt und zwischen Umwelt und Persönlichkeit vermitteln. Erst diese Prozesse können die Persönlichkeitsentwicklung erklären. Hier kommt das Informationsverarbeitungsparadigma zum Tragen. Wie die in Abschn. 2.6.2 erwähnten Studien zum Wissenserwerb zeigen, ist es möglich, im Rahmen eines Informationsverarbeitungsmodells Annahmen über solche vermittelnden Prozesse zu machen und empirisch zu überprüfen. Die Genetik und die Neurowissenschaften werden in absehbarer Zukunft wohl auch in der Lage sein, entsprechende Prozeßannahmen zu formulieren.

Dann wird sich verschärft die Frage stellen, worin eigentlich der Unterschied zwischen den Wechselwirkungen zwischen Person und Umwelt im Verlauf von vielen Jahren und den Wechselwirkungen zwischen Person und Situation im Verlauf von Sekunden besteht. Handelt es sich nur um einen quantitativen Unterschied, oder sind die Wechselwirkungsprozesse qualitativ unterschiedlich? Und wenn ja, in welcher Hinsicht? Es könnte sein, daß diese Frage mit nein beantwortet werden kann, d. h. daß sich die langfristigen Wechselwirkungen vollständig und ohne wesentliche zusätzliche Prinzipien aus den kurzfristigen erklären lassen. Dann würde das dynamisch-interaktionistische Paradigma vollständig im Informationsverarbeitungsparadigma aufgehen.

> ! **Eine Erklärung der Persönlichkeitsentwicklung muß über die Beschreibung von Pfadstärken hinausgehen, indem die Prozesse identifiziert werden, die Umwelten personabhängig und Personen umweltabhängig unterschiedlich machen. Hierfür ist das Informationsverarbeitungsparadigma hilfreich. Wie weit sich die Persönlichkeitsentwicklung vollständig durch Prinzipien der aktuellen Informationsverarbeitung erklären läßt, ist derzeit offen.**

Das Verhältnis der drei Paradigmen, die die heutige empirische Persönlichkeitspsychologie beherrschen, beleuchtet schlaglichtartig in Fortführung von Tafel 2.5 in Abschn. 2.2.5 das folgende Bonmot (Tafel 2.16):

Tafel 2.16. Drei heutige Paradigmen der Persönlichkeitspsychologie

Was ist das Eigenschaftsparadigma? – In einem stockdunklen Raum eine tote schwarze Katze finden.
Was ist das Informationsverarbeitungsparadigma? – In einem stockdunklen Raum einen schwarzen Computer finden, der eine Katze simuliert.
Was ist das dynamisch-interaktionistische Paradigma? – In einem stockdunklen Raum 20 Jahre lang einer schwarzen Katze hinterherlaufen.

Fragen

2.36 Worin unterscheiden sich die Modelle der Umweltdetermination, der Entfaltung, der Kodetermination und der dynamischen Interaktion?

2.37 In welcher Weise können Menschen Einfluß auf ihre Umwelt nehmen?

2.38 Worin unterscheiden sich statistische, dynamische und soziale Interaktion?

2.39 Kann sich die Persönlichkeit ändern, ohne daß sich das Verhalten ändert?

2.40 Wie lassen sich Umwelteinflüsse auf die Persönlichkeit und umgekehrt empirisch bestimmen? Welche Probleme gibt es dabei?

2.41 Kann man Korrelationen zwischen Persönlichkeit und Umwelt im Kreuzkorrelationsdesign direkt miteinander vergleichen?

2.42 Wieso sind Kausalaussagen über die Persönlichkeitsentwicklung modellabhängig?

2.43 Gibt es Beispiele für statistische Interaktionen zwischen Persönlichkeit und Umwelt, und warum werden sie eher selten gefunden?

2.44 Was setzt das Katapultmodell der Persönlichkeitsentwicklung voraus, und warum ist das gefährlich?

Weiterführende Literatur

Magnusson, D. (1990). Personality development from an interactional perspective. In L.A. Pervin (Ed.), *Handbook of personality: Theory and research* (pp. 193–222). New York: Guilford.

Sameroff, A.J. (1983). Developmental systems: Contexts and evolution. In W. Kessen (Ed.), *Handbook of child psycholog. Vol. 1. History, theory, and methods* (4th edn.) (pp. 237–294). New York: Wiley.

3 Methodologie und Methodik

Drei Paradigmen dominieren die heutige Persönlichkeitspsychologie: das Eigenschafts-, das Informationsverarbeitungs- und das dynamisch-interaktionistische Paradigma. Wie im letzten Kapitel deutlich wurde, sind diese Paradigmen keine Gegensätze, sondern miteinander vereinbar. Zusammengenommen bilden sie ein übergreifendes Paradigma, dem derzeit fast die gesamte empirische Persönlichkeitsforschung folgt. In diesem Kapitel werden zunächst die methodologischen Grundzüge dieses übergreifenden Paradigmas skizziert. Dann folgt eine vertiefende Diskussion einiger methodischer Fragen, die schon bei der Diskussion der einzelnen Paradigmen angeschnitten wurden. Hier werden sie systematischer behandelt und weiter vertieft.

Dieses Kapitel kann übersprungen werden. Die folgenden, auf inhaltliche Ergebnisse zielenden Kapitel sind auch dann verständlich. Wem es genügt, einen Überblick über die Ergebnisse der Persönlichkeitspsychologie zu bekommen, der kann dieses Kapitel übergehen. Wer aber die methodologisch-methodische Fundierung der empirischen Persönlichkeitsforschung genauer nachvollziehen möchte, der sollte es durcharbeiten.

Das Kapitel gliedert sich in zwei Teile: einen methodologischen und einen methodischen. Unter der Methodologie eines Wissenschaftsparadigmas versteht man die Beschäftigung mit den grundlegenden Herangehensweisen an seinen Gegenstandsbereich: Welche Arten von Fragen werden gestellt und welche Forschungsstrategien werden verwendet, um diese Fragen zu bearbeiten. Methodologie beschäftigt sich also mit den Voraussetzungen der wissenschaftlichen Arbeit in einem Paradigma. Die Methodik eines Wissenschaftsparadigmas ist dagegen vergleichsweise handfester. Sie ist die Gesamtheit der einzelnen Methoden, die innerhalb des Paradigmas Verwendung finden.

3.1 Methodologie

3.1.1 Universelle, spezielle und differentielle Fragestellungen

Die Psychologie beschäftigt sich mit der Beschreibung, Vorhersage und Erklärung des Erlebens und Verhaltens von Menschen. Dabei lassen sich drei unterschiedliche Arten von Fragestellungen unterscheiden: universelle, spezielle und differentielle (vgl. auch Asendorpf, 1995).

Universelle Fragestellungen suchen nach psychologischen Gesetzmäßigkeiten, die für alle (oder jedenfalls fast alle) Menschen gelten. Welche Beziehung gibt es zwischen Reizstärke und Empfindungsintensität? Welche situativen Bedingungen rufen welche Emotionen hervor? Wie erlernen Kinder ihre Muttersprache? Fallen Entscheidungen nach Gruppendiskussion riskanter aus, als wenn sie alleine getroffen werden? Drücken Menschen Freude in allen Kulturen auf die gleiche Weise aus? Das sind typische universelle Fragestellungen, die von der allgemeinen Psychologie, der Entwicklungspsychologie, der Sozialpsychologie und der Kulturpsychologie bearbeitet werden. Sie sind nicht Gegenstand der klinischen Psychologie oder der Persönlichkeitspsychologie.

Spezielle Fragestellungen suchen nach psychologischen Gesetzmäßigkeiten, die für eine bestimmte Gruppe von Menschen bis hin zu einem einzigen

Individuum gelten. Wieviel Zeit verbringen Mädchen in Java mit der Betreuung von Geschwistern? Welche mathematischen Leistungen können Menschen mit Down-Syndrom erbringen? Welche sozialen Beziehungen bestehen in Altenheimen? Welche emotionalen Probleme können durch Hochbegabung entstehen? Konnte Einstein segeln? (Einstein konnte segeln und verbrachte in Berlin viel Zeit damit; diese Verhaltensdisposition von Einstein ist eine empirisch feststellbare Gesetzmäßigkeit seines Verhaltens; vgl. Fölsing, 1993). Das sind typische spezielle Fragestellungen, die von der Kulturpsychologie, der klinischen Psychologie, der Entwicklungspsychologie, der Sozialpsychologie und der Persönlichkeitspsychologie bearbeitet werden. Sie sind nicht Gegenstand der allgemeinen Psychologie.

Differentielle Fragestellungen suchen nach psychologischen Gesetzmäßigkeiten, die sich auf Unterschiede zwischen einzelnen Menschen (interindividuelle Unterschiede), zwischen Gruppen von Menschen (z. B. Geschlechtsunterschiede) oder zwischen Kulturen (interkulturelle Unterschiede) beziehen. Gibt es interkulturelle Unterschiede in der räumlichen Wahrnehmung, unterscheiden sich hyperaktive Kinder physiologisch von normalen Kindern, wie unterscheidet sich das Denken von Dreijährigen von dem von Sechsjährigen, gibt es Schichtunterschiede in der Sprache, sind mehr Männer als Frauen aggressiv, korreliert Aggressivität negativ mit Ängstlichkeit? Das sind typische differentielle Fragestellungen, die von der Kulturpsychologie, der klinischen Psychologie, der Entwicklungspsychologie, der Sozialpsychologie und der Persönlichkeitspsychologie bearbeitet werden. Sie sind nicht Gegenstand der allgemeinen Psychologie.

Tabelle 3.1 gibt eine Übersicht, welche der drei Arten von Fragestellungen von den verschiedenen traditionellen Disziplinen der Psychologie bearbeitet werden. Drei Gruppen von Disziplinen lassen sich unterscheiden. Die allgemeine Psychologie untersucht nur universelle Fragestellungen. Persönlichkeits- und klinische Psychologie bearbeiten nur spezielle und differentielle Fragestellungen. Und Kultur-, Entwicklungs- und Sozialpsychologie beschäftigen sich mit allen drei Arten von Fragestellungen. Die Fragestellungen von Persönlichkeits- und klinischer Psychologie sind also komplementär zu denen der allgemeinen Psychologie.

Tabelle 3.1. Fragestellungen traditioneller Disziplinen der Psychologie

Disziplin	Fragestellung		
	universell	speziell	differentiell
Allgemeine Psychologie	+	–	–
Persönlichkeitspsychologie	–	+	+
Klinische Psychologie	–	+	+
Sozialpsychologie	+	+	+
Entwicklungspsychologie	+	+	+
Kulturpsychologie	+	+	+

Bearbeitet eine Disziplin spezielle Fragestellungen, so auch differentielle und umgekehrt. Das liegt daran, daß jede spezielle Fragestellung einen Vergleich zwischen der betrachteten Gruppe/Person und den nicht betrachteten Gruppen/Personen ermöglicht und jede differentielle Fragestellung mindestens zwei Gruppen/Personen miteinander vergleicht, die sich auch einzeln speziell untersuchen lassen.

Dennoch ist eine Unterscheidung zwischen speziellen und differentiellen Fragestellungen notwendig, weil die Methodik ihrer Bearbeitung eine andere ist. Differentielle Fragestellungen erfordern die Messung von Unterschieden zwischen Personen oder Personengruppen. Spezielle Fragestellungen erfordern solche Messungen nicht; sie erfordern die Messung intraindividueller Unterschiede, also Veränderungen des Erlebens oder Verhaltens von Situation zu Situation oder Veränderungen mittelfristig stabiler Eigenschaften mit wachsendem Alter.

Wie bei der Diskussion des Eigenschaftsbegriffs schon deutlich wurde, schließen sich spezielle und differentielle Fragestellungen in der Persönlichkeitspsychologie nicht aus. Da reine spezielle Fragestellungen zwar etwas über Personen(-gruppen) aussagen, nicht aber über deren individuelle Besonderheit, enthält jede persönlichkeitspsychologische Fragestellung immer auch eine differentielle. Diese kann sich aber wiederum auf eine spezielle Fragestellung beziehen, z. B. wenn in der differentiellen Entwicklungspsychologie nach interindividuellen Unterschieden in intraindividuellen Entwicklungsveränderungen gefragt wird.

Spezielle und differentielle Fragestellungen lassen sich also gut miteinander kombinieren. So kann auf eine Phase ausführlicher individuumzentrierter Analyse, in der spezielle Fragestellungen bearbeitet werden, eine Phase differentieller Vergleiche folgen. Dennoch wurde in der Geschichte der Persönlichkeitspsychologie oft ein Gegensatz zwischen individuumzentrierter und differentieller Forschung konstruiert. Hierauf wird in Abschn. 3.1.3 näher eingegangen.

> **!** **Spezielle und differentielle Fragestellungen sind komplementäre Aspekte der Suche nach individuellen Besonderheiten. Ihre Bearbeitung erfordert eine jeweils spezifische Methodik. Ein differentieller Vergleich ist für die Persönlichkeitspsychologie unverzichtbar, aber er kann und sollte auf ausführlichen speziellen Analysen aufbauen.**

Obwohl universelle Fragestellungen sich eindeutig von differentiellen Fragestellungen unterscheiden, kommt es immer wieder dann zu Verwechslungen, wenn Kovariationen zwischen intraindividuellen Veränderungen oder zwischen interindividuellen Unterschieden untersucht werden. Das soll hier in Fortsetzung des Beispiels der Prüfungsängstlichkeit in Abb. 2.5 und 2.6 in Abschn. 2.4 deutlich gemacht werden. Die Angst von drei Studenten werde in drei verschiedenen Laborsituationen erhoben, die bei den meisten Studenten wenig, mittelhohe und hohe Angst erregen. Gemessen werde ihr mimischer Angstausdruck und die Zahl ihrer spontanen Hautwiderstandsänderungen, ein physiologisches Maß ihrer emotionalen Erregung. Abbildung 3.1 zeigt ein typisches Ergebnis, wie es in einschlägigen Studien gefunden wird (vgl. Cacioppo et al., 1992).

Aus individuumzentrierter Sicht zeigen die beiden Reaktionsvariablen eine positive intraindividuelle Kovariation für jeden einzelnen Studenten: Je stärker der Angstausdruck eines Studenten ist, desto stärker ist auch seine physiologische Erregung. Aus differentieller Sicht zeigen die beiden Reaktionsvariablen jedoch eine negative interindividuelle Kovariation für jede einzelne Situation: Je stärker die mimische Ängstlichkeit eines Studenten ist, desto schwächer ist seine physiologische Erregtheit.

Das scheint auf den ersten Blick paradox zu sein. Daß es sich nur um einen scheinbaren Widerspruch handelt, scheint als erster Buck (1980) erkannt zu haben. Es gibt Internalisierer, die physiologisch stärker als mimisch reagieren (Person 1 in Abb. 3.1), Externalisierer, die mimisch stärker als physiologisch reagieren (Person 3 in Abb. 3.1), und Generalisierer, die in beiden Reaktionen stark reagieren (Person 2 in Abb. 3.1). Bei allen drei Persönlichkeitstypen nehmen beide Angstreaktionen über die drei Situationen hinweg zu, aber bei Internalisierern ist die stärkste mimische Reaktion immer noch relativ schwach verglichen mit den mimischen Reaktionen der Externalisierer und selbst die schwächste physiologische Reaktion relativ stark verglichen mit den physiologischen Reaktionen der Externalisierer. Dieses Beispiel zeigt, daß es nicht möglich ist, von intraindividuellen Kovariationen zweier Reaktionen über Situationen auf interindividuelle Kovariationen der entsprechenden Eigenschaften zu schließen oder umgekehrt.

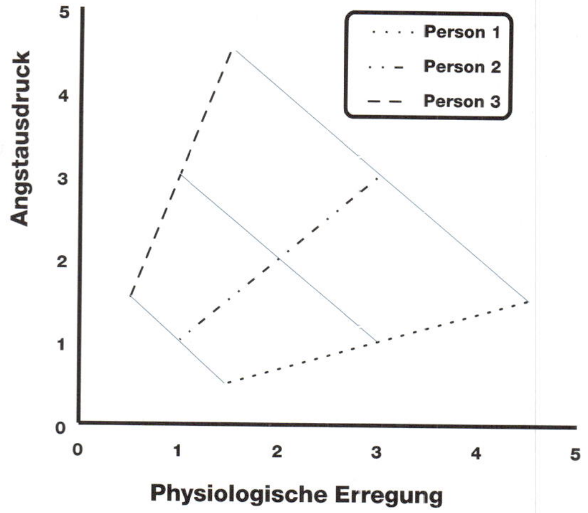

Abb. 3.1. Intraindividuell positive Kovariation von physiologischer Erregung und Angstausdruck (schwarze Linien) bei interindividuell negativer Kovariation von physiologischer Erregtheit und Ängstlichkeit im Ausdruck (blaue Linien). Angegeben sind fiktive Messungen von drei Personen in drei Situationen

Ein zweites, alltagsnäheres Beispiel von Epstein (1983) macht das vielleicht noch klarer. Ärger und Freude sind weitgehend inkompatible Emotionen, d. h. wer sich in einer bestimmten Situation ärgert, wird sich kaum gleichzeitig freuen und umgekehrt. Individuumzentriert betrachtet werden also Ärger

und Freude über verschiedene Situationen hinweg negativ kovariieren. Ärgerlichkeit und Freudigkeit als Eigenschaften, d. h. die Tendenz, im Mittel über viele Situationen Ärger bzw. Freude zu zeigen, kovariieren aber positiv, d. h. wer sich oft ärgert, freut sich auch oft (aber in anderen Situationen). Das liegt daran, daß es Menschen gibt, die oft emotional reagieren und solche, die nur selten emotional reagieren. Dieser Persönlichkeitsunterschied beeinflußt offenbar den Gefühlshaushalt mehr als der andere Persönlichkeitsunterschied, daß es Menschen gibt, die sich eher ärgern als sich zu freuen und Menschen, bei denen das umgekehrt ist.

Neben dem Problem der Populationsabhängigkeit differentieller Aussagen ist dies ein weiteres Gebiet, auf dem uns die Alltagspsychologie in die Irre führt. In der Alltagspsychologie gibt es eine starke Tendenz, differentielle Aussagen individuumzentriert zu interpretieren. Erstsemester der Psychologie neigen daher zu der Annahme, daß Freudigkeit und Ärgerlichkeit negativ kovariieren, denn ihre persönlichen Erfahrungen in verschiedenen Situationen besagen ja, daß Freude und Ärger inkompatibel sind. Daß hier Freudigkeit mit Freude und Ärgerlichkeit mit Ärger verwechselt werden, fällt alltagspsychologisch nicht weiter auf: Alltagspsychologen denken nicht so präzise. Leider gilt das nicht nur für Alltagspsychologen und Erstsemester, sondern auch für Psychologen. Die Verwechslung intra- und interindividueller Kovariationen ist ein weit verbreiteter Fehler in der psychologischen Literatur (vgl. Asendorpf, 1991, 1995; Valsiner, 1986).

> **!** **Aus intraindividuellen Kovariationen kann man nicht auf interindividuelle Kovariationen schließen und umgekehrt.**

3.1.2 Persönlichkeitspsychologie und differentielle Psychologie

Daß die Persönlichkeitspsychologie spezielle und differentielle Fragestellungen bearbeitet, unterscheidet sie eindeutig nur von der allgemeinen Psychologie. Es sind also weitere Abgrenzungen nötig, um ihren Gegenstandsbereich zu bestimmen. Sie unterscheidet sich von der Kulturpsychologie, weil sie die Frage nach individuellen Besonderheiten stets innerhalb einer Population stellt, die wiederum durch eine bestimmte Kultur gekennzeichnet ist (vgl. Asendorpf, 1995, für eine ausführlichere Diskussion).

Die Persönlichkeitspsychologie unterscheidet sich von der klinischen Psychologie in der Verteilungsform und der Bewertung individueller Besonderheiten. Die klinische Psychologie untersucht eher seltene, als pathologisch gewertete individuelle Besonderheiten (und versucht zu definieren, was pathologisch ist), während die Persönlichkeitspsychologie sich für häufige Normalvarianten im Erleben und Verhalten interessiert.

Die Persönlichkeitspsychologie unterscheidet sich von der Entwicklungspsychologie, weil sich Alter nicht sinnvoll als Eigenschaft auffassen läßt. Sofern allerdings die Frage nach der Persönlichkeitsentwicklung gestellt wird (wie entwickeln sich Eigenschaften und Persönlichkeit), überschneiden sich Persönlichkeits- und Entwicklungspsychologie.

Die Persönlichkeitspsychologie unterscheidet sich von der Sozialpsychologie, weil sie keine universellen Fragestellungen zum Erleben und Verhalten in sozialen Situationen bearbeitet und andererseits sich die Sozialpsychologie nicht für individuelle Besonderheiten des Erlebens und Verhaltens in nichtsozialen Situationen interessiert (z. B. Intelligenz). Es gibt aber einen weiten Überlappungsbereich (individuelle Besonderheiten im Erleben und Verhalten in sozialen Situationen). Insofern stehen sich Persönlichkeits- und Sozialpsychologie besonders nahe.

Tafel 3.1. Definition der Persönlichkeitspsychologie

Persönlichkeitspsychologie ist derjenige Zweig der empirischen Psychologie, der sich aus spezieller und differentieller Perspektive mit der Beschreibung, Vorhersage und Erklärung der verhaltensrelevanten Normalvarianten von Mitgliedern einer Population beschäftigt.

Tafel 3.1 enthält eine mögliche Definition der Persönlichkeitspsychologie durch ihren Gegenstandsbereich. Der Begriff der Variante bezeichnet eine stabile individuelle Besonderheit, wobei offengelassen wird, ob es sich um eine einzelne Ei-

genschaft oder ein ganzes Persönlichkeitsmuster handelt. Er ist auf Normalvarianten eingegrenzt, um pathologische Varianten auszuschließen, die Thema der klinischen Psychologie sind. Es heißt in der Definition „verhaltensrelevante Normalvarianten" statt „Normalvarianten im Erleben und Verhalten", um körperliche Merkmale, insbesondere genetische und neuronale Merkmale, aber auch sozial wirksame Gestaltmerkmale, in die Definition einzubeziehen.

Im deutschsprachigen Raum existiert neben der Bezeichnung Persönlichkeitspsychologie die auf Stern (1911) zurückgehende Bezeichnung differentielle Psychologie, wobei das Verhältnis zwischen beiden nie wirklich geklärt wurde (im angloamerikanischen Raum wird „differential psychology" seit Anastasi, 1971, nicht mehr genutzt; es heißt dort immer „personality psychology"). Stern (1911) verstand unter differentieller Psychologie drei Forschungsprogramme (vgl. genauer Asendorpf, 1991): eine „differentielle Psychologie im engeren Sinne", die sich mit Unterschieden zwischen Individuen und Gruppen beschäftigen sollte; eine „spezielle Psychologie", die Eigenschaften von Gruppen bearbeiten sollte, und eine „individuelle Psychologie", die sich mit einzelnen Individuen befassen sollte.

Unglücklicherweise benutzte Stern (1911) damit „differentiell" auf zwei unterschiedlichen Ebenen: einmal für den Oberbegriff „differentielle Psychologie" und ein andermal für den Unterbegriff „differentielle Psychologie im engeren Sinne". Diese Unsauberkeit in Sterns Begriffsbildung hat viel Verwirrung gestiftet, weil „differentielle Psychologie" spezielle Fragestellungen einschließt. Die Definition Sterns eignet sich deshalb meines Erachtens nicht für eine klare Definition von differentieller Psychologie.

Alternativ könnte man differentielle Psychologie durch die Art der Fragestellung definieren. Wie Tabelle 3.1 zeigt, würde sie die ganze klinische Psychologie und Teile der Sozial-, Entwicklungs- und Kulturpsychologie umfassen. Die Methodologie und die Methodik dieser Gebiete ist aber so heterogen, daß dies wenig sinnvoll erscheint. Tatsächlich wird differentielle Psychologie heute meist im Sinne einer nur mit differentiellen Methoden arbeitenden Persönlichkeitspsychologie verstanden. Da es ja auch noch spezielle persönlichkeitspsychologische Fragestellungen gibt, wird in der gegenwärtig gültigen Rahmenprüfungsordnung für Psychologie das Fach „differentielle und Persönlichkeitspsychologie" vorgesehen.

Sinn würde diese umständliche Definition nur machen, wenn „Persönlichkeitspsychologie" sich auf spezielle Fragestellungen beschränken würde. Das wiederum entspricht aber nicht dem Gebrauch von „Persönlichkeitspsychologie" im deutschen Sprachraum, der durchaus differentielle Fragestellungen zuläßt. Deshalb habe ich dafür plädiert, den Begriff der differentiellen Psychologie aufzugeben und nur noch von Persönlichkeitspsychologie zu sprechen (Asendorpf, 1995).

> **!** **Was gegenwärtig unter differentieller Psychologie verstanden wird, ist Teil der Persönlichkeitspsychologie im Sinne von Tafel 3.1. Da der Begriff der differentiellen Psychologie das Mißverständnis nahelegt, spezielle Fragestellungen seien dabei ausgeschlossen, sollte er zugunsten des Begriffs der Persönlichkeitspsychologie aufgegeben werden.**

Damit besteht eine weitgehende Übereinstimmung zwischen „Persönlichkeitspsychologie" und "personality psychology" im angloamerikanischen Raum. Vollständig ist diese Übereinstimmung aber auch nicht, weil dort unter „personality" traditionellerweise meist nur der sozial-emotionale Bereich der Persönlichkeit verstanden wird, also insbesondere der Intelligenzbereich im engeren Sinne ausgeschlossen wird. Deshalb gibt es Buchtitel wie „personality and intelligence" (Sternberg & Ruzgis, 1994) und sogar "personality and social intelligence" (Cantor & Kihlstrom, 1987), die aus Sicht des hier verwendeten, methodologisch stringenteren Persönlichkeitsbegriffs nicht sinnvoll sind, weil danach Intelligenz ein Teil der Persönlichkeit ist.

3.1.3 Idiographischer und nomothetischer Ansatz

In den „Betrachtungen im Sinne der Wanderer" fragte Goethe: „Was ist das Allgemeine? Der einzelne Fall. Was ist das Besondere? Millionen Fälle". Das gilt für die Alltagspsychologie und die diagnostische Praxis, nicht aber für die Psychologie im allgemeinen und nicht einmal für die empirische Persönlichkeitspsychologie, obwohl sie sich mit individuellen Besonderheiten beschäftigt. Die

überwältigende Zahl persönlichkeitspsychologischer Untersuchungen ist stark differentiell ausgerichtet und stellt deshalb nicht den einzelnen Fall, sondern „Millionen Fälle", also Populationen in den Mittelpunkt.

Aus differentieller Sicht werden Eigenschaften als Variablen aufgefaßt und durch die Verteilung der „Millionen Fälle" von Variablenwerten in einer Population (bzw. Stichprobe) charakterisiert. Korrelationen beschreiben Beziehungen zwischen Variablen nicht für eine Person, sondern für „Millionen Fälle", denn sie sind Mittelwerte individueller Konsistenzen (vgl. Tafel 2.10 in Abschn. 2.4.3). Die differentielle Sichtweise zielt also auf Gesetzmäßigkeiten auf der Ebene von Populationen.

Stern (1911) war der Auffassung, daß dieser nomothetische (d. h. gesetzhafte) Eigenschaftsbegriff die Einzigartigkeit der Persönlichkeit nicht ausreichend erfassen könne; diese sei nur die „Asymptote der Gesetze suchenden Wissenschaft". Der nomothetische Ansatz in der Persönlichkeitspsychologie bedürfe deshalb der idiographischen (d. h. den einzelnen beschreibenden) Ergänzung. Stern (1911) bezog sich hier auf eine Unterscheidung zwischen „nomothetisch" und „idiographisch", die von dem Philosophen Windelband (1894) eingeführt wurde. Windelband versuchte, die nomothetischen Gesetzeswissenschaften von den idiographischen Ereigniswissenschaften abzugrenzen, die „das Einzelne in seiner geschichtlich bestimmten Gestalt" erforschen.

In Kontrast zu dem später vielfach aufgebauten Gegensatz zwischen nomothetischem und idiographischem Ansatz sah Stern (1911) hier – wie auch schon Windelband (1894) – keinen Gegensatz, sondern eine Komplementarität, die zu einer Kombination beider Ansätze einlädt. Was Stern (1911) vorschwebte, war ein Brückenschlag zwischen Psychologie und Geschichtswissenschaft: So wie diese einzelne historische Ereignisse und Personen untersuche, sollte die Psychologie einzelne Personen in ihrer historisch gewachsenen Einmaligkeit erforschen. Damit forderte Stern (1911) eine Kombination von Persönlichkeitspsychologie und Entwicklungspsychologie, die es zu seiner Zeit noch nicht gab.

Auch heute noch spricht man in der Persönlichkeitspsychologie von einem idiographischen Ansatz, wenn es um die Erforschung einzelner Personen geht (Lamiell, 1982; Runyan, 1982). Hier müssen zwei oft nicht voneinander unterschiedene Aspekte getrennt werden. Zum einen schließt die genaue Beschäftigung mit dem Einzelfall nomothetische Erklärungen nicht aus. Wie in der Diskussion von Allports (1937) Begriff der persönlichen Disposition (vgl. Abschn. 2.4.1) und in der Diskussion von Einzelfallanalysen in der Entwicklungspsychologie (vgl. Abschn. 2.6.3) deutlich wurde, lassen sich natürlich auch im Einzelfall empirische Gesetzmäßigkeiten formulieren. „Das Einzelne in seiner geschichtlich bestimmten Gestalt" (Windelband, 1894) läßt sich durchaus nomothetisch erforschen. Erst recht gilt das für Gesetzmäßigkeiten, die für Gruppen gelten.

> **!** **Viele spezielle Fragestellungen, eingeschlossen individuumzentrierte, können nomothetisch behandelt werden.**

Das spricht nicht gegen Sterns (1911) Auffassung, daß die einzelne Person die Asymptote der nomothetischen Erklärungsversuche sei, d. h. daß bei noch so genauer nomothetischer Analyse immer noch ein Erklärungsrest verbleibe. Tatsächlich gibt es im Einzelfall immer singuläre Ereignisse, weder durch universelle noch durch individuelle nomothetische Gesetzmäßigkeiten vorhersagbare Geschehnisse, die wesentlich die Biographie eines einzelnen Menschen formen. „Wäre ich damals nicht rein zufällig X begegnet ...", „wäre mir damals nicht zufällig dieses Buch in die Hand gefallen ..." – so beginnen Erklärungen der Persönlichkeitsentwicklung, die sich auf singuläre Ereignisse beziehen (vgl. hierzu genauer Abschn. 6.4). Singuläre Ereignisse lassen sich idiographisch konstatieren, nicht aber nomothetisch vorhersagen. Insofern hatte Stern (1911) recht, wenn er von der Asymptote der nomothetischen Wissenschaft sprach.

Das ist aber keineswegs etwas, was nur für die Persönlichkeitspsychologie gilt. Wie schon Windelband (1894) erkannte, gilt dieses Prinzip für alle Wissenschaften – nur in unterschiedlich starkem Maße. Daß z. B. rechtsgedrehte Moleküle in den biochemischen Prozessen von Lebewesen eine ungleich bedeutendere Rolle spielen als linksgedrehte, ist aus keinem physikalischen oder chemi-

schen Prinzip ableitbar; es ist vermutlich ein reiner Zufall. Singuläre Ereignisse spielen in der Erdgeschichte und Evolution des Lebens eine große, weithin unterschätzte Rolle: „unübliche Ereignisse" sind üblich (Waldrop, 1986).

Der Physiker und Nobelpreisträger Gell-Mann (1994), der nach allgemeinen Gesetzmäßigkeiten komplexer Systeme sucht, pflegt die schon von Windelband und Stern erkannte Komplementarität von idiographischen und nomothetischen Einflüssen so zu formulieren: Alles auf dieser Welt ist das Resultat von einfachen Regeln und eingefrorenen Zufällen ("frozen accidents"). Die „einfachen Regeln" erlauben es, auch den Einzelfall in Grenzen wissenschaftlich zu erklären, aber es verbleibt immer ein Erklärungsrest aufgrund „eingefrorener Zufälle". Diese lassen sich im nachhinein feststellen, nicht aber vorhersagen.

> ! **Der Einzelfall ist immer auch durch wissenschaftlich nicht vorhersagbare singuläre Ereignisse geprägt. Das gilt für alle Erfahrungswissenschaften, insbesondere auch für die Psychologie.**

3.2 Methodik

In diesem Abschnitt werden zwei Bereiche der persönlichkeitspsychologischen Methodik systematischer behandelt, die in Kap. 2 bereits hin und wieder anklangen: Gütekriterien persönlichkeitspsychologischer Messungen (Reliabilität und Validität) und Methoden der Eigenschaftsmessung (durch Beurteilung oder Verhaltenserfassung im Feld oder im Labor).

3.2.1 Reliabilität

In diesem Abschnitt geht es um Schätzmethoden für ein zentrales Gütekriterium von Eigenschaftsmessungen: ihre Reliabilität (Zuverlässigkeit). Eigenschaftsmessungen sind Variablen, die Personen einer Stichprobe Meßwerte zuweisen (vgl. Abschn. 2.4.3). Diese beobachteten Werte sind nie fehlerfrei gemessen. Damit läßt sich jede Eigenschaftsmessung zerlegen in zwei latente Variablen (nicht beobachtbare Variablen): in die wahre Variable (die die Eigenschaft auf Konstruktebene repräsentiert) und die Fehlervariable:

$$\text{Gemessene Variable} = \text{wahre Variable} + \text{Fehlervariable.}$$

Der beobachtete Wert jeder Person läßt sich also additiv zerlegen in einen wahren Wert plus einen Fehler. Diese Zerlegung ist nur theoretisch möglich, weil wahrer Wert und Fehler nicht getrennt voneinander beobachtet werden können. Sie ist aber dennoch sinnvoll, weil wahrer Wert und Fehler geschätzt werden können.

Die zentrale Annahme der klassischen Testtheorie, auf der die nachfolgenden Überlegungen aufbauen, ist, daß die Fehlervariable nicht mit der wahren Variable korreliert, d. h. daß die Fehler nicht mit zunehmenden wahren Werten linear zu- oder abnehmen. Dann nämlich lassen sich nicht nur die einzelnen Meßwerte additiv zerlegen, sondern auch ihre Varianzen (vgl. Abschn. 2.4.3):

$$\text{Beobachtete Varianz} = \text{wahre Varianz} + \text{Fehlervarianz.}$$

Die Varianz der Messung läßt sich also additiv zerlegen in die Varianz der wahren Variable und die Varianz der Fehlervariable. Das ist wiederum reine Theorie, da man die Varianzen auf der rechten Seite der Gleichung nicht beobachten kann. Unter der Reliabilität der Messung versteht man den Anteil der wahren Varianz an der beobachteten Varianz:

$$\text{Reliabilität} = \frac{\text{wahre Varianz}}{\text{beobachtete Varianz}}$$

Die Reliabilität ist 1, wenn beobachtete Varianz gleich wahrer Varianz ist, d. h. wenn die Fehlervarianz 0 ist. Die Reliabilität ist 0, wenn die wahre Varianz 0 ist, d. h. wenn die beobachtete Varianz nur aus Fehlervarianz besteht. Die Reliabilität ist umso größer, je geringer die Fehlervarianz ist. Damit ist die Reliabilität ein sinnvolles Maß der Zuverlässigkeit einer Messung.

Das praktische Problem besteht darin, die Reliabilität zu schätzen. Dazu werden mindestens zwei Messungen desselben Eigenschaftskonstrukts durchgeführt, wobei angenommen wird, daß deren Korrelation ausschließlich durch die wahren Werte der Messungen bedingt ist (wobei die wahren Wer-

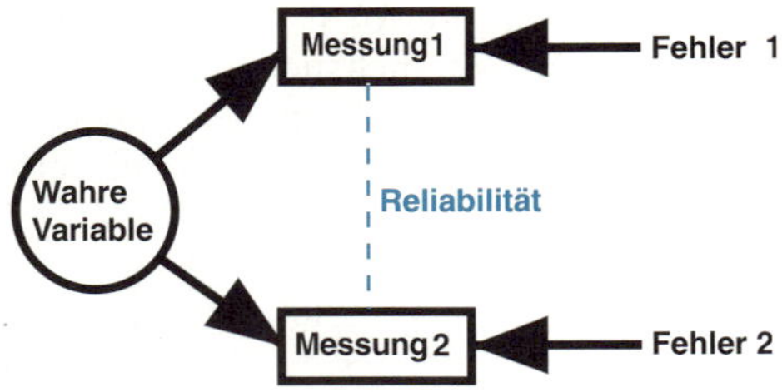

Abb. 3.2. Ansatz der Reliabilitätsbestimmung (vgl. Text)

te beider Messungen übereinstimmen). Das ist äquivalent mit der Forderung, daß die Fehlervariablen der beiden Messungen unkorreliert sein müssen. Abbildung 3.2 illustriert dies (wahre Variablen werden üblicherweise durch Kreise und beobachtete durch Rechtecke symbolisiert).

Man kann nun zeigen (vgl. z. B. Steyer & Eid, 1993), daß die in Abb. 3.2 gestrichelt gezeichnete Korrelation zwischen den beiden Messungen dann die Reliabilität der beiden Messungen angibt, wenn die beiden Messungen eine gleich große Varianz haben. Das läßt sich z. B. durch z-Transformation immer erreichen, ist also eher eine technische Voraussetzung. Unter dieser Bedingung sind die Fehlervarianzen und die Reliabilitäten beider Messungen gleich groß. Kritisch bleibt die Annahme der unkorrelierten Fehler. Aus Abb. 3.2 wird deutlich, daß der Ansatz der Reliabilitätsschätzung darin besteht, die Reliabilität durch die Korrelation „gleich guter“ Messungen zu bestimmen (gleich gut, weil sie dieselbe wahre Varianz und dieselbe Fehlervarianz haben).

> **!** **Die Reliabilität einer Eigenschaftsmessung ist ein quantitatives Maß der Zuverlässigkeit dieser Messung. Die Reliabilität einer Messung wird durch die Korrelation „gleich guter“ Messungen bestimmt.**

Es gibt im wesentlichen drei Verfahren, „gleich gute“ Messungen durchzuführen und daraus die Reliabilität abzuschätzen. Die Verfahren unterscheiden sich darin, ob die Messungen gleichzeitig durchgeführt oder wiederholt werden und ob das Meßverfahren dasselbe ist oder ob möglichst ähnliche (parallele) Meßverfahren verwendet werden. Daraus ergeben sich im Prinzip vier Möglichkeiten der Reliabilitätsbestimmung (Tabelle 3.2). Da dasselbe Meßverfahren nicht zum selben Zeitpunkt zweimal anwendbar ist, entfällt eine dieser vier Möglichkeiten.

Tabelle 3.2. Drei Arten der Reliabilitätsbestimmung

	Meßverfahren	
Messungen	dasselbe	parallele
gleichzeitig	–	interne Konsistenz
wiederholt	Retestreliabilität	Paralleltestreliabilität

Am häufigsten findet sich bei Eigenschaftsmessungen die Abschätzung der internen Konsistenz. Sie wird dadurch bestimmt, daß zu einem bestimmten Zeitpunkt mehrere Messungen möglichst unabhängig voneinander durchgeführt werden (damit ihre Fehler möglichst unkorreliert sind). Zum Beispiel kann man eine Persönlichkeitsskala aus 20 Items (vgl. Abschn. 2.4.3) zufällig oder nach gerader/ungerader Itemnummer in zwei Hälften teilen und die Korrelation der beiden Hälften bestimmen. Sie gibt die Reliabilität einer Testhälfte an, nicht des Tests, und muß entsprechend erhöht werden (die Erhöhung folgt der Spearman-Brown-Formel; vgl. Abschn. 3.2.2). Man kann auch jedes Item als parallele Messung auffassen und auf analoge Weise die mittlere Korrelation der Items zu einer Schätzung der Reliabilität des Tests erhöhen. Der so erhaltene Schätzwert wird als Cronbachs α (Alpha) bezeichnet.

Dasselbe Verfahren kann man auf die Aufgaben eines Leistungstests anwenden, indem man die Aufgaben als parallele Messungen auffaßt. Schließlich kann man so auch die interne Konsistenz der Urteile unterschiedlicher Beurteiler derselben Personen bestimmen, indem man annimmt, daß die Urteiler parallele Urteile abgeben, und aus der paarweisen Beurteilerübereinstimmung Cronbachs α für die über alle Beurteiler gemittelten Urteile bestimmt.

Besteht eine Eigenschaftsmessung aus mehreren einzelnen Messungen, so ist es notwendig, die interne Konsistenz der einzelnen Messungen empirisch nachzuweisen, wenn man den Mittelwert der einzelnen Messungen als Eigenschaftsmessung interpretieren möchte. Was oft übersehen wird ist, daß dies nicht ausreichend ist, um von einer Eigenschaftsmessung zu sprechen. Denn Eigenschaftsmessungen müssen stabil sein (vgl. Abschn. 2.4.2). Zum Beispiel kann man die tägliche Stimmung mit

hoher interner Konsistenz erfassen, hat damit aber keine Eigenschaft gemessen, weil die interindividuellen Unterschiede in Stimmungen von Tag zu Tag große Schwankungen aufweisen können (vgl. Abschn. 2.4.2).

Deshalb ist für Eigenschaftsmessungen immer ein Stabilitätsnachweis zu fordern. Er kann durch Nachweis einer hohen Retest- oder Paralleltestreliabilität erbracht werden (vgl. Tabelle 3.2). Die Retestreliabilität (Testwiederholungszuverlässigkeit) ist die Stabilität der Messung über mittelfristige Zeiträume (z. B. einige Wochen, wenige Monate). Der Zeitraum sollte so kurz sein, daß die Reliabilität nicht durch differentielle Entwicklungsveränderungen beeinträchtigt wird (vgl. Abschn. 2.6); er sollte andererseits zumindest an unterschiedlichen Tagen durchgeführt werden, damit Tagesverfassung und Eigenschaft getrennt werden können. Bei Beurteilungen sollten viele Tage zwischen den Meßwiederholungen liegen, damit Erinnerungseffekte an das letzte Urteil minimiert werden können.

Manchmal verhindern Lerneffekte, daß eine Retestuntersuchung durchgeführt werden kann. Wird z. B. das Fremdeln acht Monate alter Säuglinge untersucht und soll dessen mittelfristige Stabilität geprüft werden, so kann beim nächsten Mal nicht dieselbe Erwachsene als Auslöser des Fremdelns dienen; es muß eine andere Erwachsene auftreten, die der ursprünglichen zwar hinsichtlich Alter, Geschlecht und Auftreten möglichst ähnlich sein sollte, andererseits von den Säuglingen aber als unbekannt eingeschätzt wird (einen eineiigen Zwilling sollte man also nicht gerade verwenden). Die zweite Erwachsene stellt eine parallele situative Bedingung her, und die Korrelation der Intensität des Fremdelns der Säuglinge zwischen beiden Erwachsenen mißt die Paralleltestreliabilität des Fremdelns. Der Unterschied zwischen interner Konsistenz und Paralleltestreliabilität liegt nur in dem zeitlichen Abstand der Messungen.

Lerneffekte können auch bei kognitiven Anforderungen auftreten, z. B. in Untersuchungen zum komplexen Problemlösen, in denen Versuchspersonen im Verlauf des Experiments eine virtuelle Umwelt erkunden (vgl. die Diskussion der Studien von Dörner et al. in Abschn. 2.5.4). Nicht zuletzt muß auch in Beurteilungsuntersuchungen damit gerechnet werden, daß die Urteiler sich bei der Wiederholungsmessung nicht nur durch das aktuelle Verhalten der Versuchsperson, sondern auch durch ihr früheres Urteil über diese Versuchsperson beeinflussen lassen. Hier müssen also die Urteiler gewechselt werden.

> **!** **Der Nachweis einer hohen internen Konsistenz ist nicht ausreichend, um von Eigenschaftsmessungen sprechen zu können. Zusätzlich muß die mittelfristige Retest- oder Paralleltestreliabilität gesichert werden.**

Aus der Reliabilität einer Messung kann das Konfidenzintervall (Vertrauensintervall) für den wahren Wert einer Person bestimmt werden (vgl. Dudek, 1979). Es besteht aus einem Wertebereich, in den mit 95%iger Wahrscheinlichkeit der wahre Wert der Person fällt. Bei einer Messung x mit Mittelwert M, Standardabweichung SD und Reliabilität R beträgt das Konfidenzintervall für den wahren Wert

$$R(\mathrm{x} - M) + M \pm 1{,}96 \times SD\sqrt{R\cdot(1 - R)}.$$

Bei einer Reliabilität von 0,80, was allgemein als Untergrenze einer vertretbaren Reliabilität gilt, ist das Konfidenzintervall für den wahren Wert also 2·78 % der Standardabweichung breit.

In dieser Formel ist die Regression zur Mitte mit einbezogen. Darunter versteht man die Tendenz bei nicht perfekt reliablen Messungen, daß ein stark vom Mittelwert abweichender Wert bei einer weiteren Messung näher zum Mittelwert hin verschoben ist. Deshalb ist das Konfidenzintervall nicht um den Meßwert x herum zentriert, sondern um den aufgrund der Regression zur Mitte erwarteten Wert. Zum Beispiel ist bei einem Mittelwert von 100 und einer Reliabilität von 0,80 das Konfidenzintervall für den wahren Wert eines Meßwertes von 120 um den Wert 116 herum zentriert: 116 ist gegenüber 120 in Richtung Mittelwert verschoben.

In der Literatur wird das Konfidenzintervall für wahre Werte oft verwechselt mit dem Erwartungsbereich für beobachtete Werte bei Kenntnis des wahren Werts, was allenfalls von theoretischem Interesse ist (vgl. z. B. Abschn. 6.2.2). Ist y der wahre Wert, so beträgt der Erwartungsbereich für die beobachteten Werte

$$\mathrm{y} \pm 1{,}96 \times SD\sqrt{1 - R}.$$

Ist die Reliabilität von zwei Messungen bekannt, so kann man diese Information nutzen, um die Korrelation der beiden Messungen für die Unreliabilität der Messungen zu korrigieren. Die Korrelation r von zwei Messungen kann nämlich nicht größer als die Wurzel aus dem Produkt ihrer Reliabilitäten R_1, R_2 sein:

$$r < \sqrt{R_1 \cdot R_2}.$$

Man kann nun aufgrund der Beziehung zwischen Korrelation und Reliabilitäten angeben, wie groß die „wahre" Korrelation zwischen zwei Messungen ist, d. h. wie hoch die beiden gemessenen Eigenschaften auf Konstruktebene korrelieren. Die Umrechnungsformel für beobachtete Korrelationen in „wahre" Korrelationen heißt doppelte Minderungskorrektur (doppelt, weil für die Unreliabilität beider Messungen korrigiert wird):

$$r' = \frac{r}{\sqrt{R_1 \cdot R_2}}.$$

Da die Reliabilitäten kleiner als 1 sind, wird dadurch die Korrelation größer. Sind die beiden Messungen gleich reliabel, teilt man also einfach die Korrelation durch die Reliabilität. Zum Beispiel betrug die mittlere transsituative Konsistenz ehrlichen Verhaltens in der Studie von Hartshorne und May (1928) 0,19 (vgl. Abschn. 2.4.4). Bei doppelter Minderungskorrektur ergab sich eine mittlere „wahre" Konsistenz von immerhin 0,37. Das ist bereits oberhalb der von Mischel (1968) behaupteten „magischen Grenze" von 0,30.

3.2.2 Das Aggregationsprinzip

Ein Grundprinzip bei der Messung von Eigenschaften ist, daß sich die Reliabilität von Eigenschaftsmessungen erhöht, wenn mehrere Messungen gemittelt werden. Jede Eigenschaftsmessung enthält einen Meßfehler, und unterschiedliche Eigenschaftsmessungen enthalten unterschiedliche Meßfehler. Bei der Mittelung von Messungen kompensieren sich die einzelnen Meßfehler teilweise gegen seitig, so daß die gemittelte Messung mit einem kleineren Meßfehler behaftet ist als jede Einzelmessung.

Dieses Grundprinzip der Fehlerreduktion durch Aggregation (Mittelung) von Messungen gilt für jede Messung, nicht nur für die Eigenschaftsmessung. Es ist aber bei Eigenschaftsmessungen besonders wichtig, weil die Fehler hier oft sehr groß sind. Bei der Eigenschaftsbeurteilung gibt es Urteilsverzerrungen, und bei der Verhaltensbeobachtung wird das Verhalten in einer konkreten Situation nicht nur durch die interessierende Eigenschaft, sondern auch durch situative Merkmale mitbestimmt, die von Messung zu Messung fluktuieren. Was man hier durch Verhaltensbeobachtung erfassen möchte, ist nicht das einzelne Verhalten, sondern eine Verhaltensdisposition, und die zeigt sich nur als mittlere Tendenz in vielen Situationen.

Wenn man Eigenschaften empirisch erfassen möchte, muß man also darauf achten, daß die Eigenschaftsmessungen ausreichend aggregiert sind (d. h. aus ausreichend vielen Einzelmessungen zusammengesetzt sind). Dadurch erhöht sich die Reliabilität. Das sei hier am Beispiel einer Studie von Moskowitz und Schwarz (1982) zur Messung der Dominanz von Kindern im Kindergarten illustriert. Die Autoren beobachteten 56 vierjährige Kinder acht Wochen lang täglich in der Kindergartengruppe nach einem Zufallsstichprobenplan, so daß jedes Kind etwa 30 Minuten lang pro Woche beobachtet wurde. Jeweils für ein 10-Sekunden-Intervall wurde kodiert, ob das beobachtete Kind eine von fünf dominanten Reaktionen zeigte (z. B. anderen etwas wegnehmen oder zu etwas auffordern); dann wurde für jedes Kind die Zahl der dominanten Reaktionen pro Woche bestimmt. Außerdem beurteilten die vier in jeweils einer Gruppe tätigen Erzieherinnen die Dominanz aller Kinder ihrer Gruppe.

Wie Tabelle 3.3 zeigt, betrug die Reliabilität der Verhaltensbeobachtung bei Aggregation über eine Woche (bestimmt durch Cronbachs α auf der Basis der täglichen Messungen) nur 0,34, stieg dann aber auf 0,76 nach Aggregation über acht Wochen. Die Reliabilität der Dominanzbeurteilung einer Erzieherin war mit 0,68 schon fast zufriedenstellend (sie entspricht der Korrelation zwischen den Urteilen von je zwei Erzieherinnen). Bei Mittelung der Urteile aller vier Erzieherinnen war die Reliabilität von $\alpha = 0{,}91$ sehr hoch. Die Kohärenz der beiden Meßverfahren (die Korrelation zwischen Beobachtung und Beurteilung) war beim Vergleich von

Tabelle 3.3. Reliabilität und Kohärenz beobachteter und beurteilter Dominanz von Kindern auf verschiedenem Aggregationsniveau. (Nach Moskowitz & Schwarz, 1982)

		Anzahl Beurteiler		
		1	2	4
Beobachtung	Reliabilität	0,68	0,81	0,91
1 Woche	0,34	0,33	0,36	0,38
4 Wochen	0,67	0,46	0,51	0,54
8 Wochen	0,76	0,51	0,56	0,59

Tafel 3.2. Die Spearman-Brown-Formel

Wenn X_1 und X_2 zwei Messungen derselben Eigenschaft mit gleicher Reliabilität *R* sind, hat die mittlere Messung $(X_1 + X_2)/2$ die Reliabilität

$$R' = \frac{2 \cdot R}{1 + R}.$$

Allgemeiner gilt für die Aggregation von k Messungen gleicher Reliabilität: Ihr Mittelwert hat die Reliabilität

$$R' = \frac{\mathrm{k} \cdot R}{1 + (\mathrm{k} - 1) \cdot R}.$$

einer Woche Verhaltensbeobachtung mit dem Urteil einer Erzieherin mit 0,33 sehr gering; sie stieg aber auf bis zu 0,59, wenn die über acht Wochen aggregierten Beobachtungen und die über vier Erzieherinnen aggregierten Beurteilungen miteinander verglichen wurden.

Die Autoren konnten also durch doppelte Aggregation (über die Zeit und über Urteiler) zeigen, daß die Urteile der Erzieherinnen dann relativ verläßlich sind, wenn Urteilsverzerrungen durch Aggregation über mehrere Urteilerinnen gemildert wurden und ein reliables Außenkriterium für die externe Validierung des Erzieherurteils gewählt wurde.

Die Erhöhung der Reliabilität einer Eigenschaftsmessung durch Aggregation mehrerer paralleler Messungen folgt einer kurvilinearen Funktion, die mit zunehmender Zahl von Messungen gegen die perfekte Reliabilität von 1 strebt. Diese Funktion wird durch die Spearman-Brown-Formel beschrieben (Tafel 3.2 und Abb. 3.3).

Die zentrale Voraussetzung der Spearman-Brown-Formel ist, daß die aggregierten Messungen gleiche Reliabilitäten, also gleich große Meßfehler haben. Handelt es sich um Eigenschaftsbeurteilungen, so müssen die zusätzlich in den Fragebogen aufgenommenen Items die Eigenschaft genauso gut erfassen wie die schon vorhandenen. Hier ergibt sich die praktische Schwierigkeit, überhaupt genügend derartige Items zu finden. Handelt es sich um Verhaltensbeobachtungen, müssen die Situation, in der beobachtet wird, und das Beobachtungsverfahren konstant gehalten werden.

Zudem darf sich natürlich die zu messende Eigenschaft nicht ändern. Letzteres verhindert, daß jedes Verhalten als Eigenschaft interpretiert werden kann. Wenn nämlich die Stabilität der Einzelmessungen nur minimal höher ist als 0, wären sehr lange Zeiträume zur Erreichung eines ausreichenden Aggregationsniveaus erforderlich, und inzwischen kann sich die Eigenschaft geändert haben. In diesem Fall würde nie ein befriedigendes Stabili-

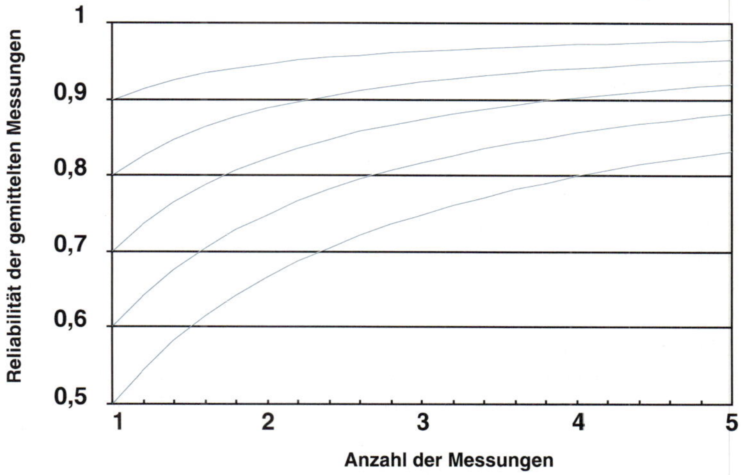

Abb. 3.3. Effekt der Aggregation paralleler Messungen auf die Reliabilität des Mittelwerts dieser Messungen gemäß der Spearman-Brown-Formel. Angegeben ist die Reliabilität des Mittelwerts der Einzelmessungen in Abhängigkeit von ihrer Reliabilität

tätsniveau erreicht. Schätzen wir in der Studie von Moskowitz und Schwarz (1982) die Reliabilität der Acht-Wochen-Messung aus der Reliabilität der Ein-Wochen-Messung nach der Spearman-Brown-Formel, so ergibt sich eine Reliabilität von 0,80, die der tatsächlich gefundenen von 0,76 sehr nahe kommt. Der geringfügige Unterschied zwischen vorhergesagter und tatsächlicher Reliabilität könnte auf korrelierenden Meßfehlern oder auf einer leichten Veränderung der Dominanzverhältnisse in der Gruppe beruhen.

Genauso läßt sich die Spearman-Brown-Formel zur Schätzung der Reliabilität der Dominanzbeurteilungen heranziehen. Beträgt die Korrelation zwischen zwei Beurteilern 0,68, so läßt sich schätzen, wie viele zusätzliche Beurteiler herangezogen werden müssen, um eine Reliabilität von 0,90 zu erreichen: zwei weitere Beurteiler. Denn die Reliabilität des Mittelwerts von vier Beurteilern beträgt in diesem Fall nach der Spearman-Brown-Formel 0,895. Wie Tabelle 3.3 zeigt, ist auch dies eine gute Schätzung der tatsächlichen Reliabilität.

Liegen nur zwei Messungen vor, kommt es leicht zu Verwechslungen zwischen der Retestreliabilität einer Messung und der Reliabilität des Mittelwerts beider Messungen. Die Retestreliabilität einer Messung ist die Korrelation zwischen beiden Messungen; sie gibt die Güte der ersten (aber auch der zweiten) Messung an. Die Reliabilität des Mittelwerts beider Messungen ist höher. Sie läßt sich aus der Retestreliabilität einer Messung nach der Spearman-Brown-Formel schätzen.

Das Aggregationsprinzip hat seine Grenzen nicht nur in dem großen Aufwand bei der Gewinnung der hierfür nötigen Daten, sondern auch in der Interpretierbarkeit der erfaßten Eigenschaft. Je mehr Messungen aggregiert werden, desto breiter wird die Eigenschaft (vgl. Abschn. 2.4) und desto unklarer wird deshalb auch ihre Interpretation. Aggregiert man z. B. über Beurteiler, die die beurteilte Person aus unterschiedlichen situativen Kontexten kennen (z. B. das Dominanzurteil von Erziehern und Müttern), ist die Bedeutung der resultierenden Eigenschaftsmessung weniger klar, als wenn man sich – wie in der Studie von Moskowitz und Schwarz (1982) – auf einen einzigen situativen Kontext beschränkt.

Das macht eine Studie von Lasky et al. (1959) deutlich. Sie versuchten, das Rückfallrisiko psychiatrischer Patienten nach der Entlassung aus drei Variablen vorherzusagen: Diagnose des behandelnden Psychiaters, Urteile des Pflegepersonals und Dicke der Patientenakte in Zentimetern. Am besten schnitt die Aktendicke ab. Sie ist nämlich ein hochaggregiertes Maß aller möglichen Probleme, und je mehr Probleme ein Patient schon hatte, desto geringer war die Wahrscheinlichkeit, daß er langfristig gesund blieb. Das Problem bei exzessivem Aggregieren besteht darin, daß eine gute Vorhersagbarkeit durch eine geringe Interpretierbarkeit der Vorhersagevariable erkauft wird. Zum Beispiel sagt im Falle der Studie von Lasky et al. die Aktendicke nichts über die Störungsform aus.

> **!** **Durch Aggregieren von Eigenschaftsmessungen annähernd gleicher Reliabilität kann die Reliabilität und damit die Vorhersagekraft von Eigenschaftsmessungen erhöht werden. Das Aggregationsprinzip hat seine Grenzen in der Gewinnung gleich reliabler Messungen, im Aufwand für die Messungen und in der zunehmend unspezifischen Bedeutung der gemessenen Eigenschaft. Deshalb sollte so viel wie nötig, aber so wenig wie möglich aggregiert werden.**

3.2.3 Validität

In diesem Abschnitt geht es um ein zweites zentrales Gütekriterium von Eigenschaftsmessungen: ihre Validität (Gültigkeit). Messungen sind valide in dem Maße, wie sie das messen, was sie zu messen vorgeben. Drei Validitätsaspekte lassen sich unterscheiden:

Konstruktvalidität Konstruktvalidität liegt vor, wenn die Messungen das Konstrukt erfassen, das erfaßt werden soll. Wird das Konstrukt lediglich aus hoch korrelierenden Messungen erschlossen, sind Konstruktvalidität und Reliabilität identisch. Oft gibt es jedoch theoretische Vorannahmen über das Eigenschaftskonstrukt, aus denen sich zahlreiche empirisch prüfbare Hypothesen ableiten lassen. Dann bedeutet eine hohe Konstruktvalidität, daß sich diese Hypothesen gut empirisch bestätigen lassen. Wird z. B. Ängstlichkeit als Variable auf Konstruktebene definiert, die ängstliches Verhalten in beliebigen angstauslösenden Situationen beeinflußt, so muß man erwarten, daß Ängstlichkeitsmessungen in angsterregenden Situationen trans-

situativ konsistent sind (vgl. Abschn. 2.4.4). Dieses Beispiel zeigt, daß eine geringe Konstruktvalidität einer Messung nicht unbedingt gegen die Qualität dieser Messung spricht, denn das Konstrukt könnte ja falsch sein. Messungen können gerade wegen niedriger Konstruktvalidität zu einer Revision des Konstrukts führen und sich so als äußerst produktiv erweisen.

Inhaltsvalidität Inhaltsvalidität ist ein spezieller Aspekt der Konstruktvalidität. Inhaltsvalidität liegt vor, wenn die durch die Messungen erfaßten Inhalte eine repräsentative Stichprobe derjenigen Inhalte darstellen, die es zu messen gilt. Ein Wissenstest z. B. ist dann inhaltsvalide, wenn das abgefragte Wissen eine repräsentative Stichprobe des gesamten Wissensbereichs ist, um den es geht; ein S-R-Fragebogen (vgl. Abschn. 2.4.3) zur Erfassung von Ängstlichkeit ist dann inhaltsvalide, wenn die Situationen und die Reaktionen repräsentativ für alle Situationen bzw. Reaktionen sind, die zur Unterscheidung von Personen nach Ängstlichkeit geeignet sind. Formal läßt sich die Inhaltsvalidität nur dann prüfen, wenn die Gesamtheit der zu messenden Inhalte vollständig bekannt ist (z. B. wenn es um einen Test zur Beherrschung eines Textverarbeitungsprogramms geht; hier ist klar, was beherrscht werden soll). Meist sind die zu messenden Inhalte aber nur ungefähr bekannt (z. B. bei Ängstlichkeit); dann besteht die Schwierigkeit der Inhaltsvalidierung vor allem darin, diese Inhalte möglichst genau zu definieren (vgl. Klauer, 1984, für eine ausführliche Diskussion).

Kriteriumsvalidität Kriteriumsvalidität ist ein anderer spezieller Aspekt der Konstruktvalidität. Kriteriumsvalidität liegt vor, wenn die Messungen mit einer anderen Messung hoch korrelieren, die bereits als konstruktvalide betrachtet wird (dem Kriterium). Zum Beispiel werden manchmal Kurzformen längerer Persönlichkeitsskalen oder vereinfachte Versionen komplexer Kodierungsverfahren entwickelt und deren Kriteriumsvalidität durch eine hohe Korrelation mit dem aufwendigeren Meßverfahren nachgewiesen. Manchmal repräsentiert das Kriterium direkt das Konstrukt, z. B. bei Hochschulreife oder Lebensdauer – hier ist das Kriterium sogar amtlich. Meistens beruht die Konstruktvalidität des Kriteriums aber auch wieder nur auf der Kriteriumsvalidität hinsichtlich eines anderen Kriteriums oder auf Überlegungen zur Inhaltsvalidität.

Wird die Konstruktvalidität nur über die Kriteriumsvalidität definiert, besteht die Gefahr eines Zirkelschlusses: Test A ist valide, weil er mit Test B korreliert, der mit Test C korreliert, der mit Test A korreliert. Betrachtet man aber alle drei Tests gemeinsam als Validierungsversuch des Konstrukts, so sieht die Sache schon anders aus. Die Tatsache, daß alle die Tests miteinander hoch korrelieren, deren Korrelation nach dem Konstrukt zu erwarten ist, ist ein stärkerer Nachweis der Validität jeder einzelnen Messung als jede paarweise Kriteriumsvalidierung. Diese Logik liegt der Konstruktoperationalisierung durch ein nomologisches Netzwerk zugrunde (von griechisch nomos = Gesetz): Das Konstrukt wird nicht nur durch eine Messung, sondern durch ein Netzwerk vieler, untereinander korrelierender Messungen operationalisiert. Abbildung 3.4 illustriert dies anhand eines nomologischen Netzwerkes für Schüchternheit (Asendorpf, 1989a).

Die Schüchternheit von Studenten wurde durch vier verschiedene Meßverfahren operationalisiert, die alle untereinander substantiell korrelierten: eine Vier-Item-Schüchternheitsskala, die die Studenten vor der eigentlichen Untersuchung ausgefüllt hatten, und drei Messungen ihrer Schüchternheit, die jeweils über zwei im Labor inszenierte schüchternheitserregende Situationen aggregiert wurden: Selbstbeurteilung der Schüchternheit, Fremdbeurteilung der Schüchternheit (aggregierte Urteile von drei Beurteilern der Videoaufnahmen) und schüchternes Verhalten (Mittelwert von vier *z*-transformierten Verhaltensindikatoren). Alle vier Verfahren der Messung von Schüchternheit konnten so wechselseitig validiert werden.

Ein wichtiges, aber oft nicht beachtetes Prinzip bei der Validierung ist das Symmetrieprinzip (Wittmann, 1987): Das Kriterium sollte das gleiche Aggregationsniveau haben wie die zu validierende Messung. Das Symmetrieprinzip ist z. B. verletzt, wenn versucht wird, eine Ängstlichkeitsskala aus situationsfreien Items anhand der beobachteten Ängstlichkeit in einer einzigen Situation zu validieren oder einen Test zur Erfassung des mathematischen Verständnisses anhand des Notendurchschnitts im letzten Zeugnis. Im ersten Fall

Abb. 3.4. Nomologisches Netzwerk aus vier Schüchternheitsmessungen. (Aus Asendorpf, 1989a)

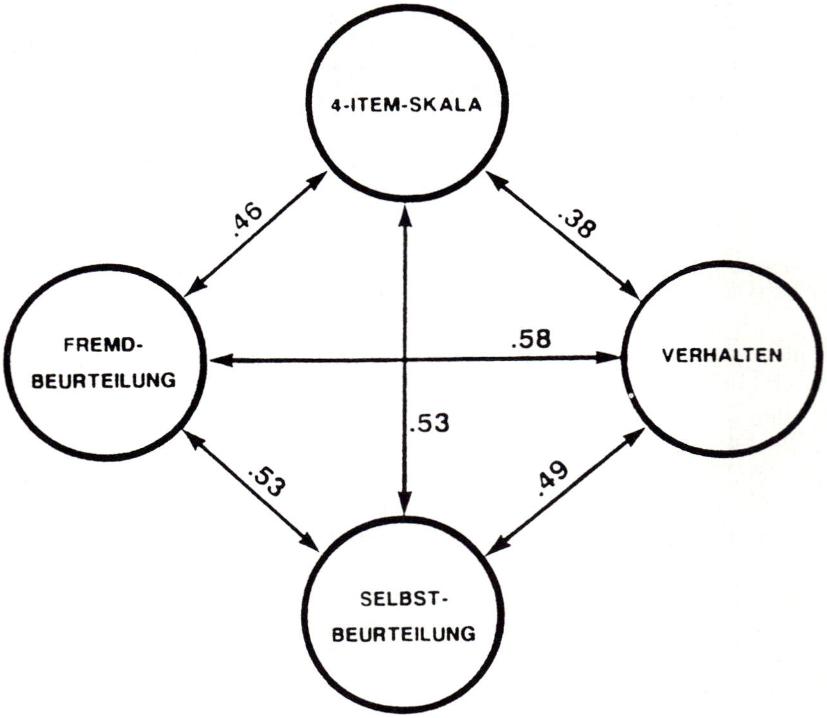

ist das Kriterium zu eng; das Verhalten sollte in verschiedenen angsterregenden Situationen beobachtet und dann über die Situationen aggregiert werden. Im zweiten Fall ist das Kriterium zu breit; es sollte nur die Mathematiknote zur Validierung herangezogen werden.

> ! **Das Aggregationsniveau des Kriteriums sollte dem Aggregationsniveau der zu validierenden Messung entsprechen.**

Vier Formen der Kriteriumsvalidität werden üblicherweise unterschieden:

- Konkurrente Validität (von lateinisch concurrere = zugleich stattfinden) meint, daß Messung und Kriterium gleichzeitig erhoben werden.
- Prädiktive Validität (von lateinisch praedicere = vorhersagen) meint, daß das Kriterium später als die Messung erhoben wird; die Messung soll also das Kriterium vorhersagen.
- Konvergente Validität (von lateinisch convergere = sich hinbewegen) meint, daß bei mehreren alternativen Kriterien, von denen aber nur bestimmte eine hohe Konstruktvalidität haben, die Messung hoch mit den Kriterien hoher Validität korreliert.
- Diskriminante Validität (von lateinisch discriminare = unterscheiden) meint, daß bei mehreren alternativen Kriterien, von denen nur bestimmte eine hohe Konstruktvalidität haben, die Messung niedrig mit den Kriterien niedriger Validität korreliert und hoch mit den Kriterien hoher Validität.

Die Kriteriumsvalidierung durch den simultanen Nachweis von konvergenter und diskriminanter Validität ist stärker als die Validierung anhand eines einzigen Kriteriums, weil so die Spezifität von Messungen deutlich wird. Das sei hier am Beispiel einer Studie von Asendorpf und van Aken (1993) erläutert. Die Autoren untersuchten in einer Längsschnittstudie das Selbstkonzept von 166 Kindern in der 2., 3. und 4. Klasse im kognitiven, sportlichen und sozialen Bereich. Um nachzuweisen, daß das Selbstkonzept bereichsspezifisch ausdifferenziert

Tabelle 3.4. Korrelationen zwischen dem Selbstkonzept im kognitiven, sportlichen und sozialen Bereich und bereichsspezifischen Kriterien in der Grundschule. (Nach Asendorpf & van Aken, 1993, Tabelle 3 und 6)

Konvergente Validitäten sind fett gedruckt.

	Selbstkonzept in Klassenstufe					
	2			4		
Kriterium	kognitiv	Sport	sozial	kognitiv	Sport	sozial
Note Deutsch + Mathe	**0,43**	−0,04	0,14	**0,50**	−0,02	0,24
Intelligenztest	**0,31**	0,01	0,06	**0,29**	0,00	0,12
Sportnote	0,02	**0,29**	0,19	0,01	**0,48**	0,28
Sportlicher Fähigkeitstest	0,11	**0,36**	0,13	0,08	**0,29**	0,20
Beliebtheit in der Klasse	0,14	0,10	**0,25**	0,13	0,08	**0,28**

ist, also von den Erfahrungen in dem jeweiligen Bereich abhängt, wurde es in der 2. und 4. Klasse für jeden Bereich mit 1–2 Kriterien korreliert. Wie Tabelle 3.4 zeigt, waren die konvergenten Validitäten deutlich höher als die diskriminanten. Das zeigt, daß das Selbstkonzept schon bei Kindern der 2. Klasse deutlich bereichsspezifisch differenziert ist (vgl. auch Abschn. 4.7.1).

Eine wichtige Anwendung des Ansatzes der simultanen konvergenten und diskriminanten Validierung schlugen Campbell und Fiske (1959) vor. Es werden mehrere Eigenschaften (englisch: multiple traits) betrachtet, die jeweils mit mehreren, gleichen Methoden untersucht werden (englisch: multiple methods). Korreliert man nun die einzelnen Messungen untereinander, entsteht eine Multitrait-Multimethod-Matrix. Tabelle 3.5 illustriert diesen Ansatz mit Analysen von Ostendorf et al. (1986) zur Validität der deutschen Version der Personality Research Form (PRF) von Jackson (Stumpf et al., 1985). Beurteilt wurden u. a. 132 berufstätige Erwachsene mit drei Methoden:

- Methode I: Selbstbeurteilung in der entsprechenden PRF-Skala,
- Methode II: Selbstbeurteilung in Kurzformen mit wenigen Items pro Skala,
- Methode III: Mittelwerte der Beurteilung durch sechs Bekannte in diesen Kurzformen.

Tabelle 3.5 zeigt einen Ausschnitt aus den Ergebnissen (nur drei von 14 Skalen):

In einer Multitrait-Multimethod-Matrix lassen sich vier Arten von Korrelationen unterscheiden:

- Monotrait-Monomethod-Korrelationen: Dies sind Korrelationen zwischen derselben Eigenschaft, gemessen mit derselben Methode, also die Reliabilität der Messung.
- Monotrait-Heteromethod-Korrelationen: Dies sind Korrelationen zwischen derselben Eigenschaft, gemessen mit unterschiedlichen Methoden, also die konvergenten Validitäten der Messungen.
- Heterotrait-Monomethod-Korrelationen: Dies sind Korrelationen zwischen unterschiedlichen Eigenschaften, gemessen mit derselben Methode (der erste Fall der diskriminanten Validität der Messungen).
- Heterotrait-Heteromethod-Korrelationen: Dies sind Korrelationen zwischen unterschiedlichen Eigenschaften, gemessen mit unterschiedlichen Methoden (der zweite Fall der diskriminanten Validität der Messungen).

Bei validen Messungen sollten die Monotrait-Korrelationen (also die beiden ersten Korrelationsarten) hoch und die Heterotrait-Korrelationen (also die beiden letzten Korrelationsarten) niedrig sein. Natürlich ist zu erwarten, daß unter den Monotrait-Korrelationen die Reliabilitäten höher ausfallen als die konvergenten Validitäten. Wie Tabelle 3.5 zeigt, folgten die Ergebnisse genau dieser zu erwartenden Reihenfolge. Zudem korrelierten – wie zu erwarten – die Selbsturteile bei gleicher Eigenschaft stärker miteinander als die Selbst- mit den Bekanntenurteilen bei dieser Eigenschaft (die Methoden I und II sind sich ähnlicher als die Methoden I und III bzw. II und III). Die PRF-Skalen konnten also gut hinsichtlich der Beurteilerübereinstimmung validiert werden (was noch nicht bedeutet, daß sie Verhalten gut vorhersagen: Dieses Validitätskriterium wurde nicht untersucht).

Der Vorteil von Multitrait-Multimethod-Analysen ist vor allem, daß Methodeneinflüsse auf die Eigenschaftsmessungen systematisch untersucht

Skala	Methode	Geselligkeit (G)			Dominanzstreben (D)			Ordnungsstreben (O)		
		I	II	III	I	II	III	I	II	III
	I	*0,81*	**0,62**	**0,43**	0,25	0,16	0,20	0,07	−0,02	−0,14
G	II		*0,72*	**0,57**	0,16	0,11	0,01	0,01	0,00	−0,16
	III			*0,76*	−0,03	−0,04	−0,10	0,09	0,03	−0,11
	I				*0,82*	**0,68**	**0,59**	0,14	0,18	0,03
D	II					*0,80*	**0,60**	0,04	0,15	0,04
	III						*0,80*	0,06	0,16	0,13
	I							*0,83*	**0,67**	**0,54**
O	II								*0,85*	**0,59**
	III									*0,82*

Kursive Korrelationen sind Reliabilitäten (Cronbachs α), fettgedruckte sind konvergente Validitäten.

Tabelle 3.5. Multitrait-Multimethod-Analyse der Personality Research Form (Ausschnitt). (Nach Ostendorf et al. 1986, Tabellen 4–6 und Anhang, Tabelle 9)

werden können. Kritisch ist bei Multitrait-Multimethod-Analysen der Fall, daß die Heterotrait-Monomethod-Korrelationen höher als die Monotrait-Heteromethod-Korrelationen sind. Dann sind die Daten mehr durch die Methode als durch den Inhalt (welche Eigenschaft gemessen wird) bestimmt. Bei sehr unterschiedlicher Reliabilität der Messungen kann der direkte Vergleich von Korrelationen der Multitrait-Multimethod-Matrix in die Irre führen. Dann sollten zumindest doppelt minderungskorrigierte Korrelationen verglichen werden (vgl. Abschn. 3.2.1). Besser ist die Analyse mit Hilfe konfirmatorischer Faktorenanalysen (vgl. Ostendorf et al., 1986, für eine genauere Diskussion methodischer Probleme bei Multitrait-Multimethod-Analysen).

> **!** **Multitrait-Multimethod-Analysen ermöglichen es, den Einfluß der Meßmethode auf die Messung von Eigenschaften systematisch zu untersuchen. Sie sind eine besonders aussagekräftige Methode der Validierung.**

Abbildung 3.5 faßt die diskutierten Validitätsaspekte zusammen.

3.2.4 Eigenschaftsbeurteilung

Im folgenden werden die Vor- und Nachteile verschiedener Beurteilungsmethoden für Eigenschaften diskutiert. Ihre Qualität hängt vor allem von vier Faktoren ab:

- Informiertheit der Beurteiler,
- Beobachtbarkeit und Alltagsnähe der zu beurteilenden Eigenschaft,
- Aggregationsniveau des Urteils und
- Urteilsverzerrungen.

Die Beurteilungsqualität bei der Beurteilung durch Bekannte hängt natürlich davon ab, wie lange und aus welchen Situationen die Urteiler die zu beurteilende Person kennen (Informiertheit der Beurteiler). Die für eine gute Beurteilung notwendige Dauer der Bekanntschaft mit der zu beurteilenden Person läßt sich nicht allgemein angeben, sondern hängt wesentlich von der Art der beurteilten Eigenschaft ab. Extraversion oder verbale Intelligenz z. B. lassen sich schon nach 90 Sekunden besser als der Zufall beurteilen, Liebenswürdigkeit dagegen noch nicht (Borkenau & Liebler,

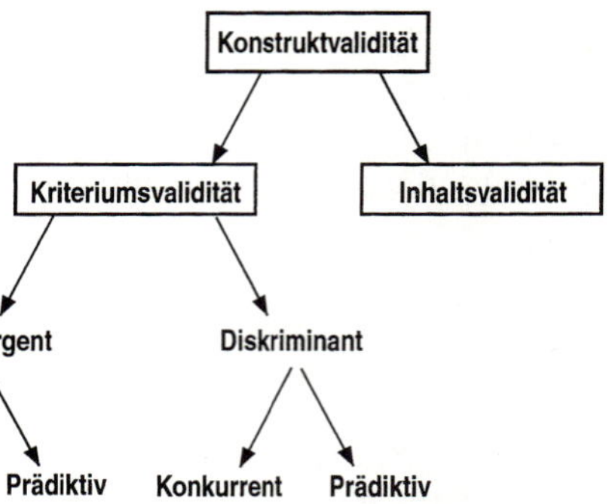

Abb. 3.5. Verschiedene Arten der Validität von Eigenschaftsmessungen

1993). Mit zunehmender Dauer der Bekanntschaft nimmt die Korrelation zwischen Selbst- und Bekanntenbeurteilungen deshalb auch unterschiedlich stark zu (oft geringer, als man erwarten würde; vgl. Kenny et al., 1994).

Bei der Bekanntenbeurteilung hängt das Ergebnis wesentlich davon ab, aus welchen Situationen die Urteiler die zu beurteilende Person kennen. Arbeitskollegen wissen wenig über das Verhalten der Kollegen zu Hause, Eltern wissen wenig über das Verhalten ihrer Kinder im Kindergarten, Kindergärtnerinnen kennen kaum das Verhalten der Gruppenmitglieder gegenüber älteren oder jüngeren Geschwistern zu Hause. Beurteiler sind stets Experten für eine bestimmte, begrenzte Klasse von Situationen. Urteile können zwar durch Kommunikation wechselseitig beeinflußt werden (z. B. zwischen Ehepartnern oder zwischen Eltern und Lehrern), aber der Einfluß der unmittelbaren Beobachtung des Verhaltens dürfte meist stärker sein.

Deshalb ist es nicht erstaunlich, daß die Urteile von Beurteilern, die die zu beurteilende Person aus ähnlichen Situationen kennen, im allgemeinen höher miteinander korrelieren als mit Urteilen von Beurteilern, die dieselbe Person aus unterschiedlichen Situationen kennen. Zum Beispiel fanden Achenbach et al. (1987) in einer Analyse von 119 Studien zu Verhaltensproblemen bei Kindern und Jugendlichen eine mittlere Korrelation zwischen den Urteilen von Mutter und Vater von 0,59, eine ähnlich hohe mittlere Korrelation zwischen den Urteilen verschiedener Lehrer desselben Kindes von 0,64, aber eine mittlere Korrelation zwischen den Urteilen von Eltern und Lehrern über dasselbe Kind von nur 0,27. Diese Differenz geht vor allem auf eine transsituative Inkonsistenz des Verhaltens der Kinder zurück.

Die Qualität der Selbst- und Bekanntenbeurteilung hängt davon ab, wie alltagsnah und beobachtbar die zu beurteilende Eigenschaft ist. Urteile über alltagsnahe Eigenschaften, also solche, die in der Alltagspsychologie häufig verwendet werden, werden von den Urteilern vermutlich immer wieder spontan generiert. Wie gesellig, gewissenhaft, ängstlich, aggressiv oder intelligent man selber oder Bekannte sind – für solche Einschätzungen gibt es immer wieder alltägliche Anlässe. Ein Urteil hierüber besteht schon, bevor danach im Rahmen einer psychologischen Untersuchung gefragt wird; es muß nur abgerufen werden.

Anders ist es, wenn Laien aufgefordert werden, Eigenschaften zu beurteilen, über die sie sich im Alltag kaum Gedanken machen, z. B. „heilkundig" oder „hitzeempfindlich". In diesem Fall müssen sich die Urteiler mühsam an Situationen erinnern, wo das betreffende Verhalten auftrat. Oft werden sie dies jedoch gar nicht erst versuchen, sondern die Eigenschaft aus „ähnlichen", besser wahrnehmbaren Eigenschaften abzuleiten versuchen, z. B. „hitzeempfindlich" aus „kritikempfindlich". Die wahrgenommene Ähnlichkeit der Eigenschaft kann aber auf einer unzuverlässigen Verallgemeinerung beruhen; z. B. könnte „hitzeempfindlich" nichts mit „kritikempfindlich" zu tun haben. Dann ist das Urteil über „hitzeempfindlich" invalide. Die Beurteilerübereinstimmung ist deshalb bei alltagsnahen Eigenschaften besser als bei alltagsfernen.

Bei Bekanntenbeurteilungen spielt zudem die Beobachtbarkeit der zu beurteilenden Eigenschaft eine Rolle. Ob jemand viel redet oder pünktlich zu Verabredungen kommt, ist für andere leicht einzuschätzen; welche Ängste oder Alpträume jemand hat, wissen bestenfalls sehr nahestehende Personen wie Eltern, Partner oder gute Freunde (vgl. z. B. Funder & Colvin, 1988; Paunonen, 1989).

Die Überlegungen zum Aggregationsprinzip in Abschn. 3.2.2 lassen sich in zweierlei Hinsicht auf Eigenschaftsbeurteilungen anwenden. Zum einen steigt die Reliabilität der Beurteilung mit der Zahl ähnlicher abgegebener Urteile eines Beurteilers. Deshalb werden Eigenschaften in Persönlichkeitsfragebögen durch Skalen und nicht durch eine einzige Frage zu erfassen versucht (vgl. Abschn. 2.4.3). Eigenschaftsskalen sollten ein α von mindestens 0,80 aufweisen.

Je länger die Skalen sind, d. h. je größer die Zahl ihrer Items ist, desto höher ist nach der Spearman-Brown-Formel ihre Reliabilität – jedenfalls wenn es gelingt, die Items dabei immer noch ähnlich genug zu halten. Andererseits steigt der Beurteilungsaufwand dementsprechend. Eine Faustregel besagt, daß zu einer reliablen Erfassung einer „engen", situationsspezifischen Eigenschaft (z. B. „Furcht vor Zurückweisung") mindestens vier Items und einer „breiten", situationsunspezifischen Eigenschaft (z. B. „ängstlich") etwa 20 situationsspezifisch formulierte Items nötig sind – oder mindestens

vier situationsunspezifisch formulierte Items. „Breite“ Eigenschaften brauchen mehr situationsspezifisch formulierte Items zu einer reliablen Erfassung, weil ihre einzelnen Items aufgrund transsituativer Inkonsistenz weniger hoch miteinander korrelieren als bei „engen“ Eigenschaften (vgl. für eine ausführlichere Diskussion Burisch, 1984, und Paunonen & Jackson, 1985).

Die Qualität von Eigenschaftsbeurteilungen wird gemindert durch eine Reihe von Urteilsverzerrungen. Besonders wichtig sind:

- Halo-Effekt,
- differentielle Extremitätstendenz und
- differentielle Tendenz zu sozial erwünschten Urteilen.

So wie der Mond in dunstigen Nächten einen Hof – einen Halo – hat, bildet sich im Prozeß der Personwahrnehmung um auffällige Eigenschaften ein „Bedeutungshof“: Sie färben das Urteil über andere Eigenschaften. Wer schön ist, wird eher für intelligent gehalten, wer aggressiv ist, eher für wenig ängstlich. Dieser Halo-Effekt kann Scheinkorrelationen zwischen Eigenschaften hervorrufen, also Korrelationen, die durch das tatsächliche Verhalten der Beurteilten nicht gerechtfertigt sind. Ein Halo-Effekt kann nicht nur bei der Beurteilung anderer, sondern auch bei Selbstbeurteilungen auftreten, wenn eine im Selbstkonzept (vgl. Abschn. 4.7.1) zentral verankerte Eigenschaft das Urteil über andere eigene Eigenschaften beeinflußt.

Ein vieldiskutiertes Beispiel für einen Halo-Effekt ist eine überhöhte Korrelation zwischen Schönheit und Intelligenz. Im Mittel über viele Studien wurde eine Korrelation von −0,04 zwischen fremdeingeschätzter physischer Attraktivität und getestetem IQ gefunden (Feingold, 1992a). Schönheit und Intelligenz hängen also de facto nicht zusammen. Aber wenn physische Attraktivität und IQ aufgrund desselben Fotos eingeschätzt wurden, ergab sich eine Korrelation von 0,15 zwischen Attraktivität und IQ – ein leicht positiver Zusammenhang, der auf einen Halo-Effekt zurückgeht.

Die differentielle Extremitätstendenz bezieht sich auf die von Urteiler zu Urteiler variierende Tendenz, auf mehrstufigen Antwortskalen Extremwerte anzugeben. Manche Urteiler scheuen sich davor, sich klar festzulegen und halten sich deshalb lieber im Mittelfeld der Antwortskala auf, andere neigen zur Dramatisierung individueller Besonderheiten und vergeben deshalb oft Extremwerte. Gibt es für jeden Beurteilten einen unterschiedlichen Urteiler, kann die differentielle Extremitätstendenz nicht von tatsächlichen Eigenschaftsunterschieden getrennt werden und verfälscht die Beurteilungen dementsprechend. Beurteilen z. B. Eltern ihre Kinder, beeinflussen differentielle Extremitätstendenzen der Eltern die beurteilten Eigenschaften der Kinder. Bei Aggregation über mehrere Urteiler heben sich die verschiedenen Extremitätstendenzen der Urteiler teilweise gegenseitig auf, so daß diese Fehlerquelle weniger stark ins Gewicht fällt.

Die differentielle Tendenz zu sozial erwünschten Urteilen bezieht sich auf die von Urteiler zu Urteiler variierende Tendenz, sozial erwünschte Eigenschaften des Beurteilten besonders hervorzuheben. Persönlichkeitseigenschaften sind ja meist deutlich wertbehaftet; z. B. gelten hohe Aggressivität oder starke Ängstlichkeit als unerwünscht, dagegen hohe Intelligenz oder große Gewissenhaftigkeit als erwünscht. Tabelle 3.6 zeigt einige Eigenschaften, die in Großbritannien bzw. den USA als besonders erwünscht bzw. unerwünscht gelten (die britischen und US-amerikanischen Erwünschtheitswerte von 444 Eigenschaftsworten korrelierten 0,96 miteinander; Hampson et al., 1987).

Von daher besteht bei der Eigenschaftsbeurteilung immer die Gefahr, daß das Urteil in Richtung sozial erwünschter Eigenschaftsausprägungen hin verfälscht wird. So lange diese Tendenz bei allen Urteilern gleich stark ist, verfälscht sie interindividuelle Unterschiede in Eigenschaften nicht, ist also kein wirkliches Problem für die Persönlichkeitspsychologie. Zum Beispiel ist es kein Problem, wenn alle Eltern ihre eigenen Kinder um den gleichen Betrag positiver beurteilen als Lehrer.

Zum Problem wird die Tendenz zur sozialen Erwünschtheit jedoch dann, wenn sie bei unterschiedlichen Urteilern unterschiedlich stark ist (differentielle Tendenz zur sozialen Erwünschtheit). Läßt man z. B. die Aggressivität von Kindern durch ihre Eltern beurteilen, so muß man damit rechnen, daß einige Eltern dazu neigen, ihre Kinder durch eine rosa Brille zu sehen und ihre Aggressivität deshalb unterschätzen, während andere

Tabelle 3.6. Soziale Erwünschtheit von Eigenschaften in Großbritannien und den USA

Eigenschaft		GB	USA
honest	ehrlich	1,90	1,62
truthful	wahrhaftig	1,82	1,47
reliable	verläßlich	1,76	1,47
kind	freundlich	1,66	1,53
happy	glücklich	1,66	1,44
bitter	böse, verbittert	−1,46	−1,34
ill-tempered	schlecht gelaunt	−1,50	−1,39
rude	rüde	−1,54	−1,51
deceitful	betrügerisch	−1,65	−1,63
cruel	grausam	−1,93	−1,72

Angegeben sind z-Werte von Beurteilungen der sozialen Erwünschtheit (vgl. Abschn. 2.4.3).

ihnen besonders kritisch gegenüberstehen und ihre Aggressivität deshalb überschätzen.

Eine allgemeine, also vom speziellen Beurteilungsgegenstand unabhängige differentielle Tendenz zur sozialen Erwünschtheit läßt sich teilweise durch sogenannte Soziale Erwünschtheitsskalen oder Lügenskalen kontrollieren. Sie fragen nach der Ablehnung wahrscheinlicher, aber sozial unerwünschter Eigenschaften (z. B. „Ich habe schon mal jemanden übervorteilt“) und nach der Zustimmung zu unwahrscheinlichen, aber sozial erwünschten Eigenschaften (z. B. „Ich bin immer höflich“). Beides wird klassischerweise als eine einheitliche Persönlichkeitseigenschaft interpretiert: die Tendenz zur sozialen Erwünschtheit.

Sackeim und Gur (1978) zeigten, daß diese Eigenschaft bei genauerer Analyse aus zwei relativ unabhängigen Faktoren besteht: Tendenz zur Selbsttäuschung (self-deception) und Tendenz zur Fremdtäuschung (other-deception). Die Tendenz zur Selbsttäuschung wird durch die Ablehnung wahrscheinlicher, aber psychisch bedrohlicher Eigenschaften gemessen (z. B. „Menschen enttäuschen mich oft“) und von den Autoren als defensive Abwehrtendenzen (vgl. Abschn. 2.2.4) gedeutet. Die Tendenz zur Fremdtäuschung wird durch die Zustimmung zu unwahrscheinlichen, aber sozial erwünschten Eigenschaften erhoben (z. B. „Ich sage immer die Wahrheit“) und von den Autoren als eher bewußter Versuch, vor anderen gut dazustehen, interpretiert.

Paulhus (1984) konnte die Unabhängigkeit dieser beiden Faktoren bestätigen und experimentell zeigen, daß nur die Tendenz zur Fremdtäuschung zu Verfälschungen von Fragebogenantworten in Richtung sozial erwünschter Antworten führt: Die mittleren Fremdtäuschungswerte fielen relativ zu einer völlig anonymen Testbedingung höher aus, wenn Versuchspersonen ihren Fragebogen einem Experimentator unter Angabe von Name und Adresse zur sofortigen Durchsicht persönlich abgeben mußten; die Selbsttäuschungswerte dagegen wurden durch diese „Entanonymisierung“ der Testsituation nicht beeinflußt. Wenn es um die Kontrolle eher gezielter Verfälschungstendenzen geht, sollten deshalb Skalen verwendet werden, die eher Fremdtäuschung erfassen: das Other-Deception Questionnaire von Sackeim und Gur (1978) oder die Marlowe-Crowne-Skala (deutsche Fassung von Lück & Timaeus, 1969), die überwiegend Fremdtäuschung erfaßt. Tabelle 3.7 gibt eine Übersicht über die hier diskutierten Kriterien für Eigenschaftsbeurteilungen.

Bei Situations-Reaktions-Fragebögen (vgl. Abschn. 2.4.3) werden hypothetische Situationsbeschreibungen vorgegeben. Kritisch ist bei dieser Methode vor allem die Vertrautheit mit den Situationen. Versuchspersonen sind meist sehr kooperativ und werden deshalb auch Fragen nach ihrer Ängstlichkeit als Pilot beim Start einer Raumfähre oder nach ihrem Geselligkeitsbedürfnis nach dreiwöchigem Segeltörn mit einer zehnköpfigen Besat-

Tabelle 3.7. Qualitätsbestimmende Faktoren für Eigenschaftsbeurteilungen

Faktor	Urteiler	
	Selbst	Bekannte
Dauer der Bekanntschaft		x
Kenntnis aus welchen Situationen		x
Alltagsnähe der Eigenschaft	x	x
Öffentlichkeit der Eigenschaft		x
Ausmaß der Aggregation über Items	x	x
Ausmaß der Aggregation über Urteiler		x
Halo-Effekt	x	x
Differentielle Extremitätstendenz	x	x
Differentielle Tendenz zur sozialen Erwünschtheit	x	x

x = Faktor ist relevant.

zung beantworten – auch dann, wenn sie keinerlei Erfahrung mit diesen Situationen haben. Ihre Antworten werden durchaus systematisch und replizierbar ausfallen, weil sie ihr Verhalten in solch exotischen Situationen aus ihrem Verhalten in vertrauten Situationen vorhersagen. Ob sie sich wirklich so verhalten würden, ist damit natürlich nicht gesagt.

Die Beurteilung unvertrauter Situationen führt damit zu einer überhöhten transsituativen Konsistenz interindividueller Verhaltensunterschiede. Sofern hypothetische Situationen nicht nur dazu dienen, durch Aggregation über ähnliche Situationen die Reliabilität des Eigenschaftsurteils zu erhöhen, sondern dazu, Aussagen über Interaktionen zwischen Situationen und Eigenschaften zu machen, muß gesichert werden, daß alle befragten Versuchspersonen auch Erfahrung mit allen erfragten Situationen haben (was eine überhöhte transsituative Konsistenz der Verhaltensberichte mildert, aber nicht ausschließt).

3.2.5 Verhaltenserfassung

Die Eigenschaftsmessung durch Erfassung des tatsächlichen Verhaltens in realen Situationen kann die geschilderten Probleme der direkten Eigenschaftsbeurteilung teilweise umgehen, ist aber ungleich aufwendiger, da die Situationen tatsächlich hergestellt oder im Alltag identifiziert werden müssen. Zur Erfassung des Verhaltens gibt es im wesentlichen vier Verfahren:

- Selbstbeurteilung,
- Beurteilung oder Kodierung des Verhaltens durch Beobachter,
- Beurteilung durch Interaktionspartner (in sozial-interaktiven Situationen),
- direkte Verhaltensmessung.

Bei der Selbstbeurteilung des Verhaltens muß vor allem darauf geachtet werden, daß die Beurteilung nicht das zu beurteilende Verhalten stört. Deshalb wird meist um eine Beurteilung direkt nach der interessierenden Situation gebeten. Selbst dann muß mit Erinnerungseffekten gerechnet werden, z. B. daß das Verhalten zu Beginn und Ende der Situation stärker in die Beurteilung eingeht als das Verhalten dazwischen. Die Erinnerungseffekte werden um so problematischer, je länger die zu beurteilende Situation gedauert hat. Sie lassen sich minimieren, indem das Verhalten per Video aufgezeichnet und den Versuchspersonen direkt in Anschluß an die Situation vorgespielt wird (videounterstütztes Erinnern; vgl. Abschn. 2.5.3).

Die Beurteilung bis hin zur detaillierten „objektiven" Kodierung von sichtbarem Verhalten erfolgt am besten durch trainierte Beurteiler, die alle Versuchspersonen einer Untersuchungsreihe beurteilen. Selbst die scheinbar objektive Verhaltensbeurteilung trainierter Beurteiler ist aber nicht frei von Halo-Effekten. So zeigten z. B. Martin und Rovira (1982), daß Beobachter einer Person deren Blickkontakt zum Interaktionspartner überschätzten, wenn sie gleichzeitig lächelte. Bei mehreren Urteilern können differentielle Extremitätstendenzen und differentielle Tendenzen zur sozialen Erwünschtheit durch Aggregation über mehrere Urteiler minimiert werden. Zudem lassen sich so Effekte der Urteiler, der Beurteilten und der Urteilsfehler trennen (vgl. z. B. Borkenau & Liebler, 1992).

Beurteilungen durch Interaktionspartner (statt durch Beobachter) sind nur dann sinnvoll, wenn es um den subjektiven Eindruck von der Versuchsperson speziell bei Interaktionspartnern geht (z. B. für wie sympathisch sie die Versuchsperson halten) oder um Verhalten, das auf Video nicht aufgezeichnet werden kann (z. B. Erröten).

Die direkte Verhaltensmessung findet sich vor allem im Leistungsbereich, wo die Geschwindigkeit und die Qualität bei der Lösung von Aufgaben untersucht wird. Klassischerweise werden kurze Aufgaben schriftlich vorgegeben und schriftlich beantwortet. Werden die Aufgaben auf einem Computermonitor dargeboten und die Antworten über die Computertastatur eingegeben, eröffnen sich weitergehende Möglichkeiten wie die Erfassung der Lösungszeit für einzelne Aufgaben oder adaptives Testen, bei dem die Aufgabenvorgabe davon abhängt, welche Aufgaben bereits gelöst wurden.

Man kann auch Versuchspersonen Probleme lösen lassen, indem man sie in computersimulierten virtuellen Welten agieren läßt (vgl. die in Abschn. 2.6.3 schon geschilderten Untersuchungen

von Dörner und Mitarbeitern); erfaßt werden dabei Eingriffe der Versuchspersonen in das simulierte System, wobei meist eine Vielzahl von Eingriffsmöglichkeiten angeboten werden. Im sozial-emotionalen Bereich kann man auf entsprechende Weise Versuchspersonen in simulierten Umwelten agieren lassen, um aus Messungen ihres Verhaltens im simulierten Raum ihre Motive und emotionalen Bewertungstendenzen zu erfassen (vgl. die in Abschn. 4.5.1 geschilderten Untersuchungen von Bischof und Mitarbeitern).

Zunehmende Anwendung finden Messungen physiologischer Parameter im psychophysiologischen Labor, wo Reaktionen des autonomen und zentralen Nervensystems kontinuierlich oder in kurzen Abständen gemessen werden. Dadurch können nicht nur emotionale Reaktionen (vgl. Lang, 1995), sondern auch kognitive Prozesse, z. B. aus Messungen evozierter Potentiale im EEG, erschlossen werden (vgl. z. B. Cole, 1989). Telemetrische Messungen, bei der die Meßergebnisse drahtlos von der Versuchsperson an einen nahen Empfänger übertragen werden, oder die kontinuierliche Speicherung der Messungen in einem portablen Computer, den die Versuchsperson während des Versuchs mit sich trägt, erlauben der Versuchsperson eine größere Bewegungsfreiheit und damit naturalistischere Situationen (vgl. Fahrenberg et al., 1986).

Die direkte Verhaltensmessung umgeht das Problem von Beurteilungsverzerrungen und liefert sehr umfangreiche Prozeßdaten über den Verhaltensstrom, erkauft diese Vorteile aber mit dem Problem der Interpretation der Meßergebnisse: Welche psychologische Bedeutung haben Herzfrequenz, Blutdruck, eine bestimmte Frequenz im EEG, Vokalisationsrate pro Minute und ähnliche direkt meßbare Verhaltensweisen? Welche physiologischen Parameter gemessen werden, ist nur z. T. durch Wissen über die Funktion psychophysiologischer Systeme begründet; zu einem nicht unbeträchtlichen anderen Teil beruht die Wahl des Meßverfahrens auf praktischen Erwägungen und kaum noch hinterfragten Traditionen. Daß z. B. so oft die Herzfrequenz gemessen wird, liegt vor allem an ihrer leichten Meßbarkeit und an alltagspsychologischen Annahmen über Herzfrequenzerhöhung bei Aufregung. Diese Annahmen fußen aber auf der subjektiven Wahrnehmung von „Herzklopfen" als einem physiologischen Symptom, das direkt vom Schlagvolumen des Herzens, nur aber indirekt von der Herzfrequenz abhängt.

Besonders problematisch ist die Interpretation interindividueller Unterschiede in physiologischen Parametern, weil diese meist stark durch anatomische oder funktionelle physiologische interindividuelle Unterschiede ohne psychologische Bedeutung beeinflußt werden. Zum Beispiel gibt es schon in „psychologisch neutralen" Ruhesituationen sehr große interindividuelle Unterschiede in Herzrate, Blutdruck usw., die zeitlich ziemlich stabil sind (vgl. Abschn. 2.4.4). So interessant diese Unterschiede medizinisch sein mögen – psychologisch sind sie kaum interpretierbar.

Psychologisch interessanter sind interindividuelle Unterschiede in der Reaktivität in Herzfrequenz oder Blutdruck unter Streß oder in bestimmten emotionalen Situationen. Sie lassen sich scheinbar unabhängig von den Ruhewerten analysieren, indem Differenzwerte zwischen Belastung und Ruhe gebildet und als Maß der Reaktivität interpretiert werden. Oft korrelieren aber diese Differenzwerte mit den Ruhewerten interindividuell positiv oder negativ. Die Veränderungen sind also nicht unabhängig von den Ausgangswerten; dadurch können z. B. anatomische Unterschiede Einfluß auf die Reaktivitätsvariablen nehmen. Diese Wechselwirkungen erschweren die Erfassung psychologischer Persönlichkeitsunterschiede durch physiologische Messungen (vgl. weiterführend Stemmler & Fahrenberg, 1989).

3.2.6 Feld und Labor

Wenn in einer persönlichkeitspsychologischen Untersuchung Verhalten in realen Situationen untersucht wird, kann dies unter Alltagsbedingungen geschehen (Feldstudie) oder unter künstlichen, zum Zweck der Untersuchung geschaffenen Bedingungen (Laborstudie). Alltagsbedingungen sind bestimmte Tageszeiten (z. B. 8.00–18.00 Uhr), bestimmte Orte, die von den untersuchten Personen regelmäßig aufgesucht werden (z. B. Kindergartengruppe, Schulklasse, Arbeitsplatz) oder bestimmte alltägliche Ereignisse (z. B. soziale Interaktionen, Streßsituationen). Laborbedingungen sind z. B. das psychophysiologische Labor eines psychologischen

Instituts, der Therapieraum eines klinischen Psychologen oder eine Erziehungsberatungsstelle.

Eng mit der Unterscheidung Feld-Labor verwandt, nicht aber hiermit identisch, ist die Art der Situationsvariation. Bei natürlicher Situationsvariation fluktuieren die situativen Bedingungen unkontrolliert, bei künstlicher Situationsvariation werden sie systematisch hergestellt. Eine Kreuzklassifizierung von Untersuchungsbedingung und Situationsvariation ergibt vier Arten persönlichkeitspsychologischer Untersuchungen (Tabelle 3.8).

Bei den meisten Feldstudien variieren die Situationen unkontrolliert, etwa wenn das Verhalten von Kindergartenkindern im „Freispiel" beobachtet wird (eine meist für den Morgen angesetzte, ca. einstündige Periode, in der die Kinder im Gruppenraum machen können, was sie wollen, ohne daß die Erzieher besondere Anleitungen geben). Man kann aber auch im Alltag eine künstliche Situationsvariation einführen (Feldexperiment), deren sich die Versuchspersonen bewußt sind oder auch nicht. Zum Beispiel gaben Buse und Pawlik (1991) Hamburger Gymnasiasten einen Taschencomputer mit, der sie zu vorprogrammierten Zeiten durch Piepsen aufforderte, drei kurze Leistungstests durchzuführen, die auf dem Bildschirm dargeboten wurden (hier war den Versuchspersonen also die systematische Situationsvariation bewußt).

Man kann unter Alltagsbedingungen auch ohne Wissen der Beteiligten gezielt eine Situation herstellen. Zum Beispiel untersuchten Bringham et al. (1982) die Genauigkeit von Augenzeugenberichten, indem sie zwei Mitarbeiter in Geschäfte schickten und sich gegenüber einem bestimmten Verkäufer auffällig verhalten ließen. Zwei Stunden später kamen zwei andere Mitarbeiter im Geschäft vorbei, gaben sich als Mitglieder eines Detektivbüros aus und fragten den Verkäufer anhand einer angeblichen Fahndungsliste nach den beiden „Kunden" aus. Die Verkäufer waren also Versuchspersonen in einem Feldexperiment zur Persönlichkeitsbeurteilung, ohne es zu wissen.

Tabelle 3.8. Vier Arten persönlichkeitspsychologischer Untersuchungen

Untersuchungsbedingung	Situationsvariation	
	natürlich	künstlich
Feld	naturalistische Feldstudie	Feldexperiment
Labor	naturalistische Laborstudie	klassisches Experiment

In Laborstudien liegt meist eine künstliche Situationsvariation vor. Den Versuchspersonen wird z. B. ein Intelligenztest vorgelegt, oder sie werden systematisch in bestimmte soziale Situationen gebracht. Dabei wird oft ein Komplize des Experimentators verwendet, der die Rolle einer Versuchsperson spielt und die tatsächliche Versuchsperson gezielt in bestimmte Situationen bringt, ohne daß sie sich dieser Manipulation bewußt ist (vgl. z. B. Asendorpf, 1987). Es gibt aber auch Laborstudien mit natürlicher Situationsvariation, z. B. wenn Kinder im Kindergartenalter im Labor im freien Spiel mit einem unbekannten Kind beobachtet werden; was geschieht, ist hier ganz den Versuchspersonen überlassen.

Feldstudien mit natürlicher Situationsvariation haben den Vorteil, daß die Repräsentativität der Situationen für den Alltag hoch ist. Bei Laborstudien und künstlicher Situationsvariation ist die Repräsentativität für den Alltag entweder überhaupt nicht gegeben, weil vergleichbare Situationen im Alltag nicht vorkommen, oder nur schwer nachprüfbar (wie oft spielen z. B. Kinder im Kindergartenalter mit unbekannten Gleichaltrigen zusammen?).

Andererseits ist die Repräsentativität der Situationsvariation keine notwendige Bedingung für eine aufschlußreiche persönlichkeitspsychologische Untersuchung. Situationsvariationen im Alltag vermengen oft mehrere, prinzipiell trennbare Variablen miteinander, die bei künstlicher Situationsvariation getrennt voneinander untersucht werden können.

Fragen

3.1 Was sind universelle, differentielle und spezielle Fragestellungen?

3.2 In welcher Hinsicht unterscheidet sich die Persönlichkeitspsychologie von der klinischen Psychologie, der Sozialpsychologie und der Kulturpsychologie?

3.3 Warum kann man nicht von interindivi-

duellen Korrelationen auf intraindividuelle Korrelationen schließen oder umgekehrt?
3.4 Was verstand Stern unter differentieller Psychologie, und warum ist dieser Begriff problematisch?
3.5 Kann man nomothetisch mit differentiell und idiographisch mit individuumzentriert gleichsetzen?
3.6 Läßt sich die Persönlichkeit ausschließlich nomothetisch beschreiben?
3.7 Ist eine hohe interne Konsistenz ausreichend für eine Eigenschaftsmessung?
3.8 Ist der Nachweis einer hohen Retestreliabilität notwendig für eine Eigenschaftsmessung?
3.9 Wozu ist die doppelte Minderungskorrektur nützlich?
3.10 Wo hat das Aggregationsprinzip seine Grenzen?
3.11 Ist es sinnvoll, Eigenschaftsmessungen mit konstruktfernen Variablen zu korrelieren?
3.12 Wie kann man Methodeneffekte auf die Eigenschaftsmessung systematisch untersuchen?
3.13 Wodurch wird die Korrelation der Eigenschaftsurteile unterschiedlicher Beurteiler derselben Person beeinflußt?
3.14 Wie kann man differentielle Tendenzen zu sozial erwünschten Antworten kontrollieren?
3.15 Ist die Unterscheidung Feld-Labor gleichbedeutend mit der zwischen unsystematischer und systematischer Situationsvariation?

Weiterführende Literatur

Asendorpf, J.B. (1995). Persönlichkeitspsychologie: Das empirische Studium der individuellen Besonderheit aus spezieller und differentieller Perspektive. *Psychologische Rundschau, 46*, 235–247.

Pawlik, K. (1988). „Naturalistische" Daten für Psychodiagnostik: Zur Methodik psychodiagnostischer Felderhebungen. *Zeitschrift für Differentielle und Diagnostische Psychologie, 9*, 169–181.

Stemmler, G. & Fahrenberg, J. (1989). Psychophysiological assessment: Conceptual, psychometric, and statistical issues. In G. Turpin (Ed.), *Handbook of clinical psychophysiology* (pp. 71–104). New York: Wiley.

Steyer, R. & Eid, M. (1993). *Messen und Testen.* Berlin: Springer.

4 Persönlichkeitsbereiche

In diesem Kapitel werden inhaltliche Ergebnisse der empirischen Persönlichkeitspsychologie zu verschiedenen Persönlichkeitsbereichen exemplarisch dargestellt. Es geht also nicht darum, eine ausgewogene Übersicht über die inzwischen gewaltige Literatur zu einzelnen Persönlichkeitsbereichen zu geben, sondern an wenigen Beispielen typische Ergebnisse und hiermit zusammenhängende methodische Probleme darzustellen.

Zunächst wird eine erste Orientierung über Persönlichkeitsbereiche anhand der Ähnlichkeitsstruktur alltagspsychologischer Eigenschaftsurteile gegeben. Die weiteren Abschnitte befassen sich mit Gruppen funktional verwandter Eigenschaften. Darunter verstehe ich Eigenschaften, die eine ähnliche Funktion im Erleben und Verhalten haben. Zum Beispiel werden in einem Abschnitt Gestalteigenschaften und in einem anderen Abschnitt Temperamentseigenschaften diskutiert.

Bisher gibt es in der Persönlichkeitspsychologie kein funktionsorientiertes Gliederungsschema, das sich allgemein durchgesetzt hätte. Um den Einstieg in die weiterführende Literatur zu erleichtern, orientiert sich die hier vorgenommene Gliederung an traditionellen persönlichkeitspsychologischen Forschungsthemen, z. B. Gestalt, Temperament und Fähigkeiten. Ich habe aber versucht, an einigen Stellen funktional Verwandtes, aber traditionell Getrenntes, unter einem gemeinsamen Dach zusammenzubringen: Motive, Erwartungs- und Attributionsstile im Rahmen eines Handlungsmodells, Werthaltungen und Einstellungen als Bewertungsdispositionen und Selbstkonzept, Selbstwertgefühl, Selbstbewußtheit und Selbstüberwachung als Persönlichkeitsaspekte der Selbstwertdynamik.

4.1 Faktoren von Eigenschaftsurteilen

Neben funktionsorientierten Klassifikationsversuchen gibt es eine lange Tradition in der Persönlichkeitspsychologie, die Ähnlichkeit von Eigenschaften auf der Grundlage alltagspsychologischer Eigenschaftsurteile zu untersuchen. Nach der Sedimentationshypothese (Goldberg, 1981) finden diejenigen realen Persönlichkeitseigenschaften, die besonders wichtig für den Alltag sind, Eingang in die naive Persönlichkeitstheorie. Je wichtiger sie sind, desto eher werden sie sprachlich in einem einzigen Wort – Adjektiv oder Substantiv, seltener ein Verb – abgebildet. Eigenschaftsworte sind „Sedimente“ der alltäglichen Erfahrung tatsächlicher Persönlichkeitseigenschaften. Von daher sollte das Lexikon einer Sprache die im Alltag besonders wichtigen Persönlichkeitseigenschaften als Eigenschaftsworte enthalten.

Da es eine enorme Zahl solcher Eigenschaftsworte gibt (vgl. Abschn. 1.3), kann versucht werden, diese Vielfalt auf eine überschaubare Zahl möglichst unterschiedlicher Eigenschaften zu reduzieren. Dazu wird zunächst eine Vorauswahl von Eigenschaftsworten ähnlicher Bedeutung getroffen. Dann werden die so ausgewählten Eigenschaftsworte einer repräsentativen Stichprobe von Personen der interessierenden Population vorgelegt mit der Bitte, diese Items für sich selbst oder für Bekannte zu beurteilen. Die Interkorrelationsmatrix der Items (vgl. Abschn. 2.4.3) gibt dann Auskunft über die Ähnlichkeit der Items: Zwei Items sind sich ähnlich, wenn sie hoch miteinander korrelieren, d. h. wenn sie interindividuelle Unterschiede in der Population auf ähnliche Weise abbilden.

! **Die Ähnlichkeit alltagspsychologisch repräsentierter Eigenschaften kann durch die Korrelation von Items bestimmt werden, die diese Eigenschaften beschreiben.**

Die durch die Interkorrelationsmatrix der Items abgebildete Ähnlichkeitsstruktur kann dann auf möglichst wenige, untereinander nicht korrelierende Dimensionen reduziert werden, vor allem durch Faktorenanalyse (vgl. Abschn. 2.4.3). Aus den so gefundenen Faktoren lassen sich die ursprünglichen Items wieder annähernd reproduzieren, indem sie als gewichtete Summe der Faktoren dargestellt werden, wobei die Gewichte die Faktorenladungen (vgl. Abschn. 2.4.3) der Items sind. Hat man z. B. aus 50 Items 3 Faktoren gewonnen, so kann man jedes Item x nach z-Transformation zerlegen in die gewichtete Summe

$$x = x_1 f_1 + x_2 f_2 + x_3 f_3 + e$$

wobei x_1, x_2, x_3 die Faktorenladungen des Items, f_1, f_2, f_3 die drei Faktoren und e der verbleibende Fehler ist. Dieser Fehler repräsentiert den Anteil der Itembedeutung, der sich durch die Faktoren nicht reproduzieren läßt; er läßt sich quantitativ bestimmen durch den Anteil der Varianz des Fehlers an der Varianz des Items (die durch die Faktorenanalyse unaufgeklärte Varianz des Items).

Der Vorteil dieses Verfahrens ist, daß man sehr viele Items auf wenige Faktoren reduzieren kann, in denen die Information aller Items über interindividuelle Unterschiede in der Population bis auf einen unaufgeklärten Rest enthalten ist. Dieser Rest ist um so kleiner, je mehr Faktoren man bei der Faktorenanalyse zuläßt. Er wäre Null, wenn jedes Item als Faktor betrachtet würde, aber damit hätte man nichts gewonnen. Es gibt verschiedene Verfahren innerhalb der Faktorenanalyse, die Zahl der Faktoren so zu optimieren, daß mit möglichst wenigen Faktoren die unaufgeklärte Varianz der Items möglichst gering ist.

> **!** **Die Faktorenanalyse kann genutzt werden, um viele Items in Persönlichkeitsinventaren auf möglichst wenige unabhängige Faktoren zu reduzieren, aus denen sich die Items annähernd reproduzieren lassen. Die Faktoren lassen sich als Eigenschaftsdimensionen interpretieren.**

Theoretisch könnte man nun eine große Stichprobe von Personen der interessierenden Population hinsichtlich aller Eigenschaftsworte, die es in der Alltagspsychologie gibt, beurteilen lassen. Die Faktoren der sich ergebenden Interkorrelationsmatrix würden dann ein sparsames Beschreibungssystem für interindividuelle Unterschiede in der Population darstellen. Das praktische Problem bei diesem Ansatz besteht in der immensen Zahl von Eigenschaftsbegriffen. Die englische Sprache z. B. verfügt über ca. 18 000 verschiedene Dispositionsbegriffe (s. unten). Man müßte also jede Person hinsichtlich aller 18 000 Eigenschaftsbegriffe beurteilen lassen – ein Ding der Unmöglichkeit.

Dieses Problem wurde jahrzehntelang dadurch umgangen, daß kleinere, aber heterogene Itemmengen zur Beurteilung herangezogen wurden. Größere Itemzahlen ließen sich schon deshalb nicht verkraften, weil die Faktorenanalysen per Hand gerechnet werden mußten, was enorm zeitaufwendig war. Dadurch entstand das Problem, daß je nach gewählter Itemmenge etwas unterschiedliche Faktoren resultierten. Die Faktoren sind ja nur sparsame Beschreibungen der Itemmenge, und wenn die Items variieren, variieren auch die Faktoren. Die bekanntesten älteren Faktorensysteme waren die von Cattell (1946), Guilford (1964) und Eysenck und Eysenck (1969). Sie variierten erheblich in der Zahl und Art der Faktoren, und die Anhänger verschiedener Systeme stritten sich darum, welches das „richtige" sei. Dieser Streit konnte letztlich nicht befriedigend entschieden werden, weil die Itemauswahl in allen Fällen nicht ausreichend systematisch war.

In den letzten Jahren konnte dieses Problem befriedigender gelöst werden, indem das gesamte Lexikon einer Sprache systematisch nach Eigenschaftsworten durchsucht wurde und diese dann in einem mehrstufigen, schrittweisen Verfahren auf einen überschaubaren Satz von Items reduziert wurden. Aus dieser Itemmenge wurden dann durch entsprechende Beurteilungsuntersuchungen Eigenschaftsfaktoren gewonnen.

Die Stärke dieses lexikalischen Ansatzes (John et al., 1988) liegt darin, daß die Ausgangsdaten nur dadurch begrenzt sind, daß sie im Lexikon der jeweils betrachteten Sprache vorhanden sein müssen (deshalb der Name „lexikalischer Ansatz") – eine Einschränkung, die nach der Sedimentationshypothese unwesentlich ist, da allen im Alltag wichtigen tatsächlichen Eigenschaften auch Eigenschaftsworte im Lexikon entsprechen. Der Ansatz steht und fällt mit dem Reduktionsprozeß, der vom Lexikon zu den Eigenschaftsworten führt, die für die Persönlichkeitsbeurteilungen verwendet wer-

den und damit in die Faktorenanalyse eingehen. Der Reduktionsprozeß darf die Ähnlichkeitsstruktur der Ausgangsdaten nicht wesentlich verzerren.

> **!** **Im lexikalischen Ansatz wird das gesamte Lexikon einer Sprache schrittweise reduziert zu einem überschaubaren Satz von Eigenschaftsbezeichnungen. Hiermit werden Selbst- oder Bekanntenbeurteilungen an vielen Personen durchgeführt; die resultierende korrelative Ähnlichkeitsstruktur wird dann durch Faktorenanalyse o. ä. zu wenigen möglichst unabhängigen Faktoren verdichtet.**

John et al. (1988) geben eine Übersicht über frühe lexikalische Ansätze. Die Sedimentationshypothese wurde zuerst von Galton (1884) ansatzweise formuliert. Die erste systematische Zusammenstellung lexikalischer Ausgangsdaten stammt von Allport und Odbert (1936), die die annähernd 550 000 Worte von Webster's New International Dictionary aus dem Jahre 1925 nach Adjektiven, Partizipien und Substantiven durchsuchten, die Persönlichkeitsdispositionen bezeichneten; universelle Verhaltensdispositionen und Gestalteigenschaften (vgl. Abschn. 1.3) wurden nicht berücksichtigt. Selbst nach Ausschluß von Substantiven, die identischen Adjektiven entsprachen (z. B. Ängstlichkeit – ängstlich) und Dialektvarianten ergab sich immer noch eine Liste von 17 953 Worten, darunter allerdings vielen sehr seltenen, die nur von wenigen Englischsprechenden verstanden werden.

An dieser Liste setzten verschiedene Reduktionsverfahren zur Gewinnung von Eingangsdaten für Faktorenanalysen an. Norman (1967) reduzierte diese Liste auf 2 800 gebräuchlichere Eigenschaftsworte unter Ausschluß von gesundheitsbezogenen Bezeichnungen (z. B. „kränklich") und stark bewertenden Bezeichnungen (z. B. „hervorragend", „bösartig"). Jeweils 200 von ihnen wurden Gruppen von jeweils 100 Studenten zur Selbstbeurteilung und zur Beurteilung der Verständlichkeit des Wortes vorgelegt. Aufgrund dieser Beurteilungen entstand eine Liste von 1 566 allgemeinverständlichen Worten, die auch ausreichend zwischen den Studenten differenzierten. Goldberg (1990) wiederum erweiterte und reduzierte diese Liste in mehreren Schritten der Klassifikation und Beurteilung durch Studenten zu 339 Adjektiven, die in 100 Gruppen fast synonymer Worte klassifiziert wurden (z. B. enthielt die Gruppe „Fear" die Adjektive „anxious, fearful, nervous"). Im Verlauf dieses Reduktionsprozesses wurden Worte, die Einstellungen und Werthaltungen bezeichneten (z. B. „konservativ", „religiös") oder die sich auf soziale Rollen oder Sexualität bezogen, ausgeschlossen – eine weitere inhaltliche Reduktion der Eingangsvariablen für das anschließende Beurteilungsverfahren.

Bei diesem Beurteilungsverfahren beurteilten Studenten sich selbst oder Bekannte in allen diesen Eigenschaftsworten. Unabhängig von der Art der Beurteilung ergaben Faktorenanalysen fünf Faktoren, die inzwischen als Big Five bezeichnet werden (Tabelle 4.1). Diese Faktoren erhielten ihre Bezeichnungen aus den untergeordneten Eigenschaften (zu erkennen an einer hohen Faktorenladung). Der Kulturfaktor ist der heterogenste von allen fünf Faktoren. Er sollte nicht mit Intelligenz bezeichnet werden, da er wesentlich breiter ist.

Diese fünf Faktoren wurden auch bei anderen Reduktionsverfahren der Listen von Allport und Odbert (1936) oder Norman (1967) gefunden. Für den deutschen Sprachraum durchsuchten Angleitner et al. (1990) Wahrigs deutsches Lexikon nach Adjektiven, die Persönlichkeitseigenschaften beschreiben. Von den gefundenen 5 092 Adjektiven

Tabelle 4.1. Gebräuchliche englische und deutsche Bezeichnungen für die Big Five sowie für einige ihnen untergeordnete Eigenschaften.

Faktor		Untergeordnete Eigenschaften
Englisch	Deutsch	
Neuroticism Emotional instability	Neurotizismus Emotionale Instabilität	Nervosität Ängstlichkeit Erregbarkeit
Extraversion Surgency	Extraversion	Geselligkeit Schüchternheit Impulsivität
Agreeableness	Liebenswürdigkeit Verträglichkeit	Wärme Hilfsbereitschaft Toleranz
Conscientiousness	Gewissenhaftigkeit	Ordentlichkeit Beharrlichkeit Zuverlässigkeit
Culture Openness to experience Intellect	Kultur Offenheit für Erfahrung Intellekt	Gebildetheit Kreativität Gefühl für Kunst

wurden 411 Adjektive von mindestens sechs von zehn Beurteilern als Verhaltensdispositionen klassifiziert (wieder unter Ausschluß stark bewertender Bezeichnungen), 116 als Einstellungen und Werthaltungen und 87 als Körpermerkmale. Große Gruppen von Versuchspersonen schätzten dann sich selbst und Bekannte auf 430 Verhaltensdispositionen ein (die 411 wurden um 19 weitere ergänzt). Für die Selbst- und die Bekanntenbeurteilungen ergab sich eine Fünf-Faktoren-Struktur, die den angloamerikanischen "Big Five" weitgehend entsprach (Ostendorf, 1990). Bewertende Bezeichnungen, Einstellungen, Werthaltungen und körperliche Merkmale wurden also auch hier ausgeklammert.

Ebenso ergaben sich diese fünf Faktoren in einer ähnlichen Analyse der Eigenschaftsbegriffe des holländischen Lexikons durch Hofstee et al. (1981), die aber zwei zusätzliche Faktoren fanden: Irritierbarkeit und Konservativismus. Lexikalische Analysen im Italienischen (Caprara & Perugini, 1994) und Ungarischen (Szirmák & de Raad, 1994) konnten nur einige der fünf Faktoren wiederfinden. Die fünf Faktoren sind auch in manchen Persönlichkeitsinventaren auffindbar, die nicht lexikalisch konstruiert wurden, z. B. im NEO-FFI von Costa und McCrae (1989; deutsche Fassung von Borkenau & Ostendorf, 1993).

Wie in der Darstellung des Reduktionsprozesses vor Durchführen der Personenbeurteilungen deutlich wurde, wurden viele Persönlichkeitsbereiche systematisch ausgeschlossen. Deshalb umfassen die Big Five nicht alle Eigenschaften der naiven Persönlichkeitstheorie, vor allem nicht Einstellungen und Werthaltungen, gesundheits- und sexualitätsbezogene Eigenschaften und Eigenschaften, die stark sozial erwünscht oder unerwünscht sind.

Tellegen und Waller (in Druck) bezogen in ihre Analyse stark positiv oder negativ bewertete Eigenschaften und einige Einstellungen und Werthaltungen ein und kamen zu einer Sieben-Faktoren-Struktur(„Big Seven") die vier der Big Five enthielt, anstelle des „Kulturfaktors" einen Faktor „Konventionalität" und zusätzlich die Faktoren „positive Valenz" (höchstladendes Item: „outstanding" – „hervorragend") und „negative Valenz" (höchstladendes Item: „wicked" – „bösartig"). Positive und negative Valenz bildeten also Faktoren, die nicht nur unabhängig von vier der Big Five waren, sondern auch untereinander unabhängig waren: Es gab viele Personen, die sich oder andere sowohl positiv als auch negativ oder sowohl sehr wenig positiv als auch sehr wenig negativ bewerteten. Diese Struktur wurde auch im Hebräischen (Almagor et al., 1995) und Spanischen (Benet & Waller, 1995) gefunden. Weitere Erweiterungen sind denkbar, wenn man die anderen, bisher nicht berücksichtigten Persönlichkeitsbereiche einbeziehen würde.

> **!** **Die Big Five sind die fünf Faktoren, die sich u. a. aus dem lexikalischen Ansatz von Norman und Goldberg ergaben. Sie beschreiben fünf unabhängige Dimensionen, aus denen sich ein wesentlicher Teil der alltagspsychologisch repräsentierten Eigenschaften im Englischen, Deutschen und Holländischen reproduzieren läßt. Ein Einbezug weiterer alltagspsychologisch repräsentierter Persönlichkeitsbereiche führt zu weiteren Faktoren (z. B. Konventionalität sowie positive und negative Valenz im Modell der Big Seven).**

Der Nutzen von lexikalisch begründeten Faktorenmodellen für die Persönlichkeitspsychologie besteht zum einen darin, Grundlage für die Entwicklung ökonomischer Fragebogenverfahren zu sein, die durch wenige Fragen breite Bereiche der alltagspsychologisch repräsentierten Persönlichkeit erfassen können. Kommt es nur auf eine schnelle, oberflächliche Persönlichkeitsbeschreibung an oder darauf, generelle Aussagen über Persönlichkeitsunterschiede zu machen, ohne daß deren Inhalt interessiert (z. B. um die allgemeine Frage zu untersuchen, wie stark Selbst- und Bekanntenbeurteilungen zusammenhängen), reichen solche Standardverfahren aus.

Zum zweiten können solche Modelle dazu dienen, die inzwischen uferlose Zahl von Persönlichkeitsskalen übersichtlich zu klassifizieren. Die meisten dort erfragten Eigenschaften lassen sich als Unterfaktoren der Faktoren eines lexikalisch abgeleiteten Modells oder als Kombination dieser Faktoren auffassen.

> **!** **Lexikalisch begründete Faktorenmodelle können zur Klassifikation vorhandener Persönlichkeitsskalen und zur Konstruktion eines Inventars verwendet werden, das mit wenigen Skalen wichtige Bereiche alltagspsychologisch repräsentierter Eigenschaften erfaßt.**

Der Nutzen des lexikalischen Ansatzes für die Persönlichkeitspsychologie ist begrenzt (vgl.

Block, 1995, für eine ausführliche Diskussion). Die vielleicht wichtigste und unüberwindliche Grenze liegt darin, daß es sich nur um eine Beschreibung der Ähnlichkeitsstruktur von Eigenschaften handelt, die alltagspsychologisch repräsentiert sind. Was sich nach alltagspsychologischer Wahrnehmung ähnlich sieht, muß sich aber nach wissenschaftlichen Kriterien noch lange nicht ähneln. Walfische scheinen Thunfischen ähnlicher als Menschen zu sein, obwohl nach biologischen Kriterien Walfische Menschen ähnlicher sind, denn beide sind Säugetiere, während Thunfische Fische sind. Eine noch so genaue Klassifikation von Tieren nach alltagsbiologischen Analogien wird letztlich einer wissenschaftlichen Klassifikation nach Homologien – gemeinsamen Funktionen, die auf einen gemeinsamen evolutionären Ursprung zurückzuführen sind – unterlegen sein.

Entsprechend begrenzt sind die Aussagen, die sich aus faktorenanalytischen oder anderen Klassifikationen von Daten ergeben, die auf alltagspsychologischen Eigenschaftsurteilen beruhen, und entsprechend vorsichtig muß man mit direkten Schlüssen von der alltagspsychologischen Ähnlichkeit auf die funktionale Ähnlichkeit sein. Eine Metapher mag das verdeutlichen (Tafel 4.1).

Tafel 4.1. Kritik des lexikalischen Ansatzes – eine Parabel

Die Faktoren alltagspsychologischer Eigenschaften werden oft mit „Elementen der Persönlichkeit" verglichen. Daß dieser Vergleich hinkt, mag die folgende Parabel zeigen (Asendorpf, 1991): Bekanntlich waren die Alchemisten im Mittelalter auf der Suche nach einer Formel, die es ihnen ermöglichte, Gold künstlich herzustellen. Annahme war, daß Gold kein Element ist, also ein nicht weiter analysierbarer Stoff, sondern sich aus anderen Elementen synthetisieren ließe (wie wir heute wissen, war das eine falsche Annahme). Die Strategie der Alchemisten war: Klassifiziere Stoffe nach ihren Eigenschaften, finde Grundeigenschaften heraus und reduziere so die Möglichkeiten der Stoffkombinationen bei den Syntheseversuchen auf ein praktikables Minimum. Man stelle sich nun vor, Alchemisten hätten auf den Märkten an lesekundige Kundschaft Fragebögen verteilt, worin jeweils ein Stoff auf Eigenschaften wie hart-weich, leicht-schwer oder glänzend-stumpf einzuschätzen gewesen wäre. Hätten die Alchemisten die chemischen Elemente durch Faktorenanalysen dieser Fragebogenantworten des Marktpublikums herausgefunden? Verrückt nach Gold, wie die Alchemisten waren, hätten sie es sicher jedenfalls versucht; ihr ausgeprägter Sinn für Zahlenmystik hätte diesen Versuch nur gefördert. So verblendet, daß sie die Faktoren von Eigenschaftsbeschreibungen für chemische Elemente gehalten hätten, wären aber wohl nicht einmal Alchemisten gewesen. Was die Faktorenanalytiker unter den Alchemisten herausgefunden hätten, wären bestimmte, sinnlich leicht wahrnehmbare Oberflächeneigenschaften von Stoffen, an denen sich die Alltagschemie ihres Marktpublikums orientierte. Das Periodensystem der Elemente wäre so nie entdeckt worden.

Wie Tafel 4.1 deutlich macht, ist es abwegig, die Rolle der „Big Five" oder eines anderen Faktorensystems alltagspsychologisch repräsentierter Eigenschaften mit der Rolle zu vergleichen, das das Periodensystem der Elemente in der Chemie spielt. Derartige Vergleiche wurden von Verfechtern des faktorenanalytischen Ansatzes aber häufig gezogen (vgl. z. B. Goldberg, 1981). Die Persönlichkeitspsychologie kommt zwar in einer frühen Phase ihrer Entwicklung nicht umhin, mit alltagspsychologischen Konzepten zu arbeiten, muß diese aber letztlich überwinden, um in der Vorhersage und Erklärung individueller Besonderheiten besser zu werden als die Alltagspsychologie. Was immer dem Periodensystem der Elemente in der Persönlichkeitspsychologie entsprechen mag – es wird sich nicht durch Faktorenanalysen von Eigenschaftsurteilen finden lassen, sondern nur durch eine Analyse der Funktionen von Eigenschaften, z. B. im Rahmen eines Informationsverarbeitungsmodells (vgl. Abschn. 2.5).

Fragen

4.1 Wie wurden die Big Five gefunden?
4.2 In welcher Hinsicht unterscheiden sich die Big Five und die Big Seven, und welche Persönlichkeitsbereiche erfassen beide Modelle nicht?
4.3 Welchen Nutzen haben lexikalisch begründete Faktorensysteme?
4.4 Sind die Big Five mit dem Periodensystem der Elemente vergleichbar?

Weiterführende Literatur

Block, J. (1995). A contrarian view of the five-factor approach to personality description. *Psychological Bulletin, 117*, 187–215.

John, O.P., Angleitner, A. & Ostendorf, F. (1988). The lexical approach to personality: A historical review of trait taxonomic research. *European Journal of Personality, 2*, 171-203.

4.2 Gestalt

Gestalteigenschaften sind von anderen Menschen unmittelbar wahrnehmbare, sehr stabile körperliche Persönlichkeitseigenschaften wie Gesichtsform, Größe, Schlankheit. Sie sind situativ invariant und können direkt auf die soziale Umwelt wirken. In der Alltagspsychologie und der älteren persönlichkeitspsychologischen Literatur finden sich zahlreiche Annahmen über Zusammenhänge zwischen Gestalteigenschaften und Verhaltensdispositionen. So gelten Dicke als eher gesellig und gemütlich, Dünne als ungesellig und empfindlich. Diese Zusammenhänge dürften wesentlich auf sprachlichen Assoziationen beruhen (z. B. dünn - dünnhäutig - empfindlich).

Kretschmer (1921, 1961) versuchte, korrelative Zusammenhänge zwischen Körperbau („Konstitutionstypen") und psychiatrischer Symptomatik - später auch Temperament - zu finden. Abbildung 4.1 zeigt die drei Konstitutionstypen, Tabelle 4.2 ein typisches Ergebnis zum Zusammenhang zwischen Konstitutionstyp und psychiatrischer Diagnose.

Kretschmers Interpretation dieses korrelativen Zusammenhangs war, daß es einen kausalen Zusammenhang zwischen Konstitution und Anfälligkeit für bestimmte Erkrankungen gebe: Eine bestimmte Konstitution prädisponiere zu bestimmten Krankheiten. Ein Blick auf Abb. 4.1 legt allerdings den Verdacht nahe, daß der Zusammenhang zwischen Körperbau und psychiatrischer Diagnose altersbedingt sein könnte, denn mit zunehmendem Alter verändert sich die alterstypische Gestalt vom leptosomen über den athletischen zum pyknischen

Tabelle 4.2. Zusammenhang zwischen Konstitutionstyp nach Kretschmer und psychiatrischer Diagnose. (Nach Westphal, 1931)

Typ	schizophren	epileptisch	manisch-depressiv
	n = 5 233	n = 1 505	n = 1 361
leptosom	50,3 %	25,1 %	19,2 %
athletisch	16,0 %	28,9 %	6,7 %
pyknisch	13,7 %	5,5 %	64,6 %
sonstig	20,0 %	40,5 %	9,5 %

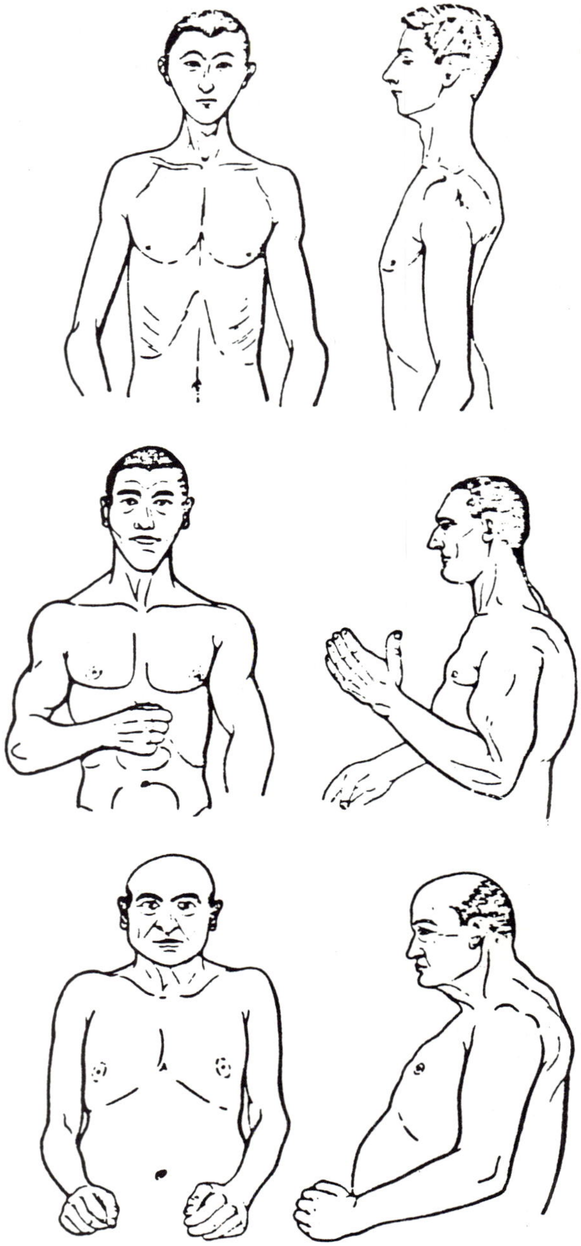

Abb. 4.1. Konstitutionstypen nach Kretschmer. *Oben*: leptosom, *Mitte*: athletisch, *unten*: pyknisch. (Aus Amelang & Bartussek, 1990)

Typ, und manisch-depressive Patienten haben ein durchschnittlich höheres Alter als schizophrene. Nachfolgende Untersuchungen fanden tatsächlich keine oder nur sehr schwache Zusammenhänge innerhalb bestimmter Altersstufen (vgl. Anastasi, 1971). Kretschmers Befund ist ein gutes Beispiel für eine Scheinkorrelation, die einen direkten Zusammenhang zwischen zwei Variablen vortäuscht, tatsächlich aber durch eine nicht gemessene Drittvariable bedingt ist (vgl. auch Abschn. 2.6.3).

Ähnliches gilt für die von Kretschmer und später Sheldon et al. (1940) behaupteten Zusammenhänge zwischen Konstitutionstyp und Temperament (z. B. seien leptosome Typen empfindlicher als pyknische und pyknische gemütlicher als leptosome). Die gefundenen Korrelationen erwiesen sich bei nachfolgender kritischer Prüfung weitgehend als Scheinkorrelationen, bedingt durch das Alter der Beurteilten und Urteilsverzerrungen bei den Urteilern. Meist wurde nämlich der Körperbau und das Temperament von derselben Person beurteilt, so daß das Temperamentsurteil durch das Urteil über den Konstitutionstyp beeinflußt war und umgekehrt (vgl. Anastasi, 1971).

Die Naivität, mit der Kretschmer und Sheldon den Zusammenhang zwischen Gestalt und Verhaltensdispositionen untersuchten, brachte psychologische Analysen von Gestalteigenschaften insgesamt in Verruf; gefördert wurde dies durch die gänzlich unseriösen Theorien zum Zusammenhang zwischen anatomisch definierter „Rasse" und „Charakter" während der Nazizeit (vgl. Weingart et al., 1988). Mangels solider Untersuchungen läßt es sich deshalb derzeit schlecht einschätzen, ob es nach Kontrolle des Alters substantielle Zusammenhänge zwischen Gestalteigenschaften und Verhaltensdispositionen gibt (vgl. aber Borkenau & Liebler, 1995). Zumindest schwache Zusammenhänge wären nicht erstaunlich, weil solche Zusammenhänge auf vielfältige Weise zustande kommen könnten. Abbildung 4.2 skizziert einige mögliche Zusammenhänge.

Erstens könnten Gestalteigenschaften im Prozeß der Selbstwahrnehmung positiv oder negativ bewertet werden, dadurch das Selbstwertgefühl beeinflussen und so zu bestimmtem Verhalten disponieren. Wer z. B. in seiner Altersgruppe zu den Kleinsten zählt, könnte dies als Abweichung von der Norm negativ bewerten, was zur Ausbildung

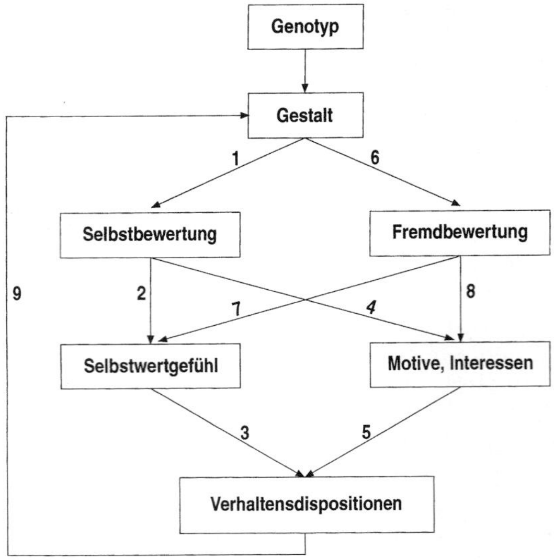

Abb. 4.2. Mögliche Zusammenhänge zwischen Gestalt und Verhaltensdispositionen

eines mangelnden Selbstwertgefühls, gepaart mit entsprechend unsicherem Verhalten, oder zu kompensatorischen Tendenzen (Entwicklung übertriebenen Stolzes oder Verlagerung der Interessen auf intellektuelle Gebiete) führen könnte (Pfade 1-2–3 und 1-4–5 in Abb. 4.2).

Entsprechende Zusammenhänge zwischen Gestalt und Verhaltensdispositionen könnten auch sozial vermittelt sein, indem wichtige Interaktionspartner auf die Gestalt reagieren und diese sozialen Rückmeldungen Selbstwertgefühl (Pfad 6-7–3) oder Motive und Interessen (Pfad 6-8–5) beeinflussen. Insbesondere könnten körperliche Behinderungen, die sich in der Gestalt niederschlagen, oder die Zugehörigkeit zu einer fremden Bevölkerungsgruppe soziale Ablehnung hervorrufen, die das Selbstwertgefühl beeinträchtigt.

Diese Prozesse sind u. a. gut untersucht worden am Beispiel von physischer Attraktivität (wie stark jemand dem Schönheitsideal seiner Kultur entspricht; vgl. Hassebrauck & Niketta, 1993, für eine Übersicht). Das Selbstwertgefühl korreliert nur minimal mit fremdeingeschätzter Attraktivität (die mittlere Korrelation in 38 Studien mit insgesamt nahezu 5 000 Versuchspersonen betrug nur 0,06; Feingold, 1992a). Entgegen dem landläufigen Vorurteil macht Schönheit nicht glücklich. Stärker so-

zial beeinflußte Merkmale zeigen aber zumindest mäßig starke Zusammenhänge zwischen fremdeingeschätzter Attraktivität und Persönlichkeit. In Feingolds Auswertung der relevanten Literatur korrelierte fremdbeurteilte Schönheit mit beobachteter sozialer Kompetenz in der Zweierinteraktion zu 0,25, mit Beliebtheit in sozialen Gruppen (z. B. Schulklasse) zu 0,31 und mit selbstbeurteilter Einsamkeit zu −0,15. Schönheit macht das soziale Leben etwas einfacher, weil Interaktionspartner positiver reagieren. Das erleichtert es, Kontakte zu knüpfen, und schützt so vor Einsamkeit.

Mit dem Älterwerden kehrt sich dieser Vorteil jedoch um: Ältere Frauen, deren Jugendphotos von altersgleichen Männern beurteilt wurden (die also das ehemalige Schönheitsideal kennen sollten) und für ehemals sehr attraktiv gehalten wurden, gaben ein etwas niedrigeres Selbstwertgefühl an als gleichaltrige Frauen, die als ehemals unattraktiv eingeschätzt wurden (Berscheid & Walster, 1974). Vermutlich beruht dies darauf, daß Schönheit im Alter weniger Vorteile hat als in der Jugend, was in Form eines intraindividuellen Kontrasteffekts das Selbstwertgefühl der ehemals Schönen minderte und das Selbstwertgefühl der ehemals Häßlichen erhöhte.

Für alle diese Entwicklungspfade gilt, daß die Wirkungen der Gestalt auf Verhaltensdispositionen immer nur indirekt sind. Bei jedem Teilschritt sind vielfältige alternative Entwicklungen möglich, so daß die resultierenden korrelativen Zusammenhänge zwischen Gestalt und Verhaltensdispositionen nur schwach ausgeprägt sind. Umgekehrt können Verhaltensdispositionen direkte Rückwirkungen auf die körperliche Gestalt haben. Zum Beispiel neigen Vegetarier weniger zu Übergewicht als Eisbeinliebhaber (Pfad 9 in Abb. 4.2). Abschließend soll noch einmal betont werden, daß es sich bei den Pfaden in Abb. 4.2 meist nur um mögliche, nicht um empirisch nachgewiesene Wirkungen handelt.

Fragen

4.5 Welche methodischen Fehler begingen Kretschmer und Sheldon?
4.6 Macht Schönheit glücklich?

4.3 Temperament

Ein großer Teil der Verhaltensdispositionen bezieht sich auf die Form des Verhaltens: wie jemand sich verhält. Formaspekte des Verhaltens sind z. B. die Sensitivität gegenüber Reizen, die Intensität von Reaktionen oder die Regulation von internen Zuständen (z. B. Schlaf-Wach-Rhythmus, Aufmerksamkeitssteuerung, Stimmungsschwankungen). Die individuelle Besonderheit in diesem Bereich des Verhaltens wird in der Alltagspsychologie, aber auch in der Psychologie, als Temperament bezeichnet.

Aus Sicht des Informationsverarbeitungsparadigmas handelt es sich bei Temperamentseigenschaften um Parameter von Informationsverarbeitungsprozessen, die die Verlaufscharakteristiken von Systemen der Verhaltensregulation bestimmen, z. B. Reizschwellen, Reiz-Reaktions-Gradienten (wie stark die Reaktion mit wachsender Reizintensität zunimmt) und die maximal erreichte Reaktionsstärke. Diese Regulationsprozesse werden auf neurophysiologischer Ebene meist in der Wechselwirkung zwischen Erregungs- und Hemmungsprozessen in bestimmten neuroanatomisch umschriebenen Hirnregionen gesucht.

Die Prozeßparameter werden als wissensunabhängig aufgefaßt. Nicht alle derartigen Parameter werden allerdings als Temperamentseigenschaften betrachtet; z. B. wird die Geschwindigkeit des Gedächtniszugriffs als Merkmal von Intelligenz angesehen (vgl. Abschn. 2.5.2, Abschn. 4.4.1), nicht als Merkmal des Temperaments. Diese letztere Abgrenzung beruht auf historisch gewachsenen Traditionen, ist aus Sicht des Informationsverarbeitungsparadigmas jedoch kaum systematisch begründbar.

Tafel 4.2. Temperament

Unter dem Temperament einer Person werden ihre individuellen Besonderheiten in Formaspekten ihres Verhaltens verstanden (unter Ausschluß mancher Formaspekte intelligenten Handelns). Diese Formaspekte werden letztlich in Parametern von Erregungs- und Hemmungsprozessen auf neurophysiologischer Ebene gesucht, also in Parametern bestimmter Informationsverarbeitungsprozesse. Die Parameter werden als wissens-

unabhängig aufgefaßt. Zum Temperament werden z. B. gezählt: Aktivität, Ängstlichkeit, Ausdauer, cholerisches Gemüt, emotionale Stabilität, Extraversion, Gehemmtheit, Impulsivität, Introversion, Irritierbarkeit, Nervosität, Neurotizismus, Schnelligkeit, Schüchternheit.

Aus Tafel 4.2 wird deutlich, daß sich Temperamentseigenschaften vor allem auf die ersten beiden Faktoren des Fünf-Faktoren-Modells von Eigenschaften beziehen: emotionale Stabilität und Extraversion (vgl. Tabelle 4.1). Die Umkehrung gilt nicht, d. h. Persönlichkeitseigenschaften, die auf den ersten beiden Faktoren hoch laden, müssen nicht unbedingt Temperamentsmerkmale im Sinne der obigen Definition sein. Geselligkeit z. B. lädt hoch auf dem Faktor Extraversion, ist aber ein Motiv (vgl. Abschn. 4.5.1). Mit Temperamentseigenschaften korrelierende Motive werden allerdings oft ebenfalls als Temperamentsmerkmale aufgefaßt (vgl. z. B. A.H. Buss, 1991), auch wenn es sich dabei gar nicht um Formmerkmale des Verhaltens handelt. Das ist ein Grund dafür, warum das persönlichkeitspsychologische Temperamentskonzept bis heute nicht klar definiert ist.

Die meisten Temperamentseigenschaften beziehen sich auf dispositionale Tendenzen, bestimmte Emotionen oder Stimmungen oft oder intensiv zu erleben. Wundt (1903), Allport (1937) oder Mehrabian (1991) machten deshalb Dispositionen zu Emotionen oder Stimmungen zum Kern ihrer Temperamentsdefinition. Eigenschaften wie hyperaktiv, ausdauernd, ablenkbar oder Langschläfer, die sich auf die Regulation nicht-emotionaler Zustände beziehen, werden durch eine solche Temperamentsdefinition allerdings nicht erfaßt; sie erscheint deshalb als zu eng (vgl. z. B. Bates, 1989, für einen weiter gefaßten Temperamentsbegriff). Einigkeit besteht in der Literatur jedenfalls darin, daß der Kulturfaktor im Fünf-Faktoren-Modell – also Intelligenz und kulturelle Fähigkeiten und Interessen – sowie überhaupt alle Werthaltungen, Einstellungen und Interessen nicht zum Temperament zu zählen sind.

Vielfach wird angenommen, daß Temperamentseigenschaften angeboren und kaum durch Umweltbedingungen nach der Geburt veränderbar sind. Diese Annahme erhoben Buss und Plomin (1984) zu einem Definitionsmerkmal von Temperamentseigenschaften, indem sie Temperament definierten als diejenigen Persönlichkeitseigenschaften, die

- schon im ersten Lebensjahr beobachtbar sind,
- stark genetisch bedingt sind und
- eine hohe langfristige Stabilität aufweisen.

Andere Autoren schlossen sich ihnen später an (z. B. Strelau, 1987). Diese drei Kriterien treffen aber weder auf alle Temperamentseigenschaften zu, noch sind sie geeignet, Temperamentseigenschaften von anderen Persönlichkeitseigenschaften zu unterscheiden.

Erstens genügt auch Intelligenz allen drei Kriterien; Intelligenz wird aber nicht als Temperamentseigenschaft verstanden. Zweitens gibt es dispositionale Formmerkmale des emotionalen Verhaltens, die erst lange nach dem ersten Lebensjahr beobachtbar sind, z. B. sexuelle Reaktivität (die allerdings in der Temperamentsliteratur wie auch in der Persönlichkeitsliteratur insgesamt nur selten erwähnt wird). Drittens ist bisher empirisch nicht nachgewiesen, daß Temperamentseigenschaften generell stärker genetisch mitbedingt sind als Motive oder Einstellungen (vgl. Abschn. 6.2.2). Und viertens ist die Stabilität von Temperamentseigenschaften im Kindesalter nicht sonderlich hoch (vgl. Asendorpf, in Druck); wie viele andere Persönlichkeitseigenschaften auch sind individuelle Besonderheiten im Temperamentsbereich erst ab dem Erwachsenenalter wirklich stabil, wobei ihre Stabilität nicht höher zu sein scheint als die mancher Motive oder Einstellungen.

! **Eine Abgrenzung der Temperamentseigenschaften von anderen Persönlichkeitseigenschaften aufgrund von frühem Auftreten, starkem genetischem Einfluß und hoher langfristiger Stabilität ist nicht möglich.**

Manche Autoren versuchten, Temperamentsmerkmale durch ihre Nähe zu „biologischen Prozessen" zu charakterisieren, wobei damit physiologische Prozesse gemeint sind (z. B. Eysenck, 1991; Gray, 1991; Strelau, 1987; Zuckerman, 1991). Dies liegt nahe, weil Reaktivität, Intensität und Regulation auch physiologische Konzepte sind. Wie im folgenden deutlich werden wird, konnte aber eine enge Beziehung zwischen Temperamentsbeurteilungen und physiologischen Prozeßparametern bisher nicht klar belegt werden.

4.3.1
Die Theorie von Eysenck

Eysencks Temperamentstheorie übte einen großen Einfluß auf die Persönlichkeitspsychologie aus (vgl. besonders Eysenck, 1990, und Eysenck & Eysenck, 1985). Sie besteht im wesentlichen aus zwei Teilen. Der erste Teil beinhaltet die Behauptung, daß alle wesentlichen Temperamentseigenschaften auf zwei unabhängigen Dimensionen variieren: Extraversion mit den beiden Polen extravertiert und introvertiert sowie Neurotizismus mit den beiden Polen labil und stabil (im folgenden wird ignoriert, daß Eysenck später als dritte Dimension Psychotizismus hinzunahm, da diese Weiterentwicklung weniger einflußreich war als die ursprüngliche zweidimensionale Theorie). Eysenck verwies dabei immer wieder auf zwei historische Vorläufer.

Hippokrates (460–377 v. Chr.) war der Meinung, daß es vier Temperamentstypen gebe (Sanguiniker, Phlegmatiker, Choleriker und Melancholiker), die durch Vorherrschen eines der vier Körpersäfte (Blut, Schleim, gelbe und schwarze Galle) charakterisiert seien – eine frühe, offensichtlich auf purer sprachlicher Assoziation (schwarze Galle – trübe Stimmung) beruhende psychophysiologische „Theorie". Wundt, der Begründer der experimentellen Psychologie in Deutschland, erweiterte diese Typenlehre zu einem zweidimensionalen Modell mit den Achsen „Stärke der Gemütsbewegungen" und „Schnelligkeit des Wechsels der Gemütsbewegungen" (Wundt, 1903).

Wie schon andere Autoren vor ihm fand Eysenck in Faktorenanalysen von Persönlichkeitsinventaren zwei Faktoren, die den beiden Dimensionen Wundts recht gut entsprechen. Eysenck (1953) bezog die erste Achse „Stärke der Gemütsbewegungen" auf die im offenen Verhalten beobachtbare Stärke von Emotionen und das Typen-Konzept Jungs von Introversion und Extraversion. Nach C.G. Jung (1921) verhalten sich Introvertierte („nach innen Gekehrte") abgrenzend ihrer Umwelt gegenüber; sie entziehen sich ihr oft und wirken dadurch verschlossen und schwer durchschaubar. Extravertierte („nach außen Gekehrte") dagegen sind offen gegenüber der Umwelt und wirken dadurch freundlich und zugänglich. Die zweite Achse „Schnelligkeit des Wechsels der Gemütsbewegungen" bezog Eysenck (1953) auf die klinische Beobachtung, daß Neurotiker oft eine labile Stimmungslage haben. So kam er zu einem zweidimensionalen Klassifikationssystem mit den beiden Dimensionen Extraversion (E) und Neurotizismus (N) (Abb. 4.3).

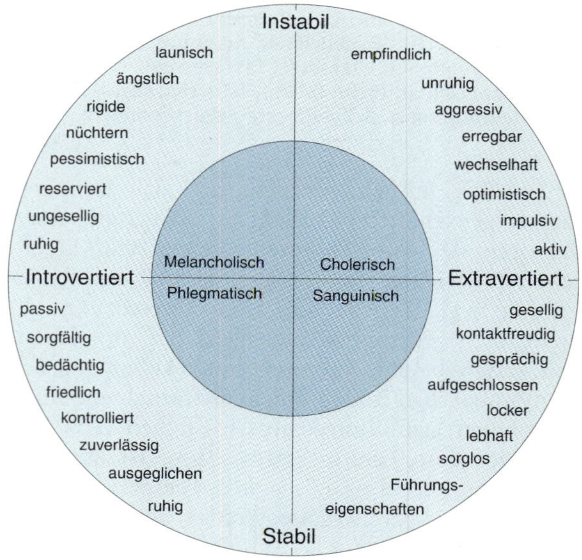

Abb. 4.3. Zweidimensionales Temperamentssystem von Eysenck. (Aus Zimbardo, 1995)

Dieses dimensionale Klassifikationssystem war vor allem deshalb so erfolgreich, weil sich die beiden Dimensionen E und N in praktisch allen Faktorenanalysen von Eigenschaftsurteilen fanden, die auf hinreichend vielen Eigenschaften basierten. Eysenck und Mitarbeiter entwickelten verschiedene Fragebögen zur Messung von E und N, von denen das Eysenck Personality Inventory (EPI; Eysenck & Eysenck, 1968) die breiteste Anwendung fand (deutsche Version von Eggert, 1974; Tabelle 4.3). Die Übereinstimmung zwischen Selbst- und Bekanntenbeurteilungen in E und N liegt für Erwachsene bei 0,50 (Amelang & Borkenau, 1982; Amelang & Ullwer, 1990; McCrae & Costa, 1987).

Diese Robustheit der beiden Dimensionen E und N ist aus Sicht des lexikalischen Ansatzes darauf zurückzuführen, daß sie zwei Faktoren des Fünf-Faktoren-Modells darstellen: Extraversion und emotionale (In-)Stabilität (s. Abschn. 4.1). Dieser erste Teil von Eysencks Theorie läßt sich also relativ mühelos in das Fünf-Faktoren-Modell integrieren.

Tabelle 4.3. Typische Extraversions- und Neurotizismus-Items aus dem Eysenck Personality Inventory (Eysenck & Eysenck, 1968)

Extraversion	Neurotizismus
Haben Sie oft Lust, etwas Aufregendes zu erleben?	Wechselt Ihre Stimmung häufig?
	Haben Sie häufig Alpträume?
Gehen Sie gern viel aus?	Machen Sie sich Sorgen um Ihre Gesundheit?
Halten andere Leute Sie für sehr lebhaft?	Haben Sie Minderwertigkeitsgefühle?

Die durch Selbst- oder Bekanntenbeurteilung operationalisierten Eigenschaften E und N weisen praktisch bedeutsame Außenbeziehungen auf. Selbstbeurteilter Neurotizismus hat eine große Bedeutung für die Vorhersage von subjektiven psychischen und somatischen Beschwerden. Hohe N-Werte sagen hohe Beschwerde-Summenwerte voraus, wenn über viele Beschwerden aggregiert wird. Da viele Neurotizismusskalen Items enthalten, die nach somatischen Beschwerden fragen, ist dies nicht erstaunlich (vgl. Tabelle 4.3). Aber auch wenn Neurotizismus nur durch Items erfaßt wird, die keine somatischen Beschwerden erfassen (wie in der N-Skala des Freiburger Persönlichkeitsinventars FPI; Fahrenberg & Selg, 1970), finden sich Korrelationen mit der Zahl somatischer Beschwerden um 0,55 (Fahrenberg, 1975).

Selbstbeurteilter Neurotizismus sagt sowohl die erlebte Streßintensität in alltäglichen Belastungssituationen vorher als auch die Häufigkeit solcher Situationen. Bolger und Schilling (1991) ließen Versuchspersonen sechs Wochen lang ein Tagebuch über belastende Situationen führen. Personen mit hohen Neurotizismuswerten berichteten häufiger solche Situationen und gaben intensivere Streßreaktionen in diesen Situationen an.

Selbstbeurteilte Extraversion sagt den Zeitanteil vorher, den Personen im Alltag mit ungezwungener Geselligkeit verbringen (Parties, Gespräche, private Telefonate, gemeinsame Unternehmungen in der Freizeit; vgl. z. B. Diener et al., 1984). Diese Beziehung zwischen Selbsturteil und tatsächlichem Verhalten beruht vor allem auf der Extraversion untergeordneten, engeren Eigenschaft „Geselligkeit" (Beispielitem: „Gehen Sie gern viel aus?"). Der „eigentliche" Temperamentsanteil von Extraversion bezieht sich auf spontanes, impulsives, positiv getöntes emotionales Verhalten („aus sich heraus gehen können"); diese der Extraversion untergeordnete Eigenschaft (Eaves & Eysenck, 1975) korreliert aber nur gering mit Geselligkeit.

> **!** **Selbstbeurteilter Neurotizismus sagt subjektive psychische und somatische Beschwerden vorher, selbstbeurteilte Extraversion geselliges Verhalten.**

Der zweite Teil von Eysencks Temperamentstheorie bezieht sich auf die „biologischen Grundlagen" der Faktoren E und N (Eysenck, 1967, 1991). Diese vermutete er in interindividuellen Unterschieden in neurophysiologischen Erregungs- und Hemmungsprozessen. Dabei bezog er sich auf zwei funktionelle neurophysiologische Systeme:

- das aufsteigende retikuläre aktivierende System des Hirnstamms (ARAS; Moruzzi & Magoun, 1949), das eine zentrale Rolle in der Schlaf-Wach-Regulation und der Aufmerksamkeitssteuerung spielt;
- das limbische System (MacLean, 1954; LeDoux, 1987), von dem angenommen wurde, daß es emotionale Erregungsprozesse reguliert (inzwischen ist bekannt, daß dies für Teilstrukturen wie z. B. die Amygdala gilt, während andere wie z. B. der Hippocampus eher Gedächtnisfunktionen ausüben).

> **!** **Eysenck nahm an, daß interindividuelle Unterschiede in Introversion-Extraversion auf interindividuellen Unterschieden in der retikulären Aktivierung beruhten, Unterschiede in Neurotizismus dagegen auf interindividuellen Unterschieden in der limbischen Aktivierung.**

Diese Persönlichkeitsunterschiede in der physiologischen Erregbarkeit bezog Eysenck (1967) auf das Aktivierungspotential von Situationen (das Aktivierungspotential einer Situation ist die mittlere Aktivierung der Personen der betrachteten Population in der Situation). Introvertierte hätten eine niedrigere Schwelle für retikuläre Aktivierung als Extravertierte, so daß ihre retikuläre Aktivierung relativ zu Extravertierten in Situationen mit niedrigem bis starkem Aktivierungspotential stärker sei. Dies gelte jedoch nicht für sehr stark aktivierende Situationen, da dort der Schutzmechanismus der „transmarginalen Hemmung" greife, der zu einer niedrigeren retikulären Aktivierung von Introvertierten relativ zu Extravertierten führe.

Aus dieser Grundannahme lassen sich zwei Klassen von testbaren Hypothesen ableiten. Erstens sollten Introvertierte in niedrig bis stark aktivierenden Situationen eine stärkere EEG-Desynchronisation zeigen (ein bestimmtes EEG-Muster, das bei ARAS-Aktivierung auftritt), in sehr stark aktivierenden Situationen jedoch eine geringere EEG-Desynchronisation als Extravertierte. Zweitens sollten aufgrund des Yerkes-Dodson-Gesetzes, nach dem die Leistung bei mittelhoher Erregung maximal ist, Introvertierte ihren Punkt maximaler Leistungsfähigkeit bei geringerer situativer Aktivierung erreichen als Extravertierte. Entsprechend sollten Introvertierte auch ihren Punkt maximalen Wohlbefindens bei geringerer situativer Stimulierung erreichen als Extravertierte.

Zum Beispiel sollten Introvertierte bei geistiger Arbeit Hintergrundmusik weniger gut tolerieren können als Extravertierte und sich eher in kleinen als in größeren Gruppen wohlfühlen (größere Gruppen würden sie überaktivieren, während sie Extravertierte optimal aktivieren würden). Dieser zweite Teil von Eysencks Theorie sagte also nichtlineare Interaktionen zwischen Situation und Extraversion vorher (Abb. 4.4).

Für Neurotizismus war das Argumentationsmuster sehr ähnlich, nur daß hier retikuläre Aktivierung und autonome physiologische Erregung ausgetauscht wurden. Neurotische (emotional labile) Menschen sollten also stärker mit Angst oder Streßreaktionen auf leicht bis stark angst- oder streßerregende Situationen reagieren als emotional stabile Menschen und länger brauchen, um nach autonom-physiologischer Erregung wieder in einen ausgeglichenen Zustand zurückzukehren.

Empirisch wurden diese theoretischen Vorhersagen meist so getestet, daß für eine bestimmte physiologische oder Verhaltensvariable Hypothesen über Unterschiede zwischen intro- und extravertierten bzw. emotional labilen und stabilen Personen in bestimmten Situationen hergeleitet wurden und dann an Extremgruppen von Versuchspersonen mit niedrigen bzw. hohen Werten in selbstbeurteilter Extraversion bzw. Neurotizismus überprüft wurden. Das ist bestenfalls ein indirekter Test für eine Theorie, die Aussagen über Verhaltenskonsequenzen retikulärer bzw. limbischer Erregbarkeit macht. Ein direkter Test müßte diese Erregbarkeiten neurophysiologisch messen und dann in Beziehung zum Verhalten setzen.

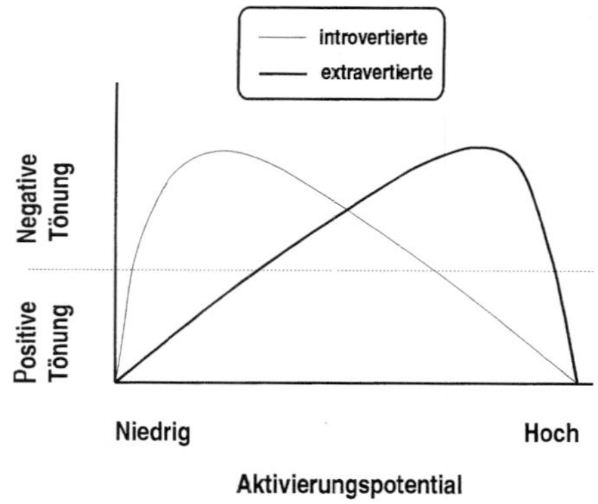

Abb. 4.4. Nichtlineare Interaktion zwischen Aktivierungspotential und Extraversion. (Nach Eysenck & Eysenck, 1985)

Die Ergebnisse dieser indirekten Tests sind insgesamt äußerst widersprüchlich. Ihre Interpretation wird durch mehrere Tatsachen erschwert (vgl. auch Brocke & Battmann, 1985):

- Die Operationalisierung der retikulären bzw. limbischen Aktivierung ist nicht einheitlich. Es wurden verschiedene physiologische Meßverfahren verwendet, die nach dem heutigen Stand des Wissens nicht als äquivalent betrachtet werden können.
- Die Operationalisierung des Aktivierungspotentials der Situationen ist nicht einheitlich. In Verbindung mit der Annahme nichtlinearer Interaktionen zwischen situativem Aktivierungspotential und Extraversion bzw. Neurotizismus führt das zu schwer interpretierbaren Ergebnissen. Gibt es nämlich in stark aktivierenden Situationen keinen Unterschied zwischen den verglichenen Extremgruppen, so kann dies im nachhinein dadurch erklärt werden, daß die situative Aktivierung bereits den Punkt erreicht hatte, an dem die transmarginale Hemmung einsetzte. Nur die sehr aufwendige Variation der Situation über weite Bereiche des Aktivierungspotentials mit Nachweis einer nichtlinearen Interaktion wie in Abb. 4.4 würde ausreichend klar interpretierbare Daten liefern.
- Es handelt sich meist um den Vergleich kleiner Extremgruppen von Versuchspersonen. Solche Studien sind stark anfällig für Zufallsergebnisse.

- Die Faktoren E und N sind sehr breit, d. h. sie repräsentieren ein Bündel nur schwach korrelierender Eigenschaften. Zum Beispiel bezieht sich Extraversion auf mindestens drei untergeordnete Eigenschaften (Geselligkeit, Impulsivität und Nicht-Schüchternheit), die untereinander nur in der Größenordnung von 0,30 korrelieren (vgl. Asendorpf, 1989a; Briggs, 1988; Eaves & Eysenck, 1975). In kleinen Extremgruppen hängt der Anteil von Personen mit extremen Werten in diesen untergeordneten Eigenschaften stark vom Zufall ab. Repräsentieren nun die untergeordneten Eigenschaften die hypothetische, physiologisch definierte Dimension der retikulären Erregbarkeit nicht in gleichem Maße, so führen zufällig variierende Anteile von Personen mit Extremwerten in Geselligkeit, Impulsivität und Nicht-Schüchternheit in den Extremgruppen zu Resultaten, die zwischen Bestätigung und Nichtbestätigung der Theorie schwanken.

Myrtek (1980) untersuchte den Zusammenhang zwischen E und N (gemessen durch die entsprechenden Skalen des Freiburger Persönlichkeitsinventars, FPI; Fahrenberg & Selg, 1970) und zahlreichen psychophysiologischen Variablen, die in mehreren Situationen erhoben wurden. Es ergaben sich durchweg Null-Korrelationen mit Neurotizismus und Extraversion. Stemmler und Meinhardt (1990) erhoben 34 physiologische Parameter in 48 situativen Bedingungen und konnten weder nach Eysenck zu erwartende Beziehungen zwischen den Skalen E und N und den physiologischen Parametern noch einen Einfluß des physiologisch operationalisierten Aktivierungspotentials der Situationen auf diese Beziehungen bestätigen. Amelang und Ullwer (1990) untersuchten 18 verschiedene Verhaltensvariablen an 181 jungen Erwachsenen und konnten Eysencks Theorie anhand einer Vielzahl von Einzelhypothesen testen. Kein einziger Test verlief erfolgreich in dem Sinne, daß das erwartete Ergebnis für Männer und für Frauen eintrat (Eysencks Theorie enthält keine Aussagen über Geschlechtsunterschiede, so daß die Vorhersagen für beide Geschlechter eintreten müßten). Dieses Null-Ergebnis kann nicht auf schlechtes Experimentieren zurückgeführt werden, weil die interindividuellen Unterschiede in den Verhaltensvariablen mehrfach gemessen wurden und durchweg eine zufriedenstellende Retestreliabilität aufwiesen.

> **!** **Eysencks Hypothesen über Zusammenhänge zwischen Extraversions- bzw. Neurotizismusurteilen und physiologischen Parametern oder Verhalten in Situationen unterschiedlichen Aktivierungspotentials konnten nicht bestätigt werden.**

Daß der zweite, neurophysiologisch orientierte Teil von Eysencks Theorie nicht haltbar ist, ist aus Sicht der heutigen Neurophysiologie nicht überraschend. Eysencks Theorie von 1967 basiert auf einem Aktivierungsbegriff, der aus heutiger Sicht viel zu global ist. Inzwischen sind zahlreiche zusätzliche „Aktivierungssysteme" entdeckt worden, die untereinander in komplexer Wechselwirkung stehen (vgl. Stemmler, 1992). Fahrenberg und Mitarbeiter untersuchten in zahlreichen Studien interindividuelle Unterschiede in vielen physiologischen Variablen simultan an denselben Versuchspersonen und kamen nach über 25 Jahren skrupulöser Forschung zu dem ernüchternden Ergebnis, daß sich zwischen den einzelnen physiologischen Variablen, die nach globalen Theorien wie der von Eysenck hoch korrelieren sollten, im wesentlichen Null-Korrelationen finden. Diese Reaktionsinkohärenz verhindert, daß sich „breite", mehrere physiologische Systeme umfassende Temperamentseigenschaften auf physiologischer Ebene identifizieren lassen (vgl. Fahrenberg, 1992). Das heißt nicht, daß es auf physiologischer Ebene überhaupt keine interindividuellen Korrelationen gibt. Es gibt sie, aber sie sind auf eng umschriebene physiologische Regulationssysteme beschränkt.

Entsprechendes gilt auch für diejenigen interindividuellen Unterschiede im Verhalten, die nach Eysencks Theorie durch die hypothetischen Dimensionen Extraversion und Neurotizismus erklärt werden sollten. In der Studie von Amelang und Ullwer (1990) fanden sich durchweg Null-Korrelationen zwischen den 18 untersuchten Verhaltensvariablen. Das widerspricht der Annahme, daß sie durch gemeinsame, zugrundeliegende interindividuelle physiologische Unterschiede beeinflußt sind.

Insgesamt verbleibt damit von Eysencks Theorie für die heutige Persönlichkeitspsychologie vor allem die Rekonstruktion alltagspsychologischer Temperamentsurteile durch den von E und N aufgespann-

ten zweidimensionalen Eigenschaftsraum als Teil des Fünf-Faktoren-Modells. Die von Eysenck (1967) vermutete Beziehung von E und N zu interindividuellen Unterschieden in retikulären bzw. limbischen Erregungs- und Hemmungsprozessen ließ sich nicht bestätigen, und es ist unklar, ob diese Faktoren überhaupt mit interindividuellen Unterschieden in diesen oder anderen physiologischen Aktivierungsprozessen eng zusammenhängen.

Ähnlich unklar ist die Beziehung zwischen der Dimension Sensation Seeking (Zuckerman, 1979, 1991) und interindividuellen Unterschieden auf neurophysiologischer Ebene. Sensation Seeking korreliert mittelhoch positiv mit Extraversion, soll das Bedürfnis nach Stimulation messen, wird durch Selbstbeurteilung entsprechender Bedürfnisse in konkreten Situationen erfaßt (Beispiel: Neigung zu schnellem Autofahren; Spaß an Drachenfliegen) und zeigt die erwarteten Beziehungen zu tatsächlichem riskantem Verhalten (Beispiel: Rennfahrer und Drachenflieger haben überdurchschnittliche Werte). Die Befunde zu vermuteten neurophysiologischen Korrelaten (Einsetzen der Schutzhemmung erst bei sehr intensiven Reizen) und neurochemischen Korrelaten (Konzentration des Enzyms MAO) sind nicht eindeutig und scheinen teilweise sogar der Theorie zu widersprechen (vgl. z. B. Brody, 1988)

4.3.2 Die Theorie von Gray

Gray schlug eine Modifikation beider Teile von Eysencks Theorie vor. Nach Gray (1982) lassen sich drei Verhaltenssysteme (behavioral systems) unterscheiden, die in emotionalen Situationen eine Rolle spielen:

- Ein Verhaltensaktivierungssystem (behavioral approach system nach Gray, 1982; behavioral activation system nach Fowles, 1980) organisiere die Reaktion auf konditionierte Reize, die Belohnung oder Nichtbestrafung signalisieren (das Verhaltensaktivierungssystem soll an der Regulation klassisch konditionierter Reaktionen beteiligt sein; vgl. Abschn. 2.3.1).
- Ein Verhaltenshemmungssystem (behavioral inhibition system) organisiere die Reaktion auf Reize, die unbekannt sind oder Bestrafung oder Nichtbelohnung signalisieren.
- Ein Angriff-/Fluchtsystem (fight/flight system) organisiere die Reaktion auf unkonditionierte Gefahrenreize.

Ein aus Symmetriegründen zu erwartendes viertes Verhaltenssystem, das die Reaktion auf unkonditionierte Reize für Belohnung und Nichtbestrafung organisiert, gibt es nach Gray (1982) nicht; statt dessen gebe es zahlreiche verschiedene Systeme für unterschiedliche Klassen von unkonditionierten Belohnungs-/Nichtbestrafungsreizen.

Das Verhaltensaktivierungssystem führe zu Annäherungsverhalten; das Verhaltenshemmungssystem zu Verhaltenshemmung sowie Erhöhung der limbischen Erregung und Aufmerksamkeit; und das Angriff-/Fluchtsystem je nach Situation zu defensiver Aggression oder zu Flucht (Abb. 4.5).

Obwohl Gray (1982) zur Stützung seiner Theorie vor allem neurophysiologische Befunde anführte, war er vorsichtig, was den theoretischen Status seiner drei Systeme angeht: Er sprach ausdrücklich von Verhaltenssystemen, die nicht unbedingt eine neuroanatomische Entsprechung haben müßten. Gray (1982) bezog sich in seiner Theorie fast ausschließlich auf Tierexperimente und gab zu, daß für eine Verallgemeinerung auf emotionales Verhalten beim Menschen noch die empirische Basis fehle. Der Wert von Grays Theorie liegt also eher in ihrem heuristischen Nutzen (Nutzen für die Ableitung testbarer Hypothesen). So läßt sich z. B. die Annahme ableiten, daß konditionierte Reaktionen auf so unterschiedliche situative Merkmale wie Unbekanntheit, Strafe und Nichtbelohnung durch ein und dasselbe Verhaltenssystem organisiert werden und von daher interindividuelle Unterschiede in der Reaktion auf diese heterogenen Reize eine gewisse Konsistenz aufweisen sollten.

Für die Persönlichkeitspsychologie besteht dieser heuristische Nutzen vor allem in der Anwendung von Grays Theorie auf Temperamentseigenschaften. Interindividuelle Unterschiede in der Stärke des Verhaltenshemmungssystems (also in der Empfänglichkeit gegenüber Unbekanntheit, Strafe und Nichtbelohnung) und interindividuelle Unterschiede in der Stärke des Verhaltensaktivierungssystems (also in der Empfänglichkeit gegen

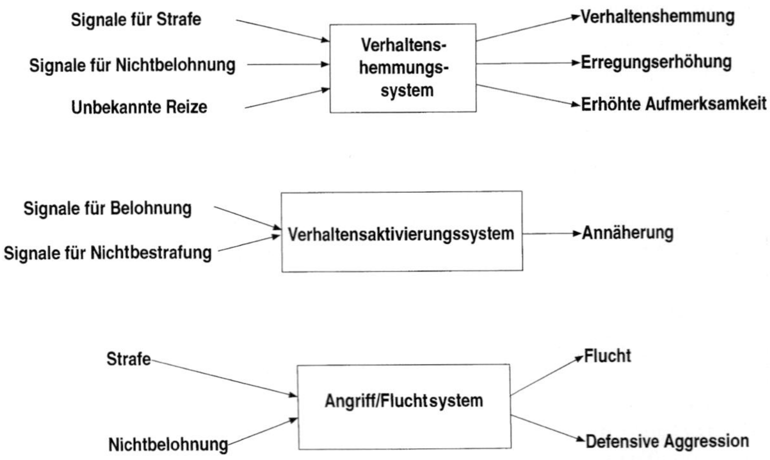

Abb. 4.5. Drei Verhaltenssysteme nach Gray

über Belohnung und Nichtbestrafung) bilden nach Gray (1987) zwei orthogonale (unkorrelierte) Dimensionen auf Konstruktebene. Man könnte sie also Gehemmtheit und Aktiviertheit nennen. Nach Gray (1987) entsprechen sie in ihrer Bedeutung recht gut den alltagspsychologischen Konzepten Ängstlichkeit und Impulsivität.

Nach Gray ist hohe Gehemmtheit durch starke Empfänglichkeit gegenüber Unbekanntheit, Strafe und Nichtbelohnung und hohe Aktiviertheit durch starke Empfänglichkeit gegenüber Belohnung und Nichtbestrafung gekennzeichnet. Gehemmtheit und Aktiviertheit spannen nach Gray denselben zweidimensionalen Raum von Temperamentseigenschaften auf wie Eysencks Faktoren E und N, nur daß Grays Dimensionen um 45° rotiert sind (Abb. 4.6). Hohe Gehemmtheit im Sinne Grays wird also durch hohe Werte in Neurotizismus und Introversion und hohe Aktiviertheit durch hohe Werte in Extraversion und Neurotizismus charakterisiert.

Gray (1987) gibt eine Übersicht über einige unterstützende empirische Untersuchungen zu diesem zweidimensionalen Temperamentsmodell. Carver und White (1994) konstruierten kurze Skalen zur Messung selbstbeurteilter Gehemmtheit und von drei Aspekten selbstbeurteilter Aktiviertheit und konnten experimentell zeigen, daß gehemmte Studenten sich auf die Erwartung von Bestrafung hin als nervöser beschrieben als ungehemmte und daß aktivierte Studenten sich auf die Erwartung einer Belohnung hin freudiger beschrieben als unaktivierte.

Asendorpf (1989a) wandte Grays Gehemmtheitskonstrukt auf den Spezialfall von Gehemmtheit in

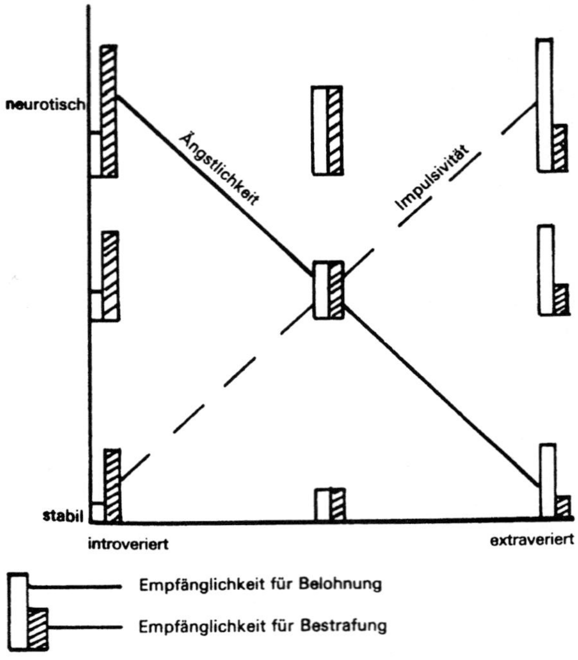

Abb. 4.6. Zweidimensionales Temperamentssystem nach Gray. (Aus Amelang & Bartussek, 1990)

sozialen Situationen an (alltagspsychologisch als Schüchternheit bezeichnet). Ebenso wie Briggs (1988) konnte Asendorpf (1989a) bestätigen, daß selbstbeurteilte Schüchternheit – wie nach Gray zu erwarten – in etwa gleicher Höhe positiv mit Neurotizismus (0,43) und Introversion (0,52) korrelierte. Extremgruppen hoch und niedrig Schüchterner fielen erwartungsgemäß in den linken oberen und rechten unteren Quadranten des E-N-Raumes (Abb. 4.7).

Weiterhin konnte Asendorpf (1989b) Grays (1982) Hypothese bestätigen, daß Unbekanntheit (in sozialen Situationen: Unvertrautheit mit dem Interaktionspartner) und signalisierte Strafe oder Nichtbelohnung (in sozialen Situationen: Erwartung negativer oder unzureichend positiver sozialer Bewertung) beide unabhängig voneinander situationale Schüchternheit hervorrufen. Studenten unterhielten sich entweder mit einer völlig unbekannten Versuchsperson, einer seit zehn Minuten bekannten Versuchsperson oder einem guten Freund in einer Wartesituation, in der sie glaubten, auf das eigentliche Experiment zu warten. Andere Studenten mit entsprechenden Interaktionspartnern wurden gebeten, sich über die Persönlichkeit ihres Partners zu informieren, um ihn später zu beurteilen bzw. von ihm beurteilt zu werden (z. B. bezüglich Sympathie); dies sollte Angst vor sozialer Bewertung hervorrufen. Wie Abb. 4.8 zeigt, riefen die Bewertungsbedingung und die Unvertrautheit mit dem Partner unabhängig voneinander höhere Werte in selbstbeurteilter situativer Schüchternheit hervor; für partnerbeurteilte und von Dritten beobachtete situative Schüchternheit galt dasselbe.

Analysen von Situationsinventaren für schüchternes Verhalten (Asendorpf, 1989a; Russell et al., 1986) zeigten eine hohe transsituative Konsistenz selbstbeurteilter Schüchternheit zwischen unvertrauten und Bewertungssituationen. Deshalb lassen sich Schüchternheitsskalen konstruieren, deren Items sich sowohl auf die Konfrontation mit Fremden als auch auf soziale Bewertung durch Bekannte

Abb. 4.7. Extremgruppen in Schüchternheit im Extraversions-Neurotizismus-Raum. (Aus Asendorpf, 1989a)

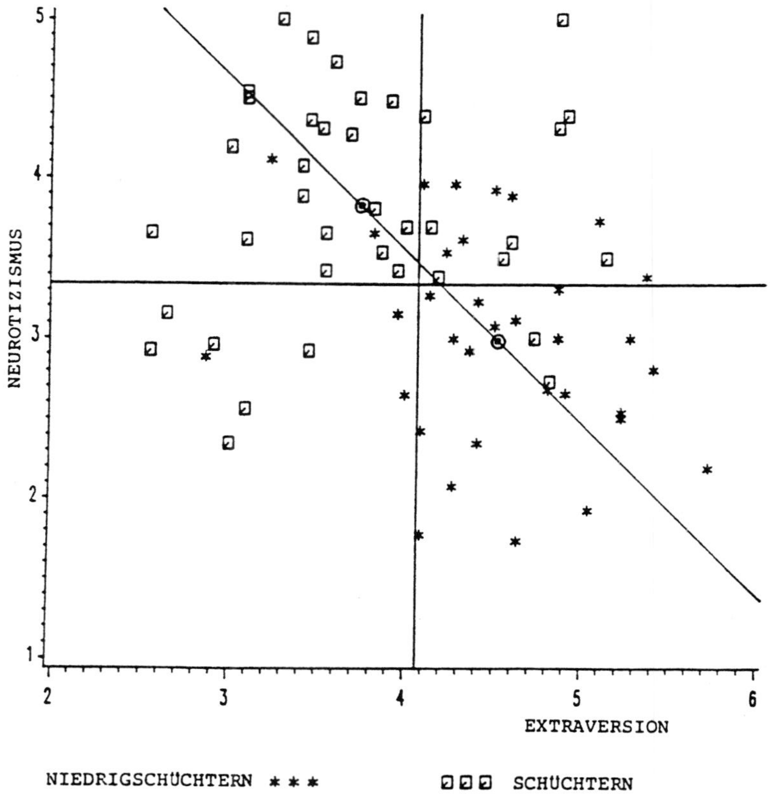

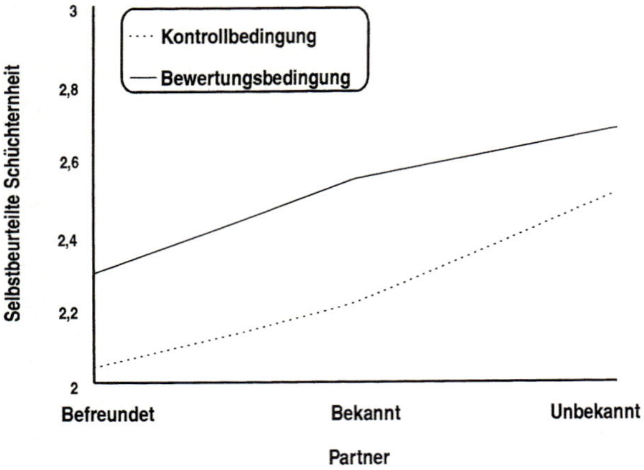

Abb. 4.8. Induktion situationaler Schüchternheit durch Unvertrautheit des Interaktionspartners und soziale Bewertung

beziehen (Asendorpf, 1989a; Jones et al., 1986). Auch dies stützt Grays Hypothese, daß Gehemmtheit eine höhere Empfänglichkeit gegenüber Unbekanntheit und Strafe/Nichtbelohnung beinhaltet.

Insgesamt bietet Grays Theorie einen zumindest heuristisch nützlichen Ansatzpunkt zu Untersuchungen von Temperamentseigenschaften, die etwas mit der Erwartung von Belohnung oder Bestrafung zu tun haben. Daß Grays Modell bisher mehr empirische Bestätigung fand als Eysencks Aktivierungstheorie, ist nicht erstaunlich, weil es näher an psychologischen Konzepten operiert als Eysencks Aktivierungstheorie. Daß in Faktorenanalysen von Eigenschaftsbeurteilungen eher Eysencks Faktoren E und N als Grays Faktoren Gehemmtheit und Aktiviertheit gefunden werden, spricht nicht gegen Grays Theorie, da es sich bei diesen Faktoren nur um die Rekonstruktion der naiven Persönlichkeitswahrnehmung handelt. Zur Zeit verbietet sich ein abschließendes Urteil über die Anwendbarkeit von Grays Theorie auf Temperamentseigenschaften.

4.3.3 Ängstlichkeit

Persönlichkeitsskalen, die Ängstlichkeit durch situationsunspezifische Items erfassen (z. B. „Ich habe fast immer Angst um irgend etwas oder irgend jemanden"), korrelieren so hoch mit Neurotizismus, daß die Eigenschaften Neurotizismus und Ängstlichkeit als identisch angesehen werden können. Zum Beispiel korreliert eine der am häufigsten verwendeten Ängstlichkeitsskalen, die Manifest Anxiety Scale (MAS; deutsche Fassung von Lück & Timaeus, 1969), um 0,75 mit Neurotizismus. Entsprechendes gilt für die Trait-Angstskala des State-Trait-Angstinventars von Laux et al. (1981).

Anders sieht es aus, wenn konkretere angsterregende Situationen erfragt werden. Endler et al. (1962) fanden in Faktorenanalysen eines solchen Ängstlichkeitsinventars, daß interindividuelle Unterschiede in der Angstbereitschaft auf drei unabhängigen Dimensionen variierten:

- Ängstlichkeit in sozialen Situationen,
- Ängstlichkeit bei physischer Bedrohung und
- Ängstlichkeit in ungewissen, schlecht einschätzbaren Situationen.

Becker (1982) fand sechs niedrig bis mäßig korrelierende Ängstlichkeitsfaktoren (vgl. auch Abb. 1.2):

- Ängstlichkeit vor physischer Verletzung,
- Ängstlichkeit vor Erkrankungen und ärztlichen Behandlungen,
- Ängstlichkeit vor Abwertung und Unterlegenheit,
- Ängstlichkeit vor Normüberschreitung,
- Ängstlichkeit vor „Auftritten" (z. B. Bühnenangst bei Schauspielern),
- Ängstlichkeit vor Selbstbehauptung.

Ängstlichkeit zeigt also im Selbsturteil eine nur niedrige transsituative Konsistenz; entsprechend viele Faktoren gibt es. Möglicherweise wird durch diese Fragebogenergebnisse die tatsächliche transsituative Konsistenz im Verhalten sogar noch überschätzt (vgl. Abschn. 2.4.3). Insofern sollte Ängstlichkeit nicht als eine einheitliche Eigenschaft, sondern eher als eine Dispositionshierarchie aus situationsspezifischen Ängstlichkeitsfaktoren aufgefaßt werden mit einem übergeordneten Faktor der allgemeinen Ängstlichkeit (vgl. Abb. 1.2).

Hinzu kommt das Problem, daß Ängstlichkeitsselbstbeurteilungen durch eine starke Tendenz zu sozial erwünschten Antworten oder durch Abwehrstile verfälscht sein können (vgl. Abschn. 2.2.4). Zudem scheinen situationsunspezifisch erfaßte Ängstlichkeitsbeurteilungen nicht nur tatsächliche Angsttendenzen in bestimmten Situationen zu erfassen,

sondern auch die Tendenz, besorgt über eigene Ängstlichkeitsreaktionen zu sein.

> **!** Selbstbeurteilungen von Neurotizismus oder situationsunspezifisch erfaßter Ängstlichkeit erfassen eine sehr breite, transsituativ wenig konsistente Eigenschaft. Sie reflektiert nicht nur situationsspezifische Angsttendenzen, sondern auch die Tendenz, sich Sorgen über eigenes Erleben, Verhalten und körperliche Reaktionen zu machen – eingeschlossen eigene Angstreaktionen.

Wird Ängstlichkeit durch Verhalten in realen Situationen erfaßt, z. B. ängstliche Mimik, Muskelspannung oder physiologische Messungen, so ergeben sich oft Null-Korrelationen zwischen verschiedenen Verhaltensindikatoren von Ängstlichkeit (vgl. z. B. Fahrenberg, 1992). Diese Diskrepanzen können teilweise auf stabile individuelle Reaktionsprofile zurückgeführt werden (vgl. Abschn. 2.4.4), was aber letztlich noch keine befriedigende Erklärung ist: Wie kommt es zu diesen Reaktionsprofilen, und kann man sie vorhersagen? Diese Frage scheint derzeit nicht beantwortbar.

Unterschiedliche Operationalisierungen von Ängstlichkeit zeigen also nur eine geringe transsituative Konsistenz und Inkohärenzen zwischen subjektiv-verbaler Selbstbeschreibung, physiologischen Reaktionen und ängstlichem Verhalten, so daß diese drei Ebenen der Ängstlichkeit unbedingt zu trennen sind (Lang, 1971). Darüber hinaus zeigen sie auch Inkohärenzen bei Betrachtung verschiedener Ängstlichkeitsmaße innerhalb derselben Ebene. Bei näherer Analyse zerfällt also das scheinbar einheitliche alltagspsychologische Konzept der Ängstlichkeit in zahllose situative und reaktive individualtypische Besonderheiten.

> **!** Ängstlichkeit zeigt auf der Ebene der Physiologie und des Verhaltens eine sehr hohe Individualspezifität der Reaktionen.

4.3.4 Diskussion

Zusammenfassend läßt sich feststellen, daß nach vielen Jahren intensiver Forschung das Konzept von physiologienahen Temperamentseigenschaften, die Selbsturteil, Verhalten und Physiologie in kohärenter Weise umfassen, nicht bestätigt werden konnte. Es gibt derzeit keine haltbare Theorie über neurophysiologische Grundlagen des Temperaments; insbesondere kann Eysencks Theorie als widerlegt gelten. Theorien wie Grays Theorie von Verhaltenssystemen, die näher an psychologischen Prozessen orientiert sind, scheinen mehr Substanz zu haben, wobei sich hier ein abschließendes Urteil noch verbietet.

Diese Schlußfolgerung besagt nicht, daß es auf physiologischer Ebene keine psychologisch bedeutsamen interindividuellen Unterschiede gibt. Natürlich gibt es sie, weil jede im Erleben oder Verhalten repräsentierte Eigenschaft eine neuronale Basis hat. Aber auch wenn „physiologienah" spezifischer verstanden wird, indem etwa an Parameter des hormonellen oder des autonomen Nervensystems gedacht wird oder an Prozesse der kortikalen Aktivierung (vgl. Birbaumer & Schmidt, 1991), wäre es erstaunlich, wenn es dort keine von Person zu Person variierenden Parameter gäbe, die sich in typischen Formen des Verhaltens, also im Temperament, widerspiegeln würden. Die Zusammenhänge zwischen physiologischer und psychologischer Ebene sind wohl nur erheblich komplexer als traditionell angenommen wurde, oder die entscheidenden Parameter wurden noch nicht gefunden.

Auf der Suche nach solchen physiologischen Parametern helfen Fragebogenuntersuchungen, in denen das subjektive Erleben über physiologische Erregungs- und Hemmungsprozesse erfragt wird (vgl. z. B. Strelau et al., 1990) nicht weiter. Die Genauigkeit solcher Erfassungsmethoden für die tatsächlich ablaufenden physiologischen Prozesse ist vernachlässigbar gering. Das zeigen z. B. die zahlreichen Untersuchungen zur Wahrnehmung der Herz-Kreislauf- und Atmungsreaktionen (vgl. Vaitl, 1995).

Bei geeigneten, prozeßnahen Untersuchungsmethoden können Versuchspersonen bei voller Konzentration ihrer Aufmerksamkeit zwar intraindividuelle Fluktuationen in solchen Reaktionen über kurze Zeiträume relativ gut wahrnehmen, aber das gilt nicht für Schwankungen selbst großen Ausmaßes im Alltag (Myrtek et al., 1995) und erst recht nicht für interindividuelle Unterschiede im mittleren Niveau oder der Reaktivität in diesen Reaktionen, auf die Fragebogenuntersuchungen abzielen (vgl. auch schon Pennebaker, 1982).

Vielmehr gibt es hier Persönlichkeitsunterschiede in der Sensitivität gegenüber physiologischen Reaktionen, die organspezifisch zu sein scheinen (Pennebaker et al., 1985). Hinzu kommt das Problem, daß in diesem Bereich der Wahrnehmung unterschwellige, nicht bewußte Wahrnehmung eine besonders große Rolle zu spielen scheint: Sie ist auch auf kortikaler Ebene nachweisbar und an Einflüssen auf Lernprozesse erkennbar, ist aber nicht verbalisierbar.

> **!** **Fragebogenuntersuchungen zur subjektiven Wahrnehmung physiologischer Reaktionen sagen praktisch nichts über tatsächliche interindividuelle Unterschiede in physiologischen Reaktionen aus. Sie erfassen auch nur einen bestimmten Anteil an der tatsächlichen Sensitivität gegenüber den eigenen physiologischen Reaktionen, weil viele Wahrnehmungen unterschwellig bleiben.**

So wie man zum Periodensystem der Elemente nicht durch Klassifikation von Stoffen nach Oberflächeneigenschaften kommt (vgl. die Kritik am lexikalischen Ansatz in Abschn. 4.1), kommt man durch Fragebogenuntersuchungen nicht zu den gesuchten physiologischen Prozessen. Es führt kein Weg daran vorbei, die komplexen Regulationsprozesse auf physiologischer Ebene zu untersuchen und interindividuell variierende Parameter dieser Prozesse mit beobachtbarem Verhalten in Beziehung zu setzen.

Diagnostisch wertvoll sind selbstbeurteilte Temperamentseigenschaften, wenn sie zur Vorhersage anderer subjektiver Wahrnehmungen (Neurotizismus sagt subjektive somatische Beschwerden gut vorher) oder tatsächlichen sozialen Verhaltens eingesetzt werden (Extraversion, insbesondere der Subfaktor Geselligkeit, sagt ungezwungene Geselligkeit gut vorher). Diese eher trivialen Anwendungen setzen aber kein spezifisches Temperamentskonzept voraus.

> **!** **Solange keine klaren Beziehungen zwischen physiologischen Parametern und Formaspekten des Verhaltens gefunden sind, bleibt das Konzept des Temperaments ein Konzept der Alltagspsychologie, das als eigenständige persönlichkeitspsychologische Kategorie wenig Sinn ergibt.**

Fragen

4.7 Wie wird Temperament definiert?

4.8 Auf welchen beiden Ebenen und auf welche Weise konzeptualisierte Eysenck Extraversion und Neurotizismus?

4.9 Welcher Anteil an Eysencks Temperamentstheorie ließ sich bestätigen und welcher nicht?

4.10 Welche Verhaltenssysteme unterschied Gray, und durch welche situativen Reize werden sie aktiviert?

4.11 Welche Beziehungen bestehen zwischen Grays und Eysencks Temperamentsauffassung auf Beurteilungsebene?

4.12 Wird der Drei-Ebenen-Ansatz von Lang der Komplexität von Ängstlichkeit gerecht?

4.13 Warum sind Selbstbeurteilungen individueller physiologischer Besonderheiten wenig aussagekräftig?

Weiterführende Literatur

Strelau, J. & Angleitner, A. (Eds.) (1991). *Explorations in temperament.* New York: Plenum.

4.4 Fähigkeiten

Fähigkeiten sind Persönlichkeitseigenschaften, die Leistungen ermöglichen. Leistungen sind Ergebnisse von Handlungen, die nach einem Gütemaßstab bewertbar sind: Das Ergebnis (also die erbrachte Leistung) ist gut oder schlecht. Die erzielte Leistung in einer bestimmten Aufgabe hängt sowohl von der Fähigkeit als auch von der Anstrengung ab (der Stärke der Leistungsmotivation beim Lösen der Aufgabe; vgl. Abschn. 4.5.1). Deshalb können Fähigkeitsunterschiede zwischen Personen nur mit Einschränkung durch ihre Leistungsunterschiede operationalisiert werden. Leistungstests bilden nur dann Fähigkeitsunterschiede ab, wenn die Probanden sich beim Test in gleicher Weise anstrengen.

Dieses Grundproblem bei der Erfassung von Fähigkeiten wird auch als Kompetenz-Performanz-Problem bezeichnet: Die Performanz (realisierte

Leistung) in einer Aufgabe ist nur bei gleicher Motivationsstärke ein gutes Maß der Kompetenz (Fähigkeit). Dieses Problem läßt sich auf verschiedene Weise angehen. Besonders verbreitet ist das Verfahren, durch eine entsprechende Gestaltung der Testsituation für eine maximale Anstrengung bei den Getesteten zu sorgen, indem versucht wird, Unter- oder Überforderungen möglichst zu vermeiden und eine hohe Anstrengung durch Belohnung für gute Leistung oder auch einfach durch entsprechende Instruktion herzustellen. Ein zweites Verfahren verwendet Testwiederholungen, wobei nicht so sehr die mittlere Leistung eines Probanden interessiert, sondern seine maximale Leistung. Dabei wird angenommen, daß die intraindividuellen Leistungsschwankungen auf Schwankungen in der Anstrengung zurückgehen, so daß die maximale Leistung die bestmögliche Schätzung der Fähigkeit ist.

Mit dem Fähigkeitsbegriff verwandt ist das alltagspsychologische Konzept der Begabung. Der Begabungsbegriff hält allerdings einer näheren psychologischen Analyse nicht stand, weil er zu stark mit Vorannahmen über Entwicklungsursachen belastet ist (Begabung wird als angeboren und kaum durch Lernen veränderbar angesehen). Psychologische Konstrukte sollten tunlichst frei von solchen Vorannahmen sein; in welchem Maße Fähigkeiten durch Lernen veränderbar sind, sollte der empirischen Prüfung überlassen bleiben. Deshalb spielt der Begabungsbegriff in der heutigen Persönlichkeitspsychologie keine Rolle mehr.

Wie andere Bereiche von Persönlichkeitseigenschaften auch lassen sich verwandte Fähigkeiten in Form einer Fähigkeitshierarchie ordnen, von breiten übergeordneten Eigenschaften bis hin zu spezifischen untergeordneten Eigenschaften (vgl. Abschn. 2.4.3). Je nach Anwendungsinteresse lassen sich zahllose Fähigkeitshierarchien konstruieren, z. B. für sportliche, musikalische, literarische, soziale oder intellektuelle Fähigkeiten. Am eingehendsten wurden in der Psychologie bisher intellektuelle und – deutlich weniger häufig – soziale Fähigkeiten untersucht. Im folgenden werden zunächst intellektuelle und dann soziale Fähigkeiten diskutiert.

Intellektuelle Fähigkeiten sind im Fünf-Faktoren-Modell (vgl. Abschn. 4.1) durch den fünften Faktor repräsentiert, der oft als Intellekt bezeichnet wird. Faktorenanalysen der Items dieses sehr breiten Faktors ergeben meist zwei bis drei Faktoren, nämlich Kreativität, Intelligenz und Nachdenklichkeit (vgl. De Raad, 1994; Saucier, 1994; Trapnell, 1994). Tabelle 4.4 zeigt Faktorenladungen von Items, die diese drei Unterfaktoren des fünften Faktors gut repräsentieren, und Korrelationen dieser drei Unterfaktoren mit den Faktoren des Fünf-Faktoren-Modells.

Intelligenz und Kreativität entsprechen gut untersuchten psychologischen Konstrukten glei-

Tabelle 4.4. Unterfaktoren des Faktors Intellekt. (Nach Saucier, 1994)

Item	Faktorenladungen für Unterfaktor		
	Kreativität	Nachdenklichkeit	Intelligenz
creative	**0,79**	0,06	0,17
imaginative	**0,74**	0,08	0,09
artistic	**0,65**	0,04	0,07
inventive	**0,65**	−0,03	0,28
innovative	**0,48**	0,07	0,21
theatrical	**0,44**	0,08	0,00
uncreative	**−0,79**	−0,02	−0,09
unimaginative	**−0,69**	−0,10	−0,11
contemplative	0,01	**0,67**	−0,02
introspective	0,02	**0,65**	0,00
meditative	0,14	**0,64**	−0,01
philosophical	0,24	**0,58**	0,17
self-examining	−0,06	**0,55**	0,04
deep	0,08	**0,53**	0,17
complex	0,11	**0,53**	0,22
insightful	−0,06	**0,44**	0,15
unreflective	−0,07	**−0,66**	−0,03
smart	0,04	0,07	**0,82**
intelligent	0,10	0,13	**0,80**
knowledgeable	0,10	0,13	**0,71**
intellectual	0,14	0,14	**0,69**
bright	0,10	0,03	**0,69**
brilliant	0,18	0,04	**0,68**
wise	0,01	0,04	**0,62**
clever	0,34	−0,10	**0,45**
unintelligent	−0,14	−0,16	**−0,56**
unintellectual	−0,16	−0,21	**−0,51**
	Korrelation mit fünf Faktoren		
Extraversion	0,15	−0,28	0,05
Neurotizismus	0,00	−0,10	−0,02
Gewissenhaftigkeit	−0,01	−0,09	0,18
Verträglichkeit	0,10	−0,11	0,24
Intellekt	**0,65**	**0,50**	**0,46**

chen Namens; der Faktor Nachdenklichkeit wurde bisher kaum untersucht. Im folgenden werden deshalb nur Intelligenz und Kreativität diskutiert.

4.4.1 Intelligenz

Intelligenz ist nach alltagspsychologischer Auffassung eine relativ einheitliche Fähigkeit, intellektuelle Leistungen zu vollbringen. Dabei fällt es schwer, alltagspsychologisch zu definieren, was intellektuelle Leistungen eigentlich sind. In Verbindung mit der sehr hohen sozialen Erwünschtheit des Merkmals Intelligenz in heutigen westlichen Kulturen führt diese Unsicherheit zu einer kritischen Haltung psychologischen Intelligenzkonzepten gegenüber. Auch Psychologen können Intelligenz nicht so definieren, wie es alltagspsychologisch erwartet wird, nämlich durch eine klare Umreißung von Aufgabentypen oder spezielleren Fähigkeiten. Deshalb ziehen sie sich oft auf die zirkuläre Definition zurück „Intelligenz ist, was Intelligenztests messen". Das wird ihnen dann zu Recht als Scheindefinition angekreidet und weckt den Verdacht, das psychologische Intelligenzkonzept sei eine windige Angelegenheit.

Das ist nicht der Fall – ganz im Gegenteil. Intelligenz ist die am besten untersuchte Persönlichkeitseigenschaft überhaupt, sowohl was die schiere Masse an Daten als auch was die Dauer der empirischen Forschung zu diesem Merkmal angeht. Und genau darin liegt die Schwierigkeit einer Definition von Intelligenz, denn das psychologische Intelligenzkonzept ist nur aus seiner Geschichte her verständlich. Um über die Scheindefinition „Intelligenz ist, was Intelligenztests messen" hinauszukommen, muß man sich also die Mühe machen, die historische Entwicklung des Intelligenzkonzepts nachzuvollziehen.

Historische Entwicklung der Intelligenzmessung

Diese Entwicklung begann u. a. mit den Versuchen von Francis Galton (einem Vetter von Charles Darwin), intellektuelle Fähigkeiten durch Sinnesprüfungen (z. B. Unterscheidungsvermögen für visuelle, akustische oder Tastreize) und Gedächtnistests zu bestimmen. Dazu richtete er 1884 auf der "International Health Exhibition" in London ein „anthropometrisches Labor" ein, in dem sich Ausstellungsbesucher gegen eine Gebühr von 3 Pence testen lassen konnten, wofür sie ein Blatt mit ihren Ergebnissen bekamen – eine der seltenen Studien, in denen die Versuchspersonen die Psychologen bezahlen und nicht umgekehrt.

Galton wollte vor allem überprüfen, ob intellektuelle Fähigkeiten ähnlich wie die Körpergröße normalverteilt sind (vgl. Abschn. 2.4.3) und welche Zusammenhänge zwischen ihnen bestehen. Dazu entwickelte er eine Vorform des Korrelationskoeffizienten (Galton, 1888), der später von seinem Schüler Karl Pearson zum heutigen Korrelationskoeffizienten weiterentwickelt wurde. Die Zusammenhänge zwischen den verschiedenen Tests waren jedoch äußerst gering. Das war auch das Ergebnis umfangreicherer Testungen nordamerikanischer Studenten (Cattell & Farrand, 1896), wobei die einzelnen „mental tests" keine substantiellen Beziehungen zum Studienerfolg aufwiesen (Wissler, 1901). Die erste Phase der Intelligenzforschung durch Sinnes- und Gedächtnisprüfungen war in eine Sackgasse geraten.

> **!** Spezifische Sinnes- und Gedächtnisleistungen korrelieren nur minimal untereinander und mit Schul- und Studienerfolg.

Aus dieser Sackgasse heraus führte der Ansatz von Binet und Henri (1895), intellektuelle Fähigkeiten auf einem höheren Komplexitätsniveau zu testen. Sie schlugen vor, Intelligenz durch eine Reihe von Aufgaben zu erfassen, zu deren Lösung jeweils unterschiedliche intellektuelle Fähigkeiten nötig sind (damit nutzten Binet & Henri, 1895, ohne daß ihnen das bewußt war, das Aggregationsprinzip; vgl. Abschn. 3.2.2). Eine Gelegenheit zur Überprüfung ihres Ansatzes bot sich, als das Pariser Unterrichtsministerium verfügte, daß Kinder nur noch auf der Grundlage medizinischpädagogischer Gutachten in eine Sonderschule eingewiesen werden durften. Binet und Simon (1905) entwickelten zur Stützung dieser Gutachten den ersten Intelligenztest im heutigen Sinne, der sich als relativ erfolgreich für die Frage nach der Sonderbeschulung erwies und bald darauf zu einem systematischen Test für Kinder und Jugendliche ausgebaut wurde (Tafel 4.3).

Tafel 4.3. Das Konzept des Intelligenzalters

Binet und Simon entwickelten für jede Altersstufe zwischen 3 und 15 Jahren fünf oder mehr mittelschwere Aufgaben (sie konnten von 50 %–75 % der Kinder des entsprechenden Alters gelöst werden) (Tabelle 4.5).

Tabelle 4.5. Typische Aufgaben für zwei Altersstufen. (Nach Binet & Simon, 1905)

Altersstufe 6	Altersstufe 10
1. Erkennt das hübschere Gesicht aus jedem von drei Paaren	1. Konstruiert einen sinnvollen Satz aus den Worten Paris, Glück, Rinnstein
2. Kennt rechts und links (zeigt auf das richtige Ohr)	2. Kennt die Monate des Jahres in der richtigen Reihenfolge
3. Wiederholt einen Satz von 16 Silben	3. Erinnert sich an 9 Geldstücke

Um das Intelligenzalter eines Kindes, z. B. eines Siebenjährigen, zu bestimmen, wurden ihm so lange Aufgaben niedrigerer Altersstufen vorgelegt, bis es gerade noch alle Aufgaben lösen konnte, z. B. alle Aufgaben bis zur Altersstufe 6. Dann testete man so lange weiter, bis das Kind keine einzige Aufgabe einer höheren Altersstufe mehr lösen konnte (Tabelle 4.6).

Tabelle 4.6. Mögliches Ergebnis einer Bestimmung des Intelligenzalters eines siebenjährigen Kindes

	Altersstufe					
Aufgabe	6	7	8	9	10	11
1	+	+	–	+	–	–
2	+	+	+	+	+	–
3	+	+	+	–	–	–
4	+	–	+	–	–	–
5	+	+	–	–	–	–

Das Intelligenzalter des Kindes (in Monaten) wurde dann bestimmt als

$$IA = GA + \frac{k \cdot 12}{n},$$

wobei GA das „Grundalter" war (in Monaten), bis zu dem alle Aufgaben einer Altersstufe gelöst wurden, k die Zahl zusätzlich gelöster Aufgaben und n die Zahl der Aufgaben pro Altersstufe. Im obigen Fall ergibt sich ein Intelligenzalter von $6 \cdot 12 + \frac{10 \cdot 12}{5} = 8 \cdot 12$ Monaten, also genau 8 Jahren: Die Intelligenz dieses siebenjährigen Kindes entspricht der Intelligenz eines durchschnittlichen Achtjährigen.

Das Prinzip dieser Art von Intelligenzmessung bestand also darin, die Leistung eines Kindes mit der alterstypischen Leistung zu vergleichen. Bald wurde jedoch erkannt, daß der Maßstab des Intelligenzalters nicht sinnvoll zwischen verschiedenen Altersgruppen vergleichbar war, weil gleich große Abweichungen des Intelligenzalters vom Lebensalter auf verschiedenen Altersstufen eine unterschiedliche Bedeutung haben. Zum Beispiel bewegt sich ein Intelligenzrückstand von zwei Jahren bei einem Zehnjährigen gerade noch im Bereich des Normalen, während er bei einem Vierjährigen eine extrem niedrige Intelligenz signalisieren würde. Das liegt daran, daß die Standardabweichung (vgl. Abschn. 2.4.3) des Intelligenzalters innerhalb einer Altersstufe mit zunehmendem Alter größer wird, d. h. daß die interindividuellen Unterschiede im Intelligenzalter mit wachsendem Alter zunehmen.

Deshalb schlug Stern (1912) vor, als Maß der Intelligenz den Intelligenzquotienten Intelligenzalter IA durch Lebensalter LA zu betrachten:

! **Sterns Definition des Intelligenzquotienten:**
$IQ = 100 \cdot \frac{IA}{LA}$.

Dieser Quotient zeigte nämlich eine ähnliche Standardabweichung auf unterschiedlichen Altersstufen, die bei den Binet-Aufgaben ungefähr 15 betrug. Sein Mittelwert muß, wenn die Aufgaben adäquat gewählt sind, 100 betragen, da bei einem IQ von 100 Intelligenzalter und Lebensalter identisch sind.

Allerdings bestimmt heute niemand mehr den IQ nach dem Binet-Stern-Ansatz, weil Sterns Formel voraussetzt, daß die Leistung in Intelligenztests mit wachsendem Alter linear zunimmt. Tatsächlich nimmt aber der Zuwachs pro Jahr mit wachsendem Alter ab, bis die Leistung mit etwa 17 Jahren ein Plateau erreicht (Abb. 4.9).

Deshalb brach erstmals Wechsler (1939) gänzlich mit dem Binetschen Konzept des Intelligenzalters und normierte die Testergebnisse für seinen Test innerhalb jeder Altersstufe (Tafel 4.4).

Tafel 4.4. Normierung von Intelligenztests

Heute wird der IQ einer Person so bestimmt, daß für die Lösung jeder einzelnen Testaufgabe ein oder mehrere

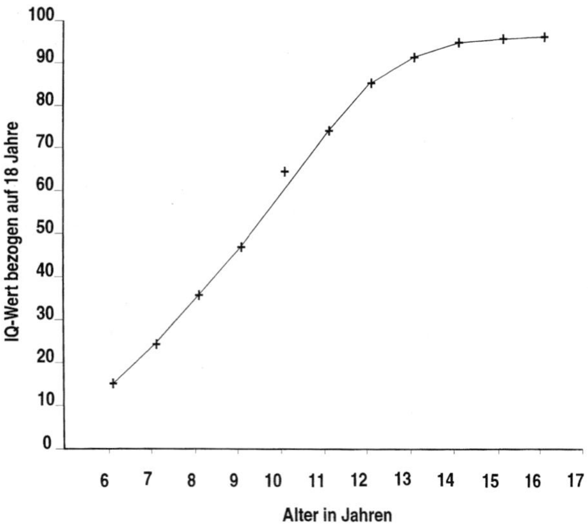

Abb. 4.9. Veränderung der Intelligenzleistung in Kindheit und Jugend

Punkte vergeben werden und diese Punkte dann über alle Aufgaben summiert werden. Diese Rohwerte werden dann mit der Verteilung der Rohwerte in der entsprechenden Altersgruppe verglichen. Diese Verteilung wurde von den Testentwicklern für eine große, repräsentative Stichprobe der interessierenden Population (die Normstichprobe, z. B. eine Stichprobe von deutschen Kindern im Alter von 6–7 Jahren) empirisch ermittelt, so daß Mittelwert und Standardabweichung der Rohwerte für die verschiedenen Altersgruppen bekannt sind. Der IQ-Wert einer Person mit dem Rohwert x wird dann berechnet nach der Formel

$$IQ = 100 + 15\,\frac{x - M}{SD},$$

wobei *M* der Mittelwert und *SD* die Standardabweichung der Rohwerte in der Normstichprobe derjenigen Altersgruppe sind, der die Person angehört. IQ-Werte sind damit so normiert, daß auf allen Altersstufen ihr Mittelwert 100 und ihre Standardabweichung 15 beträgt. Die Wahl dieser Werte für Mittelwert und Standardabweichung ist relativ beliebig (man könnte die Leistung in einem Intelligenztest genauso gut z. B. in *z*-Werten mit Mittelwert 0 und Standardabweichung 1 messen; vgl. Abschn. 2.4.3). Daß man den IQ so mißt, daß sein Mittelwert 100 und seine Standardabweichung 15 beträgt, hat rein historische Ursachen: Die Intelligenzquotienten nach Stern (1912) wiesen für die Binet-Aufgaben einen Mittelwert nahe 100 und eine Standardabweichung nahe 15 auf. Die Bezeichnung „Intelligenzquotient" wurde beibehalten, obwohl es sich nicht mehr um den Quotienten Sterns handelt.

Das heutige Konzept der IQ-Werte ist also formal bestimmt durch die Verteilungseigenschaften von Intelligenztestwerten. In diesem Sinne ist es unabhängig vom Inhalt des Tests (auch die Körpergröße oder die Ängstlichkeit einer Person ließe sich in IQ-Werten ausdrücken!). Da IQ-Werte lediglich eine lineare Transformation von *z*-Werten sind, kann man IQ-Werte auf einfache Weise in *z*-Werte umrechnen und umgekehrt. Sind die IQ-Werte außerdem normalverteilt (was meist annähernd der Fall ist), lassen sich zudem IQ- und *z*-Werte direkt in Prozentrangwerte (auch Perzentile genannt) umrechnen. Ein Prozentrang von 80 % besagt z. B., daß 80 % der Stichprobe höchstens so hohe Werte hat wie die betreffende Person, ein Prozentrang von 20 %, daß 80 % der Stichprobe höhere Werte hat. Prozentrangwerte sind eine alternative Beschreibungsmöglichkeit für individuelle Besonderheiten. Abbildung 4.10 zeigt die direkte Entsprechung von IQ-Werten, *z*-Werten und Prozentrangwerten bei normalverteilten Variablen.

Dieses Verfahren der Intelligenzmessung setzt voraus, daß die Normstichprobe zum Zeitpunkt ihrer Erhebung wirklich repräsentativ für die interessierende Population ist (was nur ein praktisches Problem ist) und daß die Verteilung der Rohwerte keinen historischen Veränderungen unterliegt. Letzteres ist aber nicht der Fall. Die Intelligenztestrohwerte nahmen nämlich in westlichen Kulturen in den letzten Jahrzehnten ständig zu (vgl. Flynn, 1987). Für die Schulleistung in bestimmten Fächern gilt dies jedoch nicht; in den USA beispielsweise wurde eine Schere zwischen steigendem IQ und abnehmender Schulleistung beobachtet (Flynn, 1984).

Dieser säkulare Trend des IQ (von lateinisch saeculum = Zeitalter) beruht, ähnlich wie der entsprechende Trend zur Zunahme der Körpergröße, vermutlich auf den sich ständig verbessernden Lebensbedingungen von Schwangeren und Kleinkindern, denn er findet sich bereits im Vorschulalter (genetisch läßt er sich nicht erklären, weil die Veränderung viel zu schnell erfolgt). Möglicherweise sind es diese Umweltfaktoren, die auch für die Korrelation zwischen IQ und Körpergröße von ungefähr 0,25 verantwortlich sind, denn eine solche Korrelation findet sich nur beim Vergleich von Angehörigen verschiedener Familien; beim Vergleich innerhalb von Familien (wenn

Abb. 4.10. Zusammenhang zwischen IQ-Werten, *z*-Werten und Prozentrangwerten bei normalverteilten Testwerten

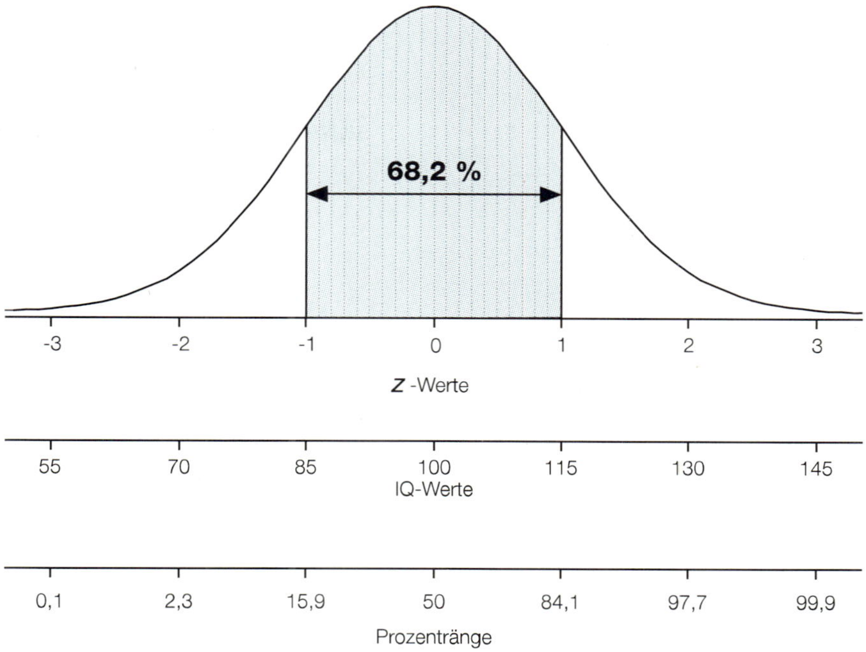

die IQ-Differenz zwischen gleichaltrigen Geschwistern mit der Differenz ihrer Körpergröße korreliert wird) verschwindet der Zusammenhang zwischen IQ und Körpergröße vollständig (Jensen, 1980). Die Umweltfaktoren, die sowohl die Körpergröße als auch den IQ beeinflussen, sind also innerhalb von Familien konstant, variieren aber zwischen Familien.

Der säkulare IQ-Trend führt dazu, daß die faktisch gefundenen IQ-Mittelwerte für einigermaßen repräsentative Stichproben einer Population um so mehr den Wert 100 überschreiten, je länger die letzte Testnormierung zurückliegt. Deshalb müssen Intelligenztests regelmäßig neu normiert werden. Wie Tafel 4.5 zeigt, kann der säkulare Trend für Intelligenzrohwerte zu seltsamen Effekten führen, wenn psychologische Konstrukte über Differenzen zwischen IQ und Testwerten operationalisiert werden, die keinem oder einem anderen säkularen Trend unterliegen.

Tafel 4.5. Säkularer IQ-Trend und Legasthenie

Legasthenie (Lese-Rechtschreib-Schwäche) ist ein stark umstrittenes Konzept, nach dem es Kinder gibt, die große Schwierigkeiten mit dem flüssigen Lesen und/oder der Rechtschreibung haben, ansonsten aber normal intelligent sind. Eine besonders kontroverse Methode der Legastheniediagnose besteht darin, die Differenz zwischen dem IQ und der Leistung in einem Lese-Rechtschreib-Test zu bestimmen. Ist der IQ mindestens durchschnittlich und die Lese-Rechtschreib-Leistung sehr viel niedriger, wird auf Legasthenie geschlossen. Da Lese-Rechtschreib-Tests und IQ nur zu etwa 0,50 korrelieren, muß es viele Kinder geben, deren Lese-Rechtschreib-Leistung deutlich unter ihrem IQ liegt (aber auch umgekehrt). Da der IQ, nicht aber die Lese-Rechtschreib-Leistung in den letzten Jahrzehnten säkular zunahm, führte dies dazu, daß von Jahr zu Jahr immer mehr Legastheniker „entdeckt" wurden (denn die Intelligenz wurde durch den IQ zunehmend überschätzt). Damit verdienten immer mehr Psychologen und Logopäden an der Behandlung von Legasthenikern. Nach Neunormierung des für diese Art der Legastheniediagnose häufig benutzten Hamburg-Wechsler-Intelligenztests für Kinder (HAWIK-R; Tewes, 1983) sank deshalb die Rate von Legasthenikern (und damit die Verdienstmöglichkeit der behandelnden Psychologen und Logopäden) schlagartig. Dies zeigt, wie problematisch es ist, psychologische Konstrukte alleine durch bestimmte (Diskrepanz-)Werte in normierten Tests zu operationalisieren: Die Werte können aufgrund säkularer Trends ihre Bedeutung verändern.

Das Problem des säkularen Intelligenztrends macht auf besonders plastische Weise deutlich,

daß Persönlichkeitseigenschaften im Rahmen des Eigenschaftsparadigmas populationsabhängig definiert sind: Sie sind relativ zur jeweiligen Altersgruppe zu einem bestimmten historischen Zeitpunkt der Entwicklung einer Kultur bestimmt (vgl. Abschn. 2.4.3). Die Verteilung von Eigenschaftswerten ist alters- und kulturspezifisch, wobei letzteres auch historisch gemeint ist. Diese kulturellhistorische Relativität der Eigenschaftsmessung ist eine notwendige Konsequenz der differentiellen Methodik, Eigenschaften durch Unterschiede innerhalb von Populationen zu bestimmen (vgl. Abschn. 2.4, Abschn. 3.1).

Intelligenzstruktur

Während die Methodik der Intelligenzmessung seit Wechsler (1939) nahezu unverändert ist, besteht nach wie vor Uneinigkeit bei Psychologen darüber, wie intellektuelle Fähigkeiten am besten konzeptualisiert werden sollten: als Ausdruck einer oder weniger breiter Eigenschaften oder als heterogenes Repertoire von Eigenschaften, die nur unwesentlich miteinander korrelieren. Wie andere Persönlichkeitsbereiche auch läßt sich der Bereich intellektueller Fähigkeiten als Eigenschaftshierarchie auffassen, und es hängt von der bevorzugten Hierarchieebene ab, welches Intelligenzkonzept man bevorzugt.

Spearman (1904) formulierte ein einflußreiches Intelligenzmodell, später oft Zwei-Faktoren-Theorie der Intelligenz genannt, nach dem unterschiedliche Intelligenzmeßverfahren immer zwei Faktoren repräsentieren: einen gemeinsamen Faktor und einen speziellen Faktor (Tafel 4.6).

Tafel 4.6. Spearmans Zwei-Faktoren-Theorie der Intelligenz

Nach Spearman (1904) repräsentieren unterschiedliche Intelligenzmeßverfahren immer zwei Faktoren: einen gemeinsamen Faktor (den g-Faktor) und einen speziellen Faktor (den s-Faktor). Korrelationen zwischen zwei Meßverfahren würden nur durch das Ausmaß bestimmt, in dem beide Verfahren den g-Faktor erfassen (Abb. 4.11).

Aus diesem Postulat folgt, daß verschiedene Intelligenzmeßverfahren stets positiv korreliert sind. Bringt man sie in eine Reihenfolge, die ihrer Ladung auf dem g-Faktor entspricht (vgl. Abschn. 2.4.3), hat ihre Interkorrelationsmatrix die Eigenschaft, daß die Korrelationen von links nach rechts und von oben nach unten abnehmen (Tabelle 4.7).

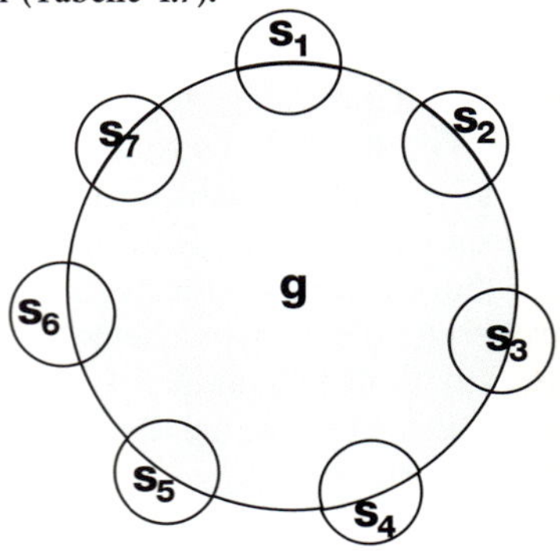

Abb. 4.11. Illustration von Spearmans Zwei-Faktoren-Theorie der Intelligenz

Tabelle 4.7. Beispiel einer Korrelationsmatrix, die an der Ladung auf dem g-Faktor orientiert ist

Test	2	3	4	5
1	0,45	0,37	0,32	0,29
2		0,35	0,28	0,25
3			0,26	0,22
4				0,20

Empirisch ließ sich dieses strikte Modell jedoch nicht bestätigen, auch wenn man Meßfehler bei den einzelnen Meßverfahren berücksichtigte. Zwar finden sich zwischen verschiedenen Intelligenzmeßverfahren durchweg positive Korrelationen, was für einen gemeinsamen g-Faktor spricht, aber sie folgen nicht unbedingt der von der Zwei-Faktoren-Theorie vorhergesagten und in Tabelle 4.7 veranschaulichten strikt monotonen Ordnung. Vielmehr lassen sich bestimmte Verfahren zu Untergruppen zusammenfassen, die untereinander höher korrelieren, als es ihre Korrelation mit dem g-Faktor erwarten läßt. Tabelle 2.3 in Abschn. 2.4.3 zeigte ein typisches Interkorrelationsmuster (acht Skalen eines Intelligenztests wurden in einen numerischen und einen verbalen Untertest gruppiert).

Thurstone (1938) gab die Forderung nach nichtüberlappenden spezifischen Faktoren auf und formulierte das Modell der Primärfaktoren, nach dem die Fähigkeit zur Lösung einer bestimmten Intelligenzaufgabe immer auf mehreren Intelligenzfaktoren beruht. Diese wurden durch Faktorenanalyse zu identifizieren versucht, indem die Faktoren so gewählt wurden, daß wenige Aufgaben auf einem

Faktor möglichst hoch und auf allen anderen Faktoren möglichst niedrig laden sollten (vgl. Abschn. 2.4.3). Thurstone (1938) identifizierte neun Primärfaktoren, an denen sich auch der Intelligenzstrukturtest (IST 70) von Amthauer (1953, 1973) orientierte. Spätere Untersuchungen konnten eher sieben Faktoren sichern (vgl. Guilford, 1956). Werden diese Faktoren durch Untertests operationalisiert, korrelieren diese typischerweise um 0,30 miteinander, so daß sich auch in diesem Ansatz Spearmans g-Faktor ergibt, der durch den Gesamt-IQ repräsentiert ist.

Eine wesentliche Unterscheidung in Intelligenztests betrifft die Aufteilung in sprachabhängige und sprachunabhängige Aufgaben, die z. T. separat ausgewertet werden; dann ergibt sich ein verbaler IQ und ein nichtverbaler IQ. Dieses Vorgehen findet sich z. B. beim Hamburg-Wechsler Intelligenztest, den es in Versionen für Vorschulkinder ab dem Alter von vier Jahren (HAWIVA; Eggert, 1978), für Schulkinder (HAWIK-R; Tewes, 1983) und für Erwachsene gibt (HAWIE-R; Tewes, 1991). Tabelle 4.8 gibt einen Eindruck von den Aufgaben des Wechsler-Tests für Erwachsene.

Typische heutige Intelligenztests bestehen aus mehreren Untertests, die alle miteinander positiv korrelieren, so daß der Gesamt-IQ eine ausreichende interne Konsistenz aufweist (vgl. Abschn. 3.2.1); die kurzfristige Stabilität von Intelligenztests ist meist sehr hoch (um 0,90). Die Interkorrelationen der Untertests sind andererseits nicht so hoch, daß sie austauschbar wären. Letzteres kann für eine differenziertere Intelligenzdiagnose genutzt werden, indem individuelle Intelligenzprofile auf der Grundlage der Untertestwerte gebildet werden. Jeder Untertest wird separat für die betreffende Altersgruppe normiert, so daß das Intelligenzprofil auf differentiellen Messungen aufgebaut ist (vgl. Abschn. 2.4.3). Es sagt also etwas über die individuellen Stärken und Schwächen aus: Ist z. B. das räumliche Vorstellungsvermögen stärker ausgeprägt als verbale Fähigkeiten? Da diese Profile auf Diskrepanzen zwischen normierten Werten beruhen, besteht hier im Prinzip dasselbe Problem wie bei der Legastheniediagnose durch Diskrepanzwerte (vgl. Tafel 4.5): Bei unterschiedlichen säkularen Trends der einzelnen Untertestwerte kann es zu falschen Interpretationen der Profilgestalt kommen.

Tabelle 4.8. Aufgaben aus dem Wechsler-Test für Erwachsene (HAWIE-R). (Nach Tewes, 1991)

Skala	Beispiel einer mittelschweren Aufgabe
Allgemeines Wissen	Was ist der Koran?
Zahlen nachsprechen	Die Zahlen 6-1-9-4-7-3 vorwärts und rückwärts nachsprechen
Wortschatztest	Die Bedeutung des Wortes „Parlament" erklären
Rechnerisches Denken	2 Bananen kosten 31 Pfennige. Wieviel müssen Sie für ein Dutzend Bananen bezahlen?
Allgemeines Verständnis	2 Begründungen für das gesetzliche Arbeitsverbot für Kinder geben
Gemeinsamkeiten finden	Was haben Auge und Ohr gemeinsam?
Bilderergänzen	Herausfinden, daß bei einer Brillen-Zeichnung der Nasenbügel fehlt
Bilderordnen	Bilder so ordnen, daß sich daraus eine sinnvolle Geschichte ergibt
Mosaiktest	Die Teile eines Mosaiks nach einem Vorbild richtig anordnen
Figurenlegen	Ein Puzzle aus 7 Teilen innerhalb von 35 Sekunden zusammensetzen
Zahlen-Symbol-Test	Innerhalb von 90 Sekunden möglichst viele Symbole zu Zahlen nach einer Zahl-Symbol-Liste zuordnen

! **Heutige Intelligenztests bestehen aus mehreren mäßig positiv korrelierten Untertests, so daß sie zur Diagnostik sowohl der allgemeinen Intelligenz im Sinne von Spearmans g-Faktor als auch spezifischer Intelligenzfaktoren und darauf basierender individueller Intelligenzprofile genutzt werden können.**

Korrelate des IQ

Die einzelnen Aufgaben sind in diesen Tests nicht aus einer Theorie über Typen kognitiver Anforderungen abgeleitet, sondern haben sich in einem langen historischen Prozeß der Probierens, Verwerfens und Modifizierens aus Binets ursprünglichen Aufgabenreihen entwickelt. Wie Binets ursprünglicher Test zielen die Aufgaben letztlich auf

kognitive Anforderungen des Schulunterrichts. Tatsächlich gibt es kein Außenkriterium, das in Kindheit und Jugend so hoch mit dem IQ korreliert wie der Schulerfolg (besonders wenn die Noten vieler Fächer gemittelt werden).

Die Korrelation zwischen IQ und der Durchschnittsnote in den Hauptfächern der Grundschule beträgt ungefähr 0,50 (Hanke et al., 1980; Matarazzo, 1972). Daß die Korrelation nicht höher ist, liegt auch an der Unzuverlässigkeit der Notengebung. Für die Abiturnote beträgt die Korrelation mit dem IQ nur etwa 0,30, wobei hier zu bedenken ist, daß die Varianz in der Stichprobe stark eingeschränkt ist, weil die im Mittel leistungsschwächeren Haupt- und Realschüler nicht berücksichtigt wurden (Giesen et al., 1981).

Deutlich höher ist die Korrelation zwischen IQ und Bildungsniveau (Schuldauer oder höchster erreichter Ausbildungsabschluß – vom Sonderschulabschluß bis zum Doktorgrad). Sie beträgt ungefähr 0,70 (Jencks et al., 1972), was vor allem darauf zurückzuführen ist, daß das Bildungsniveau zuverlässiger gemessen ist als die Noten eines einzigen Zeugnisses, weil es durch alle Zeugnisse und damit die Urteile aller Lehrer bestimmt wird (es ist weit höher aggregiert als ein einzelnes Zeugnis; vgl. Abschn. 3.2.2). Man kann deshalb das Intelligenzkonstrukt, auf dem klassische Intelligenztests beruhen, so charakterisieren: Intelligenz ist, was Intelligenztests messen, die so konstruiert wurden, daß sie das Bildungsniveau möglichst gut vorhersagen, oder kurz:

> **!** **Intelligenz ist die Fähigkeit zu hoher Bildung.**

Diese Art der Formulierung legt die Interpretation nahe, daß Intelligenz Bildung kausal verursache und unabhängig von der Ausbildung sei. Diese Interpretation ist durch einen korrelativen Zusammenhang zwischen Intelligenzwert und Bildungsniveau alleine nicht gerechtfertigt. Auch die Tatsache, daß die Intelligenz im Grundschulalter hoch mit dem später erreichten höchsten Bildungsabschluß korreliert, rechtfertigt diese Interpretation nicht (vgl. die Diskussion der Fallen bei der Interpretation von Korrelationen in Abschn. 2.4.6). Die Fähigkeit zu hoher Bildung kann selbst wiederum bildungsabhängig sein. Tatsächlich besteht zwischen Bildung und Intelligenz eine komplexe Beziehung, die in Kap. 6 ausführlicher erläutert wird (vgl. Abschn. 6.3.2).

Da der erreichbare Berufsstatus (z. B. gemessen als Sozialprestige eines Berufs) wesentlich vom Bildungsniveau abhängt, ist es nicht erstaunlich, daß IQ und Berufsstatus bei Berufsanfängern ebenfalls um 0,50 korrelieren; im Alter von 40 Jahren korreliert der IQ mit dem bis dahin erreichten Berufsstatus bei Männern um 0,70 und damit in vergleichbarer Höhe wie mit dem Bildungsniveau (Jensen, 1980).

Der Erfolg innerhalb bestimmter Berufssparten – z. B. als Landarbeiter, Facharbeiter oder Universitätsprofessor – ist dagegen aus zwei Gründen weniger stark mit dem IQ korreliert. Zum einen ist die Varianz des IQ innerhalb einer Berufsgruppe meist deutlich eingeschränkt, was die Korrelation zwischen IQ und Berufserfolg senkt (ein Effekt wie bei den Abiturnoten; s. oben). Zum anderen ist der Erfolg innerhalb eines Berufs nur schwer meßbar. Korrelationen zwischen Berufserfolg, erfaßt durch Beurteilungen von Vorgesetzten, und IQ liegen deshalb meist nur zwischen 0,20 und 0,30 (Ghiselli, 1966).

Ein Vergleich der tatsächlich vorgefundenen IQ-Werte verschiedener Berufssparten ergibt eine zunehmende Varianzeinschränkung mit zunehmendem Status. So fanden Harrell und Harrell (1945) bei Bauern IQ-Werte von 24 bis 147 (Mittelwert 93) und bei Ingenieuren Werte von 100 bis 151 (Mittelwert 127), während Matarazzo (1972) bei Professoren der Cambridge University Werte von 110–141 (Mittelwert 127) berichtete. Hier zeigt sich ein Schwelleneffekt für den Zusammenhang zwischen IQ und Berufsstatus: je höher der Berufsstatus, desto höher der minimal erforderliche IQ (Ausnahmen finden sich bei medienwirksamen Berufen wie z. B. Fußballspielern oder Models). Wenig intelligente Menschen üben kaum Prestigeberufe aus, aber hochintelligente Menschen finden sich in fast allen Berufssparten.

> **!** **Hohe Intelligenz ist notwendig für fast alle Berufe mit hohem Sozialprestige; Berufe mit niedrigem Sozialprestige werden von Menschen niedriger und hoher Intelligenz ausgeübt.**

Die Fähigkeit zu Berufen mit hohem Sozialprestige wird mit wachsendem Alter zunehmend

durch das bereits erworbene Wissen beeinflußt, das wiederum auch von der Qualität der Lernumwelt abhängt, die nicht nur durch die Intelligenz des Lernenden bestimmt ist (vgl. dazu genauer Abschn. 6.3.2). Um ein möglichst reines Maß der wissensunabhängigen intellektuellen Kompetenz zu gewinnen, hat es zahlreiche Ansätze gegeben, Intelligenztests wissensunabhängiger zu gestalten, als dies in den klassischen Intelligenztests der Fall war. Ein weit verbreiteter Ansatz ist es, wissensunabhängigere Fähigkeiten durch nichtverbale Intelligenztests zu erfassen. Ein Beispiel hierfür ist der progressive Matrizentest von Raven (1938), der auch in einer Form für Vorschul- und Schulkinder vorliegt (Columbia Mental Maturity Scale von Burgemeister et al., 1972), und der Culture Fair Intelligence Test (CFT; Cattell, 1960; deutsche Fassung von Weiß, 1987). Abbildung 4.12 zeigt typische Aufgaben aus diesen Tests.

Nichtverbale Tests korrelieren schwächer mit der sozialen Schicht als verbale, weswegen sie auch als „kulturell fairer" bezeichnet werden. Dennoch bestehen substantielle Korrelationen zwischen verbaler und nichtverbaler Intelligenz, was auf einen übergeordneten Faktor der allgemeinen Intelligenz im Sinne von Spearmans g-Faktor hinweist. Dies wird z. B. in der Münchner Längsschnittstudie LOGIK deutlich (Weinert & Schneider, in Druck), in der eine relativ repräsentative Stichprobe von Kindern mehrfach auf verbale und nichtverbale Intelligenz getestet wurde; außerdem wurden die soziale Schicht der Kinder (gewichteter Index aus Ausbildung und Beruf beider Eltern) und ihre Schulnoten am Ende der 4. Klasse (Mittelwert aus Deutsch- und Mathematiknote) erhoben. Tabelle 4.9 zeigt die Zusammenhänge zwischen verbalem und nichtverbalem IQ, Schicht und Schulnoten auf verschiedenen Altersstufen.

Direkter auf die Wissensabhängigkeit bezogen ist die Unterscheidung zwischen fluider und kristalliner Intelligenz (Cattell, 1963). Fluide Intelligenz ist die Fähigkeit, unbekannte Probleme zu lösen und sich neuen Situationen anzupassen, ohne daß dabei auf besonderes Wissen zurückgegriffen werden muß; kristalline Intelligenz ist die Fähigkeit, erworbenes („kristallisiertes") Wissen auf Problemlösungen anzuwenden. Der Unterschied wird z. B. am Vergleich von zwei strukturell ähnlichen Aufgaben deutlich (verbale Analogien).

Gras verhält sich zu Kuh wie Brot zu (Mann, Butter, Wasser)? wäre eine Aufgabe, die fluide Intelligenz testet, weil sie nur Grundwissen voraussetzt, über das fast jeder verfügt.

Schüler verhält sich zu Lehrer wie Aristoteles zu (Sokrates, Plato, Homer)? dagegen testet kristalline Intelligenz, da man dazu wissen muß, daß Aristoteles ein Schüler von Plato war. Das ist natürlich nur eine relative Unterscheidung, weil die Unbekanntheit eines Problems und die Wissensunabhängigkeit seiner Lösung graduell variieren.

Dörner und Mitarbeiter untersuchten die Fähigkeit, komplexe Probleme zu lösen, indem sie Versuchspersonen in komplexen virtuellen Welten agieren ließen (z. B. als Bürgermeister einer Stadt Entscheidungen treffen; Dörner, 1989b; Dörner et al., 1983). Die getroffenen Entscheidungen hatten wie in der Realität vielfache Konsequenzen auf Variablen eines hochvernetzten Systems, darunter unerwünschte Nebenwirkungen, wobei die Versuchspersonen die Systemstruktur nicht kannten, sondern erst durch ihr Handeln erproben

Tabelle 4.9. Korrelationen zwischen verbaler und nichtverbaler Intelligenz, sozialer Schicht und Schulnoten auf verschiedenen Altersstufen

Alter (Jahre)	verbal mit nichtverbal	Soziale Schicht mit		Schulnoten[e] mit	
		verbal	nichtverbal	verbal	nichtverbal
5–6[a,c]	0,38	0,19	0,18	–	–
7–8[b,c]	0,44	0,36	0,12	–	–
9–10[b,d]	0,50	0,35	0,14	−0,50	−0,48
11–12[b,d]	0,43	0,33	0,16	–	–

[a]HAWIVA = Hamburg-Wechsler-Intelligenztest für das Vorschulalter (Eggert, 1978).
[b]HAWIK-R = Hamburg-Wechsler-Intelligenztest für Kinder (Tewes, 1983).
[c]CMMS = Columbia Mental Maturity Scale (Burgemeister et al., 1972).
[d]CFT = Grundintelligenztest (Weiß & Osterland, 1979).
[e]Mittelwert aus Deutsch- und Mathematiknote.

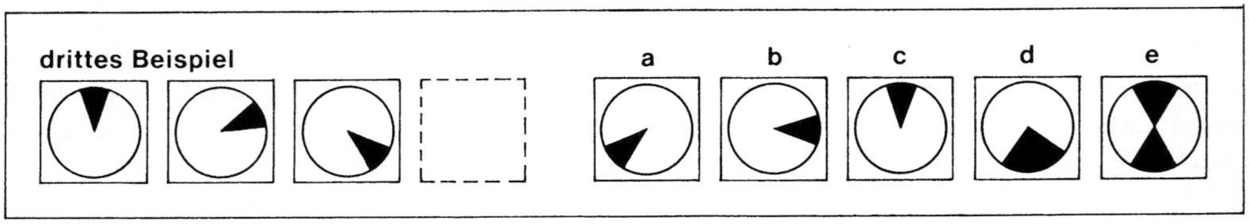

In jeder Reihe soll also immer diejenige von den 5 Figuren auf der rechten Seite ausgewählt werden, die zu den 3 Figuren auf der linken Seite am besten paßt.

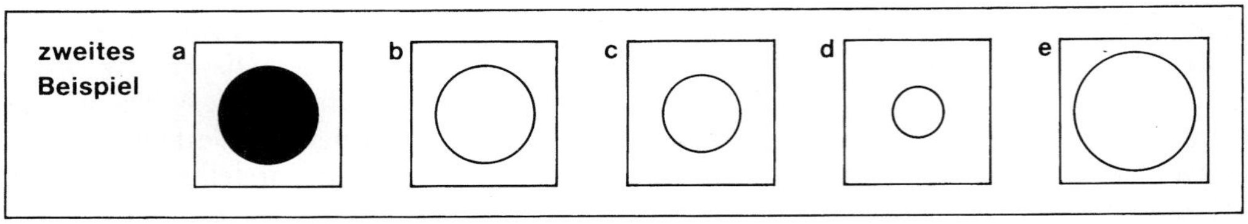

In jeder Reihe sollt ihr also herausfinden, welche der Figuren in den 5 Kästchen sich von den anderen 4 Figuren in irgendeiner Weise unterscheidet, also nicht zu den anderen Figuren paßt.

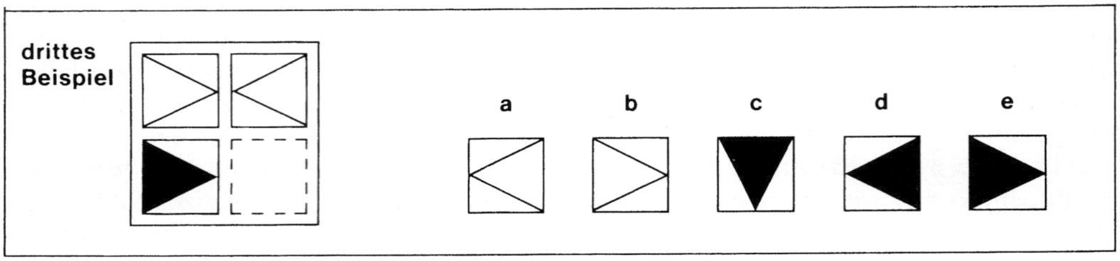

Bei jeder Aufgabe sollt ihr also rechts ein Kästchen mit der Zeichnung auswählen, die in das leere Kästchen links am besten hineinpaßt, um den Kasten richtig zu vervollständigen.

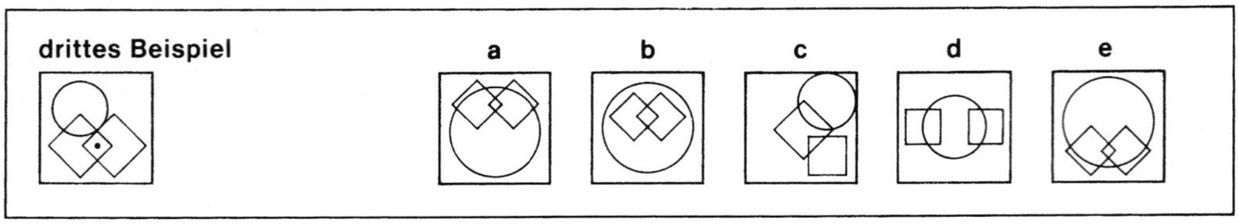

Bei jeder Aufgabe sollt ihr also zunächst genau hinsehen, wo der Punkt liegt und dann unter den 5 Auswahlfiguren diejenige heraussuchen, in der der Punkt genauso liegen könnte. Den Lösungsbuchstaben tragt ihr dann auf eurem Antwortbogen ein.

Abb. 4.12. Einige Beispielaufgaben aus dem Culture Fair Intelligence Test. (Aus Weiß, 1987; Test A)

mußten. Die Problemlöseleistung zeigte nur sehr geringe Korrelationen mit dem IQ, woraus die Autoren folgerten, daß Testintelligenz wenig über die Leistung beim komplexen Problemlösen aussage. Daraus wurde wiederum gefolgert, daß Testintelligenz wenig „mit dem wirklichen Leben" zu tun habe.

Letzteres ist ein Fehlschluß, weil der IQ um 0,70 mit dem letztlich erreichten Bildungsniveau und Berufsstatus korreliert. Eher wäre umgekehrt zu fragen, ob das Handeln in computersimulierten Welten viel mit komplexem Problemlösen „im wirklichen Leben" zu tun hat, das meist nicht nur in-

tellektuelle, sondern auch soziale Kompetenz erfordert. Validierungsversuche ergaben geringe bis mittelhohe Korrelationen zwischen beruflicher Leistung (Vorgesetztenurteil) und Problemlöseverhalten in virtuellen Welten (vgl. Funke, 1991; Streufert et al., 1988). Wirklichen Aufschluß könnten nur empirische Studien liefern, in denen die Leistung beim Problemlösen in virtuellen Welten und der IQ an denselben Versuchspersonen gemessen und mit dem tatsächlichen Erfolg beim Lösen komplexer Probleme in der Realität korreliert würde. Dabei müßte nicht nur das Problem der oft mangelhaften Stabilität der Problemlöseleistung beim ersten Umgang mit dem System berücksichtigt werden (vgl. Abschn. 2.5.4), sondern auch gesichert sein, daß die Leistung beim Lösen komplexer realer Probleme eine ausreichende Stabilität jedenfalls für eine bestimmte Art von Problemen aufweist.

Kognitive Anforderungen von Intelligenzaufgaben

Diese eher groben Unterscheidungen zwischen verbaler-nichtverbaler oder fluider-kristallisierter Intelligenz sagen nur wenig darüber aus, auf welche spezifischen kognitiven Anforderungen sich eigentlich diese Intelligenzfaktoren beziehen: Welche Anforderungen muß man erfüllen, um eine Intelligenzaufgabe lösen zu können? Einen Schritt näher kommt man diesen Anforderungen, wenn man einzelne Untertests von Intelligenztests auf ihre Ähnlichkeit hin analysiert. Das soll hier am Beispiel von Untertests zu räumlichen Fähigkeiten illustriert werden. Drei Arten räumlicher Fähigkeiten können unterschieden werden (Abb. 4.13).

In Tests der räumlichen Wahrnehmung sollen räumliche Beziehungen relativ zur Orientierung des eigenen Körpers trotz ablenkender Information korrekt bestimmt werden. Abbildung 4.13 enthält als Beispiel die Wasserspiegelaufgabe von Piaget und Inhelder (1971), in dem mehrere schematisch gezeichnete Gläser mit unterschiedlichem Wasserspiegel gezeigt werden. Je stärker der als richtig ausgewählte Wasserspiegel von der Horizontalen abweicht, desto größer ist der Fehler. In Tests der mentalen Rotation werden mehrere dreidimensional gezeichnete Objekte gezeigt und gefragt, welches aus einem vorgegebenen Objekt durch Drehung im Raum hervorgegangen sein könnte. Die räumliche Visualisierung wird meist durch die von Gottschaldt (1926) stammenden, meist aber fälschlicherweise Witkin (1950) zugeschriebenen Figuren getestet (Gottschaldt-Figuren bzw. „embedded figures test"). Gefragt wird, ob eine vorgegebene Figur Teil einer komplexeren Figur ist.

Diese drei Tests korrelieren nur mäßig miteinander, was auf unterschiedliche spezifische kognitive Anforderungen hinweist (aber auch an ihrer relativ zum Gesamt-IQ geringeren Reliabilität liegt; vgl. Abschn. 3.2.2). So gibt es Hinweise darauf, daß Versuchspersonen in Aufgaben zur räumlichen Wahrnehmung kinästhetische Rückmeldungen über die schwerkraftsmäßige Vertikale oder Horizontale benutzen, daß bei Tests zur mentalen Rotation die Objekte auf Vorstellungsebene tatsächlich als Ganzes rotiert werden und dann auf Passung mit dem Standard überprüft werden, und daß das schnelle Lösen von Tests zur räumlichen Visualisierung eine Anpassung der Lösungsstrategie an die Besonderheiten der jeweils vorgegebenen Figur erfordert (vgl. Waldmann & Weinert, 1990, Abschn. 2.3; Linn & Peterson, 1985; Lohaus et al., 1994). Interindividuell betrachtet dürften unterschiedliche kognitive Anforderungen unterschiedliche kognitive Fähigkeiten erfordern und dadurch unterschiedliche Intelligenzfaktoren begründen. Unterstützt wird die Unterschiedlichkeit der Fähigkeiten, die den drei Tests zugrundeliegen, durch den Befund, daß die Größe der Geschlechtsunterschiede zwischen den drei Tests erheblich differiert (vgl. Abschn. 7.3).

Insgesamt ergibt eine genauere differentielle Analyse von Intelligenzaufgaben also ein komplexes Bild von denjenigen individuellen Besonderheiten, die zum IQ-Gesamtwert beitragen. Dabei orientierte sich die Analyse an korrelativen Beziehungen zwischen Faktoren, Untertests oder Aufgaben, die durch die Tests bereits vorgegeben waren. Wissenschaftlich betrachtet ist das nicht sonderlich befriedigend, weil die Auswahl der Tests nur historisch-praktisch begründet ist, nicht aber durch eine umfassende Theorie derjenigen kognitiven Anforderungen und Fertigkeiten, die individuelle Besonderheiten in der Intelligenz bedingen.

Es hat deshalb immer wieder Versuche gegeben, eine solche umfassende Intelligenztheorie zu entwerfen. Ein Ansatz besteht darin, Informationsverarbeitungsprozesse, die an der Lösung von Intelligenzaufgaben beteiligt sein könnten, sowie die von

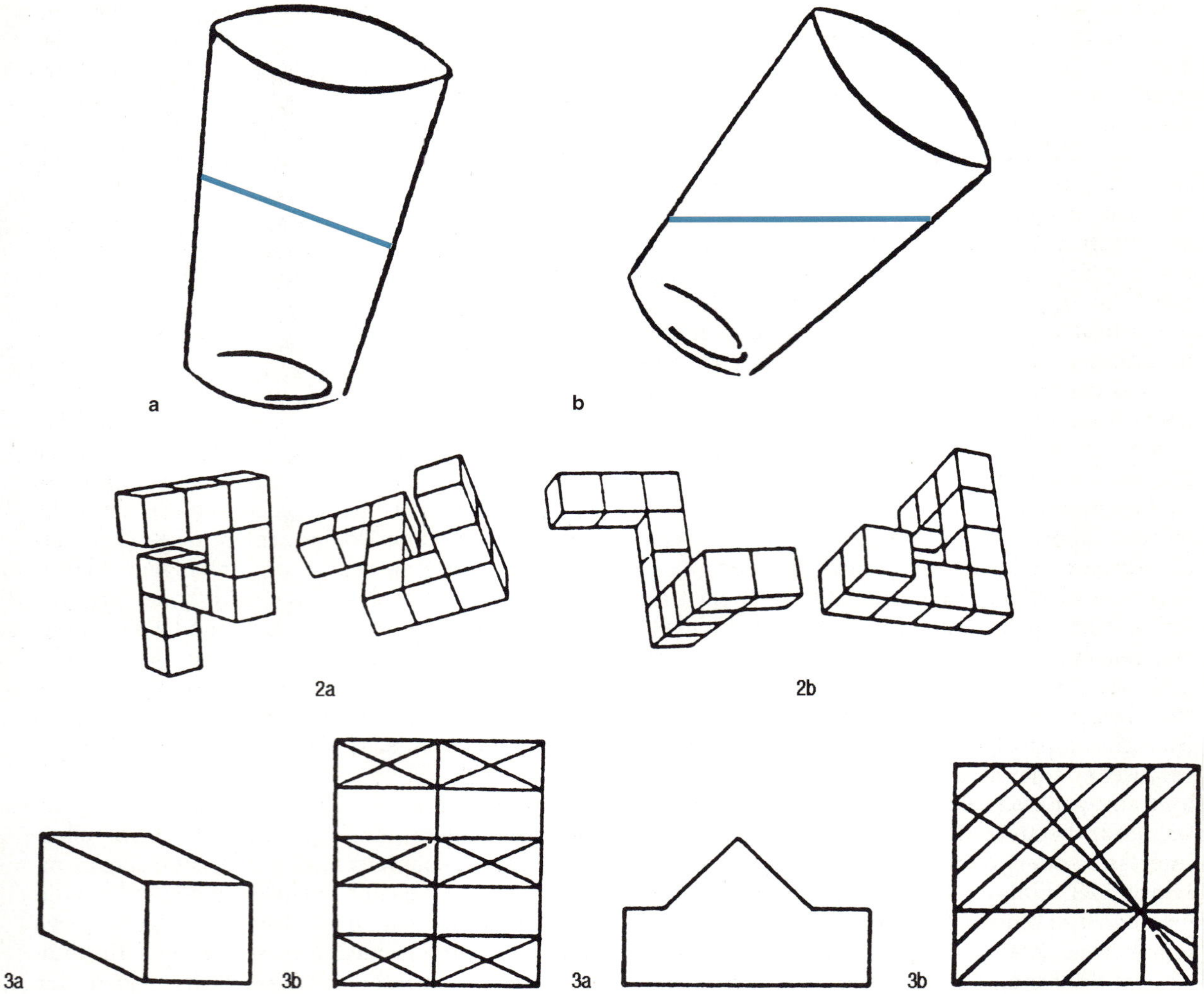

Abb. 4.13. Drei Tests für räumliche Fähigkeiten: (1) der Wasserspiegeltest nach Piaget und Inhelder, (2) mentale Rotation, (3) Gottschaldt-Figuren. (Aus Halpern, 1992)

ihnen verarbeiteten Inhalte und die von ihnen erzeugten Ergebnisse zu klassifizieren und so die Aufgaben in einem mehrdimensionalen Schema zu klassifizieren (vgl. z. B. Guilford, 1967; Jäger, 1984). Eine solche nach allgemeinpsychologischen Gesichtspunkten vorgenommene Klassifikation von Aufgaben garantiert aber noch nicht, daß die dort vorgenommenen Unterscheidungen auch differentiell betrachtet sinnvoll sind, also unterschiedlichen Eigenschaften oder Faktoren von Eigenschaften entsprechen. Dies kann aber empirisch überprüft werden (vgl. z. B. die Überprüfung des „Berliner Intelligenzstrukturmodells" von Jäger durch Pfister & Jäger, 1992).

Gardner (1983) wirbelte mit seiner Theorie multipler Intelligenzen einigen Staub auf, indem er behauptete, daß es im alltäglichen Verhalten sieben unabhängige „Intelligenzen" gebe: die sprachliche, musikalische, logisch-mathematische, räumliche, körperlich-kinästhetische, interpersonale und intrapersonale. Verdienstvoll ist Gardners Betonung der im Alltag gezeigten Fähigkeiten, der Einbezug musikalischer, motorisch-sensorischer und sozialer Fähigkeiten und seine Sammlung

neurophysiologischer, pathologischer, evolutionsbiologischer und entwicklungspsychologischer Argumente für eine Spezifik der jeweiligen „Intelligenz". Gardner (1983, 1993) unterwarf aber seine Hypothesen nie einer ernsthaften empirischen Prüfung. Sicherlich mit gutem Grund, denn sie würde ergeben, daß Gardners „Intelligenzen" etwa so unabhängig oder abhängig sind wie die durch Untertests klassischer IQ-Tests erfaßten Fähigkeiten. Die Frage der Zahl von Intelligenzfaktoren – gleich, ob durch typische Intelligenzaufgaben oder durch Beobachtung alltäglichen Verhaltens erfaßt – ist immer eine Frage der Wahl der Hierarchieebene, auf der Fähigkeiten betrachtet werden. Gardners Ansatz könnte zu einer Theorie der Kompetenz ausgebaut werden, die den eher engen Intelligenzbereich als Teil enthält.

Sternberg (1985) stellte eine triarchische (dreiteilige) Theorie der Intelligenz vor, die sich näher als Gardner am klassischen Intelligenzkonzept hält, aber wie Gardner nicht nur die Leistung beim Lösen von Testaufgaben, sondern intelligentes Handeln im Alltag im Visier hat. Der kontextuelle Teil der Theorie („contextual subtheory") versucht, den „soziokulturellen Kontext" intelligenten Handelns anzugeben. Intelligentes Handeln liege vor, wenn jemand sich seiner gegenwärtigen Umwelt angepaßt verhalte oder seine Umwelt so auswähle oder herstelle, daß sie den eigenen Fähigkeiten, Interessen oder Werten entspricht. Hier ist unschwer der Einfluß des dynamischen Interaktionismus zu erkennen (vgl. Abschn. 2.6.1); darüber hinaus wird Intelligenz nicht weiter spezifiziert.

Der Erfahrungsteil („experiential subtheory") versucht, intelligentes Handeln auf zwei Phasen der Erfahrungsbildung über bestimmte Umweltbedingungen zu beziehen: auf neue (aber nicht völlig unbekannte) Situationen oder auf die Automatisierung des Umgangs mit bereits bekannten Situationen. Hier wird der Unterschied zwischen fluider und kristalliner Intelligenz thematisiert. Sternberg (1985) versuchte, diesen Unterschied in Form einer Prozeßanalyse genauer herauszuarbeiten.

Der Komponententeil („componential subtheory") versucht, drei kognitive Mechanismen intelligenten Handelns genauer zu beschreiben: „Metakomponenten", die dem Lösungsentwurf und der Bewertung einzelner Problemlöseschritte dienen, „Ausführungskomponenten", die der Umsetzung von Handlungsplänen in Verhalten dienen, und „Wissenserwerbskomponenten", die neue Informationen auswählen, kombinieren und auf schon im Gedächtnis gespeicherte Informationen beziehen.

> **!** **Nach Sternberg ist Intelligenz die Fähigkeit, kontextuell angemessenes Verhalten in neuen Situationen oder während der Automatisierung des Umgangs mit bekannten Situationen zu zeigen. Intelligentes Verhalten wird aufgefaßt als Funktion von Meta-, Ausführungs- und Wissenserwerbskomponenten.**

Intelligenzunterschiede zwischen Personen beruhen nach Sternberg (1985) nicht auf qualitativen Unterschieden in diesen Komponenten, sondern auf quantitativen Unterschieden in der Effektivität, mit der bestimmte Komponenten ausgeführt werden. Spearmans g-Faktor der Intelligenz beruhe darauf, daß vor allem die Metakomponenten, aber auch bestimmte Ausführungs- und Wissenserwerbskomponenten für die Lösung der meisten Testaufgaben gebraucht würden, so daß Unterschiede in der Effektivität ihrer Ausführung zu Korrelationen zwischen Aufgaben bzw. Untertests führten.

Spezifische, vom g-Faktor unabhängige Unterschiede in fluider Intelligenz beruhten vor allem auf Effektivitätsunterschieden in Ausführungskomponenten, entsprechende Unterschiede in kristalliner Intelligenz vor allem auf dem Ergebnis von Effektivitätsunterschieden in Wissenserwerbskomponenten. Klassische Intelligenztests sagten den Schulerfolg deswegen gut vorher, weil die Lösung der Testaufgaben den Einsatz solcher Komponenten erfordere, die auch im Schulalltag eingesetzt würden; je genauer sich Testaufgaben und Schulalltag komponentenmäßig entsprächen, desto besser sei der Test geeignet zur Vorhersage des Schulerfolgs.

Diese Theorie wurde deshalb sehr einflußreich, weil sie den testorientierten differentiellen Intelligenzbegriff mit dem allgemeinpsychologischen Informationsverarbeitungsparadigma versöhnte und es erlaubte, dieses Paradigma als Brücke zwischen Test und Kriterium zu nutzen: Dann und nur dann, wenn Tests ähnliches erfassen wie das Kriterium, sagen sie es gut vorher.

Die Allgemeinheit, mit der Sternberg (1985) die verschiedenen kognitiven Komponenten definierte, erlaubte zwar eine plausible Erklärung verschiedenster aus der Literatur bekannter Intelligenzphänomene, aber die Umsetzung in ein Forschungsprogramm, das durch eine systematische Aufgabenanalyse auf seiten von Test und Kriterium die notwendigen Komponenten identifiziert und die individuelle Effektivität ihrer Ausführung empirisch meßbar macht, erwies sich als extrem schwierig (Anderson, 1992). Die Vagheit des Komponentenbegriffs in Verbindung mit der Komplexität des Gesamtansatzes läßt es unwahrscheinlich erscheinen, daß dieser Ansatz überhaupt sinnvoll empirisch umsetzbar ist (vgl. Anderson, 1992, für einen alternativen Versuch).

Ein schlichterer Ansatz konzentriert sich auf die Effektivität, mit der einzelne, einfache Informationsverarbeitungsprozesse durchgeführt werden können, und versucht sie auf Testintelligenz zu beziehen. In gewisser Weise kehrt hier die Forschung zu Galtons Ansatz der Prüfung spezifischer Sinnesleistungen zurück, nur daß diese jetzt auf der Grundlage eines Informationsverarbeitungsmodells und mit verbesserter Methodik erfolgt (Mittelung über viele Einzeltests, um die Reliabilität der Messung zu erhöhen; vgl. Abschn. 3.2.2).

Gemessen wird meist die Geschwindigkeit der Informationsverarbeitung in bestimmten Aufgabentypen (vgl. Neubauer, 1993, für eine Übersicht). Bei sehr einfachen Wahrnehmungsaufgaben (z. B. Entscheidung bei sehr kurzer Darbietung zweier Linien, ob sie gleich lang sind), fanden Kranzler und Jensen (1989) in ihrer Übersicht über alle einschlägigen Studien eine mittlere Korrelation von −0,30 zwischen IQ und Darbietungszeit, wobei die mittlere Korrelation für den nichtverbalen IQ mit −0,45 stärker ausfiel als für den verbalen IQ mit −0,18.

Umgekehrt fand Schweizer (1993) für Aufgaben, die die Schnelligkeit des Zugriffs zum verbalen Kurzzeitgedächtnis testen, eine Korrelation von −0,43 mit dem Untertest „Sprachverstehen" des LPS von Horn (1983), wobei die Korrelation mit nichtverbaler Intelligenz (Ravens Matrizentest) nur −0,05 betrug (vgl. auch Abschn. 2.5.3). Solche Studien der Informationsverarbeitungsgeschwindigkeit, die spezifische Beziehungen zwischen bestimmten kognitiven Anforderungen und IQ-Untertests nachweisen, können zu einem besseren Verständnis der einzelnen Untertests und der Heterogenität von Intelligenzleistungen beitragen.

Dennoch scheint es klar, daß dieser Ansatz nur einen Teil der Effektivitätsunterschiede in der Informationsverarbeitung erklären kann, denn neben der Geschwindigkeit spielt auch die Genauigkeit der Aufgabenbearbeitung eine wesentliche Rolle in vielen Situationen, die intelligentes Handeln erfordern. Je nach Aufgabentyp finden sich zwischen Geschwindigkeit und Genauigkeit positive, negative und Null-Korrelationen. Über die Verarbeitungsgeschwindigkeit alleine dürften das alltagspsychologische Intelligenzkonzept, aber auch das historisch gewachsene psychologische Intelligenzkonzept, nicht rekonstruierbar sein.

> **!** **Intelligenztests sagen deshalb Bildung und Berufsprestige so gut vorher, weil sie eine Vielzahl kognitiver und motivationaler Anforderungen erfassen. Deshalb ist es aber auch schwierig, alle diese Anforderungen durch Aufgabenanalysen genauer zu bestimmen. Untersuchungen zur Geschwindigkeit bestimmter Informationsverarbeitungsprozesse können nur einen Teil der Leistung in Intelligenztests aufklären.**

4.4.2 Kreativität

Kreativität ist ein schillerndes Konzept der Alltagspsychologie, von dem es unklar ist, ob es als psychologisches Konstrukt geeignet ist, oder ob mit Kreativität nicht vielmehr ein Eigenschaftsbereich bezeichnet wird, der viele relativ unabhängige Eigenschaften enthält (vgl. für eine Übersicht z. B. Sternberg, 1988). Der Unterschied zwischen Intelligenz und Kreativität besteht nach alltagspsychologischer Vorstellung darin, daß Intelligenz zur effektiven Lösung vorgegebener Probleme mit bekannter Lösung befähige, während Kreativität neue Probleme, überraschende Einsichten und originelle Problemlösungen hervorbringe. Tabelle 4.4 listete typische Eigenschaften auf, die alltagspsychologisch mit Kreativität assoziiert werden.

Guilford (1950) übte einen langanhaltenden Einfluß auf die Kreativitätsforschung aus, indem er Intelligenz und Kreativität auf zwei Arten von Problemlöseprozessen bezog: konvergentes und divergentes Denken. Probleme erfordern konver-

gentes Denken, wenn sie genau eine richtige Lösung haben, die in der Regel auch bekannt ist. Aufgaben in Intelligenztests gehören überwiegend diesem Typ an. Probleme erfordern divergentes Denken, wenn die Hauptaufgabe darin besteht, die Problemstellung überhaupt erst einmal klar zu definieren, und wenn es in Abhängigkeit von den möglichen Problemstellungen unterschiedliche Lösungen gibt. Guilford (1950) verstand unter Kreativität die Fähigkeit, diese zweite Art von Denkproblemen zu lösen.

> ! **Nach Guilford ist Kreativität die Fähigkeit zum divergenten Denken.**

Von Guilford und anderen Autoren wurden im Rahmen dieses Ansatzes zahlreiche Kreativitätstests entwickelt, die vor allem vier Komponenten der Fähigkeit zum divergenten Denken erfassen sollen:

- Sensitivität gegenüber Problemen, indem z. B. naheliegende Erklärungen von Sachverhalten geschildert werden und dann nach Alternativerklärungen gefragt wird;
- Flüssigkeit des Denkens, indem z. B. möglichst viele Verwendungsmöglichkeiten eines Ziegelsteins innerhalb von zwei Minuten aufgezählt werden sollen – vom Baustein bis zum Kopfkissen für einen asketischen Mönch;
- Originalität des Denkens, indem z. B. nach entfernt liegenden Analogien zu vorgegebenen Aussagen gefragt wird;
- Flexibilität des Denkens, getestet durch Aufgaben wie das Neun-Punkte-Problem (Abb. 4.14).

In der Guilford-Tradition wird angenommen, daß diese und verwandte Merkmale des Denkens stabile Persönlichkeitseigenschaften sind und in Verbindung mit zumindest durchschnittlicher Intelligenz und einem Minimum an bereichsspezifischem Wissen kreative Leistungen ermöglichen und vorhersagen lassen. Betrachtet man den gesamten IQ-Bereich von sehr niedrigen bis sehr hohen Werten, so sollten demnach Kreativität und Intelligenz mäßig positiv korreliert sein. Betrachtet man nur mittelhohe bis sehr hohe Intelligenz, so sollten Intelligenz und Kreativität zu Null korrelieren (Schwellenmodell).

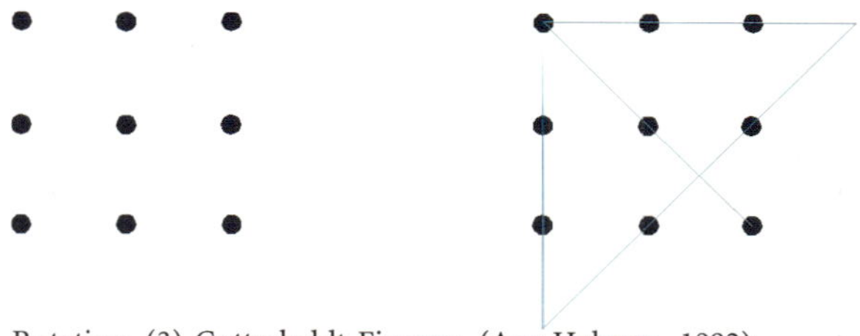

Rotation, (3) Gottschaldt-Figuren. (Aus Halpern, 1992)

Abb. 4.14. Das Neun-Punkte-Problem. Die neun Punkte müssen durch vier Linien ohne Absetzen verbunden werden

Kreativitätstests korrelieren mäßig untereinander, mäßig bis gering mit IQ-Gesamtwerten und etwas höher mit spezifischen verbalen Untertests, besonders Wortflüssigkeit. Die Korrelationen mit Intelligenz-(unter-)tests sind hoch genug, um Kreativitätstests als Intelligenzfaktoren zu betrachten, zumal Kreativität auch nach Kontrolle des IQ noch einen geringen, aber signifikanten Beitrag zur Schulleistung beisteuert (vgl. Grote et al., 1969). Das Schwellenmodell für den Zusammenhang zwischen Intelligenz und Kreativität konnte nicht bestätigt werden (vgl. Ginsburg & Whittemore, 1968; Mednick & Andrews, 1967), und nach wie vor ist offen, ob viel Vorwissen über ein Gebiet kreative Leistungen auf diesem Gebiet fördert oder eher behindert (letzteres ist nicht unplausibel, da großes Vorwissen bereits bestimmte traditionelle Lösungswege nahelegt).

Entscheidend für das Konstrukt der Kreativität ist letztlich, ob Kreativitätstests kreative Leistungen im wirklichen Leben besser vorhersagen als Intelligenztests. Die Befundlage hierzu ist unübersichtlich. Viele Untersuchungen sind nicht sinnvoll, etwa wenn Kreativitätsurteile über hochkreative Kinder von normal kreativen Lehrern erhoben werden. Hinzu kommt, daß ähnlich wie bei der Messung des Erfolgs innerhalb bestimmter Berufe die Messung des Kriteriums für Kreativität große Schwierigkeiten macht (vgl. Amelang & Bartussek, 1990, für einen Überblick).

Wenn kreative Leistungen durch relativ klare und „harte" Kriterien wie z. B. Zahl von Patenten bei Ingenieuren operationalisiert werden, ist die Vorhersagemöglichkeit durch Kreativitätstests verschwindend gering (Wallach, 1976). Diese negative Befundlage ändert sich auch dann nicht, wenn zusätzliche Persönlichkeitsmerkmale wie Neugierde, Freude am Spiel oder Ambiguitätstoleranz

berücksichtigt werden (Sternberg, 1988; Weisberg, 1986).

Weisberg (1986) kritisierte die Grundannahme von Guilford (1950), daß sich konvergentes und divergentes Denken klar trennen lassen, und schlug statt dessen vor, kreative Leistungen auf einem Gebiet durch die Qualität des Vorwissens über das Gebiet vorherzusagen. Nach seiner Auffassung bezeichnet Kreativität nicht einen besonderen Denkstil, sondern ein besonders anspruchsvolles Niveau des konvergenten und divergenten Denkens. Allerdings scheint Weisberg (1986) damit nur einen Mythos durch einen anderen ersetzen zu wollen, denn ein empirischer Test seiner Hypothese steht noch aus.

Unklar ist vor allem, warum es z. B. unter Wissenschaftlern gute Lehrbuchautoren mit extrem reicher und gut vernetzter Wissensbasis gibt, die gänzlich unkreativ in ihrer Forschung sind, und hochkreative Originale, die keinen Überblick über den aktuellen Forschungsstand haben und sich dafür auch nicht besonders interessieren. Möglicherweise verfügen auch letztere über eine reiche, hochqualitative Wissensbasis, die allerdings ausgesprochen individueller Natur und nur mit größter Mühe an andere kommunizierbar ist. Möglicherweise ist es aber auch eher eine naive Unbefangenheit und Unvorbelastetheit, die überraschende Einsichten ermöglicht. Diese Grundfragen sind nach wie vor ungeklärt (vgl. Weinert, 1990).

> ! Kreativitätstests sagen reale kreative Leistungen kaum vorher. Ungeklärt ist auch die Rolle, die die Quantität und Qualität des Wissens bei kreativen Leistungen spielt. Deshalb ist es derzeit nicht möglich, kreative Leistungen durch eine entsprechende Eignungsdiagnostik so zu fördern wie Ausbildungs- und Berufserfolg durch Sicherstellung des notwendigen Intelligenzniveaus.

4.4.3 Soziale Kompetenz

In der Alltagspsychologie wird angenommen, daß es so etwas wie eine „soziale Kompetenz" gibt, nämlich die Fähigkeit, gut mit anderen Menschen zurecht zu kommen, und daß diese Fähigkeit klar abgrenzbar sei von den bisher diskutierten intellektuellen Fähigkeiten. Soziale Kompetenz (manchmal auch soziale Intelligenz genannt) ist ein komplexes Fähigkeitskonzept, weil es aus zwei Komponenten besteht, die miteinander wenig korreliert sind: Durchsetzungsfähigkeit, d. h. die Fähigkeit, die eigenen Interessen gegenüber anderen zu wahren, und Beziehungsfähigkeit, d. h. die Fähigkeit, positive Beziehungen mit anderen einzugehen und aufrechtzuerhalten. Sozial kompetent ist, wer beide Fähigkeiten hat und so in der Lage ist, zwischen seinen eigenen Interessen und den Interessen anderer ein balanciertes Verhältnis herzustellen. Rücksichtsloses Durchsetzen eigener Ziele geht langfristig auf Kosten positiver Beziehungen zu anderen und ist deshalb sozial inkompetent. Umgekehrt ist auch die Tendenz, es anderen immer recht machen zu wollen, kein Zeichen sozialer Kompetenz, weil sie langfristig zur Selbstaufgabe führt.

Soziale Kompetenz korreliert mit Intellekt, weil sie durch spezifische intellektuelle Fähigkeiten gefördert wird: Einfühlungsvermögen in andere (auch soziale Sensitivität oder Empathie genannt) und umsichtiges Lösen sozialer Konflikte (eine spezielle Form der Problemlösefähigkeit).

Weil soziale Kompetenz eine wichtige Dimension der Persönlichkeitsbeurteilung im Alltag ist, ist sie gut in der Alltagspsychologie repräsentiert. Amelang et al. (1989) ließen Versuchspersonen einzelne Handlungen in konkreten Situationen auflisten, die typisch für soziale Kompetenz sind, wobei soziale Kompetenz durch zehn Eigenschaften beschrieben wurde (z. B. Menschenkenntnis; Fähigkeit, mit Menschen umzugehen; andere Menschen beeinflussen können). Die erhaltenen 124 Handlungen wurden von einer zweiten Gruppe von Versuchspersonen nach Prototypizität für soziale Kompetenz beurteilt (d. h. wie gut sie soziale Kompetenz charakterisieren). Die folgenden fünf Handlungen erhielten die höchsten Prototypizitätswerte (vgl. Amelang et al., 1989).

- Er konnte seinen Vorgesetzten, der sich sonst nie etwas von seinen Mitarbeitern sagen läßt, bei einer Entscheidung umstimmen, indem er ihm zunächst vermittelte, daß er seine Autorität und Kompetenz anerkennt.
- Als er merkte, daß sein Freund sich unter den vielen, ihm unbekannten Personen unsicher fühlte, begann er mit ihm ein Gespräch und versuchte dabei, andere Personen mit einzubeziehen.

- Als jemand unfreundlich zu ihm war, lächelte er ihn an und versuchte, mit freundlichen Worten die Situation zu verändern, was ihm auch gelang.
- Er half ihr über die schwierige Situation hinweg, indem er ihr klar machte, daß sie fähig war, die Schwierigkeiten zu meistern.
- Er fand in fremder Gesellschaft sehr schnell Kontakt, indem er sich mit jedem ganz unvoreingenommen unterhielt.

Eine dritte Gruppe von 119 Versuchspersonen schätzte sich in den 40 prototypischsten Items ein und wurde von jeweils drei Bekannten auf den fünf prototypischsten Items (s. oben) eingeschätzt. Das Selbsturteil und das mittlere Bekanntenurteil korrelierten zu 0,40 – ein im Vergleich zu anderen Persönlichkeitsbeurteilungen noch akzeptables Ergebnis.

Darüber hinaus wurden auch Aspekte der verbalen Intelligenz und der abstrakt-theoretischen Intelligenz der Versuchspersonen beurteilt. Alle drei Fähigkeiten wurden in getrennten Faktorenanalysen für die Selbst- und Bekanntenurteile als Faktoren wiedergefunden. Tabelle 4.10 zeigt den Zusammenhang zwischen den Faktorenwerten des Selbst- bzw. Bekanntenurteils. Die drei Intelligenzaspekte wurden von den Urteilern übereinstimmend unterschieden (konvergente und diskriminante Validität; vgl. Abschn. 3.2.3).

Tabelle 4.10. Korrelationen zwischen den Faktoren „verbale Intelligenz“, „abstrakt-theoretische Intelligenz“ und „soziale Kompetenz“ in Selbst- und Bekanntenbeurteilungen. (Nach Amelang et al., 1989)

Bekanntenurteil	Selbsturteil		
	verbal	abstrakt-theoretisch	sozial
verbal	**0,38**	0,06	−0,08
abstrakt-theoretisch	0,03	**0,27**	0,03
sozial	0,04	−0,11	**0,28**

Korrelationen für dasselbe Konstrukt (konvergente Validität) sind fett markiert.

> ! **Soziale Kompetenz ist alltagspsychologisch als komplexe Eigenschaft getrennt von Intelligenz repräsentiert.**

Da soziale Kompetenz zumindest in Persönlichkeitsbeurteilungen als einheitlicher, von intellektuellen Fähigkeiten deutlich unterschiedener Faktor repräsentiert ist, hat es immer wieder Versuche gegeben, soziale Kompetenz durch geeignete Testverfahren zu erfassen. Dabei werden seit Thorndike (1920) zwei Aspekte sozialer Kompetenz unterschieden:

- soziale Sensitivität, d. h. wie gut man andere versteht;
- soziale Handlungskompetenz, d. h. wie gut man schwierige soziale Situationen meistern kann.

Die Beispiele typischer sozial kompetenter Handlungen (s. oben) machen deutlich, daß eine hohe Handlungskompetenz meist eine hohe soziale Sensitivität erfordert. Die Umkehrung gilt nicht, denn es ist durchaus denkbar, daß es Menschen mit hoher sozialer Sensitivität gibt, die diese Fähigkeit nicht in kompetentes Handeln umsetzen können (z. B. weil sie dazu zu ängstlich sind).

O'Sullivan et al. (1965) entwickelten einen Test zur Erfassung der sozialen Sensitivität, in dem es darum ging, die Fähigkeiten, Gedanken, Gefühle und Absichten anderer in sozialen Situationen korrekt zu deuten. Die Situationen wurden durch Zeichnungen, Photographien, akustisch oder verbal vorgegeben. Die Untertests korrelierten untereinander nur gering, dagegen relativ hoch mit dem IQ und zeigten nur sehr geringe Korrelationen mit anderen Tests zur Erfassung sozialer Sensitivität (vgl. Probst, 1975; Zoch, 1974). Amelang (1987) fand zudem nur geringe bis gar keine Korrelationen zwischen diesen Tests und beurteilter sozialer Kompetenz. Auch der Versuch, die soziale Sensitivität durch korrekte Beurteilung extrem kurzer Videoclips zu erfassen, ergab nur minimale Korrelationen mit anderen sozialen Sensitivitätstests (Rosenthal et al., 1979).

Diese und andere Versuche (vgl. Orlik, 1978), ein einheitliches Konstrukt der sozialen Sensitivität in der Tradition der klassischen Intelligenzforschung durch Testaufgaben zu erfassen und dadurch soziale Kompetenz unabhängig vom IQ vorherzusagen, müssen heute als fehlgeschlagen angesehen werden. Möglicherweise gibt es keine einheitliche Eigenschaft der sozialen Sensitivität, sondern mehrere relativ unabhängige Eigenschaften, die hier eine Rolle spielen und die in unterschiedlichen sozialen Situationen unterschiedlich relevant sind. Die mangelhaften Korrelationen mit

globalen Beurteilungen vor allem der fremdeingeschätzten sozialen Kompetenz können darauf zurückgeführt werden, daß eine hohe soziale Sensitivität eine notwendige, nicht aber eine hinreichende Bedingung für sozial kompetentes Handeln ist.

> **!** **Soziale Sensitivität ist eine notwendige, aber nicht hinreichende Bedingung sozialer Kompetenz. Überzeugende Operationalisierungen liegen bisher nicht vor, vermutlich weil soziale Sensitivität keine einheitliche Eigenschaft ist.**

Zur Erfassung der sozialen Handlungskompetenz werden drei ganz unterschiedliche Strategien verwendet:

- Lösen hypothetischer sozialer Probleme,
- Selbstbeurteilung sozialer Fertigkeiten,
- Beobachtung der tatsächlichen Handlungskompetenz in inszenierten sozialen Situationen.

Zum einen werden schwierige soziale Situationen verbal oder durch Videoclips gezeigt und Lösungsvorschläge der Versuchspersonen erfragt („Was würden Sie tun, wenn Sie in Situation X wären? "). Es handelt sich also um Tests zum sozialen Problemlösen. Ähnlich wie bei Tests zur Erfassung der sozialen Sensitivität korreliert auch die Leistung in diesen Tests „zu hoch" mit Intelligenz: Die Korrelationen mit Intelligenztests sind meist genauso hoch wie die Korrelationen der Tests untereinander (vgl. z. B. Keating, 1978). Dies könnte an der Tatsache liegen, daß solche Tests ja gar nicht sozial intelligentes Handeln in realen Situationen erfassen, sondern hypothetisches Handeln in hypothetischen Situationen.

Bei der zweiten Strategie werden spezifische soziale Fertigkeiten („social skills") durch Selbstbeurteilung erfragt. Zum Beispiel entwickelte Riggio (1986) ein Inventar aus sieben Skalen mit jeweils 15 Items, die spezifische Fertigkeiten im Bereich der sozialen Sensitivität und Handlungskompetenz erfassen sollen (Tabelle 4.11). Die Skalen wiesen eine befriedigende kurzfristige Stabilität auf. Alle Skalen außer emotionale Expressivität konnten in einer Faktorenanalyse wiedergefunden werden. Die Interkorrelationen der Skalen variierten stark zwischen über 0,50 (emotionale und soziale Expressivität) und unter −0,10 (emotionale Kontrolle und soziale Sensitivität). Soziale Sensitivität korrelierte als einzige Skala positiv mit sozialer Ängstlichkeit und Schüchternheit und sollte von daher nicht als Komponente sozialer Kompetenz aufgefaßt werden. Die anderen Skalen korrelierten positiv mit Extraversion, besonders soziale Kontrolle und soziale Expressivität. Die Korrelationen der beiden Sensitivitätsskalen mit dem Video-Test von Rosenthal et al. (1979) waren nur schwach ausgeprägt (unter 0,20).

Selbstbeurteilte soziale Kontrolle und soziale Expressivität korrelierten zu 0,39 und 0,32 mit Sympathieurteilen, die zwei Komplizen des Versuchsleiters abgaben, mit denen die Versuchspersonen in einem klassischen Warteraumexperiment

Tabelle 4.11. Die Skalen des Social Skills Inventory von Riggio (1986)

Skala	Beispielitems
Emotionale Expressivität	Wenn ich deprimiert bin, stecke ich andere damit an. Mir wird nachgesagt, ich habe ausdrucksvolle Augen.
Emotionale Sensitivität	Es ist für andere fast unmöglich, ihre wahren Gefühle vor mir zu verbergen. Auf Parties kann ich auf Anhieb sagen, wer an mir interessiert ist.
Emotionale Kontrolle	Ich kann meine wahren Gefühle praktisch vor jedem verbergen. Ich kann sehr gut äußerlich ruhig bleiben, selbst wenn ich innerlich erregt bin.
Soziale Expressivität	Auf Parties spreche ich gerne mit vielen unterschiedlichen Leuten. In Diskussionen bestreite ich einen Großteil der Redebeiträge.
Soziale Sensitivität	Manchmal glaube ich, daß ich Äußerungen anderer Leute zu persönlich nehme. Ich mache mir oft Sorgen, daß andere falsch interpretieren, was ich zu ihnen gesagt habe.
Soziale Kontrolle	Ich finde es sehr leicht, zu unterschiedlichen Zeiten unterschiedliche Rollen zu spielen. In Gruppen von Freunden bin ich oft das Sprachrohr der Gruppe.
Soziale Manipulation	Ich kann nicht immer die Wahrheit sagen. Wenn ich es wirklich muß, kann ich andere „benutzen", um zu bekommen, was ich haben möchte.

angeblich auf das eigentliche Experiment gewartet hatten. Da Korrelationen mit fremdbeurteilten oder beobachteten spezifischen sozialen Fertigkeiten fehlen, ist es nicht klar, ob die Skalen über die Erfassung von Extraversion hinaus tatsächlich Aufschluß über solche Fertigkeiten geben.

Paulhus und Martin (1988) schlugen einen alternativen Zugang zur Erfassung sozialer Kompetenz durch Selbstbeurteilungen vor. Sie gingen von der Überlegung aus, daß hohe soziale Kompetenz die Fähigkeit erfordere, je nach Situation unterschiedliches Verhalten an den Tag zu legen. So erforderten manche Situationen z. B. dominantes Auftreten, andere hingegen große Zurückhaltung. Wer durchgehend dominant oder durchgehend submissiv auftrete, sei weniger kompetent, als wer über beide Fähigkeiten verfüge und sie situationsgerecht einsetze. Zur Messung dieser Eigenschaft der interpersonalen Flexibilität ließen sie Versuchspersonen einschätzen, wie weit sie sich für fähig hielten, 16 sehr unterschiedliche Verhaltensweisen in sozialen Situationen auszuführen (z. B. „Wie weit sind Sie fähig, dominant aufzutreten, wenn es die Situation erfordert?").

Diese Skala korrelierte nicht mit der sozialen Erwünschtheitsskala von Crowne und Marlowe (1960), so daß eine Verfälschung der Ergebnisse durch differentielle Tendenzen zu sozial erwünschten Antworten weitgehend ausgeschlossen werden konnte. Das Selbsturteil und das mittlere Urteil von drei Bekannten über interpersonale Flexibilität korrelierten 0,50 miteinander, was auf eine mittelhohe Validität der Selbstbeurteilung hinweist. Ebenso wie der Ansatz von Riggio (1986) kann aber auch der von Paulhus und Martin (1988) nicht das grundsätzliche Problem umgehen, daß es sich nur um Beurteilungen und nicht um direkte Beobachtungen der sozialen Kompetenz handelt.

Die dritte Strategie der Erfassung sozialer Handlungskompetenz vermeidet diese Probleme, indem reales soziales Handeln in inszenierten Situationen im Labor oder Feld beobachtet wird. Dieser Ansatz wird vor allem in klinischen Studien verwendet, in denen es darum geht, fehlende soziale Fertigkeiten aufzubauen: Wie nehme ich Kontakt mit einem Fremden auf, wie gehe ich mit Kritik um, wie kann ich in einfachen Interessenkonflikten meine Interessen wahren. Hier gab es vor allem in den 70er und 80er Jahren eine florierende Forschung zur Entwicklung standardisierter Situationen, die Aufschluß über Defizite in derartigen sozialen Fertigkeiten geben (vgl. z. B. Ullrich de Muynck & Ullrich, 1987). Für die Erfassung sozialer Handlungskompetenz im Normalbereich sind bisherige „Verhaltenstests" aber nicht gut geeignet, weil sie zwar zwischen niedriger und durchschnittlicher Kompetenz differenzieren, nicht aber zwischen durchschnittlicher und hoher Kompetenz, da die Situationen zu einfach gestaltet sind; sie erreichen bei weitem nicht den Schwierigkeitsgrad der oben aufgeführten Situationen.

! **Soziale Handlungskompetenz läßt sich bei Operationalisierung durch Tests zum sozialen Problemlösen nur schlecht von Intelligenz unterscheiden und ist bei Operationalisierung durch Selbst- oder Bekanntenurteile durch die Probleme von Persönlichkeitsbeurteilungen belastet. Bisher entwickelte Verhaltenstests sind geeignet, starke Defizite in der Handlungskompetenz aufzudecken, differenzieren aber nicht ausreichend zwischen Fähigkeitsunterschieden im oberen Bereich.**

Das psychologische Verständnis des alltagspsychologischen Konzepts der sozialen Kompetenz ist also nicht weit gediehen. Eine wesentliche Ursache hierfür ist die Komplexität dieses Konstrukts. Kompetentes Handeln in sozialen Situationen ist wegen der sozialen Rückkopplung zwischen den Handelnden und ihren Interaktionspartnern mindestens so komplex wie das von Dörner und Mitarbeitern untersuchte komplexe Problemlösen in virtuellen Welten (vgl. Abschn. 4.4.1). Es gibt zwar Versuche, die vielfältigen, an sozial kompetentem Handeln beteiligten kognitiven, emotionalen und motivationalen Prozesse in einzelne Komponenten zu zerlegen (vgl. z. B. Cantor & Kihlstrom, 1987), aber es ist bisher nicht gelungen, die wichtigsten Quellen interindividueller Unterschiede für sozial kompetentes Handeln zu identifizieren und in einem integrativen Modell wieder zusammenzufügen.

Es muß damit gerechnet werden, daß ein solches integratives Modell nicht nur zahlreiche kognitive Variablen, sondern auch zahlreiche emotionale und motivationale Variablen umfassen muß, um tatsächliches kompetentes Handeln in sozialen Situationen vorhersagen zu können. Ein solcher Ansatz müßte also traditionelle Schranken zwischen Intelligenz-, Temperaments- und Motivationsforschung überwinden. Hierin besteht eine große

Schwierigkeit, aber auch eine große Chance für die Persönlichkeitspsychologie.

4.4.4 Diskussion

Intelligenz, Kreativität und soziale Kompetenz sind drei sehr breite Eigenschaftsbegriffe, die jeweils gut in der Alltagspsychologie verankert und in Persönlichkeitsbeurteilungen auch voneinander trennbar sind. Die psychologische Erforschung dieser drei Konstrukte ist aber von höchst unterschiedlichem Erfolg gekrönt. Die Geschichte der Intelligenzforschung ist nach der Überwindung anfänglicher Schwierigkeiten im wesentlichen eine Geschichte von Erfolgen, während die persönlichkeitspsychologische Erforschung der sozialen Kompetenz und vor allem die Kreativitätsforschung im wesentlichen eine Geschichte von Mißerfolgen ist.

In der Intelligenzforschung entwickelte sich ausgehend von Binet und Simon (1905) und den Faktorenkonzepten von Spearman und Thurstone schon früh ein Paradigma der Testintelligenzforschung, das es erlaubte, nicht nur die allgemeine Intelligenz durch den IQ solide zu messen, sondern auch die individuelle Intelligenzstruktur durch entsprechende Profile in Intelligenzuntertests zu erfassen. Testintelligenz ist so erfolgreich in der Vorhersage des Ausbildungserfolgs und der Berufskarriere, daß heute in empirischen Untersuchungen Intelligenz standardmäßig durch Intelligenztests und nicht mehr durch Intelligenzbeurteilungen operationalisiert wird.

Ganz anders sieht es bei Untersuchungen zur sozialen Kompetenz und Kreativität aus. Es gibt keine Erfassungsmethoden, deren Überlegenheit gegenüber Beurteilungsverfahren erwiesen wäre, und es gibt so gut wie keinen kumulativen Wissensfortschritt: Im Grunde muß jede Untersuchung wieder bei Null, nämlich dem alltagspsychologischen Konzept, anfangen. Warum kam hier die psychologische Forschung nicht weiter? Die drei vielleicht wichtigsten Gründe sind:

- Unklares Kriterium für die Operationalisierung: Ein einheitliches Paradigma der Testintelligenzforschung konnte sich vor allem deshalb entwickeln, weil sich die Testkonstruktion zunächst an dem klaren Kriterium des Schulerfolgs orientierte. Im Gegensatz zu dem Urteil einzelner Lehrer beruht der Schulerfolg auf dem kumulierten Urteil vieler Lehrer in vielen Fächern und ist entsprechend zuverlässig (das Aggregationsprinzip wird exzessiv genutzt; vgl. Abschn. 3.2.2). Für Kreativität oder soziale Kompetenz gibt es kein auch nur annähernd vergleichbar klares und zuverlässiges Kriterium.
- Wenig Investition in die Forschung: Es gibt erheblich mehr Untersuchungen zur Intelligenz als zur Kreativität oder sozialen Kompetenz. Das liegt nicht nur an den handfesten Erfolgen der Intelligenzforschung, die schon dadurch mehr Interesse auf sich ziehen konnte, sondern sicherlich auch an dem großen Bedarf an Methoden zur Intelligenzdiagnostik im Bereich von Ausbildung und Beruf.
- Schwierigkeit der Situationsherstellung im Falle der sozialen Kompetenz: Intelligenz und Kreativität lassen sich direkt durch schriftlich vorgegebene Aufgaben untersuchen, soziale Kompetenz aber nur durch Beobachtung des Verhaltens in realen sozialen Situationen. Das ist ungleich aufwendiger als die Durchführung schriftlicher Tests, die zudem gruppenweise durchgeführt werden können (indem z. B. eine komplette Schulklasse denselben Test bearbeitet).

Trotz dieser Schwierigkeiten erscheinen Untersuchungen zu Kreativität, aber auch zu anderen Aspekten des Intellekts wie z. B. Nachdenklichkeit (vgl. Tabelle 4.4) oder Weisheit (vgl. Baltes et al. 1992) ebenso sinnvoll wie zu sozialer Kompetenz und den weithin von der empirisch orientierten Psychologie vernachlässigten künstlerischen Fähigkeiten (vgl. aber Gardner, 1993). Hier gibt es noch viel zu entdecken.

Fragen

4.14 Auf welchen Annahmen beruhte das Konzept des Intelligenzalters von Binet und Simon, und wie versuchten diese Autoren, das Intelligenzalter zu messen?

4.15 Was verstand Stern unter dem IQ, und wie wird er heute gemessen?

4.16 Welche historischen Veränderungen lassen sich im mittleren IQ westlicher Kulturen feststellen, und welche Probleme können daraus entstehen?

4.17 In welcher Annahme unterscheiden sich die Intelligenzbegriffe von Spearman und Thurstone?
4.18 Welche Faktoren beeinflussen die Zusammenhänge zwischen IQ und Grundschulnoten, Abiturnoten, Bildungsdauer, Berufsprestige und Berufserfolg?
4.19 Worauf beruhen Intelligenzunterschiede nach Sternberg?
4.20 Läßt sich Intelligenz durch Reaktionszeitmessungen objektivieren?
4.21 Wie wird versucht, Kreativität zu messen, und mit welchem Erfolg?
4.22 Kann man soziale Kompetenz von Intelligenz unterscheiden?
4.23 Welche Probleme gibt es bei der Operationalisierung von sozialer Sensitivität und Handlungskompetenz?

Weiterführende Literatur

Amelang, M. & Bartussek, D. (1990). *Differentielle Psychologie und Persönlichkeitsforschung* (3. Aufl.). Stuttgart: Kohlhammer, Kap.3.

Waldmann, M. & Weinert, F.E. (1990). *Intelligenz und Denken.* Göttingen: Hogrefe.

4.5 Handlungseigenschaften

In diesem Abschnitt werden Persönlichkeitseigenschaften behandelt, die in direktem Zusammenhang mit zielgerichtetem Handeln stehen: Bedürfnisse und Motive, Handlungsüberzeugungen (bewußt repräsentierte Erwartungsstile, Handlungskontrollstile und Attributionsstile) und Bewältigungsstile. Die einzelnen Eigenschaften werden nach und nach eingeführt und aufeinander bezogen.

4.5.1 Bedürfnisse und Motive

Während Temperamentseigenschaften sich primär auf die Form des Verhaltens beziehen, beziehen sich Bedürfnisse und Motive primär auf die Richtung des Verhaltens, also auf Verhaltensziele. Jedem Bedürfnis oder Motiv entspricht eine bestimmte Inhaltsklasse von Verhaltenszielen. Alltagspsychologisch wird auch von Neigungen, Interessen, Strebungen oder Antrieben gesprochen (vgl. Lauckens Kategorie der Neigungsdispositionen in Tabelle 1.1), die auf Bedürfnisse zurückgeführt werden.

Bedürfnisse

Die Vorstellung, daß es individuelle Besonderheiten in der Stärke von Bedürfnissen gibt, die sich direkt auf die Verhaltensrichtung auswirken, beherrschte die klassische Psychoanalyse, ethologische Ansätze der Verhaltenserklärung und die ältere Motivationspsychologie. Personen unterschieden sich in der Stärke der verschiedenen Bedürfnisse; dadurch ließen sich interindividuelle Unterschiede in den typischerweise verfolgten Handlungszielen erklären.

Das Bedürfniskonzept ist geeignet, die motivierende Wirkung von physiologischen Ungleichgewichten wie z. B. Hunger oder Durst zu beschreiben. Ein bestimmter Sollwert ist physiologisch vorgegeben und wird ständig mit dem aktuellen Ist-Zustand verglichen. Weicht der Ist-Zustand zu stark vom Sollwert ab, wird Verhalten motiviert, ihn wieder ins Lot zu bringen. Die Stärke eines Bedürfnisses (im Sinne einer Persönlichkeitseigenschaft, nicht der situativen Bedürfnisspannung) ist in diesem Regelkreismodell identisch mit dem Sollwert des Systems.

Im Falle von Hunger oder Durst wird die Abweichung intern produziert. Regelkreismodelle der Motivation können sich aber auch auf extern produzierte Abweichungen beziehen, etwa Abweichungen der erregenden Wirkung einer Situation von einem Sollwert der Unternehmungslust. Bei zu geringer Erregung resultiere Neugier, bei zu starker Erregung Furcht. In diesem Fall ist Unternehmungslust ein Bedürfnis (Abb. 4.15).

Bischof (1985) schlug ein Prozeßmodell vor, das verschiedene Formen sozialer Motivation durch mehrere ineinander verschachtelte Regelkreise zu beschreiben versucht. Darin werden individuelle Besonderheiten in der sozialen Motivation durch Sollwerte beschrieben. Eine empirische Umsetzung dieses Ansatzes wird weiter unten besprochen.

> **!** **Die Regulierung physiologischer Ungleichgewichte und grundlegender sozialer Bedürfnisse kann durch Regelkreismodelle beschrieben werden, in denen Bedürfnisse als Sollwerte operationalisiert sind.**

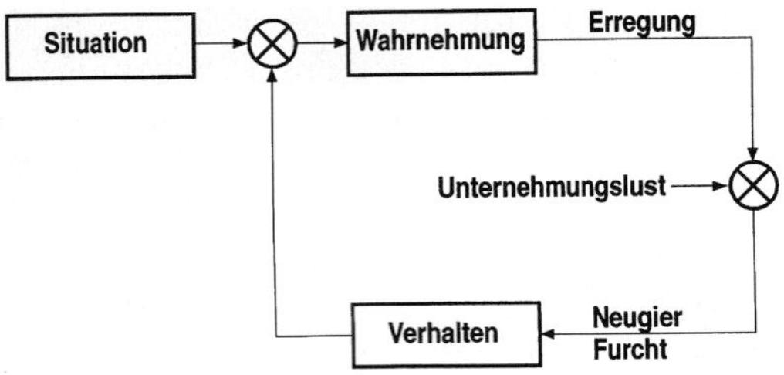

Abb. 4.15. Ein Regelkreismodell für die Regulierung des Neugierverhaltens in Abhängigkeit von der Unternehmungslust

In der älteren Literatur finden sich Versuche, die gesamte Motivation auf wenige Grundbedürfnisse zurückzuführen. Der wohl letzte Versuch dieser Art stammte von Maslow (1954). Er schlug eine fünfstufige Hierarchie von Bedürfnisgruppen vor, die er entwicklungspsychologisch und allgemeinpsychologisch (nicht aber persönlichkeitspsychologisch, also im Sinne interindividueller Unterschiede innerhalb derselben Altersstufe) interpretierte (Abb. 4.16).

Nach Maslow (1954) lassen sich alle Bedürfnisse einer dieser fünf Gruppen zuordnen. Im Verlauf der individuellen Entwicklung überlagerten neue sich entwickelnde Gruppen von Bedürfnissen die schon vorhandenen. Diese blieben zwar alle bestehen, nähmen aber in ihrer absoluten Stärke ab und damit auch in ihrer relativen Stärke zueinander. Im Säuglingsalter gebe es nur physiologische Bedürfnisse (z. B. Hunger und Durst); sie würden im Kleinkindalter überlagert durch Sicherheitsbedürfnisse (z. B. Schutz vor Schmerz, Furcht und Ungeordnetheit), später durch soziale Bindungsbedürfnisse (z. B. nach Geselligkeit, Geborgenheit und Liebe) und dann durch Selbstachtungsbedürfnisse (z. B. nach Geltung, Anerkennung und Zustimmung); erst ab der Pubertät entstünden Selbstverwirklichungsbedürfnisse (z. B. nach Realisierung der eigenen Fähigkeiten, Verstehen und Einsicht).

Auf jeder Altersstufe erfordere die Befriedigung von Bedürfnissen einer erreichbaren Stufe die weitgehende Befriedigung aller untergeordneten Bedürfnisse. Um soziale Anerkennung sorge man sich also nur dann, wenn Hunger und Durst befriedigt und Sicherheit und sozialer Anschluß gewährleistet seien. Die Bedürfnisse unten in der Hierarchie bezeichnete Maslow (1955) als Mangelbedürfnisse. Sie würden nur verhaltenswirksam, wenn ein Mangel auftrete; nach der Bedürfnisbefriedigung ruhten sie wieder. Diese Vorstellung kann durch ein Regelkreismodell präzisiert werden, in dem es auch Übersättigungseffekte gibt, wenn Ist-Zustände den Sollwert übersteigen. Zum Beispiel würde zuviel Essen Ekel auslösen oder zu große Erregung im Modell von Abb. 4.15 Furcht.

Die Bedürfnisse oben in der Hierarchie bezeichnete Maslow (1955) als Wachstumsbedürfnisse (im psychologischen Sinn). Sie würden dauerhafter das Verhalten bestimmen, weil sie sozusagen unersätt-

Abb. 4.16. Hierarchie der Bedürfnisse nach Maslow. (Aus Heckhausen, 1989)

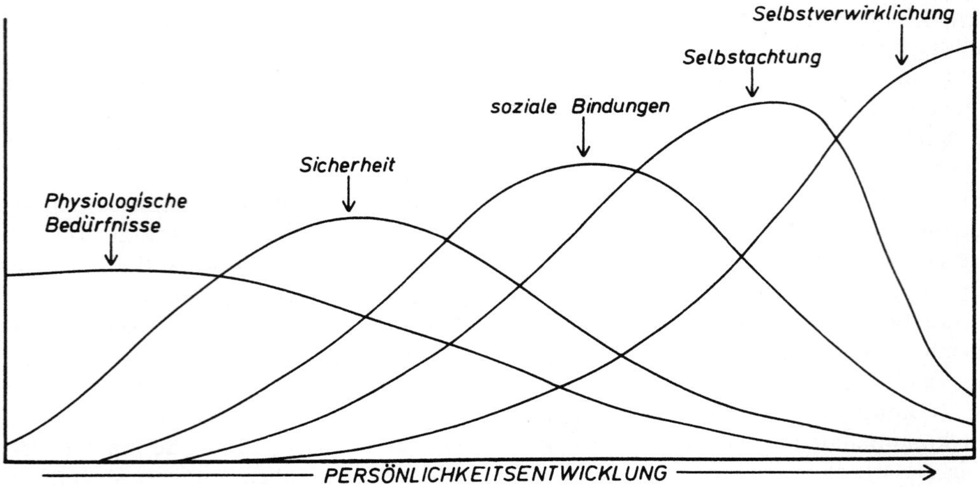

lich seien: Sie ließen sich nie ganz befriedigen. Das gelte besonders für die oberste Gruppe der Selbstverwirklichungsbedürfnisse: Selbstverwirklichung sei ein Ziel, das nie ganz erreicht werden könne.

> ! Nach Maslow überlagern im Verlauf der Persönlichkeitsentwicklung Wachstumsbedürfnisse die anfänglich ausschließlich vorhandenen Mangelbedürfnisse; früher entstandene Bedürfnisse behielten aber eine Priorität gegenüber später entstandenen.

Diese Auffassung wurde von Maslow selbst nur anhand von Interviews und Biographien (z. B. US-amerikanischer Präsidenten) illustriert. Sie übte aber großen Einfluß auf spätere Verfahren der Messung von Bedürfnissen im Jugend- und Erwachsenenalter aus, die es ermöglichen, Entwicklungssequenzen dominanter Bedürfnisse empirisch zu untersuchen (z. B. die von Loevinger, 1976, vorgeschlagene Sequenz der „Ich-Entwicklung").

Das Leistungsmotiv

In der neueren Motivationspsychologie sind die Bedürfnisse etwas aus dem Blickfeld geraten, weil sich der Schwerpunkt des Interesses, gefördert durch die „kognitive Wende" in der Psychologie, hin zu mehr rationalen Zielbildungsprozessen verschoben hat, die dem Erwartungs-mal-Wert-Modell folgen: Handeln richte sich nach einer Bewertung der erwarteten Handlungsfolgen; die Bewertung der Folgen wiederum werde durch ein von Person zu Person variierendes Motiv bestimmt (vgl. Abschn. 2.5.1). Von daher definierte Heckhausen (1989) Motive als Bewertungsdispositionen für Handlungsfolgen. Dieser Motivbegriff beherrscht vor allem die Untersuchungen zur Leistungsmotivation. Atkinson (1957) formulierte ein einflußreiches Modell, nach dem das Leistungsmotiv aus einer Annäherungskomponente und einer Vermeidungskomponente bestehe, die die Bewertung des Erfolgs bzw. Mißerfolgs in einer Aufgabe repräsentieren. Im Sinne des Handlungsmodells von Abschn. 2.5.1 (vgl. Abb. 2.22) ist hier die Aufgabe die Situation, die Aufgabenbearbeitung die Handlung und Erfolg/Mißerfolg das Ergebnis der Handlung. Tafel 4.7 erläutert, wie sich Atkinson (1957) die Verknüpfung der beiden personabhängigen Motivkomponenten mit der situationsabhängigen Erfolgserwartung vorstellte.

Tafel 4.7. Das Risikowahlmodell von Atkinson

Atkinson (1957) schlug in seinem Risikowahlmodell der Leistungsmotivation vor, daß die Stärke der Leistungsmotivation L in einer bestimmten Situation eine Funktion von zwei Größen sei: Leistungsmotiv M und subjektive Erfolgswahrscheinlichkeit W (bzw. Risiko 1 − W):

$$L = M \cdot (1 - W) \cdot W.$$

Dabei repräsentiert das Produkt $M \cdot (1 - W)$ die Wertkomponente und W die Erwartungskomponente im Erwartungs-mal-Wert-Ansatz. Das Risiko 1 − W in der Wertkomponente repräsentiert die Attraktivität des Erfolgs: Ein Erfolg sei um so attraktiver und von daher motivierender, je riskanter er sei. Das ist im Falle des Leistungsmotivs plausibel und läßt sich auch empirisch gut belegen: Je schwieriger eine Aufgabe ist, desto attraktiver ist es, sie zu meistern.

Atkinson (1957) nahm zusätzlich an, daß das Leistungsmotiv aus zwei nicht notwendigerweise hoch negativ korrelierenden Anteilen bestehe: dem Erfolgsmotiv M_e und dem Mißerfolgsmotiv M_m. Das Erfolgsmotiv beschreibe die interindividuell variierende Tendenz, Erfolg anzustreben, das Mißerfolgsmotiv die Tendenz, Mißerfolg zu meiden. Erfolgs- und Mißerfolgsmotivation würden ebenfalls der obigen Gleichung genügen, nur daß beim Mißerfolg die Erfolgswahrscheinlichkeit W durch die Mißerfolgswahrscheinlichkeit 1 − W ersetzt werde. Die resultierende Leistungsmotivationsstärke sei die Differenz zwischen der Stärke der Erfolgs- und der Mißerfolgsmotivation:

$$L = M_e \cdot (1 - W) \cdot W - M_m \cdot W \cdot (1 - W).$$

Das läßt sich weiter zusammenfassen zu

$$L = (M_e - M_m) \cdot (W - W^2).$$

Die Leistungsmotivation steigt also, je stärker das individuelle Erfolgsmotiv das Mißerfolgsmotiv übersteigt und je näher die Erfolgswahrscheinlichkeit am maximal motivierenden Wert 0,5 liegt.

Abbildung 4.17 illustriert die Abhängigkeit der Leistungsmotivation von Erfolgsmotiv, Mißerfolgsmotiv und Erfolgswahrscheinlichkeit im Risikowahlmodell von Atkinson.

Persönlichkeitspsychologisch ergibt sich daraus die Hypothese, daß Erfolgsmotivierte (Überwiegen des Erfolgsmotivs) maximal durch Aufgaben mittlerer Schwierigkeit motiviert werden, während Mißerfolgsmotivierte durch solche Aufgaben gerade am wenigsten motiviert werden (dort ist ihre Meidungstendenz ja am stärksten). Empirisch läßt sich diese Hypothese im wesentlichen bestätigen (vgl. Heckhausen, 1980). So wählen Erfolgsmotivierte eher Aufgaben mittlerer subjektiver Schwie-

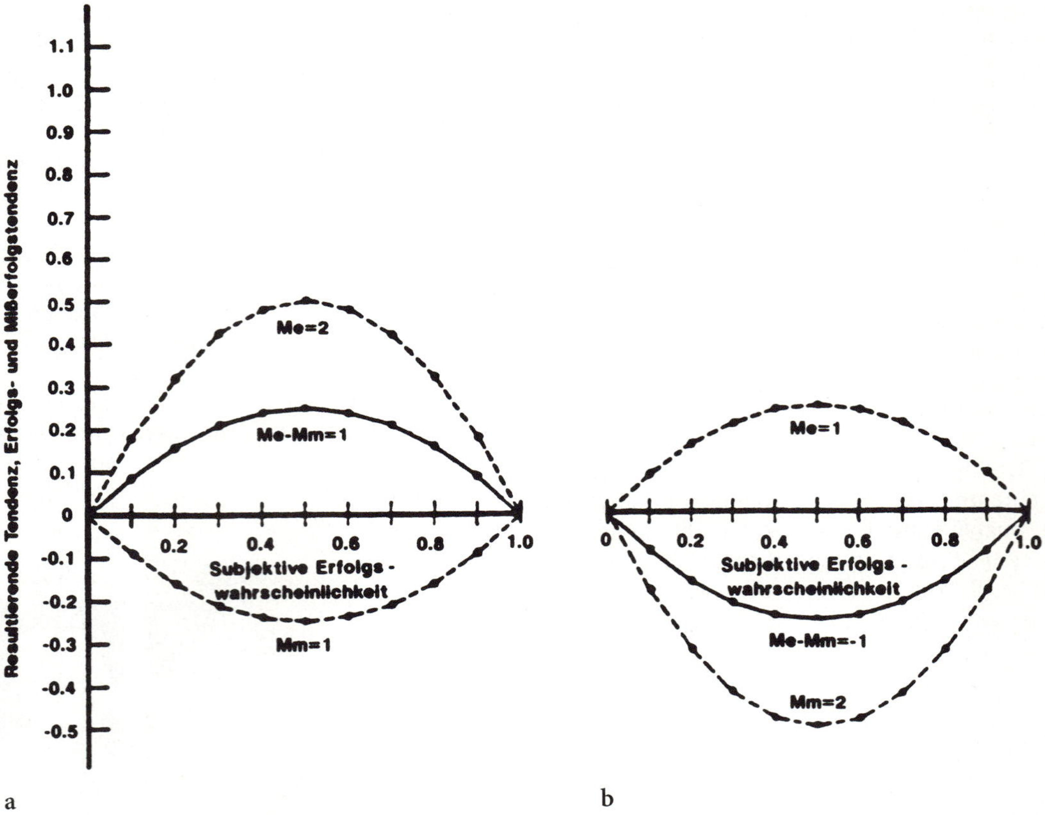

Abb. 4.17. Stärke der Leistungsmotivation (und – gestrichelt – der Erfolgs- und Mißerfolgstendenz) in Abhängigkeit von der subjektiven Erfolgswahrscheinlichkeit. **a** Erfolgsmotiv ist stärker als Mißerfolgsmotiv. **b** Mißerfolgsmotiv ist stärker als Erfolgsmotiv. (Nach Heckhausen, 1989)

rigkeit und bearbeiten sie besonders effizient und ausdauernd, während Mißerfolgsmotivierte vergleichsweise häufiger sehr leichte oder sehr schwere Aufgaben wählen und diese vergleichsweise besser und ausdauernder bearbeiten.

> ! **Erfolgsmotivierte sind höher motiviert bei Aufgaben mittlerer subjektiver Schwierigkeit, Mißerfolgsmotivierte bei sehr leichten und sehr schweren Aufgaben.**

Projektive Motivmessung

In den Untersuchungen zur Leistungsmotivation wurden Erfolgs- und Mißerfolgsmotiv oft durch einen projektiven Test gemessen. Dieses Meßverfahren für Motive beruht auf der psychoanalytisch inspirierten Annahme, daß viele Bedürfnisse nicht bewußt, sondern durch Abwehrmechanismen ins Unbewußte verbannt seien (vgl. Abschn. 2.1); sie äußerten sich dann höchstens indirekt in Träumen, Tagträumen oder Phantasien. Murray (1938) unterschied dementsprechend latente Bedürfnisse, die dem Bewußtsein und der Verhaltensbeobachtung nicht direkt zugänglich seien, und manifeste Bedürfnisse, die im Erleben und Verhalten direkt repräsentiert seien. Zur Erfassung latenter Bedürfnisse entwickelte Murray einen projektiven Test (Tafel 4.8), den Thematischen Apperzeptionstest (TAT; Murray, 1943).

Tafel 4.8. Projektive Tests

Projektive Tests sind eine äußerst umstrittene Methode der Persönlichkeitsmessung, die besonders zur Erfassung unbewußter Motive eingesetzt wird. Den Versuchspersonen werden mehrdeutige Bilder vorgegeben; ihre Aufgabe ist es, dazu eine kurze Bildbeschreibung zu geben. Die Beschreibungen werden dann für das Vorkommen bestimmter Themen kodiert; aus der

Nennung eines Themas wird auf ein entsprechendes Motiv beim Erzähler rückgeschlossen. Die Idee ist dabei, daß sich in der Wahl der Themen Persönlichkeitseigenschaften ausdrücken, und zwar auch solche, die dem Erzähler gar nicht bewußt sind: Er „projiziert" sie unabsichtlich in die Bildbeschreibung.

Der TAT besteht aus 20 Bildern (eines davon einfach ein weißes Blatt), wobei es für Männer, Frauen und Kinder spezielle Bildersätze gibt. Die Bilder sollen Motive mäßig anregen, d. h. mehrdeutig genug sein, damit große interindividuelle Unterschiede in den berichteten Themen auftreten. Revers und Allesch (1985) entwickelten eine neuere Version des TAT mit z. T. farbigen, zeitgemäßeren Bildern.

Der TAT besteht aus relativ vielen Bildern, weil er für eine umfassende Motivdiagnostik entwickelt wurde. Später wurden kürzere TAT-ähnliche Verfahren zur Erfassung spezifischer Motive entwickelt, z. B. zur Erfassung des Leistungsmotivs (Heckhausen, 1963), des Machtmotivs (Winter, 1973), des Intimitätsmotivs (Motiv nach engen Beziehungen; McAdams, 1980), oder des Aggressionsmotivs (Kornadt, 1982). Abbildung 4.18 zeigt ein Bild aus dem Leistungsmotiv-TAT von Heckhausen (1963).

Ausgewertet werden projektive Tests zur Motiverfassung durch inhaltsanalytische Kodierung: Die Bildbeschreibung einer Person wird nach bestimmten Inhalten durchsucht; werden sie gefunden, erhält die Person einen entsprechenden Punktwert. Am Ende werden alle Punkte pro Motiv summiert. Tabelle 4.12 zeigt die Inhalte, die für die Bestimmung des Erfolgsmotivs (Hoffnung auf Erfolg) und des Mißerfolgsmotivs (Furcht vor Mißerfolg) berücksichtigt werden, und Beispiele zu diesen Inhalten, die aus einer Geschichte zu Abb. 4.18 stammen könnten.

Die Kritik an projektiven Verfahren zur Motivmessung entzündet sich meist an drei Punkten:

- Mäßige interne Konsistenz: Die Korrelation zwischen den Motivwerten verschiedener Bilder ist zwar positiv, aber durchweg sehr gering. Im Prinzip könnte dieses Problem dadurch behoben werden, daß viele Bilder vorgegeben und die Motivwerte dann gemittelt werden. Das geht aber deshalb nicht, weil nach einigen Geschichten zum selben motivationalen Thema die Erzähler beginnen, das Thema zu wechseln (es treten Sättigungseffekte auf). Die Motivationsdynamik während des Tests verhindert also die Nutzung des Aggregationsprinzips (vgl. Abschn. 3.2.2). In den genannten Tests werden deshalb nur etwa fünf Bilder verwendet, und ihre interne Konsistenz (Cronbachs α vgl. Abschn. 3.2.1) liegt meist bei nur etwa 0,50.
- Mäßige zeitliche Stabilität: Bei Testwiederholung wurden für die genannten Tests durchweg Retestzuverlässigkeiten von nur etwa 0,50 gefunden (vgl. Heckhausen, 1963; McAdams, 1980; Winter & Stewart, 1977).
- Unklare Interpretation der Testergebnisse: Ist das Thema einer erzählten Geschichte tatsächlich immer ein projiziertes eigenes Motiv des Erzählers? Menschen könnten für bestimmte Motivthe-

Abb. 4.18. Ein Bild des Leistungsmotiv-TAT von Heckhausen. (Aus Heckhausen, 1963)

Tabelle 4.12. Leistungsthematische Inhalte. (Nach Heckhausen, 1963)

Inhalt	Beispiel
Hoffnung auf Erfolg	
Bedürfnis nach Leistung und Erfolg	Er will einen neuen Apparat konstruieren
Tätigkeit zur Zielerreichung	Er denkt über die Aufgabe nach
Erfolgserwartung	Er ist sicher, daß er erfolgreich sein wird
Lob infolge guter Leistung	Der Meister anerkennt die Konstruktion
Positiver Gefühlszustand	Die Arbeit macht ihm Spaß
Erfolgsthema	Wenn die Geschichte insgesamt einen überwiegend erfolgsgetönten Gehalt hat
Furcht vor Mißerfolg	
Bedürfnis nach Mißerfolgsmeidung	Er hofft, daß der Meister den Fehler nicht bemerkt
Tätigkeit zur Mißerfolgsmeidung	Er gibt vor, daß die Konstruktion noch in Arbeit ist (obwohl sie schon fertig ist)
Erfolgsungewißheit	Er zweifelt an seinem Erfolg
Tadel infolge schlechter Leistung	Der Meister kritisiert die Konstruktion
Negativer Gefühlszustand	Er ärgert sich über seinen Fehler
Mißerfolg	Die Konstruktion enthält einen Fehler
Mißerfolgsthema	Wenn die Geschichte insgesamt einen überwiegend mißerfolgsgetönten Gehalt hat.

men sensitiv sein und deshalb entsprechende Geschichten erzählen, ohne in ihrem eigenen Handeln durch diese Motive geleitet zu werden.

Letzteres legen z. B. Ergebnisse der schon in Abschn. 2.5.3 geschilderten Studie von Asendorpf et al. (1994) zur Aggressivität bei Kindern nahe. Dort wurde nicht nur das Erzieherurteil über Aggressivität und die Erinnerungsgüte für aggressionsrelevante Reize durch einen Wiedererkennungstest erhoben, sondern auch die Aggressionshaltigkeit von sechs Geschichten in einem TAT-ähnlichen projektiven Test. Hohe Werte im projektiven Test wurden einerseits von Kindern erzielt, die von der Erzieherin als hoch aggressiv beurteilt worden waren, andererseits aber auch von Kindern, die nicht als aggressiv beurteilt worden waren, aber eine hohe Aggressionssensitivität aufwiesen (gute Erinnerung an aggressionsrelevante Objekte). Dies waren also Kinder, die sensibel gegenüber dem Thema Aggressivität waren, aber keine offene Aggressivität zeigten.

Möglicherweise waren diese Kinder oft mit der Aggression anderer konfrontiert und deswegen sensibel für das Thema Aggression. Es ist damit zu rechnen, daß nicht nur die Täter, sondern auch die Opfer von Aggression und Menschen, die häufig mit der Aggression anderer konfrontiert sind (z. B. Kriminalbeamte), hohe Aggressivitätswerte in projektiven Tests erzielen (vgl. unterstützend hierzu Toch & Schulte, 1961). Projektive Tests messen also die Sensitivität gegenüber einem Thema, nicht aber unbedingt motivationale Tendenzen zu entsprechendem Verhalten bei den Getesteten. Insofern ist „thematischer Apperzeptionstest" eine durchaus zutreffende Bezeichnung; sie muß nur wörtlicher genommen werden als üblich.

Während die mangelhafte interne Konsistenz projektiver Tests durch die Motivationsdynamik in der Testsituation plausibel erklärt werden kann und kein wirklich kritisches Problem darstellt (die zeitliche Stabilität könnte trotzdem hoch sein; Reuman, 1982), ist die mangelhafte mittelfristige Stabilität der Testergebnisse fatal. Sie wird bisweilen damit gerechtfertigt, daß die Getesteten sich beim zweitenmal noch erinnerten, was sie beim erstenmal erzählt hatten und deshalb das Thema – und damit teilweise auch das Motiv – wechselten. Zuverlässig sei deshalb nur die erste Testung. Unterstützt wird diese Annahme durch die Studie von Winter und Stewart (1977), die die Wiederholung eines TAT zum Machtmotiv nach einer Woche unter drei Bedingungen durchführen ließen: Möglichst ähnliche Geschichten schreiben, sich nicht um die früheren Geschichten kümmern oder möglichst andersartige Geschichten schreiben. Die Stabilität zwischen den beiden Tests betrug für diese drei Bedingungen 0,62, 0,58 und 0,27.

Dieses Problem läßt sich umgehen, indem die Paralleltestzuverlässigkeit bestimmt wird, also die

Korrelation zwischen zwei Bilderserien aus unterschiedlichen Bildern, die das Motiv auf äquivalente Weise erfassen und die zu unterschiedlichen Zeitpunkten denselben Personen vorgelegt werden. Hier jedenfalls müßten ausreichend hohe Korrelationen (um 0,80) nachweisbar sein. Dieser kritische Test wurde aber meines Wissens noch nicht durchgeführt. Solange er nicht durchgeführt ist, bleibt der Verdacht, daß projektive Tests ein schlechtes Verfahren der Motiverfassung sind, weil die Antworten zu den Bildern zu stark von aktuellen Erlebnissen und Stimmungen abhängen. Projektive Tests würden aus dieser Sicht nicht stabile Persönlichkeitseigenschaften erfassen, sondern Themen, die für den Getesteten aktuell von hoher persönlicher Bedeutung sind (Klinger, 1971, spricht von „current concerns"). Sie hätten damit einen Status, der mit dem von Stimmungen vergleichbar ist.

> **!** **Es ist unklar, ob projektive Motivtests überhaupt stabile Eigenschaften erfassen. Aus den Testergebnissen lassen sich aktuell bedeutsame Themen einer Person erschließen, nicht jedoch Motive; es kann sich auch nur um Sensitivitäten für bestimmte Themen handeln.**

Im Falle des Leistungsmotivs dürften sich allerdings Themasensitivität und Motiv nicht stark unterscheiden. Zudem lassen sich auch mit Tests einer Zuverlässigkeit von nur 0,50 empirische Untersuchungen sinnvoll durchführen, wenn nicht einzelne Personen, sondern Gruppen von Personen verglichen werden (die Gruppenmittelwerte sind zuverlässiger als die Einzelwerte; vgl. Abschn. 3.2.2). Für eine Individualdiagnostik zur Erfassung stabiler Motive scheinen projektive Tests aber ungeeignet.

Projektive Tests vs. Persönlichkeitsskalen für Motive

Alternativ lassen sich Motive natürlich auch durch Persönlichkeitsskalen erfassen. Zum Beispiel entwickelte Jackson (1974) zur Erfassung von 20 der 27 von Murray (1938) diskutierten Bedürfnisse ein Persönlichkeitsinventar, in dem jedes Bedürfnis durch viele Items erfragt wird: die Personality Research Form (PRF; die deutsche Fassung von Stumpf et al. 1985, bezieht sich auf 14 Bedürfnisse). Dieses Verfahren erfaßt manifeste Bedürfnisse im Sinne von Murray (1938), also solche, über die die Befragten selbst Auskunft geben können. In Tabelle 4.13 sind die Bedürfnisse aufgelistet, die in der deutschen Version des PRF erfragt werden.

Tabelle 4.13. Die 14 Bedürfnisse von Murray (1938), die den Skalen der deutschen Version des PRF (Stumpf et al., 1985) zugrunde liegen

Bedürfnis	Skala
Achievement	Leistungsstreben
Affiliation	Geselligkeit
Aggression	Aggressivität
Dominance	Dominanzstreben
Endurance	Ausdauer
Exhibition	Bedürfnis nach Beachtung
Harmavoidance	Risikomeidung
Impulsivity	Impulsivität
Nurturance	Hilfsbereitschaft
Order	Ordnungsstreben
Play	Spielerische Grundhaltung
Social recognition	Soziales Anerkennungsbedürfnis
Succorance	Anlehnungsbedürfnis
Understanding	Allgemeine Interessiertheit

Projektive Tests und Persönlichkeitsskalen zur Erfassung desselben Motivs korrelieren meist nur äußerst gering. Das könnte an der größeren Unzuverlässigkeit der projektiven Motivmessung liegen (die meisten Skalen des PRF haben eine ausreichende interne Konsistenz und Retestreliabilität). Alternativ ist aber auch daran zu denken, daß die beiden Verfahren unterschiedliche Motivarten erfassen, die an unterschiedlichen Korrelationen mit Verhaltenskriterien erkennbar sind. Dies sei hier wieder am Beispiel des Leistungsmotivs erläutert.

Nach der Auffassung von McClelland et al. (1989) sagen projektiv gemessene, latente Motive eher operantes Leistungsverhalten vorher, d. h. selbstgeneriertes, spontanes Leistungsverhalten, das nicht unter direkter situativer Kontrolle steht (z. B. unaufgefordert unbezahlte Überstunden machen; die Leistung mancher Wissenschaftler). Durch Persönlichkeitsskalen gemessene Motive sollten dagegen eher respondentes Leistungsverhalten vorhersagen, d. h. durch situative Anreize ausgelöstes Leistungsverhalten (z. B. Überstunden gegen Bezahlung machen; Schulleistungen erbringen, um eine gute Note zu bekommen).

Spangler (1992) konnte in einer Analyse von 105 einschlägigen Studien diese Hypothesen teilweise bestätigen (Tabelle 4.14). Projektiv und durch

Tabelle 4.14. Mittlere Korrelationen zwischen projektiv bzw. selbstbeurteilten Motiven und operantem bzw. respondentem Leistungsverhalten in 105 Studien. (Nach Spangler, 1992)

	Leistungsverhalten			
	respondent		operant	
Motivmessung	n	r	n	r
Selbsturteil	89	0,15	12	0,13
projektiv	108	0,19	37	0,22

n = Anzahl untersuchter Stichproben.
r = mittlere Korrelation in diesen Stichproben.

Selbstbeurteilung gemessenes Leistungsmotiv korrelierten nur schwach positiv; im Mittel über alle einschlägigen Studien betrug die Korrelation nur 0,09. Projektive Verfahren sagten operantes Leistungsverhalten etwas besser vorher als selbstbeurteilte Motive, wobei sie aber bei respondentem Leistungsverhalten nicht schlechter abschnitten. Die Korrelationen waren allerdings insgesamt äußerst niedrig.

Die niedrigen Korrelationen zwischen Motivmessung und Leistungsverhalten sprechen nicht unbedingt gegen die Validität der Meßverfahren, denn tatsächliches Leistungshandeln und seine Ergebnisse im Alltag hängen sicherlich nicht nur vom Leistungsmotiv, sondern auch von anderen Eigenschaften ab (z. B. Intelligenz, spezielle Fähigkeiten, Wissen, inhaltliches Interesse an den Aufgaben, konkurrierende individuelle Motive).

> **!** **Das Leistungsmotiv – wie auch immer gemessen – ist als alleiniger Prädiktor ungeeignet zur Vorhersage tatsächlichen Leistungsverhaltens.**

Wenn das Leistungsmotiv nur eine von mehreren Eigenschaften ist, die individuelle Besonderheiten im Leistungsverhalten mitbedingen, ist es umgekehrt auch nur begrenzt möglich, aus tatsächlich gezeigtem Leistungsverhalten auf ein Leistungsmotiv zu schließen. Zumindest müßten dabei Fähigkeiten, Wissen und Interesse an der Sache selbst kontrolliert werden. Diese Schwierigkeit des Rückschlusses von Verhalten auf Motive gilt nicht nur für das Leistungsmotiv, sondern allgemein für jedes Motiv. Sie sei hier am Beispiel des Anschlußbedürfnisses näher erläutert.

Das Anschlußbedürfnis

Murray (1938) verstand unter dem Anschlußbedürfnis das Bedürfnis nach der Aufnahme und Aufrechterhaltung sozialer Beziehungen unabhängig von dem Grad der erreichten Vertrautheit. Atkinson et al. (1954) und Heyns et al. (1958) entwickelten ein TAT-ähnliches, projektives Verfahren der Messung des Anschlußbedürfnisses. Die verwendeten Bilder und das Auswertungssystem trennen zwar relativ klar zwischen einer Annäherungs- und einer Vermeidungskomponente, die man in Analogie zu den entsprechenden Komponenten des Leistungsmotivs Hoffnung auf Anschluß und Furcht vor Zurückweisung nennen könnte, aber diese beiden Komponenten werden bis heute meist nicht getrennt mit dem Argument, daß Furcht vor Zurückweisung nur eine bestimmte Form einer kontaktsuchenden Tendenz sei (vgl. kritisch dazu Heckhausen, 1989). Möglicherweise ist deshalb die Aussagekraft dieses Verfahrens im Vergleich zum Leistungsmotiv-TAT noch geringer; es fanden sich nur schwache Beziehungen zwischen Anschlußbedürfnis und tatsächlich realisiertem geselligem Verhalten (Boyatzis, 1973).

Alternativ können die beiden Komponenten des Anschlußbedürfnisses auch direkt durch Selbstbeurteilung in einem Fragebogen gemessen werden (Mehrabian, 1970); dabei zeigt sich, daß sie nahe Null miteinander korrelieren. Es handelt sich also zumindest auf der Ebene manifester Bedürfnisse um unabhängige Persönlichkeitsdimensionen. Hinzu kommt das Problem, daß die Vermeidungskomponente des Anschlußbedürfnisses nicht nur auf Furcht vor Zurückweisung aufgrund entsprechender Erfahrungen beruhen kann, sondern auch auf dem Temperamentsmerkmal der Gehemmtheit (vgl. Abschn. 4.3.2). Nach Asendorpf (1989a) lassen sich damit vier Persönlichkeitstypen unterscheiden, die durch hohe bzw. niedrige Werte auf den beiden Komponenten des Anschlußbedürfnisses charakterisiert sind (Tabelle 4.15).

Wird die Vermeidungstendenz als Furcht vor Zurückweisung interpretiert, führt das zu folgender Charakterisierung der vier Persönlichkeitstypen:

- Ungesellige Personen haben nur ein geringes Bedürfnis nach Anschluß und fürchten auch keine Ablehnung; sie haben einfach andere Interessen.

Tabelle 4.15. Vier Persönlichkeitstypen, klassifiziert nach der Stärke der beiden Komponenten des Anschlußbedürfnisses

Annäherungstendenz	Vermeidungstendenz	
	niedrig	hoch
niedrig	ungesellig	vermeidend
hoch	gesellig	schüchtern

Sie lesen z. B. lieber ein Buch, als daß sie auf eine Party gehen.
- Gesellige Personen haben ein starkes Bedürfnis nach sozialem Anschluß und keine Angst davor, abgelehnt zu werden; deshalb realisieren sie ihr Anschlußbedürfnis auch im Verhalten. Sie sind häufig auf Parties zu finden.
- Schüchterne Personen sind durch einen Annäherungs-Vermeidungs-Konflikt gekennzeichnet: Sie suchen nach Anschluß, fürchten aber gleichzeitig Ablehnung. Auf Parties stehen sie oft beobachtend in der Ecke. Ihr Verhalten wird leicht fehlinterpretiert als mangelndes soziales Interesse.
- Vermeidende Personen schließlich haben kein Bedürfnis nach sozialem Anschluß (vielleicht hatten sie es früher, haben inzwischen aber die Hoffnung aufgegeben) und fürchten sich vor Zurückweisung (vgl. Asendorpf, 1989a, für eine ausführliche Diskussion).

Diese Charakterisierung deckt sich recht gut mit zahlreichen Untersuchungen zu Geselligkeit und Schüchternheit. So korreliert Geselligkeit nur gering negativ mit Schüchternheit, wenn beide Eigenschaften durch Persönlichkeitsskalen aus Items erfaßt werden, die diese beiden Eigenschaften möglichst unabhängig voneinander erfragen (Cheek & Buss, 1981; Asendorpf, 1989a). Studenten, die sich für schüchtern halten, haben eine stärkere Furcht vor Zurückweisung als nichtschüchterne (Asendorpf, 1987). Und Grundschulkinder, die von ihren Eltern für gesellig gehalten werden, spielen nachmittags mehr mit anderen Kindern als ungesellige, während Altersgenossen, die von ihren Eltern für schüchtern gehalten werden, nachmittags nicht weniger Kontakt haben als nichtschüchterne, aber in größeren Gruppen oder im Beisein von Fremden weniger reden als nichtschüchterne: Sie reagieren gehemmt (Asendorpf & Meier, 1993).

Von daher sind die Häufigkeit oder die Dauer sozialer Interaktion nicht ausreichend, um daraus auf ein Bedürfnis nach Geselligkeit (die Annäherungskomponente des Anschlußbedürfnisses) zu schließen. Geringe Interaktionshäufigkeit und -dauer können auch auf Schüchternheit zurückgehen, bei der ein starkes Bedürfnis nach Geselligkeit mit starker Furcht vor Zurückweisung oder starker Gehemmtheit gepaart vorkommt.

Man kann deshalb nur versuchen, die beiden Komponenten des Anschlußbedürfnisses möglichst unabhängig voneinander zu erfassen, etwa indem Geselligkeitsunterschiede gegenüber guten Bekannten untersucht werden, die keine Furcht vor Zurückweisung erregen, oder indem die Furcht vor Fremden untersucht wird, die so interessant gemacht werden, daß auch Ungesellige motiviert sind, mit ihnen ins Gespräch zu kommen (vgl. Asendorpf, 1990a). Dies erfordert eine genaue Kontrolle der motivationsanregenden Situationen.

> **!** **In konkreten Situationen werden meist mehrere Bedürfnisse simultan angeregt; deshalb ist es schwer, aus Verhaltenstendenzen in einer Situationsklasse auf ein Bedürfnis zu schließen. Konkurrierende Bedürfnisse sollten durch geeignete situative Variation kontrolliert werden. Dasselbe gilt für Motive.**

Motivationsmodellierung

Der Schluß vom Verhalten auf ein zugrundeliegendes Bedürfnis oder Motiv wird zusätzlich erschwert durch die Motivationsdynamik innerhalb der Situation. Vielleicht am deutlichsten läßt sich diese Dynamik bei Kleinkindern im zweiten Lebensjahr beobachten, die sich zusammen mit ihrer Mutter in einem unbekannten Raum voll interessanten Spielzeugs befinden. Die Mutter dient ihnen als Sicherheit spendende „Basisstation" für ihre Erkundungszüge ins Unbekannte. Nur in Extremfällen werden die Kinder ständig an der Mutter kleben oder sich voll und ganz dem Spielzeug widmen. Meist werden sie einen Wechsel zwischen Erkundung des Spielzeugs und Aufenthalt bei der Mutter zeigen. Ihr Verhalten wirkt so, als müßten sie immer wieder „Sicherheit tanken", um sich dann erneut in die Fremde wagen zu können (Jones, 1985).

Persönlichkeitspsychologisch betrachtet spielen hier zwei interindividuell variierende, stabile Para-

meter eine Rolle: die Abhängigkeit von der Mutter und die Unternehmungslust des Kindes (auch als Bindungsbedürfnis und Explorationsbedürfnis bezeichnet). Die Schwierigkeit besteht darin, diese Parameter aus der Verhaltensdynamik des Kindes herauszufiltern. Meist werden diese Parameter einfach durch den Zeitanteil geschätzt, den das Kind bei der Mutter bzw. beim Erkunden des Spielzeugs verbringt. Dadurch wird aber die Beziehung zwischen den beiden Parametern nicht ausreichend beschrieben, denn ein schnelles Oszillieren zwischen Mutter und Spielzeug, das auf starke Unternehmungslust und Abhängigkeit hinweist, wird bei dieser Schätzmethode nicht unterschieden von einem einmaligen Wechsel, der auf geringe Unternehmungslust und Abhängigkeit hinweist.

Alternativ kann man versuchen, Abhängigkeit und Unternehmungslust in ein Prozeßmodell einzubetten, das die tatsächliche Motivationsdynamik modelliert. Bischof (1993) ging diesen Weg (Abb. 4.19), wobei das „Zürcher Modell der sozialen Motivation“ den weitergehenden Anspruch erhebt, wesentliche Aspekte der sozialen Distanzregulation in beliebigem Alter zu modellieren.

Nach diesem Modell wird die soziale Distanz zu einem Interaktionspartner durch die Situationsparameter eigener Ort sowie Aussehen und Ort des Partners in Abhängigkeit von drei Persönlichkeitseigenschaften geregelt: den Bedürfnissen Abhängigkeit, Unternehmungslust und Autonomieanspruch. Das Modell, dessen allgemeinpsychologische Details hier nicht weiter interessieren, beschreibt die Wechselwirkung zwischen diesen Situations- und Personvariablen. Diese Wechselwirkung ist so komplex, daß sie nur durch Computersimulation beschrieben werden kann. Das simulierte Verhalten läßt sich dann zum Verhalten einer Versuchsperson in Beziehung setzen, und die im Modell vorhandenen Persönlichkeitsparameter können dem tatsächlichen Verhalten der Versuchsperson optimal angepaßt werden. So entstehen individuumzentrierte Schätzungen von Persönlichkeitseigenschaften aufgrund beobachteter Situations-Reaktions-Beziehungen.

Gubler et al. (1994) führten solche Parameterschätzungen durch. Hierfür benutzten die Autoren einen in Gubler und Bischof (1993) beschriebenen Weltraumflugsimulator. Die Versuchsperson wurde in eine „Raumkapsel“ gesetzt, die einen Welt-

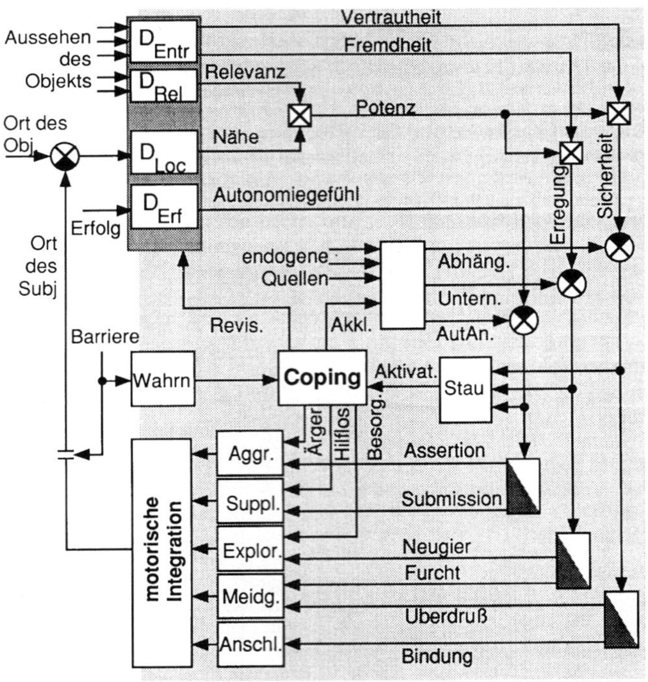

Abb. 4.19. Zürcher Modell der sozialen Motivation. (Aus Bischof, 1993)

raumflug weg von einem „Mutterschiff" simulierte. Dabei wurden Ereignisse experimentell induziert, die u. a. die Abhängigkeit vom Sicherheit spendenden Mutterschiff auf die Probe stellen sollten (es entfernte sich plötzlich weit weg oder näherte sich stark an) und die Unternehmungslust wecken sollten (ein unbekannter, interessant wirkender Planet tauchte auf). Die Versuchsperson konnte durch entsprechende Maßnahmen ihre Distanz vom Mutterschiff bzw. Planeten verändern.

Neben diesen beiden zentralen Parametern (Autonomieanspruch wurde nicht zu messen versucht) erwies es sich als notwendig, vier weitere Parameter individuell zu bestimmen: die individualtypische Abnahme der Erregung und Sicherheit mit wachsender Entfernung vom Objekt und die Veränderung („Akklimatisation") von Abhängigkeit und Unternehmungslust zwischen zwei Situationen: vor bzw. nach Auftauchen des Planeten. Weitere 17 Modellparameter wurden als personunabhängige Konstanten „intuitiv abgeschätzt". Dagegen wurden die sechs individuellen Parameter einzeln für jede der 32 Versuchspersonen aufgrund der Daten ihres ca. 35minütigen „Fluges" so empirisch geschätzt, daß die jeweils eingehaltene Entfernung zu Mutterschiff und Planet optimal approximiert wurde. Abbildung 4.20 zeigt die Genauigkeit der Approximation des tatsächlichen Verhaltens einer typischen Versuchsperson durch ihre Modellparameter.

Unklar bleibt in dieser Untersuchung, wie stabil die individuellen Parameter sind, d. h. ob die interindividuellen Unterschiede bei einem weiteren Flug unter strukturell ähnlichen, aber nicht identischen Versuchsbedingungen (um schlichte Erinnerungs- und Lerneffekte auszuschließen) ähnlich ausfallen. Erst ein solcher Nachweis sichert die persönlichkeitspsychologische Interpretierbarkeit der Parameter. Die psychologische Bedeutung der individuellen Parameter wurde durch Vergleiche zwischen männlichen und weiblichen und zwischen jungen und alten Versuchspersonen abzuschätzen versucht. Das erlaubt aber nur indirekte Aussagen. Wünschenswert wären direktere Vergleiche mit lebensnahen Messungen von Abhängigkeit und Unternehmungslust.

Ein besonderer Vorteil komplexer Motivationsmodelle gegenüber dem Eigenschaftsansatz bezieht sich auf die Erfassung der individualtypischen Verhaltensorganisation. Im Eigenschaftsparadigma werden bestenfalls Persönlichkeitsprofile gebildet (vgl. Abschn. 2.4.3). Im Informationsverarbeitungsparadigma ergibt sich die individuelle Organisation der einzelnen Eigenschaften aus ihrer Einbettung in das zugrundeliegende Prozeßmodell. Beziehungen zwischen den Eigenschaften können empirisch untersucht werden, indem die einzelnen Eigenschaftsparameter Individuum für Individuum empirisch geschätzt und dann lineare oder nichtlineare Beziehungen zwischen den Parametern gesucht werden. Gubler et al. (1994) überließen die Beziehung zwischen Abhängigkeit und Unternehmungslust der Empirie und fanden eine deutlich negative Korrelation, die sie im Sinne von Bischof (1985) interpretierten als Resultat einer unterschiedlichen Beziehung dieser beiden Eigenschaften zur nicht gemessenen Eigenschaft „Autonomieanspruch": Je höher der Autonomieanspruch sei, desto stärker sei die Unternehmungslust und desto geringer die Abhängigkeit.

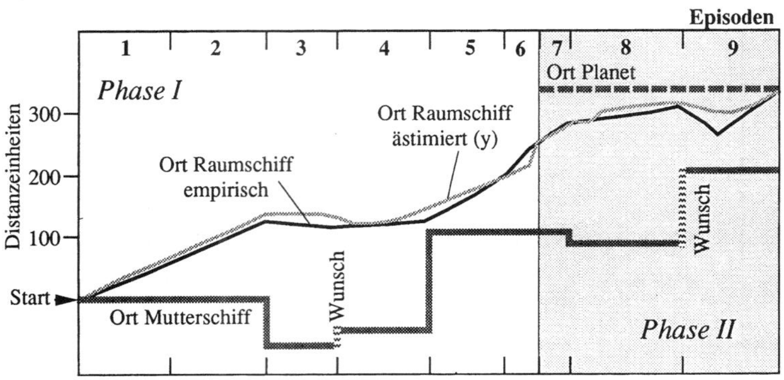

Abb. 4.20. Typische Genauigkeit der Approximation des Verhaltens einer Versuchsperson durch ihre Modellparameter. (Aus Gubler et al., 1994)

Dieses Beispiel illustriert, wie sich in komplexen Informationsverarbeitungsmodellen Eigenschaften und Beziehungen zwischen ihnen empirisch untersuchen lassen. Gefundene Beziehungen könnten sich dann in die Modelle explizit als Modellannahmen aufnehmen lassen. So entständen „persönlichkeitspsychologisch reiche" Modelle, in denen in die Beziehungen zwischen Eigenschaften mindestens soviel Überlegung und Empirie investiert ist wie in die Prozesse der situationsabhängigen Verhaltensregulation. Bei den meisten derzeit vorliegenden komplexen Informationsverarbeitungsmodellen scheint es mir jedoch umgekehrt zu sein: Es ist weit mehr Überlegung in allgemeinpsychologische Annahmen über die Verhaltensregulation gesteckt als in persönlichkeitspsychologische Annahmen über interindividuell variierende Prozeßparameter und deren Koppelung.

Das spricht aber nicht gegen komplexe Informationsverarbeitungsmodelle als Methode der Persönlichkeitspsychologie. Möglicherweise ließen sich diese Modelle bei primär persönlichkeitspsychologischer Zielsetzung auch in ihren allgemeinpsychologischen Annahmen vereinfachen (in der Studie von Gubler et al., 1994, mußten 17 persönlichkeitspsychologisch irrelevante Parameter geschätzt werden). Sparsamere Modelle wären nicht nur ökonomischer, sondern auch besser kommunizierbar.

Interessant erscheint mir der Ansatz von Bischof nicht nur wegen der möglichen Modellierung von Eigenschaftskoppelungen, sondern auch wegen der Methodik der Situationsgestaltung: Die Versuchspersonen agieren in einer virtuellen Welt, die symbolisch sozial ist (die Raumstation symbolisiert die Mutter, der Planet das Unbekannte). In absehbarer Zukunft dürfte die Simulationstechnik so weit fortgeschritten sein, daß mit Standardprogrammen realistischere soziale Umwelten simuliert werden können, die sich durch virtuelle Mütter, Fremde und Geliebte bevölkern lassen. Sofern es gelänge, die Versuchspersonen genügend stark emotional in diese Welten einzubinden, könnte so soziales Verhalten in ungleich flexiblerer Weise untersucht werden, als es derzeit in den räumlich und personell beschränkten Laborsituationen der psychologischen Forschung möglich ist. Persönlichkeitspsychologie im Cyberspace – warum nicht?

> **!** **Das Problem der simultanen Abhängigkeit des Verhaltens von mehreren Bedürfnissen oder Motiven und das Problem der Motivationsdynamik innerhalb von Testsituationen läßt sich durch Modellierung motivationaler Prozesse angehen. Solche Modellierungen könnten sich als fruchtbar für die Persönlichkeitspsychologie erweisen, wenn die Modelle reiche Annahmen über Eigenschaften und ihre Koppelung enthalten. Als Methode kommt dabei die Beobachtung des Verhaltens in realen oder realistisch simulierten Situationen in Frage.**

4.5.2 Handlungsüberzeugungen

In den Erwartungs-mal-Wert-Theorien der Motivation sind Motive Bewertungsdispositionen für Handlungsfolgen. Sie werden verknüpft mit Erwartungen, z. B. mit Erfolgserwartungen im Risikowahlmodell von Atkinson (1957). Diese Erwartungen sind nicht nur situations-, sondern auch personabhängig, denn es handelt sich um subjektive Erwartungen, die pessimistische Unterschätzungen oder optimistische Überschätzungen der tatsächlichen Erfolgswahrscheinlichkeit sein können. Es kann also Erwartungsstile geben, individuelle Besonderheiten in der Erwartungsbildung. In der Alltagspsychologie ist „pessimistisch" oder „optimistisch" ein solcher Erwartungsstil.

In klassischen Erwartungs-mal-Wert-Modellen wird die jeweils stärkste motivationale Tendenz aller in einer Situation angeregten Motive direkt in eine Handlung umgesetzt. In neueren Handlungstheorien (z. B. Kuhl, 1983; Heckhausen, 1989) wird diese Umsetzung wiederum als ein mehrstufiger Prozeß der Intentionsbildung und Handlungskontrolle angesehen, die die Handlungsrealisierung gegen konkurrierende Intentionen abschirmt (vgl. Abschn. 2.5.1). Hier können Handlungskontrollstile wirksam werden, die Kuhl (1983) als Handlungsorientierung bzw. Lageorientierung bezeichnete (vgl. Abschn. 2.5.2). Alltagspsychologisch würde hier von „zupackend" und „zögerlich" gesprochen.

Ist ein Handlungsergebnis eingetreten, so kann es unter bestimmten Umständen zu Attributionen kommen, also Bewertungen des Ergebnisses hinsichtlich seiner Ursachen (vgl. Abschn. 2.5.1). Auch Attributionen sind personabhängig, denn es handelt sich um eine subjektive Ursachenwahrneh-

mung, die für das Ergebnis z. B. eher die eigene Person oder äußere Umstände verantwortlich machen kann. Es kann also Attributionsstile geben, individuelle Besonderheiten in der Attributionsbildung. In der Alltagspsychologie ist „immer die Schuld auf andere schieben" ein solcher Attributionsstil.

Es gibt also neben Motiven drei weitere Klassen individueller Besonderheiten, die sich auf den Handlungsprozeß beziehen: Erwartungsstile, Handlungskontrollstile und Attributionsstile. Sie werden normalerweise nicht aus dem Verhalten erschlossen, sondern durch Fragebogenverfahren erfragt – entweder situationsfern für hypothetische Situationen oder situationsnah direkt vor, in oder direkt nach tatsächlichen Situationen. Bisher hat sich keine zusammenfassende Bezeichnung für diese drei Klassen von Eigenschaften eingebürgert. Da es bewußt repräsentierte Überzeugungen über das eigene Handeln sind, bezeichne ich sie hier als Handlungsüberzeugungen. Abbildung 4.21 zeigt die Zuordnung der Motive und Handlungsüberzeugungen zum Handlungsprozeß.

Wie im folgenden deutlich werden wird, gibt es bei geeigneter Operationalisierung von Erwartungsstil, Handlungskontrollstil und Attributionsstil deutliche korrelative Zusammenhänge zwischen allen drei Stilen innerhalb ein und derselben Situationsklasse. Faktorenanalytisch betrachtet gibt es also einen gemeinsamen Faktor der drei Handlungsüberzeugungen. Er soll im folgenden als Handlungsoptimismus bezeichnet werden. Dieser Faktor darf nicht mit dem Konstrukt „Optimismus-Pessimismus" von Scheier und Carver (1987) verwechselt werden, die darunter eine bestimmte Art der Handlungsüberzeugung verstanden. Mißverständnisse lassen sich auf dem Gebiet der Handlungsüberzeugungen nur schwer vermeiden, weil es eine geradezu inflationäre Konstruktbildung gibt, so daß inzwischen praktisch alle einschlägigen alltagspsychologischen Begriffe bereits Konstrukte bezeichnen

> **!** **Unter Handlungsüberzeugungen werden hier bewußt repräsentierte Erwartungs-, Handlungskontroll- und Attributionsstile verstanden, unter Handlungsoptimismus ein gemeinsamer Faktor dieser Handlungsüberzeugungen.**

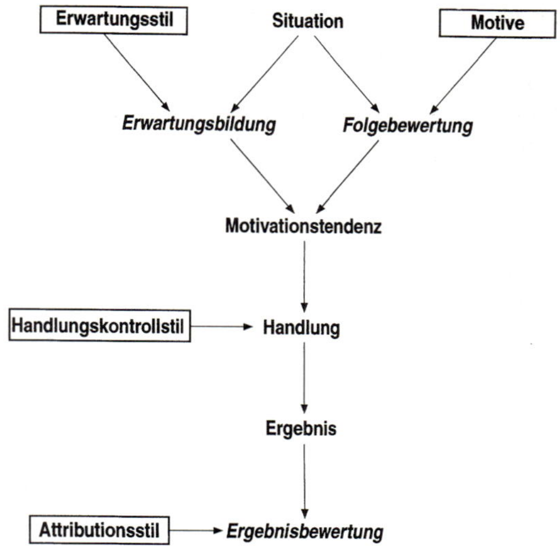

Abb. 4.21. Motive und Handlungsüberzeugungen im Kontext eines einfachen Handlungsmodells

Tabelle 4.16 gibt eine Übersicht über die Zuordnung von Erwartungs-, Handlungskontroll- und Attributionsstil zum Handlungsoptimismus.

Je geringer z. B. der Handlungsoptimismus für den Leistungsbereich bei Studenten ist, desto weniger sollten sie vor Prüfungen eine gute Note erwarten, desto eher sollten sie erwarten durchzufallen und desto eher sollten sie über mögliche Lücken bei der Vorbereitung grübeln, nach gut bestandener Prüfung das Ergebnis durch Glück oder eine gute Laune beim Prüfer erklären und eine schlecht bestandene Prüfung auf eigene Unfähigkeit zurückführen.

Die Zuordnung in Tabelle 4.16 kann nur als erste Orientierung diesen. Sie muß in dreifacher Hinsicht qualifiziert und differenziert werden:

- Differentielle Interpretation: Die Bezeichnungen in der Tabelle sind differentiell zu verstehen. Wenn z. B. die subjektive Erfolgswahrscheinlichkeit bei geringem Handlungsoptimismus als „niedrig" bezeichnet wird, soll das nicht heißen, daß sie niedriger als die objektive Erfolgswahrscheinlichkeit ist. Es soll nur heißen, daß die Erfolgswahrscheinlichkeit relativ zu optimistischeren Menschen niedriger eingeschätzt wird. Es kann sich also durchaus um eine Überschätzung der tatsächlichen Wahrscheinlichkeit handeln, aber um

eine geringere. Es handelt sich also immer um populationsabhängige, relative Aussagen. Dadurch ergibt sich das symmetrische Bild in Tabelle 4.16.

- Korrelative Zusammenhänge: Alle Spalten der Tabelle sollen Eigenschaften beschreiben, die graduell variieren; ein Vergleich zwischen zwei Spalten entspricht damit einer Korrelation zwischen zwei Eigenschaften. Zum Beispiel sollte Erfolgsüberschätzung mit Handlungsorientierung korrelieren. Diese Korrelationen können quantitativ variieren. Tabelle 4.16 sagt nur die Richtung der Korrelationen vorher – positive oder negative Korrelationen. Es soll nicht behauptet werden, daß die Korrelationen sehr hoch sind; sie sollen nur überzufällig von Null abweichen.
- Bereichsspezifische Eigenschaften: Es soll nicht behauptet werden, daß diese Eigenschaften transsituativ konsistent sind. Handlungsüberzeugungen zeigen tatsächlich eine nur geringe Konsistenz zwischen inhaltlich inhomogenen Situationsbereichen.

Tabelle 4.16 beschreibt also zu erwartende, bereichsspezifische Korrelationen zwischen Erwartungs-, Handlungskontroll- und Attributionsstilen. In diesem Sinne läßt sich Tabelle 4.16 in wesentlichen Zügen empirisch untermauern. Dies sei hier an zwei unterschiedlichen Bereichen interindividueller Unterschiede exemplarisch etwas näher ausgeführt: Leistungsverhalten und sozial ängstliches Verhalten.

Im Leistungsbereich ist starker Handlungsoptimismus mit dem Erfolgsmotiv „Hoffnung auf Erfolg“ und geringer Optimismus mit dem Mißerfolgsmotiv „Furcht vor Mißerfolg“ assoziiert. Erfolgsmotivierte überschätzen die Erfolgswahrscheinlichkeit bei schweren unbekannten Aufgaben stärker als Mißerfolgsmotivierte; dieser Unterschied verschwindet mit zunehmender Erfahrung mit dem Aufgabentyp (Feather, 1965). Die Erfolgsmotivierten haben also einen „Anfangsvorteil“, der sich immer wieder bei neuen Aufgabenarten wiederholt und von daher die Chance erhöht, auch schwierige Aufgaben lösen zu können. Hinzu kommt: Erfolgsmotivierte erhöhen ihr Anspruchsniveau nach Erfolg stärker als Mißerfolgsmotivierte; Mißerfolgsmotivierte wiederum senken ihr Anspruchsniveau nach Mißerfolg stärker als Erfolgsmotivierte (Feather, 1966). Das führt zu einer Divergenz des Anspruchsniveaus. Auf beiden Wegen fördert der subjektive Glaube an den eigenen Erfolg auch den objektiven Erfolg.

Ein besonderer Erwartungsstil bezieht sich auf die Selbstwirksamkeitserwartung (Bandura, 1986; Schwarzer, 1992). Darunter wird die Erwartung verstanden, zu bestimmtem Verhalten fähig zu sein – z. B. in einer Prüfung das Erlernte auch wiedergeben zu können. Man spricht deshalb auch von (subjektiven) Kompetenzerwartungen (Schwarzer, 1992). Der Unterschied zur einfachen Situations-Ergebnis-Erwartung (vgl. Abschn. 2.5.1) besteht darin, daß das eigene Handeln und nicht sein Ergebnis thematisiert wird. Selbstwirksamkeitserwartung und Situations-Ergebnis-Erwartung korrelieren deshalb interindividuell nicht perfekt, wenn auch hoch. Optimistische Fatalisten können eine hohe subjektive Erfolgswahrscheinlichkeit bei niedriger Selbstwirksamkeitserwartung haben („es wird schon irgendwie klappen“); umgekehrt geht jedoch eine hohe Selbstwirksamkeitserwartung meist auch mit einer hohen Situations-Ergebnis-Erwartung einher. Die folgende Übersicht illustriert das Konstrukt der Selbstwirksamkeitserwartung anhand einiger Items aus der Skala zur situationsunspezifischen Erfassung von Selbstwirksamkeit von Schwarzer und Jerusalem (1989):

- Wenn mir jemand Widerstand leistet, finde ich Mittel und Wege, mich durchzusetzen.

Tabelle 4.16. Zuordnung von Erwartungs-, Handlungskontroll- und Attributionsstil zum Grad des Handlungsoptimismus

Handlungsoptimismus	Subjektive Wahrscheinlichkeit von		Handlungskontrollstil	Attributionsstil für	
	Erfolg	Mißerfolg		Erfolg	Mißerfolg
gering	niedrig	hoch	lageorientiert	Umstände	Unfähigkeit
stark	hoch	niedrig	handlungsorientiert	Fähigkeit	Umstände

- Die Lösung schwieriger Probleme gelingt mir immer, wenn ich mich darum bemühe.
- Es bereitet mir keine Schwierigkeiten, meine Absichten und Ziele zu verwirklichen.
- In unerwarteten Situationen weiß ich immer, wie ich mich verhalten soll.
- Auch bei überraschenden Ereignissen glaube ich, daß ich gut damit zurecht kommen kann.

Verwandt mit der Selbstwirksamkeitserwartung ist der Begriff der Kontrollüberzeugung, der ursprünglich von Rotter (1954) eingeführt wurde als generalisierte Erwartung, Handlungsfolgen selbst unter Kontrolle zu haben (internale Kontrolle) bzw. Opfer der Situation zu sein (externale Kontrolle). Der „Ort der Kontrolle" („locus of control") werde eher in der eigenen Person oder in äußeren Bedingungen gesehen. Das Problem dieses Konstrukts ist vor allem, daß die Kontrollüberzeugung als generalisierter Erwartungsstil aufgefaßt wurde. Dem widersprechen aber zahlreiche empirische Befunde. So korrelieren z. B. die Kontrollüberzeugungen für Erfolg und Mißerfolg in Leistungssituationen nahe Null (Weiner, 1980). Selbstwirksamkeitserwartungen dagegen beziehen sich von vorneherein auf Erfolg und werden meist auch bereichsspezifisch aufgefaßt.

Der Handlungskontrollstil Handlungsorientierung – Lageorientierung wurde schon in Abschn. 2.5.2 skizziert (vgl. Tabelle 2.10). Die Beziehung zu Selbstwirksamkeitserwartungen ist offensichtlich: Wer eine niedrige Selbstwirksamkeitserwartung hat, wird eher zögerlich handeln, also lageorientiert sein. Wer andererseits eine hohe Selbstwirksamkeitserwartung hat, muß nicht unbedingt handlungsorientiert sein, wenn das auch eher wahrscheinlich ist. Es ist also zumindest eine positive interindividuelle Korrelation zwischen Selbstwirksamkeit und Handlungsorientierung zu erwarten. Das wurde ebenso empirisch bestätigt (Schröder, 1993) wie eine positive Korrelation zwischen Erfolgsmotiv im Leistungsbereich und Handlungsorientierung (Kuhl, 1983).

Besonders gut wurden die Attributionsstile beim Leistungshandeln untersucht. Tabelle 4.17 gibt eine Übersicht über die wichtigsten untersuchten Attributionsarten.

Die Ergebnisse zu Unterschieden zwischen Erfolgs- und Mißerfolgsmotivierten lassen sich wie folgt zusammenfassen (vgl. Heckhausen, 1989): Relativ zu Mißerfolgsmotivierten führen Erfolgsmotivierte Erfolge eher auf internal stabile Ursachen, vor allem die eigene Fähigkeit, zurück und Mißerfolge eher auf internal variable Ursachen, vor allem mangelnde Anstrengung, sowie auf externale Ursachen wie Aufgabenschwierigkeit und Pech. Abbildung 4.22 illustriert das anhand einer Studie, in der das Erwartungsniveau für alle Versuchspersonen erfragt wurde und dann eine Leistungsrückmeldung gegeben wurde, die höher oder niedriger als die subjektive Erwartung lag (Meyer, 1973).

Der Unterschied in dem Attributionsmuster – Fleiß und Fähigkeit bei Erfolg, sonstige Umstände bei Mißerfolg bzw. umgekehrt – läßt sich interpretieren als selbstwertdienliches Attributionsmuster (vgl. auch Abschn. 4.7.2) bei Erfolgsmotivierten: Erfolge werden für die eigene Person verbucht, Mißerfolge den Umständen zugeschrieben. Das erlaubt es, ein positives Selbstwertgefühl auch bei Mißerfolg aufrecht zu erhalten. Entsprechend schädlich ist das Attributionsmuster der Mißerfolgsmotivierten.

Ein selbstwertdienlicher Attributionsstil im Leistungsbereich findet sich ebenso bei hoher Selbstwirksamkeitserwartung (Bandura, 1986; Schwarzer, 1992) und Handlungsorientierung (Schröder, 1993). Insgesamt können damit die Hypothesen in Tabelle 4.16 für den Leistungsbereich als bestätigt gelten.

Analoge Ergebnisse wurden auch für den sozialen Bereich im Falle von Schüchternheit oder (nichtklinischer) sozialer Ängstlichkeit gefunden. Relativ zu einer Kontrollgruppe weisen Schüchterne eine niedrigere Selbstwirksamkeitserwartung auf (Leary & Atherton, 1986). Entsprechend niedrig ist ihre Erfolgserwartung für Kontakte mit fremden

Tabelle 4.17. Beispiele für Attributionen von Erfolg und Mißerfolg in Leistungssituationen

Stabilität	internal		external
	kontrollierbar	nicht kontrollierbar	
stabil	Fleiß	Fähigkeit	Aufgabenschwierigkeit
variabel	Anstrengung	Müdigkeit	Zufall

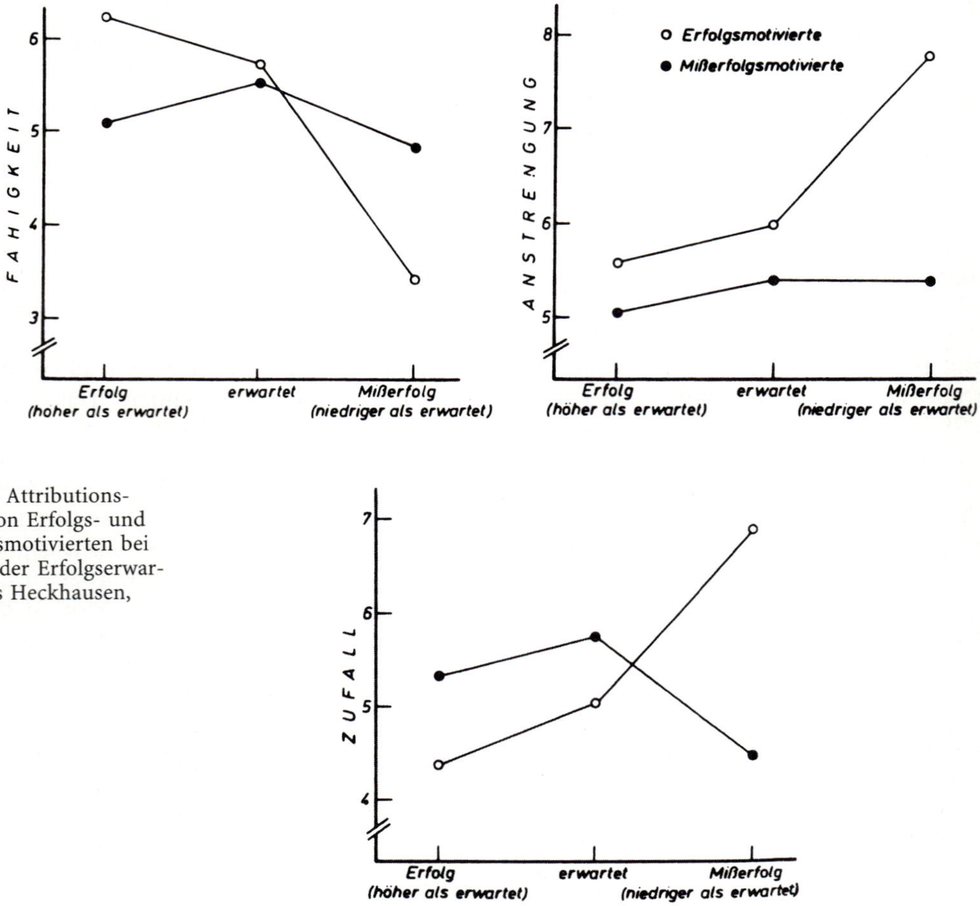

Abb. 4.22. Attributionstendenz von Erfolgs- und Mißerfolgsmotivierten bei Kontrolle der Erfolgserwartung. (Aus Heckhausen, 1989)

Personen (Asendorpf, 1989a). Sie berichten beim videounterstützten Erinnern mehr selbstbezogene Ängste und Befürchtungen (Asendorpf, 1987, 1989b), was auf eine mehr lageorientierte Art der Handlungskontrolle hinweist (vgl. auch Schröder, 1993). Und sie führen Mißerfolg in sozialen Situationen eher auf die eigene Unfähigkeit und weniger auf die situativen Umstände, insbesondere das Verhalten der Interaktionspartner, zurück; Erfolg dagegen attribuieren sie weniger auf eigene Fähigkeiten (Teglasi & Hoffman, 1982). Sie weisen also dasselbe selbstwertschädliche Attributionsmuster auf wie Mißerfolgsmotivierte im Falle von Leistungssituationen.

! Geringer Handlungsoptimismus ist im sozialen und im Leistungsbereich gekennzeichnet durch eine Unterschätzung der Erfolgswahrscheinlichkeit, eine niedrige Selbstwirksamkeitserwartung, Lageorientierung und ein selbstwertschädliches Attributionsmuster relativ zu starkem Optimismus.

Diese Übereinstimmung in den Beziehungen zwischen Erwartungs-, Handlungskontroll- und Attributionsstilen innerhalb eines bestimmten Situationsbereichs darf nicht verwechselt werden mit einer Übereinstimmung zwischen verschiedenen Bereichen, also einer transsituativen Konsistenz (vgl. Abschn. 2.4) dieser Eigenschaften. Tatsächlich ist diese transsituative Konsistenz äußerst gering. Das wird dann deutlich, wenn z. B. Attributionsstile simultan für unterschiedliche Bereiche erhoben werden wie im Attributionsstilfragebogen von Peterson et al. (1982; deutsche Fassung von Stiensmeier et al., 1985). Dort werden erfolgreiche

und erfolglose Situationen unterschiedlicher Bereiche durch jeweils einen kurzen Satz beschrieben (z. B. „Sie gehen auf eine Party und lernen keine neuen Freunde kennen"); die Versuchsperson soll dann die Ursachen beurteilen bezüglich Ort (internal-external), Stabilität (stabil-variabel) und Globalität (wie breit die Situationsklasse ist, auf die sich die Ursache bezieht). Im Partybeispiel wäre mangelnde soziale Kompetenz eine globale Fähigkeitsattribution und mangelnde Fähigkeit, mit Fremden in Kontakt zu kommen, eine spezifische Fähigkeitsattribution. Die Attributionsstile weisen keine bedeutsame transsituative Konsistenz über sehr unterschiedliche Situationen auf (Cutrona et al., 1984), durchaus aber innerhalb spezifischer Situationsklassen wie z. B. Erfolg in nichtsozialen Situationen oder Mißerfolg in sozialen Situationen (Anderson et al., 1988). Das gilt auch für Erfolgs- und Selbstwirksamkeitserwartungen.

> ! **Handlungsüberzeugungen sind bereichsspezifisch, d. h. zeigen eine transsituative Konsistenz nur innerhalb inhaltlich homogener Situationsklassen.**

Geht es um Untersuchungen zum Verhalten innerhalb inhaltlich homogener Situationsklassen, z. B. zum Leistungsverhalten in der Schule oder zum sozialen Verhalten, so ist es nicht sinnvoll, globale Summenwerte über verschiedene Situationsklassen zu bilden, wie es im Attributionsstilfragebogen meist getan wird. Geht es aber um die Vorhersage sehr globaler Kriterien wie z. B. Lebenszufriedenheit, Gesundheit oder Depressivität, in denen Erleben und Verhalten in allen Situationsbereichen eine Rolle spielen kann, so sind globale Summenwerte schon eher geeignet. So sagte die Tendenz, Mißerfolge auf internale, stabile und globale Ursachen zu attribuieren, längerfristige depressive Reaktionen auf schlechte Prüfungsergebnisse (Metalsky et al., 1987) und Gesundheit im höheren Erwachsenenalter (Peterson et al., 1988) vorher (vgl. auch das Prinzip der symmetrischen Validierung; Abschn. 3.2.3).

Handlungsüberzeugungen sind also mehr oder weniger selbstwertdienlich ausgeprägt, und wie stark sie in einem bestimmten Bereich selbstwertdienlichen Charakter haben, charakterisiert die Persönlichkeit. Dies spiegelt sich in verschiedenen Eigenschaften wider: Erwartungsstil, Handlungskontrollstil und Attributionsstil. Unklar bleibt dabei, in welcher Weise diese Eigenschaften voneinander abhängig sind. Ist z. B. der Erwartungsstil eine Funktion des Attributionsstils, gilt das umgekehrte oder sind beide von einer dritten Variable abhängig, und welche ist es? In der Literatur wird meist so vorgegangen, daß die jeweils hauptsächlich untersuchte Variable als zentral erklärt und die anderen als Konsequenzen angesehen werden. So lassen sich jeweils plausible, mit den Daten verträgliche, aber uneinheitliche Modelle des Handlungsprozesses entwerfen.

Die Schwierigkeit besteht vor allem darin, daß jede Eigenschaft sich einem Teilprozeß eines übergreifenden Prozesses der Handlung zuordnen läßt. Insofern sind alle Eigenschaften untereinander eng vernetzt. Bei querschnittlicher Betrachtungsweise wie in Tabelle 4.16, bei der korrelative Beziehungen der einzelnen Eigenschaften zum selben Zeitpunkt betrachtet werden, ist deshalb die Frage nach einer kausalen Priorität der einen Eigenschaft vor einer anderen so sinnvoll wie die Frage, was eher dagewesen sei: die Henne oder das Ei. Denkbar ist aber auch, daß bei entwicklungspsychologischer Betrachtung bestimmte Eigenschaften eine Führungsrolle im Verlauf der individuellen Entwicklung selbstwertdienlicher oder selbstwertschädlicher Kognitionen übernehmen. Darüber ist aber bisher kaum etwas bekannt.

> ! **Motive und Handlungsüberzeugungen sind innerhalb inhaltlich homogener Situationsbereiche korrelativ eng miteinander vernetzt. Eine kausale Priorität einer dieser Eigenschaften vor einer anderen läßt sich nicht nachweisen.**

Die bisherige Darstellung versuchte, etwas Übersichtlichkeit in das Gebiet der Handlungsüberzeugungen zu bringen, das sich heute als äußerst unübersichtlich darstellt, weil es zu einer Inflation von Konstrukten gekommen ist: Ständig werden neue Konstrukte eingeführt, die bereits eingeführten ähneln, aber mit ihnen nicht identisch sind, weil sie sich auf etwas andere Phasen des Handlungsprozesses beziehen (vgl. z. B. die Darstellungen in Krampen, 1987; Kuhl & Beckmann, 1994; Schwarzer, 1992). Persönlichkeitspsychologisch betrachtet ist damit aber noch nicht klar, ob die interindividuellen Unterschiede, die durch das

Konstrukt aufgeklärt werden, sich zwischen ähnlichen Konstrukten überhaupt unterscheiden.

Innerhalb bestimmter Situationsklassen korrelieren die Operationalisierungen der Konstrukte alle untereinander mäßig hoch. Es gibt also einen gemeinsamen Faktor dieser Konstrukte, der hier als Handlungsoptimismus bezeichnet wird. Unklar ist, was jenseits dieses gemeinsamen Faktors bei den einzelnen Konstrukten noch an Erklärungskraft für stabile interindividuelle Unterschiede im Handeln verbleibt. Sagen z. B. Selbstwirksamkeitserwartungen besser als internal stabile Attributionen interindividuelle Unterschiede in bestimmten Phasen des tatsächlichen Leistungshandelns vorher, und internal stabile Attributionen besser als Selbstwirksamkeitserwartungen interindividuelle Unterschiede in anderen Phasen des Leistungshandelns?

Nur ein klarer Nachweis systematischer Wechselwirkungen zwischen der Vorhersagegüte unterschiedlicher Konstrukte für tatsächliches Verhalten und der Handlungsphase würde es überhaupt rechtfertigen, persönlichkeitspsychologisch mehr als ein einziges Konstrukt des Handlungsoptimismus einzuführen (das zwar eine geringe transsituative Konsistenz, wohl aber eine hohe Kohärenz zwischen Erwartungs-, Handlungskontroll- und Attributionsaspekten aufweisen würde). Ein strenger Nachweis, daß mehr als ein einziges derartiges Konstrukt sinnvoll ist, konnte aber meines Wissens noch nicht erbracht werden. Solange das so bleibt, sollte die Begriffsvielfalt auf dem Gebiet der Handlungsüberzeugungen Anlaß zur Skepsis sein; möglicherweise ist sie eher ein Zeichen unzureichender Konstruktklärung als ein Hinweis auf ein besonders ergiebiges Gebiet der Persönlichkeitspsychologie.

4.5.3 Bewältigungsstile

Der Begriff des Bewältigungsstils stammt aus der psychologischen Streßforschung (Lazarus, 1966). Wird eine Situation durch einen Prozeß der primären Bewertung (vgl. Abschn. 2.5.1) als bedrohlich eingeschätzt, werde ein Prozeß der sekundären Bewertung in Gang gesetzt, in dessen Verlauf Bewältigungsstrategien gesucht und nach ihren erwarteten Effekten bewertet würden. Je nach Ausgang dieses zweiten Bewertungsprozesses würden dann entweder erfolgversprechende Handlungen zur Veränderung der Situation, insbesondere Flucht vor der Situation, eingeleitet (problemorientierte Bewältigung) oder die Aufmerksamkeit gegenüber den bedrohlichen Aspekten der Situation werde erhöht oder vermindert (intrapsychische Bewältigung). In jedem Fall werde die Situation neu bewertet. Die drei Stufen des Bewertungsprozesses – primäre, sekundäre und Neubewertung – würden solange durchlaufen, bis die Situation nicht mehr bedrohlich erscheine und damit bewältigt sei. Bis zu diesem Punkt würde die Situation als Streß empfunden.

Dieser Ansatz bezieht sich auf den Begriff des Streß. Unter Streß wurden ursprünglich Regulations- und Dysregulationsprozesse im autonomen und hormonellen System verstanden, die durch somatische Stressoren, z. B. Viruserkrankungen, ausgelöst werden (Selye, 1950). Später erfuhr der Begriff der Streßreaktion eine enorme Erweiterung auf alle nur denkbaren Reaktionen auf somatische und psychosoziale Belastungen, wozu vor allem Psychologen beitrugen, die sich naturgemäß mehr für subjektive Belastungen als für somatische Stressoren interessierten. Dabei ging die ursprüngliche Idee einer einheitlichen physiologischen Streßreaktion als zentraler Belastungsindikator verloren; Belastungen wurden nun vor allem durch subjektiv erlebte Überforderung operationalisiert.

Subjektive Belastungen sind stets von negativen Emotionen begleitet. Da die Belastungsverarbeitung bei spezifischen negativen Emotionen wie z. B. Angst, Ärger, Scham und Trauer unterschiedlich verläuft, rückte in den letzten Jahren ein emotionsspezifischer Belastungsbegriff in den Vordergrund. Bewältigt werden danach Situationen negativer emotionaler Qualität (vgl. Smith & Lazarus, 1990; Laux & Weber, 1990). In die Bewältigungsbemühung einbezogen werden könne auch der Emotionsausdruck (Ausdruckskontrolle).

Individuelle Besonderheiten in der Belastungsbewältigung können damit auf zwei Stufen des Bewältigungsprozesses wirksam werden: bei der Bewertung der Situation (vgl. auch Abschn. 2.5.1) und bei der Bewältigung der durch die Bewertung ausgelösten Belastung. In diesem Abschnitt geht es um letztere Eigenschaften, die als Bewältigungsstile bezeichnet werden. Sie lassen sich auf die drei

schon genannten Arten der Bewältigung beziehen (Abb. 4.23).

- Intrapsychische Bewältigungsstile beeinflussen die Bewertung der Situation durch Neubewertung (z. B. indem der Situation positive Seiten abgewonnen werden) oder die durch die Bewertung ausgelösten Gefühle (indem z. B. versucht wird, sie zu dämpfen). Besonders intensiv wurden hier individuelle Besonderheiten in der Aufmerksamkeitszuwendung zu bestimmten Emotionen untersucht. Sie können zwischen starker Aufmerksamkeitszuwendung (Vigilanz) und Aufmerksamkeitsabwendung variieren (vgl. Krohne, 1993, und das Konzept der defensiven Aufmerksamkeitsvermeidung in Abschn. 2.2.4).
- Problemorientierte Bewältigungsstile beeinflussen die emotionale Bewertung der Situation durch problemorientierte Bewältigung. Hierzu gehören Tendenzen, aus der Situation zu fliehen oder sie zu meiden, sie umzugestalten oder soziale Unterstützung zu suchen. Oft werden hierzu auch die Benutzung von Drogen oder Entspannungstechniken gezählt, obwohl es sich primär um intrapsychische Bewältigung handelt. Dies ist ein weites Feld von Bewältigungsstilen, das nur teilweise psychologisch bearbeitet wurde. Die Suche nach sozialer Unterstützung wird in Abschn. 5.5 näher behandelt.

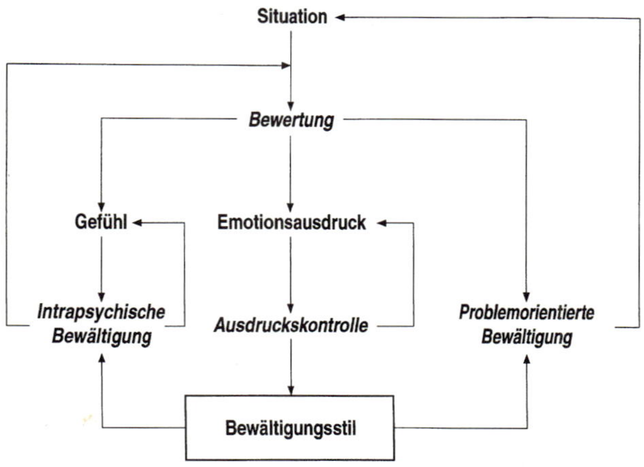

Abb. 4.23. Drei Arten von Bewältigungsstilen im Kontext eines einfachen Modells der Emotionsbewältigung

- Ausdruckskontrollstile (auch expressive Stile genannt) sind Tendenzen, nicht die Emotion als Gefühl, sondern ihren Ausdruck im Verhalten zu beeinflussen. Da der Emotionsausdruck ein wesentlicher Teil der Selbstdarstellung ist, können Ausdruckskontrollstile als Aspekt der Selbstdarstellung betrachtet werden (vgl. Abschn. 4.7.2 und Laux & Weber, 1993).

> **!** **Bewältigungsstile können die intrapsychische Bewältigung, die problemorientierte Bewältigung und die Ausdruckskontrolle betreffen.**

Es gibt also eine Vielzahl von möglichen Bewältigungsstilen für Belastungen und die sie begleitenden Emotionen. Zu ihrer Erfassung existieren viele Fragebogenverfahren, von pragmatischen Sammlungen alltagspsychologisch gut repräsentierter Bewältigungsstile wie z. B. den Berner Bewältigungsformen (BEFO; Heim et al., 1991) bis zu stark theoriegeleiteten Verfahren wie z. B. dem Angstbewältigungsinventar (ABI; Krohne et al., 1992) und dem verlaufsorientierten Verfahren von Reicherts und Perrez (1993); vgl. für eine Übersicht Laux und Weber (1990).

Speziell für die Bewältigung von schweren Krankheiten schlugen Filipp und Klauer (1988) ein dreidimensionales Klassifikationsmodell für Bewältigungsstile mit den Dimensionen Aufmerksamkeitsorientierung (Abkehr vs. Zuwendung), Soziabilität (Abkapselung vs. Suche nach Kontakt) und Kontrollebene (problemorientiert vs. intrapsychisch) vor und entwickelten zur Messung die Trierer Skalen zur Krankheitsbewältigung (TSK; Klauer & Filipp, 1994), welche die $2 \times 2 \times 2 = 8$ Bewältigungsstile ihres Modells durch jeweils acht Items erfragen. Faktorenanalysen ergaben jedoch nur fünf unterscheidbare Stile (Tabelle 4.18).

Stabilität und transsituative Konsistenz

Diese Stile wiesen bei Gesunden und Krebspatienten eine recht hohe zeitliche Stabilität auf. So ergaben sich bei Krebspatienten über ein Jahr Stabilitäten von 0,61 (Suche nach sozialer Einbindung) bis 0,83 (Suche nach Halt in der Religion); vgl. Filipp et al. (1990). Die Stabilität bei den Krebspatienten erscheint überraschend hoch, da es sich bei ihnen um eine sehr heterogene Gruppe handelte, was die Dauer und den Verlauf der Er-

Tabelle 4.18. Fünf Bewältigungsstile für Krankheiten, erfaßt durch die Trierer Skalen zur Krankheitsbewältigung (TSK) (Klauer & Filipp, 1994)

Stil	Höchstladendes Item
Rumination (Grübeln)	Ich habe darüber gegrübelt, ob andere mir gegenüber auch wirklich ehrlich und offen sind
Suche nach sozialer Einbindung	Ich bin mit Freunden ausgegangen
Bedrohungsabwehr	Ich sagte mir, daß ich einfach eine schlechte Zeit durchmache und in Zukunft wieder Glück haben kann
Suche nach Information	Ich informierte mich im Gespräch mit anderen über meine Erkrankung und mögliche Behandlungen
Suche nach Halt in der Religion	Ich betete und suchte Trost im Glauben

krankung anging (im untersuchten Zeitraum hatten z. B. einige positive, andere negative Befunde bei Nachuntersuchungen; einige Patienten starben wenige Monate nach dem zweiten Meßzeitpunkt). Die Patienten waren also in unterschiedlichen Belastungsphasen. Von daher besagt die hohe Stabilität nicht nur, daß die interindividuellen Unterschiede bei vergleichbarer Belastungsphase stabil blieben, sondern auch, daß sie relativ unempfindlich gegenüber einem Wechsel der Belastungsphase waren.

Das spricht gegen die verbreitete Auffassung, daß Bewältigungsstile generell phasenspezifisch betrachtet werden müßten (vgl. z. B. Lazarus & Folkman, 1984). Begründet wird dies vor allem damit, daß die gleiche Bewältigungsstrategie in unterschiedlichen Phasen des Bewältigungsprozesses unterschiedlich gut zur Bewältigung der auslösenden Belastung geeignet ist. Wer sich z. B. einer schweren Operation unterziehen muß, sollte vor der Operation eher Informationen meiden, da dies zu unnötiger Beunruhigung führen könne; an der Operation selbst könne dies nichts ändern. In der Rehabilitationsphase nach der Operation jedoch sei Informationsmeidung eher abträglich, weil sie die Wiedereingliederung in den Alltag und vorbeugende Maßnahmen behindern würde.

Diese Optimalitätsüberlegung besagt aber nicht, daß Menschen sich auch so optimal verhalten. Traut man Fragebogenselbsteinschätzungen des Bewältigungsstils, so besagen die Befunde von Filipp et al. (1990), daß viele Krebspatienten sich eher rigide an ein bestimmtes individualtypisches Muster von Bewältigungsstrategien halten. Das scheint auch für die Bewältigungsstile Gesunder bei alltäglichen Belastungen zu gelten (vgl. z. B. Stone & Neale, 1984). Der „flexible Bewältiger", der seine Bewältigungsstrategie jeweils ganz nach den Anforderungen der aktuellen Situation richtet, scheint eher ein Ideal von Bewältigungsforschern zu sein, als die Realität widerzuspiegeln.

Dieses Bild des flexiblen Bewältigers beruht teilweise auch auf einer Verwechslung von transsituativer Konsistenz und zeitlicher Stabilität von Bewältigungsstilen. So beriefen sich Lazarus und Folkman (1984) z. B. auf eine Untersuchung von Folkman und Lazarus (1980), in der gefunden wurde, daß die meisten untersuchten Personen beim Vergleich aller Belastungssituationen eines Jahres eine hohe Variabilität in der Tendenz zeigten, diese Situationen eher intrapsychisch oder eher problemorientiert zu bewältigen. Untersucht wurde hier die transsituative Konsistenz von Bewältigungsstilen, nicht ihre zeitliche Stabilität für eine einheitliche Situationsklasse.

Compas et al. (1988) kontrastierten die Konsistenz und die Stabilität des Bewältigungsstils für Leistungssituationen und soziale Situationen in derselben Stichprobe und fanden eine relativ hohe Stabilität innerhalb der Situationen und eine niedrige Konsistenz zwischen den Situationen. Dieses Ergebnis ist aus Sicht des Eigenschaftsparadigmas genau das, was zu erwarten ist, wenn Bewältigungsstile bereichsspezifische Persönlichkeitsdispositionen sind (vgl. Abschn. 2.4.4).

Die Situationsspezifität von Bewältigungsstilen zeigt sich auch in eher subtilen Unterschieden, die in der Bewältigungsforschung nicht immer beachtet werden. So konnte ein defensiver intrapsychischer Bewältigungsstil für die Gruppe der Represser, operationalisiert durch niedrige Werte in selbstberichteter Ängstlichkeit und hohe in der Tendenz zu sozial erwünschten Antworten, nur für Situationen klar belegt werden, die eine intrapsychische Bedrohung darstellten (vgl. Abschn. 2.2.4). Zum Beispiel fanden Asendorpf et al. (1985) bei denselben Versuchspersonen, bei denen Asendorpf

und Scherer (1983) defensive Reaktionen bei intrapsychischer Bedrohung gefunden hatten, keine defensive Reaktionen, wenn ihnen äußerst unangenehme Filme über Unfälle und Operationen gezeigt wurden (äußere Bedrohung). Zu demselben Negativbefund kam Kohlmann (1990), als er Represser mit unangenehm lauten Tönen belastete. Nicht nur die Intensität der Belastungs- und Angstreaktionen selbst ist stark bereichsspezifisch (vgl. Abschn. 4.3.3), sondern auch der Bewältigungsstil für Belastungen.

> **!** **Bewältigungsstile sind Persönlichkeitseigenschaften. Wie die meisten Persönlichkeitseigenschaften sind sie transsituativ wenig konsistent.**

Bewertung von Bewältigungsstilen

Ein strittiges Thema der Bewältigungsforschung ist, ob es „gesund“ sei, Belastungen intrapsychisch oder problemorientiert zu bewältigen. Psychoanalytisch inspirierte, empirisch orientierte Autoren wie Haan (1977) fassen defensive intrapsychische Bewältigungsformen wie Affektvermeidung oder -verdrängung als problematisch auf, weil sie eine echte Auseinandersetzung mit der Emotion und dem durch die Emotion signalisierten Problem verhinderten.

Defensive intrapsychische Bewältigung wird in dieser Kontroverse oft fälschlicherweise mit intrapsychischer Bewältigung überhaupt gleichgesetzt. Es gibt aber auch nichtdefensive Formen intrapsychischer Bewältigung wie z. B. die Suche und Erkenntnis positiver Seiten einer zunächst als ausschließlich negativ erlebten Situation (ohne dabei die negativen Seiten zu leugnen). Nichtdefensive positive Neubewertungen von Belastungssituationen wurden in der Bewältigungsforschung bisher nur stiefmütterlich behandelt (vgl. Laux & Weber, 1990).

Daß eine offensive Auseinandersetzung mit starken Belastungen wie Scheidung, Vergewaltigung oder Tod eines Kindes positive Konsequenzen hat, konnte Pennebaker in mehreren Studien nahelegen. Menschen, die sich mit anderen intensiv über ihre Belastung austauschten, wurden nach der Belastung weit weniger häufig somatisch krank als solche, die es vermieden. Selbst die Aufforderung, sich mit der letzten erlebten starken Belastung schriftlich auseinanderzusetzen, hatte positive Konsequenzen auf die Gesundheit in den folgenden Monaten (Pennebaker, 1989). Hier wird problemorientierte Bewältigung in Gegensatz zu intrapsychischen Formen gesetzt.

Andere Autoren wie Lazarus (1983) wiesen auf Ergebnisse hin, die dafür sprechen, daß intrapsychische Bewältigung, eingeschlossen defensive Affektvermeidung, in manchen Situationen angemessen sein kann. So wurde wiederholt gefunden, daß Patienten, die sich vor einem chirurgischen Eingriff wenig Sorgen machten, relativ zu Patienten, die sich viele Gedanken über einen Eingriff vergleichbarer Schwere machten, nach dem Eingriff weniger Schmerzmittel verbrauchten und eher entlassen werden konnten. Aufgrund der korrelativen Natur dieser Studien ist ein Kausalschluß vom Bewältigungsstil auf das Bewältigungsergebnis hier allerdings nicht zwingend.

Die Ergebnisse dieser Studien stehen nicht in Gegensatz zu den Befunden von Pennebaker (1989), da es sich um eine Differenzierung innerhalb der intrapsychischen Bewältigung handelt und eine andere Belastungsphase betrifft: Pennebaker (1989) bezog sich auf die Verarbeitung einer bereits eingetretenen Belastung, während die Operationsstudien die Bewältigung von Angst vor einer zu erwartenden Belastung untersuchten.

Insgesamt ergibt sich ein differenziertes Bild für die Angemessenheit von Bewältigungsstilen: Sie sind von der Belastungsphase, aber auch von der Kontrollierbarkeit der Belastung abhängig. In einer umfassenden Analyse der vorliegenden empirischen Befunde zur Angemessenheit von Bewältigungsstilen kam Reicherts (in Druck) zu dem Schluß, daß letztlich jeder Bewältigungsstil in bestimmten Situationen angemessen ist.

> **!** **Jeder Bewältigungsstil hat eine situative Nische, wo er angemessen ist.**

Das Urteil, ob ein Bewältigungsstil angemessen ist oder nicht, hängt zudem davon ab, was man unter einer erfolgreichen Bewältigung versteht. So mag das Leugnen einer Krebserkrankung zu einer höheren Lebensqualität führen, gleichzeitig aber zu einer kürzeren Lebenserwartung, weil eine lebensverlängernde, aber auch extrem belastende Chemotherapie vermieden wird. Letztlich beruhen

Aussagen zur Angemessenheit von Bewältigungsstilen wie auch zur Angemessenheit von Persönlichkeitseigenschaften im allgemeinen auf subjektiven Wertungen unterschiedlicher Aspekte der Lebensqualität, und Menschen können sich stark darin unterscheiden, welche Aspekte sie für besonders wichtig halten.

Da Bewältigungsstile bei den meisten Menschen stabil sind, so daß sie ihre Bewältigungsstrategie nicht einfach der aktuellen Situation anpassen können, ergibt sich oft eine Diskrepanz zwischen dem, was prinzipiell möglich und wünschenswert wäre und dem, wozu der einzelne in der Lage ist. Ein wichtiges Ergebnis der neueren Bewältigungsforschung ist, daß es bei solchen Diskrepanzen falsch sein kann, durch Druck von außen eine scheinbar optimale Bewältigungsstrategie zu erzwingen. Denn so kann eine sekundäre Belastung dadurch entstehen, daß die primäre Belastung nicht auf die individualtypische Art und Weise verarbeitet werden kann. Konfrontiert man z. B. einen Represser in einer Situation, die er durch Angstvermeidung eigentlich bewältigen kann, mit der unangenehmen Wahrheit, daß er eigentlich stark ängstlich reagiert, wirkt das zusätzlich belastend.

So wurde in mehreren Studien zur Operationsvorbereitung gefunden, daß weder eine generelle Aufklärung noch eine generelle Nichtaufklärung hilfreich für die Patienten ist, sondern eine Passung zwischen Aufklärungsangebot und Bewältigungsstil: Sorglosen ist mit Aufklärung über etwas, was sie ohnehin nicht kontrollieren können, nicht gedient, während Besorgte, die alles genau wissen wollen, durch Verweigerung der Aufklärung in zusätzliche Besorgnis gestürzt werden (vgl. Miller, 1990). Auch wenn es langfristig nötig sein mag: Kurzfristig jedenfalls ist Menschen meist nicht geholfen, wenn man sie zwingt, sich gegen ihre Persönlichkeit zu verhalten.

> **!** **Belastungen können aktuell erhöht werden, wenn der individualtypische Bewältigungsstil erschwert oder unmöglich gemacht wird. Eine Passung zwischen Bewältigungsstil und Bewältigungsstrategie fördert die aktuelle Bewältigung.**

Aus der aktuell förderlichen Wirkung einer Passung zwischen Bewältigungsstil und Bewältigungsverhalten folgt nicht, daß alle Bewältigungsstile gleichwertig sind, wenn sie auf langfristige Kriterien wie Gesundheit oder Lebensdauer bezogen werden. Zu diesem Thema gibt es eine stark zunehmende gesundheitspsychologische Forschung, die nach Risikofaktoren für Erkrankungen oder frühzeitigen Tod in bestimmten Persönlichkeitsfaktoren, einschließlich Bewältigungsstilen, sucht (vgl. Schwarzer, 1992). Dies sei hier am Beispiel der Ärgerverarbeitung illustriert.

Traditionellerweise werden hierbei zwei Bewältigungsstile kontrastiert: die Tendenz, Ärger im offenen Verhalten auszuagieren (Anger-Out) und die Tendenz, Ärger „in sich hineinzufressen" (Anger-In; Funkenstein et al., 1954). Es handelt sich also um Ausdruckskontrollstile (vgl. zur Erfassung das State-Trait-Ärgerausdrucksinventar STAXI; Schwenkmezger et al., 1992). Oft werden dabei falsche Bezüge zur allgemeinpsychologischen Aggressionsforschung hergestellt, in der mögliche „kathartische Wirkungen" von Ärgerausdruck untersucht werden (führt im intraindividuellen Vergleich das Ausagieren zu einem physiologischen Erregungsabbau?). Intraindividuelle Korrelate der Ärgerverarbeitung sagen aber nicht notwendigerweise etwas über interindividuelle Korrelate der Ärgerverarbeitung aus und umgekehrt (vgl. die ausführliche Diskussion in Abschn. 3.1.1). Selbst wenn kathartische Wirkungen intraindividuell nachweisbar wären, könnten dennoch im interindividuellen Vergleich „Ausagierer" insgesamt stärker physiologisch belastet sein als Menschen, die dazu neigen, den Ausdruck ihres Ärgers zu unterdrücken oder den Ärger durch Neubewertung der Situation abzubauen.

Wenn auch die Befundlage zu interindividuellen Korrelaten von Ärgerverarbeitungsstilen keineswegs klar ist, sprechen doch die Befunde überwiegend dafür, daß sowohl ungebremstes Ausagieren als auch Unterdrücken des Ärgerausdrucks problematisch sind, weil sie Risikofaktoren für (unterschiedliche) Erkrankungen sind (vgl. Schwenkmezger, 1990; methodenkritisch dazu Stemmler et al., 1992). Am besten scheinen in diesen Risikostudien Menschen abzuschneiden, die es verstehen, ihren Ärger konstruktiv auszudrücken, indem sie ihn anderen gegenüber klar ausdrücken, ohne diese dabei zu verletzen, und so Wege eröffnen, die Ursache des Ärgers offen anzugehen.

> **!** **Das Unterdrücken und das unkontrollierte Ausagieren von Ärger scheinen relativ zum konstruktiven Umgang mit Ärger Risikofaktoren für Erkrankungen zu sein.**

Aus diesen korrelativen Befunden darf nicht ohne weiteres der Schluß gezogen werden, daß durch eine Änderung des Ärgerverarbeitungsstils durch therapeutische Intervention das mit dem ursprünglichen Ärgerverarbeitungsstil assoziierte Erkrankungsrisiko verändert wird. Denn das könnte auf Variablen beruhen, die durch die Intervention nicht verändert werden, auch wenn sie ursprünglich kausal für den Ärgerverarbeitungsstil verantwortlich waren. Aber mit diesem Problem befinden wir uns schon mitten in der klinischen Psychologie, nicht mehr in der Persönlichkeitspsychologie.

4.5.4 Diskussion

Motive, Handlungsüberzeugungen und Bewältigungsstile werden meist unabhängig voneinander behandelt. Wie in Abschn. 4.5.2 schon deutlich wurde, gibt es aber enge Beziehungen zwischen aufsuchenden und meidenden Motivkomponenten und Handlungsüberzeugungen. Handlungsüberzeugungen bestimmen weniger den Bewältigungsstil als den Grad der Belastung und die Effektivität der Bewältigung eingetretener Belastungen. Das ist besonders deutlich im Falle der Selbstwirksamkeitserwartung. Eine hohe Selbstwirksamkeitserwartung führt bereits zu einer geringeren subjektiven Belastung, weil bei der sekundären Bewertung die Situation als weniger bedrohlich eingeschätzt wird. Zudem fördert sie eine (nicht notwendig problemorientierte) Bewältigung dadurch, daß Bewältigungsmaßnahmen schnell eingeleitet werden. Bei der Durchführung der Bewältigung ist eine hohe Handlungsorientierung hilfreich. Und die Art der Attribution erfolgreicher oder nicht erfolgreicher Bewältigung hat Konsequenzen für die Bewältigung späterer Belastungen. Diese Zusammenhänge sind nur Spezialfälle der schon in Abschn. 4.5.2 diskutierten Beziehungen zwischen verschiedenen Arten von Handlungsüberzeugungen, weil Bewältigung ja eine spezielle Form des Handelns ist.

Motive, Handlungsüberzeugungen und intrapsychische Bewältigungsstile sind interne, nicht direkt beobachtbare, sondern nur indirekt aus dem Verhalten erschließbare Persönlichkeitseigenschaften. Deshalb werden sie meist durch Selbstbeurteilung erhoben. Ein fundamentales Problem dieser Art der Operationalisierung besteht darin, daß unklar ist, in welchem Maße die Selbstbeurteilungen tatsächlich ablaufende Informationsverarbeitungsprozesse widerspiegeln. Werden z. B. Erfolgserwartungen und Selbstwirksamkeitserwartungen bei der Bewältigung von Belastungen überhaupt wirklich gebildet und suchen Menschen überhaupt nach Ursachen für ihre Erfolge und Mißerfolge, wenn sie nicht von Psychologen danach gefragt werden?

Sicherlich läßt sich nicht bestreiten, daß Handlungseigenschaften manchmal bewußt werden. Aber unter welchen Bedingungen? Hinweise darüber geben Studien, in denen Versuchspersonen während des Lösens von Aufgaben ihre Gedanken unmittelbar und fortlaufend verbalisieren (Diener & Dweck, 1978) oder in denen schriftliche Berichte über Erfolg oder Mißerfolg ausgewertet werden (z. B. Zeitungsartikel über sportliche Wettkämpfe; Lau & Russell, 1980). Erwartungen und Attributionen werden danach vor allem dann spontan berichtet, wenn ein unerwarteter Erfolg oder Mißerfolg eingetreten ist oder ein Mißerfolg zu weiteren Problemen führt.

Unklar muß auch in diesen verhaltensnahen Studien bleiben, ob Erwartungen und Attributionen tatsächlich nur in solchen Situationen gebildet werden, oder ob sie nur in solchen Situationen bewußt werden, aber Handeln immer auf unbewußter Ebene begleiten. Dieses Problem ist besonders gravierend bei Bewältigungsstrategien, weil es sich hier um prozedurales Wissen handelt, das nach neueren Informationsverarbeitungstheorien prinzipiell nicht bewußt ist, sondern nur aus dem hiermit verbundenen, teilweise bewußten deklarativen Wissen bewußt rekonstruiert werden kann (vgl. Abschn. 2.5.1).

Diese allgemeinpsychologischen Überlegungen sind auch für die Persönlichkeitspsychologie bedeutsam, weil es offenbar sehr große interindividuelle Unterschiede in dem Grad gibt, in dem Handlungseigenschaften bewußt sind, und zwar auch in vergleichbaren Situationen (z. B. bei erwartungswidrigem Erfolg; vgl. Diener & Dweck, 1978; Heckhausen, 1982).

> **!** Selbstbeurteilte Handlungseigenschaften haben immer den Filter des Bewußtseins der Befragten passiert. Da dieser Filter von Person zu Person variiert und z. T. sehr undurchlässig ist, reflektieren Ergebnisse zu selbstbeurteilten Handlungseigenschaften immer auch interindividuelle Unterschiede in der Filterwirkung des Bewußtseins der Befragten.

Wenn das so ist, ist besonders situationsfernen Selbstbeurteilungen von Handlungseigenschaften mit besonderer Skepsis zu begegnen, weil sie bei einem Teil der Urteiler eher auf bewußtem Erleben, bei einem anderen Teil aber eher auf alltagspsychologischen Überlegungen beruhen: „Da ich Erfolg hatte, muß ich mich wohl angestrengt haben" oder gar „Ich kann mich an nichts erinnern, da werde ich wohl mit Vermeidung reagiert haben". Die Methode gaukelt hier eine Einheitlichkeit der Daten vor, die möglicherweise nicht gegeben ist. Entsprechend skeptisch müssen die Ergebnisse vor allem zu Handlungsüberzeugungen und intrapsychischen Bewältigungsstilen betrachtet werden, denn sie beruhen zum überwältigenden Teil auf situationsfernen Selbstbeurteilungen.

Fragen

4.24 In welcher Hinsicht unterscheiden sich Mangelbedürfnisse und Wachstumsbedürfnisse nach Maslow?

4.25 Wie ist im Risikowahlmodell von Atkinson die Wertkomponente definiert und warum?

4.26 Welche methodischen Probleme gibt es bei projektiven Tests?

4.27 Welche zwei Komponenten des Leistungs- und des Anschlußmotivs lassen sich unterscheiden, und welche Persönlichkeitstypen resultieren daraus?

4.28 Warum ist es sinnvoll, motiviertes Verhalten wie im Zürcher Modell der sozialen Motivation zu modellieren?

4.29 Wie drückt sich Handlungsoptimismus in Erwartungs-, Handlungskontroll- und Attributionsstilen aus?

4.30 Welcher Unterschied besteht zwischen Situations-Ergebnis-Erwartung und Selbstwirksamkeitserwartung?

4.31 Ist eine intrapsychische Bewältigung von Belastungen schlechter als eine problemorientierte?

4.32 Welche methodischen Probleme entstehen bei der Erfassung von Handlungseigenschaften durch Selbstbeurteilung?

Weiterführende Literatur

Bischof, N. (1985). *Das Rätsel Ödipus: Die biologischen Wurzeln des Urkonfliktes von Intimität und Autonomie.* München: Piper.

Heckhausen, H. (1989). *Motivation und Handeln* (2. Aufl.). Berlin: Springer.

Schwarzer, R. (1993). *Streß, Angst und Handlungsregulation* (3. Aufl.). Stuttgart: Kohlhammer.

4.6 Bewertungsdispositionen

Temperament, Fähigkeiten und Handlungseigenschaften beziehen sich auf individuelle Besonderheiten des Verhaltens. In diesem Abschnitt geht es um individuelle Besonderheiten in der Bewertung. Bewerten bedeutet, bestimmten Objekten der Wahrnehmung oder der Vorstellung einen Wert zuzuweisen. Unterschiedliche Objekte können unterschiedliche Werte bekommen und sind damit unterschiedlich wertvoll. Diese Wertungsunterschiede führen zu Präferenzen (Bevorzugung eines Objekts vor einem anderen) und können – müssen aber nicht – verhaltenswirksam werden. Sofern interindividuelle Unterschiede in der Bewertung von Objekten bestehen, die zeitlich ausreichend stabil sind, handelt es sich um Persönlichkeitseigenschaften. Sie sollen hier Bewertungsdispositionen genannt werden.

Der Begriff der Bewertungsdisposition ist in der psychologischen Literatur zu individuellen Besonderheiten der Bewertung nicht etabliert. Statt dessen wird von Werthaltungen oder Einstellungen gesprochen. In beiden Fällen handelt es sich um bestimmte Formen von Bewertungsdispositionen, wobei Werthaltungen sich auf breit definierte Objektklassen und Einstellungen auf spezifische Objekte der Bewertung beziehen (Tafel 4.9). Was fehlt, ist ihre Einordnung in ein übergreifendes Ordnungssystem. Ein solches System wird hier mit dem Konzept der Bewertungsdisposition vorgeschlagen.

Tafel 4.9. Bewertungsdispositionen

Je nach Art der bewerteten Objekte der Wahrnehmung oder Vorstellung werden in der psychologischen Literatur zwei Formen von Bewertungsdispositionen unterschieden: Werthaltungen und Einstellungen.
Werthaltungen sind individuelle Besonderheiten in der Bewertung wünschenswerter Ziele wie Freiheit vs. Gleichheit oder in der Bewertung von Handlungsdispositionen wie Ehrlichkeit vs. Hilfsbereitschaft. Im Englischen wird meist sowohl der Wert eines Objekts als auch die zugehörige Bewertungsdisposition als „value“ bezeichnet, was zu Mißverständnissen führen kann.
Einstellungen sind individuelle Besonderheiten in der Bewertung spezifischer Objekte der Wahrnehmung oder Vorstellung wie CDU vs. SPD oder Pulverkaffee vs. Bohnenkaffee.

Verhaltensdispositionen sind keine Werthaltungen (es sei denn, der Akt des Bewertens würde als Verhalten betrachtet). Folgt man Heckhausens (1989) Auffassung, daß Motive Bewertungsdispositionen für Handlungsfolgen sind (vgl. Abschn. 4.5.1), kann man auch Motive als Bewertungsdispositionen auffassen: Die bewerteten Objekte sind Handlungsfolgen. Der Unterschied zwischen Motiven und Werthaltungen besteht dann hauptsächlich darin, daß Werthaltungen sich nicht nur auf das eigene Verhalten beziehen, sondern auch auf das Verhalten anderer: Werthaltungen sind breiter in der Anwendung. Wer z. B. Leistung hoch bewertet (Werthaltung), sollte die Folgen eigenen Handelns entsprechend bewerten (Motiv), aber auch die Folgen des Handelns anderer, z. B. von Mitarbeitern. So können z. B. Unterschiede in der Werthaltung von Vorgesetzten, nicht aber Unterschiede in ihren Motiven, erklären, warum sie eher leistungsorientierte oder eher gesprächsfreudige Mitarbeiter bevorzugen: Im ersten Fall würden sie im Vergleich zu anderen Vorgesetzten Leistung höher als Geselligkeit bewerten, im zweiten Fall umgekehrt.

! **Motive sind spezielle Bewertungsdispositionen, und Werthaltungen implizieren immer bestimmte Motive.**

Trotz dieser engen konzeptuellen Beziehung zwischen Werthaltungen und Motiven haben sich Motivationspsychologie und Wertepsychologie in den letzten Jahrzehnten weitgehend unabhängig voneinander entwickelt, bis hin zu unterschiedlichen Methoden der Datenerhebung und Datenanalyse (vgl. aber McClelland, 1985, für den Versuch einer Integration, der allerdings auf einem sehr engen Wertebegriff beruht). Da Motive in Abschn. 4.5.1 schon ausführlich diskutiert wurden, werden im folgenden nur Werthaltungen und Einstellungen behandelt.

4.6.1 Werthaltungen

Werthaltungen sind individuelle Besonderheiten in der Bewertung wünschenswerter Ziele oder Handlungsdispositionen (vgl. Tafel 4.9); sie beschreiben, wie Menschen sich aus Sicht des Befragten verhalten sollten. Wie aus der vergleichenden Diskussion von Motiven und Werthaltungen deutlich wurde, sind Werthaltungen Standards, an denen eigenes und fremdes Verhalten gemessen wird. Menschen, die „Brüderlichkeit“ besonders hoch bewerten, sollten im Vergleich zu Menschen, die „Freiheit“ höher bewerten, nicht nur eher einem Nachbarn in Not helfen, sondern auch eher von einem Nachbarn erwarten, daß er ihnen hilft, wenn sie selbst in Not sind.

Eine klassische Unterscheidung in der Werteforschung betrifft Endziele und instrumentelle Ziele: Instrumentelle Ziele dienen dazu, Endziele zu erreichen (Lovejoy, 1950; Rokeach, 1973). Beispielsweise dient Hilfsbereitschaft dazu, das Endziel Brüderlichkeit zu erreichen. Diese Unterscheidung ist aber relativ, weil auch Ziele sich als Zielhierarchie aus vielen Ebenen auffassen lassen, so daß sich z. B. Hilfsbereitschaft sowohl als instrumentelles Ziel für das Endziel Brüderlichkeit als auch als Endziel des untergeordneten instrumentellen Ziels Selbstkontrolle auffassen läßt. Deshalb ist der Befund von Heath und Fogel (1978) nicht überraschend, daß Versuchspersonen Schwierigkeiten haben, vorgegebene Werte in die Kategorien Endziel und instrumentelles Ziel einzuordnen.

Rokeach (1973) schlug nach Durchsicht der Werteliteratur eine Liste von 2 × 18 zentralen Werten vor (Rokeach Value Survey; RVS). 18 Endziele, beschrieben durch Substantive, und 18 instrumentelle Ziele, beschrieben durch Adjektive, sollen jeweils in eine individuelle Rangfolge nach Wünschbarkeit für sich selbst und andere gebracht werden.

Tabelle 4.19. Items des Rokeach Value Survey (RVS). (Aus Rokeach, 1973; deutsche Übersetzung nach Günther, 1975)

Endziele		Instrumentelle Ziele	
Englisch	Deutsch	Englisch	Deutsch
comfortable life	ein angenehmes Leben	ambitious	ehrgeizig
exciting life	ein aufregendes Leben	broadminded	tolerant
a sense of accomplishment	das Gefühl, etwas erreicht zu haben	capable	fähig
a world at peace	eine friedliche Welt	cheerful	munter
a world of beauty	eine schöne Welt	clean	sauber
equality	Gleichheit	courageous	mutig
family security	Sicherheit für die Familie	forgiving	nachsichtig
freedom	Freiheit	helpful	hilfreich
happiness	Glück	honest	ehrlich
inner harmony	Innere Harmonie	imaginative	phantasievoll
mature love	reife Liebe	independent	unabhängig
national security	staatliche Sicherheit	intellectual	intellektuell
pleasure	Genuß	logical	logisch
salvation (belief in God)	Erlösung (zum ewigen Leben)	loving	liebevoll
self-respect	Selbstachtung	obedient	gehorsam
social recognition	gesellschaftliche Anerkennung	polite	höflich
true friendship	wahre Freundschaft	responsible	verantwortlich
wisdom	Weisheit	self-controlled	beherrscht

Tabelle 4.19 zeigt die Werte des RVS. Es wird deutlich, daß instrumentelle Ziele vom Abstraktionsniveau her sehr genau Verhaltensdispositionen entsprechen (aber damit nicht identisch sind, weil es sich ja um Verhaltensnormen handelt), während Endziele auf höherem Abstraktionsniveau angesiedelt sind: Sie können durch ganz unterschiedliche Verhaltensweisen angestrebt werden. Zum Beispiel kann man gesellschaftliche Anerkennung (Endziel) durch instrumentelle Ziele wie tolerant, fähig, munter, mutig, hilfreich, liebevoll, höflich oder verantwortlich erreichen.

Braithwaite und Law (1985) entwickelten auf der Grundlage des RVS eine Fragebogenversion (Social Values Inventory; SVI), in der die einzelnen Werte jeweils durch mehrere Fragen erfaßt und nicht nach Präferenz geordnet, sondern auf einer Zustimmungsskala beurteilt werden.

Der RVS wurde inzwischen in zahlreichen Studien in verschiedenen Kulturen angewendet (vgl. Rokeach, 1979). Ähnlich wie bei Motiven können nicht nur die Werte von Personen direkt abgefragt werden, sondern auch aufgrund ihrer Äußerungen, z. B. in Büchern, inhaltsanalytisch erfaßt werden. Zum Beispiel ergab eine inhaltsanalytische Untersuchung an jeweils 25 000 Wörter umfassenden Stichproben der politischen Schriften von Hitler, Goldwater (als reaktionär angesehener früherer Präsidentschaftskandidat der Republikaner in den USA), Lenin und „Sozialisten“ wie Erich Fromm die in Tabelle 4.20 gezeigten Rangplätze für die Endziele Freiheit und Gleichheit (vgl. Graumann & Willig, 1983). Danach rangierten bei den Sozialisten Freiheit und Gleichheit ganz oben und bei Hitler ganz unten; Goldwater bevorzugte Freiheit bei weitem vor Gleichheit, während Lenin Gleichheit auf Kosten von Freiheit hoch bewertete.

! **Die Werthaltungen eines Menschen lassen sich nicht nur direkt durch Selbstbeurteilung, sondern auch indirekt durch Inhaltsanalyse von Reden und Schriften erfassen.**

Tabelle 4.20. Rangplätze der Werte Freiheit und Gleichheit in politischen Schriften verschiedener Autoren

Wert	Sozialisten	Goldwater	Lenin	Hitler
Freiheit	1	1	17	16
Gleichheit	2	16	1	17

Schwartz und Bilsky (1987, 1990) analysierten den RVS in sieben verschiedenen Kulturen mit teilweise variierenden Methoden. Die Ähnlichkeit der individuellen Rangfolgen wurde innerhalb jeder Kultur durch Korrelationen gemessen; anschließend wurden die Werthaltungen durch nichtmetrische multidimensionale Skalierung auf zweidimensionale Ähnlichkeitsräume projiziert. Es entstanden so Regionen homogener (interindividuell kovariierender) Werthaltungen, die auf einer Fläche geometrisch veranschaulicht werden können.

Mit Hilfe dieser Methode konnte gezeigt werden, daß sich in allen sieben Kulturen sieben homogene Bereiche von Werthaltungen unterscheiden ließen, die jeweils als zusammenhängende Ähnlichkeitsregionen abgebildet wurden. Zum Beispiel bildeten „comfortable life", „happiness", „pleasure" und „cheerful" den Bereich „Vergnügen" (enjoyment). Schließlich ergab eine Analyse theoretisch erwarteter Kompatibilitäten und Konflikte zwischen diesen Bereichen (z. B. wurden Vergnügen und Leistung als kompatibel, Vergnügen und Altruismus als konflikthaft angesehen) eine weitgehende Bestätigung der Hypothesen in sechs der sieben Kulturen (als kompatibel angesehene Bereiche von Werthaltungen erwiesen sich als benachbart, als konflikthaft angesehene als durch mindestens zwei andere Bereiche getrennt).

Abweichend von den anderen westlichen Kulturen wurde in Hongkong Konformität mit gesellschaftlichen Normen als kompatibel mit Reife angesehen. Dieser Befund ist mit der in China vorherrschenden konfuzianischen Philosophie gut vereinbar, nach der sich Menschen immer als Teil einer sozialen Gemeinschaft (Familie, Betrieb) verstehen. Nach konfuzianischer Auffassung ist Selbstbescheidung und die Unterordnung unter soziale Normen ein Zeichen der persönlichen Reife, während nach der heutigen, stark individualistisch geprägten westlichen Auffassung sozialer Konformismus eher als Zeichen von Unreife angesehen wird.

Schwartz (1992) erweiterte aufgrund dieser Ergebnisse die Zahl der Wertebereiche von sieben auf 11, entwickelte zu ihrer Messung ein neues Werteinventar aus 56 Items und ließ die Werte von 40 Stichproben in 20 Kulturen nach individueller Bedeutsamkeit beurteilen (Beurteiler waren meist Studenten und Lehrer). Zehn der 11 Wertebereiche bildeten in fast allen Kulturen homogene Regionen von Werthaltungen; nur die Items von „Spiritualität" erwiesen sich als heterogen. Abbildung 4.24 zeigt die 10 homogenen Wertebereiche. Eine Analyse der theoretisch erwarteten Kompatibilitäten und Konflikte ergab wie in der Studie von Schwartz und Bilsky (1990) eine weitgehende Bestätigung der Wertestruktur. Die theoretisch zu erwartende höhere Ähnlichkeit von Endzielen und instrumentellen Zielen untereinander konnte nicht bestätigt werden, obwohl diese beiden Wertetypen getrennt erfragt wurden. Eine Klassifikation von Werten in Endziele und instrumentelle Ziele scheint also zumindest für die Analyse von Werthaltungen nicht sinnvoll zu sein.

> **!** **Kulturvergleichende Studien fanden eine ähnliche Struktur von Werthaltungen mit wenigen, interpretierbaren kulturellen Unterschieden in der Beziehung zwischen Werthaltungen.**

Die Studie von Schwartz (1992) geht über die Anwendungen des RVS hinaus, weil sie weitere Wertebereiche einschließt, kann aber das Hauptproblem des RVS – die relativ beliebige Auswahl der Werte – auch nicht lösen. Im RVS fehlt z. B. derjenige Wert, der in vielen deutschen Untersuchungen am erstrebenswertesten überhaupt beurteilt wird: Gesundheit (vgl. z. B. Stiksrud, 1976). Auch in der Psychologie der Werthaltungen wäre ein lexikalischer Ansatz möglich: systematische Klassifizierung der im Lexikon einer Sprache vorhandenen Werthaltungen, analog zu dem Ansatz, Eigenschaftsworte zu klassifizieren, die Verhaltensdispositionen beschreiben (vgl. Abschn. 4.1).

> **!** **Das Problem einer repräsentativen Auswahl von Werten wurde noch nicht systematisch angegangen.**

Werthaltungen und Verhaltensdispositionen

Beziehungen zwischen Werthaltungen und Verhaltensdispositionen wurden bisher nur selten

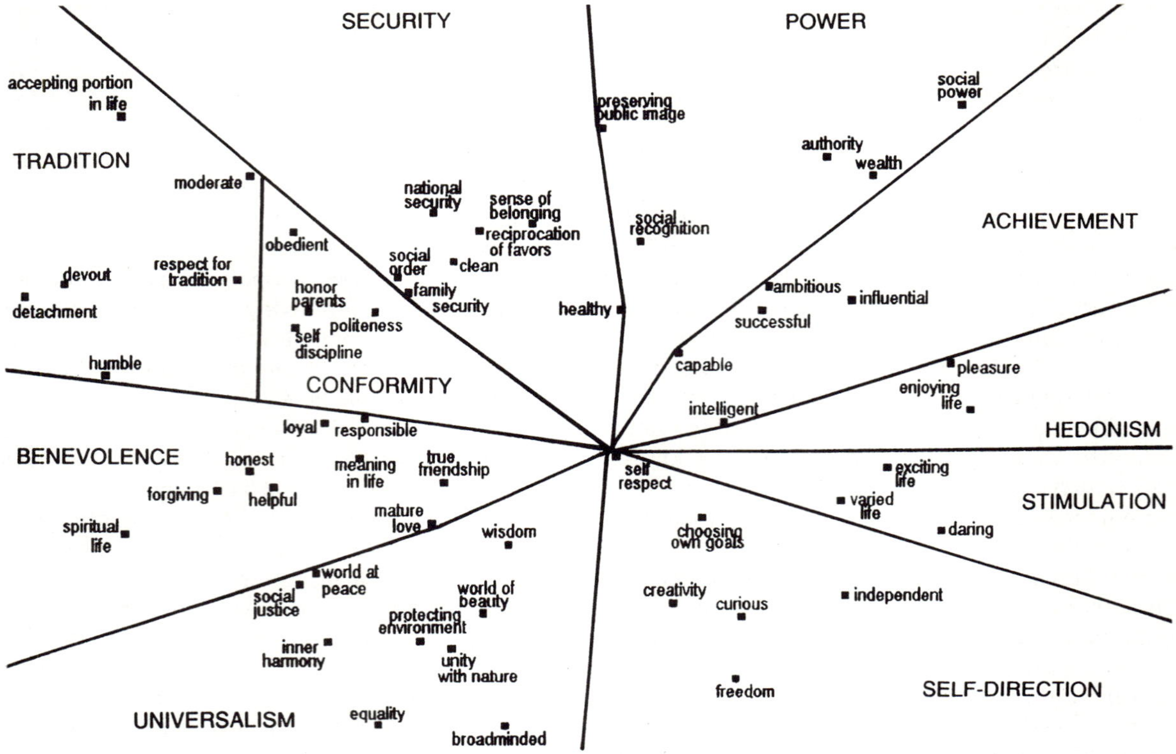

Abb. 4.24. Zehn Wertebereiche mit den zugehörigen Werten. Der Abstand zwischen den einzelnen Werten gibt ihre mittlere Ähnlichkeit im Mittel über alle befragten Personen an. (Aus Schwartz, 1992)

systematisch untersucht. Dabei gibt es ein offensichtliches Verbindungsglied: die Motive. Werthaltungen implizieren Motive, und Motive Verhaltensdispositionen. Bilsky und Schwartz (1994) analysierten den Zusammenhang zwischen der relativen Bedeutsamkeit von Werten im RVS und Persönlichkeitsskalen des revidierten Freiburger Persönlichkeitsinventars (FPI-R; Fahrenberg et al., 1989). Sie bezogen sich dabei auf die Unterscheidung zwischen Mangelbedürfnissen und Wachstumsbedürfnissen von Maslow (vgl. Abschn. 4.5.1).

Bilsky und Schwartz (1994) gingen von der Hypothese aus, daß Verhaltensdispositionen, die auf einem Wachstumsbedürfnis beruhen, positiv mit entsprechenden Werthaltungen korrelieren (z. B. korreliert die Verhaltensdisposition Neugierigkeit mit hoher Wertschätzung von Neuheit), und daß Verhaltensdispositionen, die auf einem Mangelbedürfnis beruhen, mit Werthaltungen positiv korrelieren, die eine Befriedigung des zugehörigen Bedürfnisses signalisieren (z. B. korreliert die Verhaltensdisposition Ängstlichkeit mit hoher Wertschätzung von Sicherheit).

Durch gemeinsame multidimensionale Skalierung von Werthaltungen und Verhaltensdispositionen konnten sie diese Hypothesen weitgehend bestätigen. So kovariierten prosoziale Werte mit sozialer Orientierung, Wertschätzung von Leistung und Macht mit Aggressivität und Wertschätzung von Sicherheit und Konformität mit Gehemmtheit, während emotionale Stabilität keine klaren Beziehungen zu Werthaltungen aufwies.

> **!** **Zwischen Werthaltungen und Verhaltensdispositionen gibt es korrelative Zusammenhänge, die durch Motive vermittelt sind.**

Ein Eigenschaftskonstrukt, das die traditionelle Kluft zwischen Werthaltungen und Verhaltensdispositionen überbrückt, ist das Konstrukt der „autoritären Persönlichkeit“ (authoritarian personality; Adorno et al., 1950), das besser als autoritätshörige Persönlichkeit bezeichnet werden

sollte. Unter dem Einfluß der Frankfurter Schule wurde es im deutschsprachigen Raum fälschlicherweise Adorno zugeschrieben, obwohl er unter den Autoren nur eine untergeordnete Rolle spielte, zufälligerweise aber in der alphabetischen Reihung der Autoren Erstautor war (vgl. Stone et al., 1993a).

Nach Adorno et al. (1950) korrelieren die Bevorzugung konventioneller Werte, die Tendenz zu gesellschaftlich legitimierten aggressiven Gefühlen gegenüber Minderheiten (z. B. im Deutschland der Nazizeit Juden oder auch Homosexuelle) und die kritiklose Unterordnung unter Autoritäten so stark miteinander, daß diese Melange aus Bewertungs- und Verhaltensdispositionen als einheitliche Persönlichkeitseigenschaft angesehen werden kann. Politische Brisanz bekam dieses Konstrukt dadurch, daß es zur Erklärung faschistischer Tendenzen in Deutschland und anderswo herangezogen wurde.

Zur Messung des Konstrukts entwickelten die Autoren zahlreiche Versionen einer Faschismusskala (auch kurz F-Skala genannt). Die F-Skala geriet aufgrund methodischer Unzulänglichkeiten in Verruf, insbesondere wegen der Polung aller Items in eine Richtung, so daß die Tendenz, „ja" anzukreuzen, als Tendenz zu einer autoritätshörigen Persönlichkeit interpretiert wurde. Die empirischen Untersuchungen mit „der" F-Skala wurden kritisiert, weil verschiedenste Formen koexistierten, von Drei-Item-Versionen bis zu 38-Item-Versionen (die ursprüngliche California F-Scale, Form 40/45, enthielt 30 Items zur Messung faschistischer Tendenzen). Auch das Konstrukt der autoritätshörigen Persönlichkeit wurde kritisiert, weil frühe Untersuchungen von einer quasi unveränderlichen individuellen oder gar nationalen Disposition zum Faschismus (Mittelwert einer repräsentativen Stichprobe der Nation) ausgingen.

Stone et al. (1993b) gaben einen Überblick über die einschlägige Literatur zur autoritätshörigen Persönlichkeit und kamen zu dem Ergebnis, daß diese Forschung eher unterbewertet wird. Trotz der oben erwähnten Schwächen gibt es genügend Hinweise auf die Validität vieler Versionen der F-Skala, wenn berücksichtigt wird, daß die Verbreitung der Autoritätshörigkeit innerhalb einer Kultur einem schnellen historischen Wandel unterliegt, so daß bei Vergleichen der historische Zeitpunkt der Datenerhebung berücksichtigt werden muß.

So erhielten Steiner und Fahrenberg (1970) über einen ehemaligen SS-Offizier Zugang zu einer Gruppe von ehemaligen SS-Angehörigen, die sie mit einer Kontrollgruppe von ehemaligen Wehrmachtsangehörigen verglichen. Die SS-Angehörigen hatten auf der Skala von eins bis sieben einen im Vergleich zur Kontrollgruppe und anderen Stichproben sehr hohen Mittelwert (Tabelle 4.21). Deutsche Studenten haben heutzutage sehr ähnliche Werte wie andere europäische oder nordamerikanische Studenten; niedrige Werte weisen nicht nur auf die Abwesenheit von Autoritätshörigkeit hin, sondern darüber hinaus auf eine antiautoritäre Einstellung (vgl. Tabelle 4.21).

Hohe Werte in der F-Skala oder in neueren Autoritätshörigkeitsskalen wie der von Altemeyer (1988) implizieren die Ablehnung bestimmter sozialer Gruppen, wobei die Art der abgelehnten Gruppen von Kultur zu Kultur variiert. So korrelierte Altemeyers Skala in einer US-Stichprobe zu 0,55 mit antikommunistischer Einstellung (Altemeyer, 1988), während eine russische Version derselben Skala 1989 zu 0,71 mit antikapitalistischer Einstellung korrelierte (McFarland et al., 1993). In beiden Nationen korrelierte Autoritätshörigkeit positiv mit dem Alter und negativ mit dem Bildungsgrad (Altemeyer, 1988; McFarland et al., 1993). Was bei Autoritätshörigkeit invariant ist von Kultur zu Kultur, scheint die Ablehnung bestimmter sozialer Gruppen zu sein. Welche Gruppe abgelehnt wird, ist nicht durch Eigenschaften der Gruppe bestimmt, sondern durch die jeweils dominierenden Vorurteile in der Kultur, der Autoritätshörige angehören.

> **!** **Autoritätshörigkeit ist ein bildungsabhängiges Mischkonstrukt aus konservativer Werthaltung, feindseliger Einstellung gegenüber Minderheiten und Bereitschaft, sich Autoritäten unterzuordnen. Die Verbreitung von Autoritätshörigkeit und ihre spezifischen Inhalte unterliegen einem starken historischen Wandel.**

4.6.2 Einstellungen

Einstellungen sind individuelle Besonderheiten in der Bewertung konkreter Objekte der Wahrnehmung und Vorstellung (vgl. Tafel 4.9). Sie unterscheiden sich von Werthaltungen durch die größere

Tabelle 4.21. Werte verschiedener Stichproben in der F-Skala. (Die Daten stammen aus Meloen, 1993, Lederer, 1993, und Steiner & Fahrenberg, 1970)

Stichprobe	n	M	SD
Ehemalige deutsche SS-Angehörige, um 1965	229	5,23	0,73
Rechtsradikale niederländische Studenten, um 1980	57	4,71	0,89
Ehemalige deutsche Wehrmachtsangehörige, um 1965	201	4,52	1,11
Zufallsstichprobe Südstaaten der USA, 1953	288	4,50	nb
Zufallsstichprobe Nicht-Südstaaten der USA, 1953	886	3,65	nb
US-Studenten, 1978	661	3,37	1,16
Westdeutsche Studenten, 1979	919	3,27	1,05
Linksradikale niederländische Studenten, um 1980	866	2,55	0,91

n, M, SD: vgl. Tafel 2.9.
nb = nicht berichtet.

Konkretheit der bewerteten Objekte, wenn auch der Übergang zu Werthaltungen fließend ist. Die Grundlagenforschung zu Einstellungen wird hauptsächlich in der Sozialpsychologie betrieben, wo Untersuchungen zur Einstellungsänderung dominieren (vgl. z. B. Eagly & Chaiken, 1993). Anwendungen der Einstellungsforschung finden sich vor allem in der politischen Psychologie (Einstellung zu politischen Programmen und Parteien), in der Werbepsychologie (Einstellung zu Konsumgütern) und in der Gesundheitspsychologie (Einstellung zu gesundheitsförderlichem Verhalten).

Ähnlich wie in der Werteforschung gibt es bisher keinen systematischen Ansatz, eine Taxonomie aller Einstellungen zu entwerfen. Dazu sind die Einstellungsobjekte zu heterogen und spezifisch. Für die Persönlichkeitspsychologie ist vor allem interessant, welche Vorstellungen in der Einstellungsforschung über das Verhältnis zwischen Einstellung und Verhalten existieren und wie Einstellungen in Abhängigkeit von diesen Annahmen gemessen werden.

Die ältere Einstellungsforschung war dominiert von der Vorstellung eines bewußt handelnden Akteurs: die Einstellung zu einem Objekt ergibt sich aus der Bewertung seiner einzelnen Merkmale, diese Bewertung läuft bewußtseinsnah ab und läßt sich deshalb abfragen. Entsprechend dieser Vorstellung wurden Einstellungen meist durch Beurteilungen auf Ratingskalen zu messen versucht.

Versuche, Verhalten durch so gemessene Einstellungen direkt vorherzusagen, erwiesen sich als wenig erfolgreich. In einer klassischen Studie sandte LaPiere (1934) Briefe an 250 Hotels und Restaurants in den USA und fragte, ob dort chinesische Gäste bedient würden. In der Mehrheit der Fälle erhielt LaPiere eine Antwort, wobei 92 % der Antwortenden angaben, chinesische Gäste nicht zu bedienen (zu dieser Zeit gab es in den USA ein starkes Vorurteil gegenüber Chinesen). LaPiere hatte aber in den sechs Monaten vor Verschickung der Briefe zusammen mit einem chinesischen Paar alle 250 Etablissements aufgesucht, und dabei wurde das Paar in 249 der 250 Fälle bedient. Offensichtlich überwog der Geschäftssinn der Inhaber ihr Vorurteil bei weitem; sie fühlten sich ihrem Vorurteil nicht verpflichtet.

Wicker (1969) analysierte 42 Studien zur Einstellungs-Verhaltens-Kohärenz, in denen meist einstellungsrelevantes Verhalten in einer einzigen experimentell induzierten Laborsituation beobachtet wurde. Zum Beispiel wurde bei weißen Studenten die Einstellung gegenüber Schwarzen erhoben und mit ihrer Bereitschaft korreliert, ein Bild, das sie zusammen mit einem schwarzen Studenten zeigte, ihren Studienkollegen bekannt zu machen. Die mittlere Einstellungs-Verhaltens-Korrelation betrug nur etwa 0,15. Ähnlich wie schon Mischel (1968; vgl. Abschn. 2.4.4) schloß Wicker (1969) aus dieser niedrigen Korrelation, daß individuelle Besonderheiten im Verhalten hoch situationsspezifisch seien und kaum durch situationsübergreifende Einstellungen vorhergesagt werden könnten.

! **Zwischen Einstellungen und dem tatsächlichen Verhalten in einzelnen Situationen besteht nur ein geringer Zusammenhang.**

Später wurde diese Argumentation ähnlich wie die von Mischel (1968) kritisiert, weil sie das Aggregationsprinzip nicht berücksichtigte (vgl. Abschn. 3.2.2): Das Verhalten wurde meist nur in einer einzigen Situation erfaßt. Fishbein und Ajzen (1974) zeigten in einer klassischen Studie zu

religiöser Einstellung, daß ein einziges Verhaltensmaß (z. B. den Gottesdienst zu Weihnachten besuchen) nur geringfügig mit der religiösen Einstellung korrelierte (im Mittel über 100 erfragte Verhaltensweisen betrug die Korrelation nur 0,14), während der Mittelwert von 100 erfragten Verhaltensweisen zu 0,64 mit der religiösen Einstellung korrelierte. Bei der Kontrastierung eines einzigen Verhaltens mit einer breiten Einstellung wird das Symmetrieprinzip der Validierung nicht beachtet: Verhalten und Einstellung beziehen sich auf ein unterschiedliches Aggregationsniveau (vgl. Abschn. 3.2.3). Allerdings handelte es sich hier nur um erfragtes Verhalten.

Während es sich in der Studie von Fishbein und Ajzen (1974) nur um erfragtes Verhalten handelte, konnten Weigel und Newman (1976) anhand der Einstellung zur Ökologie und beobachtetem tatsächlichem umweltbewußtem Verhalten (z. B. einen Aufruf gegen Atomkraftwerke unterschreiben; Müll auf einem Parkplatz in die Abfalltonne werfen) zeigen, daß individuelle Besonderheiten in einzelnen Verhaltensweisen zu etwa 0,30 mit der erfragten Einstellung zur Umwelt korrelierten, der Mittelwert von 14 Verhaltensweisen jedoch zu 0,62. Wissenschaftshistorisch ist es interessant zu sehen, daß hier die Bedeutung des Aggregationsprinzips, das schon Hartshorne und May (1928) thematisiert hatten, nahezu zeitgleich für Verhaltensdispositionen und Einstellungen wiederentdeckt wurde (vgl. die Kritik von Mischel, 1968; Abschn. 2.4.4).

> **!** **Der Zusammenhang zwischen Einstellungen und Verhalten kann höher ausfallen, wenn das Verhalten über viele einstellungsrelevante Situationen gemittelt wird.**

Fishbein und Ajzen (1975) wiesen darüber hinaus darauf hin, daß zusätzlich zu einer Einstellung die subjektive Norm für ein Verhalten berücksichtigt werden müsse: der Glaube, daß andere Menschen, auf deren Urteil man Wert lege (die Bezugsgruppe), der Meinung seien, daß man selbst das Verhalten ausführen solle. Die subjektive Norm ist damit so etwas wie die subjektiv erlebte Verpflichtung, das Verhalten auszuführen. Ein guter Verhaltensprädiktor sei die Verhaltensintention, die sich als gewichtete Summe aus der Einstellung gegenüber dem betreffenden Objekt und der subjektiven Norm ergebe.

Zum Beispiel sollten sich nach Fishbein und Ajzen (1975) Menschen, die Ausländern gegenüber positiv eingestellt sind, ihnen gegenüber um so hilfsbereiter zeigen, je mehr sie sich zu solchem Verhalten verpflichtet fühlen. Eine positive Einstellung alleine führe noch nicht unbedingt zu Hilfeleistung. Dieser Ansatz ermöglicht dann recht gute Verhaltensvorhersagen, wenn das Verhalten erfragt wird (z. B. „Würden sie einem Ausländer zu Hilfe eilen, wenn er in der S-Bahn angepöbelt wird?“). Sheppard et al. (1988) fanden in einer Metaanalyse von 85 einschlägigen Studien eine mittlere Korrelation zwischen Verhaltensintention und erfragtem Verhalten von 0,67.

Wenn allerdings tatsächliches Verhalten beobachtet wird, ist auch dieser Ansatz nicht ausreichend. Zum Beispiel fanden Hessing et al. (1988), daß Einstellungen und subjektive Normen zwar die selbsteingeschätzte Unehrlichkeit gegenüber dem Finanzamt vorhersagten, nicht aber die vom Finanzamt festgestellte Steuerunehrlichkeit. Diese korrelierte vielmehr (mäßig hoch) mit Persönlichkeitsmerkmalen wie negative Zukunftsperspektive, Konkurrenzstreben und Toleranz gegenüber illegalem Verhalten. Zumindest bei Verhalten, das einer starken sozialen Bewertung unterliegt wie Steuerehrlichkeit oder Hilfeleistung, führt der Ansatz von Fishbein und Ajzen (1975) nicht allzu weit, weil die Beurteilungen der Einstellungen und subjektiven Normen durch differentielle Tendenzen zu sozial erwünschten Antworten (vgl. Abschn. 3.2.4) stark verfälscht werden. Dasselbe gilt für Erweiterungen um eine Einschätzung der persönlichen Kontrollierbarkeit des Verhaltens (Ajzen & Madden, 1986).

> **!** **Erfragte Einstellungen sagen tatsächliches Verhalten schlecht vorher, wenn das Verhalten stark sozial erwünscht oder unerwünscht ist.**

Um dieses Problem zu umgehen, schlugen Jones und Sigall (1971) ein trickreiches Verfahren vor, durch das Versuchspersonen dazu gebracht werden können zu glauben, daß der Wahrheitsgehalt ihrer Antworten durch eine Art Lügendetektor überprüft werden könne (die sogenannte Bogus-Pipeline-Technik; Tafel 4.10).

Tafel 4.10. Die Bogus-Pipeline-Technik

Die Versuchsperson (Vp) erhält zunächst einen Fragebogen zur Erfassung von Einstellungen zu unverfänglichen Gegenständen (z. B. aus den Bereichen Musik, Autos, Sport). Der Versuchsleiter kann die Antworten nicht sehen, ein Komplize kann sie jedoch unbemerkt kopieren, wenn der Versuchsleiter die Vp in einen anderen Raum bringt. Dort schließt er sie an eine physiologische Meßapparatur an, die angeblich die „wahre Einstellung" der Vp erkennen kann. Dies wird der Vp überzeugend dadurch demonstriert, daß die anfangs erhobenen Einstellungen nochmals abgefragt werden, wobei die Vp aufgefordert wird, die Apparatur auf die Probe zu stellen, indem sie ihre Antwort bei einem Item bewußt verfälscht. Die Antworten der Vp werden dann mit einem vom Komplizen erstellten angeblichen Ausdruck der Meßapparatur verglichen, der mit den ursprünglichen Antworten übereinstimmt und dadurch die bewußte Verfälschungstendenz der Vp scheinbar „entlarvt". Anschließend wird die eigentliche Einstellungsmessung durchgeführt; zum Abschluß wird die Vp über die Manipulation aufgeklärt.

In zahlreichen Studien konnte gezeigt werden, daß dieses Verfahren tatsächlich Fremdtäuschungstendenzen vermindert (vgl. Brackwede, 1980). Es ist wohl dem großen technischen Aufwand zu verdanken, daß es nicht häufiger genutzt wurde. Wäre es andererseits häufiger genutzt worden, wäre dieses Täuschungsverfahren schnell öffentlich bekannt und dadurch für die Praxis untauglich geworden.

In der neueren Einstellungsforschung wird ein weiterer Ansatz verfolgt, Einstellungen valider zu messen: Es wird versucht, die affektive Bewertung unter Umgehung der Selbsteinschätzung direkt zu messen. Das Bild eines bewußt handelnden Akteurs wird so mehr und mehr ergänzt durch das Bild eines spontan reagierenden Akteurs. Fazio et al. (1986) zeigten experimentell, daß manche Bewertungen von Einstellungsobjekten spontan, automatisch und unvermeidbar auf die Darbietung der Objekte hin erfolgen.

Dazu verwendeten sie die „Priming-Technik", bei der das interessierende Einstellungsobjekt kurzzeitig dargeboten wird und der Effekt dieser Darbietung auf die Bewertung anschließend dargebotener Objekte gemessen wird. Es ist bekannt, daß die Bewertung des vorangehenden Objekts sich auf die des nachfolgenden Objekts überträgt. Diese Technik erlaubt es, die Bewertung des vorangehenden Objekts indirekt durch ihre Wirkung auf die des nachfolgenden Objekts zu messen, selbst dann, wenn die Darbietungszeit für das vorangehende Objekt so kurz ist, daß es zwar eine affektive Bewertung auslöst, von den Versuchspersonen aber nicht bewußt erkannt wird.

Fazio et al. (1986) zeigten, daß die Bewertungsprozesse zumindest bei starken Einstellungen (bei solchen, die mit kurzer Reaktionszeit abrufbar sind, vermutlich weil entsprechende Assoziationen zwischen Einstellungsobjekt und Bewertung stark vorgebahnt sind) spontan, automatisch und unvermeidbar erfolgen. Solche Einstellungen ließen sich also mit Hilfe der Priming-Technik unter Umgehung von Fremdtäuschungstendenzen messen. Im Gegensatz zur Bogus-Pipeline-Technik ermöglicht dieses Verfahren eine Einstellungsmessung ohne Wissen der Versuchspersonen. Allerdings ist es zur Erfassung individueller Einstellungen in der Praxis kaum geeignet, weil eine reliable Erfassung spontaner Einstellungen durch Priming sehr viele Darbietungen von Einstellungsobjekten (50 oder mehr) erfordert.

! **Mit Hilfe der Priming-Technik können starke Einstellungen erfaßt werden, ohne daß dies den Versuchspersonen bewußt ist.**

Fazio et al. (1986) formulierten zudem die naheliegende Hypothese, daß starke Einstellungen stärkere Beziehungen zu tatsächlichem Verhalten haben als schwache, was in mehreren Studien bestätigt werden konnte. Zum Beispiel erhoben Fazio und Williams (1986) drei Monate vor den Präsidentschaftswahlen in den USA 1984 die Einstellung von Wählern zum später gewählten Präsidenten Ronald Reagan und die Zeit, die sie für ihr Urteil benötigten. Bei den schnell urteilenden Wählern ließ sich das tatsächliche spätere Wahlverhalten besser vorhersagen als bei den langsam urteilenden (was auch auf eine höhere zeitliche Stabilität starker Einstellungen hindeutet, alternativ allerdings auch durch nicht erfaßte Persönlichkeitsunterschiede zwischen den schnell und langsam urteilenden Wählern, etwa im Intelligenzbereich, erklärt werden könnte). Tesser (1993) zeigte durch intraindividuelle Analysen, daß schneller beantwortete Einstellungsfragen resistenter gegenüber Konformitätsdruck sind und eine stärkere genetische Kom-

ponente aufweisen als langsamer beantwortete Fragen.

> **!** **Starke Einstellungen, auf die Versuchspersonen schnell reagieren, ermöglichen noch am ehesten Vorhersagen ihres tatsächlichen Verhaltens.**

Einstellungen weisen enge Beziehungen zu Werthaltungen auf. Das wird besonders dann deutlich, wenn man Bewertungsdispositionen nach ihrer Breite (Grad ihrer situativen Allgemeinheit) in Form einer Dispositionshierarchie ordnet. Weil sich Werthaltungen auf abstraktere Objekte beziehen als Einstellungen, sind sie diesen übergeordnet. In theoretischen Diskussionen wird deshalb auch immer wieder betont, daß es wesentlich von den Werthaltungen abhängt, welche Einstellungen jemand hat (Eagly & Chaiken, 1993; Rokeach, 1973). Zum Beispiel impliziert die Bevorzugung von Gleichheit vor Freiheit eher eine positive Einstellung zu linken Parteien; dies sollte sich in entsprechenden positiven Korrelationen zwischen Werthaltung und politischer Einstellung äußern.

Rokeach (1985) konnte in mehreren Studien in den USA zeigen, daß die Position des Wertes „Gleichheit" in der individuellen Wertehierarchie mit der Einstellung zu Personen anderer Hautfarbe korrelierte. Eine einzige Fernsehproduktion zu diesem Thema („The Great American Values Test") erhöhte bei Zuschauern der Sendung die relative Bedeutsamkeit des Wertes „Gleichheit", führte zu positiveren Einstellungen antirassistischen Gruppen gegenüber und hatte auch nachweisliche Verhaltenskonsequenzen (Spenden an antirassistische Gruppen erhöhten sich zwei bis drei Monate nach der Sendung; Ball-Rokeach et al., 1984).

> **!** **Werthaltungen sind breitere Eigenschaften als Einstellungen; Werthaltungen implizieren immer bestimmte Einstellungen.**

4.6.3 Diskussion

Denkt man sich Bewertungsdispositionen nach ihrer situativen Breite hierarchisch geordnet, so nehmen Werthaltungen die obersten Plätze ein. Ihnen untergeordnet sind Motive und Einstellungen. Trotz der offensichtlichen Beziehungen zwischen Werthaltungen, Motiven und Einstellungen sind diese Beziehungen bisher nur unzureichend empirisch untersucht. So gibt es kaum Untersuchungen zum Zusammenhang zwischen Motiven und Einstellungen.

Es liegt wohl auch an der stark getrennten Entwicklung der Werte-, Einstellungs- und Motivationsforschung, daß ihre Erfassungsmethoden und infolgedessen auch ihre Methoden der Datenanalyse stark differieren. In der Werteforschung ist die personorientierte Erhebung von Wertehierarchien durch Bilden von Rangordnungen oder Q-Sorts weit verbreitet, während Einstellungen eher variablenorientiert durch Beurteilung eines Objekts auf einer Ratingskala erhoben werden; Einstellungshierarchien werden dann aus diesen Urteilen sekundär abgeleitet. Projektive Verfahren wiederum werden häufig zur Erfassung von Motiven, kaum aber zur Erfassung von Werten oder Einstellungen verwendet. Zur Ähnlichkeitsbestimmung von Dispositionen wird in der Werteforschung das Verfahren der multidimensionalen Skalierung, in der Einstellungs- und Motivforschung die Faktorenanalyse häufiger angewendet. Diese Unterschiede im methodischen Zugang lassen sich nicht durch die Art der bewerteten Objekte rechtfertigen. Wie für den person- vs. variablenorientierten Zugang zu Persönlichkeitseigenschaften allgemein gilt auch hier das Prinzip, daß es sich um komplementäre, durchaus miteinander vereinbare methodische Ansätze handelt (vgl. Abschn. 2.4.3).

> **!** **Werthaltungen werden traditionellerweise eher personorientiert, Einstellungen und Motive eher variablenorientiert erfaßt. Dieser Unterschied ist nicht sachlich begründet.**

Fragen

4.33 Worin unterscheiden sich Werthaltungen, Einstellungen und Motive?

4.34 Gibt es eine interkulturell gesehen universale Struktur von Werthaltungen?

4.35 Was verstanden Adorno et al. unter der autoritätshörigen Persönlichkeit, wie wird sie gemessen und welche Gruppenunter-

schiede wurden in diesem Konstrukt gefunden?

4.36 Welche Versuche gibt es, die Vorhersage von Verhalten durch Einstellungen zu verbessern?

Weiterführende Literatur

Graumann, C.F. & Willig, R. (1983). Wert, Wertung, Werthaltung. In H. Thomae (Hrsg.), *Enzyklopädie der Psychologie. Band C/IV/1: Theorien und Formen der Motivation* (S. 312–396). Göttingen: Hogrefe.

Eagly, A.H. & Chaiken, S. (1993). *The psychology of attitudes.* Orlando, FL: Harcourt Brace Jovanovich.

4.7 Selbstbezogene Dispositionen

Psychologische Aspekte der eigenen Person werden in der Psychologie als *das Selbst* bezeichnet. Dazu gehört vor allem das subjektive Bild von der eigenen Person (das Selbstkonzept) und die Bewertung der eigenen Person (das Selbstwertgefühl). Handelt es sich hierbei um Eigenschaften im Sinne des Eigenschaftsparadigmas? Verändern sich Selbstkonzept und Selbstwertgefühl in Abhängigkeit von selbstbezogenen Erfahrungen, und wie weit sind diese Erfahrungen bereits durch das Selbstkonzept und Selbstwertgefühl gefiltert? Welche sonstigen Persönlichkeitseigenschaften beeinflussen selbstbezogene Erfahrungen? Diese Fragen stehen im Mittelpunkt des folgenden Kapitels.

4.7.1 Ich, Mich und Selbstkonzept

William James führte eine fundamentale Unterscheidung zwischen zwei Aspekten des Selbst ein. In Sätzen wie „I recognized her" („Ich erkannte sie") fungiert die eigene Person als Subjekt und wird mit „I" bezeichnet. In Sätzen wie „She recognized me" („Sie erkannte mich") fungiert die eigene Person als Objekt und wird mit „me" bezeichnet. James (1890) unterschied entsprechend zwei Aspekte des Selbst: „I" und „Me" (das *Ich* und das *Mich*). Das Ich ist nach James der Akteur, der Urheber der eigenen Handlungen und des eigenen Wissens („self as knower"). Das Mich ist nach James das Objekt des eigenen Wissens („self as known").

Das Selbstkonzept ist der dispositionale (also zeitlich mittelfristig stabile) Anteil des Mich im Sinne von James. Das Selbstkonzept läßt sich als ein komplexes Wissenssystem auffassen, in dem das Wissen über die eigene Person geordnet ist. Dieses Wissen enthält universelle Anteile, in denen viele Menschen derselben Kultur übereinstimmen, z. B. das Wissen, ein Mensch zu sein oder Staatsbürger desselben Staates zu sein, und es enthält individuell charakteristisches Wissen, z. B. über den eigenen Namen und Ort und Tag der Geburt, aber auch über Persönlichkeitseigenschaften.

> ! **Das Selbstkonzept ist der dispositionale Anteil des Mich. Es besteht aus universellem und individualtypischem Wissen über die eigene Person.**

Zu den universellen Aspekten des Selbstkonzepts gehören auch Wissensbestände, von denen wir fälschlicherweise glauben, daß sie uns persönlich charakterisieren, obwohl dies gar nicht der Fall ist. Die folgende Auflistung enthält Persönlichkeitseigenschaften, die von über 90 % US-amerikanischer Studenten für „besonders charakteristisch für mich selbst" gehalten werden (Forer, 1949; Snyder & Shenkel, 1975):

- Sie sind eher selbstkritisch;
- Sie sind sensibler, als die meisten Menschen glauben;
- Sie haben bisweilen sexuelle Probleme gehabt;
- Sie haben die Erfahrung gemacht, daß es nicht klug ist, ihre privaten Gefühle öffentlich zu machen;
- Sie haben überdurchschnittlich viel Humor.

Mit solchen Pseudovorhersagen von Eigenschaften, die von den meisten Menschen als erstaunlich treffsichere Diagnosen wahrgenommen werden, machen Wahrsager, Astrologen und Horoskopeschreiber gute Geschäfte. Der weitaus größte Teil des Selbstkonzepts besteht jedoch aus individuell charakteristischem Wissen. Dieser Anteil ist der persönlichkeitspsychologisch interessante, denn er kann als Persönlichkeitseigenschaft betrachtet werden.

> ! **Manche Aspekte unseres Selbstkonzepts erscheinen uns individualtypisch zu sein, obwohl sie von fast allen anderen Menschen geteilt werden.**

Wie andere Wissensbestände auch übt das Selbstkonzept die Funktion eines kognitiven Schemas aus: Es beeinflußt die Verarbeitung selbstbezogener Informationen (vgl. Rumelhart, 1980, zum allgemeinen Begriff des kognitiven Schemas, und Markus, 1977, zum Begriff des Selbstschemas). Dies läßt sich empirisch demonstrieren, indem man untersucht, wie Menschen Informationen über zentrale Aspekte ihres Selbstkonzepts verarbeiten. In einer klassischen Studie verglich Markus (1977) Studentinnen, die sich als extrem unkonformistisch oder extrem konformistisch beschrieben und diesen Aspekt ihres Selbstkonzepts für sehr wichtig hielten, mit einer Kontrollgruppe von Studentinnen, die mittelhohe Werte in Konformismus angaben und den Grad ihres Konformismus für nicht persönlich bedeutsam hielten. Die beiden Gruppen mit Extremwerten in Konformismus verarbeiteten Wörter, deren Bedeutung mit ihrem Selbstkonzept konsistent war, schneller als die Kontrollgruppe. Markus (1977) interpretierte dies durch die schematisierende Wirkung des – interindividuell betrachtet – besonders klar ausgeprägten Selbstkonzepts der Studentinnen mit extremen und subjektiv als wichtig angesehenen Werten in Konformismus.

Das Problem dieser Operationalisierung von Selbstschemata ist, daß sie mit Extremwerten in Eigenschaften konfundiert ist. Es ist ja zumindest vorstellbar, daß jemand ein sehr ausgeprägtes Selbstschema für einen interindividuell betrachtet mittelstarken Eigenschaftswert hat – z. B. weder geizig noch verschwenderisch zu sein, sondern hinsichtlich dieser Eigenschaft genau die goldene Mitte einzuhalten. Deutsch et al. (1988) versuchten dieses Problem zu umgehen, indem sie das Selbstkonzept individuumzentriert erhoben. Sie baten 62 Studentinnen, sieben Eigenschaften zu nennen, die sie besonders gut charakterisierten; anschließend beurteilten die Studentinnen auf einer Ratingskala, wie charakteristisch die von allen 62 Versuchspersonen insgesamt genannten Eigenschaften für sie selbst seien.

Die spontan genannten Eigenschaften wurden für charakteristischer gehalten, schneller erkannt und besser erinnert als die von anderen Versuchspersonen genannten Eigenschaften. Um die Konfundierung mit der Eigenschaftsextremität zu vermeiden, wurden in einer weiteren Analyse die spontan genannten Eigenschaften nur mit solchen Eigenschaften verglichen, die die Versuchspersonen für genauso charakteristisch hielten, nicht aber spontan genannt hatten. Auch bei diesem Vergleich wurden die spontan genannten Eigenschaften schneller erkannt und besser erinnert. Damit konnte ein schematisierender Effekt für die spontan genannten Eigenschaften nachgewiesen werden, der nicht auf der Extremität der Eigenschaftswerte beruhte. Deutsch et al. (1988) fanden denselben Schemaeffekt auch für spontan genannte Eigenschaften, die das Ideal-Selbst beschreiben (die Vorstellung davon, wie man sein möchte, nicht wie man tatsächlich ist).

> **!** **Das Selbstkonzept und das Ideal-Selbst üben einen schematisierenden Effekt auf die Informationsverarbeitung aus.**

Verglichen mit dem rein individuumzentrierten Vorgehen bei der Erfassung des spontan genannten Selbstkonzepts bei Deutsch et al. (1988) ist die Erfassung des Selbstkonzepts durch einen Q-Sort (vgl. Abschn. 2.4.3) schon differentieller, weil die Eigenschaften vorgegeben werden und sich die Beurteilung zumindest indirekt nach der interindividuellen Extremität richtet. Ähnliche Ergebnisse erhält man durch das weniger zeitraubende Verfahren, die einzelnen Eigenschaften auf einer Zustimmungsskala getrennt beurteilen zu lassen und die Urteile dann intraindividuell zu normieren durch z-Transformation der Werte je einer Person (hier werden also der Mittelwert und die Standardabweichung aller Werte einer einzigen Person gebildet und ihre Werte dann so transformiert, daß sie den Mittelwert 0 und die Standardabweichung 1 haben).

Das verbreitetste Verfahren der Selbstkonzepterfassung ist das rein differentielle, variablenorientierte Verfahren der Selbstbeurteilung von Eigenschaftenwerten (einzelne Eigenschaften werden unabhängig von anderen Eigenschaften daraufhin beurteilt, wie typisch sie für die eigene Person sind, wodurch die Urteiler zu interindividuellen Vergleichen gezwungen werden). Pelham (1993) untersuchte die Frage, ob die Übereinstimmung des Selbstkonzepts mit dem Urteil von Freunden höher aus variablenorientierter oder aus personorientierter Sicht ist. Dazu ließ er 639 Studenten

durch sich selbst und einen Bekannten (der mit ihnen ein Zimmer im Wohnheim teilte oder sie mindestens zwei Monate kannte) bezüglich fünf Selbstkonzeptbereichen beurteilen. Für jeden Bereich wurde die Korrelation zwischen Selbst- und Bekanntenurteil berechnet (variablenorientierter Ansatz) und für jede Person ebenfalls die Korrelation zwischen den selbstbeurteilten und von Bekannten beurteilten Selbstkonzeptprofilen der Person (personorientierter Ansatz). Tabelle 4.22 zeigt die Ergebnisse. Sie besagen, daß die mittlere Übereinstimmung zwischen Selbst- und Bekanntenurteil für das Selbstkonzeptprofil mit 0,69 wesentlich höher ausfiel als für die fünf Selbstkonzeptbereiche mit 0,36.

Die höhere Übereinstimmung für die personorientierte Analyse kann nicht darauf zurückgeführt werden, daß die Unterschiede zwischen den einzelnen Selbstkonzeptbereichen größer waren als die zwischen den Studenten: Die mittlere intraindividuelle Varianz war geringer als die interindividuelle Varianz in allen Bereichen (vgl. Tabelle 4.22).

Allerdings muß berücksichtigt werden, daß eine Übereinstimmung zwischen den selbstbeurteilten und den durch Bekannte beurteilten Profilen schon alleine aufgrund der Kenntnis über das alterstypische Selbstkonzept zustandekommen kann. Dieses würde sich in einem typischen Muster der Skalenmittelwerte ausdrücken, und wenn die Bekannten ihre Urteile nur an diesem Muster orientieren würden, würden ihre Profile bereits eine gewisse Übereinstimmung mit den selbstbeurteilten Profilen aufweisen. Um diesen Effekt zu kontrollieren, berechnete Pelham (1993) den Median der Übereinstimmung zwischen dem Profil eines Studenten mit dem Profil, das auf den Urteilen eines zufällig ausgewählten Freundes eines anderen Studenten beruhte; er betrug 0,19 (vgl. Tabelle 4.22). Daß er größer als Null war zeigt, daß es ein alterstypisches Profil gibt, aber die Korrelation ist nicht so groß, daß sie den Unterschied zwischen inter- und intraindividueller Übereinstimmung vollständig erklären könnte.

Als zweite Kontrolle wählte Pelham (1993) eine atypische Gruppe von 329 Studenten aus, die sich als besonders fähig in Kunst oder Sport oder als besonders wenig intellektuell oder sozial kompetent einschätzten. Für diese Gruppe betrug der Median der Übereinstimmung ihres Profils mit der Einschätzung eines zufällig ausgewählten Freundes eines anderen Studenten nur 0,02, aber die Übereinstimmung zwischen den selbstbeurteilten und durch Bekannte beurteilten Profilen betrug immer noch 0,59, während die variablenorientiert bestimmte Übereinstimmung für diese atypische Gruppe im Mittel über die fünf Selbstkonzeptbereiche nur 0,29 betrug (vgl. Tabelle 4.22). Die Kenntnis des alterstypischen Selbstkonzepts kann also die höhere Übereinstimmung bei der personorientierten Analyse nicht erklären. Es scheint eher so zu sein, daß intraindividuelle Unterschiede in Stärken und Schwächen besser einschätzbar sind als interindividuelle Unterschiede in Stärken und Schwächen. Von daher scheint die Analyse von Selbstbildprofilen besonders fruchtbar zu sein.

> **!** **Intraindividuelle Unterschiede zwischen verschiedenen Selbstkonzeptbereichen lassen sich mit höherer Übereinstimmung zwischen Selbst und Bekannten beurteilen als interindividuelle Unterschiede in einem bestimmten Selbstkonzeptbereich.**

Tabelle 4.22. Inter- und intraindividuelle Korrelationen zwischen Selbst- und Bekannteneinschätzungen des Selbstkonzepts. (Nach Pelham, 1993)

	Interindividuell				Intraindividuell		
Übereinstimmung für	n	SD	r	Übereinstimmung für	n	SD	r[a]
Urteil „intellektuell"	639	1,38	0,36	Individuelles Profil	639	1,33	0,69
Urteil „sozial"	639	1,41	0,18	- Zufallspaarung	639	1,33	0,19
Urteil „künstlerisch"	639	2,13	0,42	Atypische Gruppe	329	nb	0,59
Urteil „sportlich"	639	2,01	0,53	- Zufallspaarung	329	nb	0,02
Urteil „Aussehen"	639	1,40	0,27				
Median fünf Urteile	639	–	0,36				
- für atypische Gruppe	329	–	0,29				

n, SD: vgl. Tafel 2.9.
r: Korrelation.
[a]Median der intraindividuellen Korrelationen. nb = nicht berichtet.

4.7.2 Selbstwertgefühl

Das Selbstwertgefühl ist die subjektive Bewertung der eigenen Persönlichkeit, die Zufriedenheit mit sich selbst. Das Selbstwertgefühl kann als eine besondere Einstellung angesehen werden: als Einstellung gegenüber sich selbst (vgl. Abschn. 4.6.2). Das Selbstwertgefühl ist zeitlich etwas weniger stabil als das Selbstkonzept, weil es auch durch allgemeine Stimmungsschwankungen beeinflußt wird. Seine Stabilität ist aber dennoch so hoch, daß es meist als Persönlichkeitseigenschaft angesehen wird.

Frühe Ansätze faßten das Selbstwertgefühl als eindimensionales Konstrukt auf und versuchten, es durch Selbstbeurteilung auf einer entsprechenden Skala zu messen. Die folgende Auflistung zeigt die Items der wohl verbreitetsten Skala (Rosenberg Self-Esteem Scale; Rosenberg, 1965) in der deutschen Fassung von Ferring und Filipp (in Druck). Die interne Konsistenz der Skala liegt bei 0,80 und die Retestreliabilität über ein halbes Jahr bei 0,70 (Wylie, 1989; Ferring & Filipp, in Druck). (Antwortformat: Trifft voll und ganz zu – trifft eher zu – trifft eher nicht zu – trifft eher gar nicht zu.)

- Alles in allem bin ich mit mir selbst zufrieden.
- Hin und wieder denke ich, daß ich gar nichts tauge (–).
- Ich besitze eine Reihe guter Eigenschaften.
- Ich besitze die gleichen Fähigkeiten wie die meisten anderen Menschen auch.
- Ich fürchte, es gibt nicht viel, worauf ich stolz sein kann (–).
- Ich fühle mich von Zeit zu Zeit richtig nutzlos (–).
- Ich halte mich für einen wertvollen Menschen, jedenfalls bin ich nicht weniger wertvoll als andere auch.
- Ich wünschte, ich könnte vor mir selbst mehr Achtung haben (–).
- Alles in allem neige ich dazu, mich für einen Versager zu halten (–).
- Ich habe eine positive Einstellung zu mir selbst gefunden.

Die Bedeutung dieses bereichsunspezifisch gemessenen allgemeinen Selbstwertgefühls besteht vor allem darin, daß es eine zentrale Komponente der allgemeinen Lebenszufriedenheit (Grob, 1995) und ein wichtiger Indikator für psychische Gesundheit ist. So fand Rosenberg (1965) in einer Studie an über 5 000 Oberschülern, daß unter den Schülern mit sehr hohem Selbstwertgefühl nur 4 % zu Depression neigten, während über 80 % der Schüler mit einem sehr niedrigen Selbstwertgefühl eine vergleichbar starke depressive Tendenz zeigten.

Shavelson et al. (1976) kritisierten die Annahme eines eindimensionalen Selbstwertgefühls und schlugen als Alternativhypothese vor, daß das Selbstwertgefühl besser als Eigenschaftshierarchie angesehen werden solle. Bei Schülern und Studenten seien einem allgemeinen Selbstwertgefühl (analog zu Spearmans g-Faktor der Intelligenz) vier spezifischere Selbstwertfaktoren untergeordnet (intellektuelles, soziales, emotionales und physisches Selbstwertgefühl), die wiederum in noch spezifischere zerfielen (z. B. intellektuelles Selbstwertgefühl in Selbstwertgefühl für verschiedene Fächer). Die Annahme eines hierarchisch organisierten Selbstwertgefühls wurde später vielfach bestätigt, am deutlichsten vielleicht durch die Studien von Marsh an Kindern (Marsh et al., 1991; Marsh et al., 1983) und Erwachsenen (Marsh & O'Neill, 1984) und die Studien von Harter (1982) und Harter und Pike (1984) an Kindern.

Asendorpf und van Aken (1993) untersuchten in einer Längsschnittstudie das Selbstwertgefühl von 166 Kindern in der 2., 3. und 4. Klasse mit den Skalen von Harter und konnten durch (konfirmatorische) Faktorenanalysen zeigen, daß sich auf jeder Altersstufe kognitive, sportliche und soziale Faktoren des Selbstwertgefühls unterscheiden lassen, die spezifische Beziehungen zu Persönlichkeitseigenschaften in diesen Bereichen aufweisen (vgl. Abschn. 3.2.3, Tabelle 3.4). Die Struktur des Selbstwertgefühls zeigte eine deutliche zeitliche Kontinuität, d. h. beim Vergleich von zwei Zeitpunkten korrelierten die einzelnen Selbstwertbereiche höher miteinander als mit dem Selbstwertgefühl in anderen Bereichen (Tabelle 4.23).

> **!** Das Selbstwertgefühl ist bereichsspezifisch organisiert.

Während die mehrdimensionale Struktur des Selbstwertgefühls inzwischen unumstritten ist,

wird die Beziehung zwischen den bereichsspezifischen Faktoren und dem bereichsunspezifischen allgemeinen Selbstwertgefühl kontrovers diskutiert. Entstehen die bereichsspezifischen Faktoren durch erfahrungsabhängige Ausdifferenzierung eines anfangs diffusen allgemeinen Selbstwertgefühls (Coopersmith, 1967) oder bildet sich das allgemeine Selbstwertgefühl umgekehrt erst auf der Grundlage bereichsspezifischer Selbstwertgefühle durch Generalisierungsprozesse heraus (Harter, 1990)? Klar ist nur, daß sowohl Coopersmith als auch Harter die entsprechenden Entwicklungsprozesse zu spät ansetzten; Marsh et al. (1991) fanden schon im Kindergartenalter ein klar bereichsspezifisch organisiertes und ein davon unabhängig durch bereichsunspezifische Fragen reliabel erfaßbares allgemeines Selbstwertgefühl.

Daß das allgemeine Selbstwertgefühl nicht einfach der intuitiv gebildete Mittelwert des Selbstwertgefühls in spezifischen Bereichen ist, wird u. a. daran deutlich, daß das allgemeine Selbstwertgefühl zeitlich weniger stabil ist als die einzelnen bereichsspezifischen Faktoren. Marsh et al. (1991) fanden bei Erst- und Zweitklässlern eine Stabilität des allgemeinen Selbstwertgefühls von nur 0,19 über zwei Wochen trotz ausreichender interner Konsistenz, während die bereichsspezifischen Skalen eine mittlere Stabilität von 0,42 aufwiesen. Asendorpf und van Aken (1993) fanden zwischen 3. und 4. Klasse eine ähnliche Diskrepanz zwischen der Stabilität des allgemeinen Selbstwertgefühls über neun Monate von 0,43 und der mittleren Stabilität der drei bereichsspezifischen Skalen von 0,60 (vgl. Tabelle 4.23).

Ähnliche Diskrepanzen finden sich auch in Untersuchungen zur Lebenszufriedenheit (vgl. Schwarz & Strack, 1991): Interindividuelle Unterschiede in der allgemeinen Lebenszufriedenheit sind weniger zeitstabil als solche in der Zufriedenheit mit bestimmten Lebensbereichen wie soziale Beziehungen, Beruf oder finanzielle Situation. Es konnte gezeigt werden, daß Urteile über die allgemeine Lebenszufriedenheit stärker von Stimmungsschwankungen und selbst vom Wetter beeinflußt sind, weil die Fragen weniger konkret gestellt werden und deshalb diesen Einfluß eher zulassen.

Ähnliches könnte auch für das allgemeine Selbstwertgefühl gelten. Damit ist sein Nutzen zur Vorhersage depressiver Tendenzen geringer, als

Tabelle 4.23. Korrelationen zwischen verschiedenen Aspekten des Selbstwertgefühls bei Kindern der 3. und 4. Klasse. (Nach Asendorpf & van Aken, 1993)

3. Klasse	4. Klasse			
	Kognitiv	Sport	Sozial	Allgemein
Kognitiv	**0,60**	0,23	0,35	0,21
Sport	0,27	**0,58**	0,28	0,08
Sozial	0,23	0,20	**0,61**	0,15
Allgemein	0,17	0,18	0,19	**0,43**

Stabilitäten sind fett gedruckt.

früher vielfach angenommen wurde. So finden sich zwar Korrelationen bis zu 0,50 zwischen allgemeinem Selbstwertgefühl und Depression zum selben Zeitpunkt, aber in prospektiven Studien ist der Vorhersagewert des allgemeinen Selbstwertgefühls für spätere Depression minimal (Andrews & Brown, 1993). Die Erhebung des Selbstwertgefühls für konkrete, individuell bedeutsame Selbstkonzeptbereiche durch strukturierte Interviewtechniken erwies sich dagegen als besser geeignet für die Vorhersage späterer Depression (Brown et al., 1986), was Andrews und Brown (1993) u. a. durch den stärkeren Einfluß der aktuellen Stimmungslage auf die abstrakten Items der Rosenberg-Skala erklärten. Dieses Problem betrifft jede Anwendung von Selbstwertskalen aus bereichsunspezifisch formulierten Items.

> ! **Das allgemeine Selbstwertgefühl ist weniger zeitlich stabil als bereichsspezifische Selbstwertaspekte, vermutlich weil seine Erfassung stärker durch die aktuelle Stimmungslage beeinflußt ist.**

Die Frage, welchen Einfluß die bereichsspezifischen Selbstwertgefühle auf das allgemeine Selbstwertgefühl zum selben Zeitpunkt haben, ist umstritten. Die meisten Autoren nehmen an, daß die einzelnen Bereiche eine unterschiedlich starke Bedeutung für das allgemeine Selbstwertgefühl haben können, so daß es besser durch eine gewichtete Summe der bereichsspezifischen Faktoren vorhergesagt werden kann als durch ihren einfachen Mittelwert. Die Geister scheiden sich jedoch an der Frage, ob die Gewichtung für alle Personen gleich sein solle oder ob die Gewichte von Person zu Person variieren sollten.

Marsh (1993) verglich beide Ansätze empirisch für den Bereich der Schule und fand, daß eine gleiche Gewichtung der Unterbereiche (Schulfächer) verschiedenen individuellen Gewichtungsformen überlegen war. Es ist allerdings denkbar, daß das Ergebnis anders ausfallen könnte, wenn nicht nur der relativ enge Schulbereich (für den die Bedeutsamkeit der einzelnen Unterbereiche durch das Schulsystem stark normiert ist), sondern das allgemeine Selbstwertgefühl mit seinen sozial weniger stark normierten Bereichen betrachtet wird.

4.7.3 Dispositionale Aspekte der Selbstwertdynamik

Um individuelle Besonderheiten im Selbstwertgefühl zu verstehen, ist es sinnvoll, das Selbstwertgefühl aus dynamisch-interaktionistischer Sicht zu betrachten (vgl. Abschn. 2.6): Welche Wechselwirkung besteht zwischen Selbstwertgefühl und selbstwertrelevanten Situationen? Hierzu liegen zahlreiche sozialpsychologische Studien vor, die für die Persönlichkeitspsychologie höchst bedeutsam sind. Da es sich um eine ausgesprochen komplexe Wechselwirkung handelt, ist es sinnvoll, zunächst einzelne Prozesse isoliert zu betrachten und sie erst anschließend zu einem Gesamtbild der Selbstwertdynamik zusammenzufügen. Die Darstellung ist dabei an allgemeinpsychologisch definierten Prozessen orientiert, aber die Diskussion dieser Prozesse erfolgt aus persönlichkeitspsychologischer Perspektive: Welche individuellen Besonderheiten gibt es in den Prozessen?

Selbstwahrnehmung

Eine Quelle selbstwertrelevanter Informationen ist die Wahrnehmung des eigenen Körpers, physiologischer Prozesse und eigenen Verhaltens. Eine Vielzahl von Sinnesmodalitäten (z. B. kinästhetische, visuelle, akustische) liefern ständig Information darüber, wie wir aussehen und uns verhalten; durch Hilfsmittel wie einen Spiegel, Videofeedback oder Biofeedback können wir den Erfahrungsraum für die Selbstwahrnehmung noch erweitern. Dennoch ist unsere Selbstwahrnehmung keineswegs sehr akkurat; selbst im visuellen Bereich gibt es Wahrnehmungstäuschungen, und erst recht ungenau ist unsere Wahrnehmung physiologischer Vorgänge – zu den meisten haben wir überhaupt keinen direkten sensorischen Zugang. Von daher ist das auf Selbstwahrnehmung gegründete Selbstkonzept abhängig von der Genauigkeit der Selbstwahrnehmung, und diese kann von Person zu Person variieren. Persönlichkeitsunterschiede in der Genauigkeit der Selbstwahrnehmung wurden bisher allerdings nicht systematisch erforscht mit Ausnahme der schon in Abschn. 4.3 erwähnten Untersuchungen zur Selbstwahrnehmung physiologischer Prozesse.

Hinzu kommt, daß unsere Selbstwahrnehmung wie jede Wahrnehmung nicht ein passives Abbilden der Wirklichkeit ist, sondern erwartungsgesteuert erfolgt, also durch den Vergleich zwischen sensorischen Informationen und Erwartungen über diese Informationen: Jede Wahrnehmung beginnt schon mit einer Hypothese. Im Falle der Selbstwahrnehmung ist diese Hypothese das Selbstkonzept. Von daher neigen wir dazu, ständig unser Selbstbild zu bestätigen, weil wir uns selbst immer nur im Licht unseres schon vorhandenen Selbstkonzepts wahrnehmen können.

> **!** Wir tendieren dazu, uns so zu sehen, wie wir zu sein glauben.

Diese Tendenz wird in der Sozialpsychologie meist als selbstkonsistenzerhöhende Verzerrung (self-consistency bias) bezeichnet und läßt sich in vielen Studien nachweisen (vgl. z. B. Swann, 1983). Die schon weiter oben diskutierten schematisierenden Effekte des Selbstkonzepts auf die Wahrnehmung selbstbezogener Information gehören hierzu. Persönlichkeitspsychologisch betrachtet führt die selbstkonsistenzerhöhende Tendenz dazu, vorhandene Unterschiede im Selbstkonzept zu stabilisieren, weil leicht bis mäßig diskrepante Informationen im Prozeß der Selbstwahrnehmung dem Selbstkonzept angepaßt werden.

Selbsterinnerung

Eine weitere Quelle selbstkonzeptrelevanter Informationen ist die Erinnerung an die eigene Person und an eigenes Erleben und Verhalten in früheren Situationen. Der Inhalt solcher Erinnerungen nimmt ähnlich wie der Inhalt der aktuellen Selbstwahrnehmung Einfluß auf das Selbstkonzept. Da

Erinnern in gleicher Weise wie die Wahrnehmung durch Erwartungshaltungen und schematisierende Effekte verzerrt wird, gibt es auch eine selbstkonsistenzerhöhende Tendenz beim Erinnern. Sie trägt dazu bei, einerseits stabile Selbstkonzeptunterschiede weiter zu stabilisieren, andererseits aber auch die Erinnerung an früheres eigenes Erleben und Verhalten dem aktuellen Selbstkonzept anzupassen. Dies erhöht das Gefühl der Identität, d. h. das Gefühl einer Kontinuität zwischen früherem und jetzigem Mich (vgl. Abschn. 4.7.1). Selbsterinnern wird gedächtnispsychologisch unter dem Thema „autobiographisches Gedächtnis“ behandelt.

> **!** Dadurch, daß wir in unserer Erinnerung eher konsistent mit unserem aktuellen Selbstkonzept erscheinen, glauben wir zu wissen, wer wir sind.

Soziales Spiegeln

Selbstwahrnehmung und Selbsterinnerung sind Prozesse, die ganz im Privaten ablaufen können. Durch soziale Interaktion kommt eine weitere selbstkonzeptrelevante Informationsquelle ins Spiel: die Meinung anderer von uns selbst. Cooley (1902) verglich die Rolle anderer bei der Entwicklung des Selbstkonzepts mit einem Spiegel: „Each to each a looking glass, reflects the other that doth pass“. Danach sehen wir uns selbst so, wie wir uns im Spiegel der anderen sehen (dieser Prozeß soll hier soziales Spiegeln genannt werden). Wir halten uns z. B. für hilfsbereit, wenn wir aus den Reaktionen anderer schließen, daß sie uns für hilfsbereit halten (ob sie diese Meinung wirklich haben oder nicht, ist eine andere Sache). Verkürzte Darstellungen des sozialen Spiegelns gehen davon aus, daß wir uns so sehen, wie andere uns tatsächlich sehen. Wir würden uns sozusagen objektiv aus der Perspektive anderer betrachten. Aber das geht natürlich nicht; wir können nur aus unserer Perspektive vermuten, wie andere uns sehen.

> **!** Wir tendieren dazu, uns so zu sehen, wie wir glauben, daß andere uns sehen.

Diese Betonung der subjektiven Komponente im sozialen Spiegeln ist deshalb wichtig, weil sie deutlich macht, daß das soziale Spiegeln derselben selbstkonsistenzerhöhenden Verzerrung ausgesetzt ist wie die Selbstwahrnehmung. In mehreren Studien konnte gezeigt werden, daß Personen mit sehr niedrigen Einschätzungen ihrer kognitiven oder sozialen Kompetenz oder depressiven Tendenzen Rückmeldungen über ihre Leistungen relativ zu einer Kontrollgruppe mit positiverer Selbsteinschätzung eher unterschätzen, auf negative Rückmeldungen eher achten, sie besser erinnern und geradezu nach ihnen zu suchen scheinen (vgl. Swann, 1983; Swann et al., 1992).

Wie ungenau letztlich unsere Wahrnehmung des Spiegelbilds ist, das uns andere vorhalten, wird in einer Reanalyse von Kenny und DePaulo (1993) von acht Studien mit insgesamt 569 Versuchspersonen deutlich. Die Versuchspersonen sollten beurteilen, wie verschiedene Bekannte sie hinsichtlich mehrerer Eigenschaften einschätzten; gleichzeitig wurde das tatsächliche Urteil dieser Bekannten erhoben. Die Versuchspersonen überschätzten die Konsistenz des Urteils anderer über sie. Sie konnten zwar deren mittleres Urteil relativ gut vorhersagen, waren aber nicht fähig, Unterschiede zwischen den Urteilen der Bekannten vorherzusagen. Sie nahmen also sozusagen in unterschiedlichen sozialen Spiegeln immer dasselbe Bild wahr. Da die Übereinstimmung zwischen ihrem Selbstkonzept und ihrem Bild vom mittleren Eindruck anderer über sie selbst sehr hoch war (nach Kontrolle der Unreliabilität der Urteile 0,87 im Mittel über die acht Studien), folgerten die Autoren, daß unser Bild vom Eindruck anderer über uns im Grunde nichts anderes ist als eine Projektion unseres Selbstbildes auf andere.

> **!** Wir tendieren zu der Annahme, daß andere uns so sehen, wie wir uns selbst sehen.

Ein Problem dieser Studie ist allerdings, daß das Urteil nur von eher oberflächlich Bekannten vorherzusagen war. Die vor allem vom Soziologen Mead (1934) begründete Schule des symbolischen Interaktionismus geht davon aus, daß unser Bild von uns selbst durch zwei Arten von Bildern im Spiegel anderer geprägt wird: die Bilder, die uns wichtige konkrete Bezugspersonen („significant others“) vorhalten, und das daraus durch Generalisierung entstehende verallgemeinerte Bild (das Bild des „generalized other“). Letzteres basiere

nicht auf dem statistischen Durchschnitt aller uns vorgehaltenen Bilder, sondern beruhe überwiegend auf den Bildern, die uns wichtige Bezugspersonen vorhalten. Der Befund von Kenny und De Paulo (1993) schließt nicht aus, daß Menschen Unterschiede im Urteil wichtiger Bezugspersonen (z. B. Vater, Mutter und aktueller Partner) wahrnehmen können. Andererseits sprechen zahlreiche andere Befunde dafür, daß die Bedeutung des sozialen Spiegelns für das Selbstkonzept zumindest geringer ist, als es im symbolischen Interaktionismus angenommen wird (vgl. Shrauger & Schoenemann, 1979).

> **!** **Der Eindruck anderer über uns bestimmt nur insofern unser Selbstkonzept, als wir Abweichungen zwischen diesem Eindruck und unserem Selbstkonzept wahrnehmen können. Diese Fähigkeit scheint jedoch nur gering entwickelt zu sein. Das begrenzt den Einfluß des sozialen Spiegelns auf das Selbstkonzept.**

Sozialer Vergleich

Selbstwahrnehmung, Selbsterinnerung und soziales Spiegeln können das Selbstkonzept beeinflussen. Führen sie zu Veränderungen des Selbstkonzepts, kann das Konsequenzen auf das Selbstwertgefühl haben, wenn die Veränderungen positiv oder negativ bewertet werden. Zumindest ab der mittleren Kindheit ist dabei zu berücksichtigen, daß wir uns immer relativ zu einer Bezugsgruppe bewerten – einer Gruppe von Menschen, mit denen wir uns vergleichen, weil sie sich in einer ähnlichen Lage befinden. Das Selbstwertgefühl entspringt also nicht einer absoluten Bewertung, sondern einem sozialen Vergleich. Soziale Vergleichseffekte werden insbesondere dann deutlich, wenn Menschen ihre Bezugsgruppe wechseln.

So haben z. B. im klassischen deutschen Schulsystem spätere Gymnasiasten gegen Ende der Grundschulzeit ein positiveres Selbstwertgefühl im schulischen Bereich als spätere Hauptschüler, weil sie in ihrer Klasse überdurchschnittliche Noten haben. Nach dem Übergang ins Gymnasium wechseln sie jedoch in eine Bezugsgruppe, in der sie im Vergleich zu ihren Klassenkameraden nicht mehr besser sind, so daß ihr Selbstwertgefühl relativ zu den Hauptschülern zwischen der 4. und 5. Klasse sinkt. Abbildung 4.25 demonstriert diesen Effekt anhand der Längsschnittstudie, auf die sich schon Tabelle 4.23 bezog (vgl. auch schon Schwarzer et al., 1982). Der Effekt ist recht stark und spezifisch für das Selbstwertgefühl im intellektuellen Bereich (wie Abb. 4.25 zeigt, bleibt z. B. das soziale Selbstwertgefühl unbeeinflußt). Hauptschüler haben also in der 6. Klasse im Durchschnitt ein genauso positives schulisches Selbstwertgefühl wie Gymnasiasten, weil sich die Schüler eines Typs nur noch untereinander in ihren Leistungen vergleichen. Dies ist einer der positiv zu bewertenden Effekte eines mehrgliedrigen Schulsystems.

Derartige Bezugsgruppeneffekte können also interindividuelle Unterschiede im Selbstwertgefühl hervorrufen, die nicht auf Unterschieden in tatsächlichen Eigenschaften beruhen, sondern auf dem Vergleich derselben Eigenschaften mit unterschiedlichen Bezugsgruppen.

> **!** **Das Selbstwertgefühl wird beim sozialen Vergleich dadurch bestimmt, wie wir glauben, uns von unserer Bezugsgruppe zu unterscheiden.**

Motiv nach Selbstwerterhöhung

Wahrnehmungen sind nicht nur hypothesengesteuert – die rationale Sichtweise – sondern auch motivationsgesteuert: Wir nehmen besonders leicht das wahr, was wir wahrnehmen möchten. Übertragen auf das Selbstwertgefühl bedeutet dies, daß Selbstwahrnehmung, Selbsterinnerung, soziales Spiegeln und soziale Vergleiche (im folgenden kurz selbstbezogene Kognitionen genannt) durch selbstwertbezogene Motive beeinflußt werden können. Ein Motiv, das sich wie ein roter Faden durch die einschlägige sozialpsychologische Literatur zieht, ist das Motiv nach Selbstwerterhöhung: Wir streben nach einem positiven Selbstwertgefühl. Dieses universelle Motiv hat zur Folge, daß eine Tendenz besteht, selbstbezogene Informationen selbstwertdienlich zu verzerren.

Selbstwertdienliche Verzerrungen konnten in zahllosen Studien empirisch bestätigt werden. Werden z. B. Schüler aufgefordert, ihre Leistung in einem Fach relativ zu der ihrer Klassenkameraden einzuschätzen, so überschätzen fast alle ihre Leistung. Diese Selbstüberschätzung ist um so stärker, je jünger die Schüler sind (Helmke, 1992). Aber auch noch bei Erwachsenen findet sich eine mäßige Selbstüberschätzung (vgl. Taylor &

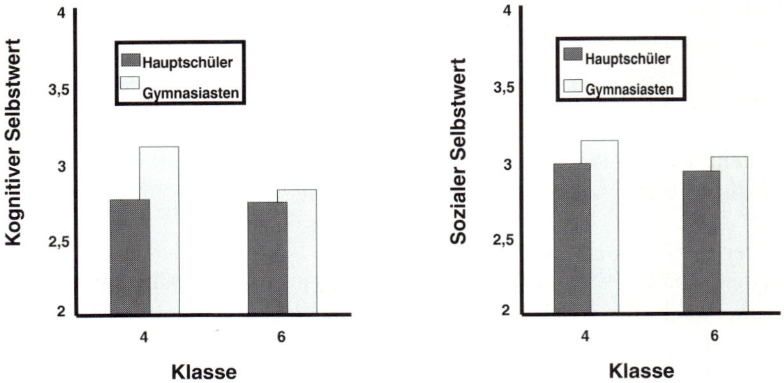

Abb. 4.25. Bezugsgruppeneffekt auf das kognitive Selbstwertgefühl von Schülern beim Übergang zum Gymnasium. (Daten nach Asendorpf & van Aken, 1994)

Brown, 1988). Allerdings kann es hier zum Konflikt zwischen Tendenzen zur Selbstwerterhöhung und zur Selbstkonsistenz kommen, wenn das Selbstwertgefühl sehr niedrig ist: Eine Erhöhung wäre ja selbstinkonsistent. Tatsächlich wird in diesen Fällen sogar manchmal das Gegenteil von Selbstwerterhöhung gefunden: eine Selbstabwertung. So unterschätzen z. B. sozial ängstliche Menschen ihre eigene soziale Kompetenz, während sie die soziale Kompetenz anderer genauso einschätzen wie wenig ängstliche (vgl. z. B. Clark & Arkowitz, 1975). Mit Baumeister et al. (1989) kann angenommen werden, daß Personen mit niedrigem Selbstwertgefühl deshalb keine Selbstwerterhöhung anstreben, weil sie bezweifeln, daß ein positiveres Selbstkonzept der Realität standhalten würde.

> **!** **Die Höhe des Selbstwertgefühls hat Einfluß darauf, ob es zu Selbstwerterhöhung, selbstkonsistenter Verzerrung oder Selbstabwertung kommt.**

Selbstdarstellung

Die Tendenzen zur Selbstwerterhöhung und Selbstkonsistenz betreffen nicht nur Prozesse des Wahrnehmens und Erinnerns, sondern auch das eigene Verhalten. Das Wort „Person" geht auf das lateinische Wort „persona" zurück, das im antiken Theater die Maske bezeichnete, die die Schauspieler zur Symbolisierung ihrer Rolle trugen. Der Soziologe Goffman übertrug dieses Bild auf soziales Verhalten ganz allgemein. Danach spielen wir alle in der Öffentlichkeit Theater, nur daß wir nicht eine Rolle spielen, sondern uns *selbst* darstellen: Soziales Verhalten sei im wesentlichen Selbstdarstellung (Goffman, 1956).

Wir stellten uns selbst so dar, wie wir zu sein glauben, um soziale Rückmeldungen zu bekommen, die unser Selbstkonzept bestätigen – der Konsistenzaspekt der Selbstdarstellung – oder wir setzten uns so in Szene, daß wir Rückmeldungen von anderen bekommen, die uns schmeicheln – der selbstwertdienliche Aspekt der Selbstdarstellung. In beiden Fällen diene die Selbstdarstellung dem Eindrucksmanagement: Wir versuchten, den Eindruck anderer über uns selbst zu steuern (vgl. Leary & Kowalski, 1990).

Eindrucksmanagement bedarf nicht unbedingt der Selbstdarstellung. Zum Beispiel kann ich versuchen, durch gezieltes Verbreiten von Gerüchten über meine Person den Eindruck anderer von mir zu manipulieren, ohne dabei selbst direkt in Erscheinung zu treten (Schneider, 1981). Soziales Verhalten, das auf authentische Selbstenthüllung zielt, indem man versucht, sich ohne Rücksicht auf den Eindruck anderer möglichst „echt" zu verhalten (ein Ideal in manchen Therapiegruppen), dient nicht dem Eindrucksmanagement, und es ist umstritten, ob man es als Form der Selbstdarstellung (nämlich Darstellung vor sich selbst) betrachten sollte (Greenwald & Breckler, 1985; Leary & Kowalski, 1990). Im folgenden wird Selbstdarstellung immer im engeren Sinne der Selbstdarstellung vor anderen verstanden (Jones & Pittman, 1982).

Persönlichkeitspsychologisch sind vor allem zwei Eigenschaften bedeutsam für den Prozeß der Selbstdarstellung: das Bedürfnis nach Selbstdarstellung und die Fähigkeit zur Selbstdarstellung. Die Fähigkeit zur Selbstdarstellung ist ein bestimmter Aspekt der sozialen Kompetenz (vgl.

Abschn. 4.4.3). Das Bedürfnis nach Selbstdarstellung kann im Dienst der Selbstkonsistenzerhöhung stehen, vor allem aber im Dienst der Selbstwerterhöhung. Bei mangelnder Fähigkeit zur Selbstdarstellung kann sich im letzteren Fall ein Teufelskreis entwickeln: Der Versuch, ein niedriges Selbstwertgefühl durch positive Selbstdarstellung zu steigern, schlägt fehl, und dieser Mißerfolg senkt das Selbstwertgefühl noch weiter.

Snyder (1974, 1987) führte das Konstrukt der Selbstüberwachung („self-monitoring“) ein, worunter er im wesentlichen eine Disposition zum Eindrucksmanagement durch Selbstdarstellung verstand. Starke Selbstüberwacher achteten in sozialen Situationen stark auf den Eindruck anderer über das eigene Verhalten und richteten es stark nach diesem Eindruck aus, während schwache Selbstüberwacher sich wenig um den Eindruck anderer kümmerten. Zur Messung dieser Persönlichkeitseigenschaft entwickelte Snyder eine Skala mit entsprechenden Items.

Nachfolgende Untersuchungen von Nowak und Kammer (1987) und Moser et al. (in Druck) konnten jedoch zeigen, daß das so gemessene Konstrukt der Selbstüberwachung in zwei klar trennbare Faktoren zerfällt: Soziale Fertigkeit und Inkonsistenz (Tabelle 4.24). Inkonsistenz wird durch Items erfaßt, die das Bedürfnis nach Selbstdarstellung und die Abhängigkeit des eigenen Verhaltens von den Erwartungen anderer erfassen, also Inkonsistenzen zwischen Selbstkonzept und eigenem Verhalten thematisieren. Soziale Fertigkeit wird durch Items erfaßt, die die Fähigkeit zur Selbstdarstellung beschreiben. Inkonsistenz korreliert positiv mit Neurotizismus und Gehemmtheit und negativ mit Extraversion und der Tendenz zu sozial erwünschten Antworten (Marlowe-Crowne-Skala; vgl. Abschn. 3.2.4). Der Fähigkeitsfaktor dagegen korreliert negativ mit Neurotizismus und Gehemmtheit, positiv mit Extraversion und nicht mit der Tendenz zu sozial erwünschten Antworten (Moser et al., in Druck).

Da sich die Korrelate der beiden Faktoren so stark unterscheiden, ist der Gesamtwert in der Selbstüberwachungsskala wenig sinnvoll. Auf Konstruktebene sollten das Bedürfnis nach Selbstdarstellung und die Fähigkeit zur Selbstdarstellung klar getrennt werden; die Skalen Inkonsistenz und soziale Fertigkeit sind für die Messung dieser beiden Eigenschaften geeignet (vgl. auch Lennox, 1988).

> **!** **Selbstüberwachung ist kein einheitliches Persönlichkeitskonstrukt, sondern besteht aus zwei Faktoren: dem Bedürfnis nach Selbstdarstellung und der Fähigkeit zur Selbstdarstellung.**

Selbstaufmerksamkeit

Selbstwahrnehmung und Selbsterinnerung setzen voraus, daß die eigene Aufmerksamkeit überhaupt auf die eigene Person gerichtet wird (einschließlich des Selbstkonzepts). Unter Selbstaufmerksamkeit versteht man den kurzfristigen Zustand, in dem dies der Fall ist (Duval & Wicklund, 1972). Situativ kann man Selbstaufmerksamkeit induzieren, indem man selbstbezogene Rückmeldungen verstärkt, z. B. durch einen Spiegel, Videofeedback, akustisches Feedback, Biofeedback oder auch Fotos, Ton- oder Filmaufnahmen der eigenen Person in früheren Situationen.

Persönlichkeitspsychologisch stellt sich die Frage, ob es eine Disposition zu besonders starker

Tabelle 4.24. Zwei Faktoren der Selbstüberwachungsskala. (Nach Nowack & Kammer, 1987)

Soziale Fertigkeit	Inkonsistenz
Ich wäre wahrscheinlich ein ganz guter Schauspieler	Ich bin häufig nicht die Person, die ich vorgebe zu sein
Bei Festen überlasse ich es anderen Leuten, für Stimmung zu sorgen (–)	Um beliebt zu sein und gut mit Leuten auszukommen, neige ich dazu, eher so zu sein, wie sie es von mir erwarten, als anders
Ich stehe selten im Mittelpunkt, wenn ich mit mehreren Leuten zusammen bin (–)	Je nach Situation und beteiligten Personen verhalte ich mich oft so, als ob ich ein völlig anderer Mensch wäre
Ich schaffe es nicht besonders gut, mich bei anderen Leuten beliebt zu machen (–)	Es kann sein, daß ich Leute, die ich wirklich nicht mag, täusche, indem ich freundlich zu ihnen bin
Ich habe mir schon einmal überlegt, Schauspieler zu werden	Selbst wenn ich mich nicht amüsiere, tue ich oft so, als ob es mir gefallen würde

oder schwacher Selbstaufmerksamkeit gibt (zur Vermeidung einer Verwechselung mit dem Zustand der Selbstaufmerksamkeit wird diese Disposition im folgenden Selbstbewußtheit genannt). Fenigstein et al. (1975) versuchten, Selbstbewußtheit durch Selbstbeurteilung zu erfassen, wobei sie drei relativ unabhängige Faktoren fanden, die sie private Selbstbewußtheit, öffentliche Selbstbewußtheit und soziale Ängstlichkeit nannten. Wie Tabelle 4.25 zeigt, erfaßt private Selbstbewußtheit die Tendenz, oft über sich selbst nachzudenken, und öffentliche Selbstbewußtheit die Tendenz, über die eigene Wirkung auf andere besorgt zu sein; soziale Ängstlichkeit ist das schon in Abschn. 4.3 diskutierte Konstrukt.

Die rein empirisch gefundene Unterscheidung zwischen privater und öffentlicher Selbstbewußtheit könnte auf interindividuelle Unterschiede in der Tendenz zurückgeführt werden, sich eher mit privaten als mit öffentlichen Aspekten der eigenen Person zu beschäftigen (z. B. eher mit eigenen Träumen als mit dem eigenen Aussehen), die eigene Person eher aus privater als aus öffentlicher Perspektive zu betrachten (z. B. eher über eigene Träume nachdenken als darüber, was wohl andere von diesen Träumen halten würden) oder sich selbst eher in einem neutralen oder positiven emotionalen Kontext wahrzunehmen als in einem negativen (z. B. sich eher über eigene Träume freuen als sich vor ihnen zu ängstigen). Diese drei Aspekte der Selbstbewußtheit werden durch die Skalen von Fenigstein et al. (1975) nicht klar getrennt.

Deshalb konstruierten Holz-Ebeling und Metzger (1988) getrennte Skalen zur Erfassung jedes der $2 \times 2 \times 2 = 8$ Aspekte von Selbstbewußtheit. Alle vier Skalen, die negativ getönte Selbstbewußtheit erfaßten, korrelierten hoch positiv miteinander, was darauf zurückzuführen sein dürfte, daß bei negativ getönter Selbstaufmerksamkeit Menschen ihre Aufmerksamkeit gleichermaßen aus privater und öffentlicher Perspektive sowohl auf private wie auch auf öffentliche Aspekte ihrer Person richten. Persönlichkeitsunterschiede bestehen hier nur in der Tendenz, sich überhaupt mit problematischen Aspekten der eigenen Person auseinander zu setzen; diese Tendenz dürfte eine direkte Funktion des allgemeinen Selbstwertgefühls sein. Die vier Skalen, die positiv getönte Selbstbewußtheit erfaßten, korrelierten zwar auch positiv miteinander, jedoch weit weniger hoch, so daß positiv getönte Selbstaufmerksamkeit kein einheitlicher Faktor zu sein scheint.

Tabelle 4.25. Beispielitems für private und öffentliche Selbstbewußtheit. (Nach Filipp & Freudenberg, 1989)

Private Selbstbewußtheit	Öffentliche Selbstbewußtheit
Ich beobachte sorgfältig meine innersten Gefühle	Ich achte auf mein Aussehen
Ich denke über mich nach	Ich mache mir Gedanken darüber, wie ich auf andere Menschen wirke
Ich versuche, über mich selbst etwas herauszufinden	Ich denke im nachhinein darüber nach, welchen Eindruck ich auf andere gemacht habe
Ich merke, wie ich mich selbst beobachte	Ich denke darüber nach, welchen Gesichtsausdruck ich gerade habe
Ich erforsche gründlich meine Absichten	Ich mache mir Gedanken darüber, wie ich mich in Gegenwart anderer geben soll

Aus persönlichkeitspsychologischer Sicht scheinen damit die Unterscheidungen zwischen privater und öffentlicher Perspektive und privaten und öffentlichen Aspekten des Selbst im Falle negativ getönter Selbstaufmerksamkeitsprozesse irrelevant. Das ist ein gutes Beispiel dafür, daß nicht jede allgemeinpsychologisch sinnvolle Unterscheidung auch differentiell betrachtet sinnvoll sein muß.

Die Befunde von Fenigstein et al. (1975) und Holz-Ebeling und Metzger (1988) beruhten nur auf Globaleinschätzungen eigener Aufmerksamkeitstendenzen in Fragebögen. Studien zur tatsächlichen Aufmerksamkeitssteuerung in realen Situationen unterstützen die Validität sowohl der Skala private Selbstbewußtheit als auch die Bedeutung negativ getönter Selbstbewußtheit. Zum Beispiel sind Personen mit hohen Werten in privater Selbstbewußtheit resistenter gegenüber Konformitätsdruck (Carver & Scheier, 1981). In mehreren Studien korrelierten bei Personen mit hohen Werten in privater Selbstbewußtheit selbsteingeschätzte Persönlichkeitseigenschaften stärker mit Fremdeinschätzungen oder beobachtetem Verhalten als bei Personen mit niedrigen Werten in privater Selbstbewußtheit (vgl. z. B. Amelang & Borkenau, 1984; Cheek, 1982); die Selbstbeschrei-

bungen von Menschen, die sich mehr mit sich selbst beschäftigen, scheinen valider zu sein.

Asendorpf (1987, 1989 b) fand mit Hilfe des videounterstützten Erinnerns, daß schüchterne Studenten in Situationen, in denen sie erwarteten, von ihrem Interaktionspartner bewertet zu werden, genauso oft über ihren Eindruck auf den Partner nachdachten wie nichtschüchterne, daß die eindrucksbezogenen Gedanken der schüchternen Studenten aber negativer getönt waren als die der nichtschüchternen. Soziale Ängstlichkeit scheint nicht durch erhöhte öffentliche Selbstaufmerksamkeit im allgemeinen charakterisiert zu sein, sondern durch negativ getönte Selbstaufmerksamkeit.

> **!** **Wieweit sich öffentliche und private Selbstbewußtheit unterscheiden lassen, scheint von der emotionalen Qualität der Situation abzuhängen. In negativ getönten Situationen korrelieren beide Eigenschaften hoch miteinander, nicht aber in positiv getönten Situationen.**

4.7.4 Diskussion

Die Analyse der Dynamik des Selbstkonzepts und Selbstwertgefühls hat gezeigt, daß es zahlreiche unterschiedliche Informationsverarbeitungsprozesse gibt, die Selbstkonzept und Selbstwertgefühl beeinflussen. Teilweise stehen sie in Konkurrenz zueinander, teilweise wirken sie unabhängig voneinander und teilweise verstärken oder löschen sie sich wechselseitig. Für jeden Prozeß bestehen interindividuelle Unterschiede in der Stärke seines Einflusses auf Selbstkonzept und Selbstwertgefühl, und es ist die gemeinsame Resultante aller einzelnen Prozeßstärken, die die Größe und Richtung ihrer Wirkung auf das Selbstkonzept und das Selbstwertgefühl bestimmt. Abbildung 4.26 faßt diese Prozesse in einem integrativen Modell der selbstbezogenen Informationsverarbeitung zusammen, und Tafel 4.11 listet noch einmal kurze Definitionen der wichtigsten persönlichkeitsrelevanten Konzepte auf.

Tafel 4.11. Selbst-bezogene Konzepte

Im folgenden sind Kurzdefinitionen persönlichkeitspsychologisch wichtiger Selbst-bezogener Konzepte zusammengestellt:

Selbstkonzept: **Das stabile Wissenssystem über die eigene Person.**

Selbstschema: **Das Selbstkonzept unter dem Aspekt seiner schematisierenden Wirkung betrachtet.**

Selbstwertgefühl: **Die Bewertung der eigenen Person.**

Bezugsgruppe: **Gruppe von Menschen, mit denen man sich vergleicht.**

Selbstüberwachung: **Disposition zum Eindrucksmanagement durch Selbstdarstellung, bestehend aus dem Bedürfnis nach Selbstdarstellung und der Fähigkeit zur Selbstdarstellung.**

Selbstbewußtheit: **Disposition, die eigene Aufmerksamkeit auf private und/oder öffentliche Aspekte der eigenen Person zu richten.**

Angesichts der Komplexität der beteiligten Prozesse und der hieraus resultierenden prinzipiellen Möglichkeiten für Veränderungen des Selbstkonzepts und Selbstwertgefühls ist es eher erstaunlich, daß das Selbstkonzept – und mit einigen Einschränkungen auch das Selbstwertgefühl – überhaupt interindividuell betrachtet einigermaßen stabil sind und substantielle Korrelationen zu objektiven Fähigkeiten und Fremdeinschätzungen zeigen. Ein so komplexes Schema wie das in Abb. 4.26 kann vieles erklären, aber praktisch nichts vorhersagen, weil die Wirkungsstärke der einzelnen selbstbezogenen Prozesse nicht angegeben ist.

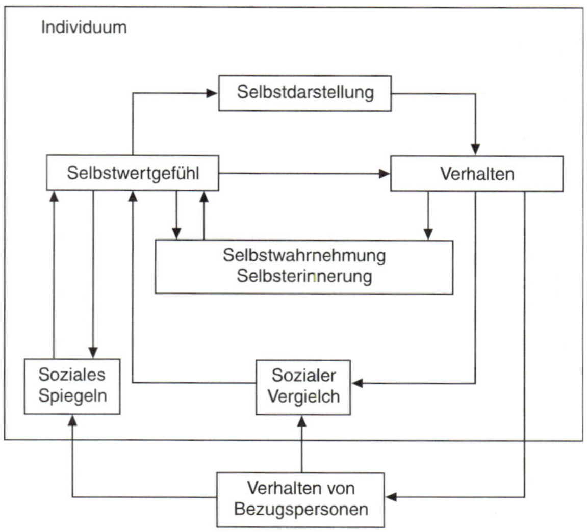

Abb. 4.26. Ein Modell der selbstbezogenen Informationsverarbeitung

Der erreichte Fortschritt in der Isolierung einzelner Komponenten der Selbstwertdynamik und der hierzu gehörigen Persönlichkeitseigenschaften bleibt solange irrelevant für praktische Anwendungen, wie es bei isolierten Komponenten bleibt. Was fehlt, sind integrative Ansätze, die die Funktion der einzelnen Komponenten im Gesamtzusammenhang des Selbstsystems untersuchen. Carver und Scheier (1981) formulierten zwar ein systemtheoretisch orientiertes Modell der Selbstregulation, das aber als Ganzes ungetestet blieb und auch zu unspezifisch ist, um wirklich empirisch testbar zu sein. Hier wird ein fundamentales Problem der gegenwärtigen Psychologie deutlich, das sich genauso im Bereich der Kognition oder der Handlungssteuerung findet: Die Synthese hinkt bei weitem der Analyse hinterher.

Fragen

4.37 In welcher Hinsicht unterscheiden sich Ich, Mich, Selbstkonzept und Selbstwertgefühl?

4.38 Ist die Übereinstimmung des Selbstkonzepts mit dem Urteil von Bekannten höher für inter- oder für intraindividuelle Unterschiede?

4.39 Wie bereichsspezifisch ist das Selbstwertgefühl organisiert?

4.40 An welche Grenzen stoßen symbolisch-interaktionistische Erklärungen des Selbstkonzepts?

4.41 Inwiefern ist das Selbstwertgefühl durch soziale Vergleiche beeinflußt?

4.42 Welche dispositionalen Aspekte der Selbstdarstellung lassen sich unterscheiden?

4.43 Welche dispositionalen Aspekte der Selbstaufmerksamkeit lassen sich unterscheiden?

Weiterführende Literatur

Ross, A.O. (1992). *The sense of self.* New York: Springer

5 Umwelt und Beziehung

In der Psychologie wird unter der Umwelt eines Menschen die Gesamtheit aller externen Bedingungen verstanden, die sein Erleben und Verhalten beeinflussen. In der Persönlichkeitspsychologie wird dieser Umweltbegriff auf regelmäßig wiederkehrende Situationen eingegrenzt: So wie es mittelfristig stabile Persönlichkeitseigenschaften gibt, gibt es auch mittelfristig stabile Umwelteigenschaften, die Personen charakterisieren. In diesem Kapitel werden diese Umwelteigenschaften und Methoden zu ihrer Erfassung diskutiert. Der Einfluß von Umweltbedingungen auf die Persönlichkeitsentwicklung und der Einfluß der Persönlichkeit auf die Umwelt wird erst in Kap. 6 diskutiert.

5.1 Situationsexposition und persönliche Umwelt

Situationen sind Beschreibungen aktueller Umweltbedingungen von Personen: externe Bedingungen, die das eigene aktuelle Erleben und Verhalten beeinflussen. In diesem Kapitel geht es um die überdauernden Umweltbedingungen einer Person. So wie auf Personseite zwischen Verhalten und Verhaltensdisposition unterschieden wurde, kann auf Umweltseite zwischen Situation und Situationsexposition unterschieden werden. Die Situationsexposition ist die Häufigkeit oder Dauer, mit der eine Person Situationen eines bestimmten Typs ausgesetzt („exponiert") ist. Wieviel Zeit verbringt jemand typischerweise vor dem Fernseher, mit Gesprächen, mit dem Partner, wie oft kommt es zum Streit mit dem Partner? Die Situationen können sehr global definiert sein (Gespräche) oder auch sehr spezifisch (Streit mit dem Partner); in jedem Fall beschreibt die Situationsexposition eine Umwelteigenschaft der betrachteten Person.

Der Begriff der Situationsexposition, der keine Entsprechung in der Alltagspsychologie hat, scheint sich neuerdings in der Persönlichkeitspsychologie einzubürgern (vgl. z. B. Asendorpf & Meier, 1993; Bolger & Schilling, 1991). Dazu mag beitragen, daß der Begriff der Exposition sich auch in anderen Wissenschaften findet, z. B. radioaktive Exposition oder Exposition gegenüber Krankheitserregern. Teil der Situationsdefinition können auch subjektive Qualitäten sein, z. B. „Streßsituation", „konfliktreiche Interaktion" oder „interessanter Film".

Im Gegensatz zu Begriffen wie Situationskonfrontation oder Situationsselektion vermeidet der Begriff der Exposition Annahmen über die Verursachung der Exposition. Die Person mag die Situationen nicht vermeiden können, in sie immer wieder hineinschlittern, sich plötzich in ihnen wiederfinden, sie aufsuchen oder sie herstellen: All dies ist im Begriff der Exposition mit enthalten. Die Neutralität gegenüber den Ursachen der Situationsexposition entspricht der dynamisch-interaktionistischen Auffassung, daß im Prinzip immer beides möglich ist: Das Verhalten ist eine Funktion der Situation, und die Situation ist eine Funktion des Verhaltens (vgl. Abschn. 2.6).

! **Die Situationsexposition einer Person ist die Häufigkeit oder Dauer, mit der eine Person Situationen eines bestimmten Typs ausgesetzt ist. Sie beschreibt eine Eigenschaft der Umwelt der Person.**

5.1.1 Persönlichkeitsabhängigkeit der Umweltmessung

Manche Umwelteigenschaften einer Person können völlig unabhängig von ihrer Person operationali-

siert werden. In diesem Fall geht es um die Exposition gegenüber Situationen, die durch äußere Beobachter ohne Kenntnis der Person beschreibbar sind; solche Situationen werden oft Settings genannt (vgl. Barker, 1968; Pawlik, 1988). „X begegnet Fritz" wäre eine Beschreibung eines Settings. Ob X Fritz kennt oder nicht, wäre nicht Teil der Settingbeschreibung.

Der Settingansatz hat den Vorteil, daß Person und Umwelt und damit auch Persönlichkeits- und Umwelteigenschaften streng getrennt operationalisiert werden. Wie oft Personen Fritz begegnen, wären Umwelteigenschaften, die völlig unabhängig von ihrer Persönlichkeit definiert sind. Solche Umwelteigenschaften sind aber oft psychologisch unergiebig, weil sie Beziehungen zwischen den Personen und den Settings ignorieren. Die meisten Personen werden Fritz nicht kennen, so daß ihre Begegnung mit Fritz eher zufällig sein wird und nichts über ihre Persönlichkeit aussagt. Gute Freunde von Fritz, die Frau von Fritz und die Kinder von Fritz werden Fritz viel öfter begegnen, aber ihre Begegnung wird jeweils eine ganz unterschiedliche psychologische Bedeutung haben, weil sie ganz unterschiedliche Beziehungen zu Fritz haben. Wieviel Zeit Personen mit guten Freunden, ihrem Partner oder ihren Kindern verbringen, ist offensichtlich psychologisch aufschlußreicher als wieviel Zeit sie mit Fritz verbringen – wer immer auch Fritz sein mag.

Wieviel Zeit jemand mit guten Freunden oder dem Partner verbringt, beschreibt zwar eine Situationsexposition, nicht aber eine Settingexposition, weil „Freund" und „Partner" personabhängig definiert sind. Solche Personabhängigkeiten der Umweltdefinition führen – oft in subtiler Weise – auch zu Abhängigkeiten zwischen Persönlichkeit und Umweltdefinition. Wer als „Partner" gelten kann, scheint auf den ersten Blick klar zu sein, aber auf den zweiten Blick gibt es Grauzonen der Partnerdefinition in Phasen der Entstehung und der Beendigung von Partnerschaften. Hier muß letztlich die Person selbst entscheiden, ob sie jemand anderes als Partner betrachtet oder nicht. Erst recht gilt dies für den Begriff des „guten Freundes". Weil Menschen sich darin unterscheiden, wie schnell sie jemanden als Partner oder guten Freund betrachten, ist die Umwelteigenschaft „Zeit verbracht mit Partner" bzw. „Zeit verbracht mit gutem Freund" persönlichkeitsabhängig definiert. Es wurde sozusagen ein Teil der Persönlichkeit in die Umweltdefinition hineinverlagert.

Auch die Zeit, die jemand mit dem Partner verbringt, ist psychologisch noch nicht allzu aufschlußreich: Ist es zur Charakterisierung einer Person nicht wichtiger zu wissen, wie die Zeit mit dem Partner verbracht wird? Vor dem Fernseher, im angeregten Gespräch oder im Streit? „Zeit verbracht im Streit mit dem Partner" ist aber erst recht persönlichkeitsabhängig definiert, denn ab wann eine Interaktion als Streit zu bezeichnen ist, ist eine persönlichkeitsabhängige, stark subjektive Wertung. Nicht selten eskaliert ein Streit zwischen Partnern gerade daran, daß der eine abstreitet zu streiten, während der andere ihm Streitsüchtigkeit vorwirft. Obwohl „Streit" im Prinzip ein symmetrisches Konzept ist, das auf beide Partner in gleicher Weise zutrifft, so daß sie eigentlich darin übereinstimmen müßten, wie oft es zum Streit kommt, schätzen die Partner ihre Streithäufigkeit oft deutlich unterschiedlich ein. Dies ist nicht nur ein Problem mangelhafter retrospektiver Schätzungen, sondern auch eine Folge einer persönlichkeitsabhängigen Situationsdefinition.

> **!** **Umwelteigenschaften sind oft persönlichkeitsabhängig definiert.**

Die Konsequenz persönlichkeitsabhängiger Umweltdefinitionen ist, daß Korrelationen zwischen Persönlichkeits- und Umwelteigenschaften steigen, denn ein Teil der Persönlichkeit steckt ja bereits in der Umweltdefinition. So korrelierte z. B. in einer Studie von Sarason et al. (1987) Einsamkeit zu −0,28 mit der Zahl der Beziehungen zu anderen, zu −0,53 mit der Zahl der als unterstützend empfundenen Beziehungen zu anderen und zu −0,63 mit der Zufriedenheit mit der Unterstützung durch andere.

Schon die Definition einer „Beziehung zu anderen" ist persönlichkeitsabhängig; deshalb besagt die negative Korrelation zwischen Einsamkeit und Zahl der Beziehungen nicht unbedingt, daß mangelnder Kontakt zu anderen einsam macht, sondern sie könnte zumindest teilweise auch darauf beruhen, daß Einsame die gleiche Kontaktintensität zu anderen weniger leicht als Beziehung interpretieren als wenig Einsame. Da die Definition einer „unter-

stützenden Beziehung" noch stärker subjektiv gefärbt ist als die Definition einer Beziehung, könnte die deutlich stärkere negative Korrelation zwischen Einsamkeit und Zahl der unterstützenden Beziehungen zumindest z. T. darauf zurückzuführen sein, daß Einsame gleiche Beziehungen zu anderen weniger leicht als unterstützend empfinden als wenig Einsame. Die Zufriedenheit mit der Unterstützung durch andere schließlich ist ganz offensichtlich eine subjektive Bewertung einer Umwelteigenschaft, also ein Persönlichkeitsmerkmal.

Hier wird ein tiefliegendes Problem der Umweltmessung deutlich. In dem Maße, in dem Umwelteigenschaften personabhängig definiert werden, entsteht eine Korrelation zwischen Persönlichkeits- und Umwelteigenschaften, die auf der persönlichkeitsabhängigen Bewertung von Settings beruht. Wie die Beispiele zeigen, kann diese Persönlichkeitsabhängigkeit leicht übersehen werden; das kann dann zu Fehlinterpretationen erhaltener Korrelationen zwischen Persönlichkeit und Umwelt führen.

Die radikale Lösung dieses Problems bestände darin, Umwelteigenschaften ausschließlich durch Settingexpositionen zu definieren. Damit würden aber gerade die psychologisch aufschlußreichsten Fragestellungen verbaut, die sich auf subjektiv bedeutsame und damit immer auch subjektiv bewertete Umwelteigenschaften beziehen. Adäquater scheint es mir zu sein, subjektiv bewertete Umwelteigenschaften zuzulassen, aber sich dabei immer genau zu vergegenwärtigen, welcher Persönlichkeitsanteil in die Umweltdefinition hineinverlagert wurde.

Zum Beispiel korreliert der selbstbeurteilte Neurotizismus von Mann und Frau meist mit ihrer Unzufriedenheit mit der ehelichen Beziehung (vgl. z. B. Doherty & Jacobson, 1982). Das ist fast trivial, weil die Zufriedenheit mit der Ehebeziehung ein stark persönlichkeitsabhängiges Urteil ist, selbstbeurteilter Neurotizismus die Tendenz erfragt, mit sich und seinen Lebensumständen im allgemeinen unzufrieden zu sein, und die Ehebeziehung ein besonders wichtiger Teil der Lebensumstände ist. In einer Längsschnittstudie fand Kurdek (1993) aber auch einen signifikanten Zusammenhang zwischen dem Neurotizismus von Mann und Frau kurz nach der Eheschließung und der Wahrscheinlichkeit einer Trennung während der darauffolgenden fünf Jahre: Je neurotischer einer der beiden Partner war, desto höher war das Risiko einer Trennung. Diese Korrelation ist nicht trivial, weil das Kriterium der Trennung unabhängig von Wertungen der Partner ist.

> **!** **Personabhängige Umweltdefinitionen führen zu Korrelationen zwischen Persönlichkeits- und Umwelteigenschaften. Das muß bei der Interpretation dieser Korrelationen berücksichtigt werden.**

5.1.2 Meßverfahren für die Situationsexposition

So wie die Persönlichkeit in einzelne Eigenschaften zerlegt werden kann, kann die charakteristische Umwelt einer Person in einzelne Situationsexpositionen zerlegt werden. Bestimmte Situationsklassen werden abgegrenzt, und ihre Häufigkeit oder Dauer wird gemessen. Methoden zur Erfassung der Situationsexposition sind

- retrospektive Einschätzung,
- Tagebuch oder Logbuch,
- Piepsertechnik,
- direkte Beobachtung.

Bei der retrospektiven Einschätzung wird die Versuchsperson gefragt, wie oft oder wie lange sie sich in der letzten Zeit typischerweise in bestimmten Situationen aufgehalten hat, z. B. in belastenden Situationen oder in Interaktionssituationen. Bei bestimmten Personengruppen, die sich unter ständiger Aufsicht befinden wie z. B. Kleinkinder oder hospitalisierte Patienten, kann diese Einschätzung auch durch Aufsichtspersonen vorgenommen werden, z. B. Eltern oder Pflegepersonal. Dabei können aber nur situative Qualitäten erfragt werden, die auch Beobachtern zugänglich sind (z. B. wäre es problematisch, die emotionale Unterstützung durch andere von Dritten und nicht von der unterstützten Person selbst einschätzen zu lassen).

Die Qualität retrospektiver Einschätzungen ist aber äußerst dürftig; bereits an die Situationen des gestrigen Tages kann man sich deutlich schlechter erinnern als an die des heutigen Tages, und retrospektive Einschätzungen über eine Woche sind sehr unzuverlässig (Bernard et al., 1984; Kashy & Kenny, 1990; Robinson, 1985).

Eine bessere Datenqualität wird erreicht, wenn die Situationen über einen ausreichend langen Zeitraum (2–4 Wochen) täglich abends durch ein strukturiertes Tagebuch erfaßt werden, in dem die Häufigkeit oder Beginn und Ende der interessierenden Situationen und deren Qualität eingetragen werden (vgl. Laireiter & Thiele, 1995, für soziale Situationen). Ein Beispiel für eine persönlichkeitsrelevante Tagebuchstudie ist die schon in Abschn. 4.3.1 erwähnte Studie von Bolger und Schilling (1991). Eine Stichprobe von 339 Personen führte jeweils sechs Wochen lang ein Tagebuch über das Vorkommen von neun möglichen Belastungen (z. B. Streit mit dem Partner, Überlastung am Arbeitsplatz) und beurteilte ihr tägliches Belastungserleben auf 18 Skalen (z. B. ärgerlich, nervös, depressiv). Diese ungewöhnlich langdauernde Studie war möglich, weil nur wenige Einträge pro Tag nötig waren. Neurotische Personen unterschieden sich von wenig neurotischen sowohl in einem häufigeren Vorkommen von Belastungen als auch in einem stärkeren Belastungserleben, wobei der letztere Unterschied etwa doppelt so stark war.

Entscheidend für die Qualität von Tagebuchdaten ist, daß die Einträge auch tatsächlich täglich vorgenommen werden und nicht erst Tage später nachgeholt werden, denn dann würden wieder starke Erinnerungseffekte auftreten. Dies läßt sich sichern, indem das Datenblatt eines Tages den Untersuchern am nächsten Tag per Post zugeschickt wird oder die Daten telefonisch auf einen Anrufbeantworter gesprochen werden. Mit der zunehmenden Verbreitung von Fax und E-mail ließen sich auch diese Medien für eine schnelle und kostengünstige Datenübertragung nutzen. Besonders gut ist die Kontrolle, wenn die Daten telefonisch abends abgefragt werden (vgl. z. B. Montemayor, 1982).

Interessieren nur besondere, relativ selten auftretende Situationen wie z. B. belastende Situationen, ist es möglich, Erinnerungseffekte noch weiter zu minimieren, indem die betreffende Versuchsperson ein Logbuch mit sich trägt, in dem sie jede Situation zum nächstmöglichen Zeitpunkt nach Beendigung der Situation protokolliert. Hier ist allerdings eine Kontrolle, daß die Einträge wirklich kurz nach der Situation erfolgen, kaum möglich. Auch besteht bei diesem Verfahren die Gefahr, daß Reaktivitätseffekte auftreten, d. h. daß die ständige Registrierung bestimmter Situationen die Auftretenswahrscheinlichkeit dieser Situationen verändert. Je spezifischer die erfragte Situationsklasse ist und je stärker sie von der befragten Person kontrollierbar ist, desto stärker muß mit solchen Reaktivitätseffekten gerechnet werden (Stern, 1986).

Ein Beispiel für ein einfaches Logbuchverfahren ist der Rochester Interaction Record (RIR; Reis & Wheeler, 1991). Die Person erhält einen Protokollblock im Taschenformat, in den sie während 1–2 Wochen alle ihre sozialen Interaktionen von mindestens 10 Minuten Dauer möglichst bald danach protokolliert. Abbildung 5.1 zeigt eine häufig benutzte, kurze Form des RIR. Um einerseits die Anonymität der Partner zu wahren, andererseits aber Interaktionspartner zwischen verschiedenen Interaktionen vergleichen zu können, trägt die Versuchsperson nur die Anfangsbuchstaben des Vor- und Nachnamens der Interaktionspartner ein. Bei Gruppen mit mehr als drei Personen wird nur die Zahl der Männer und Frauen erfaßt. Neben Anfang, Ende und Art der Interaktion wird ihre Qualität auf acht Skalen beurteilt. Die Datenqualität des RIR wurde in drei Studien überprüft, in denen Paare von Studenten, die dasselbe Zimmer in einem Wohnheim teilten, den RIR ausfüllten. Die Zahl der Interaktionen miteinander wurde also von beiden Interaktionspartnern erhoben. Sie korrelierte in allen drei Studien um 0,80 (Reis & Wheeler, 1991).

Ein Beispiel für ein aufwendigeres Logbuchverfahren ist das Computergestützte Erfassungs-System (COMES) von Perrez und Reicherts (1989) zur Erfassung von Belastungsbewältigungsstilen (vgl. Abschn. 4.5.3). Die Versuchsperson trägt einen Taschencomputer mit sich, in den sie möglichst bald nach definierten Belastungen zahlreiche Fragen zur Situation, ihrem Bewältigungsverhalten und dessen Erfolg beantwortet. Die Fragen können vom Computer in Abhängigkeit von den bereits gegebenen Antworten gestellt werden („verzweigte Programmstruktur"), so daß komplexe Beschreibungssysteme für Verhalten, aber auch für Situationen, ökonomisch anwendbar sind. Dies ist der wesentliche Vorteil dieses Verfahrens, der jedoch durch einen hohen Geräte- und Programmierungsaufwand erkauft wird.

Bei allen bisher besprochenen Verfahren gibt es eine Tendenz, emotional bedeutsame Situationen eher zu protokollieren als weniger bedeutsame

Abb. 5.1. Der Rochester Interaction Record. (Nach Reis & Wheeler, 1991)

Datum:	Zeit:	Länge: Std min	
Initialien:		Wenn mehr als 3 andere:	
Geschlecht:		Zahl weiblich:	Zahl männlich:
Intimität: ....gering	1 2 3 4 5 6 7	stark	
ich öffnete mich: ....sehr wenig	1 2 3 4 5 6 7	sehr viel	
andere öffneten sich: ....sehr wenig	1 2 3 4 5 6 7	sehr viel	
Soziale Integration:		fühlte mich als Teil	
fühlte mich nicht als Teil einer Gruppe	1 2 3 4 5 6 7	einer Gruppe	
Qualität: .... unangenehm	1 2 3 4 5 6 7	sehr angenehm	
Zufriedenheit: .....geringer als erwartet	1 2 3 4 5 6 7	mehr als erwartet	
Initiative: .... ging von mir aus	1 2 3 4 5 6 7	ging von anderen aus	
Einfluß:		andere übten mehr	
.... ich übte mehr Einfluß aus	1 2 3 4 5 6 7	Einfluß aus	
Art der Interaktion: Arbeit Aufgabe Freizeit Gespräch Rendezvous			

(Stone et al., 1991). Geht es darum, eine möglichst repräsentative Stichprobe von alltäglichen Situationen zu erhalten, kann die Piepsertechnik genutzt werden (Pawlik & Buse, 1982). Die Versuchsperson wird durch ein von den Untersuchern festgelegtes Signal zu bestimmten Zeitpunkten aufgefordert, ihre aktuelle Situation zu beschreiben (oder wenn das nicht möglich ist – z. B. bei einem laufenden Gespräch – direkt danach). Das Signal kann durch einen entsprechend programmierten Taschencomputer, eine programmierte Uhr oder durch Funk ausgelöst werden. Reaktivitätseffekte können minimiert werden, indem die Zeitpunkte so gewählt werden, daß sie von der Versuchsperson nicht vorhersagbar sind. Delespaul (1992) empfahl nach 10 Jahren Erfahrung mit dieser Methode, die Zahl der täglichen Signale bei einwöchigen Untersuchungen auf 10 und bei mehrwöchigen auf sechs zu begrenzen, um die Mitarbeit der Versuchspersonen zu sichern.

Abbildung 5.2 zeigt die mit der Piepsertechnik bestimmten Zeitanteile, die US-amerikanische Oberschüler im Durchschnitt in bestimmten Situationen verbrachten.

Bei der direkten Beobachtung werden die Situationen einer Person durch anwesende Beobachter protokolliert (z. B. Beobachtungen in Kindergartengruppen) oder aus Verhaltensmessungen erschlossen. Ersteres ist nur für bestimmte Ausschnitte des Alltags praktikabel und erlaubt daher keine Übersicht über die gesamte Situationsexposition der beobachteten Personen. Letzteres ist technisch sehr aufwendig und nur für sehr eingeschränkte Situationstypen möglich. So ließen z. B. Asendorpf und Meier (1993) das gesamte Sprechverhalten von Zweitklässlern an normalen Schultagen von 8–18 Uhr durch einen Taschencomputer aufzeichnen. Da soziale Interaktionen fast immer von Sprechen begleitet und umgekehrt Selbstgespräche selten sind, lassen sich durch dieses Verfahren soziale Interaktionen mit hoher Genauigkeit erfassen.

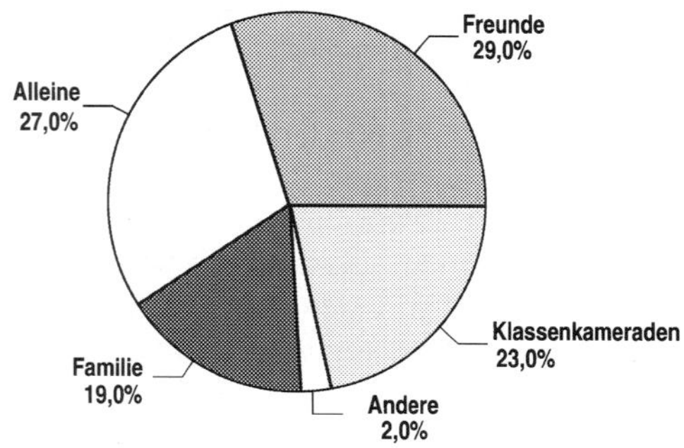

Abb. 5.2. Zeitanteile, die US-amerikanische Oberschüler im Durchschnitt in bestimmten Situationen verbrachten. (Nach Csikszentmihalyi & Larson, 1984)

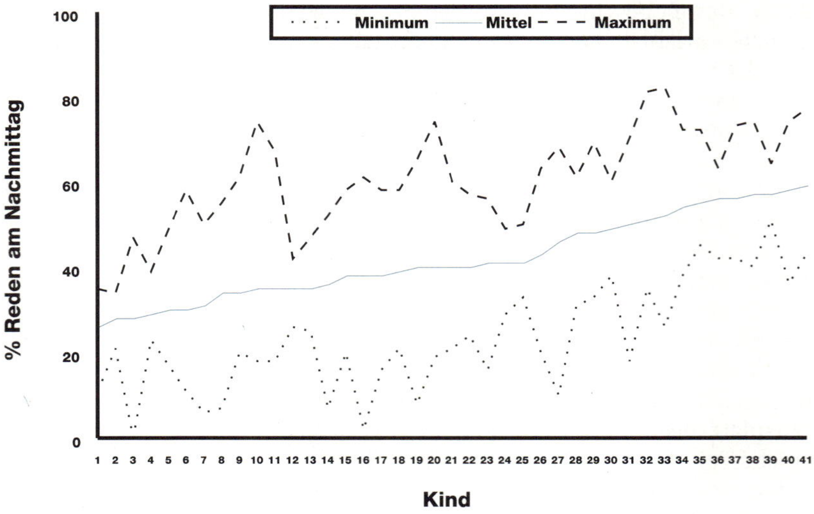

Abb. 5.3. Variabilität der Interaktionsrate von Zweitklässlern an Nachmittagen nach der Schule. (Daten nach Meier, 1993)

Abbildung 5.3 zeigt die Variabilität der Interaktionsrate an den untersuchten Schulnachmittagen für die 41 Schüler; deutlich wird die große Variabilität innerhalb und zwischen den Schülern.

Ebenso wie Verhaltensdispositionen sind Situationsexpositionen nicht direkt beobachtbar, sondern Konstrukte, die aus vielen Situationsmessungen erschlossen werden. Wie bei Dispositionen muß auch bei Expositionen die mittelfristige Stabilität der interindividuellen Unterschiede gesichert sein. Meier (1993) fand für die über fünf Tage gemittelte Interaktionsrate eine Stabilität von 0,69 (es handelt sich hier um eine Reliabilitätsschätzung mittels der Spearman-Brown-Formel aus den Stabilitäten von Tag zu Tag; vgl. Abschn. 3.2.2). Bei Mittelung über eine Woche wäre also die Interaktionsrate eine stabile Umwelteigenschaft von Zweitklässlern.

Pawlik und Buse (1982) untersuchten mit der Piepsertechnik die Situationen, in denen sich 135 Hamburger Oberschüler an sechs Untersuchungstagen aufhielten. Für 47 häufiger genannte Situationen fanden sie eine mittlere Stabilität für die Situationsexposition von 0,57 (geschätzt nach Spearman-Brown aus den mittleren Stabilitäten von Tag zu Tag; vgl. Abschn. 3.2.2). Die Stabilität der Situationsexposition war also bei den meisten Situationen nicht ausreichend, wenn die Exposition durch Beobachtung an sechs Tagen geschätzt wurde; stabile Expositionsdaten erfordern meist eine längere Beobachtungsdauer (ca. 2–3 Wochen).

> **!** **Sollen in persönlichkeitspsychologischen Untersuchungen Umwelteigenschaften zur Charakterisierung der Persönlichkeit herangezogen werden, muß ihre mittelfristige Stabilität gesichert werden**

5.1.3 Die persönliche Umwelt

Ebenso wie die Persönlichkeit sich als das System aller Persönlichkeitseigenschaften auffassen läßt, läßt sich die Umwelt einer Person als System aller Situationsexpositionen auffassen. In Abgrenzung vom wenig präzisen Umweltbegriff der Umgangssprache soll die überdauernde Umwelt eines Menschen seine persönliche Umwelt genannt werden. Dies ist kein etablierter psychologischer Begriff; seine Einführung scheint mir aber sinnvoll, um Verwechslungen zwischen aktueller und überdauernder Umwelt zu vermeiden.

> **!** **Die persönliche Umwelt einer Person ist die Gesamtheit ihrer Situationsexpositionen.**

Proximale und distale Umweltvariablen

Die persönliche Umwelt einer Person ist derjenige Ausschnitt ihrer Umwelt, der ihr am nächsten ist, denn er bezieht sich auf Situationen, denen die Person direkt exponiert ist. Variablen, die die per-

sönliche Umwelt beschreiben, werden deshalb auch proximale Variablen genannt (von lateinisch proximus = der nächste). Vor allem in der Soziologie, teilweise aber auch in der Psychologie, werden zusätzlich Umweltvariablen betrachtet, denen Personen nicht direkt, sondern nur indirekt ausgesetzt sind, weil sie ihre persönliche Umwelt beeinflussen. Zum Beispiel beeinflussen die Arbeitsbedingungen der Eltern eines Kindes dessen persönliche Umwelt: Wohnsituation, Spielzeug, Ausflüge und Reisen sind einkommensabhängig, wieviel Zeit die Eltern für das Kind haben, hängt auch von ihren Arbeitsbedingungen ab, und ihr Verhalten dem Kind gegenüber kann durch ihre Zufriedenheit am Arbeitsplatz beeinflußt werden. Umweltvariablen, die nicht Teil der persönlichen Umwelt einer Person sind, sondern auf die Person indirekt wirken, werden distale Variablen genannt (von lateinisch distare = entfernt sein).

Eine klassische soziologische Variable, die auch in der Psychologie verwendet wird, ist der sozioökonomische Status, früher auch soziale Schicht genannt. Auf Konstruktebene wird der sozioökonomische Status als distale Variable aufgefaßt, die einen wesentlichen Einfluß auf die persönliche Umwelt hat. Die persönlichen Umwelten von Angehörigen der Unterschicht unterscheiden sich von denen der Mittelschicht und diese wiederum von denen der Oberschicht, weil die Möglichkeiten der Gestaltung der persönlichen Umwelt von sozioökonomischen Randbedingungen wie Einkommen, Wohnsituation und Zugang zum Bildungssystem abhängen.

Operationalisiert wird der sozioökonomische Status einer Person meist durch den Bildungsgrad und das Berufsprestige der berufstätigen Mitglieder des Haushalts, in der die Person lebt, z. T. ergänzt durch deren Einkommen. Der sozioökonomische Status eines Haushalts ist damit zeitlich recht stabil; bei Arbeitslosigkeit, Scheidung oder Tod berufstätiger Haushaltsmitglieder kann es allerdings zu deutlichen Änderungen kommen.

In einer traditionellen Kernfamilie, bestehend aus Vater, Mutter und ihren Kindern, in der beide Eltern berufstätig sind, wird der erreichte Bildungsgrad der Eltern (höchster erreichter Abschluß), ihr Berufsprestige und z. T. auch ihr Einkommen gemittelt und nach z-Transformation wiederum gemittelt. Die Beschränkung auf berufstätige Haushaltsmitglieder umgeht das Problem, wie Hausfrauen- oder Hausmanntätigkeit und Arbeitslosigkeit gewertet werden sollen. Für alleinerziehende Eltern jüngerer Kinder ist die Bedeutung des sozioökonomischen Status allerdings sehr problematisch, weil sie meist nicht berufstätig sind und daher ihr Berufsprestige und Einkommen niedriger ist, als aufgrund ihres Bildungsgrades zu erwarten wäre.

Diese Operationalisierung ist dann relativ problemlos, wenn die Einheit der Betrachtung wie in vielen soziologischen Untersuchungen der Haushalt ist. Ist die Einheit der Betrachtung jedoch wie in der Persönlichkeitspsychologie eine einzelne Person, so ist der sozioökonomische Status entgegen seiner üblichen Interpretation gar keine distale, sondern eine proximale Variable, teilweise sogar eine überhaupt nicht mehr sinnvoll zu interpretierende Mischung aus Persönlichkeitsmerkmal und Merkmal der proximalen Umwelt. Der sozioökonomische Status eines alleinverdienenden Ehemannes ist z. B. gar kein Merkmal seiner Umwelt, sondern ein Persönlichkeitsmerkmal. Bei Doppelverdienern ist er eine Mischung aus Persönlichkeitsmerkmal und proximaler Umweltvariable (der Ehepartner ist Teil der persönlichen Umwelt). Bei Kindern ist der sozioökonomische Status eine proximale Umweltvariable (die Persönlichkeit ihrer Eltern ist Teil ihrer persönlichen Umwelt).

Obwohl also der sozioökonomische Status von seiner Operationalisierung her gar keine distale Umweltvariable ist, wird er in der klassischen Sozialisationsforschung als solche behandelt, wobei ein Fluß der Kausalität von „außen" (den distalen Variablen) nach „innen" (den proximalen Variablen) angenommen wird. Das führt oft zu wenig sinnvollen Modellen des Umwelteinflusses auf Persönlichkeitsmerkmale. Abbildung 5.4 illustriert dies anhand einer Studie von Steinkamp und Stief (1979).

Erklärt werden sollten Unterschiede in der Einstellung „Selbstbestimmung vs. autoritärer Konventionalismus" bei Kindern im Alter von 13–15 Jahren. Dazu wurde zunächst der sozioökonomische Status der Familie durch die Bildung von Vater und Mutter erfaßt, korreliert und mit Variablen der väterlichen Arbeitsbedingungen in Beziehung gesetzt. Diese Variablen wiederum wurden auf die erfragten Erziehungsziele der Eltern bezogen und diese wiederum auf die erfragten Erziehungsprak-

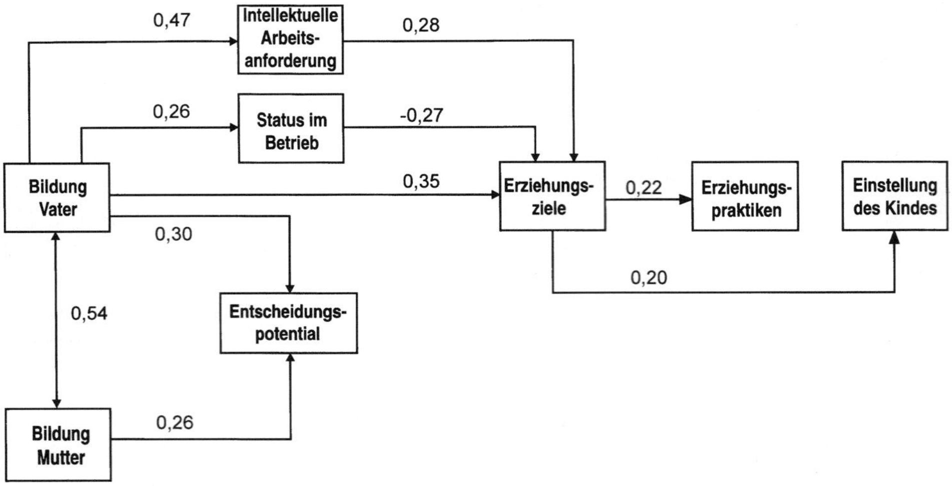

Abb. 5.4. Klassisches sozialisationstheoretisches Modell zur Erklärung kindlicher Persönlichkeitsunterschiede. (Pfadanalyse nach Steinkamp & Stief, 1979)

tiken der Eltern und die kindliche Einstellung zu Selbstbestimmung. Wie Abb. 5.4 zeigt, wurden die erhaltenen Beziehungen jeweils kausal von links nach rechts laufend interpretiert, wobei die Zusammenhänge abgesehen von den direkt IQ-vermittelten Merkmalen „Bildung von Vater", „Bildung von Mutter", „intellektuell-organisatorischer Arbeitsaufwand des Vaters" und „Erziehungsziele der Eltern" generell nicht 0,30 überstiegen – ein typisches Ergebnis in derartigen Analysen. Die selbstbeurteilten Erziehungspraktiken korrelierten nicht substantiell mit der kindlichen Einstellung, und die selbstbeurteilten Erziehungsziele taten es nur minimal.

Diese Studie illustriert zwei typische Probleme der klassischen Sozialisationsforschung. Erstens konnte die Korrelation zwischen Erziehungszielen und kindlicher Einstellung nicht erklärt werden, denn die Ziele können ja nur über Erziehungspraktiken wirksam werden; anscheinend war die Messung der Erziehungspraktiken ungenügend. Zweitens macht die Anordnung der Variablen wenig Sinn: Primär wirkt ja die Bildung der Eltern direkt auf ihre Erziehungsziele und -praktiken, und nur sekundär wirkt sie über Arbeitsbedingungen des Vaters. Hier wurde eine proximale Variable zu einer distalen gemacht und sollte primär über andere distale Variablen (die elterlichen Arbeitsbedingungen) wirken. Das schwächt die Vorhersagekraft der elterlichen Bildung in unnötiger Weise. Daß die Autoren zu diesem Modell kamen, liegt offenbar daran, daß sie sich von dem theoretischen Konzept der sozialen Schicht als distaler Variable leiten ließen.

Aus persönlichkeitspsychologischer Sicht sollte der Bildungsgrad der Eltern in den Bereich der persönlichen Umwelt des Kindes verlegt und angenommen werden, daß der Bildungsgrad beider Eltern einerseits die väterlichen Arbeitsbedingungen, andererseits die elterlichen Erziehungsziele bedingt. Außerdem sollten aus dynamisch-interaktionistischer Sicht Rückwirkungen des Verhaltens des Kindes auf Erziehungspraktiken seiner Eltern zugelassen werden. Abbildung 5.5 zeigt das resultierende persönlichkeitspsychologische Modell.

Im Rahmen dieses Modells erscheinen die Daten von Steinkamp und Stief (1979) teilweise in einem ganz anderen Licht. So könnte z. B. die Korrelation zwischen den Erziehungszielen des Vaters und seinen intellektuell-organisatorischen Arbeitsbedingungen indirekt vermittelt sein über die Korrelationen zwischen der Bildung des Vaters einerseits und seinen Arbeitsbedingungen und seinen Erziehungszielen andererseits: Bildung ist die vermittelnde Variable. Wenn das so ist, können die Arbeitsbedingungen aus dem Modell weggelassen werden; die Umwelt ist dann reduziert auf die persönliche Umwelt des Kindes. Nur wenn distale

Abb. 5.5. Dynamisch-interaktionistische Umformulierung des Modells in Abb. 5.4

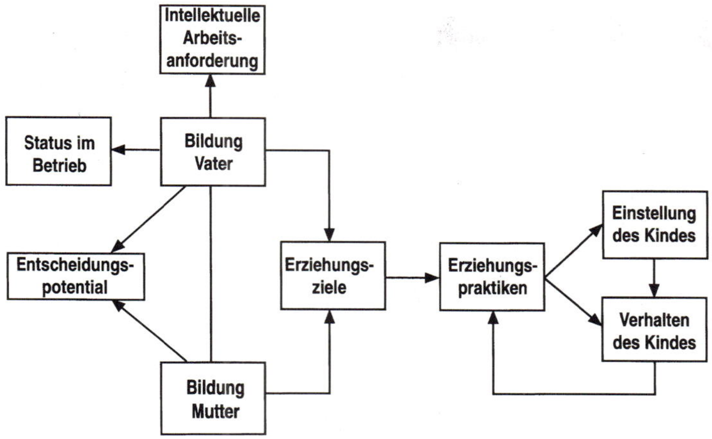

Variablen unabhängig von den untersuchten proximalen Variablen etwas zur Erklärung von Persönlichkeitsunterschieden beitragen, macht es Sinn, sie im Modell zu belassen.

Man kann aber mit gutem Grund noch einen Schritt weiter gehen und für persönlichkeitspsychologische Erklärungsmodelle fordern, daß sie nur proximale Variablen – also nur Variablen der persönlichen Umwelt – enthalten. Denn letztlich können ja distale Variablen nur über proximale Variablen auf die Persönlichkeit der interessierenden Personen wirken. Daß die proximalen Variablen wiederum durch distale Variablen bedingt sein können, ist persönlichkeitspsychologisch nur von sekundärem Interesse. Erklären distale Variablen Persönlichkeitsunterschiede, die durch proximale Variablen nicht erklärt sind, so sind die proximalen Variablen unvollständig oder schlecht operationalisiert; es muß dann ein besseres, rein proximales Modell geben, das die Persönlichkeitsunterschiede mindestens genauso gut aufklärt.

Proximale Umweltvariablen haben in psychologischen Untersuchungen gegenüber distalen vor allem den Vorteil, daß sie sich näher an den Prozessen der dynamischen Person-Umwelt-Interaktion befinden. Die Bildung eines Elternteils wirkt direkter auf die Bildung ihres Kindes als die Verhältnisse am elterlichen Arbeitsplatz. Im folgenden wird deshalb nur noch die proximale, also die persönliche Umwelt betrachtet.

> **!** **In persönlichkeitspsychologischen Untersuchungen sollte die Umwelt durch proximale Variablen erfaßt werden.**

5.2 Umweltsysteme und Systemstatus

Die persönliche Umwelt kann aus zwei verschiedenen Perspektiven betrachtet werden: einer systemischen und einer individuumzentrierten. Aus individuumzentrierter Sicht ist die Umwelt durch einzelne Expositionen charakterisiert, die ganz auf das betrachtete Individuum hin definiert sind. Aus systemischer Sicht wird die persönliche Umwelt aus Systemen gebildet, d. h. sie hat eine eigene, vom betrachteten Individuum unabhängige Struktur. Wie weit ist es für persönlichkeitspsychologische Untersuchungen notwendig, diese Systemstruktur zu beachten? Diese Frage wird im folgenden am Beispiel sozialer Systeme diskutiert; die Schlußfolgerungen lassen sich auf beliebige Umweltsysteme verallgemeinern.

Soziale Systeme sind Gruppen von Personen, die miteinander in regelmäßiger Interaktion stehen. Die Personen sind die Elemente des Systems; die Systemstruktur besteht aus den sozialen Beziehungen der Personen (hier genügt zunächst einmal der alltagspsychologische Begriff der Beziehung; in Abschn. 5.3 wird er ausführlicher erläutert). Zur persönlichen Umwelt gehören meist die sozialen Systeme der Familie und der Schulklasse bzw. des Betriebs. Hinzu kommen oft Interessengruppen (z. B. ein Sportverein oder der lokale Ortsverband einer Partei). Aus persönlichkeitspsychologischer Sicht interessiert nicht die komplexe Struktur eines solchen Systems an sich, sondern nur die Struktur in Hinblick auf die Persönlichkeit eines Mitgliedes des Systems – also der individuell bedeutsame Sy-

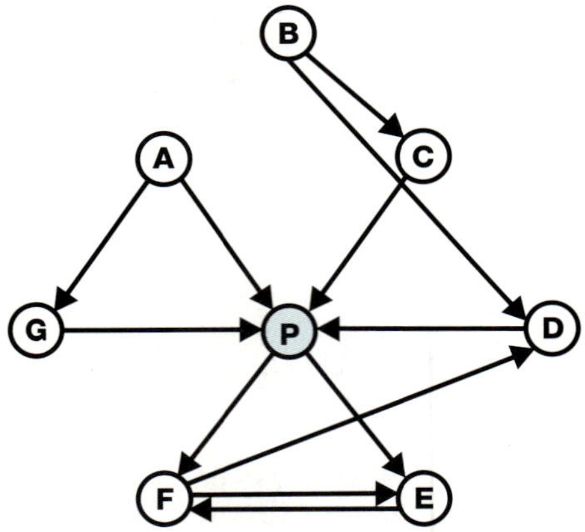

Abb. 5.6. Soziogramm einer Schulklasse

stemanteil. Wie kann er identifiziert, operationalisiert und zur Persönlichkeit in Beziehung gebracht werden? Das soll hier am Beispiel der soziometrischen Struktur einer Gruppe verdeutlicht werden.

Seit Moreno (1934) ist es eine verbreitete Praxis, die soziale Struktur von Gruppen, z. B. Schulklassen, durch soziometrische Messungen zu erheben. Dazu werden alle Gruppenmitglieder einzeln befragt, wen sie in der Gruppe mögen, wen sie nicht mögen, mit wem sie gerne zusammenarbeiten würden usw. Die Antworten aller Gruppenmitglieder zu einer solchen Frage können als Soziogramm graphisch veranschaulicht werden (Abb. 5.6).

Wählt ein Gruppenmitglied X den Partner Y, so wird im Soziogramm ein Pfeil von X nach Y eingezeichnet. Das Soziogramm veranschaulicht einen Aspekt der Systemstruktur; andere Fragen führen zu anderen Aspekten der Systemstruktur. Im hier gezeigten Beispiel sieht man auf einen Blick, daß Person P relativ zu anderen Gruppenmitgliedern sehr beliebt ist (wenn nach „mögen" gefragt wurde) oder sehr unbeliebt ist (wenn nach „nicht mögen" gefragt wurde). Die Zahl der „auf P treffenden Pfeile" ist eine sinnvolle Operationalisierung der (Un-)Beliebtheit von P in der Gruppe und wird meist als der soziometrische Status von P bezeichnet. Da der soziometrische Status meist relativ stabil über die Zeit ist (vgl. Newcomb & Bukowski, 1984), handelt es sich um eine Umwelteigenschaft von P (nicht aber um eine Persönlichkeitseigenschaft von P).

> ! **Die soziometrische Struktur einer sozialen Gruppe kann für einzelne Gruppenmitglieder auf deren soziometrischen Status reduziert werden.**

Dieses Beispiel zeigt, wie sich ein bestimmter Aspekt eines an sich komplexen sozialen Systems auf eine einzige Umweltdimension reduzieren, quantifizieren und damit mit Persönlichkeitseigenschaften korrelieren läßt. Wird dieses Verfahren auf mehrere Systemaspekte gleichzeitig angewendet, resultieren mehrdimensionale Umweltklassifikationen. Fragt man z. B. Schüler einer Klasse, wen sie mögen, und anschließend, wen sie nicht mögen, erhält man für jeden Schüler einen Beliebtheits- und einen Unbeliebtheitswert. Diese Werte korrelieren zwar meist negativ, nicht aber stark negativ, weil es Schüler gibt, die weder beliebt noch unbeliebt sind, und Schüler, an denen sich die Geister scheiden: Sie sind bei einem Teil der Klasse beliebt und gleichzeitig bei einem anderen Teil der Klasse unbeliebt, so daß sie überdurchschnittlich hohe Werte in Beliebtheit und in Unbeliebtheit erhalten (Abb. 5.7).

Auf diese Weise lassen sich viele individuell bedeutsame Aspekte auch hochkomplexer Systemstrukturen auf wenige Dimensionen der persönlichen Umwelt reduzieren. Dieses Reduktionsverfahren läßt sich nicht nur auf Schulklassen und nicht nur auf die Beliebtheit in sozialen Gruppen anwenden, sondern auf beliebige Aspekte beliebiger sozialer Systeme. So läßt sich in familienpsychologischen Untersuchungen (vgl. Schneewind, 1991) der Grad der liebevollen Zuwendung, die ein Kind seitens anderer Familienmitglieder

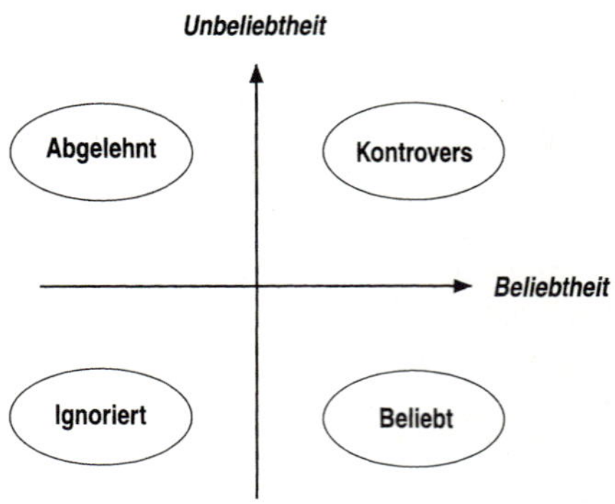

Abb. 5.7. Zweidimensionales Modell des soziometrischen Status in Gruppen

erfährt, zunächst für jedes solche Familienmitglied aus Sicht des Kindes oder dieses Familienmitglieds einschätzen. Es entsteht ein Zuwendungsprofil, das einen wichtigen Aspekt der kindlichen familiären Umwelt (ein Teil der persönlichen sozialen Umwelt des Kindes) beschreibt. Dieses Zuwendungsprofil kann dann weiter reduziert werden, indem z. B. der Mittelwert, das Minimum, das Maximum oder die Standardabweichung (Variabilität) der Profilwerte des betreffenden Kindes bestimmt werden. Jedes dieser Zuwendungsmaße beschreibt einen unterschiedlichen Aspekt der kindlichen Exposition hinsichtlich familiärer Zuwendung. Entsprechende Analysen sind für die Exposition hinsichtlich Lob, Bestrafung, Aggression usw. möglich.

Diese Beispiele zeigen, daß komplexe Systemstrukturen durchaus mit einem persönlichkeitspsychologischen Ansatz kompatibel gemacht werden können. Diese Möglichkeit wird bisweilen in eher theoretischen Diskussionen eines „systemischen“ vs. „individuumzentrierten“ Ansatzes übersehen, in denen ein Gegensatz zwischen diesen beiden Ansätzen aufgebaut wird oder gar der systemische Ansatz als prinzipiell überlegen angesehen wird, da er umfassender sei. Das ist so nicht richtig; vielmehr hängt es von der Fragestellung ab, wie detailliert die Systemstruktur untersucht werden sollte. Interessiert man sich für die Funktion sozialer Systeme, ist der systemische Ansatz zweifellos der Königsweg zum Verständnis dieser Systeme.

Interessiert man sich jedoch für individuelle Besonderheiten einzelner Personen, so enthalten Systembeschreibungen möglicherweise viel überflüssige Information. Zum Beispiel dürften Geschwisterbeziehungen zwischen den Kindern in einer Familie dann wenig bedeutsam sein, wenn man sich für die Persönlichkeit ihres Vaters interessiert. Hier scheint mir der Königsweg darin zu bestehen, zunächst am ganzen System anzusetzen, dessen Struktur dann aber radikal zu reduzieren auf wenige Merkmale, die für das Erleben und Verhalten der interessierenden Person wirklich bedeutsam sind. Diese Merkmale beschreiben ein Konstrukt, das in Verallgemeinerung des Konzepts des soziometrischen Status als Systemstatus bezeichnet werden kann. Der Systemstatus ist eine spezielle Variante der Situationsexposition, nämlich die Exposition innerhalb eines sozialen Systems.

> **!** **Die Reduktion der Systemstruktur auf den Systemstatus erlaubt es, Eigenschaften komplexer Systemstrukturen mit Eigenschaften einzelner Systemmitglieder kompatibel zu machen; das Reduktionsverfahren schlägt eine Brücke zwischen dem systemischen und dem individuumzentrierten Ansatz.**

5.3 Soziale Beziehungen und Beziehungsstatus

Eine genauere Betrachtung des im vorigen Abschnitt dargestellten Reduktionsverfahrens zeigt, daß es sich um ein zweistufiges Verfahren handelt. In einem ersten Schritt wird die Systemstruktur in einzelne soziale Beziehungen der interessierenden Person zu den anderen Gruppenmitgliedern zerlegt; in einem zweiten Schritt wird dann die Qualität dieser Beziehungen zu einem einzigen individuellen Index verrechnet. So wurde z. B. das Soziogramm in Abb. 5.6 zunächst auf die einzelnen Pfeile reduziert, die auf die interessierende Person P zeigen; jeder Pfeil repräsentierte dabei eine Qualität einer Beziehung von P (z. B. „X mag mich“). Die anderen Pfeile im Soziogramm, also die anderen Beziehungen in der Klasse, wurden dabei ignoriert. Anschließend wurden die Qualitäten aller identifizierten Beziehungen zu einem Index verrechnet, der den Systemstatus angab.

Der Zwischenschritt, Systemstrukturen auf einzelne soziale Beziehungen zu reduzieren, mag bisher nur als technischer Trick erscheinen. Erweitert man jedoch den Blick auf die ganze persönliche soziale Umwelt, so wird schnell deutlich, daß viele Anteile dieser Umwelt nur schlecht systemisch zu fassen sind, daß sich aber die ganze persönliche soziale Umwelt auf der Ebene einzelner sozialer Beziehungen in einheitlicher Weise beschreiben läßt. Dies sei hier am Beispiel der Bezugspersonen von Schulkindern deutlich gemacht.

Tabelle 5.1 zeigt die Anzahl und das Alter der Bezugspersonen, die von 139 12jährigen Münchner Schülern genannt wurden, als sie gebeten wurden, alle Menschen aufzulisten, mit denen sie mindestens einmal im Monat regelmäßigen Kontakt hatten oder die ihnen gefühlsmäßig viel bedeuteten (im positiven oder negativen Sinn; vgl. van Aken & Asendorpf, in Druck a).

Tabelle 5.1. Soziale Bezugspersonen von Schulkindern (n = 139)

Bezugsperson	Anzahl			Alter (Jahre)		
	Mittel	Minimum	Maximum	Mittel	Minimum	Maximum
Mutter	1,00	1	1	40,5	30	52
Vater	0,96	0	1	43,6	31	60
Geschwister	1,05	0[b]	4	12,0	1	32
Klassenkameraden	3,86	0	9	11,5	11	14
Großeltern	1,14	0[a]	5	68,2	50	93
Andere Erwachsene	3,30	0	9	37,5	18	80
Sonstige Gleichaltrige	3,07	0	9	11,8	7	17
Jüngere Kinder	0,17	0	3	3,6	1	6
Alle Bezugspersonen	14,38	8	22			

[a]61 Kinder gaben keine Großeltern an. [b]37 Kinder gaben kein Geschwister an.

Ein Kind lebte nicht zusammen mit der Mutter, 20 nicht zusammen mit dem Vater. Wie Tabelle 5.1 zeigt, waren nur etwa die Hälfte der Bezugspersonen Mitglied in einem sozialen System, dem auch das Kind angehörte (Familie, Klasse). Aus systemischer Sicht werden also nur etwa die Hälfte der sozialen Beziehungen der Kinder erfaßt.

Hinzu kommt, daß in systemorientierten Untersuchungen typischerweise nur ein System im Mittelpunkt des Interesses steht; die anderen sozialen Beziehungen werden als sekundär angesehen. Familienpsychologen betrachten die Schulklasse, pädagogische Psychologen die Familie als sekundär. Aus persönlichkeitspsychologischer Sicht sind aber zunächst einmal alle sozialen Beziehungen einer Person relevant; es hängt dann von der jeweiligen speziellen Fragestellung und der empirisch festgestellten Bedeutsamkeit bestimmter Beziehungsarten für diese Fragestellung ab, welche Beziehungen und gegebenenfalls welche sozialen Systeme im Mittelpunkt des Interesses stehen sollten und welche nicht.

5.3.1 Beziehungsmatrix und Beziehungsstatus

Persönlichkeitspsychologischen Fragestellungen angemessener erscheint der in Tabelle 5.1 illustrierte Ansatz, zunächst einmal alle wichtigen Bezugspersonen einer Person zu identifizieren und dann die Qualität ihrer Beziehung zu diesen Bezugspersonen zu bestimmen. Unter einer Beziehung wird dabei stets ein überdauernder (situationsübergreifender, zeitlich relativ stabiler) Bezug einer Person zu einer Bezugsperson verstanden, wobei die Beziehungsqualität sich auf kognitive Aspekte (das Wissen über die Bezugsperson), emotionale Aspekte (die emotionale Bewertung der Bezugsperson) und Verhaltensaspekte (das typische Interaktionsmuster mit der Bezugsperson) beziehen kann. Unter einer Bezugsperson ist dabei jede Person zu verstehen, mit der die interessierende Person regelmäßig Kontakt hat (ein typisches Kriterium ist mindestens einmal im Monat) oder mit der sie früher einmal öfter Kontakt hatte und die für sie immer noch subjektiv wichtig ist.

Für den Ansatz, alle Beziehungen einer Person simultan zu untersuchen, hat sich in den letzten Jahren in der Psychologie die etwas mißverständliche Bezeichnung „Netzwerkansatz“ eingebürgert (vgl. z. B. Baumann & Laireiter, 1996; Laireiter, 1993). Der Begriff des sozialen Netzwerkes stammt aus der Soziologie und bezeichnet dort in durchaus zutreffender Weise die Vernetzung einer Gruppe von Personen durch ihre sozialen Beziehungen (vgl. Ziegler, 1987). Einheit der Betrachtungsweise ist hier das gesamte vernetzte System, nicht eine einzelne Person. Später wurde der Netzwerkbegriff von empirischen Sozialforschern individualisiert zum Begriff des individuellen, personalen oder

Nr.	Typ 1	Z-P. 2	Vorname 3	Nach. 4	W= 1 M = 2 5	Alter 6	Bekannt 7	km weg 8	Kontakt 9	zufrieden 10	wichtig 11	EmoUnt 12	Nähe 13	Konflikt 14	ver-liebt 15	Sex 16
1.																
2.																
3.																

Abb. 5.8. Beziehungsmatrix für Studenten. (Nach Asendorpf & Wilpers, in Vorbereitung)

egozentrierten Netzwerkes (vgl. z. B. McCallister & Fischer, 1983). Darunter wird die Auflistung weniger besonders wichtiger Bezugspersonen und ihre Beurteilung hinsichtlich psychologisch wenig ergiebiger Daten wie Kontaktfrequenz oder räumliche Entfernung verstanden, wie sie in den Massenuntersuchungen der Umfrageforschung praktikabel ist.

In neuerer Zeit gibt es eine zunehmende Zahl psychologischer Untersuchungen zu „sozialen Netzwerken“, in denen alle persönlich bedeutsamen Bezugspersonen und die psychologisch relevanten Aspekte der Beziehung zu diesen Bezugspersonen erfaßt werden (vgl. Baumann & Laireiter, 1996; Laireiter, 1993). Tatsächlich werden aber hier keine Netzwerke erhoben, sondern nur eine Beziehungsmatrix der Art, daß eine Person alle oder fast alle Beziehungen zu den von ihr genannten Bezugspersonen hinsichtlich derselben Beziehungsqualitäten einschätzt. Abbildung 5.8 zeigt ein Beispiel einer solchen Beziehungsmatrix, die zur Erfassung der sozialen Beziehungen von Studenten entwickelt wurde (Asendorpf & Wilpers, in Vorbereitung).

Die Versuchspersonen tragen zeilenweise zunächst alle ihre Bezugspersonen ein, d. h. die Menschen, mit denen sie im letzten Monat mindestens einmal direkten, telefonischen oder schriftlichen Kontakt hatten, oder die ihnen trotz fehlenden Kontaktes immer noch emotional wichtig sind, und geben objektive Daten an wie Geschlecht, Alter, Bekanntschaftsdauer und räumliche Entfernung. Dann beurteilen sie spaltenweise die Qualität ihrer Beziehung zu diesen Bezugspersonen mit Hilfe mehrstufiger Skalen bezüglich Kontakthäufigkeit, Zufriedenheit mit der Kontakthäufigkeit, Wichtigkeit der Beziehung für sie selbst, emotionale Unterstützung durch die Beziehung, emotionale Nähe zur Bezugsperson, Konflikthäufigkeit, Verliebtheit und Geschlechtsverkehr.

Aus diesen Variablen können dann Variablen des Beziehungsstatus auf individueller Ebene erzeugt werden, z. B. der Anteil der Bezugspersonen des eigenen Geschlechts unter allen Bezugspersonen, deren Altersvarianz, die mittlere Bekanntschaftsdauer mit ihnen, die Summe der Kontakte und Sexualpartner, und die Anzahl als emotional nah eingeschätzter Beziehungen.

Allgemein ist unter dem Beziehungsstatus einer Person also die Gesamtqualität ihrer Beziehungsmatrix zu verstehen. Sofern der Beziehungsstatus zeitlich relativ stabil ist, ist er ein Merkmal der persönlichen Umwelt der Person (kein Persönlichkeitsmerkmal). Der soziometrische Status und der Systemstatus im allgemeinen (vgl. Abschn. 5.2) lassen sich damit als Spezialfälle des Beziehungsstatus auffassen. Tafel 5.1 faßt die bisher eingeführten Begriffe zur Beschreibung der Umwelt zusammen.

Tafel 5.1. Grundbegriffe des Person-Umwelt-Bezugs

Die Umwelt einer Person besteht aus psychologischer Sicht aus allen externen Bedingungen des Erlebens, Verhaltens und der Entwicklung dieser Person.
Die Situationsexposition einer Person ist die Häufigkeit oder Dauer, mit der sie Situationen eines bestimmten Typs ausgesetzt ist.
Die persönliche Umwelt einer Person ist ihre überdauernde Umwelt, charakterisiert durch ihre gesamte Situationsexposition.
Eine soziale Beziehung ist ein überdauernder Bezug einer Person zu einer Bezugsperson, die Teil ihrer persönlichen Umwelt ist. Sie hat kognitive, emotionale und Verhaltensaspekte.
Das soziale Netzwerk einer Person ist die Gesamtheit ihrer Beziehungen zu ihren wichtigen Bezugspersonen und deren Beziehungen untereinander. Meist werden die Beziehungen der Bezugspersonen untereinander ignoriert; dann kann das Netzwerk in Form einer Beziehungsmatrix dargestellt werden (Personen × Beziehungsqualitäten).
Der Beziehungsstatus einer Person ist die Gesamtqualität ihrer Beziehungsmatrix.

Tabelle 5.2. Aktuelle und überdauernde Aspekte des Person-Umwelt-Bezugs

		Überdauernd	
	Aktuell	Variablenzentriert	Personzentriert
Umwelt	Situation	Situationsexposition	persönliche Umwelt
Person	Verhalten	Verhaltensdisposition	Persönlichkeit
Person-Umwelt-Bezug	Interaktion	Beziehungsqualität	Beziehungsstatus

Tabelle 5.2 stellt vergleichbare aktuelle und überdauernde Aspekte des Person-Umwelt-Bezugs einander gegenüber.

5.3.2 Persönlichkeitsabhängigkeit der Messung des Beziehungsstatus

Der Beziehungsstatus ist also ein mehrdimensionales Konstrukt, dessen Messung durch einzelne Statusvariablen erfolgt. Einige dieser Variablen sind völlig personunabhängig definiert, z. B. Anteil weiblicher Bezugspersonen oder Anteil von Erwachsenen, manche sind personabhängig definiert, aber durch Dritte objektiv überprüfbar, z. B. Anteil gleichgeschlechtlicher Bezugspersonen, andere sind nur von der befragten Person und ihrer jeweiligen Bezugsperson in Erfahrung zu bringen, z. B. Kontaktfrequenz oder Häufigkeit von Geschlechtsverkehr, und wieder andere sind ausschließlich von der interessierenden Person selbst erfragbar, z. B. emotionale Nähe zur Bezugsperson.

Die verschiedenen Aspekte des Beziehungsstatus unterscheiden sich also stark darin, wie weit ihre Definition durch subjektive Bewertungen der befragten Person beeinflußt ist. Von daher ist zu erwarten, daß sich Zusammenhänge zwischen Persönlichkeit und Variablen des Beziehungsstatus um so eher finden lassen, je stärker diese Variablen einer subjektiven Wertung unterliegen. Dies wurde schon in Abschn. 5.1 am Beispiel des Zusammenhangs zwischen Einsamkeit und der Zahl unterstützender Beziehungen deutlich gemacht. Ein anderes Beispiel zeigt die Literaturübersicht von Feichtinger et al. (1992) zu Netzwerkkorrelaten von Neurotizismus. Neurotizismus zeigte keine klaren Korrelationen mit der Netzwerkgröße, jedoch durchweg negative Korrelationen mit der Zahl guter Freunde und anderer als eng empfundener Beziehungen.

Die Grenze zwischen Persönlichkeit und Umwelt wird bis zur Unkenntlichkeit verwischt in Untersuchungen, in denen der Beziehungsstatus nicht durch Beurteilungen konkreter Beziehungen zu einzelnen Bezugspersonen, sondern durch Beurteilung der eigenen Beziehungen im allgemeinen erhoben wird. Das Item „Ich habe viele Freunde" kann z. B. zur Erfassung von Geselligkeit, des sozialen Selbstwertgefühls, von Einsamkeit (in negativ gepolter Form) und natürlich auch zur Erfassung des Beziehungsstatus unabhängig von konkreten Beziehungen verwendet werden. Die dann resultierenden Korrelationen zwischen Extraversion, sozialem Selbstwertgefühl, Einsamkeit und Beziehungsstatus können deshalb schon alleine wegen der Ähnlichkeit der verwendeten Items sehr hoch sein, sind aber letztlich trivial. Sie sagen nichts mehr aus über Zusammenhänge zwischen Persönlichkeit und Umwelt, weil die Umwelt vollständig „in die Persönlichkeit hineinverlegt" wurde.

Persönlichkeitseffekte, die schon in der Beziehungsdefinition durch die befragte Person stecken, lassen sich dann vermeiden, wenn die Beziehungsqualitäten nicht von ihr selbst, sondern von ihren Bezugspersonen oder von Dritten beurteilt werden. Bei manchen wichtigen Beziehungsqualitäten wie z. B. der Zufriedenheit mit der Beziehung läßt sich dies jedoch nicht realisieren. Hier können triviale Persönlichkeitseffekte aber dadurch vermindert werden, daß die Einschätzungen nicht global, sondern in konkreten Kontexten geschehen (z. B. Führen eines Beziehungstagebuchs über mehrere Wochen mit täglicher Protokollierung der Zufriedenheit; vgl. Auhagen, 1991).

> **!** **Schon die Definition von sozialen Beziehungen und ihrer Qualität kann stark persönlichkeitsabhängig sein; dies muß bei der Interpretation von Korrelationen zwischen Persönlichkeit und Beziehungen berücksichtigt werden.**

5.3.3 Das Modell sozialer Beziehungen von Kenny

Letztlich läßt sich eine strikte Trennung zwischen Persönlichkeit, Umwelt und Beziehung nur dann durchführen, wenn viele Personen in konkreter sozialer Interaktion untereinander durch Dritte über lange Zeiträume beobachtet werden, was z. B. in stabilen sozialen Gruppen der Fall sein kann. Hier lassen sich in einem statistisch-interaktionistischen Ansatz Persönlichkeitseigenschaften eindeutig von Situationsexpositionen und Beziehungsqualitäten trennen.

Kenny und LaVoie (1984) haben hierfür ein mathematisches Modell entwickelt, das Modell sozialer Beziehungen („social relations model"). Das Verhalten eines „Akteurs" gegenüber einem „Partner" wird zerlegt in drei Komponenten: die stabile Tendenz des Akteurs, dieses Verhalten gegenüber beliebigen Interaktionspartnern zu zeigen (der Akteurparameter), die stabile Tendenz des Partners, dieses Verhalten bei beliebigen Interaktionspartnern hervorzurufen (der Partnerparameter), und der durch diese beiden Persönlichkeitseffekte nicht erklärbare, stabile Verhaltensanteil (der Beziehungsparameter):

> ! Verhalten (Akteur) = f(Akteur, Partner, Beziehung des Akteurs zum Partner).

Der Akteurparameter beschreibt eine Verhaltensdisposition des Akteurs (also eine Persönlichkeitseigenschaft), der Partnerparameter eine mittlere Situationsexposition aller Akteure und der Beziehungsparameter eine Beziehungsqualität. Tafel 5.2 illustriert dieses Modell anhand des sozialen Verhaltens von Kindergartenkindern.

Tafel 5.2. Illustration des Modells sozialer Beziehungen

Nach Kenny und LaVoie (1984) lassen sich Beziehungsqualitäten und Persönlichkeitseigenschaften durch ein gemeinsames Modell schätzen, wenn alle Personen die gleiche Möglichkeit haben, miteinander in soziale Interaktion zu treten. Dies sei hier an einer Studie von Asendorpf und Schäfer (1993) illustriert. Eine Gruppe von acht Kindergartenkindern spielte an sieben Tagen jeweils eine Stunde zusammen. Ausgewertet wurde die soziale Orientierung der Kinder zueinander (ein bestimmtes Kind länger ansehen oder mit ihm sprechen oder spielen) (Tabelle 5.3).

Tabelle 5.3. Häufigkeiten der Orientierung der Kinder zueinander an den sieben Tagen und die Zeilen- und Spaltenmittel. (Aus Asendorpf & Schäfer, 1993)

Akteur	Partner								
	1	2	3	4	5	6	7	8	Mittel
1	-	13	15	62	38	7	9	2	20,9
2	8	-	22	12	9	36	9	0	13,7
3	18	26	-	21	7	2	9	3	12,3
4	65	16	11	-	14	49	5	6	23,7
5	54	4	14	14	-	3	12	1	14,6
6	9	45	4	26	9	-	11	34	19,7
7	9	2	5	0	12	18	-	76	17,4
8	1	1	6	3	17	37	84	-	21,3
Mittel	23,4	15,3	11,0	19,7	15,1	21,7	19,9	17,4	17,9

In diesem Beispiel mißt der Akteurparameter eines Kindes die Tendenz, sich anderen Kindern zuzuwenden, der Partnerparameter die Tendenz eines Kindes, die Zuwendung anderer hervorzurufen, und der Beziehungsparameter eines Kindes bezüglich eines Partners die Tendenz, sich diesem Partner mehr bzw. weniger zuzuwenden, als von dem Akteurparameter des Kindes und dem Partnerparameter des Partners her zu erwarten ist. Die Akteurparameter entsprechen ungefähr den Zeilenmitteln, die Partnerparameter ungefähr den Spaltenmitteln und der Beziehungseffekt eines Paares (Akteur, Partner) ungefähr der Differenz zwischen dem beobachteten Wert dieses Paares und dem Mittel aus Akteur- und Partnerparameter. Die genaue Schätzung der Parameter ist wegen der fehlenden Diagonalzellen nicht einfach; die Zeilen- bzw. Spaltenmittel repräsentieren nur annähernd die Akteur- bzw. Partnerparameter (vgl. Warner et al., 1979; Asendorpf & Schäfer, 1993).

Das Modell setzt voraus, daß alle drei Parameter, insbesondere die Beziehungsparameter, zeitlich stabil sind. Um das empirisch zu testen, muß die zeitliche Stabilität der drei Parameter nachgewiesen werden; dies erfordert Beobachtungen des interaktiven Verhaltens in vielen Situationen (würde das nicht getan, würden Merkmale der speziellen aktuellen Situation in den Beziehungsparametern mit erfaßt und sie deshalb künstlich erhöhen). Die Stabilität der Beziehungsparameter wurde im obigen Beispiel geprüft, indem die Parameter getrennt für die ersten drei und die darauffolgenden vier Tage bestimmt und dann korreliert wurden. Die Stabilität betrug 0,71 – nach etwa vier Stunden Beobachtung ergaben sich also bereits annähernd stabile Beziehungseffekte.

Im Modell sozialer Beziehungen sind Beziehungsparameter realistischerweise asymmetrisch definiert, d. h. A kann mit B eine positive, B mit A aber eine negative Beziehung haben. Es ist also empirisch prüfbar, wie weit bestimmte Beziehungsaspekte auf Wechselseitigkeit beruhen (reziprok sind). Im Beispiel von Tafel 5.2 korrelierten die Beziehungsparameter zwischen den beiden Partnern zu 0,56, d. h. im Mittel über alle Kinder gab es eine deutliche, keineswegs aber perfekte Reziprozität in der sozialen Orientierung. Zum Beispiel orientierte sich Kind 4 viel häufiger an Kind 6 als umgekehrt.

> ! **Im Modell sozialer Beziehungen sind Beziehungsparameter asymmetrisch definiert; die Reziprozität der Parameter ist eine empirische Frage.**

Beziehungseffekte sind im Modell sozialer Beziehungen immer beschränkt auf das betrachtete Verhalten. So hat z. B. Kind 7 mit Kind 8 im obigen Beispiel einen positiven Beziehungsparameter, weil 7 sich mehr an 8 orientiert, als vom Akteurparameter von 7 und vom Partnerparameter von 8 her zu erwarten wäre. Würde man nicht soziale Orientierung untersuchen, sondern aggressives Verhalten, hätte möglicherweise 7 „keine Beziehung" zu 8, weil 7 seine Aggressionen weder auf 8 konzentriert noch Aggressionen gegenüber 8 in besonderer Weise vermeidet.

> ! **Beziehungseffekte sind im Modell sozialer Beziehungen verhaltensspezifisch.**

Die Definition von „Beziehung" erfolgt in diesem Modell relativ zur betrachteten Population, nämlich der Gruppe der jeweils interagierenden Personen. Zum Beispiel haben die Kinder 7 und 8 in Tabelle 5.3 wechselseitig einen hoch positiven Beziehungsparameter, d. h. sie sind viel mehr wechselseitig orientiert, als von ihrem generellen Orientierungsverhalten in der Gruppe her zu erwarten wäre. Das sagt aber nichts Sicheres darüber aus, wie sie sich in einer anderen Gruppe verhalten würden: Vielleicht würden sie sich dort aus dem Weg gehen. In diesem Fall wäre der Beziehungsparameter inkonsistent zwischen unterschiedlichen Gruppen.

> ! **Die Aussagen des Modells sozialer Beziehungen sind gruppenspezifisch.**

Im Modell sozialer Beziehungen läßt sich der Beziehungsstatus einer Person charakterisieren durch die Verteilung ihrer Beziehungsparameter. Zum Beispiel hat Kind 7 im obigen Beispiel eine „stark positive" Beziehung zu 8, keine zu 5 und 6 (weil seine soziale Orientierung ihnen gegenüber durchschnittlich ist) und „negative Beziehungen" zu 1,2,3 und 4 (weil es sich nur sehr selten an sie wendet). „Positiv" und „negativ" ist hier rein statistisch zu verstehen, nämlich häufiger oder seltener in bezug auf das durchschnittliche Verhalten von Kind 7 in der Gruppe.

Empirisch wurde das Modell sozialer Beziehungen bisher vor allem in Studien zu Beziehungseffekten in der Personenwahrnehmung (Kenny, 1994) angewandt. Beziehungseffekte im Verhalten wurden meist nur in künstlich zusammengestellten Kleingruppen untersucht (Kenny & Malloy, 1988). In einer naturalistischeren Studie beobachteten Ross und Lollis (1989) das Interaktionsverhalten von 2–3 Jahre alten Kindern, die im dyadischen Spiel mit jeweils zwei verschiedenen Partnern beobachtet wurden. Jedes Paar spielte 18mal jeweils 40 Minuten miteinander. Überzufällige Beziehungseffekte bildeten sich nach etwa 10 Sitzungen heraus. Asendorpf und Schäfer (in Vorbereitung) ließen das Verhalten von 84 Neulingen in 13 Kindergartengruppen einmal pro Woche ein Jahr lang durch trainierte Beobachter für soziale Orientierung kodieren. Nach Mittelung der Beobachtungen über das erste halbe Jahr gab es in 12 der 13 Gruppen überzufällige Beziehungseffekte für die

Kindergartenneulinge, und in 11 der 13 Gruppen nahmen diese Beziehungseffekte vom ersten zum zweiten Halbjahr überzufällig zu. Diese Ergebnisse zeigen, daß das Modell der sozialen Beziehungen sensitiv für die kurz- und langfristige Beziehungsentwicklung ist.

Das Modell sozialer Beziehungen folgt einem statistisch-interaktionistischen Ansatz: Es betrachtet soziale Beziehungen als statistische Interaktionen zwischen Personen und Situationen. Die Situationen sind in diesem Fall die Interaktionspartner. Insofern können in diesem speziellen Fall stabile Umwelteigenschaften als Persönlichkeitseigenschaften der Partner interpretiert werden: Wie stark ruft ein Partner ein bestimmtes Verhalten bei den Akteuren hervor? Wie stark orientieren sich z. B. die Mitglieder einer Kindergartengruppe auf ein bestimmtes Kind hin? Der Partnerparameter des Kindes für soziale Orientierung sagt offensichtlich etwas über die Attraktivität des Kindes in der Gruppe aus. Wie alle Aussagen zu statistischen Interaktionen zwischen Personen und Situationen sind die Aussagen des Modells sozialer Beziehungen allerdings populationsabhängig, nämlich abhängig von der betrachteten sozialen Gruppe.

5.4 Soziale Bindungen

Der Netzwerkansatz (und das Modell sozialer Beziehungen) betrachten alle sozialen Beziehungen einer Person (in einer bestimmten sozialen Gruppe). Unter diesen Beziehungen kann es besonders enge, emotional bedeutsame Beziehungen geben (vgl. Berscheid, 1994, für eine Übersicht). Dazu gehören meist die Beziehungen zu den Eltern und Geschwistern, teilweise auch zu den Großeltern, später auch die Beziehungen zu besonders guten Freunden, zu Geliebten, zu (Ehe-)Partnern und zu eigenen Kindern. Ausgehend von psychoanalytischen Vorstellungen über frühe Objektbeziehungen wurden enge Beziehungen vor allem unter dem Aspekt der sozialen Bindung untersucht.

In Freuds Theorie der Charakterentwicklung (vgl. Abschn. 2.2) spielten die Beziehungen zu den Eltern eine zentrale Rolle, weil Mutter und Vater Objekte der realen und vor allem der phantasierten Triebbefriedigung seien oder die eigene Triebbefriedigung verhinderten. Zudem würde die Persönlichkeit des gleichgeschlechtlichen Elternteils im Verlauf der Lösung des Ödipuskonflikts durch Identifikation internalisiert. Später rückten Psychoanalytiker immer mehr von Freuds psychosexuellem Triebmodell der Persönlichkeitsentwicklung ab und stellten zunehmend die Internalisierung von Objektbeziehungen in den Mittelpunkt ihrer Persönlichkeitsauffassung. Objekte sind dabei zentrale Bezugspersonen wie Mutter, Vater, Partner, aber auch der Analytiker in der Therapie. Dabei wich das anfängliche Interesse an Objekten als Figuren der Phantasie (Klein, 1948) zunehmend der Auffassung, daß Objekte mentale Repräsentationen tatsächlicher Bezugspersonen seien.

Sandler und Rosenblatt (1962) formulierten das Konzept der repräsentationalen Welten, wonach sich aufgrund der Erfahrungen in frühen Objektbeziehungen mentale Repräsentationen des Selbst, anderer Personen und der Beziehungen zu ihnen herausbilden. Diese mentalen Repräsentationen wirkten sich auf die Gestaltung der späteren engen Beziehungen aus. Diese Auffassung dominiert neuere, nichtorthodoxe psychoanalytische Auffassungen der Persönlichkeits- und Beziehungsentwicklung (vgl. Mitchell, 1988; Stern, 1985).

> ! **Nach Auffassung neuerer psychoanalytischer Objektbeziehungstheorien beeinflussen früh gebildete mentale Repräsentationen realer Objektbeziehungen die spätere Beziehungsentwicklung.**

5.4.1 Bindungsstile bei Kindern

Bowlby (1969) griff dieses Konzept auf und verknüpfte es mit evolutionsbiologischen und systemtheoretischen Konzepten. Nach Bowlby (1969) gibt es nicht nur beim Menschen, sondern auch bei höheren Säugetieren im allgemeinen ein evolutionär tief verankertes Bindungssystem, das bei Gefahr die Nähe zwischen dem Kind und der primären Bezugsperson gewährleiste (primär sowohl im Sinne der ersten als auch der wichtigsten Beziehung; meist die Mutter): Kind und Bezugsperson würden Nähe und Sicherheit suchen bzw. spenden. Die Erfahrungen in solchen Situationen prägten beim Kind ein inneres Arbeitsmodell von Beziehungen (Bowlby, 1973). Normalerweise würde die Beziehung als sicherheitsspendend erlebt; so

Tabelle 5.4. Der Strange Situation Test von Ainsworth et al. (1978)

Nr.	Personen	Dauer	Situation
1	Mutter, Kind, Experimentator	30 sec	Experimentator zeigt Mutter und Kind den Versuchsraum, verläßt ihn
2	Mutter, Kind	3 min	Mutter bringt Kind zum Alleinspiel
3	Fremde, Mutter, Kind	3 min	1. Minute: Fremde schweigt 2. Minute: Fremde spricht mit Mutter 3. Minute: Fremde spricht Kind an Mutter verläßt Raum ohne Verabschiedung
4	Fremde, Kind	3 min*)	Fremde reagiert auf Kind
5	Mutter, Kind	3 min oder mehr	*1. Wiedervereinigung*: Mutter begrüßt Kind, bringt es zum Alleinspiel, verabschiedet sich, verläßt Raum
6	Kind	3 min*)	Kind allein im Raum
7	Fremde, Kind	3 min*)	Fremde reagiert auf Kind
8	Mutter, Kind	3 min	*2. Wiedervereinigung*: Mutter begrüßt Kind, spielt mit ihm

*)kürzer, wenn Kind schreit.

komme es zum Arbeitsmodell einer sicheren Bindung, das spätere Erwartungen an andere enge Beziehungen präge. Bei Störungen der Beziehung zur primären Bezugsperson oder bei Fehlen einer solchen Beziehung (z. B. bei manchen Heimkindern) komme es zu einem Arbeitsmodell einer unsicheren Bindung, das sich störend auf spätere Beziehungen auswirke.

> **!** **Nach Bowlby sind es besonders Bindungserfahrungen in als bedrohlich empfundenen Situationen, die das innere Arbeitsmodell von Beziehungen prägen.**

Ainsworth et al. (1978) erweiterten Bowlbys klinisch orientierten Ansatz auf interindividuelle Unterschiede in der Bindung von Kindern im Alter von 12–18 Monaten an ihre Eltern im allgemeinen. In dieser Altersgruppe läßt sich Bindungsverhalten besonders gut beobachten. Ainsworth et al. (1978) entwickelten ein Beobachtungsparadigma, das es gestattet, Bindungsverhalten im Labor zu beobachten. Dazu wird das Kind zusammen mit seiner Mutter (manchmal auch seinem Vater) in eine Sequenz von Situationen gebracht, die Aufschluß über seine Bindung an den jeweiligen Elternteil geben soll (der „Strange Situation Test"; Tabelle 5.4).

Ainsworth et al. (1978) nahmen an, daß „sicher gebundene" Kinder dieses Alters nach einer kurzen Trennung von der Mutter, die durch fehlende Verabschiedung durch die Mutter, Anwesenheit einer Fremden und kurzes Alleinsein in einem unvertrauten Raum verschärft wird, sich freuen, wenn die Mutter wiederkommt. „Unsicher gebundene Kinder" dagegen ignorierten die Mutter oder klammerten sich ängstlich an sie. Die diagnostisch entscheidende Situation ist also die erste Wiedervereinigung mit der Mutter (z. T. wird auch die zweite Wiedervereinigung mit berücksichtigt). Das Verhalten des Kindes wurde entsprechend dieser Annahme klassifiziert nach drei Bindungsstilen: sicher, vermeidend und ängstlich-ambivalent. Tabelle 5.5 skizziert diese drei Bindungsstile für einjährige Kinder.

> **!** **Ainsworth entwickelte ein Beobachtungsparadigma, das es erlaubt, bei Kleinkindern drei verschiedene Bindungsstile gegenüber einer Bezugsperson zu unterscheiden.**

Empirische Studien zu Bindungsstilen im Strange Situation Test leiden oft unter dem Problem zu kleiner Stichproben, bedingt durch den großen Aufwand der Verhaltensbeobachtung und -kodierung. Inzwischen gibt es aber zahlreiche Untersuchungen dieser Art, so daß sich einige robuste Befunde ausmachen lassen:

- Die mittelfristige Stabilität des Bindungsstils an die Mutter ist schon ab dem Alter von 12 Monaten ausreichend, um von einer Beziehungseigenschaft des Kindes zu sprechen. Bei instabilen Familienverhältnissen (Scheidung, Arbeitslosigkeit usw.) ist die Stabilität geringer (vgl. Lamb et al., 1984). Bei stabiler Umwelt kann die Stabilität bis zum Alter von sechs Jahren hoch sein (vgl. die Daten der allerdings nur sehr kleinen

Tabelle 5.5. Bindungsstile einjähriger Kinder

Bindungsstil	Verhalten bei 1. Wiedervereinigung
B: sicher	keine Vermeidung des Kontaktes und der Nähe zur Mutter
A: vermeidend	Ignorieren oder aktives Vermeiden der Mutter
C: ängstlich-ambivalent	Zeichen eines Annäherungs-Vermeidungs-Konflikts gegenüber der Mutter

Stichprobe von Wartner et al., 1994). Zur Stabilität vom frühen Kindesalter bis zum Jugend- und Erwachsenenalter sind die jüngst vorgelegten Befunde uneinheitlich, vermutlich vor allem wegen der zu kleinen Stichproben (Zimmermann et al., 1995; Waters et al., 1995).

- An die Mutter sicher gebundene einjährige Kinder werden später im Kindergarten und in der Grundschule überzufällig als kompetenter eingeschätzt, vermeidende als aggressiver, und ängstlich-ambivalente als ängstlicher (Sroufe, 1983; Suess et al., 1992). Ein ähnliches Muster findet sich bei Kibbutzkindern für die Bindung an die Tagesmutter, nicht aber für die Bindung an die leibliche Mutter (Sagi et al., 1985).
- Der Bindungsstil des Kindes an die Eltern zeigt eine überzufällige Konsistenz zwischen Mutter und Vater. Hinsichtlich des Vergleichs sicher – unsicher (A + C) ist die Konsistenz gering, hinsichtlich des Vergleichs vermeidend – ängstlich-ambivalent ist die Konsistenz hoch (Fox et al., 1991).
- Streßresistenz des Kindes und ein einfühlsamer, auf die Bedürfnisse des Kindes eingehender mütterlicher Erziehungsstil sagen sicheres Bindungsverhalten des Kindes gegenüber der Mutter überzufällig, aber nur mäßig stark vorher (Goldsmith & Alansky, 1987).

Bindungsstile scheinen damit relativ beziehungsspezifisch zu sein und wie die meisten Beziehungsqualitäten sowohl die Persönlichkeit beider Beziehungspartner als auch einen beziehungsspezifischen Anteil zu reflektieren, der als Wechselwirkung dieser zwei Persönlichkeiten verstanden werden kann. Zum Beispiel wird ein generell streßresistentes Kind im Strange Situation Test besonders dann sicher auf die Abwesenheit der Mutter reagieren, wenn sie sonst generell einfühlsam auf die Bedürfnisse des Kindes eingeht und dadurch dem Kind ein Gefühl der Sicherheit verleiht, und kindliche Streßresistenz und mütterliche Einfühlsamkeit könnten sich nicht nur in ihrer Wirkung auf eine sichere Bindung addieren, sondern potenzieren, wodurch z. B. im Modell sozialer Beziehungen (vgl. Abschn. 5.3) ein Beziehungseffekt entstehen würde.

Daß Bindungsverhalten im Labor gegenüber der im Alltag wichtigsten Bezugsperson (meist die Mutter, bei Kibbutzkindern die Tagesmutter) überzufällig auch späteres Verhalten gegenüber Gleichaltrigen im Kindergarten vorhersagt, wird meist als Wirkung einer sicheren Bindung auf späteres Sozialverhalten interpretiert. Alternativ wäre es aber auch denkbar, daß Bindungsverhalten und späteres Sozialverhalten Ausdruck einer stabilen Persönlichkeitseigenschaft des Kindes sind. Für die Unterscheidung vermeidend – ängstlich-ambivalent scheint dies besonders naheliegend, weil hier nicht nur eine gewisse Kontinuität der Verhaltensform, sondern auch eine relativ hohe Konsistenz des Bindungsverhaltens gegenüber Mutter und Vater vorliegt. Entscheiden ließen sich diese beiden Alternativen durch eine Längsschnittstudie, in der Bindungsstil und unabhängig davon erhobene Persönlichkeitseigenschaften des Kindes in Konkurrenz zueinander späteres Verhalten vorhersagen; eine solche Studie wurde meines Wissens noch nicht durchgeführt.

> **!** **Kindliche Bindungsstile sind bei stabiler sozialer Umwelt mittelfristig stabil, mäßig konsistent zwischen Mutter und Vater und zeigen mäßige Beziehungen zu Persönlichkeitsmerkmalen des Kindes und der Bezugsperson. Die Beziehung zur primären Bezugsperson (nicht unbedingt die Mutter) ist mit späterem Verhalten gegenüber Gleichaltrigen mäßig assoziiert, wobei unklar ist, ob diese Assoziation auf der Wirkung von Bindungserfahrungen oder auf beziehungsunabhängigen kindlichen Persönlichkeitseigenschaften beruht.**

5.4.2 Bindungsstile bei Erwachsenen

Objektbeziehungstheoretiker und Bindungstheoretiker wie Bowlby und Ainsworth teilten die Annahme, daß die Qualität der Beziehung zur wichtigsten Bezugsperson verinnerlicht werde und beliebige spätere enge Beziehungen beeinflusse. Diese Hy-

pothese lag auch dem Versuch von Hazan und Shaver (1987) zugrunde, die Bindungsstile von Ainsworth auf die Partnerbeziehungen von Erwachsenen anzuwenden: Wenn der frühkindliche Bindungsstil die Beziehung auch zu späteren Partnern beeinflusse, sollte er auch geeignet sein, die Qualität der Partnerbeziehung zu beschreiben. Dazu forderten die Autoren die Leser einer Lokalzeitung auf, sich an einem „Liebes-Quiz" zu beteiligen und 95 Fragen zu ihrer wichtigsten Liebesbeziehung zu beantworten. Darunter befanden sich auch Kurzbeschreibungen einer sicheren, einer ängstlich-ambivalenten und einer vermeidenden Partnerbeziehung. Letztere wurde z. B. wie folgt beschrieben:

Ich empfinde es manchmal als ziemlich unangenehm, anderen nahe zu sein; ich finde es schwierig, ihnen vollständig zu vertrauen, schwierig, es mir zu erlauben, von ihnen abhängig zu sein. Ich werde nervös, wenn jemand mir zu nahe kommt, und oft wollen Liebespartner mir näher kommen, als mir angenehm ist.

Die Leser sollten ankreuzen, welcher der drei Bindungsstile sie hinsichtlich ihrer wichtigsten Liebesbeziehung am besten charakterisiert. 56 % der 574 Antwortenden beschrieben sich als sicher, 25 % als vermeidend und 19 % als ängstlich-ambivalent. Andere Beurteilungen der Beziehung bestätigten die Bedeutung dieser Klassifikation; so erhielten sichere Beziehungen höhere Urteile in Vertrauen in den Partner, ängstlich-ambivalente höhere in Eifersucht und vermeidende höhere in Furcht vor Nähe. Dieses Muster konnte in einer Studentenstichprobe bestätigt werden.

Nachfolgende Untersuchungen stützten die Interpretation der drei Bindungsstile für Partnerbeziehungen. Simpson et al. (1992) versuchten, Studentinnen im Labor Angst einzujagen und beobachteten das Verhalten in der anschließenden Paarinteraktion. Je ängstlicher sicher gebundene Studentinnen waren, desto eher suchten sie Unterstützung beim Partner, während sich bei den vermeidend gebundenen dieser Zusammenhang nicht fand. Sicher gebundene Männer offerierten ihrer Partnerin um so mehr Unterstützung, je stärker diese belastet war; wieder bestand dieser Zusammenhang nicht bei den vermeidend gebundenen Männern.

Kirkpatrick und Davis (1994) fanden, daß vermeidende und ängstlich-ambivalente Beziehungen bei Studenten in festen Beziehungen weniger häufig vorkamen als bei Studenten im allgemeinen, daß eine sichere Bindung mit einer höheren Zufriedenheit mit der Beziehung einherging und daß die Bindungsstile beider Partner eine deutliche Wechselwirkung zeigten: Eine unsichere Bindung desselben Typs (vermeidend-vermeidend; ängstlich-ängstlich) kam bei den 240 untersuchten Paaren nicht vor, während vermeidend-ängstliche Bindungen überrepräsentiert waren (es gab 16 solche Beziehungen, wobei bei Unabhängigkeit der Bindungsstile der beiden Partner nur sieben zu erwarten waren; Tabelle 5.6).

Tabelle 5.6. Häufigkeit von Bindungsstilkombinationen bei studentischen Paaren. (Nach Kirkpatrick & Davis, 1994)

Männer	Frauen			
	Vermeidend	Sicher	Ängstlich-ambivalent	Total
Vermeidend	0 (5)	25 (26)	9 (3)	34
Sicher	28 (26)	138 (136)	12 (16)	178
Ängstlich-ambivalent	7 (4)	21 (21)	0 (2)	28
Total	35	184	21	240

Zahlen in Klammern geben die erwarteten Häufigkeiten bei Unabhängigkeit der Bindungsstile der beiden Partner an.

Die Autoren interpretierten dieses Muster durch die (In-)Kompatibilität der wechselseitigen Erwartungen: Vermeidende Personen erwarteten einen fordernden Partner, ängstlich-ambivalente einen zurückweisenden. Deshalb könne nur die Kombination vermeidend-ängstlich die wechselseitigen Erwartungen befriedigen. Diese Interpretation betrachtet also gemäß der Bindungstheorie den Bindungsstil als Bedingung, nicht als Konsequenz der Beziehungsqualität. Umgekehrt ist es aber auch denkbar, daß sich im Verlauf der Beziehungsentwicklung unsichere Bindungsstile der beiden Partner auf einer Dimension vermeidend – ängstlich polarisieren.

! **Die drei Bindungsstile von Ainsworth lassen sich auch auf Partnerbeziehungen von Erwachsenen anwenden, wobei Beziehungen zwischen Partnern des gleichen unsicheren Stils sehr selten zu sein scheinen.**

Bartholomew (1990) entwickelte diesen Ansatz für Erwachsene weiter, indem sie den vermeidenden Stil in einen abweisenden („dismissing") und einen ängstlichen („fearful") Stil differenzierte und

Tabelle 5.7. Vier Bindungsstile von Erwachsenen. (Nach Bartholomew, 1990)

Bindungsstil	Beschreibung[a]
Sicher	Ich finde, daß es ziemlich leicht für mich ist, anderen gefühlsmäßig nahe zu sein. Es geht mir gut, wenn ich mich auf andere verlassen kann und wenn andere sich auf mich verlassen. Ich mache mir keine Gedanken darüber, daß ich allein sein könnte oder daß andere mich nicht akzeptieren könnten.
Abweisend	Es geht mir auch ohne enge gefühlsmäßige Bindung gut. Es ist sehr wichtig für mich, mich unabhängig und selbständig zu fühlen, und ich ziehe es vor, wenn ich nicht von anderen und andere nicht von mir abhängig sind.
Ängstlich	Ich empfinde es manchmal als ziemlich unangenehm, anderen nahe zu sein. Ich möchte Beziehungen, in denen ich anderen nahe bin, aber ich finde es schwierig, ihnen vollständig zu vertrauen oder von ihnen abhängig zu sein. Ich fürchte manchmal, daß ich verletzt werde, wenn ich mir erlaube, anderen zu nahe zu kommen.
Besitzergreifend	Ich möchte anderen gefühlsmäßig sehr nahe sein, aber ich merke oft, daß andere Widerstände dagegen errichten, mir so nahe zu sein, wie ich ihnen nahe sein möchte. Es geht mir nicht gut, wenn ich ohne enge Beziehung bin, aber ich denke manchmal, daß andere mich nicht so sehr schätzen wie ich sie.

[a]Deutsche Übersetzung nach Doll et al. (1995).

den ängstlich-ambivalenten Stil als besitzergreifend („preoccupied") bezeichnete. Tatsächlich zeigt eine genauere Analyse des Konzepts des vermeidenden Bindungsstils von Hazan und Shaver (1987) (s. oben), daß er eine Mischung eines abweisenden und eines eher unsicher-ängstlichen Stils darstellt. Dabei verallgemeinerte Bartholomew gleichzeitig das Konzept des Bindungsstils in Partnerbeziehungen auf beliebige Beziehungen (Tabelle 5.7).

Bartholomew (1990) nahm an, daß die Differenzierung in einen abweisenden und einen ängstlichen Bindungsstil verschiedene Lösungen eines emotionalen Konfliktes mit zentralen Bezugspersonen (z. B. der Mutter) darstellen. Abweisendes oder distanziertes Verhalten der Bezugsperson führe zur Ausbildung eines negativen Fremdbildes. Beim ängstlichen Bindungstyp führe das ständig frustrierte Bedürfnis nach Nähe zu der internen Attribution, wenig liebenswert zu sein, und damit zu einem negativen Selbstbild. Der abweisende Bindungstyp sei dagegen durch eine Unterdrückung des Bedürfnisses nach Nähe gekennzeichnet, welche die Aufrechterhaltung eines positiven Selbstbildes erlaube. Der besitzergreifende Bindungstyp sei bestrebt, ein negatives Selbstbild durch Gewinnung der Anerkennung anderer zu korrigieren, die in einem positiven Licht gesehen werden. Alle diese drei Bindungsstile charakterisierten eine unsichere Bindung, weil entweder Selbst- oder Fremdbild negativ seien. Der häufigste Fall, eine sichere Bindung, sei durch ein positives Selbst- und Fremdbild gekennzeichnet (Abb. 5.9).

Bartholomew und Horowitz (1991) und Griffin und Bartholomew (1994) konnten dieses zweidimensionale Modell von Bindungsstilen anhand verschiedener Methoden sowohl für Partnerbeziehungen als auch für Beziehungen zu sonstigen Gleichaltrigen bei Studenten bestätigen. So wiesen sicher und abweisend gebundene ein höheres Selbstwertgefühl als besitzergreifend und ängstlich gebundene auf, und sicher und besitzergreifend gebundene beurteilten sich selbst als geselliger und wärmer gegenüber anderen als abweisend oder ängstlich gebundene.

> ! **Nach Bartholomew gibt es vier Bindungsstile im Erwachsenenalter, die sich aus Kombinationen eines positiven/negativen Bildes der eigenen Person und anderer Menschen ergeben: sicher, abweisend, ängstlich und besitzergreifend.**

Bartholomew (1990) ging ganz aus Sicht der klassischen Bindungstheorie von einem einheitlichen inneren Arbeitsmodell der eigenen Person

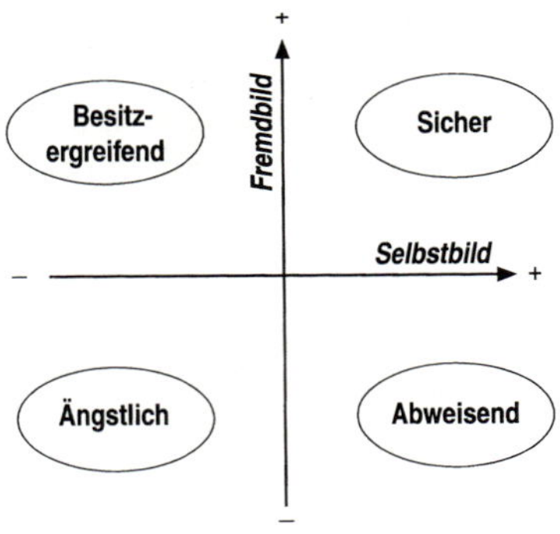

Abb. 5.9. Zweidimensionales Modell von Bindungsstilen Erwachsener. (Nach Bartholomew, 1990)

und anderer aus und suchte es letztlich auf Erfahrungen in der Beziehung zu frühen Bezugspersonen zurückzuführen. Das würde bedeuten, daß Bindungsstile derselben Person gegenüber unterschiedlichen Partnern konsistent sein müßten. Asendorpf und Wilpers (in Vorbereitung) fanden bei Studenten eine mäßige Konsistenz des selbstbeurteilten Bindungsstils gegenüber Mutter und Vater und eine nur sehr geringfügige Konsistenz zwischen Eltern und Gleichaltrigen. Wie schon im Kindesalter scheinen auch Bindungsstile im Erwachsenenalter eher Beziehungen als Personen zu charakterisieren.

Wenn das so ist, wird damit die Annahme eines einheitlichen inneren Arbeitsmodells für Beziehungen in Frage gestellt. Tatsächlich beruht diese zentrale Annahme der Objektbeziehungs- und Bindungstheoretiker nicht auf empirischer Evidenz, obwohl zur Überprüfung dieser Hypothese zumindest bei Erwachsenen zahlreiche Verfahren zur Verfügung stehen (vgl. Baldwin, 1992). Alternativ könnte der Bindungsstil in einer Beziehung eine Funktion der Erfahrung mit dem spezifischen Partner sein und nur eine geringe Konsistenz zwischen unterschiedlichen engen Beziehungen derselben Person aufweisen (diese Konsistenz würde auf überdauernden, partnerunabhängigen Persönlichkeitsmerkmalen beruhen, die die Haltung zum Partner, aber auch die Auswahl von Partnern mit bestimmten Persönlichkeitsmerkmalen beeinflussen). Entscheiden ließen sich diese beiden Alternativen durch Längsschnittstudien, in denen langfristige Bindungsstilveränderungen beim Wechsel von Partnern nach Trennung oder Tod untersucht werden. Solche Untersuchungen scheint es bisher nicht zu geben.

Noch aufwendiger ist eine empirische Prüfung der weitergehenden zentralen Annahme der Objektbeziehungs- und Bindungstheoretiker, daß der Bindungsstil eine deutliche Stabilität von der ersten primären Bindung an die Mutter oder eine alternative Bezugsperson im ersten Lebensjahr bis hin zur Bindung an Partner im Erwachsenenalter habe. Da dies eine Längsschnittstudie von 20 oder mehr Jahren Dauer erfordert, wurden erst jüngst allererste Ergebnisse hierzu berichtet, die für eine kleine Stichprobe von Personen eine überzufällige, mäßige Stabilität des Bindungsstils über 20 Jahre zeigen (Waters et al., 1995).

Alternativ wird diese Stabilitätshypothese manchmal durch Konsistenzen zwischen dem erinnerten Bindungsstil in der eigenen Kindheit und dem derzeitigen Verhalten gegenüber einem eigenen Kind (Crowell & Feldman, 1988) oder dem Bindungsstil eines solchen Kindes (Ward & Carlson, 1995) zu belegen versucht. Dies sind aber nur äußerst indirekte Belege, denn der erinnerte Bindungsstil könnte durchaus von den Erfahrungen in späteren Beziehungen, insbesondere den zur Konsistenzprüfung herangezogenen Beziehungen zum Kind beeinflußt sein: Die Konsistenz wäre dann zumindest z. T. nur eine eingebildete.

> **!** **Es ist mangels geeigneter Untersuchungen derzeit unklar, ob Bindungsstile im Erwachsenenalter eher eine Bedingung oder eine Konsequenz von Erfahrungen in aktuellen engen Beziehungen sind und ob enge Beziehungen im Erwachsenenalter durch frühkindliche Bindungserfahrungen stark beeinflußt sind.**

5.5 Soziale Unterstützung

Eine weitere Qualität sozialer Beziehungen hat ebenfalls in besonderer Weise die Aufmerksamkeit vor allem klinischer Psychologen auf sich gezogen: die soziale Unterstützung durch Beziehungen. Unter sozialer Unterstützung wird das Ausmaß verstanden, in dem andere emotional (z. B. trösten), instrumentell (z. B. finanziell unterstützen) oder informationell (z. B. Ratschläge geben) tätig werden und so helfen, belastende Situationen zu be-

wältigen (vgl. Abschn. 4.5.3). Das Konzept der sozialen Unterstützung enthält das Konzept der Bindung als Spezialfall (ob Bezugspersonen bei Gefahr Sicherheit spenden oder nicht, ist eine Form der emotionalen Unterstützung).

Das Ausmaß der in Belastungssituationen subjektiv verfügbaren Unterstützung hat sich in vielen Untersuchungen als hilfreich für die Bewältigung der Situationen erwiesen (vgl. Cohen & Wills, 1985), jedenfalls wenn die Art der Unterstützung dem Problem angemessen ist (beim Tod eines Ehepartners ist z. B. emotionale Unterstützung meist wichtiger als finanzielle; Cutrona & Russell, 1990). Die Hauptfunktion wird dabei darin gesehen, daß Unterstützung (oder auch nur das Gefühl, Unterstützung zu bekommen, wenn es nötig ist) Streß „abpuffert" und so seine Bewältigung fördert (die „Streßpuffer-Hypothese"; vgl. Cohen & Wills, 1985).

> **!** **Nach der Streßpuffer-Hypothese fördert soziale Unterstützung (besonders emotionale) die Bewältigung von Belastungen.**

Lange Zeit stiftete die mangelnde Unterscheidung zwischen Unterstützungsressourcen, erhaltener, erfahrener und potentieller Unterstützung viel Verwirrung in der Literatur zu sozialer Unterstützung (Tabelle 5.8), denn diese vier Formen der Unterstützung korrelieren nur mäßig miteinander und teilweise sogar in unterschiedlicher Richtung mit der erfolgreichen Bewältigung von Belastungen und psychischer Gesundheit (vgl. Sarason et al., 1990b; Veiel & Baumann, 1992). Warum das so ist, wird aus dem folgenden, an Sarason et al. (1990a) angelehnten Modell der Bewältigung von Belastungen deutlich (Abb. 5.10).

Dieses Modell sei am Beispiel des Todes der Ehefrau erläutert. Andere erfahren von ihrem Tod teilweise auch ohne Zutun des Witwers, teilweise aber auch nur durch seine Mitteilung. Wieweit andere Kenntnis vom Trauerfall erhalten, kann deshalb bereits von der potentiellen Unterstützung abhängen: Wer glaubt, daß ihm nicht geholfen wird, wird andere gar nicht erst informieren (diese Wirkung potentieller Unterstützung fehlt bei Sarason et al., 1990a). Die Zahl erhaltener Beileidsbriefe und Telefonate ist deshalb nicht nur von der Zahl der Freunde abhängig, sondern auch von der potentiellen Unterstützung. Der Tod der Ehefrau, die potentielle Unterstützung und die Zahl der Freunde wiederum können durch Persönlichkeitsmerkmale beeinflußt sein – potentielle Unterstützung und Freundeszahl vor allem durch das soziale Selbstwertgefühl (vgl. Sarason et al., 1991). Potentielle Unterstützung und die Wahrnehmung der tatsächlichen Unterstützung sowie andere Persönlichkeitsmerkmale wie z. B. Selbstwirksamkeitserwartungen (vgl. Abschn. 4.5.2) fördern effektive Bewältigungsversuche und damit eine erfolgreiche Verarbeitung des Verlustes.

Wegen dieses komplexen Wirkungsnetzes kann es zu Diskrepanzen zwischen den einzelnen Unterstützungsformen kommen. So mögen manche Menschen trotz großer Unterstützungsressourcen wenig Unterstützung erhalten, weil sie ihre Probleme aus falschem Stolz für sich behalten oder weil sie die Hilfsbereitschaft anderer unterschätzen. Wer glaubt, daß Hilfe vorhanden ist, wenn es unbedingt nötig ist, mag sich schon deshalb eher zutrauen, sich selbst zu helfen, deshalb Schwierigkeiten im Alleingang eher überwinden und von daher gerade wenig tatsächliche Unterstützung erhalten. Umgekehrt mögen Menschen mit geringem Vertrauen in andere schon deshalb eher in Schwierigkeiten kommen; verfügen sie über große Unter-

Tabelle 5.8. Beispiel für Formen sozialer Unterstützung

Form	Definition	Operationalisierung
Unterstützungsressourcen	Anzahl positiver Beziehungen zu anderen	Anzahl von Freunden zum Zeitpunkt des Todes der Ehefrau
Erhaltene Unterstützung	Tatsächlich von anderen erhaltene Unterstützung	Zahl der Beileidsbriefe und Telefonanrufe nach dem Tod der Ehefrau
Erfahrene Unterstützung	Subjektiv wahrgenommene Unterstützung	Gefühl der Unterstützung nach Erhalt dieser Briefe und Telefonanrufe
Potentielle Unterstützung	Subjektive Erwartung, Unterstützung bekommen zu können, wenn es zukünftig nötig wäre	Gefühl der Sicherheit, bei anderen Halt zu finden, falls die Ehefrau vor einem stirbt

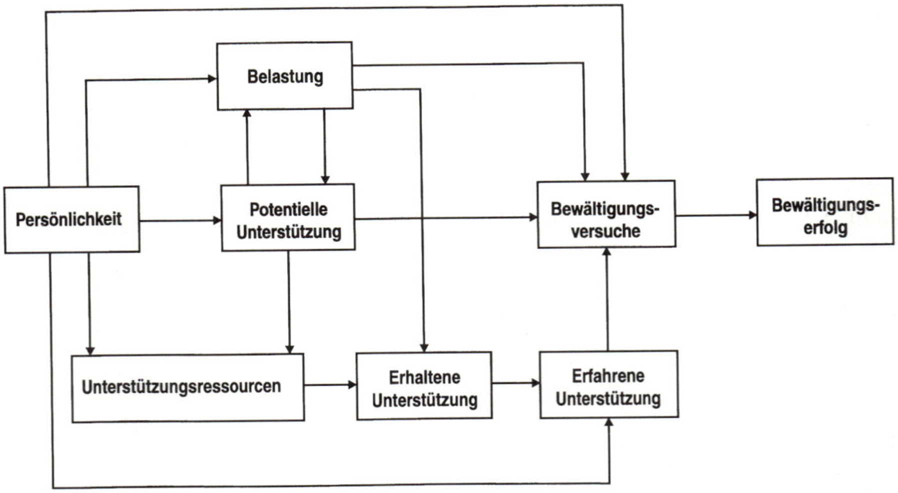

Abb. 5.10. Modell der Rolle sozialer Unterstützung bei der Bewältigung von Belastungen. (Mod. nach Sarason et al., 1990a)

stützungsressourcen, wird ihnen dann oft mehr geholfen, als sie erwartet haben. Die beiden letzteren Fälle können zu Diskrepanzen zwischen erhaltener und potentieller Unterstützung beitragen.

Wegen dieser möglichen Diskrepanzen ist es nicht erstaunlich, daß erhaltene und potentielle Unterstützung in konträrer Weise mit psychischer Gesundheit korrelieren: Erhaltene Unterstützung zeigt bisweilen negative, potentielle Unterstützung dagegen meist positive Korrelationen (vgl. Sarason et al. 1990b).

> **!** **Erhaltene, erfahrene und potentielle Unterstützung sind unterschiedliche Unterstützungsaspekte, die nicht austauschbar sind.**

Potentielle Unterstützung ist eher ein Persönlichkeits- als ein Umweltmerkmal, während Unterstützungsressourcen und erhaltene Unterstützung eher Umweltmerkmale sind. Entsprechend kann potentielle Unterstützung sowohl durch globale Einschätzungen erhoben werden als auch durch Aggregation über die Unterstützung, die durch bestimmte Beziehungen erwartet wird; Unterstützungsressourcen werden eher beziehungsspezifisch erfragt. Baumann und Laireiter (1996) geben eine Übersicht über vorhandene Instrumente zur Erfassung sozialer Unterstützung.

5.6 Diskussion

Am Beispiel der sozialen Umwelt wurde gezeigt, wie sich Umwelt- und Beziehungseigenschaften von Personen empirisch erfassen und in Beziehung zu Persönlichkeitseigenschaften setzen lassen. Dabei wurde deutlich, daß die Definition der Umwelt- und Beziehungseigenschaften oft persönlichkeitsabhängig ist und schon dadurch Persönlichkeit und Umwelt miteinander korrelieren. Nur bei strikter Einhaltung einer Umweltdefinition durch Settings oder bei statistischer Trennung von Person-, Umwelt- und Beziehungseffekten im Modell sozialer Beziehungen ist es möglich, dieses Problem zu umgehen.

Ob dies überhaupt erstrebenswert ist, hängt von der verfolgten Fragestellung ab. Interessieren primär Beziehungen oder sollen Personen durch Umwelt- und Beziehungseigenschaften charakterisiert werden, ist ein Persönlichkeitseinfluß auf die Beziehungsdefinition wenig problematisch. Interessiert aber die Frage, wie weit Personen ihre Umwelten und Beziehungen aufgrund ihrer Persönlichkeit beeinflussen oder in welchem Maße Umwelt- und Beziehungsqualitäten Einfluß auf die Persönlichkeitsentwicklung nehmen, sollten Persönlichkeit und Umwelt/Beziehungen möglichst unabhängig voneinander operationalisiert werden, um korrelative Zusammenhänge zwischen Persönlichkeit und Umwelt/Beziehungen finden und interpretieren zu können, die nicht bereits durch

die Umwelt- oder Beziehungsdefinition vorgegeben sind.

Diese letztere Frage stellt sich in Untersuchungen zu den Einflüssen auf die Persönlichkeitsentwicklung: Warum entwickeln Menschen derselben Kultur so unterschiedliche Persönlichkeiten? Diese Frage nach den Ursachen von Persönlichkeitsunterschieden steht im Mittelpunkt des folgenden Kapitels.

Fragen

5.1 Wie kann die Situationsexposition einer Person sinnvoll erfaßt werden?
5.2 Können Umwelten persönlichkeitsunabhängig definiert werden?
5.3 Ist der sozioökonomische Status einer Person eine distale Variable?
5.4 Wie können soziale Systeme auf Variablen der persönlichen Umwelt einer Person reduziert werden?
5.5 Unter welchen Bedingungen können Korrelationen zwischen Persönlichkeit und Beziehungsstatus künstlich überhöht sein?
5.6 Was versteht Kenny unter einem Beziehungseffekt im Modell sozialer Beziehungen?
5.7 In welcher Hinsicht unterscheiden sich die Bindungskonzepte von Bowlby und Ainsworth von objekttheoretischen Konzepten primärer Beziehungen?
5.8 In welcher Hinsicht unterscheiden sich die Bindungskonzepte von Hazan & Shaver und Bartholomew?
5.9 Prägt die Beziehung zur primären Bezugsperson spätere Beziehungen?
5.10 In welcher Hinsicht unterscheiden sich erhaltene, erfahrene und potentielle soziale Unterstützung?

Weiterführende Literatur

Baumann, U. & Laireiter, A. (1996). Individualdiagnostik interpersoneller Beziehungen. In K. Pawlik (Hrsg.), *Enzyklopädie der Psychologie. Band C/VIII/1: Differentielle Psychologie und Persönlichkeitsforschung: Grundbegriffe, Fragestellungen, Systematik* (S. 609–643). Göttingen: Hogrefe.

Kenny, D.A. & LaVoie, L. (1984). The social relations model. In L. Berkowitz (Ed.), *Advances in experimental social psychology* (Vol. 18, pp. 141–182). Orlando, FL: Academic Press.

Spangler, G. & Zimmermann, P. (Hrsg.) (1995). *Die Bindungstheorie.* Stuttgart: Klett-Cotta.

6 Persönlichkeitsentwicklung

In diesem Kapitel wird an das dynamisch-interaktionistische Paradigma angeknüpft, das von langfristigen Eigenschaftsänderungen trotz mittelfristiger Stabilität ausgeht (vgl. Abschn. 2.6). Ändern sich einzelne Eigenschaftswerte einer Person, ändert sich auch ihre Persönlichkeit im Sinne der Gesamtheit aller Persönlichkeitseigenschaften (vgl. Abschn. 2.4): Persönlichkeitsentwicklung hat stattgefunden.

Über die Veränderung bestehender Eigenschaften hinaus wird von Persönlichkeitsentwicklung auch dann gesprochen, wenn instabile Tendenzen des Erlebens oder Verhaltens in stabile Persönlichkeitseigenschaften überführt werden, also eine Stabilisierung der Persönlichkeit zu beobachten ist. Das ist vor allem in der frühen Kindheit der Fall. Auch der umgekehrte Fall einer Destabilisierung der Persönlichkeit kommt vor; auch hier wird von Persönlichkeitsentwicklung gesprochen. Langfristige Persönlichkeitsentwicklung zwischen zwei Zeitpunkten setzt also eine mittelfristig stabile Persönlichkeit zu einem der beiden Zeitpunkte voraus.

In diesem Kapitel wird zunächst die langfristige Stabilität und Kontinuität der Persönlichkeit diskutiert: Wie stabil sind Eigenschaften und die ganze Persönlichkeit, und wieweit sind Eigenschaften zwischen unterschiedlichen Altersgruppen überhaupt vergleichbar? Anschließend wird die Frage nach der Erklärung der Persönlichkeit und ihrer Entwicklung gestellt: Wie wirken genetisches Erbe und individuelle Umwelt bei der Entstehung und Veränderung von Persönlichkeitseigenschaften zusammen?

6.1 Stabilität und Kontinuität

Die Frage nach der langfristigen Stabilität von Persönlichkeitsunterschieden wird zunächst für einzelne Eigenschaften und anschließend für ganze Eigenschaftsmuster (Intelligenzprofile, Q-Sort-Profile) gestellt; abschließend wird das Problem der Kontinuität von Eigenschaften behandelt.

6.1.1 Stabilität von Eigenschaften

In der Alltagspsychologie wird die Entwicklung der Persönlichkeit vor allem aus individueller Perspektive betrachtet. Ist Fritz seit letztem Jahr intelligenter, aggressiver oder hilfsbereiter geworden? Um diese Frage zu beantworten, wird der heutige Fritz mit dem Fritz von vor einem Jahr verglichen. Hat sich sein Verhalten erkennbar verändert (d. h. übersteigt seine Veränderung deutlich kurzfristige Schwankungen in seiner Intelligenz, Aggressivität oder Hilfsbereitschaft von Woche zu Woche), so wird daraus geschlossen, daß sich auch seine Persönlichkeit geändert hat. Jede Nichtkonstanz von Verhaltenstendenzen wird als Persönlichkeitsveränderung interpretiert.

Aus dieser individuellen Sicht werden Personen nur mit sich selbst verglichen – so, als ob auf der ganzen Welt nur diese eine Person existieren würde. Dieser Ansatz ist nicht mit dem Ziel der Persönlichkeitspsychologie vereinbar, individuelle Besonderheiten im Erleben und Verhalten zu beschreiben und zu erklären. Ein Beispiel mag das deutlich machen. Letztes Jahr erzielte Fritz 18 Rohwertpunkte in einem Intelligenztest, was genau dem Mittelwert seiner Altersgruppe entsprechen möge, d. h. sein IQ betrug 100 (vgl. Abschn. 4.4.1). Dieses Jahr erzielte Fritz im selben Test 20 Rohwertpunk-

te. Aus individueller Sicht hat sich damit seine Persönlichkeit verändert, denn er kann nun dieselben Aufgaben besser lösen. Allerdings ist dabei nicht berücksichtigt, daß der Zuwachs von zwei Punkten altersgemäß sein könnte, so daß Fritz' Intelligenz nach wie vor durchschnittlich ist und somit sein IQ wieder 100 beträgt. Hat sich seine Persönlichkeit tatsächlich geändert?

Noch deutlicher wird das Problem, wenn wir annehmen, daß Fritz sich in seiner individuellen Testleistung nicht geändert hat, also auch in diesem Jahr 18 Punkte erzielte, obwohl der Mittelwert seiner Altersgruppe in diesem Jahr 20 Punkte beträgt. Sein IQ ist also gesunken, denn seine Intelligenzleistung ist nunmehr unterdurchschnittlich. Aus individueller Sicht hat sich aber seine Leistung nicht geändert.

Hier wird deutlich, daß Veränderungen aus individueller Sicht zwei unterschiedliche Komponenten enthalten: durchschnittliche Veränderungen, die alterstypisch sind und von daher keine individuellen Besonderheiten der Entwicklung widerspiegeln, und differentielle Veränderungen, die nicht alterstypisch sind und ausschließlich auf individuelle Besonderheiten der Entwicklung zurückgehen. Abbildung 6.1 macht deutlich, wie sich aus dem Kontrast zwischen individueller und durchschnittlicher Veränderung eine differentielle Veränderung ergibt.

Da sich die Persönlichkeitspsychologie mit individuellen Besonderheiten im Erleben und Verhalten beschäftigt, ist es nur konsequent zu fordern, daß sie von alterstypischen Veränderungen absieht und sich ganz auf differentielle Veränderungen konzentriert. Tatsächlich werden entwicklungspsychologische Fragestellungen von Persönlichkeitspsychologen auch so verstanden; Ziel ist es dann, differentielle Veränderungen zu beschreiben und zu erklären. Die persönlichkeitspsychologische Analyse der beiden obigen Beispiele kommt damit zu einem umgekehrten Ergebnis wie die Alltagspsychologie. Wuchs die Intelligenzleistung von Fritz altersgemäß um zwei Punkte, so daß sein IQ konstant blieb, liegt keine Persönlichkeitsveränderung vor; blieb Fritz' Intelligenzleistung konstant bei 18 Punkten, obwohl von seinem Alter her ein Zuwachs

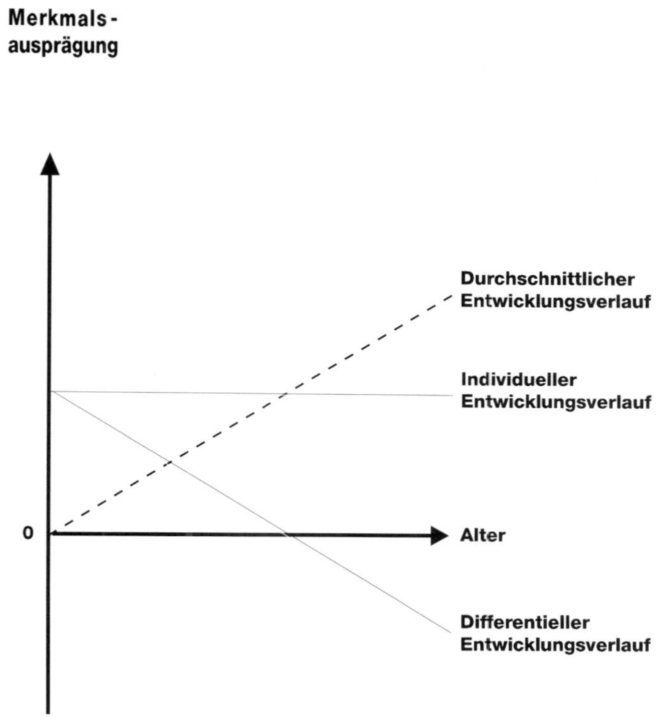

Abb. 6.1. Individueller, durchschnittlicher und differentieller Entwicklungsverlauf

von zwei Punkten zu erwarten wäre, so daß sein IQ sank, liegt eine Persönlichkeitsveränderung vor.

> **!** **Persönlichkeitsentwicklung wird in der empirischen Persönlichkeitspsychologie verstanden als differentielle Veränderung.**

Methodisch besteht das klassische Vorgehen darin, eine Längsschnittstudie durchzuführen, in der ein bestimmter Geburtsjahrgang (eine Kohorte) wiederholt untersucht wird (vgl. Abschn. 2.6.2). Zu jedem Meßzeitpunkt werden immer wieder dieselben Persönlichkeitseigenschaften gemessen. Differentielle Veränderungen der Eigenschaftswerte einer Person zeigen dann Persönlichkeitsveränderungen der Person an. Abbildung 6.2 illustriert diesen Ansatz an einem stark vereinfachten Beispiel (nur sechs Personen).

In diesem Beispiel wurde die Intelligenz von sechs Kindern jährlich zwischen dem Alter von fünf und neun Jahren durch denselben Intelligenztest gemessen. Individuell betrachtet nahm bei allen sechs Schülern die Intelligenzleistung konstant von Jahr zu Jahr zu, so daß auch die mittlere Intelligenzleistung pro Altersstufe konstant zunahm (blau eingezeichnet); sowohl die individuellen Entwicklungsverläufe als auch der Verlauf der mittleren Intelligenzleistung können deshalb in diesem Beispiel durch Geraden abgebildet werden.

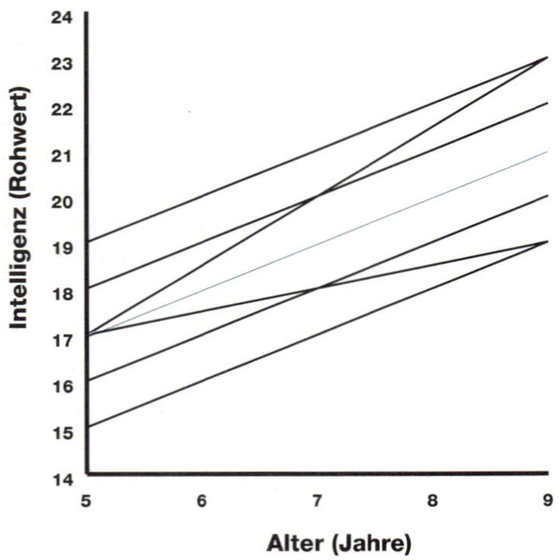

Abb. 6.2. Verlauf der Intelligenzrohwerte von sechs Kindern (*blau*: durchschnittlicher Verlauf)

Das ist natürlich eine starke Vereinfachung; in Wirklichkeit werden die Intelligenzrohwerte einzelner Kinder schon wegen der unvermeidlichen Meßfehler zu jedem Meßzeitpunkt viel unregelmäßiger ansteigen. Immerhin lassen sich die individuellen Veränderungen oft zumindest approximativ durch Geraden beschreiben, d. h. die tatsächlichen Werte werden unsystematisch um eine Gerade streuen. In diesem Fall spricht man von einem linearen Entwicklungsmodell, weil sich die Eigenschaftswerte y bis auf eine unsystematische Fehlerkomponente durch lineare Entwicklungsfunktionen des Alters x beschreiben lassen: $y = a + b \cdot x$. In anderen Fällen lassen sich die individuellen Veränderungen besser durch nichtlineare Entwicklungsfunktionen annähern (z. B. die quadratische Funktion $y = a + b \cdot x^2$); in diesem Fall würden die Eigenschaftswerte der Personen mit wachsendem Alter überproportional zunehmen.

Differentiell betrachtet zeigt ein Kind einen stärkeren und ein anderes Kind einen geringeren Intelligenzanstieg als die Mehrheit. Dies – und nicht der Anstieg bei allen Personen – ist in diesem Beispiel die persönlichkeitspsychologisch interessante Beobachtung. Die differentiellen Veränderungen dieser beiden Kinder senken die Stabilität der Intelligenzunterschiede in der untersuchten Stichprobe zwischen je zwei Meßzeitpunkten, denn die differentiellen Veränderungen ändern die Intelligenzunterschiede innerhalb der Stichprobe. Umgekehrt weist eine geringe Stabilität auf differentielle Entwicklungsverläufe einiger Mitglieder der Stichprobe hin.

> **!** **Differentielle Entwicklung bedingt langfristige Instabilität und umgekehrt.**

Längsschnittstudien der Persönlichkeitsentwicklung mit vielen Meßwiederholungen innerhalb eines großen Altersintervalls, wie sie exemplarisch in Abb. 6.2 dargestellt wurden, sind im Prinzip der Königsweg für die empirische Untersuchung der Persönlichkeitsentwicklung, weil sie umfassend über Entwicklungsveränderungen bei vielen Personen informieren. Sie sind allerdings auch enorm aufwendig – nicht nur, weil immer wieder große Stichproben getestet werden müssen, was einen sehr hohen Erhebungsaufwand bedeutet, sondern

auch, weil schon der Erhalt der Stichprobe genügend Probleme bereitet (vgl. auch Abschn. 2.6.3).

Einige dieser Probleme lassen sich vermindern, wenn die Studie nur zwei Meßzeitpunkte enthält. Einige Aspekte der Persönlichkeitsentwicklung lassen sich auch so recht gut untersuchen, vor allem dann, wenn viele solcher „Zwei-Punkt-Studien" in einer Metaanalyse gemeinsam analysiert werden. Das gilt vor allem für die Frage nach der langfristigen Stabilität von Eigenschaften. Dabei handelt es sich einfach um die Ausdehnung des Begriffes der mittelfristigen Stabilität (vgl. Abschn. 2.4) bzw. Retestreliabilität (vgl. Abschn. 3.2.1) auf lange Intervalle, z. B. fünf Jahre. Gemessen wird auch die langfristige Stabilität dementsprechend durch eine Korrelation (vgl. Abschn. 2.4.3).

Im Gegensatz zum Konzept der Persönlichkeitsveränderung, bei dem die Richtung der Veränderung wesentlich ist (nimmt ein Eigenschaftswert zu oder ab), ist der Begriff der Persönlichkeitsstabilität ungerichtet; untersucht wird nur, in welchem Maße sich Eigenschaftswerte zwischen zwei Messungen ändern oder gleich bleiben. Von daher sind Stabilitätsaussagen nicht so aussagekräftig wie Aussagen zur gerichteten Veränderung. Trotzdem wird die persönlichkeitspsychologische Literatur klar dominiert von Untersuchungen zur Stabilität – vermutlich weil Persönlichkeitspsychologen mit dem Konzept der Stabilität und seiner Messung durch eine Korrelation zwischen Meßwiederholungen gut vertraut sind, während ihnen das entwicklungspsychologische Interesse an gerichteten Veränderungen eher fremd ist.

Inzwischen gibt es Dutzende von Längsschnittstudien zur langfristigen Stabilität einzelner Persönlichkeitseigenschaften, wobei die untersuchten Zeiträume bis zu 45 Jahren reichen (Conley, 1984a). Ihre Ergebnisse lassen sich in vier allgemeinen Prinzipien zusammenfassen (Tafel 6.1).

Tafel 6.1. Vier Prinzipien der Stabilität von Eigenschaften

Die Stabilität einer Persönlichkeitseigenschaft zwischen zwei Meßzeitpunkten T_1 und T_2 läßt sich durch eine Längsschnittstudie bestimmen, in der dieselbe Eigenschaft zu diesen beiden Zeitpunkten in einer Stichprobe von Personen gemessen und dann die Korrelation zwischen den beiden Zeitpunkten bestimmt wird. Diese Korrelation beschreibt die mittlere Stabilität der Eigenschaftswerte in der betrachteten Stichprobe; sie ist eine Eigenschaft der Stichprobe, nicht einzelner Personen. Die Ergebnisse der vorliegenden Studien zur langfristigen Stabilität von Persönlichkeitseigenschaften lassen sich in vier Prinzipien zusammenfassen, die meistens (aber nicht in jedem Einzelfall) gelten:

1. **Für Erstmessungen T_1 in vergleichbarem Alter sinkt die Stabilität kontinuierlich mit wachsendem Retestintervall $T_2 - T_1$; das Sinken der Stabilität folgt annähernd der Funktion $r_{21} = R \times r^n$, wobei r_{21} die beobachtete Stabilität zwischen T_1 und T_2, R die kurzfristige Retestreliabilität der Messung, r die wahre (für Unreliabilität korrigierte) Einjahresstabilität und n die Länge des Retestintervalls in Jahren ist (vgl. Abschn. 3.2.1 zum Begriff der wahren Korrelation).**
2. **Für unterschiedliche Persönlichkeitsbereiche sind die Stabilitäten unterschiedlich hoch. Am stabilsten ist der IQ, mittelhoch stabil sind selbst- und fremdbeurteilte Temperamentseigenschaften, und am wenigsten stabil sind allgemeines Selbstwertgefühl und allgemeine Lebenszufriedenheit.**
3. **Für viele Eigenschaften sinkt die Stabilität mit zunehmend instabiler Umwelt.**
4. **Bei Kindern und Jugendlichen ist die Stabilität über ein Retestintervall fester Länge meist um so geringer, je jünger die untersuchte Stichprobe zum Zeitpunkt T_1 ist. Im Erwachsenenalter sind die Ergebnisse unabhängig von T_1; im hohen Alter können die Stabilitäten wieder sinken.**

Das erste Prinzip besagt, daß die Stabilität mit wachsendem Retestintervall sinkt. Das sei hier anhand einer Metaanalyse von Conley (1984b) von 11 Studien zur Stabilität von Intelligenz illustriert (erste Testung frühestens im Alter von 11 Jahren). In Abb. 6.3 sind die in den 11 Studien berichteten zeitlichen Stabilitäten des IQ in Abhängigkeit vom Testabstand zwischen erster und zweiter Testung angegeben. Jedes Kreuz markiert also das Ergebnis einer zweimaligen Testung einer ganzen Stichprobe von Personen. Durchgezogene Linien verbinden die Ergebnisse von Studien, in denen dieselben Personen dreimal getestet wurden, z. B. nach 31 und 42 Jahren. Die Stabilität über 42 Jahre betrug immer noch 0,77.

Wie in Tafel 6.1 dargelegt, lassen sich diese Daten recht gut durch eine Wachstumsfunktion approximieren (vgl. Conley, 1984b). Aus den in Abb. 6.3 gezeigten Stabilitätsdaten läßt sich bei einer Retestreliabilität des IQ von 0,95 die wahre (also für Meßfehler korrigierte; vgl. Abschn. 3.2.1) Einjahresstabilität des IQ schätzen als 0,995 (vgl. Conley, 1984b). Daraus ergibt sich eine Stabilität des IQ im Erwachsenenalter über 10 Jahre von

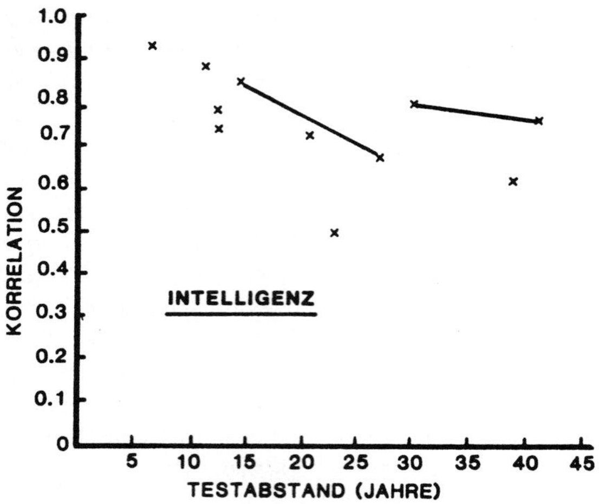

Abb. 6.3. Langfristige Stabilität des IQ im Erwachsenenalter. (Aus Asendorpf, 1988a)

$0{,}95 \times 0{,}995^{10} = 0{,}90$ und eine Stabilität über 40 Jahre von 0,78; wie Abb. 6.3 zeigt, decken sich diese Schätzungen gut mit den tatsächlich gefundenen Werten. Das erste Prinzip der langfristigen Persönlichkeitsstabilität läßt sich also durch ein mathematisches Modell beschreiben, das nicht nur die Abnahme der Stabilität mit wachsendem Testabstand vorhersagt, sondern auch die Form dieser Abnahme quantitativ beschreibt.

Das Modell geht von der Annahme aus, daß die systematische, also auf echte Persönlichkeitsveränderung und nicht auf Meßfehler zurückgehende Instabilität auf der kontinuierlichen Überlagerung kleiner Veränderungen beruht, die über den gesamten Zeitraum unabhängig voneinander mit konstanter Jahresrate erfolgen. Diese Annahme ist für einzelne Personen natürlich nicht haltbar, aber sie beschreibt gut den Prozeß der Persönlichkeitsveränderung im Mittel über viele Personen und Einjahresintervalle. Das liegt daran, daß die Besonderheiten der Veränderung einer Person über ein Jahresintervall - mal schneller, mal langsamer als der Durchschnitt - sich im Mittel über Personen und Zeitintervalle gegenseitig weitgehend aufheben.

Mit Hilfe des Modells lassen sich die Stabilitäten unterschiedlicher Eigenschaften direkt miteinander vergleichen, und zwar unabhängig von der Reliabilität ihrer Messung und der Länge der Retestintervalle. Conley (1984b) fand für 23 Studien zur Stabilität der selbstbeurteilten Extraversion und des selbstbeurteilten Neurotizismus (vgl. Abschn. 4.3.1) eine wahre Jahresstabilität von 0,98 und für 20 Studien zur Stabilität globaler Beurteilungen der Zufriedenheit mit sich und seinem Leben (allgemeines Selbstwertgefühl, vgl. Abschn. 4.7.1, und allgemeine Lebenszufriedenheit) eine wahre Jahresstabilität von 0,93. Abbildung 6.4 zeigt die Ergebnisse zu Extraversion und Neurotizismus.

Die Stabilität für Extraversion und Neurotizismus betrug über 45 Jahre noch etwa 0,30 und lag damit noch über dem Zufallsniveau, erreichte aber bei weitem nicht die Stabilität des IQ. Tatsächlich gibt es wohl kein Persönlichkeitsmerkmal, dessen langfristige Stabilität so hoch ist wie die des IQ, auch nach Kontrolle der Unreliabilität der Messungen. Besonders niedrig ist die langfristige Stabilität des allgemeinen Selbstwertgefühls und der allgemeinen Lebenszufriedenheit. Hier sinken die Korrelationen schon ab Retestintervallen von 10 Jahren unter 0,30. Das könnte daran liegen, daß diese Variablen stärker als Intelligenz oder Temperament durch fluktuierende Umweltvariablen beeinflußt werden, z. B. die Qualität wichtiger sozialer Beziehungen oder des Arbeitsplatzes.

Nach dem dritten Prinzip geht die Instabilität der Umwelt mit Instabilität in vielen Eigenschaften einher. Zum Beispiel untersuchte Asendorpf (1992) die Stabilität der Schüchternheit von Kindern

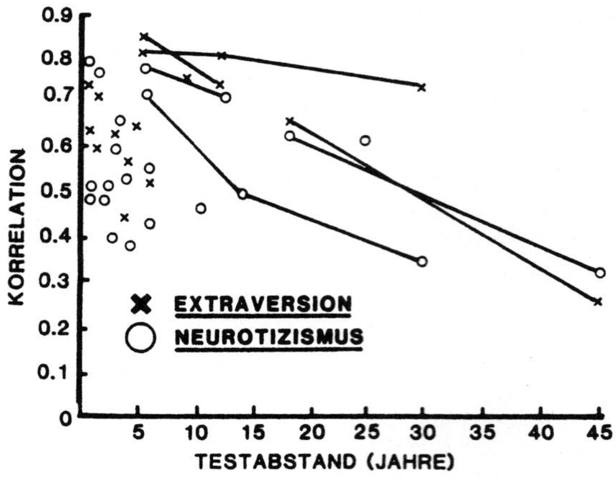

Abb. 6.4. Langfristige Stabilität von Extraversion und Neurotizismus (Selbstbeurteilungen) im Erwachsenenalter. (Aus Asendorpf, 1988a)

gegenüber Gleichaltrigen (Elternurteil). Für drei aufeinanderfolgende Altersintervalle (4–5, 5–6 und 6–7 Jahre) wurden die Eltern befragt, ob sich die soziale Umwelt ihres Kindes durch drei kritische Ereignisse geändert hatte: Wechsel der Kindergartengruppe oder Einschulung, Umzug in eine neue Wohnung mindestens 5 km von der alten entfernt oder Wegzug eines engen Freundes des Kindes. Für alle drei Altersintervalle ergab sich eine positive Korrelation zwischen der Zahl dieser Ereignisse und der absoluten Differenz der z-Werte in Schüchternheit zwischen den zwei Zeitpunkten: Je instabiler die soziale Umwelt war, desto stärker änderte sich die Schüchternheit des Kindes (sie nahm zu oder ab).

Die bisherigen Überlegungen gelten nur für das Erwachsenenalter. Fällt der erste Meßzeitpunkt in das Kindes- oder Jugendalter, so kommt das vierte Prinzip zum Tragen: Je früher die Messung beginnt, desto instabiler sind die Eigenschaften. Dies sei hier anhand einer Längsschnittstudie illustriert, in der die Intelligenz von Kindern zwischen dem ersten und dem neunten Lebensjahr regelmäßig getestet wurde (Wilson, 1983). Tabelle 6.1 zeigt das resultierende Korrelationsmuster zwischen allen Messungen.

Die Ein-Jahres-Korrelationen finden sich in der Diagonalen; sie nehmen zwischen dem ersten und sechsten Lebensjahr deutlich und dann nur noch geringfügig zu. Schon mit acht Jahren wird eine Stabilität erreicht, die fast so hoch ist wie die Einjahresstabilität im Erwachsenenalter. Die Zweijahresstabilitäten, die etwas weniger abhängig von kurzfristigen Schwankungen sind, zeigen ein noch systematischeres Bild: Sie nehmen streng monoton zu von 0,40 zwischen ein und drei Jahren bis zu 0,87 zwischen sieben und neun Jahren. Zeilen- oder spaltenweise betrachtet sinken die Korrelationen systematisch von links nach rechts bzw. unten nach oben; hier wirkt sich das schon diskutierte erste Prinzip der Persönlichkeitsstabilität aus.

Für alle bisher empirisch untersuchten Eigenschaften läßt sich eine zunehmende Stabilisierung im Verlauf der Kindheit feststellen. Die Stabilität ist sehr niedrig im frühen Kindesalter und nimmt dann zu, bis sie im Erwachsenenalter ein über viele Jahre konstantes Niveau erreicht. Erst im hohen Alter ist dann wieder eine Destabilisierung zu beobachten, bedingt durch den unterschiedlichen Beginn physiologischer Abbauprozesse.

In der Pubertät findet sich in manchen Eigenschaften jedoch eine vorübergehende Destabilisierung. Sie kann u. a. auf den schnellen körperlichen Veränderungen in der Pubertät beruhen. Kinder desselben Geburtsjahrgangs erreichen die Pubertät zu unterschiedlichen Zeitpunkten; das führt bei Eigenschaften, die von körperlichen pubertären Veränderungen stark beeinflußt sind und deshalb ebenfalls eine starke Veränderung durch die Pubertät zeigen, zu einer Destabilisierung. Denn zum durchschnittlichen Zeitpunkt des Erreichens der Pubertät (ca. 13 Jahre) haben einige Jugendliche die Veränderung schon voll mitgemacht, andere stecken noch mitten in der Veränderung und wieder andere haben damit noch gar nicht angefangen. Hier kann es zu dem scheinbar paradoxen Ergebnis kommen, daß die Stabilität über kürzere Zeiträume niedriger ist als die über längere Zeiträume. Abbildung 6.5 zeigt dies am Beispiel der Stabilität der Körpergröße (Bloom, 1964).

Tabelle 6.1. Zunehmende Stabilität der Intelligenz. (Nach Wilson, 1983)

Alter bei 1. Testung	Alter bei 2. Testung (Jahre)							
	2	3	4	5	6	7	8	9
1 Jahr[a]	0,48	0,40	0,31	0,38	0,36	0,32	0,32	0,33
2 Jahre[a]		0,74	0,68	0,63	0,61	0,54	0,58	0,56
3 Jahre[b]			0,76	0,72	0,73	0,68	0,67	0,65
4 Jahre[c]				0,80	0,79	0,72	0,72	0,71
5 Jahre[c]					0,87	0,81	0,79	0,79
6 Jahre[c]						0,86	0,84	0,84
7 Jahre[c]							0,87	0,87
8 Jahre[c]								0,90

[a]Bayley-Skalen. [b]Stanford-Binet-Test. [c]Wechsler-Test für (Vorschul-)Kinder.

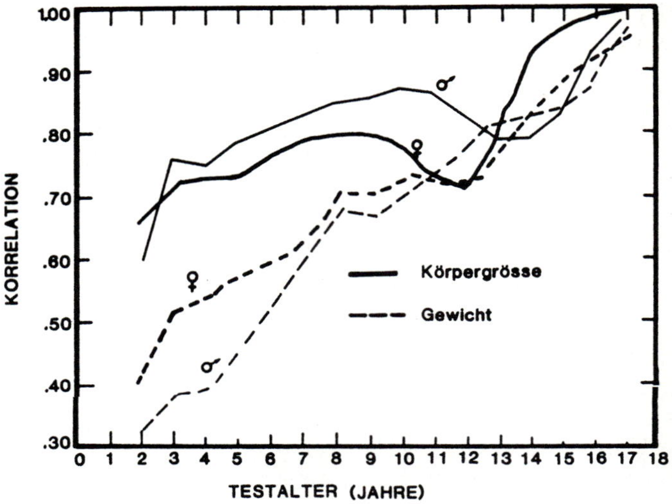

Abb. 6.5. Korrelation von Körpergröße und Gewicht im Alter von 18 Jahren mit den Werten aus vorangehenden Jahren. (Aus Asendorpf, 1988a)

> ! **Entgegen dem Trend zu einer zunehmenden Stabilisierung von Eigenschaften im Verlauf der Kindheit und Jugend kann es pubertätsbedingt zu einer vorübergehenden Destabilisierung kommen.**

Die allgemein zunehmende Stabilisierung von Persönlichkeitseigenschaften während der Kindheit, teilweise auch der Jugend, hat mehrere Ursachen (vgl. auch Abschn. 6.1.3 für weitere Gründe):

- Zunehmende Reliabilität der Eigenschaftsmessungen: Persönlichkeitsmessungen sind im allgemeinen um so unreliabler, je jünger die Versuchspersonen sind. Das ist aber nur eine Teilerklärung der zunehmenden Stabilisierung, weil auch nach Korrektur für die Unreliabilität der Messungen eine wachsende Stabilisierung verbleibt. Zahlreiche weitere Ursachen werden gegenwärtig diskutiert, die jeweils durch Beispiele belegt werden können. Deren relativer Anteil an der zunehmenden Stabilisierung kann jedoch kaum allgemein abgeschätzt werden, weil dieser relative Einfluß von Eigenschaft zu Eigenschaft schwanken dürfte.
- Stabilisierung des Selbstkonzepts: Im Verlauf der Entwicklung in Kindheit und Jugend nimmt das Wissen über sich selbst und die Umwelt stark zu. Sofern diese Umwelt selbst einigermaßen stabil ist, verfestigt sich das Wissen hierüber und stabilisiert über zunehmend stabile Erwartungen individuelle Besonderheiten in Wahrnehmung und Verhalten. Dieser Prozeß wurde am Beispiel der Selbstkonzeptdynamik in Abschn. 4.7.3 ausführlich besprochen: Selbstkonsistenzerhöhende Tendenzen in der Selbstwahrnehmung, Selbsterinnerung und Selbstdarstellung tragen zur Stabilisierung des Selbstkonzepts und damit auch des Verhaltens bei.
- Wachsender Einfluß der Persönlichkeit auf die Umwelt: Mit wachsendem Alter nimmt die Möglichkeit zu, die eigene Umwelt so zu verändern, daß sie besser zur eigenen Persönlichkeit paßt. Prozesse der aktiven Einflußnahme auf die Umwelt wurden schon in Abschn. 2.6 aus dynamisch-interaktionistischer Sicht diskutiert. Hier kommt die entwicklungspsychologische Annahme hinzu, daß die Möglichkeiten für eine solche Einflußnahme auf die Umwelt mit wachsendem Alter steigen (vgl. Scarr & McCartney, 1983). Kinder sind danach „Gefangene" ihrer Familie und des Ausbildungssystems; mit zunehmendem Alter erhalten sie eine größere Chance, sich selbst eine passende Umwelt auszuwählen oder einzurichten. Die größere Person-Umwelt-Passung stabilisiert Persönlichkeitseigenschaften, so daß hier ein positiver Rückkopplungskreis zunehmender Passung und Stabilisierung zustandekommen kann. Caspi et al. (1989) nannten diesen Prozeß der Stabilisierung kumulative Stabilität (sie sprachen von „cumulative continuity", was hier mit „kumulative Stabilität" übersetzt wird, um Verwechselungen mit dem

Konzept der Kontinuität zu vermeiden, das im nächsten Abschnitt dargestellt wird).

Ein Beispiel für die kumulative Stabilität ist das Ergebnis der klassischen Studie von Newcomb et al. (1967) über die Einstellungen und Werthaltungen von Studentinnen des Bennington College. Die Studentinnen behielten ihre während der Collegezeit erworbene liberale politische Haltung im Verlauf der folgenden 25 Jahre weitgehend bei, wobei wesentlich dazu beitrug, daß sie liberal gesinnte Freunde und Ehemänner hatten, die ihre politische Haltung unterstützten. Andere Beispiele sind die Tendenz aggressiver Jugendlicher, sich Cliquen oder Gangs überdurchschnittlich aggressiver Gleichaltriger anzuschließen, wodurch ihre Aggressivität noch verstärkt wird (vgl. Abschn. 6.3.3), die Tendenz schon straffällig gewordener Männer, sich nach der Entlassung weiterhin in kriminellen Kreisen zu bewegen, was die Rückfallrate erhöht (Farrington et al., 1986), oder die Tendenz, Freunde und später Ehepartner ähnlicher Intelligenz zu wählen, was das eigene intellektuelle Niveau stabilisiert (der IQ korreliert zwischen Ehepartnern um 0,40; vgl. Abschn. 6.3.2).

> ! **Abgesehen von Meßproblemen in der Kindheit scheint die zunehmende Stabilität der Persönlichkeit u. a. auf einer Stabilisierung des Selbstkonzepts und auf einem zunehmenden Persönlichkeitseinfluß auf die eigene Umwelt zu beruhen.**

6.1.2 Stabilität der Persönlichkeit

Bisher wurde die Stabilität nur für einzelne, isolierte Persönlichkeitseigenschaften diskutiert. Dabei wurde also die variablenzentrierte Sichtweise in der Persönlichkeitspsychologie eingenommen (vgl. Abschn. 2.4.2). Die Stabilität der Persönlichkeit im Sinne des kompletten Eigenschaftsmusters einer Person läßt sich zwar aus den Ergebnissen dieser variablenzentrierten Studien grob schätzen durch die mittlere Stabilität über viele einzelne Eigenschaften, aber befriedigend ist diese indirekte Methode nicht. Klarere Auskunft geben Studien, in denen aus personzentrierter Sicht die Stabilität kompletter Persönlichkeitsprofile untersucht wird (vgl. Abschn. 2.4.2).

Asendorpf und van Aken (1991) und van Aken und Asendorpf (in Druck b) wählten diesen Ansatz, um die Stabilität von Q-Sort-Profilen (vgl. Abschn. 2.4.3) im Verlauf der Kindheit zu untersuchen. Kinder desselben Geburtsjahrgangs wurden im Alter von vier und sechs Jahren durch ihre Erzieherin im Kindergarten und im Alter von 10 Jahren noch einmal durch ihre Eltern mit demselben Q-Sort-Verfahren beurteilt (deutsche Version des California Child-Q-Set; Göttert & Asendorpf, 1989; vgl. auch Abschn. 2.4.3, Abb. 2.11). Damit ließ sich für jedes Kind die Stabilität seines Q-Sort-Profils durch eine Korrelation bestimmen (es wurde also über Items, nicht über Personen korreliert!). Tabelle 6.2 zeigt die minimalen, mittleren und maximalen Stabilitäten zwischen vier und sechs sowie zwischen sechs und 10 Jahren.

Wie Tabelle 6.2 zeigt, variierte die Stabilität der Q-Sort-Profile enorm zwischen den 138 Kindern, die an der Studie bis zum Alter von 10 Jahren teilnahmen – von deutlich negativer Stabilität (charakteristische Items wurden zu uncharakteristischen und umgekehrt) bis zu sehr hoher Stabilität. Bemerkenswert ist, daß die mittlere Stabilität zwischen sechs und 10 Jahren fast so hoch war wie die zwischen vier und sechs Jahren, obwohl im ersten Fall der Beurteilungsabstand doppelt so groß war wie im letzten Fall und die Beurteiler wechselten (s. o.). Die Ergebnisse deuten also auf eine zunehmende Stabilisierung der Persönlichkeit hin, die der zunehmenden Stabilisierung einzelner Eigenschaften (vgl. Abschn. 6.1.1) entspricht.

> ! **Eine zunehmende Stabilisierung findet sich nicht nur für einzelne Eigenschaften, sondern auch für Eigenschaftsprofile.**

Tabelle 6.2. Stabilitäten individueller Q-Sort-Profile im Kindergarten- und Grundschulalter und ihre Korrelation mit Ich-Flexibilität

Altersintervall	Profilstabilität n	min	Mittel	max	Korrelation mit Ich-Flexibilität[a]
4–6 Jahre	151	−0,44	0,43	0,88	0,64
6–10 Jahre	138	−0,39	0,38	0,85	0,49

[a]Korrelation zwischen Ich-Flexibilität im Alter von vier bzw. 10 Jahren und der Profilstabilität im nachfolgenden Altersintervall.

Lassen sich stabile von instabilen Kindern anhand ihrer Persönlichkeit unterscheiden? Analysen, in denen die Profilstabilität mit verschiedensten Persönlichkeitseigenschaften korreliert wurde, ergaben für beide Altersintervalle eine besonders hohe Korrelation mit der Ich-Flexibilität der Kinder. Je höher die Ich-Flexibilität war, desto höher war die Stabilität im nachfolgenden Altersintervall (vgl. Tabelle 6.2).

Das Konstrukt der Ich-Flexibilität („ego-resiliency") stammt von Block und Block (1980). Hohe Ich-Flexibilität sei gekennzeichnet durch die Fähigkeit, sich wechselnden Umweltbedingungen flexibel anzupassen, u. a. durch Einflußnahme auf die Umwelt; niedrige Ich-Flexibilität sei gekennzeichnet durch starres Festhalten an einmal eingeschlagenen Wegen und die schlechte Bewältigung von Belastungen. Ich-Flexibilität kann über ein prototypisches Q-Sort-Profil erfaßt werden.

Dazu werden Beurteiler gebeten, nicht eine konkrete Person mit Hilfe der vorgegebenen Q-Sort-Items zu beurteilen, sondern ein „typisch ichflexibles Kind" (es handelt sich in diesem Fall um ein Expertenurteil von Psychologen, die das Konstrukt der Ich-Flexibilität kennen). Das mittlere prototypische Q-Sort-Profil mehrerer Experten beschreibt also die Persönlichkeit eines typisch ichflexiblen Kindes. Items, die sehr hoch in diesem prototypischen Q-Sort eingestuft werden, sind z. B. „Hat Selbstvertrauen, verläßt sich auf das eigene Urteil" und „Hat immer Ideen, was man machen könnte"; Items, die sehr niedrig eingestuft werden, sind z. B. „Kommt bei Belastungen schnell durcheinander, verliert schnell die Kontrolle" und „Zeigt unangemessenes emotionales Verhalten". Die Ich-Flexibilität eines konkreten Kindes wird dadurch ermittelt, daß die Ähnlichkeit seines Q-Sort-Profils mit diesem prototypischen Profil bestimmt wird (durch eine Korrelation).

Die so gemessene Ich-Flexibilität von Kindern sagte also in beiden betrachteten Zeiträumen die Stabilität ihrer Persönlichkeit vorher. Diese Beziehung zwischen Ich-Flexibilität und Persönlichkeitsstabilität könnte auf drei verschiedenen Ursachen beruhen (vgl. Asendorpf & van Aken, 1991):

- Ich-flexible Kinder können ihre Umwelt besser kontrollieren, weil sie flexibler mit Umweltänderungen umgehen können; dadurch haben sie stabilere Umwelten und damit auch eine stabilere Persönlichkeit.
- Umgekehrt sind Kinder, die in einer stabileren Umwelt aufwachsen, nicht nur stabiler in ihrer Persönlichkeit, sondern können auch leichter ein hohes Maß an Ich-Flexibilität entwickeln.
- Persönlichkeitsstabilität bedeutet in der vorliegenden Studie auch Kohärenz des Bildes unterschiedlicher Beurteiler (Erzieher – Eltern, aber auch unterschiedliche Erzieher beim Vergleich vier und sechs Jahre). Tatsächlich fanden van Aken und van Lieshout (1991) in einer holländischen Stichprobe, daß die Q-Sorts von Eltern, Lehrern und den Kindern selbst um so höher korrelierten, je sozial kompetenter die Kinder Gleichaltrigen gegenüber waren. Je besser unterschiedliche Bezugspersonen in ihrem Urteil über das Kind übereinstimmen, desto besser vorhersagbar ist die Umwelt für das Kind, was wiederum sowohl die Stabilität seiner Persönlichkeit als auch seine Ich-Flexibilität fördern dürfte.

Vermutlich erhöhen alle diese drei Faktoren den Zusammenhang zwischen Ich-Flexibilität und Persönlichkeitsstabilität. Ein analoger Zusammenhang findet sich auch im klinischen Bereich: In Längsschnittstudien sind die pathologischen Gruppen durchweg instabiler als die Kontrollgruppen, d. h. es läßt sich langfristig besser vorhersagen, wer unauffällig bleibt, als wer auffällig bleibt (vgl. z. B. Rutter, 1984).

> **!** **Es gibt im Kindesalter einen deutlichen Zusammenhang zwischen Ich-Flexibilität und Persönlichkeitsstabilität, der auf einer besseren Umweltkontrolle ich-flexibler Kinder oder auf interindividuellen Unterschieden in der Umweltstabilität (einschließlich Kohärenz des Eindrucks von Bezugspersonen) beruhen könnte.**

6.1.3 Kontinuität von Eigenschaften

In Abschn. 6.1.1 wurden drei mögliche Ursachen für die beobachtbare zunehmende Stabilisierung von Persönlichkeitseigenschaften genannt: zunehmende Reliabilität der Messungen, zunehmende Stabilität des Selbstkonzepts und kumulative Stabilität durch zunehmende Anpassung der Umwelt

an die Persönlichkeit. Zwei zusätzliche mögliche Gründe sind schwerer zu entdecken, weil sie sozusagen im Verborgenen operieren:

- zunehmende Konstruktvalidität von Eigenschaftsmessungen und
- zunehmende Kontinuität von Eigenschaftskonstrukten.

Das hier vorliegende Problem wird von Entwicklungspsychologen gerne am Beispiel der Entwicklung von Schmetterlingen erläutert. Im frühen Stadium sind Schmetterlinge bekanntlich Raupen, die nur kriechen können. Später verpuppen sie sich, entwickeln Flügel und beginnen zu fliegen. Interessieren wir uns für individuelle Besonderheiten des Flügelmusters von Schmetterlingen, so können wir die Stabilität des Flügelmusters im „Flügelstadium" leicht untersuchen. Wollen wir aber noch größere Altersintervalle überbrücken, geraten wir ins Raupenstadium und damit an das Problem, welche Eigenschaften der Raupe eigentlich ihrem späteren Flügelmuster entsprechen – gibt es überhaupt solche Eigenschaften?

Möglicherweise können Schmetterlingsspezialisten schon an irgendwelchen Eigentümlichkeiten von Raupen erkennen, welches Flügelmuster sie später entwickeln werden, möglicherweise aber auch nicht. Trivial ist das Problem auf keinen Fall. Bei einer so drastischen Gestaltänderung wie der von einer Raupe zu einem Schmetterling muß damit gerechnet werden, daß viele Eigenschaften von Raupen keine Kontinuität zu Eigenschaften von Schmetterlingen aufweisen und umgekehrt.

Dieses Problem ist nicht so exotisch, wie es jetzt vielleicht den Anschein haben mag, denn auch in der Persönlichkeitsentwicklung stellt es sich – nur weniger offensichtlich. Welche Eigenschaft von Krabbelkindern ist vergleichbar mit der Fähigkeit im Alter von drei Jahren, schnell und ohne zu stolpern eine Treppe hochzulaufen? Gibt es eine Kontinuität zwischen Intelligenzleistungen im Säuglingsalter und späterer verbaler Intelligenz? Gibt es überhaupt ein Intelligenzkonstrukt für Säuglinge, das eine Kontinuität zum Intelligenzkonzept bei Erwachsenen aufweist?

Die Schwierigkeit besteht hier darin, daß die Kontinuität sich auf die Konstruktebene bezieht (vgl. Abschn. 1.4; Abschn. 3.2.1), also immer nur indirekt aus Stabilitätsdaten erschlossen werden kann. Liegt hohe Stabilität vor, kann man auf hohe Kontinuität eines Konstrukts schließen, das den Messungen zugrunde liegt, aber bei niedriger Stabilität gibt es drei ganz unterschiedliche Interpretationen:

- Die Personen haben sich in derselben Eigenschaft tatsächlich differentiell entwickelt, also auch auf Konstruktebene (die im letzten Abschnitt ausschließlich betrachtete „naive" Interpretation, die nicht zwischen empirischer und Konstruktebene unterscheidet).
- Das Eigenschaftskonstrukt weist zwar Kontinuität auf, aber eine oder beide Eigenschaftsmessungen sind nicht konstruktvalide (vgl. Abschn. 3.2.3), d. h. schlechte Messungen des Konstrukts.
- Das Eigenschaftskonstrukt weist keine Kontinuität zwischen den beiden Meßzeitpunkten auf, d. h. die beiden auf Stabilität verglichenen Messungen beziehen sich auf zwei unterschiedliche Konstrukte.

> **!** **Aus einer hohen beobachteten Stabilität folgt eine hohe Kontinuität und Stabilität des Eigenschaftskonstrukts und eine hohe Konstruktvalidität der Eigenschaftsmessungen zu beiden Zeitpunkten. Eine niedrige beobachtete Stabilität kann auf einer niedrigen Kontinuität oder Stabilität des Eigenschaftskonstrukts oder an einer niedrigen Konstruktvalidität einer oder beider Eigenschaftsmessungen liegen.**

Ein gutes Beispiel für die Schwierigkeiten bei der Interpretation niedriger Stabilitäten ist die Intelligenz im Säuglingsalter. Lange Zeit verwendete man zu ihrer Messung Indikatoren der kognitiven und motorischen Entwicklung (auch der motorischen Entwicklung, weil in diesem frühen Alter motorische und kognitive Entwicklung viel stärker korrelieren als in späterem Alter). Tabelle 6.3 zeigt Aufgaben eines typischen Tests zur Erfassung früher Intelligenz (Bayley Skalen; Bayley, 1969).

Die Korrelationen zwischen dem Bayley-IQ im Säuglingsalter (6–12 Monate) und dem IQ im Kindergartenalter (gemessen durch einen klassischen Intelligenztest, z. B. den Stanford-Binet-Test) sind jedoch sehr niedrig. Kopp und McCall (1982) berichteten eine mittlere Korrelation von nur 0,21 für solche Studien; auch nach Minderungskorrektur für die Unreliabilität der Tests (vgl. Abschn. 3.2.1) überschreiten die Korrelationen kaum den Wert

Tabelle 6.3. Aufgaben aus den Bayley-Skalen für das erste Lebensjahr

Fähigkeiten	
Kognitive	Motorische
Reagiert auf Stimme von hinten	Hält Kopf aufrecht
Folgt mit Augen sich bewegender Person	Hebt in Bauchlage Kopf und Rumpf durch Abstützen mit Armen
Folgt mit Augen vertikal bewegtem Licht	Hebt Kopf, wenn auf den Rücken gelegt und stützende Hand entzogen wird
Vokalisiert mindestens einmal	Dreht sich von Seiten- in Rückenlage
Folgt mit Augen kreisendem Licht	Sitzt mit Unterstützung

0,30. Angesichts der viel höheren Stabilität der Intelligenz ab dem Alter von drei Jahren (vgl. Tabelle 6.1) wurde dies entweder als Ausdruck einer zunehmenden Stabilisierung der Intelligenz auf Konstruktebene, als Hinweis auf eine Diskontinuität des Intelligenzkonstrukts zwischen Säuglings- und Kindergartenalter oder als Anzeichen einer schlechten Konstruktvalidität des Bayley-Tests interpretiert.

Inzwischen ist klar geworden, daß überwiegend die letzte Interpretation zutrifft, weil es neue Intelligenztestverfahren für das Säuglingsalter gibt, die viel höhere Stabilitäten zwischen Säuglings- und Kindergartenalter aufweisen. Den Säuglingen wird eine lange Sequenz von Dias gezeigt, auf denen abstrakte Figuren oder Gesichter zu sehen sind, die sich teilweise wiederholen (Abb. 6.6).

Beobachtet wird, wie lange die Säuglinge die einzelnen Dias ansehen. Aus diesen Daten kann die visuelle Habituation (Verkürzung der Betrachtungsdauer, wenn ein schon bekanntes Bild noch einmal gezeigt wird) und das visuelle Wiedererkennen bestimmt werden (Verlängerung der Betrachtungsdauer, wenn nach mehreren bekannten Bildern ein unbekanntes Bild gezeigt wird). Die Schnelligkeit der Habituation mißt die Geschwindigkeit der Gedächtnisbildung über das Bild. Die Stärke des Wiedererkennungseffekts erfaßt die Genauigkeit der Gedächtnisbildung während der Habituation und die Genauigkeit des Vergleichs des unbekannten Bildes mit dem visuellen Gedächtnis. Beide Variablen messen also Fähigkeiten der visuellen Informationsverarbeitung (vgl. Bornstein & Sigman, 1986, für eine genauere Diskussion).

Visuelle Habituation und visuelles Wiedererkennen zeigen im Säuglingsalter nur mäßige Reliabilitäten (interne Konsistenz) um 0,45, die auf die starken umweltunabhängigen Aufmerksamkeitsschwankungen in diesem Alter zurückgeführt werden können. Die kurzfristigen Stabilitäten der beiden Variablen und ihre Kohärenz (Korrelation zum selben Zeitpunkt) erreichen jedoch fast die gleiche Höhe wie die Reliabilität; beide Variablen erfassen also dasselbe, kurzfristig hoch stabile Konstrukt. Entscheidend ist nun, daß in Längsschnittstudien für beide Variablen die Korrelation mit der späteren Intelligenz im Kindergartenalter nur unwesentlich unter ihrer Reliabilität liegt. Bornstein und Sigman (1986) stellten alle bis dahin vorhandenen Studien zusammen und schätzten die wahre Stabilität zwischen der Intelligenz im Säuglingsalter und dem IQ im Kindergartenalter auf 0,70 (doppelte Minderungskorrektur; vgl. Abschn. 3.2.1). Nachfolgende Studien bestätigten dies (vgl. McCall & Carriger, 1993). Rose und Feldman (1995) konnten in einer elf Jahre dauernden Längsschnittstudie zeigen, daß visuelles Wiedererinnern im Säuglingsalter

Abb. 6.6. Bilder, die in Intelligenztests für das Säuglingsalter verwendet werden. (Aus Fagan, 1984)

zu 0,41 mit dem IQ im Alter von 11 Jahren korrelierte.

> ! Schon im Alter von wenigen Monaten kann Intelligenz valide gemessen werden; die so erfaßte Intelligenz zeigt bis in die späte Kindheit hinein eine gewisse Stabilität (und damit auch Kontinuität). Die mit den Bayley-Skalen gefundenen viel geringeren Stabilitäten gehen offensichtlich darauf zurück, daß diese Skalen Intelligenz im Säuglingsalter nur schlecht erfassen.

Gleichzeitig illustriert dieses Beispiel, daß langfristige Stabilitäten auch dann gefunden werden können, wenn die Operationalisierung des Konstrukts in unterschiedlichem Alter anders ausfällt. Im Falle früher Intelligenz mußte das so sein, weil man ja nicht einen sechs Monate alten Säugling mit einem klassischen Intelligenztest testen kann. Aber selbst dann, wenn dasselbe Testverfahren in unterschiedlichem Alter zur Anwendung kommen kann, muß das nicht die beste Operationalisierung sein. Vielleicht lassen sich noch höhere Stabilitäten erzielen, wenn man zu einem Meßzeitpunkt ein anderes, aber altersangemesseneres Testverfahren wählt.

Entwicklungspsychologen sprechen dann, wenn dasselbe Meßverfahren in unterschiedlichem Alter angewandt wird, von homotyper (gleichartiger) Stabilität, und dann, wenn das Meßverfahren mit dem Alter variiert, aber dasselbe Konstrukt erfassen soll, von heterotyper (andersartiger) Stabilität (Kagan, 1980).

> ! Die Korrelation zwischen visuellem Wiedererkennen im Säuglingsalter und späterem IQ ist ein Beispiel für eine hohe heterotype Stabilität.

Ein Beispiel für heterotype Stabilität im Aggressionsbereich ist die Längsschnittstudie von Huesmann et al. (1984) an über 600 Personen. Das Gleichaltrigenurteil über Aggressivität im Alter von acht Jahren sagte für Männer und Frauen die Zahl der Verurteilungen wegen krimineller Vergehen vorher und für Männer (nicht aber für Frauen) die Zahl der registrierten Verstöße gegen Verkehrsregeln, insbesondere wegen Trunkenheit am Steuer (Abb. 6.7 und 6.8).

Die Studie von Huesmann et al. (1984) ist auch insofern interessant, als in ihr nicht nur die Aggressivität der Versuchspersonen, sondern auch die

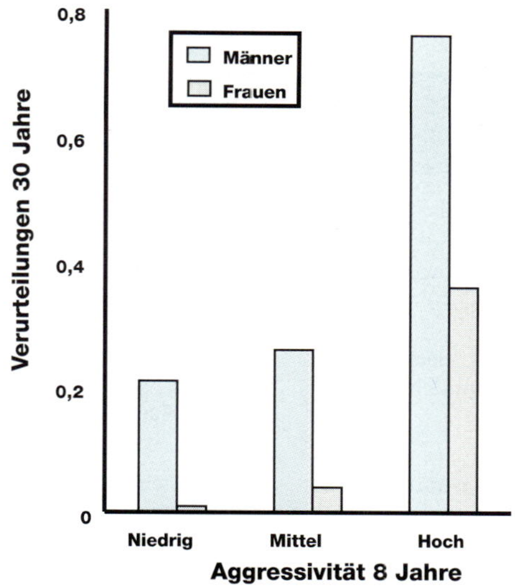

Abb. 6.7. Zusammenhang zwischen der Aggressivität im Grundschulalter und der Häufigkeit von Verurteilungen bis zum Alter von 30 Jahren. (Nach Huesmann et al., 1984)

ihrer Eltern und – später – ihrer eigenen Kinder untersucht wurde. Dadurch liefert sie korrelative Beziehungen zwischen verschiedenen Generationen. Abbildung 6.9 zeigt die resultierenden (für Unreliabilität doppelt minderungskorrigierten) Korrelationen.

Die Aggressivität der männlichen und weiblichen Versuchspersonen zeigte eine wahre Stabilität von 0,46 über 22 Jahre. Noch höher fielen aber die wahren Korrelationen zwischen Eltern und Kindern aus, wenn ihre Aggressivität in ähnlichem Alter verglichen wurde. Sie betrugen zwischen den Eltern der Versuchspersonen und ihren erwachsenen Kindern 0,58 und zwischen den Versuchspersonen im Alter von acht Jahren und ihren Kindern im selben Alter 0,65. Die Korrelationen zwischen Eltern und Kindern waren also höher als die Stabilitäten für ein und dieselbe Person, wobei der Testabstand in beiden Fällen 22 Jahre betrug. Dieses scheinbar paradoxe Ergebnis kann durch die Diskontinuität von Aggressivität zwischen dem Alter von acht und 30 Jahren erklärt werden: Das Konstrukt ändert sich in seiner Bedeutung zwischen Kindheit und Erwachsenenalter, was die Stabilität zwischen Kindheit und Erwachsenenalter beeinträchtigt, nicht aber die Korrelation zwischen gleichaltrigen Verwandten.

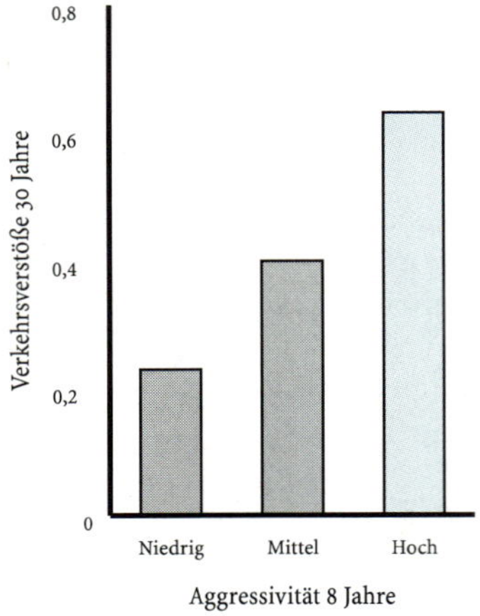

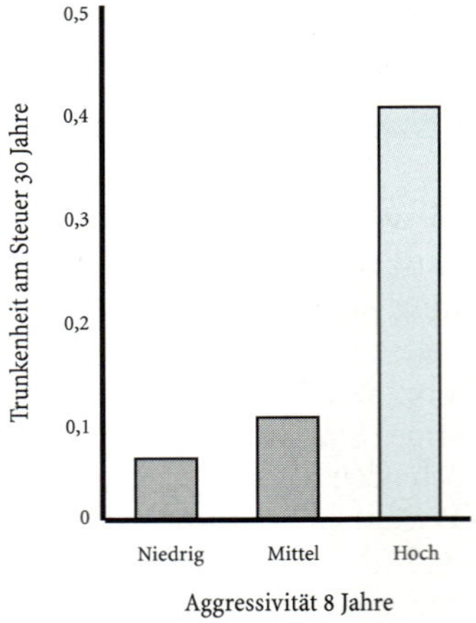

Abb. 6.8. Zusammenhang zwischen der Aggressivität im Grundschulalter und der Häufigkeit von Verkehrsverstößen insgesamt (*rechts*) und Trunkenheit am Steuer (*links*) bis zum Alter von 30 Jahren. (Nach Huesmann et al., 1984)

> ! **Bei diskontinuierlichen Konstrukten unterschätzen homotype Stabilitäten die Zusammenhänge auf Konstruktebene. In diesem Fall können heterotype Stabilitäten höher ausfallen, wenn sie sich auf jeweils altersangemessene Operationalisierungen beziehen.**

6.1.4 Diskussion

Die Frage nach der langfristigen Stabilität von Eigenschaften und der gesamten Persönlichkeit ist eine Fortsetzung der traditionellen persönlichkeitspsychologischen Frage nach der mittelfristigen Stabilität interindividueller Unterschiede. Beim Versuch ihrer Beantwortung entsteht das neue Problem der unterschiedlichen Konstruktvalidität von Meßverfahren für unterschiedliche Altersgruppen und der Diskontinuität von Eigenschaftskonstrukten. Die Tradition in der Persönlichkeits- und Entwicklungspsychologie, nach einer hohen langfristigen Kontinuität und Stabilität von Eigenschaften zu suchen, ist aber nur von begrenztem Nutzen für ein tieferes Verständnis der Persönlichkeitsentwicklung.

Denn bei hoher Stabilität (und damit auch Kontinuität) liegt keine bedeutsame differentielle Entwicklung vor und damit auch keine interessante Frage für die Persönlichkeitsentwicklung. Persönlichkeitsentwicklung erfordert niedrige langfristige Stabilität. Wie bei der Diskussion der Stabilität und der Kontinuität deutlich wurde, kann man aber auch nicht ohne weiteres aus einer niedrigen Stabilität auf interessante Entwicklungsveränderungen im Persönlichkeitsbereich schließen; es kann sich auch nur um Meßprobleme oder Diskontinuitäten der betrachteten Eigenschaftskonstrukte handeln.

Wichtiger als Beschreibungen der differentiellen Entwicklung sind deshalb Analysen der Einflüsse auf die Persönlichkeit und ihre Entwicklung: Warum ist Franz intelligenter als der gleichaltrige Fritz, und warum ist Fritz aggressiver als Franz? Wenn sich diese Unterschiede erst im Verlauf der Zeit entwickelt haben: Warum haben sie sich so und nicht anders entwickelt? Dies sind Fragen der Erklärung von Persönlichkeitsunterschieden und ih-

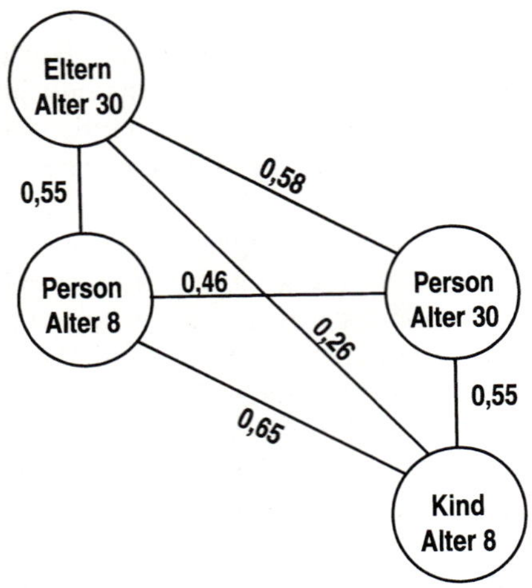

Abb. 6.9. Stabilität von Aggressivität innerhalb und zwischen Generationen. (Nach Huesmann et al., 1984)

rer Entwicklung. Sie werden in den folgenden Abschnitten behandelt.

Fragen

6.1 In welcher Hinsicht unterscheiden sich Aussagen über die individuelle Entwicklung von Aussagen über die Persönlichkeitsentwicklung?
6.2 Von welchen Faktoren hängt die langfristige Stabilität von Persönlichkeitseigenschaften ab?
6.3 Welche Ausnahme gibt es von der Regel, daß die Stabilität von Persönlichkeitseigenschaften mit zunehmendem Testabstand sinkt?
6.4 Welche Faktoren tragen zu der zunehmenden Stabilisierung von Persönlichkeitseigenschaften während der Kindheit bei?
6.5 Warum sind manche Kinder stabiler in ihrer Persönlichkeit als andere?
6.6 Welche nicht offensichtlichen Gründe gibt es für eine niedrige langfristige Stabilität von Persönlichkeitseigenschaften?
6.7 Ist es immer sinnvoll, eine Persönlichkeitseigenschaft in unterschiedlichem Alter durch dasselbe Meßverfahren zu operationalisieren?

Weiterführende Literatur

Funder, D.C., Parke, R.D., Tomlinson-Keasey, C. & Widaman, K. (Eds.) (1993). *Studying lives through time: Personality and development.* Washington, DC: American Psychological Association.

6.2 Einflüsse auf die Persönlichkeitsentwicklung

In der Alltagspsychologie erklären wir individuelle Besonderheiten, indem wir eine Erklärungsregel auf den Einzelfall anwenden. Warum ist Fritz aggressiv? Weil er die Veranlagung dazu von seinem Vater geerbt hat – weil er nicht gestillt wurde – weil sein Vater ihn immer verprügelt – weil er das jüngste von 9 Geschwistern ist und deshalb keine elterliche Zuwendung bekommen hat – weil die Familie auf engstem Raum leben muß – weil seine Klassenkameraden ihn hänseln – weil er in seiner Clique gelernt hat, immer den starken Mann zu markieren usw. Wir greifen auf ein Repertoire folkloristischer Erklärungsprinzipien zurück, das uns die Alltagspsychologie anbietet, und suchen ein bis zwei Prinzipien davon aus, die sich auf den speziellen Fall von Fritz anwenden lassen. Das Repertoire ist so groß, daß wir selten leer ausgehen.

Dieses Repertoire an Erklärungsprinzipien besteht aus tradierten Überzeugungen über Ursache-Wirkungs-Beziehungen, hinter denen sich wiederum Annahmen über vermittelnde Prozesse zwischen Ursache und Wirkung verbergen. So steht z. B. hinter der Regel „vom Vater geerbt“ die Annahme, daß ein Sohn Gene von seinem Vater bekommt und daß es Gene gibt, die aggressiv machen (wobei alltagspsychologisch nicht weiter erklärt werden kann, wie Gene aggressives Verhalten hervorrufen können); und hinter der Regel „vom Vater geprügelt“ steht die Annahme, daß die Prügel des Vaters die Aggressionsneigung gegenüber dem Vater und durch Generalisierung oder Verschiebung auch die Aggressionsneigung überhaupt erhöhen (wobei alltagspsychologisch nicht weiter erklärt werden kann, warum und wie das genau geschieht).

Unabhängig von diesen eher diffusen Vermutungen über die vermittelnden Prozesse zwischen Ursache und Wirkung ist das Muster der Erklärung stets das gleiche: Aus einer Ursache folgt eine Wirkung. Dieses simple Wenn-dann-Schema ist so tief in unserem Denken verankert, daß es nicht leicht fällt, es zu überwinden, obwohl es offensichtlich falsch ist. Denn niemand würde ernsthaft behaupten wollen, daß jedes geprügelte Kind später aggressiv wird oder daß gehänselt werden immer aggressiv macht.

Psychologische Erklärungen für individuelle Besonderheiten sehen meist ähnlich aus, bestehen also auch aus Wenn-dann-Aussagen, unterscheiden sich aber in zweierlei Hinsicht fundamental von den folkloristischen Erklärungen der Alltagspsychologie. Erstens wird grundsätzlich von probabilistischen Wenn-dann-Beziehungen ausgegangen, d. h. daß aus dem Vorliegen einer „Ursache“ nur mit einer bestimmten Wahrscheinlichkeit eine bestimmte Wirkung gefolgert werden kann. Die „Ursache“ ist ein Risikofaktor für die Wirkung – mehr nicht. Deshalb wird in der Psychologie auch nicht

von Ursachen gesprochen, sondern vorsichtiger von Bedingungen. Daraus folgt, daß eine Bedingung im allgemeinen mehrere Wirkungen hat. Die Prügel des Vaters mögen bei einem Kind Aggressivität, bei einem anderen aber Ängstlichkeit fördern. Welche Wirkung die Prügel haben, hängt von weiteren Faktoren ab, z. B. dem Erziehungsstil der Mutter oder dem Temperament des Kindes. Diese Faktoren moderieren die Wirkung der Bedingung, d. h. sie steuern sie in unterschiedliche Richtung; es sind Moderatorvariablen für die Beziehung zwischen Bedingung und Eigenschaft.

Da die moderierenden Faktoren für eine Bedingung einer Eigenschaft auch wieder als Bedingungen dieser Eigenschaft aufgefaßt werden können, gehen Eigenschaften durchweg auf Konstellationen von Bedingungen zurück: Die Wirkungen mehrerer Bedingungen „fließen zusammen". Die einzelne Bedingung ist nur *ein* Einfluß auf die betrachtete Eigenschaft; sie beeinflußt die Eigenschaft, ohne sie schon vollständig determinieren zu können. Ein Erklärungsmuster, das mit Einflußfaktoren arbeitet, wäre z. B. „Wenn der Vater das Kind oft prügelt und die Mutter den emotionalen Schaden nicht repariert und das Kind temperamentsmäßig unsensibel auf Strafe reagiert, wird es aggressiv".

! **Monokausale Erklärungen der Form „eine Ursache – eine Wirkung" halten in der Persönlichkeitspsychologie empirischen Überprüfungen nicht stand. Dazu ist der Prozeß der Persönlichkeitsentwicklung zu komplex.**

Die wissenschaftliche Persönlichkeitserklärung unterscheidet sich in einer zweiten Hinsicht fundamental von alltagspsychologischen Erklärungen. Alltagspsychologische Erklärungen sind Anwendungen tradierter Erklärungsregeln auf den Einzelfall. Die Aufgabe bei der Erklärung besteht also darin, im vorgegebenen Repertoire von Erklärungsregeln nach einer Regel zu suchen, die sich auf den vorliegenden Fall anwenden läßt. Dagegen besteht die Aufgabe der wissenschaftlichen Persönlichkeitserklärung darin, ein Repertoire von Einflüssen und ihnen zugrunde liegenden Prozessen überhaupt erst einmal zu finden. Welche möglichen Einflüsse auf Aggressivität z. B. gibt es, und welches sind die vermittelnden Prozesse? Die Anwendung dieses Repertoires auf den Einzelfall ist eine nachgeordnete, angewandte Fragestellung, die den Praktiker, kaum aber den Wissenschaftler unter den Psychologen interessiert. In diesem Kapitel geht es ausschließlich um die Frage, durch welche Einflüsse individuelle Besonderheiten bestimmt sind und auf welchen Prozessen diese Einflüsse beruhen.

Dabei wird stets die differentielle Sichtweise eingenommen. Gesucht wird also nach Einflüssen, die Personen derselben Population unterschiedlich machen. Welche Variation in Einflußfaktoren führt zu der beobachtbaren Variation in einer bestimmten Eigenschaft oder einem bestimmten Eigenschaftsmuster? So wie Eigenschaften als Variablen in Populationen aufgefaßt werden (vgl. Abschn. 2.4.2), werden Einflüsse als Variablen in Populationen aufgefaßt. Erklärt werden nicht Eigenschaftswerte einer Person, sondern die Eigenschaftsunterschiede in einer bestimmten Population.

Die Erklärung besteht dabei aus zwei Teilen. Zum einen geht es darum, Einflüsse zeitlich vorgeordneter Variablen auf Eigenschaften oder Eigenschaftsmuster zu identifizieren, indem empirisch ein Zusammenhang zwischen den Einflüssen und den Eigenschaften oder Eigenschaftsmustern nachgewiesen wird. Zum Beispiel könnte man die eingangs genannten sieben Einflüsse auf Aggressivität empirisch messen und zunächst einzeln mit gemessener Aggressivität korrelieren. Diejenigen Variablen, die eine überzufällige Korrelation mit Aggressivität aufweisen, können als Einflüsse auf Aggressivität angesehen werden.

Anschließend kann man versuchen, die Vorhersage zu verbessern, indem man Einflußkonstellationen berücksichtigt, z. B. indem man alle Einflußfaktoren nach z-Transformation summiert oder anderweitig miteinander verrechnet und den resultierenden Prädiktor mit gemessener Aggressivität korreliert. Eine hohe Korrelation würde eine gute Vorhersage von Aggressivität bedeuten (wobei die in Abschn. 2.6.3 dargestellten Fallen bei der Kausalinterpretation von Korrelationen berücksichtigt werden müssen).

Selbst sehr gute Vorhersagen liefern aber noch keine Erklärung, wenn nicht klar ist, durch welche Prozesse die Einflüsse Wirkungen auf die Persönlichkeitsveränderung ausüben. Wie wirken sich z. B. Gene, der Erziehungsstil der Eltern, andere soziale Beziehungen und sonstige Umweltfaktoren auf die Entwicklung von Aggressivität aus? Wie im folgenden deutlich werden wird, gibt es inzwischen

einige empirisch gesicherte Erkenntnisse darüber, welche Einflüsse auf Eigenschaften bestehen und wie groß ihr Einfluß relativ zueinander ist. Diese Einflußschätzungen liefern einen Anhaltspunkt dafür, welche Faktoren in Eigenschaftserklärungen eine wichtige Rolle spielen. Sie liefern also einen Rahmen für die Persönlichkeitserklärung. Im folgenden wird zunächst dieser Rahmen dargestellt; anschließend werden einige mögliche persönlichkeitserklärende Prozesse exemplarisch diskutiert.

6.2.1 Direkte und indirekte Einflußschätzung

Einen Einfluß auf ein Eigenschaftskriterium zu finden bedeutet, einen Prädiktor zu finden, mit dem das Kriterium möglichst hoch korreliert. Wenn z. B. in der Studie von Huesmann et al. (1984) die von Klassenkameraden beurteilte Aggressivität von Kindern mit der Aggressivität ihrer Eltern im gleichen Alter zu 0,65 korrelierte (nach doppelter Minderungskorrektur für Unreliabilität), war es gelungen, Aggressivität im Grundschulalter recht gut vorherzusagen. Oft wird das auch so ausgedrückt, daß der Prädiktor (Aggressivität im Grundschulalter) und das Kriterium (Aggressivität der Eltern) einen gemeinsamen Varianzanteil haben: die Kovarianz. Tafel 6.2 erläutert das Konzept der Kovarianz und ihre Rolle in der direkten Einflußschätzung.

Tafel 6.2. Direkte Einflußschätzung und Kovarianz

Wenn zwei Variablen X und Y korrelieren, haben sie einen gemeinsamen Varianzanteil (die Kovarianz von X und Y). Die Kovarianz cov(X,Y) läßt sich aus der Korrelation r(X,Y) und den Varianzen V(X), V(Y) wie folgt bestimmen:

$$cov(X, Y) = r(X, Y) \times \sqrt{V(X) \times V(Y)}.$$

Die Kovarianz läßt sich gut in dem Spezialfall veranschaulichen, daß die Korrelation zwischen X und Y durch einen gemeinsamen Variablenanteil bedingt ist. Dann zerfällt X, Y jeweils in den gemeinsamen Teil G und einen spezifischen Teil X_s, Y_s:

$$X = X_s + G,$$

$$Y = Y_s + G,$$

die Varianz von X, Y läßt sich in einen gemeinsamen und einen speziellen Anteil zerlegen:

$$V(X) = V(X_s) + V(G),$$

$$V(Y) = V(Y_s) + V(G),$$

und die Kovarianz von X,Y ist gleich der Varianz von G:

$$cov(X, Y) = V(G).$$

Abbildung 6.10 illustriert dies anhand von VennDiagrammen: Die Kovarianz ist der überlappende Teil der Varianzen von Prädiktor X und Kriterium Y.

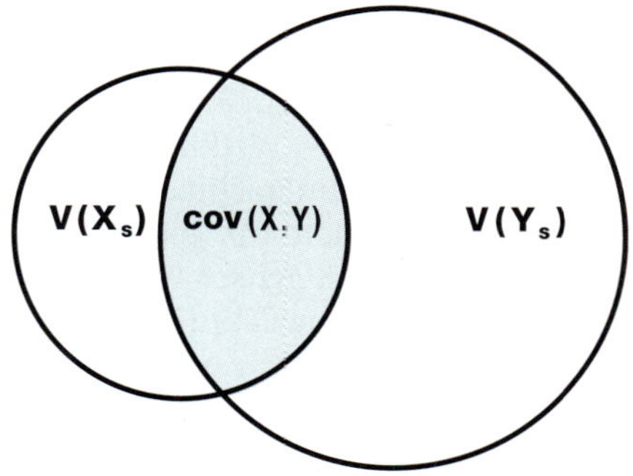

Abb. 6.10. Gemeinsame Varianz von Prädiktor und Kriterium

Die Größe des Anteils der Kovarianz an der Varianz des Kriteriums kann als quantitatives Maß der Einflußstärke von X auf Y betrachtet werden. Wenn V(X) = V(Y) ist, also die Varianzen von X,Y gleich sind, gilt:

$$r(X, Y) = cov(X, Y)/V(Y).$$

Enthalten X,Y einen gemeinsamen Variablenanteil G und ist $V(X_s) = V(Y_s)$, gilt:

$$r(X, Y) = V(G)/V(Y).$$

Bei gleicher Varianz von Prädiktor und Kriterium schätzt also ihre Korrelation die Einflußstärke. Meist sind bei psychologischen Einflußschätzungen die Varianzen von X und Y nicht festgelegt. Dann kann eine gleiche Varianz von Prädiktor und Kriterium z. B. durch *z*-Transformation hergestellt werden. Diese Überlegung zeigt, daß die Korrelation meist ein sinnvolles Maß der Einflußstärke ist.

Tafel 6.2 zeigt, daß die Korrelation dann ein sinnvolles Maß der Einflußstärke bei der direkten Einflußschätzung ist, wenn es keine Gründe gibt, unterschiedliche Varianzen von Prädiktor und Kriterium anzunehmen. Dennoch wird in der Literatur oft das Quadrat der Korrelation als Maß der Einflußstärke berichtet. Dies geht auf einen anderen Ansatz der Einflußschätzung zurück (Tafel 6.3).

Tafel 6.3. Direkte Einflußschätzung und Varianzaufklärung

Wenn ein Prädiktor X mit einem Kriterium Y korreliert, kann man in einem Regressionsansatz dem Prädiktorwert x einer Person den vorhergesagten Kriteriumswert y′ zuordnen; das Residuum y′ − x ist der Vorhersagefehler für diese Person. Die Kriteriumsvariable Y läßt

sich dann zerlegen in die Vorhersagevariable Y′ und die Fehlervariable F:

$$Y = Y' + F.$$

Entsprechend läßt sich die Varianz von Y zerlegen in

$$V(Y) = V(Y') + V(F).$$

In diesem Fall ist Y′ Teil von Y (Abb. 6.11), und es gilt ohne weitere Voraussetzungen

$$r^2(X, Y) = cov(Y', Y)/V(Y) = V(Y')/V(Y).$$

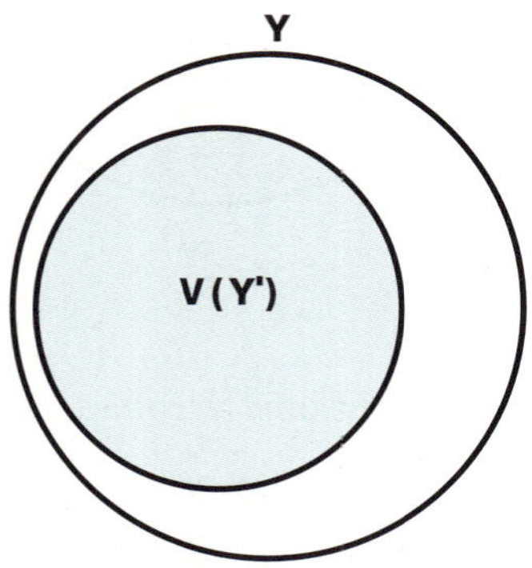

Abb. 6.11. Durch einen Prädiktor aufgeklärte Varianz

Das Quadrat der Korrelation zwischen X,Y ist also interpretierbar als Anteil der Varianz der vorhergesagten Variable Y′ an der Varianz des Kriteriums Y. Dieser Varianzanteil wird auch der durch den Prädiktor X aufgeklärte Anteil an der Kriteriumsvarianz genannt.

Der durch den Prädiktor aufgeklärte Anteil an der Kriteriumsvarianz entspricht also dem Anteil der Kovarianz zwischen Vorhersagevariable Y′ und Kriterium an der Kriteriumsvarianz, *nicht* dem Anteil der Kovarianz zwischen Prädiktor und Kriterium an der Kriteriumsvarianz. Je nach Art des Ansatzes (Kovarianzansatz wie in Tafel 6.2 oder Regressionsansatz wie in Tafel 6.3) kommt man also zu unterschiedlichen Schätzungen der Einflußstärke. Bei einer Korrelation zwischen Prädiktor und Kriterium von 0,65 beträgt der durch den Prädiktor aufgeklärte Varianzanteil nur $0{,}65^2 = 0{,}42$.

Wie Ozer (1985) ausführlich darlegt, gibt es viele Argumente, nicht routinemäßig das Quadrat der Korrelation als Maß der Einflußstärke zu verwenden, insbesondere dann nicht, wenn der Prädiktor (wie fast immer) fehlerhaft gemessen wurde. Gibt es keinen speziellen Grund, die Annahme gleicher Varianzen von Prädiktor und Kriterium anzuzweifeln, sollte die Korrelation zwischen Prädiktor und Kriterium als Maß der Einflußstärke angesehen werden.

! Die Stärke des Einflusses eines Prädiktors auf ein Kriterium sollte durch die Korrelation zwischen Prädiktor und Kriterium bestimmt werden, es sei denn, es gibt Gründe, die für ungleiche Varianzen von Prädiktor und Kriterium sprechen (z. B. wenn der Prädiktor Teil des Kriteriums ist).

Da meist ein Eins-zu-Eins-Verhältnis zwischen Korrelation und Einflußstärke besteht, ist es bislang nicht einsichtig, warum überhaupt das Konzept der Varianzaufklärung eingeführt werden mußte. Wenn man die Stärke unterschiedlicher Einflüsse auf dieselbe Eigenschaft vergleichen will, kann man das meist einfach anhand der Korrelation tun. Nützlich ist das Konzept der Varianzaufklärung besonders dann, wenn man simultane Vorhersagen durch mehrere Prädiktoren analysiert. Abbildung 6.12 zeigt die beiden typischen Fälle.

Im ersten Fall korrelieren zwei Prädiktoren mit der Eigenschaft, untereinander aber nicht. In diesem Fall ist es unmittelbar einsichtig, daß die beiden aufgeklärten Varianzanteile sich addieren, weil sie sich, geometrisch betrachtet, nicht überlappen. Im zweiten, verbreiteteren Fall korrelieren die beiden Prädiktoren nicht nur mit der Eigenschaft, sondern auch untereinander: sie kovariieren. Zum Beispiel kovariieren Familiengröße und räumliche Enge als Prädiktoren von Aggressivität. In diesem Fall überlappen sich auch die jeweils aufgeklärten Anteile an der Eigenschaft. Die insgesamt aufgeklärte Varianz ist also kleiner als die Summe der einzeln aufgeklärten Varianzen. Hieraus folgt eine erste Regel der Erklärung von Eigenschaften durch mehrere Prädiktoren:

! Bei der direkten Einflußschätzung sollten die Prädiktoren möglichst wenig untereinander kovariieren und gleichzeitig jeweils möglichst stark mit dem Kriterium kovariieren.

Die durch mehrere Prädiktoren aufgeklärte Varianz wird durch das Quadrat der multiplen Korrelation gemessen, wobei die multiple Korrelation die Korrelation zwischen den vorhergesagten und den beobachteten Kriteriumswerten ist. Auch in diesem Fall ist es oft sinnvoller, die multiple Korrelation

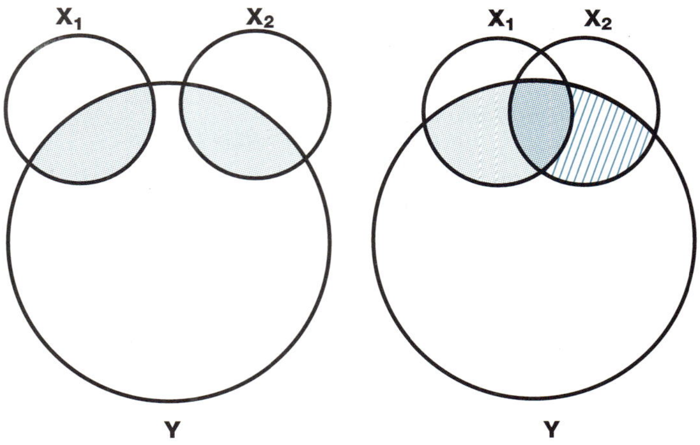

Abb. 6.12. Varianzaufklärung durch zwei Prädiktoren. *Links*: unabhängige Prädiktoren; *rechts*: kovariierende Prädiktoren

(und nicht ihr Quadrat) als Maß der Einflußstärke zu interpretieren.

Manchmal interessiert die unabhängig von einem anderen Prädiktor aufgeklärte Varianz. Zum Beispiel kann man sich dafür interessieren, wie weit die räumliche Enge unabhängig von der Familiengröße zu Aggressivität beiträgt. In diesem Fall muß man den durch beide Prädiktoren aufgeklärten Varianzanteil von dem durch die räumliche Enge aufgeklärten Varianzanteil abziehen. Es verbleibt ein Varianzanteil, der um so kleiner ist, je stärker die beiden Prädiktoren kovariieren. In Abb. 6.12, Fall 2, ist der unabhängig von X_1 durch X_2 aufgeklärte Varianzanteil von Y schraffiert eingezeichnet. Es ist unmittelbar einsichtig, daß dieser schraffierte Teil um so kleiner wird, je stärker die Kreise von X_1 und X_2 überlappen. Dieser Varianzanteil wird durch die Partialkorrelation zwischen X_2 und Y in bezug auf X_1 gemessen. Man spricht auch davon, daß der Beitrag von X_1 zum Zusammenhang zwischen X_2 und Y herauspartialisiert wurde.

Korrelierten z. B. räumliche Enge und Familiengröße untereinander zu 0,50 sowie Aggressivität mit Familiengröße zu 0,20 und mit räumlicher Enge zu 0,40, so beträgt die Partialkorrelation zwischen räumlicher Enge und Aggressivität nach Herauspartialisieren der Familiengröße immer noch 0,35, während die Partialkorrelation zwischen Familiengröße und Aggressivität nach Herauspartialisieren der räumlichen Enge Null beträgt. Dies würde nahelegen (nicht aber schlüssig beweisen), daß der Einfluß der Familiengröße auf Aggressivität hauptsächlich durch die damit verbundene räumliche Enge bedingt wäre.

> ! **Der nur auf einen einzigen Prädiktor zurückgehende Einfluß auf eine Eigenschaft läßt sich bestimmen, indem die Einflüsse anderer Prädiktoren herauspartialisiert werden.**

Bei der direkten Einflußschätzung sind die Ergebnisse vollständig von der Auswahl der Prädiktoren und der Qualität ihrer Messung abhängig. Oft sind die aufgeklärten Varianzanteile nur sehr bescheiden oder die Prädiktoren stark untereinander korreliert, so daß selbst bei simultaner Betrachtung vieler Prädiktoren nur ein geringer Teil der Eigenschaftsvarianz aufgeklärt werden kann. In manchen Fällen gibt es zudem begründete Vermutungen, daß eine bestimmte Klasse von Bedingungen die interessierende Eigenschaft beeinflußt, ohne daß bekannt ist, welche spezifischen Bedingungen wirksam sind. Dann lassen sich diese Vermutungen nicht direkt überprüfen, weil keine meßbaren Prädiktoren zur Verfügung stehen. Zum Beispiel läßt sich die alltagspsychologische Annahme, daß Aggressivität genetisch vom Vater geerbt werden kann, nicht direkt überprüfen, weil zur Zeit noch völlig unklar ist, welche Gene hier eine Rolle spielen könnten. Ein anderes Beispiel wäre die Hypothese, daß Ehepartner sich durch den Einfluß gemeinsamer Erfahrungen über die Jahre immer ähnlicher werden. Diese gemeinsamen Erfahrungen sind so vielfältig, daß es unmöglich scheint, sie direkt erfassen zu wollen.

Für solche Fälle gibt es eine zweite, ganz andere Art der Varianzaufklärung: die indirekte Einflußschätzung durch den Vergleich von Personen, die bestimmte Persönlichkeitseinflüsse teilen. So läßt sich der Einfluß der Gene von Vätern auf die Aggressivität ihrer Söhne z. B. dadurch empirisch schätzen, daß die Aggressivität zwischen Vätern und Söhnen für solche Väter korreliert wird, die ihre Söhne nie gesehen haben, weil sie sich schon vor der Geburt von der Mutter getrennt haben. Der durch die Korrelation geschätzte Varianzanteil kann als väterlicher genetischer Einfluß auf die Aggressivität der Söhne interpretiert werden, denn außer ihren Genen haben diese Väter nichts zur Aggressivität ihrer Söhne beigetragen (dies ist nicht ganz korrekt, worauf aber erst in Abschn. 6.2.5 eingegangen werden kann).

Entsprechend ließe sich der Einfluß gemeinsamer Erfahrungen auf die Persönlichkeit von Ehepartnern durch eine Längsschnittstudie schätzen, in der Eigenschaften der Partner zu Beginn der Ehe und nach langer Zeit wieder gemessen und jeweils zwischen den beiden Partnern korreliert werden. Der Zuwachs der Korrelation einer Eigenschaft zwischen den beiden Partnern schätzt dann den Einfluß der gemeinsamen Erfahrungen auf die Eigenschaft, da die wachsende Ähnlichkeit auf gemeinsamen Umwelteinflüssen beruhen dürfte, die zwischen den beiden Zeitpunkten wirksam wurden (vgl. Caspi et al., 1992). Tafel 6.4 erläutert das auf Fisher (1918) zurückgehende Prinzip der indirekten Einflußschätzung.

Tafel 6.4. Indirekte Einflußschätzung

Die Ähnlichkeit von Personen, die bestimmte Einflüsse auf ihre Persönlichkeit teilen, kann genutzt werden, um die Stärke der von den Personen geteilten Einflüsse auf ihre Eigenschaften relativ zur Stärke der von den Personen nicht geteilten Einflüsse abzuschätzen. Die Ähnlichkeit der Intelligenz genetisch nicht verwandter Adoptivgeschwister ähnlichen, aber nicht identischen Alters, die in derselben Familie aufgewachsen sind, gibt z. B. Auskunft über die Stärke des Einflusses der familiären Umwelt (geteilte Einflüsse) auf ihre Intelligenz relativ zur Stärke der von den Adoptivgeschwistern nicht geteilten Einflüssen, z. B. Gene, pränatale und perinatale Faktoren, unterschiedlicher Schulunterricht und Anregungen durch unterschiedliche Freunde.

Um die Stärke der geteilten Einflüsse empirisch zu schätzen, werden Paare von Personen P,Q gebildet (z. B. Geschwister, Ehepaare). Die interessierende Eigenschaft wird für beide Partner vieler solcher Paare gemessen. Wenn die Varianzen V(P), V(Q) gleich sind, mißt die Korrelation r(P,Q) zwischen den beiden Partnern eines jeden Paares denjenigen Varianzanteil $V(P_g) = V(Q_g)$ an ihrer Eigenschaftsvarianz, der auf die geteilten Einflüsse zurückgeht:

$$r(P, Q) = V(P_g)/V(P) = V(Q_g)/V(Q).$$

Die restlichen Varianzanteile $V(P_s) = V(P) - V(P_g)$ und $V(Q_s) = V(Q) - V(Q_g)$ geben die jeweils nicht aufgeklärte spezifische Varianz der Partner an. Sie zerfällt in einen auf Meßfehler zurückgehenden Varianzanteil und in einen auf nicht geteilte Einflüsse zurückgehenden Varianzanteil. Dies läßt sich wie bei der direkten Einflußschätzung veranschaulichen (Abb. 6.13).

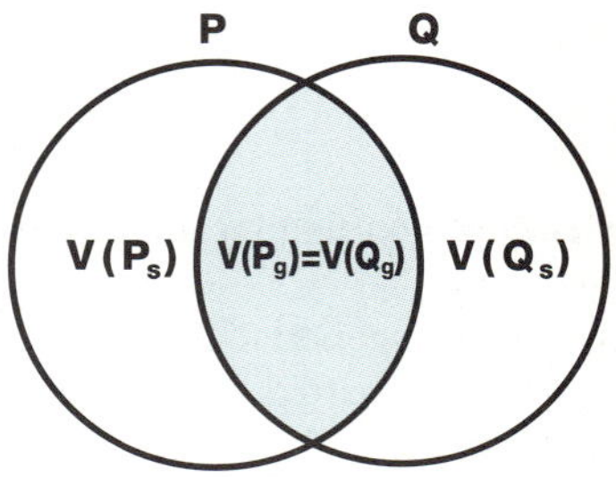

Abb. 6.13. Gemeinsame und spezifische Varianz der Partner von Personenpaaren

Formal ist die Logik also dieselbe wie im Kovarianzansatz der direkten Einflußschätzung (der gemeinsame Varianzanteil wird durch eine Korrelation bestimmt), aber die Korrelationen sind andere: Es sind nicht Korrelationen zwischen zwei verschiedenen Variablen derselben Personen (Prädiktor und Kriterium), sondern Korrelationen derselben Variable zwischen zwei verschiedenen Paarlingen (z. B. Geschwistern). Die Voraussetzung gleicher Varianzen für die Partner jeden Paares ist bei Geschwistern erfüllt.

Wären Personen zufällig aus der interessierenden Population herausgegriffen und zu Paaren zusammengestellt worden, müßte ihre Korrelation für jede Eigenschaft Null betragen, denn sie haben ja keine individuellen Besonderheiten gemeinsam. Positive Korrelationen müssen auf geteilte Einflüsse zurückgehen. Theoretisch – was aber im Falle von Eigenschaften kaum vorkommt – können die Korrelationen zwischen den Partnern eines Paares für eine Eigenschaft auch negativ ausfallen. Ihre

Ähnlichkeit wäre also geringer, als per Zufall zu erwarten wäre. Dies würde bedeuten, daß es polarisierende Effekte in der Persönlichkeitsentwicklung der beiden Partner gibt, z. B. daß einer um so dominanter ist, desto submissiver der andere ist. Diese Überlegung macht klar, daß die auf geteilte Einflüsse zurückgehende Ähnlichkeit von Personen die Resultante ähnlich machender und unähnlich machender Wirkungen ist.

> ! Bei der indirekten Einflußschätzung wird die Persönlichkeitsähnlichkeit der Partner in bestimmten Personenpaaren interpretiert als Ausdruck gemeinsamer Einflüsse auf ihre Persönlichkeit. Die Ähnlichkeit ist die Resultante aller ähnlich und unähnlich machenden Einflüsse.

6.2.2 Relativer Einfluß von Genom und Umwelt

Zur Zeit läßt sich die genetische Identität von Menschen erst sehr bruchstückhaft direkt durch Genomanalyse messen. Deshalb ist es noch nicht möglich, den genetischen Einfluß auf Persönlichkeitseigenschaften durch direkte Einflußschätzung zu bestimmen. Es ist aber möglich, den relativen Einfluß von Genom und Umwelt auf bestimmte Persönlichkeitseigenschaften durch indirekte Einflußschätzung abzuschätzen. Tafel 6.5 erläutert einige Grundbegriffe der Genetik, die für ein Verständnis dieser indirekten Schätzung des genetischen Einflusses notwendig sind. Sie stammen aus der Populationsgenetik, demjenigen Teil der Genetik, der sich mit genetischen Besonderheiten innerhalb von Populationen beschäftigt (das Verhältnis der Populationsgenetik zur Genetik entspricht also in etwa dem Verhältnis der Persönlichkeitspsychologie zur Psychologie).

Tafel 6.5. Grundbegriffe der Populationsgenetik

Die Populationsgenetik interessiert sich für genetische Unterschiede zwischen Mitgliedern derselben Population. Beim Menschen ist die genetische Information, das Genom (früher auch Genotyp genannt) in allen Zellen gespeichert und verändert sich nicht während des gesamten Lebens (abgesehen von pathologischen Veränderungen bestimmter Zellen). Das Genom beruht auf vielen lokalen Abschnitten, den Genen, die durch ihre Funktion im Stoffwechsel definiert sind. Dasselbe Gen kann bei unterschiedlichen Menschen in unterschiedlichen Varianten auftreten (den Allelen des Gens); dadurch kann es unterschiedliche Funktionen im Stoffwechsel ausüben. Menschen unterscheiden sich in ihrem Allelmuster (aber nur unwesentlich in ihren Genen, d. h. den Allelorten; selbst Schimpanse und Mensch teilen über 99% ihrer Gene). Das Genom ist also durch ein bestimmtes Allelmuster definiert, das stark von Mensch zu Mensch variiert.
Vereinfacht dargestellt (aber hier ausreichend) stammt die Hälfte der Allele eines Kindes von der Mutter, die andere Hälfte vom Vater, wobei die Aufteilung von Gen zu Gen zufällig variiert. Aus dieser zufälligen Aufteilung ergibt sich, daß Kinder etwa 50% der Allele mit jedem Elternteil teilen. Geschwister unterschiedlichen Alters und zweieiige Zwillinge, die unterschiedlichen Eizellen entstammen, teilen etwa 50 % ihrer Allele. Eineiige Zwillinge entstammen derselben Eizelle und sind deshalb genetisch identisch (Tabelle 6.4).

Tabelle 6.4. Genetische Ähnlichkeit bei verschiedenem Verwandtschaftsgrad

Verwandtschaftsgrad	Genetische Ähnlichkeit
Eltern – Kind	50 %
Großeltern –Kind	25 %
Geschwister unterschiedlichen Alters	50 %
Zweieiige Zwillinge	50 %
Eineiige Zwillinge	100 %
Adoptiveltern – Kind	0 %
Adoptivgeschwister	0 %

Die Einflüsse auf Persönlichkeitsunterschiede innerhalb von Populationen lassen sich einteilen in genetische Einflüsse und Umwelteinflüsse. Die genetischen Einflüsse beruhen auf Unterschieden im Genom. Umwelteinflüsse sind aus genetischer Sicht alle sonstigen Einflüsse. Dazu gehören z. B. Unterschiede in der Struktur der befruchteten Eizelle zum Zeitpunkt der Zeugung (abgesehen vom Genom), dazu gehören alle sonstigen prä- und perinatalen Einflüsse und dazu gehören alle Umwelteinflüsse nach der Geburt.

Damit enthält die beobachtete Varianz in einer Persönlichkeitseigenschaft, z. B. die Varianz des IQ, zwei Varianzanteile: den genetischen Anteil, der auf Unterschiede im Genom zurückgeht, und den Umweltanteil, der auf Unterschiede in der Umwelt zurückgeht. Die Größe der beiden Varianzanteile entspricht dem relativen Einfluß von Genomunterschieden und Umweltunterschieden auf die Persönlichkeitseigenschaft. Diese beiden Varianzanteile sind nicht unbedingt unabhängig: sie kön-

nen sich überlappen. Es kann also eine Genom-Umwelt-Kovarianz geben.

Eine Genom-Umwelt-Kovarianz kann dadurch zustande kommen, daß bestimmte Genome sich gehäuft in bestimmten Umwelten aufhalten. Dies wird in Abschn. 6.2.5 genauer erläutert. Hier geht es nur um Aussagen über den Einfluß von Genom und Umwelt auf Eigenschaften relativ zueinander. Für diese Fragestellung ist der überlappende Varianzanteil „neutral", weil er sich weder auf das Genom noch auf die Umwelt alleine beziehen läßt. Also kann er zur Hälfte dem genetischen und zur anderen Hälfte dem Umweltanteil an der Eigenschaftsvarianz zugeschlagen werden. Das hat den Vorteil, daß der überlappende Varianzanteil gar nicht erst geschätzt werden muß. Dagegen kann der auf Meßfehler zurückgehende Varianzanteil als eigenständige Größe berücksichtigt werden, da er sich durch die Reliabilität der Eigenschaftsmessung direkt schätzen läßt. Damit läßt sich die Varianz einer Eigenschaft V(X) in drei voneinander unabhängige Varianzanteile zerlegen: ihren genetischen Anteil V(G), ihren Umweltanteil V(U) und ihren Fehleranteil V(F):

$$V(X) = V(G) + V(U) + V(F).$$

Das Verhältnis von V(G) zu V(U) gibt damit die Bedeutsamkeit der Unterschiede in den Genomen einer Population relativ zu den Unterschieden in den Umwelten für die Eigenschaft in dieser Population an. Werden die eigenschaftswirksamen Umwelten der Populationsmitglieder homogener, steigt der genetische Einfluß auf die Eigenschaft; werden die eigenschaftswirksamen genetischen Unterschiede geringer, steigt der Umwelteinfluß auf die Eigenschaft.

> **!** Genetische Einflußschätzungen sind von der vorhandenen Variabilität der Genome und Umwelten in der untersuchten Population abhängig.

Zwei Beispiele mögen das verdeutlichen. Würde die Variabilität des Schulunterrichts erhöht, indem jede Person unterrichten könnte unabhängig von ihrer Eignung, so würde der Umwelteinfluß auf die Schulleistung steigen, weil dadurch bestimmte Schüler durch sehr schlechten Unterricht benachteiligt würden. Würde umgekehrt die genetische Variabilität der Schüler durch eine Einwanderungswelle aus sehr unterschiedlichen Kulturen steigen, ohne daß das Schulsystem verändert würde, so würde der Umweltanteil an den dann vorhandenen Leistungsunterschieden vermindert, sofern die hinzugekommene genetische Varianz sich auf die Schulleistung auswirkt.

Diese Relativität der Einflußschätzungen ist eine notwendige Konsequenz des differentiellen Ansatzes, die Variabilität von Eigenschaften innerhalb von Populationen aufklären zu wollen. Aussagen über den genetischen Einfluß auf Eigenschaften sind also populationsabhängig: Änderungen der genetischen oder der Umweltvariabilität innerhalb der betrachteten Kultur führen zu veränderten Einflußschätzungen. "Absolute" Aussagen, wie sie in der Alltagspsychologie erwartet werden, sind nicht möglich.

> **!** Genetische Einflußschätzungen für eine bestimmte Eigenschaft können von Kultur zu Kultur und auch zwischen verschiedenen historischen Zeitpunkten der Entwicklung ein und derselben Kultur variieren.

Die Größe des genetischen Varianzanteils läßt sich indirekt durch die Ähnlichkeit von Personenpaaren schätzen (vgl. Tafel 6.4). Dafür gibt es zwei voneinander unabhängige Methoden der Einflußschätzung: die Zwillingsmethode und die Adoptionsmethode (Tafel 6.6).

Tafel 6.6. Zwillings- und Adoptionsmethode

Der genetische Einfluß auf eine Eigenschaft läßt sich durch zwei unabhängige Methoden indirekt schätzen: die Zwillingsmethode und die Adoptionsmethode.
Die Zwillingsmethode geht von der Annahme aus, daß die Umweltvarianz von ein- und zweieiigen Zwillingen gleich groß ist. Die größere Ähnlichkeit eineiiger Zwillinge beruht dann nur noch auf ihrer größeren genetischen Ähnlichkeit. Da zweieiige Zwillinge durchschnittlich 50% ihrer Allele teilen, eineiige jedoch 100% (vgl. Tabelle 6.4), schätzt die Differenz der Korrelationen der Eigenschaft zwischen ein- und zweieiigen Zwillingspaaren 50% des genetischen Varianzanteils, also die doppelte Differenz den genetischen Varianzanteil. Zum Beispiel korreliert der IQ zwischen älteren eineiigen Zwillingen in westlichen Kulturen typischerweise um 0,85 und zwischen älteren zweieiigen Zwillingen um 0,60; hieraus ergibt sich ein genetischer Anteil an der IQ-Varianz von 2 × 25% = 50%.
Die Adoptionsmethode geht von der Annahme aus, daß die Umweltvarianz von Adoptivgeschwistern so groß ist wie die Umweltvarianz leiblicher Geschwister. Die

größere Ähnlichkeit von leiblichen Geschwistern beruht dann nur noch auf ihrer größeren genetischen Ähnlichkeit. Da leibliche Geschwister durchschnittlich 50% ihrer Allele teilen, Adoptivgeschwister jedoch 0% (vgl. Tabelle 6.4), schätzt die doppelte Differenz zwischen den Korrelationen für leibliche und Adoptivgeschwister den genetischen Varianzanteil. Zum Beispiel korreliert der IQ zwischen leiblichen Geschwistern typischerweise um 0,50 und zwischen Adoptivgeschwistern um 0,25; hieraus ergibt sich ein genetischer Anteil an der IQ-Varianz von 50%.

Im Falle des IQ kommen also Zwillings- und Adoptionsmethode zu demselben Ergebnis. Es gilt zunächst nur für die Population älterer Zwillinge bzw. Geschwister. Unter der zusätzlichen Annahme, daß deren Umweltvarianz so groß ist wie die Umweltvarianz in der Population insgesamt, läßt sich dies auf die gesamte Population verallgemeinern: Die genetische Varianz des IQ beträgt 50%. Bei einer Reliabilität von 0,90 beträgt der Fehleranteil an der IQ-Varianz 10%; damit verbleiben für die Umweltvarianz 40%.

Das in Tafel 6.6 am Beispiel typischer IQ-Daten älterer Geschwister erläuterte Verfahren kann auf beliebige Persönlichkeitseigenschaften angewendet werden. Tabelle 6.5 zeigt einschlägige Daten aus Zwillingsstudien mit insgesamt mehreren Tausend Zwillingspaaren. Abgesehen vom IQ beruhen die Daten fast ausschließlich auf Selbst- und Fremdeinschätzungen in Fragebögen. Sie wurden nach den Big-Five-Faktoren gruppiert (vgl. Abschn. 4.1). Die mit der Zwillingsmethode geschätzte mittlere genetische Varianz für die fünf Hauptfaktoren naiver Persönlichkeitsurteile beträgt 55%, wobei die Varianzschätzungen für die beiden Temperamentsfaktoren Extraversion und Neurotizismus etwas höher und für Verträglichkeit und Kultur etwas niedriger ausfallen.

Tabelle 6.6 zeigt die Daten der wenigen (jeweils ca. 4) mit Tabelle 6.5 vergleichbaren Adoptionsstudien. Für den IQ kommen Zwillings- und Adoptionsmethode praktisch zu demselben Ergebnis. Für Persönlichkeitsbeurteilungen jedoch fallen die Schätzungen des genetischen Varianzanteils wesentlich geringer aus. Die Schätzungen sind wegen der geringeren Anzahl von Studien, auf denen die Daten beruhen, etwas fehleranfälliger als die in Tabelle 6.5, aber das alleine kann die Diskrepanz zwischen Zwillings- und Adoptionsmethode im Falle beurteilter Persönlichkeitseigenschaften nicht erklären. Immerhin ist die mittlere Korrelation zwischen leiblichen Geschwistern mit 0,19 nur unwesentlich geringer als die mittlere Korrelation von 0,21 zwischen zweieiigen Zwillingen in Tabelle 6.5, die auf wesentlich größeren Stichprobenzahlen beruht, und die mittlere Korrelation zwischen Adoptivgeschwistern ist mit 0,04 minimal. Die mit der Adoptionsmethode geschätzte mittlere genetische Varianz für die Big Five beträgt 30%, wobei die Schätzung für Extraversion höher und für Neurotizismus niedriger ausfällt.

! **Während Zwillings- und Adoptionsmethode im Falle des IQ zum gleichen Ergebnis kommen, führt die Zwillingsmethode bei Persönlichkeitsurteilen regelmäßig zu höheren genetischen Einflußschätzungen als die Adoptionsmethode.**

Daß die Zwillingsmethode oft zu höheren Varianzschätzungen führt als die Adoptionsmethode, ist seit längerem bekannt. Hierfür gibt es hauptsächlich drei Erklärungsansätze. Erstens sind menschliche Eigenschaften nicht nur durch die additiven Effekte einzelner Allele sondern auch durch ihre nichtadditiven Effekte (Wechselwirkungen) bestimmt. Ein Beispiel für eine solche Wechselwirkung wäre der Fall, daß die Allele A_1, A_2 und

Tabelle 6.5. Korrelation von Eigenschaften zwischen ein- und zweieiigen Zwillingen

Eigenschaft	Anzahl Studien	Eineiige Zwillinge	Zweieiige Zwillinge	Genetischer Varianzanteil
IQ	42	0,81	0,59	44 %
Extraversion	33	0,51	0,19	64 %
Neurotizismus	18	0,54	0,19	70 %
Gewissenhaftigkeit	7	0,42	0,17	50 %
Verträglichkeit	8	0,49	0,28	42 %
Kultur	10	0,47	0,23	48 %

Angegeben sind Mittelwerte der Korrelationen in den jeweiligen Studien; die Schätzung des genetischen Varianzanteils beruht auf diesen Mittelwerten. Die Daten für den Kulturfaktor stammen aus Loehlin (1992), die sonstigen Daten aus McCartney et al. (1990).

Tabelle 6.6. Korrelation von Eigenschaften zwischen leiblichen und Adoptivgeschwistern

Eigenschaft	Leibliche Geschwister	Adoptivgeschwister	Genetischer Varianzanteil
IQ	0,49	0,25	48 %
Extraversion	0,20	−0,03	46 %
Neurotizismus	0,14	0,07	14 %
Gewissenhaftigkeit	0,19	0,02	34 %
Verträglichkeit	0,20[a]	0,06	28 %[a]
Kultur	0,24[a]	0,09	30 %[a]

Angegeben sind Mittelwerte von Korrelationen in unterschiedlichen Studien mit mindestens 75 Paaren; die Schätzung des genetischen Varianzanteils beruht auf diesen Mittelwerten. Die IQ-Daten stammen aus Plomin und DeFries (1980) und die Big Five Daten aus Loehlin (1992).

[a]Da nur eine Studie mit Geschwistern vorlag, wurden ersatzweise Korrelationen zwischen Eltern und ihren leiblichen Kindern analysiert; wegen des Altersunterschieds zwischen Eltern und Kind unterschätzt dies die Korrelation zwischen leiblichen Geschwistern und damit den genetischen Varianzanteil.

A_3 unabhängig voneinander Neurotizismus fördern, wobei die förderliche Wirkung wesentlich größer ausfällt als die Summe der Einzelwirkungen, wenn jemand über alle drei Allele verfügt (hier würden sich die Wirkungen der drei Gene wechselseitig potenzieren). Eineiige Zwillinge teilen alle additiven und nichtadditiven Effekte. Zweieiige Zwillinge und verwandte Geschwister teilen im Durchschnitt 50 % der additiven Effekte, aber weit unter 50 % der nichtadditiven Effekte, denn die Chance, daß sie die gleichen Allelkonfigurationen haben (und damit die gleichen nichtadditiven Effekte), sinkt rapide mit zunehmender Zahl der beteiligten Allele (bei zwei Allelen beträgt sie 25 %, bei drei Allelen 12,5 %, bei 10 Allelen 0,01 %). Adoptivgeschwister schließlich teilen weder additive noch nichtadditive Effekte.

Damit überschätzt die Zwillingsmethode die gesamte genetische Varianz, und die Adoptionsmethode unterschätzt sie; die Wahrheit liegt irgendwo dazwischen. Würden z. B. zweieiige Zwillinge 12,5 % der nichtadditiven genetischen Varianz teilen, so schätzt die Zwillingsmethode 100 % der additiven, aber $2 \times 87{,}5\,\% = 175\,\%$ der nichtadditiven Varianz, während die Adoptionsmethode 100 % der additiven, aber nur 12,5 % der nichtadditiven Varianz schätzt. Die Fehler in den Varianzschätzungen können von Eigenschaft zu Eigenschaft je nach Anzahl der beteiligten Allele und Bedeutsamkeit der nichtadditiven relativ zu den additiven Effekten variieren. Aus dieser rein genetischen Sicht beruhen Intelligenzunterschiede hauptsächlich auf additiver genetischer Varianz, denn Zwillings- und Adoptionsmethode kommen hier zu praktisch demselben Ergebnis. Unterschiede in Big-Five-Persönlichkeitsurteilen dagegen würden zu einem bedeutsamen Anteil auf nichtadditiver Varianz beruhen – vielleicht weil in diese Urteile nicht nur genetische Effekte auf die beurteilten Persönlichkeitsmerkmale, sondern auch genetische Effekte auf die diversen Tendenzen der Urteilsverzerrung eingehen, deshalb die Zahl der beteiligten Allele größer ist als beim IQ und damit die Chance für nichtadditive Effekte steigt.

Eine zweite mögliche Erklärung beruht auf der Überlegung, daß die Umwelt von eineiigen Zwillingen ähnlicher sein könnte als die zweieiiger Zwillinge. Eineiige Zwillinge sind vielleicht mehr zusammen als zweieiige, und Interaktionspartner von eineiigen Zwillingen könnten wegen der größeren Gestaltähnlichkeit der eineiigen Zwillinge auf diese ähnlicher reagieren. Empirisch läßt sich diese Hypothese aber kaum bestätigen: Die Unterschiede in der Umweltähnlichkeit sind nur minimal (vgl. Loehlin, 1992). Zum Beispiel fanden Plomin et al. (1994d) für sechs verschiedene Aspekte des von eineiigen Zwillingen beurteilten elterlichen Erziehungsverhaltens eine mittlere Konsistenz von 0,43 zwischen den Zwillingen; für zweieiige Zwillinge war sie mit 0,40 nur minimal niedriger.

Der dritte Erklärungsversuch berücksichtigt das methodische Problem, daß es sich bei den Persönlichkeitsbeurteilungen von Geschwistern üblicherweise um Beurteilungen durch Personen handelt,

die beide Geschwister kennen (Selbsturteile, Elternurteile). Damit könnten diese Urteile durch einen Kontrasteffekt verzerrt sein: Die Urteiler übertreiben Unterschiede zwischen den Geschwistern, weil sie diese primär untereinander und nur sekundär mit Kindern anderer Familien vergleichen. Dadurch fallen alle Korrelationen zwischen Geschwistern zu niedrig aus und können sogar ins Negative rutschen.

Saudino et al. (1995) konnten nicht nur einen solchen Kontrasteffekt nachweisen, sondern zusätzlich nahelegen, daß er um so einflußreicher ist, je unähnlicher sich Geschwister wirklich sind. Bei eineiigen Zwillingen ist er minimal, bei Geschwistern unterschiedlichen Alters massiv (die Urteiler haben Schwierigkeiten, Persönlichkeitsunterschiede ihrer Kinder von Altersunterschieden zu trennen). Daraus folgt, daß die Zwillingsmethode den genetischen Einfluß überschätzt, denn der größere Kontrasteffekt bei den zweieiigen Zwillingen verglichen mit den eineiigen wird als genetischer Einfluß fehlinterpretiert. Auch die im Vergleich zu der genetischen Schätzung zu niedrigen Korrelationen zwischen leiblichen Geschwistern und negative Korrelationen zwischen Adoptivgeschwistern sind so erklärlich.

> **!** **Die Zwillingsmethode überschätzt bei Persönlichkeitsbeurteilungen den genetischen Einfluß, sofern es nichtadditive genetische Einflüsse oder Kontrasteffekte bei der Beurteilung gibt.**

Es gibt noch weitere Probleme der beiden Schätzmethoden. So könnten Adoptivkinder ihren Adoptivgeschwistern oder Adoptiveltern überzufällig ähnlich sein, weil die Adoptionsagenturen sie in Elternhäuser ähnlicher sozialer Schicht vermitteln (selektive Plazierung). Dies würde zu einer Unterschätzung der genetischen Varianz führen. Der Effekt würde besonders den IQ betreffen. Die Größe dieses Effekts läßt sich durch die Korrelation zwischen IQ oder Ausbildungsniveau der leiblichen und der Adoptivmütter schätzen; sie ist positiv, aber gering (um 0,20; vgl. z. B. Loehlin et al., 1989); im Falle beurteilter Persönlichkeitseigenschaften ist sie praktisch Null (Loehlin, 1992).

Weiterhin könnte die Umweltvariabilität von Adoptivfamilien geringer sein als die normaler Familien, weil Adoptionsagenturen bevorzugt in gutsituierte, stabile Mittelschichtsfamilien vermitteln. Dies würde zu einer Unterschätzung schichtabhängiger Umwelteffekte und damit zu einer Überschätzung des genetischen Varianzanteils führen. Dieser Effekt läßt sich z. B. durch die Varianz des IQ der Adoptiveltern schätzen; er ist vorhanden, aber nur sehr schwach. Im wesentlichen kompensieren sich die Effekte der selektiven Plazierung und der eingeschränkten Umweltvarianz wechselseitig.

Schließlich stellt die Ähnlichkeit der Eltern in Persönlichkeitseigenschaften (Homogamie) ein Problem dar, das entgegengesetzte Konsequenzen für Zwillings- und Adoptionsmethode hat. Die Homogamie von Ehepartnern für den IQ ist beträchtlich (die IQs der Partner korrelieren um 0,40), während sie für selbstbeurteilte Persönlichkeitseigenschaften gering ist (0,00–0,25; vgl. Loehlin et al., 1989; Lykken & Tellegen, 1993; Mascie-Taylor & Vandenberg, 1988). Da sie die genetische Ähnlichkeit verwandter Geschwister auf einen Wert von über 50 % steigert, führt sie bei der Zwillingsmethode zu einer Unterschätzung des genetischen Varianzanteils und bei der Adoptionsmethode zu einer Überschätzung des genetischen Varianzanteils. Tabelle 6.7 faßt diese methodischen Probleme der Zwillings- und Adoptionsmethode zusammen.

Tabelle 6.7 macht deutlich, daß jede der beiden Methoden mehrere Probleme hat, die sich in ihren Wirkungen auf die Einflußschätzungen teilweise

Tabelle 6.7. Methodische Probleme der Zwillings- und Adoptionsmethode und ihre Auswirkungen auf die Schätzung des genetischen Einflusses

Methode/Problem	Auswirkung auf Schätzung des genetischen Einflusses
Zwillingsmethode	
Nichtadditive genetische Effekte	Überschätzung
Homogamie	Unterschätzung
Umwelt eineiiger Zwillinge ist ähnlicher aus nichtgenetischen Gründen	Überschätzung
Adoptionsmethode	
Nichtadditive genetische Effekte	Unterschätzung
Homogamie	Überschätzung
Selektive Plazierung	Unterschätzung
Umweltvarianz zwischen Adoptivfamilien gering	Überschätzung

aber wieder aufheben. Die Probleme der beiden Methoden sind unterschiedliche, und selbst wenn die Probleme gleich sind, können sie unterschiedliche Effekte auf die Einflußschätzungen haben. Anstatt darauf zu vertrauen, daß die Probleme jeder Methode sich wechselseitig kompensieren (was das Problem der unterschiedlichen Varianzschätzungen im Falle der Big Five nicht lösen könnte), wird in neueren, methodisch sehr anspruchsvollen Arbeiten versucht, die Probleme direkt zu kontrollieren, indem in Kombinationsstudien versucht wird, die beobachteten Ähnlichkeiten von Zwillingen, Eltern, leiblichen und Adoptivgeschwistern durch ein gemeinsames Modell auf Konstruktebene zu erklären, das Faktoren wie nichtadditive genetische Varianz, Homogamie, Kontrasteffekte oder Annahmen über spezielle Umweltvarianz für spezielle Personengruppen berücksichtigt.

Loehlin (1992) gibt eine gut verständliche Einführung in diese Methodik. Tabelle 6.8 zeigt Ergebnisse einer derartigen Schätzung für die additiven und nichtadditiven genetischen Varianzanteile für IQ und Big Five. Diese Schätzungen beruhen auf noch umfangreicheren Datensätzen als die Tabellen 6.6 und 6.7 und stellen die derzeit besten Schätzungen für den genetischen Einfluß auf Persönlichkeitseigenschaften dar.

Aus diesen Varianzschätzungen lassen sich drei grundlegende Schlußfolgerungen für den relativen genetischen Einfluß auf Eigenschaften ziehen:

- Erstens gibt es einen substantiellen genetischen Einfluß auf getestete Fähigkeiten und beurteilte Eigenschaften. Er erklärt 35–51 % der beobachtbaren Varianz (Mittelwert 45 %) und damit ziemlich genauso viel Varianz wie systematische Umwelteffekte, die 31–45% der Varianz erklären (Mittelwert 39 %). Angesichts der Ungenauigkeit der Schätzungen ist dies gut vereinbar mit der Annahme, daß genetische und Umwelteffekte in etwa gleich stark sind.
- Zweitens variiert die genetische Varianz nur mäßig zwischen verschiedenen Eigenschaften; sie ist am höchsten für Kultur/IQ und Extraversion und am geringsten für Neurotizismus und Verträglichkeit. Angesichts der Ungenauigkeit der Schätzungen lassen sich keine Eigenschaftsbereiche identifizieren, die unzweifelhaft stärker als andere genetisch beeinflußt sind. Insbesondere sind Temperamentseigenschaften nicht stärker genetisch beeinflußt als Gewissenhaftigkeit oder Eigenschaften, die auf dem Kulturfaktor hoch laden.
- Drittens variiert der Anteil der nichtadditiven genetischen Varianz deutlich zwischen einem bescheidenen Anteil bei Kultur und einem substantiellen Anteil bei den anderen vier Persönlichkeitseigenschaften. Hier spielt der Kulturfaktor klar eine Sonderrolle.

Tabelle 6.8. Schätzung der Varianzanteile verschiedener Eigenschaften aus Kombinationsstudien von Zwillings- und Adoptionsdaten

Eigenschaft	Genetischer Varianzanteil		Umweltanteil	Fehleranteil
	additiv	nicht additiv		
IQ	32 %	19 %	39 %	10 %
Extraversion	32 %	17 %	31 %	20 %
Neurotizismus	24 %	11 %	45 %	20 %
Verträglichkeit	22 %	16 %	42 %	20 %
Gewissenhaftigkeit	27 %	14 %	39 %	20 %
Kultur	43 %	2 %	35 %	20 %

Die genetischen Varianzschätzungen stammen aus Chipuer et al. (1990) und Loehlin (1992); die Fehleranteile sind geschätzt; die Umweltanteile ergeben sich als Differenz 100% – genetische Varianz – Fehlervarianz.

Gegen die Schlußfolgerung, der IQ sei ebenso stark genetisch bedingt wie umweltbedingt, wird manchmal eingewendet, daß französische Adoptionsstudien fanden, daß Kinder, die aus ungünstigem sozialem Milieu von gutsituierten Familien adoptiert wurden, von der Adoption intelligenzmäßig stark profitierten. So beobachteten Schiff et al. (1982) bei 20 französischen Unterschichtskindern, die im Alter von etwa vier Monaten von Oberschichtsfamilien (die oberen 13 % des sozialen Status in Frankreich) adoptiert wurden, gegenüber ihren in der Unterschicht verbleibenden Geschwistern einen IQ-Anstieg von durchschnittlich 14 IQ-Punkten – fast eine ganze Standardabweichung. Von den adoptierten Kindern blieben 17% bis zum Beginn der 6. Klasse sitzen oder wurden sonderbeschult; bei ihren sozial benachteiligten Geschwistern waren es 66%.

Diese Ergebnisse widersprechen aber keineswegs den oben geschilderten Varianzschätzungen. Das wird deutlich, wenn man den Erwartungsbereich für rein genetisch geschätzte IQ-Werte betrachtet (vgl. Abschn. 3.2.1). Dies ist der statistisch zu erwartende Bereich, in den der IQ-Wert einer Person mit 95% Sicherheit fällt, wenn ihr Genom bekannt wäre. Dieses Intervall (in der Populationsgenetik auch als Reaktionsnorm des Genoms bezeichnet) beträgt etwa ±21 IQ-Punkte (vgl. Formel in Abschn. 3.2.1 und Asendorpf, 1994), ist also sehr groß; der von Schiff et al. (1982) beobachtete umweltbedingte Gewinn von 14 IQ-Punkten liegt durchaus im Bereich dessen, was man bei drastischen Umweltdifferenzen erwarten würde. Auch die Daten zum Schulversagen stellen keinen Widerspruch zu den Varianzschätzungen für den IQ dar, zumal Schulleistung und Schulversagen weniger stark genetisch beeinflußt sind als der IQ (Teasdale & Owen, 1984).

Umgekehrt läßt ein Umweltvarianzanteil von 50% aber auch eine erhebliche genetisch bedingte Variation der Eigenschaftswerte zu. Wachsen z. B. zwei gleichaltrige Adoptivgeschwister von Geburt an zusammen auf und besuchen die gleiche Kindergartengruppe und die gleichen Schulklassen, so könnte ihre IQ-Differenz rein genetisch bedingt dennoch 40 IQ-Punkte betragen.

> ! **Ein genetischer Varianzanteil von 50 % wie z. B. im Falle des IQ läßt eine erhebliche umweltbedingte Variation der Eigenschaftswerte zu, ein Umweltvarianzanteil von 50 % eine erhebliche genetisch bedingte Variation dieser Eigenschaftswerte.**

Varianzschätzungen für spezifische Intelligenzfaktoren, z. B. räumliche Fähigkeiten, verbale Fähigkeiten oder Schnelligkeit der Informationsverarbeitung, fanden etwas geringere genetische Varianzen als für den Gesamt-IQ, auch bei Berücksichtigung der größeren Unreliabilität dieser Tests. Dies liegt daran, daß der genetische Einfluß auf den IQ nicht auf einige besonders stark genetisch bedingte spezifische Faktoren zurückgeht, sondern auf den allen Faktoren gemeinsamen g-Faktor. Plomin et al. (1994c) fanden in einer Kombinationsstudie mit älteren Erwachsenen eine Korrelation von 0,77 zwischen der genetischen Varianz der untersuchten 11 spezifischen Intelligenzfaktoren und der Ladung dieser spezifischen Faktoren auf dem g-Faktor.

> ! **Je besser ein spezifischer Faktor allgemeine Intelligenz erfaßt, desto größer ist sein genetischer Varianzanteil.**

Genetische Varianzschätzungen sind nicht auf die angegebenen Eigenschaftsbereiche beschränkt. Für Gestaltmerkmale fallen sie z. T. wesentlich höher aus (im Erwachsenenalter beträgt die genetische Varianz für Körpergröße und Körpergewicht etwa 80%; vgl. Plomin, 1986), z. T. aber auch wesentlich niedriger (von körperlicher Übung, z. B. sportlicher Betätigung, abhängige Merkmale haben eine genetische Varianz von teilweise deutlich unter 40%; vgl. Malina & Bouchard, 1991). Für berufliche Interessen ist sie vergleichbar mit den Schätzungen für die Big-Five-Urteile (40–50%). Für Einstellungen und Werthaltungen variieren die Schätzungen sehr stark je nach Inhalt von 0% bis zu 60% (Tesser, 1993). Diese Schätzungen beruhen auf großen Zwillingsstudien, aber mangels Adoptions- und Kombinationsstudien ist es bisher nicht möglich, verläßliche Aussagen über systematische Unterschiede im genetischen Einfluß auf unterschiedliche Einstellungen oder Werthaltungen zu treffen.

Wie schon eingangs vermerkt wurde, sind Einflußschätzungen aufgrund von Varianzanteilen immer populationsabhängig, insbesondere also kulturrelativ. Die hier vorgestellten Schätzungen für den relativen genetischen Einfluß beruhen durchweg auf Untersuchungen in Nordamerika, Großbritannien und Skandinavien, also kulturell sehr ähnlichen westlichen Industrienationen. Einflußschätzungen in Afrika oder China könnten durchaus zu abweichenden Ergebnissen kommen. Zudem variieren die Schätzungen für westliche Industrienationen deutlich mit dem Lebensalter der untersuchten Personen (vgl. Abschn. 6.2.4).

> ! **Schätzungen des relativen genetischen Einflusses auf Persönlichkeitsunterschiede sind abhängig von der untersuchten Kultur und Altersgruppe.**

6.2.3 Relativer Einfluß bestimmter Umweltfaktoren

Die Schätzung des genetischen Einflusses auf Persönlichkeitseigenschaften ist für die Psychologie

zur Zeit wenig ergiebig, weil über die Prozesse, die zwischen Genom und Eigenschaft vermittelen, bisher wenig bekannt ist (vgl. Abschn. 6.3.1). Die Varianzschätzungen der Populationsgenetik liefern aber quasi nebenbei einen psychologisch sehr bedeutsamen Nebeneffekt, der in den letzten Jahren zu einem grundlegenden Wandel in der Persönlichkeitserklärung durch Umwelteinflüsse geführt hat.

Die klassische Sozialisationsforschung ging davon aus, daß Umwelteinflüsse auf Persönlichkeitseigenschaften vor allem familiäre Einflüsse sind, die von allen Kindern der Familie geteilt werden wie z. B. soziale Schicht, Erziehungsziele der Eltern, Familienklima und Bildungsniveau (geteilte Umwelteinflüsse; englisch „shared environmental influences"). Von Geschwistern nicht geteilte Umwelteinflüsse (englisch „nonshared environmental influences") wie Unterschiede im Erziehungsstil der Eltern gegenüber unterschiedlichen Kindern, die Geschwisterposition innerhalb der Familie oder der Einfluß unterschiedlicher Lehrer und Freunde wurden dagegen kaum beachtet.

Dies galt in der klassischen Sozialisationsforschung als selbstverständlich – vermutlich weil es der damals vorherrschenden Sicht entsprach, daß „der" Erziehungsstil der Eltern die entscheidende Umweltbedingung für die Persönlichkeitsentwicklung sei und unabhängig von der Persönlichkeit der Kinder wirke; sowohl psychoanalytische als auch behavioristische Erklärungen der Persönlichkeitsentwicklung teilten diese Auffassung. Übersehen wurde dabei, daß dieselbe Mutter sich ja durchaus unterschiedlichen Kindern gegenüber verschieden verhalten mag, daß es noch andere Umwelteinflüsse gibt, die die Persönlichkeitsentwicklung beeinflussen (z. B. Schule, Gleichaltrige) und daß die Wirkung einer Umweltbedingung auf die Persönlichkeit auch eine Funktion dieser Persönlichkeit ist, so daß dasselbe elterliche Verhalten zwei Geschwistern gegenüber eine unterschiedliche Wirkung auf deren Entwicklung ausüben kann.

Die indirekten Varianzschätzungen der Zwillings- und Adoptionsmethode erlaubten eine empirische Prüfung dieser lange Zeit für selbstverständlich gehaltenen Hypothese. Tafel 6.7 schildert die Methodik.

Tafel 6.7. Geteilte und nicht geteilte Umwelteinflüsse

Der Umwelteinfluß auf die Persönlichkeitseigenschaften von Personenpaaren läßt sich in zwei Anteile zerlegen: Einflüsse, die jeweils von beiden Partnern eines Paares geteilt werden (d. h. auf sie in gleicher Weise wirken), und solche, die von ihnen nicht geteilt werden, also nur auf jeweils einen Partner wirken. Nach der Zwillingsmethode schätzt die Differenz zwischen der Reliabilität der Eigenschaftsmessung und der Korrelation eineiiger Zwillinge den Varianzanteil der von ihnen nicht geteilten Umwelt. Denn die Unähnlichkeit eineiiger Zwillinge kann nur auf nicht geteilten Umweltbedingungen beruhen. Nach der Adoptionsmethode schätzt die Korrelation zwischen Adoptivgeschwistern die von ihnen geteilte Umwelt. Denn ihre Ähnlichkeit beruht nur auf Umweltfaktoren, die auf sie in gleicher Weise wirken. Unter den in Tafel 6.6 erläuterten Annahmen kann dies auf den Einfluß entsprechender Umweltbedingungen auf beliebige Personen der betrachteten Population verallgemeinert werden.

Beide Methoden der Einflußschätzung kommen ohne Annahmen über den genetischen Einfluß aus. Dennoch sind sie jeweils durch methodische Probleme belastet. Eineiige Zwillinge teilen mehr Umwelteinflüsse als beliebige Geschwister, da es sich um altersgleiche Kinder handelt, die fast immer in dieselbe Klasse gehen und oft einen ähnlichen Freundeskreis haben. Deshalb unterschätzt diese Methode den Einfluß nicht geteilter Umweltfaktoren. Bei selektiver Plazierung sind sich Adoptivgeschwister ähnlich, so daß der Einfluß der geteilten Umwelt überschätzt wird. Ist die Umweltvarianz zwischen Adoptivfamilien geringer als zwischen normalen Familien, wird der Einfluß der geteilten Umwelt unterschätzt. Diese Effekte dürften aber nur eine geringe Rolle spielen. Schwerer wiegt, daß viele Adoptivkinder ein leibliches Kind der Adoptiveltern zum Geschwister haben. In diesen Fällen ist zu erwarten, daß die Eltern die beiden Kinder unterschiedlicher behandeln, als sie zwei leibliche Kinder behandeln würden. Dies führt zu einer Unterschätzung des Einflusses der geteilten Umwelt.

Wegen dieser methodischen Probleme ist es auch in diesem Fall eher angebracht, Kombinationsstudien zu vertrauen. Wie Tabelle 6.9 zeigt, kommen Kombinationsstudien zu sehr ähnlichen Einflußschätzungen wie Adoptions- und Zwillingsstudien. Unabhängig von den Methoden ist der Einfluß der geteilten Umwelt bei Big-Five-Beurteilungen deutlich geringer als der Einfluß der nicht geteilten

Tabelle 6.9. Varianzanteile geteilter und nicht geteilter Umwelteinflüsse

Eigenschaft	Adoptionsmethode	Zwillingsmethode	Kombinationsmethode	
	geteilt	nicht geteilt	geteilt	nicht geteilt
IQ	25 %	9 %	22 %	17 %
Extraversion	–3 %	29 %	2 %	29 %
Neurotizismus	7 %	26 %	11 %	34 %
Verträglichkeit	2 %	38 %	7 %	35 %
Gewissenhaftigkeit	6 %	31 %	7 %	32 %
Kultur	9 %	33 %	6 %	29 %

Die Ergebnisse der Adoptions- und Zwillingsmethode lassen sich gemäß Tafel 6.7 direkt aus den Tabellen 6.6 und 6.7 herleiten. Die Daten der Kombinationsstudien stammen aus Chipuer et al. (1990) und Loehlin (1992).

Umwelt. Dasselbe gilt für Gestaltmerkmale wie Körpergröße und -gewicht (Grillo & Pogue-Geile, 1991) und vermutlich auch für Einstellungen und Werthaltungen (Plomin et al., 1994a). Nur beim IQ scheint es umgekehrt zu sein; hier scheinen geteilte Umweltfaktoren (z. B. der Grad der intellektuellen Stimulierung) mindestens genauso bedeutsam zu sein. Wie im nächsten Abschnitt deutlich werden wird, gilt dies jedoch nur für die Kindheit.

Insgesamt läßt sich damit eine weitere wesentliche Schlußfolgerung aus den populationsgenetischen Einflußschätzungen ziehen:

> ! **Mit Ausnahme des IQ in der Kindheit sind die von Geschwistern nicht geteilten Umwelteinflüsse weitaus bedeutsamer für ihre Persönlichkeitsentwicklung als die von ihnen geteilten Umwelteinflüsse.**

Dies scheint mir das wichtigste Ergebnis der Populationsgenetik am Menschen für die Persönlichkeitspsychologie zu sein; es bezieht sich nicht auf den genetischen Einfluß, sondern auf unterschiedliche Arten des Umwelteinflusses.

Dieses Ergebnis hat wichtige Konsequenzen für die Suche nach Persönlichkeitserklärungen. Diese Erklärungen sollten nicht in den von Geschwistern geteilten Umweltbedingungen gesucht werden, sondern in solchen Umweltbedingungen, die Kinder derselben Familie unterschiedlich machen. Die persönlichkeitsrelevante Umwelt eines Kindes ist nicht ein familientypisches Merkmal, das nur von Familie zu Familie variiert, sondern es ist ein Merkmal der persönlichen Umwelt des Kindes (vgl. Abschn. 5.1), das stark innerhalb derselben Familie variiert. Tabelle 6.10 kontrastiert die wichtigsten von Geschwistern eher geteilten bzw. eher nicht geteilten Umweltbedingungen miteinander.

In den letzten Jahren wurde deshalb begonnen, die Umweltbedingungen von Kindern derselben Familie systematisch daraufhin zu untersuchen, wie weit sie von Geschwistern geteilt werden. Eine erste große Studie dieser Art ist das Nonshared Environment in Adolescent Development (NEAD) Projekt (Reiss et al., 1994), in dem 720 Familien mit gleichgeschlechtlichen Geschwistern im Alter von 10–18 Jahren untersucht werden. Tabelle 6.11 gibt eine Übersicht über Konsistenzen zwischen Geschwistern in der Einschätzung verschiedener Be-

Tabelle 6.10. Geteilte und nicht geteilte Umweltbedingungen von Kindern

Eher geteilte Bedingungen	Eher nicht geteilte Bedingungen
Soziale Schicht	Schwangerschaftsverlauf[a]
Wohnumgebung	Geburtsumstände[a]
Verwandte und Bekannte der Familie	Geschwisterposition[a]
Qualität der Ehe der Eltern	Elterliche Bevorzugung eines Kindes
Arbeitsbedingungen der Eltern	Soziale Beziehungen des Kindes
Familienklima	Kindergartengruppe, Schulklasse[a]
Erziehungsziele der Eltern	Schulunterricht[a]
	Unfälle, Krankheiten

[a]Von Zwillingen eher geteilte Bedingungen.

Tabelle 6.11. Konsistenz von Beziehungsqualitäten zwischen Geschwistern. (Nach Plomin, 1994)

Urteiler/Beziehung	Korrelation zwischen Geschwistern
Urteil der Kinder	
Erziehungsstil der Eltern	0,25
Geschwisterbeziehung	0,40
Beziehung zu Freunden	0,20
Urteil der Eltern	
Erziehungsstil gegenüber dem Kind	0,70
Geschwisterbeziehung	0,80
Beziehung des Kindes gegenüber Freunden	0,50
Urteil von Beobachtern	
Verhalten des Kindes gegenüber den Eltern	0,20
Verhalten der Eltern gegenüber dem Kind	0,30

Angegeben sind gerundete Werte.

ziehungen aus Sicht des Kindes, der Eltern oder von Beobachtern des Eltern-Kind-Verhaltens zu Hause (jeweils gemittelt über positive und negative Aspekte dieser Beziehungen).

Die Korrelationen für die elterlichen Urteile sind wesentlich höher als die Urteile der Kinder selber oder die Urteile von Beobachtern. Da die Retest-stabilität für alle drei Meßverfahren ausreichend hoch war, dürfte dies daran liegen, daß Eltern die Ähnlichkeit ihrer Beziehungen zu ihren Kindern und die Ähnlichkeit der Beziehungen ihrer Kinder zu anderen Kindern überschätzen (die Beobachter schätzten konkretes Verhalten ein und waren daher viel weniger anfällig gegenüber dieser Überschätzungstendenz). Das elterliche Urteil über die Umwelt und die Beziehungen ihrer Kinder scheint deshalb nicht geeignet, um nicht geteilte Umweltbedingungen der Kinder zu erfassen. Besser geeignet scheinen Beobachtungen und das Urteil der Kinder selbst zu sein.

6.2.4 Altersabhängigkeit der Einflüsse

Die indirekten Einflußschätzungen der Populationsgenetik sind populationsabhängig, insbesondere also abhängig vom Alter der untersuchten Personen. Erst in den letzten Jahren wurde klar, daß die Varianzschätzungen mit dem Alter variieren. Dies wird z. B. in der schon in Abschn. 6.1.1 dargestellten Längsschnittstudie von Wilson (1983) deutlich, in der Zwillinge und Geschwister unterschiedlichen Alters untersucht wurden. Abbildung 6.14 zeigt die Altersabhängigkeit der Ähnlichkeit der drei Geschwistertypen im IQ zwischen drei Monaten und 15 Jahren.

Zunächst waren sich ein- und zweieiige Zwillinge gleich ähnlich; dies deutet darauf hin, daß der genetische Einfluß auf das Ergebnis von Intelligenztests im Alter von drei Monaten fast Null ist (es handelte sich hier allerdings um die wenig validen Bayley-Skalen; vgl. Abschn. 6.1.3). Dann wurden sich die eineiigen Zwillinge immer ähnlicher, während sich die zweieiigen Zwillinge ab dem Alter von etwa vier Jahren etwas unähnlicher wurden; im Alter von etwa 15 Jahren wurden die auch für Erwachsene typischen Korrelationen von etwa 0,85 zwischen eineiigen und 0,55 zwischen zweieiigen Zwillingen gefunden. Die sich öffnende Schere zwischen den Ähnlichkeiten ein- und zweieiiger Zwillinge ist nach der Zwillingsmethode Ausdruck eines zunehmenden genetischen Einflusses auf den IQ.

Geschwister unterschiedlichen Alters waren sich anfangs sehr unähnlich, bis sie im Alter von etwa fünf Jahren nahezu dieselbe Ähnlichkeit erreichten wie zweieiige Zwillinge. Die zunehmende Ähnlichkeit der eineiigen Zwillinge ist nach der Zwillingsmethode Ausdruck eines abnehmenden Einflusses nicht geteilter Umwelteinflüsse, während die zu-

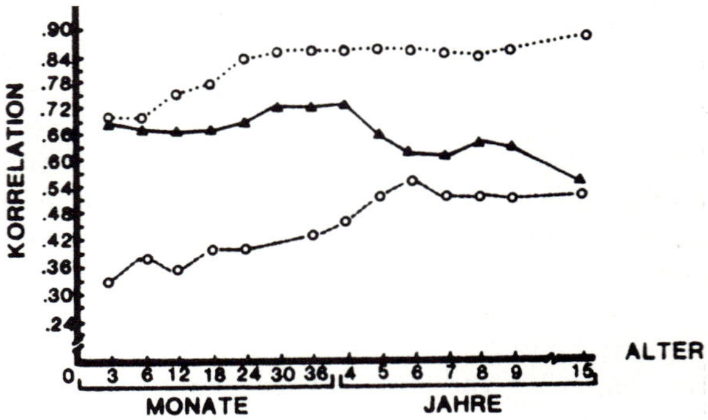

Abb. 6.14. Korrelationen zwischen dem IQ von drei Geschwistertypen in Abhängigkeit vom Alter o···o eineiige Zwillinge, ▲—▲ zweieiige Zwillinge, o–o sonstige Geschwister. (Aus Asendorpf, 1988a)

nehmende Ähnlichkeit zwischen zweieiigen Zwillingen und Geschwistern unterschiedlichen Alters Ausdruck eines abnehmenden Einflusses geteilter Umwelteinflüsse ist: Schwangerschaftsverlauf, Geburtsumstände und frühkindliche Umweltbedingungen. Interessanterweise hat die später noch vorhandene ähnlichere Umwelt von Zwillingen, insbesondere die Tatsache, daß sie meist dieselben Schulklassen besuchen, nur noch einem minimalen Effekt auf ihren IQ.

Der wachsende genetische Einfluß auf den IQ wurde in der Metaanalyse von Zwillingsstudien von McCartney et al. (1990) (vgl. Tabelle 6.4) bestätigt. Selbst nach Ausschluß der eher unreliablen Intelligenzdaten für das Alter von unter fünf Jahren ergab sich dort eine Korrelation von 0,52 zwischen dem mittleren Alter der jeweils untersuchten Stichprobe und dem genetischen Varianzanteil. Interessant sind auch ein beobachteter unterschiedlicher Trend in der Altersabhängigkeit des Einflusses der geteilten bzw. nicht geteilten Umwelt: Der Einfluß der geteilten Umwelt auf den IQ nahm mit wachsendem Alter stärker ab (−0,50) als der Einfluß der nicht geteilten Umwelt (−0,28). Das führt im Erwachsenenalter dazu, daß der Einfluß der nicht geteilten Umwelt auf den IQ relativ zur geteilten Umwelt etwas zunimmt.

Die wachsende genetische Ähnlichkeit und die abnehmende Bedeutung der von Geschwistern geteilten Umwelt auf den IQ wird auch in Adoptionsstudien deutlich: Die Ähnlichkeit zwischen den leiblichen Müttern und ihren wegadoptierten Kindern steigt mit wachsendem Alter der Kinder leicht an, während die Ähnlichkeit der Adoptivgeschwister etwa ab dem Ende der Kindheit deutlich sinkt (Plomin, 1986). Zum Beispiel sank die IQ-Korrelation zwischen Adoptivgeschwistern in der Längsschnittstudie von Loehlin et al. (1989) vom ersten Meßzeitpunkt (Alter 3–14 Jahre) zum zweiten Meßzeitpunkt 10 Jahre später von 0,20 auf 0,05, während die Korrelation zwischen leiblicher Mutter und wegadoptiertem Kind im gleichen Zeitraum von 0,23 auf 0,26 praktisch gleich blieb. Da die Einflußschätzungen für den IQ in den Abschn. 6.2.2 und 6.2.3 auf Metaanalysen vieler Studien beruhen, die sich überwiegend auf Daten von Kindern beziehen (das mittlere Alter der Personen in der Metaanalyse von McCartney et al., 1990, betrug z. B. acht Jahre), unterschätzen sie den genetischen Einfluß und überschätzen den Einfluß der geteilten Umwelt auf den IQ im Erwachsenenalter. Plomin et al. (1994c) fanden in einer Kombinationsstudie aus 223 Paaren älterer schwedischer Erwachsener einen wahren (um Meßfehler bereinigten) genetischen Varianzanteil von 82 % für den IQ im Alter von 64 Jahren und 80 % im Alter von 67 Jahren, wobei der Einfluß der geteilten Umwelt minimal war. Im Erwachsenenalter zeigt also auch der IQ den für Big-Five-Urteile gefundenen höheren Einfluß nicht geteilter Umweltbedingungen.

> **!** **Mit wachsendem Alter steigt der genetische Einfluß auf den IQ, während der Einfluß der von Geschwistern geteilten Umweltbedingungen sinkt.**

Für Persönlichkeitsbeurteilungen im Big-Five-Raum fanden McCartney et al. (1990) im Mittel über alle betrachteten Eigenschaften eine leichte Abnahme der Ähnlichkeiten von ein- und zweieiigen Zwillingen (jeweils um −0,30). Dies weist auf einen konstanten genetischen Einfluß bei leicht wachsendem Einfluß nicht geteilter Umweltbedingungen auf Kosten geteilter Umweltbedingungen hin. Plomin und McClearn (1990) fanden in der schon oben genannten schwedischen Kombinationsstudie für 12 selbstbeurteilte Persönlichkeitsmerkmale aus dem Big-Five-Raum für das Alter von 64 Jahren einen mittleren genetischen Varianzanteil von 30 % und einen mittleren Varianzanteil für die geteilte Umwelt von 8 %. Dies weist auf einen leicht sinkenden genetischen Varianzanteil im höheren Erwachsenenalter hin. Diese Analysen sind aber weit weniger zuverlässig als die für den IQ; Aussagen über Unterschiede in Alterstrends zwischen einzelnen Eigenschaften oder einzelnen Big-Five-Faktoren sind derzeit nicht verläßlich.

6.2.5 Interaktion und Kovarianz von Genom und Umwelt

Bisher wurden überlappende Varianzanteile von Genom und Umwelt ignoriert, indem diese Anteile je zur Hälfte der genetischen und der Umweltvarianz zugeschlagen wurden (vgl. Abschn. 6.2.2). Die Überlappung der Varianzanteile von Genom und Umwelt kann durch zwei ganz unterschiedliche Bedingungen zustande kommen: statistische Ge-

nom-Umwelt-Interaktion und Genom-Umwelt-Kovarianz.

Bei der statistischen Genom-Umwelt-Interaktion wirken Unterschiede im Genom in Abhängigkeit von Unterschieden in der Umwelt auf Persönlichkeitsunterschiede (vgl. auch Abschn. 2.6 zum Begriff der statistischen Interaktion). Es hängt also von den Allelen ab, welchen Einfluß bestimmte Umweltunterschiede auf Persönlichkeitsunterschiede haben, bzw. es hängt von den Umweltbedingungen ab, welchen Einfluß bestimmte Allele auf Persönlichkeitsunterschiede haben (dies sind nur zwei unterschiedliche Sichtweisen desselben Phänomens). Genom-Umwelt-Interaktionen lassen sich verläßlich nur in sehr großen Stichproben identifizieren. Am ehesten lassen sie sich noch im Extrembereich normaler Persönlichkeitsvarianten finden.

Ein Beispiel ist die Studie von Cadoret et al. (1983), die bei 367 adoptierten Jugendlichen antisoziales Verhalten in Beziehung setzten zum antisozialen Verhalten ihrer leiblichen Mutter und zu Problemen in der Adoptivfamilie. Das antisoziale Verhalten der leiblichen Mutter wurde als genetischer Risikofaktor interpretiert und die Probleme in der Adoptivfamilie als Risikofaktor der Umwelt. Ersteres ist nicht ganz richtig, weil der auf die leibliche Mutter zurückgehende Risikofaktor auch prä- und perinatale Risikofaktoren der Jugendlichen enthält. Abbildung 6.15 zeigt, daß es die Kombination genetischer/sehr früher Risikofaktoren und Risikofaktoren in der Umwelt nach der Adoption ist, die antisoziales Verhalten vorhersagt; einer der beiden Faktoren allein erhöht das Risiko für antisoziales Verhalten nicht.

Derartige Interaktionen werden in der klinischen Literatur häufig postuliert, z. B. für Schizophrenie oder Depression. Genetische Risiken wirken sich nach dieser Vorstellung nicht direkt aus, sondern erhöhen die Vulnerabilität (Verletzbarkeit) durch belastende Umweltbedingungen. Nur wenn genetisch bedingte Vulnerabilität und belastende Umweltbedingungen zusammenkommen, ist das Erkrankungsrisiko erhöht.

Da sich genetische Risikofaktoren bisher nicht direkt messen, sondern nur indirekt über Persönlichkeitsmerkmale von Verwandten schätzen lassen, gibt es bisher keine eindeutigen Belege für Genom-Umwelt-Interaktionen beim Menschen. Aus der tierexperimentellen Forschung ist aber bekannt, daß Genom-Umwelt-Interaktionen sehr verbreitet sind (vgl. z. B. Plomin et al. 1996); es wäre erstaunlich, wenn dies beim Menschen nicht der Fall wäre.

> **!** **Indirekte Schätzungen legen nahe, daß es bedeutsame statistische Genom-Umwelt-Interaktionen bei antisozialem Verhalten gibt: Genetische und Umweltrisiken scheinen sich wechselseitig zu verstärken.**

Bei der Genom-Umwelt-Kovarianz finden sich bestimmte Genome gehäuft in bestimmten Umwelten. Zum Beispiel mögen intelligenzförderliche Genome sich in anregenden Umwelten häufen, weil Eltern und Ausbildungssystem dies fördern und intelligente Menschen dazu tendieren, solche Umwelten aufzusuchen oder herzustellen. Plomin et al. (1977) unterschieden drei unterschiedliche Formen der Genom-Umwelt-Kovarianz (Tafel 6.8).

Tafel 6.8. Drei Formen der Genom-Umwelt-Kovarianz

Bei der Genom-Umwelt-Kovarianz finden sich bestimmte Genome gehäuft in bestimmten Umwelten. Nach Plomin et al. (1977) lassen sich drei Formen der Genom-Umwelt-Kovarianz unterscheiden.

Eine aktive Genom-Umwelt-Kovarianz kommt dadurch zustande, daß Menschen genetisch beeinflußte Tendenzen haben, bestimmte Umwelten aufzusuchen, passend zu verändern oder überhaupt erst herzustellen. Zum Beispiel suchen sich Menschen intelligenzmäßig angemessene Freunde und Lektüre und stellen so eine Passung zwischen ihrer Intelligenz (damit ihrem Genom) und ihrer Umwelt her.

Eine reaktive Genom-Umwelt-Kovarianz kommt dadurch zustande, daß die soziale Umwelt auf genetisch beeinflußte Persönlichkeitseigenschaften von Menschen reagiert. Zum Beispiel werden Kinder in Abhängigkeit von ihrer Intelligenz unterschiedlichen Schultypen oder Leistungskursen zugewiesen, wodurch auch ohne ihre direkte Einflußnahme eine Passung zwischen ihrer Intelligenz (damit ihrem Genom) und ihrer schulischen Umgebung zustandekommt.

Eine passive Genom-Umwelt-Kovarianz kommt ohne Zutun der Genomträger oder ihrer sozialen Umwelt dadurch zustande, daß genetisch Verwandte ihnen durch ihr Verhalten bestimmte Umweltbedingungen bieten. Zum Beispiel wachsen intelligente Kinder schon deshalb in einer anregenderen Umwelt auf, weil ihre Eltern aufgrund ihrer eigenen Intelligenz, die teilweise auf den gleichen Allelen wie die ihrer Kinder beruht, eine anregendere häusliche Umgebung schaffen – ein rein genetisch vermittelter Effekt, der bei Adoptivkindern entfällt.

Das Konzept der aktiven Genom-Umwelt-Kovarianz entspringt der dynamisch-interaktionistischen Sichtweise, angewandt auf Genome: Genome

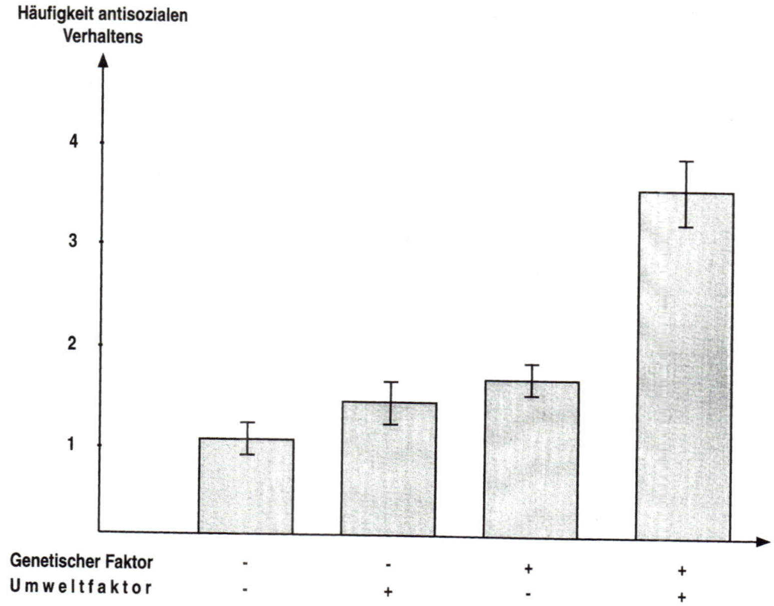

Abb. 6.15. Statistische Genom-Umwelt-Interaktion am Beispiel antisozialen Verhaltens. (Nach Cadoret et al., 1983)

schaffen sich ihre Umwelten z. T. selbst. Das ist natürlich metaphorisch zu verstehen, denn Genome können keine Umwelten aussuchen, verändern oder herstellen. Den Einfluß auf die Umwelt üben Personen aus, aber sofern sie dies aus genetischen Gründen tun, beeinflußt tatsächlich das Genom die Umwelt.

Das Konzept der reaktiven Genom-Umwelt-Kovarianz berücksichtigt genetische Effekte auf die Umwelt, die durch soziale Interaktionsprozesse vermittelt sind. Immer dann, wenn die soziale Umwelt auf Persönlichkeitseigenschaften reagiert, die genetisch beeinflußt sind, wird eine systematische Beziehung zwischen Genom und Umwelt aufgebaut. Dies ist am stärksten der Fall bei stark genetisch bedingten Eigenschaften, die das Verhalten von Interaktionspartnern stark beeinflussen, z. B. bei physischer Attraktivität und Intelligenz.

Daß Korrelationen zwischen Persönlichkeitseigenschaften von Kindern und ihrer persönlichen Umwelt (vgl. Abschn. 5.1) teilweise auf passiver Genom-Umwelt-Kovarianz beruhen können, wird oft übersehen. Zum Beispiel wird eine Korrelation zwischen der Intelligenz von Kindern und der Zahl der Kinderbücher im Haushalt typischerweise so interpretiert, daß das Vorhandensein von Kinderbüchern intelligenzförderlich sei. Dabei wird vorausgesetzt, daß viele vorhandene Bücher bedeutet, daß auch oft von den Eltern vorgelesen oder von den Kindern gelesen wird. Diese Korrelation könnte aber auch schlicht Ausdruck einer passiven Genom-Umwelt-Kovarianz sein: Weil intelligente Kinder eher intelligente Eltern haben, die selber mehr lesen, kaufen diese auch viele Kinderbücher. Diese Kovarianz könnte auch dann bestehen, wenn die vorhandenen Bücher überhaupt nicht zum (Vor-)Lesen genutzt werden.

> **!** **Korrelationen zwischen Persönlichkeitseigenschaften und Umwelteigenschaften können zumindest teilweise genetisch bedingt sein.**

Im Gegensatz zur aktiven und reaktiven Genom-Umwelt-Kovarianz ist das Ausmaß der passiven Genom-Umwelt-Kovarianz durch Adoptionsstudien empirisch schätzbar. Die überzeugendste Methode ist der Vergleich der Korrelationen von Eltern und Kindern zwischen normalen Familien und Adoptivfamilien; aus der Korrelationsdifferenz läßt sich in Verbindung mit Annahmen über den genetischen Einfluß die passive Genom-Umwelt-Kovarianz schätzen (vgl. genauer Lohlin & DeFries, 1987). Entsprechende Schätzungen für fünf Adoptionsstudien kamen zu einer mittleren passiven Genom-Umwelt-Korrelation von 0,15 für den IQ (Loehlin & DeFries, 1987); für beurteilte Eigenschaften im Big-Five-Raum lieferten die Schätzungen vernachlässigbar geringe Korrelationen (Loehlin, 1992).

Eine passive Genom-Umwelt-Kovarianz setzt voraus, daß genetisch Verwandte einen wesentlichen Teil der Umwelt bilden. Das ist in der frühen Kindheit dann der Fall, wenn Kinder bei ihren leiblichen Eltern aufwachsen. Je älter sie werden, desto mehr wächst aber der Anteil ihrer Beziehungen zu genetisch Nichtverwandten; im Erwachsenenalter ist der Einfluß Verwandter minimal. Die Bedeutsamkeit der passiven Genom-Umwelt-Kovarianz sollte also mit wachsendem Alter abnehmen. Parallel dazu sollte die Bedeutung der aktiven Genom-Umwelt-Kovarianz zunehmen, weil Jugendliche und erst recht Erwachsene freier in der Gestaltung ihrer Umwelt nach ihren „genetischen Interessen" sind als Kinder. Die reaktive Genom-Umwelt-Kovarianz schließlich sollte ähnlich stark in allen Altersgruppen ausfallen.

Scarr und McCartney (1983) nahmen an, daß die aktive Form der Genom-Umwelt-Kovarianz stärker zunimmt als die passive Form abnimmt, so daß der Einfluß des Genoms auf die Umwelt mit wachsendem Alter steigt. Dies scheint besonders im Falle des IQ plausibel – wer aus genetischen Gründen potentiell wesentlich intelligenter ist als seine Eltern, wird zunächst durch das wenig anregende Elternhaus gebremst, kann sich dann aber zunehmend eine anregende Umwelt selbst gestalten, die wiederum der eigenen Intelligenz förderlich ist.

> **!** **Der wachsende genetische Einfluß auf den IQ mit wachsendem Alter könnte eine Konsequenz der zunehmenden Stärke der aktiven Genotyp-Umwelt-Kovarianz sein.**

6.2.6 Diskussion

Insgesamt lassen sich die Hauptbefunde der populationsgenetischen Einflußschätzungen in drei Punkten zusammenfassen:

- Umweltunterschiede zwischen Mitgliedern derselben Familie sind bedeutsamer als die Umweltunterschiede zwischen Familien (Ausnahme: IQ-relevante Umwelt in der Kindheit).
- IQ, beurteilte Persönlichkeitseigenschaften (Big Five) und teilweise auch Einstellungen und Werthaltungen sind substantiell genetisch beeinflußt. Temperamentsfaktoren sind nicht stärker genetisch beeinflußt als viele andere Eigenschaften. Dieser Einfluß ist prinzipiell alters- und kulturabhängig.
- Genetische und Umwelteinflüsse können in Wechselwirkung treten (Genom-Umwelt-Interaktion) und aus drei verschiedenen Gründen kovariieren. Diese Erkenntnis überwindet die alltagspsychologische Auffassung, daß Erbe und Umwelt unabhängige Einflußfaktoren seien, wenn auch die Bedeutsamkeit dieser Wechselwirkungen derzeit noch nicht gut abgeschätzt werden kann.

Diese Ergebnisse sind, wie schon mehrfach betont wurde, kulturabhängig. Sie beziehen sich auf die gesamte Variation von Genen, Umwelten und Persönlichkeitseigenschaften innerhalb westlicher Industrienationen. Sie lassen sich nicht unbesehen auf andere Kulturen verallgemeinern. Erst recht nicht lassen sie sich übertragen auf den genetischen oder Umwelteinfluß auf Unterschiede zwischen Kulturen oder auf den genetischen oder Umwelteinfluß auf Extremvarianten innerhalb von Kulturen (z. B. Hochbegabung, Schwachsinn). Hier können die Einflußschätzungen ganz anders ausfallen. Wie stark in diesen anderen Fällen der Einfluß genetischer und geteilter vs. nicht geteilter Umwelteinflüsse ist, läßt sich derzeit nicht seriös abschätzen.

Fragen

6.8 Wie unterscheiden sich psychologische von alltagspsychologischen Persönlichkeitserklärungen?
6.9 Wie lassen sich Einflüsse auf Persönlichkeitseigenschaften direkt und indirekt bestimmen?
6.10 Wie läßt sich der genetische Einfluß auf Persönlichkeitseigenschaften durch die Zwillingsmethode schätzen, und welche methodischen Probleme bestehen dabei?
6.11 Wie läßt sich der genetische Einfluß auf Persönlichkeitseigenschaften durch die Adoptionsmethode schätzen, und welche methodischen Probleme bestehen dabei?
6.12 Wie groß ist der genetische Einfluß auf Persönlichkeitseigenschaften?
6.13 In welchen zwei Hauptpunkten unterscheiden sich die Befunde der Populationsge-

netik von Annahmen der klassischen Sozialisationstheorie?
6.14 Wie verändert sich der genetische Einfluß auf den IQ mit wachsendem Alter und warum?
6.15 Was versteht man unter einer statistischen Genom-Umwelt-Interaktion?
6.16 Sind Korrelationen zwischen Umwelt- und Persönlichkeitseigenschaften umweltbedingt?

Weiterführende Literatur

Borkenau, P. (1993). *Anlage und Umwelt.* Göttingen Hogrefe.
Plomin, R., McClearn, G.E., DeFries, J.C. & Rutter, M. (1996). *Behavioral genetics: A primer* (3rd ed.). San Francisco, CA: Freeman.

6.3 Wechselwirkungsprozesse zwischen Persönlichkeit und Umwelt

Die populationsgenetischen Einflußschätzungen liefern einen Anhaltspunkt dafür, welche Faktoren in Eigenschaftserklärungen eine wichtige Rolle spielen: genetische Unterschiede und unter den Umweltunterschieden hauptsächlich solche, die Kinder derselben Familie unterschiedlich machen. Sie sagen aber nichts über den Einfluß spezifischer Allele und Umweltunterschiede auf die Persönlichkeitsentwicklung aus. Und vor allem bleibt völlig unklar, welche Prozesse sich hinter den empirisch geschätzten Einflüssen verbergen: Wie beeinflußt ein Gen oder eine spezifische Umweltbedingung die Persönlichkeit?

Diese Fragen stehen im Mittelpunkt dieses Abschnitts. Dabei wird von vorneherein die dynamisch-interaktionistische Perspektive eingenommen (vgl. Abschn. 2.6), d. h. es wird davon ausgegangen, daß nicht nur Gene und Umwelten Wirkungen auf die Persönlichkeit ausüben, sondern daß auch Personen kraft ihrer Persönlichkeit Wirkungen ihrer Gene und Umwelten verändern können. Da diese Wechselwirkungsprozesse zwischen Persönlichkeit und Umwelt extrem komplex sind, ist ihre psychologische Analyse nur in wenigen Fällen so weit fortgeschritten, daß sie dieser Komplexität annähernd gerecht wird. Eine systematische Übersicht über Wechselwirkungsprozesse würde deshalb im wesentlichen aus dem Aufzeigen von Wissenslücken bestehen.

Um dieses frustrierende Unterfangen zu vermeiden, werden im folgenden nur die Ansätze zu einem Verständnis genetischer Wirkungsprozesse systematisch diskutiert. Die weitere Darstellung beschränkt sich auf zwei Beispiele komplexer Wechselwirkungen zwischen Persönlichkeit und Umwelt. Am Beispiel intellektueller Leistungen wird gezeigt, wie Fähigkeiten, Lernumwelten und Interessen in Wechselwirkung miteinander intellektuelle Kompetenzen erzeugen. Und am Beispiel antisozialen Verhaltens wird gezeigt, wie individuelle Dispositionen und soziale Umweltfaktoren in Wechselwirkung miteinander antisoziale Verhaltenstendenzen stabilisieren.

6.3.1 Vom Genom zur Persönlichkeit

Wir alle tragen unser Genom in millionenfacher Kopie mit uns herum: Abgesehen von Ei- und Samenzellen enthält jede Körperzelle das vollständige Genom. Nach Auffassung der Molekulargenetik verändert sich das Genom zwischen Zeugung und Tod nicht (abgesehen von seltenen, zufälligen Mutationen einzelner Gene). Es handelt sich hierbei allerdings um eine Hypothese, die bisher nicht widerlegt werden konnte.

> **!** Das Genom ist zeitlebens konstant.

Aus der Konstanz des Genoms und der Annahme, daß Gene direkt auf die Persönlichkeit wirken, wird oft der Schluß gezogen, daß der genetische Einfluß auf die Persönlichkeit im Verlauf des Lebens ebenfalls konstant und – außer durch gentechnologische Maßnahmen – nicht veränderbar sei. Das ist ein Fehlschluß, der zu zahlreichen grundlegenden Mißverständnissen über den genetischen Einfluß auf die Persönlichkeit führt.

Gene wirken nicht direkt auf die Persönlichkeit. Gene sind Moleküle, deren Aktivität direkt auf die Proteinsynthese der Zellen wirkt. Bestimmte Gene, die Strukturgene, enthalten Information für Proteine, die z. B. für den Aufbau des Nervensystems benötigt werden oder Botenstoffe für die Informa-

tionsübertragung zwischen Zellen darstellen (Hormone, Neurotransmitter). Wird ein Strukturgen aktiviert, wird seine Information abgelesen und zur Produktion des jeweils zugehörigen Proteins verwendet. Die Aktivierung der ca. 50 000 Strukturgene besorgen andere Gene, deren Aktivität wiederum untereinander auf höchst komplexe Weise vernetzt ist. Die Wechselwirkungen der Aktivität jeweils vieler Gene bilden die Basis der Stoffwechsel- und Entwicklungsprozesse eines Menschen. Die Genaktivität ist also zeitlich variabel.

> **!** **Das Genom ist zeitlebens konstant, aber der Prozeß der Genaktivität ist zeitlich variabel.**

Nicht nur einzelne Gene stehen in Wechselwirkung miteinander, sondern auch Gene und ihre Produkte, z. B. Enzyme. Die genetische Aktivität beeinflußt die neurale Aktivität, die Grundlage des Erlebens und Verhaltens ist; durch Verhalten kann die Umwelt verändert werden. Aber auch umgekehrt können Umweltbedingungen das Verhalten beeinflussen und dadurch die neuronale Aktivität und genetische Wirkungen, möglicherweise sogar die genetische Aktivität selbst. Die Molekulargenetik geht also von einem dynamisch-interaktionistischen Konzept genetischer Wirkungen aus. Es gibt keine Einbahnstraße vom Genom zur Persönlichkeit, sondern ein viele Aktivitätsebenen umspannendes Wirkungsnetz (Gottlieb, 1991; Abb. 6.16).

Wegen dieser Wechselwirkung zwischen der Genaktivität und anderen Prozeßebenen ist die Vorstellung falsch, Gene „bewirkten" Entwicklung oder Verhalten. Irreführend ist auch die Vorstellung, das Genom „sei" oder „enthalte" ein Programm, das die Entwicklung eines Organismus

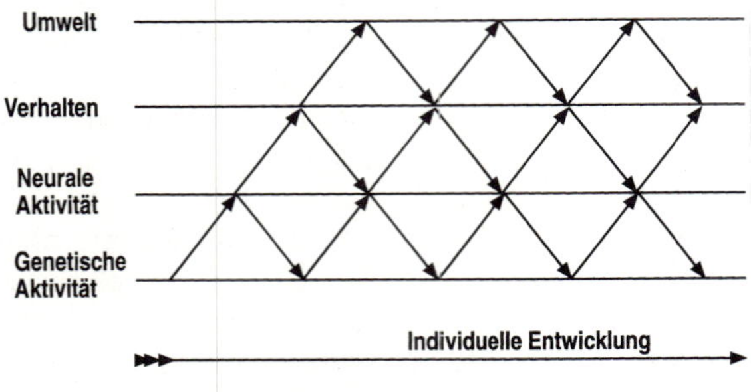

Abb. 6.16. Ein Modell der Genom-Umwelt-Wechselwirkung. (Nach Asendorpf, 1993)

steuere (vgl. dazu genauer Oyama, 1989). Adäquater ist der Vergleich des Genoms mit einem Text, aus dem im Verlauf des Lebens immer wieder kleine Teile abgelesen werden. Der Text begrenzt das, was abgelesen werden kann, legt aber keineswegs fest, was überhaupt oder gar zu einem bestimmten Zeitpunkt abgelesen wird. Was zu einem bestimmten Zeitpunkt abgelesen wird, hängt davon ab, was vorher gelesen wurde und welche Wirkungen dies hatte, eingeschlossen Rückkopplungseffekte auf das Leseverhalten.

> **!** **Die Persönlichkeit ist nicht im Genom vorprogrammiert, sondern Resultat einer kontinuierlichen Wechselwirkung zwischen der Genaktivität und anderen Prozeßebenen.**

Damit können Menschen genetische Wirkungen im Prinzip auf verschiedensten Ebenen beeinflussen: durch medikamentöse Eingriffe in die genetische Aktivität oder die neurale Aktivität, durch ihr Verhalten oder durch die Gestaltung ihrer Umwelt. Genetische Wirkungen sind also auch ohne gentechnologische Veränderung des Genoms veränderbar. Ein klassisches Beispiel für die Veränderung genetischer Wirkungen durch eine Umweltveränderung ist die Stoffwechselstörung Phenylketonurie. Eine Variante davon beruht auf einem Allel des ersten Chromosoms. Wird dieses Allel von Vater und Mutter vererbt, führt diese homozygote Form zu einem Phenylalanin-Überschuß, der die Entwicklung des Zentralnervensystems beeinträchtigt und eine massive Intelligenzminderung verursacht. Wird jedoch im Kindesalter eine Phenylalanin-arme Diät eingehalten (einschließlich Einnahme von Medikamenten, die den Phenylalanin-Haushalt regeln sollen), wird dieser intelligenzmindernde genetische Effekt fast vollständig unterdrückt.

> **!** **Genetische Wirkungen können durch Umwelteinflüsse verändert werden.**

Umgekehrt können Umweltwirkungen durch Eingriff in die Genaktivität, einschließlich gentechnologischer Veränderung des Genoms, verändert werden. Im Prinzip könnten Menschen gentechnologisch z. B. so verändert werden, daß sie unempfindlicher gegenüber bestimmten Umweltbedingungen werden – z. B. gegenüber Giften an Arbeitsplätzen der chemischen Industrie. Das ist im

Moment noch reine Phantasie, aber diese Phantasie beruht auf realistischen Annahmen und wirft deshalb schon jetzt ethische Fragen auf: Dürfen Menschen die genetische Natur von Menschen verändern?

> **! Umweltwirkungen können im Prinzip gentechnologisch verändert werden.**

Wegen der Wechselwirkungen zwischen Genom und Umwelt besteht keine strenge Korrelation zwischen Einflußquelle und Ziel der Veränderung (Tabelle 6.12). Wir gehen intuitiv davon aus, daß genetische Wirkungen nur durch Änderung des Genoms, Umweltwirkungen nur durch Änderung der Umwelt verändert werden können (die +-Zellen in Tabelle 6.12). Wir übersehen dabei die !-Zellen in Tabelle 6.12.

Bei Phenylketonurie ist die Einhaltung einer Phenylalanin-armen Diät nicht das ganze Leben lang erforderlich, sondern nur während der rapiden Gehirnentwicklung in der Kindheit. Ist dieser Prozeß weitgehend abgeschlossen, spielt das kritische Allel keine wesentliche Rolle mehr. Genetische Wirkungen sind also im Prinzip altersabhängig. Sie können die frühe Persönlichkeitsentwicklung beeinflussen, können aber auch erst spät wirksam werden. Ein Beispiel für genetische Effekte, die erst im mittleren Erwachsenenalter wirksam werden, ist die Huntington-Chorea (Veitstanz), eine degenerative Hirnerkrankung, die auf einem Allel auf dem vierten Chromosom beruht und im Durchschnitt erst mit Mitte 40 beginnt; vorher führen die Allelträger ein völlig normales Leben.

> **! Genetische Wirkungen sind altersabhängig.**

Die Wirkung des Genoms auf Persönlichkeitsunterschiede in einem bestimmten Alter beruht also auf der Gesamtheit der bis dahin stattgefundenen genetischen Aktivität. Genetische Einflüsse aus vorangegangenen Entwicklungsphasen können sich anatomisch oder physiologisch verfestigen und dadurch weiter wirken, ohne daß die hierfür verantwortlichen Allele überhaupt noch aktiv sind. Durch dieses kumulative Prinzip kann der genetische Einfluß trotz starker Schwankungen in der Genaktivität Persönlichkeitseigenschaften stabilisieren.

Andererseits können durch das „Anschalten" vorher nicht aktiver Allele vorhandene Persönlichkeitsunterschiede destabilisiert werden (vgl. Plomin, 1986). Zwillingsstudien konnten zeigen, daß Beschleunigungen oder Verzögerungen der Intelligenzentwicklung (also Veränderungen des IQ) bei eineiigen Zwillingen synchroner verlaufen als bei zweieiigen (Wilson, 1983); dies weist auf destabilisierende genetische Effekte hin. Entgegen dem alltagspsychologischen Vorurteil, daß das Genom stets stabilisierend auf die Persönlichkeit wirke, ist es eine empirische Frage, welche genetischen Effekte stabilisierend wirken und welche zu Persönlichkeitsveränderungen führen.

Tabelle 6.12. Veränderungen des Einflusses von Genom oder Umwelt auf die Persönlichkeit durch Veränderung des Genoms oder der Umwelt

Einfluß durch	Veränderung des Einflusses durch Änderung von	
	Genom	Umwelt
Genom	+	!
Umwelt	!	+

> **! Genetische Effekte können stabilisierend, aber auch destabilisierend auf die Persönlichkeitsentwicklung wirken.**

Seltene Allele wie im Falle von Phenylketonurie oder Huntington-Chorea sind für das Verständnis von Persönlichkeitsunterschieden vermutlich wenig relevant, weil durch sie die Variabilität innerhalb menschlicher Populationen nur unwesentlich aufgeklärt werden kann (Plomin, 1990; vgl. für eine gegenteilige Auffassung Weiss, 1995). Obwohl z. B. inzwischen hunderte von Allelen bekannt sind, die den IQ massiv beeinträchtigen (J. Wahlsten, 1990), können sie letztlich nur einen winzigen Bruchteil der genetisch bedingten IQ-Variabilität erklären, weil sie jeweils extrem selten auftreten: Ihr Effekt ist im Einzelfall massiv, aber die Summe ihrer Effekte ist in bezug auf die Varianz in der ganzen Population minimal.

Alternativ wird vermutet, daß Normalvarianten der Persönlichkeit mit vielen häufigen Allelen statistisch assoziiert sind (sogenannte „quantitative trait loci"; QTL). Wenn jeder einzelne QTL z. B. 2 % der Eigenschaftsvarianz erklären würde, wären mindestens 25 QTL notwendig, um die Eigenschaft molekulargenetisch aufzuklären, sofern sie zu 50 %

genetisch beeinflußt ist. Diese Logik liegt dem ersten molekulargenetischen Versuch zugrunde, Normalvarianten einer menschlichen Eigenschaft aufzuklären: Normalvarianten im IQ (das IQ-QTL-Projekt; Plomin et al., 1994a). Untersucht wurden zwei unabhängige Stichproben weißer US-amerikanischer Kinder, die nach hohem und niedrigem IQ vorausgelesen wurden. Sechzig Allelmarker für Genomregionen, die an neuraler Aktivität beteiligt sind, wurden zunächst in der ersten Stichprobe auf überzufällige Häufigkeitsunterschiede zwischen Kindern mit niedrigem IQ (Mittelwert IQ = 82) und hohem IQ (Mittelwert IQ = 130) geprüft.

Acht Marker zeigten überzufällige Unterschiede. Mit ihnen wurde die zweite Stichprobe aus Kindern mit sehr niedrigem IQ (Mittelwert IQ = 59) und sehr hohem IQ (Mittelwert IQ = 142) getestet. Kein einziger Marker zeigte einen überzufälligen Unterschied, wobei zwei Marker das Ziel nur knapp verfehlten; bei etwas größeren Stichproben von Kindern wären die Unterschiede wohl überzufällig geworden. Die Wahl einer Gruppe von Kindern mit extrem niedrigem IQ in der zweiten Stichprobe erscheint allerdings problematisch, weil sich in dieser Gruppe seltene „pathologische" Allele häufen könnten, was eine Replikation der Ergebnisse der ersten Stichprobe erschwert haben mag (vgl. Weiss, 1995). Das IQ-QTL-Projekt markiert den Beginn einer neuen Ära: den Beginn der molekulargenetischen Persönlichkeitsforschung.

> ! **Die molekulargenetische Persönlichkeitsforschung begann 1994 mit dem IQ-QTL-Projekt.**

Der Sinn dieser Forschung kann nicht darin liegen, IQ-Tests von Psychologen generell durch Genomanalysen zu ersetzen, da der Erwartungsbereich für den genetisch geschätzten IQ (der Bereich, in den der IQ bei Kenntnis aller relevanten Allele mit 95 %iger Sicherheit fällt) etwa ±21 IQ-Punkte beträgt (vgl. Abschn. 6.2.2) – eine extreme Ungenauigkeit, die jede praktische Anwendbarkeit verbietet. Demgegenüber ist der Erwartungsbereich für IQ-Tests, der nur durch deren Unreliabilität bedingt ist, mit etwa ±9 IQ-Punkten (bei einer Reliabilität von 0,90) wesentlich geringer. Daß der genetische Erwartungsbereich so groß ist, ist natürlich nicht erstaunlich, weil er alle Umwelteinflüsse ignoriert.

> ! **Die Genomanalyse erfaßt, ähnlich wie der sozioökonomische Status, das Persönlichkeitspotential, Psychodiagnostik hingegen die aktuell realisierte Persönlichkeit.**

Der Sinn molekulargenetischer Persönlichkeitsforschung liegt vielmehr darin, die Prozesse besser verstehen zu lernen, die vom Genom zur Persönlichkeit führen, wobei die Hoffnung besteht, daß ein besseres Verständnis dieser Prozesse helfen wird, genetische Benachteiligungen vor allem durch Umweltmaßnahmen gezielt zu beseitigen. Wie alle wissenschaftlichen Fortschritte wird auch dieser seine Schattenseiten haben: der Versuch des Mißbrauchs der Genomanalyse zur Diskriminierung oder Kontrolle von Teilen der Bevölkerung (vgl. Asendorpf, 1988 a, 1990 b, für entsprechende Szenarien). Wie sonst auch wird es hier entscheidend darauf ankommen, Ungleichheit nicht mit Ungleichwertigkeit gleichzusetzen, sondern genetische Ungleichheit durch soziale Gerechtigkeit zu kompensieren.

6.3.2 Exemplarische Vertiefung: intellektuelle Leistungen

Wechselwirkungsprozesse zwischen Persönlichkeit und Umwelt sollen nun am Beispiel intellektueller Leistungen diskutiert werden. Nach der Diskussion der Intelligenz in Abschn. 4.4.1 und der Diskussion von genetischen und Umwelteinflüssen auf den IQ in diesem Kapitel liegt es nahe, als Rahmen für die Prozesse, die für intellektuelle Leistungen verantwortlich sind, das in Abb. 6.17 skizzierte Modell zu wählen.

Die zentrale Variable des Modells ist die Intelligenz, gemessen durch den IQ. Sie beruht auf

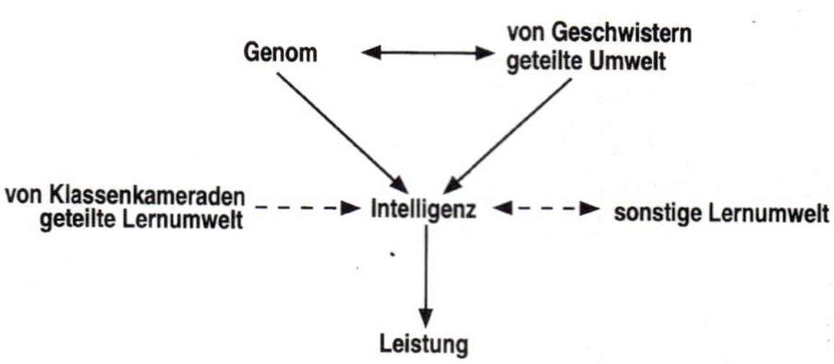

Abb. 6.17. Ein Rahmenmodell für Einflüsse auf intellektuelle Leistungen

genetischen Einflüssen, die bisher nicht weiter spezifiziert werden können, auf von Geschwistern nicht geteilten Umwelteinflüssen und auf von Geschwistern geteilten Umwelteinflüssen. Bei letzteren handelt es sich um intellektuell anregende Bedingungen der familiären Umwelt wie z. B. sprachliches Niveau der Kommunikation in der Familie, Vorhandensein von anregendem Spielzeug und von Kinderbüchern, Fernsehgewohnheiten oder gemeinsamer Besuch kultureller Veranstaltungen.

Die Bedeutsamkeit dieser familiären Faktoren für den IQ wird z. B. in einer Studie von Burks (1928) deutlich, in der Adoptivfamilien mit einer Kontrollgruppe normaler Familien verglichen wurden hinsichtlich der Korrelation zwischen kindlichem IQ und zwei Umweltmaßen, die bei Hausbesuchen erhoben wurden: „Haushaltsqualität" (ein Aggregat aus sozioökonomischem Status und Beurteilungen der Sauberkeit, Wohnungsgröße und der Ausübung elterlicher Rollen, z. B. Beaufsichtigung der Kinder) und „Bildungsorientierung" (ein Aggregat aus dem sprachlichen Niveau, dem Bildungsgrad, den intellektuellen Interessen und dem künstlerischen Geschmack der Eltern sowie der Zahl der Bücher im Haushalt). Tabelle 6.13 zeigt den Zusammenhang zwischen dem IQ und diesen beiden Umweltmaßen in Adoptiv- und Kontrollfamilien.

Die Korrelationen zwischen IQ und intelligenzanregender Umwelt waren in den Kontrollfamilien deutlich stärker; dies zeigt den Effekt der passiven Genom-Umwelt-Kovarianz (in den Kontrollfamilien waren die Kinder ihren Eltern genetisch ähnlich, die wiederum verantwortlich für die Umwelt der Kinder waren; vgl. Abschn. 6.2.5). In den Adoptivfamilien verblieb nur noch eine recht geringe Korrelation zwischen „Haushaltsqualität" bzw. „Bildungsorientierung" in der Familie und dem IQ des Kindes; sie stellt eine direkte Schätzung der von Geschwistern geteilten und von ihren Genomen unabhängigen Umweltwirkung auf den IQ dar (vgl. für ähnliche Ergebnisse Leahy, 1935, und Plomin et al., 1985). Dieser Umwelteinfluß nimmt mit wachsendem Alter der Kinder ab und ist nach Verlassen des Elternhauses verschwindend gering (vgl. Abschn. 6.2.4).

Tabelle 6.13. Korrelationen zwischen kindlichem IQ und Merkmalen der häuslichen Umwelt bei Adoptiv- und Kontrollfamilien. (Nach Burks, 1928)

Umweltmerkmal	Adoptivfamilien	Kontrollfamilien
	n = 206	n = 104
Haushaltsqualität[a]	0,21	0,42
Bildungsorientierung[a]	0,25	0,44

[a]Zur Messung vgl. Text.

Zunehmend wichtiger wird dagegen der Einfluß der von Geschwistern unterschiedlichen Alters nicht geteilte Umwelteinfluß auf die Intelligenz (vgl. Abschn. 6.2.4). Dazu gehört vor allem der Einfluß der schulischen Lernumwelt. Sie läßt sich nach der Logik der Einflußschätzung in zwei Anteile zerlegen: Einfluß der von allen Schülern einer Klasse geteilten Lernumwelt und Einfluß derjenigen Lernumwelt, der die betrachteten Schüler, nicht aber alle ihre Klassenkameraden ausgesetzt sind. Letzterer kann aufgrund aktiver oder reaktiver Genom-Umwelt-Kovarianz abhängig vom Genom sein, etwa wenn ein Schüler aufgrund hoher genetisch bedingter Intelligenz von bestimmten Lehrern besonders gefördert wird.

Der Einfluß der von Klassenkameraden geteilten schulischen Umwelt auf den IQ wird in Untersuchungen deutlich, die in vielen Klassen die Unterrichtsqualität in einem Fach durch Beobachter einschätzen lassen und dann mit dem mittleren IQ der Klasse in Beziehung setzen. Die entsprechenden Korrelationen sind verschwindend gering – zumindest in Schulsystemen wie dem deutschen, in denen die Unterrichtsqualität an einer Schule kaum mit der sozialen Schicht der Schüler dieser Schule korreliert (vgl. z. B. Weinert et al., 1989b).

> **!** **Die von Klassenkameraden geteilte Lernumwelt hat nur einen verschwindend geringen Einfluß auf den IQ.**

Dieses Ergebnis scheint einer Reihe von Untersuchungen zu widersprechen, die einen deutlicheren Effekt der schulischen Lernumwelt auf den IQ zeigen. So korreliert der IQ in Entwicklungsländern, in denen viele Kinder wegen fehlender Lehrer oder Schulen die Schule um Jahre zu spät oder gar nicht besuchen, deutlich mit der Beschulung, und in Längsschnittstudien, in denen der IQ im Kindesalter bekannt ist, korreliert der IQ im Alter von

18 Jahren auch nach statistischer Kontrolle des IQ in der Kindheit mit der Schuldauer (Ceci, 1991). Hier muß jedoch berücksichtigt werden, daß es sich um andere Varianzquellen handelt: Ob jemand überhaupt zur Schule geht bzw. überhaupt an einem weiterführenden Unterricht teilnimmt oder nicht, ist sicherlich bedeutsamer als die Tatsache, ob jemand den Mathematikunterricht der 6. Klasse nach den Richtlinien des bayerischen Kultusministeriums bei Lehrer A oder B genießt. Wenn auch ein Einfluß der Beschulung auf den IQ nachweisbar ist (vgl. Ceci, 1991, für weitere Belege), ist der Einfluß der unterschiedlichen Realisierung desselben Curriculums durch unterschiedliche Lehrer auf den IQ verschwindend gering.

Diese Feststellung darf nicht zu dem Fehlschluß verleiten, die Unterrichtsqualität habe auch auf die Schulleistung nur einen verschwindend geringen Einfluß. Dies wäre nur dann der Fall, wenn der Unterricht – wie in Abb. 6.17 angenommen – nur über die Intelligenz auf die Schulleistung wirken könnte. Das widerspräche aber in eklatantem Maße der alltagspsychologischen (bzw. alltagspädagogischen) Annahme, daß Unterricht primär Wissensinhalte vermittle und die Schulleistung wesentlich vom Wissensstand abhänge. Unterricht könnte und sollte nach dieser Annahme primär über den Wissenserwerb die Schulleistung beeinflussen, wobei dieser Wissenserwerb zwar ein bestimmtes Ausmaß an Intelligenz bei den Schülern voraussetze, ansonsten aber von anderen Faktoren wie dem didaktischen Geschick der Lehrer oder den Interessen der Schüler abhänge.

Merkwürdigerweise wurde die eigenständige Rolle, die inhaltsspezifisches Wissen für intellektuelle Leistungen spielt, erst in den letzten Jahren zum Gegenstand empirischer Untersuchungen – davor wurde stets versucht, wie in Abb. 6.17 eine direkte Brücke zwischen Intelligenz und Leistung zu schlagen (Weinert, 1994). Unübersehbar wurde die Rolle des Wissens erst, als man begann, sich innerhalb des sogenannten Experten-Novizen-Paradigmas für Höchstleistungen und einseitige Begabungen zu interessieren (vgl. Ericsson & Charness, 1994).

Vergleicht man Experten auf einem bestimmten Wissensgebiet, z. B. Schachgroßmeister oder Bundesligaexperten, mit Novizen (Neulingen) gleicher Intelligenz beim Bearbeiten schwieriger Aufgaben des jeweiligen Gebiets, z. B. Erinnern von Schachstellungen oder Tabellenständen der Bundesliga, Lösen von Schachaufgaben oder Schlußfolgern aus Fußballspielverläufen, so zeigt sich, daß die Experten den Novizen meist deutlich überlegen sind. Diese Überlegenheit ist um so größer, je stärker die Leistung von dem jeweiligen Expertenwissen abhängt. Zum Beispiel können sich Schachgroßmeister außerordentlich gut an nur kurzzeitig gezeigte, komplexe Schachstellungen aus tatsächlichen Spielen erinnern, können aber sinnlose Zufallskonfigurationen von Schachfiguren oder schachfremdes Lernmaterial nicht besser erinnern als Novizen mit vergleichbarer Intelligenz (vgl. schon Chase & Simon, 1973).

> **!** **Auf ihrem Spezialgebiet leisten Experten mehr als Novizen gleicher Intelligenz aufgrund ihres größeren und besser organisierteren Wissens.**

Zusätzlichen Aufwind erhielten wissenspsychologische Ansätze durch die zunehmende Erkenntnis, daß sich kognitive Kompetenzen bei Kindern bereichsspezifisch entwickeln (vgl. Carey, 1984; Weinert & Helmke, 1993). Diese Bereichsspezifität konnte jedenfalls teilweise auf Unterschiede in bereichsspezifischem Wissen zurückgeführt werden. Zum Beispiel ließen Schneider und Bjorklund (1992) Zweit- und Viertklässler fußballbezogene Items erinnern (z. B. Bild eines Strafstoßes mit der Unterschrift „Strafstoß") und gleich viele nicht fußballbezogene Items (z. B. Bild eines Schraubenziehers mit der Unterschrift „Schraubenzieher"). Die Kinder wurden nach ihrem Wissen über Fußball in Experten und Novizen und nach ihrer verbalen Intelligenz in intelligent und wenig intelligent eingeteilt. Tabelle 6.14 zeigt die mittlere Erinnerungsleistung der resultierenden vier Gruppen von Zweit- bzw. Viertklässlern.

Höhere Klassenstufe, Intelligenz und Vorwissen über Fußball förderten die Erinnerungsleistung, wobei das Vorwissen sich nur auf die Erinnerung fußballbezogenen Wissens auswirkte. Hohes Vorwissen konnte zwar niedrige Intelligenz kompensieren (Fußballexperten mit niedriger Intelligenz zeigten eine genauso gute Erinnerungsleistung für Fußballgeschichten wie Fußballnovizen mit hoher Intelligenz), aber hohe Intelligenz zahlte sich auch bei Experten noch aus: Intelligente Experten erin-

Tabelle 6.14. Erinnerungsleistung von Fußballexperten und -novizen unterschiedlicher verbaler Intelligenz an Fußball- und Kontrollitems

Klasse und Items	Experten		Novizen	
	intelligent	wenig intelligent	intelligent	wenig intelligent
2. Klasse:				
Nicht fußballbezogen	46 %	31 %	44 %	35 %
Fußballbezogen	53 %	41 %	44 %	31 %
4. Klasse:				
Nicht fußballbezogen	66 %	55 %	62 %	60 %
Fußballbezogen	76 %	63 %	62 %	51 %

nerten sich besser an Fußballgeschichten als wenig intelligente Experten.

Dem erworbenen, inhaltsspezifischen Wissen kommt auch im Bereich der Schulleistungen eine wichtige Funktion bei der Erklärung fach- oder inhaltsspezifischer Leistungsunterschiede zu. In Abwandlung von Abb. 6.17 wird hierbei Intelligenz als eine Fähigkeit aufgefaßt, die über den Wissenserwerb die Leistung beeinflußt, wobei das Wissen zwar auch von der Intelligenz, vor allem aber von spezifischen Lernbedingungen abhängt, die den Wissenserwerb fördern, insbesondere von der Qualität des schulischen Unterrichts. Dabei wird angenommen, daß diese Lernbedingungen Intelligenz nicht oder nur unwesentlich beeinflussen (s. oben), und daß auch der Einfluß von Intelligenz auf die Lernbedingungen schwach ist. Dies führt zu einer wesentlichen Erweiterung des in Abb. 6.17 gezeigten Modells (Abb. 6.18).

Daß die Unterrichtsqualität den Wissenserwerb unabhängig vom IQ beeinflußt, kann besonders gut in Längsschnittstudien untersucht werden, in denen der mittlere Wissenszuwachs verschiedener

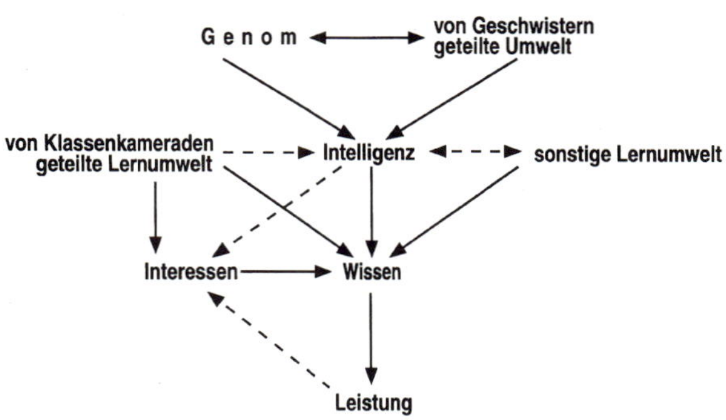

Abb. 6.18. Ein erweitertes Rahmenmodell für Einflüsse auf intellektuelle Leistungen

Klassen in einem bestimmten Fach mit der Unterrichtsqualität in diesem Fach korreliert wird, wobei Unterschiede in der mittleren Intelligenz der Klassen statistisch kontrolliert (herauspartialisiert) werden. Tabelle 6.15 zeigt typische Ergebnisse solcher Analysen (vgl. Weinert et al., 1989b).

Kulturvergleichende Studien dieser Art konnten z. B. belegen, daß ein stark direktiver, die Unterrichtszeit gut ausnutzender Unterrichtsstil den Leistungszuwachs in Mathematik kurzfristig deutlich fördert (Anderson et al. 1989). Wie der deutsche Beitrag zu dieser Studie zeigt, kann dies aber auf Kosten der langfristigen Schulmotivation gehen, was die Lernfreude behindert und damit langfristig die positiven Wirkungen auf den Leistungszuwachs schmälert (vgl. Weinert et al., 1989b).

> **!** **Die Unterrichtsqualität fördert den Wissenszuwachs und damit die Schulleistung auch unabhängig von der Intelligenz.**

Wenn Lernbedingungen unabhängig vom IQ den Wissenserwerb beeinflussen, müßte die Leistung bei gleichem IQ um so stärker vom bereits erreichten Vorwissen abhängen, je besser es für die

Tabelle 6.15. Zusammenhang zwischen Unterrichtsqualität und Leistungszuwachs

Beobachtete Unterrichtsqualität	Korrelation mit Leistungszuwachs[a]
Güte des Vortrags	0,25
Direktiver Unterrichtsstil	0,40
Effektivität der Fragen	0,16
Testfragen stellen	0,18

[a]Nach statistischer Kontrolle des mittleren IQ in den Klassen.

Tabelle 6.16. Zusammenhang zwischen Vorwissen, Intelligenz und Mathematikleistung (n = 631 Schüler aus 5. Klassen)

Prädiktor	Leistung nach einem Jahr	
	Rechnen	Textaufgaben
Vorwissen	0,65	0,71
Vorwissen nach Kontrolle verbaler Intelligenz	0,58	0,59
Verbale Intelligenz	0,37	0,53
Verbale Intelligenz nach Kontrolle des Vorwissens	0,02	0,32

Aufgabenlösung nutzbar ist. Daß dies tatsächlich der Fall ist, zeigt z. B. eine Studie zur Vorhersage der Mathematikleistung bei Fünftklässlern der Hauptschule (Weinert et al., 1989a). Das Vorwissen (erhoben durch einen Mathematiktest zu Beginn der Studie) sagte die erreichte Leistung ein Jahr später deutlich besser vorher als der IQ (Tabelle 6.16).

Bei statistischer Kontrolle von verbaler Intelligenz waren die Korrelationen immer noch beeindruckend hoch. Wurde umgekehrt das Vorwissen kontrolliert, sagten die verbleibenden Intelligenzunterschiede die Leistung in hochautomatisierten einfachen Rechenaufgaben nicht mehr vorher, während für komplexere Textaufgaben noch eine Vorhersage der Leistung in geringem Umfang möglich war; letzteres liegt daran, daß die Lösung solcher Aufgaben nicht vollständig routinemäßig erfolgen kann, sondern in Teilen immer wieder neu gefunden werden muß.

> ! **Das Wissen beeinflußt unabhängig von der Intelligenz Expertenleistungen und hochautomatisiertes Problemlösen.**

Wenn also das Wissen unabhängig von Intelligenz eine bedeutsame Rolle bei Expertenleistungen und hochautomatisierten Problemlösungen spielt, stellt sich die Frage, wo es eigentlich herkommt. Bei schulischem Wissen scheint das klar; es hängt vom Unterricht ab, welches Wissen wie gut erworben wird. Wie kommt es aber zur Ausbildung von Wissen, das nicht Gegenstand schulischen Unterrichts ist? Diese Frage wurde erst in letzter Zeit eingehender untersucht.

Zum Beispiel testeten Stanovich und Cunningham (1993) das Wissen von 268 Erstsemestern in verschiedenen Bereichen durch diverse Wissenstests und korrelierten ihr Wissen mit ihrer Kenntnis von Schriftstellern, Zeitschriften und Zeitungen (ein Indikator für Lesen) und Fernsehprogrammen (ein Indikator für Fernsehen) sowie mit ihrer Schulabschlußnote, einem Leseverständnistest, einem Mathematiktest und dem nichtverbalen IQ.

Tabelle 6.17 zeigt, daß Lesen der mit Abstand beste Prädiktor für Wissen war; nach statistischer Kontrolle der restlichen fünf Variablen betrug die Korrelation zwischen Lesen und Wissen immer noch 0,61. Fernsehen war unabhängig vom Wissen (aber in dieser Studentenpopulation auch nicht klar negativ mit Wissen korreliert).

> ! **Bei Studenten fördert Lesen, nicht aber Fernsehen, das Wissen auch unabhängig von Intelligenz.**

Lesen und Fernsehen gehören in Abb. 6.18 zur „Sonstigen Lernumwelt". Wie das Ergebnis dieser Studie zeigt, sind diese Lernbedingungen nicht auf Intelligenz rückführbar, aber auch nicht unabhängig hiervon (Lesen korrelierte 0,31 mit dem IQ). Hier sind Einflußprozesse in beiden Richtungen denkbar: Häufiges Lesen mag nicht nur die Schulleistung über höheres Wissen, sondern in eingeschränktem Maße auch die (verbale) Intelligenz

Tabelle 6.17. Korrelationen zwischen Wissen, Lesen, Fernsehen und Intelligenz. (Nach Stanovich & Cunningham, 1993)

		L	F	SN	LV	IQ	MA
Wissen	W	0,85	−0,05	0,37	0,53	0,36	0,51
Lesen	L		0,03	0,30	0,47	0,31	0,38
Fernsehen	F			−0,12	0,00	−0,05	−0,16
Schulabschlußnote	SN				0,34	0,36	0,51
Leseverständnis	LV					0,34	0,41
Nichtverbaler IQ	IQ						0,46
Mathematiktest	MA						

fördern, und intelligente Menschen lesen mehr. In letzterem Fall könnte die Lernumwelt durch aktive Genom-Umwelt-Kovarianz (vgl. Abschn. 6.2.4) genetisch beeinflußt sein. Trotz dieser Wechselwirkungen zwischen Intelligenz und Lernumwelt sollte das zentrale Ergebnis nicht vergessen werden, daß Vorwissen und seine Bedingungen auch nach Kontrolle von Intelligenz Leistung zumindest mittelstark vorhersagen.

> ! **Leistung hängt vom Wissenserwerb ab, und dieser wiederum von Intelligenz und Lernbedingungen.**

Damit ist das Bild der Wissensentwicklung jedoch noch nicht vollständig, weil zusätzlich motivationale Faktoren berücksichtigt werden müssen. Neben dem Leistungsmotiv (vgl. Abschn. 4.5.1) ist vor allem das Interesse am jeweiligen Wissensgebiet zu berücksichtigen. Ein intelligenter Schüler wird das Wissensangebot des Unterrichts vor allem dann nutzen, wenn er sich für den jeweiligen Wissensbereich interessiert.

Etwas interessant finden bedeutet, seine Aufmerksamkeit dem Gegenstand des Interesses selektiv zuzuwenden. Während der Prozeß der selektiven Aufmerksamkeitssteuerung allgemeinpsychologisch gut untersucht ist, sind individuelle Besonderheiten in der überwiegenden Richtung der Aufmerksamkeit bisher kaum verstanden. Zwar wird das Interesse an einem Wissensgebiet durch Lernerfolge auf diesem Gebiet gesteigert, aber diese lernpsychologische Erklärung ist nicht ausreichend, um die Interessenentwicklung zu erklären. Zumindest bei älteren Schülern scheint es nämlich so zu sein, daß eher die Interessen durch ihren Einfluß auf den Wissenserwerb Leistungen und Lernerfolge bestimmen als umgekehrt Lernerfolge die Interessen (Willson, 1983). Warum interessiert sich ein Schüler mehr für Mathematik als für Deutsch, obwohl er in beiden Fächern gleich gut sein könnte, wenn er es wollte? Welche genetischen und Umwelteinflüsse (z.B. ein Lehrer, der Interesse weckt) spielen hier eine Rolle? Auf diese Fragen hat die Psychologie bisher keine klare Antwort.

Besser verstanden sind die Konsequenzen vorhandenen Interesses. Unter gleichen Lernbedingungen korreliert das Interesse an einem Wissensgebiet mit einer tieferen kognitiven Verarbeitung des Lernstoffes, effektiveren Lernstrategien und mehr Spaß am Lernen (Schiefele, 1991). In einer Metaanalyse des Zusammenhangs zwischen dem Interesse an einem Schulfach und der Leistung in diesem Fach fanden Schiefele et al. (1993) in 127 Studien eine mittlere Korrelation von 0,30. Diese Korrelation kann nur z. T. über die Korrelation zwischen Interesse und Fähigkeit erklärt werden; auch nach Kontrolle von Fähigkeitsunterschieden bleibt noch eine Korrelation zwischen Interesse und Leistung bestehen. Abbildung 6.18 enthält deshalb Interessen als eigenständigen Bedingungsfaktor für Wissen, der nur schwach mit Intelligenz und Leistung verknüpft ist, umgekehrt aber über erworbenes Wissen die Leistung deutlich beeinflußt.

> ! **Interessen fördern über den Wissenserwerb die Leistung auch unabhängig von Intelligenz.**

Damit ist noch keine erschöpfende Übersicht über die Prozesse gegeben, die zur Erklärung individueller Besonderheiten in intellektuellen Leistungen herangezogen werden können. Abbildung 6.18 beschränkt sich auf die wichtigsten Pfade zwischen den diskutierten Bedingungsvariablen; hinzu dürften vielfältige Rückwirkungen kommen, z. B. vom erreichten Leistungsstand nicht nur auf Interessen, sondern auch auf den Wissenserwerb, und über Person-Umwelt-Effekte auf alle drei Umweltbedingungen (nicht aber auf das Genom). Gar nicht diskutiert wurden zudem Persönlichkeitsmerkmale wie Neugierigkeit und Ausdauer, die den Wissenserwerb beeinflussen. Das Leistungsmotiv wurde nur kurz erwähnt (vgl. aber Abschn. 4.5.1), und Wechselwirkungen zwischen Leistung und Selbstwirksamkeitserwartungen, Selbstvertrauen und Testängstlichkeit wurden überhaupt nicht diskutiert (vgl. hierzu Helmke, 1992). Dennoch dürfte dieser Abschnitt einen Eindruck von der Komplexität der beteiligten Prozesse vermittelt haben – einer Komplexität, die nicht nur durch die Vielzahl der beteiligten Variablen bedingt ist, sondern vor allem durch deren nichtlineare Vernetzung unter Einschluß von Rückkopplungseffekten.

6.3.3 Exemplarische Vertiefung: antisoziale Persönlichkeit

Nicht weniger komplex sind die Prozesse, die individuelle Besonderheiten in antisozialem Verhalten hervorrufen und aufrecht erhalten. Unter antisozialem Verhalten wird aggressives, kriminelles oder

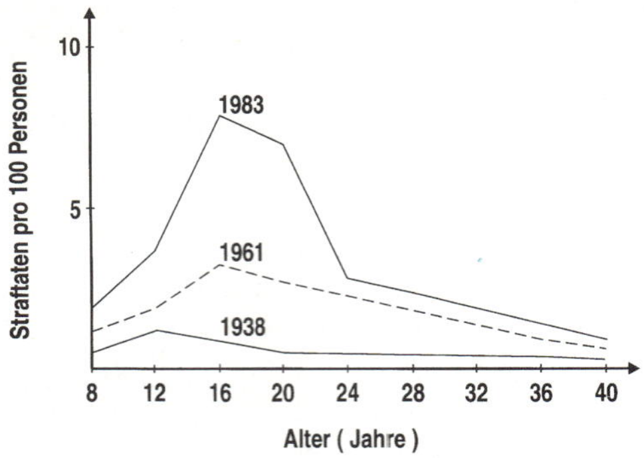

Abb. 6.19. Zusammenhang zwischen Alter und Kriminalitätsrate für drei Kohorten englischer Männer. (Nach Farrington, 1986)

sonstiges Verhalten verstanden, das soziale Normen verletzt, bis hin zu Schuleschwänzen. Antisoziales Verhalten zeigt eine enorme Zunahme zwischen 12 und 16 Jahren und dann eine ebenso drastische Abnahme, besonders für Jungen. Das läßt sich nicht nur durch Mittelwerte beobachteten oder beurteilten aggressiven Verhaltens, sondern auch durch offizielle Kriminalstatistiken belegen, wobei der Effekt in den letzten Jahrzehnten in westlichen Kulturen stark zugenommen hat (Abb. 6.19).

Diese Zunahme antisozialen Verhaltens beruht nicht darauf, daß alle Jugendlichen während der Pubertät mehr antisoziales Verhalten zeigen als vorher und nachher, sondern darauf, daß sich zwei unterschiedliche Tendenzen überlagern: eine überdauernde („life-course-persistent") und eine pubertätsgebundene („adolescence-limited") antisoziale Tendenz (Moffitt, 1993).

> **!** **Die Tendenz zu antisozialem Verhalten im Jugendalter beruht auf zwei unabhängigen Quellen: einer überdauernden und einer pubertätsgebundenen Form.**

Die überdauernde Form, die im folgenden als antisoziale Persönlichkeit bezeichnet wird, äußert sich in der Kindheit in starker Aggressivität, vor allem gegenüber Gleichaltrigen, und ab der Pubertät auch in kriminellem Verhalten (vgl. die in Abschn. 6.1.3 diskutierte heterotype Stabilität von Aggressivität in der Studie von Huesmann et al., 1984). Mehrere Längsschnittstudien in verschiedenen Ländern kamen zu dem übereinstimmenden Ergebnis, daß etwa 50% aller aufgeklärten kriminellen Vergehen auf etwa 5% der Bevölkerung beruhen, wobei diese 5% meist bereits in der Kindheit durch aggressives Verhalten auffallen und auch im Erwachsenenalter meist wieder rückfällig werden, sofern sie dazu Gelegenheit haben (Farrington et al., 1986). Die anderen 50% beruhen auf kriminellen Vergehen von Jugendlichen, die vor der Pubertät gar nicht und nach der Pubertät nur selten straffällig werden. Das läßt sich auf antisoziales Verhalten insgesamt verallgemeinern. Moffitt (1993) veranschaulichte die zwei Formen antisozialer Tendenzen durch die folgende Abb. 6.20.

Antisoziale Persönlichkeit

Die in Abschn. 6.2.5 geschilderte Studie von Cadoret et al. (1983) legt nahe, daß es im Jugendalter eine deutliche statistische Interaktion zwischen genetischen oder sehr frühen Risikofaktoren und Risikofaktoren in der aktuellen Umwelt gibt; dies betrifft also vor allem die pubertätsgebundene antisoziale Tendenz. Zwei große skandinavische Adoptionsstudien, die Kriminalität vor allem im Erwachsenenalter untersuchten, fanden sowohl einen genetischen Einfluß als auch eine Genom-Umwelt-Interaktion des von Cadoret et al., (1983) berichteten Typs: Wegadoptierte Söhne krimineller Väter wurden selbst eher straffällig als solche nichtkrimineller Väter, und wenn der biologische und der erziehende Vater kriminell auffällig waren, war das Risiko überproportional groß (Bohman et al., 1982; Mednick et al., 1984). Insgesamt deuten diese drei Untersuchungen auf einen genetischen Einfluß

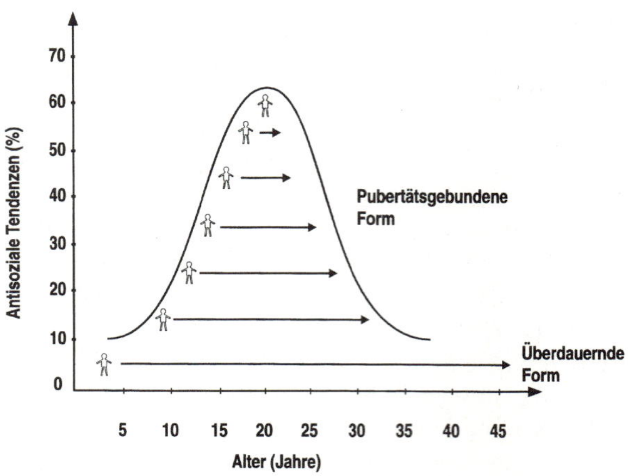

Abb. 6.20. Zwei Formen antisozialer Tendenzen. (Nach Moffitt, 1993)

auf die antisoziale Persönlichkeit hin, der durch eine ungünstige Umwelt wesentlich verstärkt wird; nichtgenetische familiäre Risiken alleine scheinen dagegen keine bedeutsamen Konsequenzen auf die Herausbildung einer antisozialen Persönlichkeit zu haben.

> **! Die antisoziale Persönlichkeit beruht auf genetischen Risikofaktoren, die durch Umweltrisiken verstärkt sind.**

Welche Umweltrisiken verstärken genetische Risiken für die antisoziale Persönlichkeit? Angesichts der sozialen Brisanz dieser Frage gibt es hierzu eine umfangreiche empirische Literatur, in der allerdings die genetischen Risiken meist ignoriert werden. Wie im vorigen Abschnitt sollen die einzelnen Risikofaktoren anhand eines vereinfachenden Modells diskutiert werden. Das Modell ist stärker als das Erklärungsmodell für intellektuelle Leistungen entwicklungspsychologisch ausgerichtet: Es handelt sich um eine Beschreibung von Entwicklungspfaden.

Charakteristisch für derartige Modelle ist, daß mehrere alternative Entwicklungspfade zu derselben Persönlichkeitseigenschaft führen (die als Eigenschaft einer Population, also als Variable, aufgefaßt wird), daß die Pfade an bestimmten Punkten der Persönlichkeitsentwicklung Verzweigungen in alternative Richtungen aufweisen, daß diese Verzweigungen wiederum vom Einfluß moderierender Bedingungsfaktoren abhängen und daß an jedem Verzweigungspunkt der von einer bestimmten Person eingeschlagene Pfad bestenfalls mit einer geschätzten Wahrscheinlichkeit, niemals jedoch mit Sicherheit vorhergesagt wird.

Abbildung 6.21 zeigt das Modell, das viele Anleihen aus Moffitt (1993), Patterson und Bank (1989) und Rubin et al. (1990) enthält. Das Modell ist empirisch nur für das männliche Geschlecht gut belegt und darf daher nicht unbesehen auf weibliche antisoziale Tendenzen angewandt werden.

Das Modell beginnt mit genetischen und pränatalen (vorgeburtlichen) Umweltrisiken für die Gehirnentwicklung. Störungen der pränatalen Entwicklung äußern sich u. a. in minimalen körperlichen Anomalien (z. B. krummer kleiner Finger oder Lücke zwischen erstem und zweitem Zeh). Daß solche Anomalien gehäuft bei antisozialer Persönlichkeit auftreten, wird deshalb als Indikator für eine gestörte pränatale Entwicklung angesehen

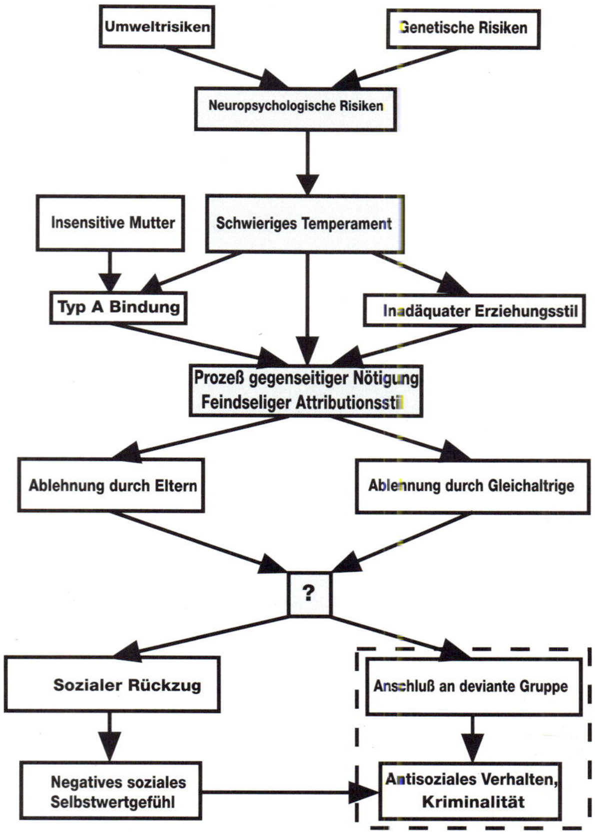

Abb. 6.21. Ein Rahmenmodell für die Entwicklung der antisozialen Persönlichkeit

(Halverson & Victor, 1976; Paulhus & Martin, 1986). Perinatale Probleme (Probleme bei der Geburt), vor allem Sauerstoffmangel mit nachfolgender leichter Hirnschädigung, sind ebenfalls mit antisozialen Tendenzen in der Kindheit assoziiert. Nach der Geburt besteht ein robuster Zusammenhang zwischen Störungen vor allem der Aufmerksamkeitssteuerung und der antisozialen Persönlichkeit. Insbesondere weist das gleichzeitige Auftreten einer Aufmerksamkeitsschwäche (mangelndes Konzentrationsvermögen, hohe Ablenkbarkeit) und häufigen antisozialen Verhaltens bei Kindern auf eine antisoziale Persönlichkeit hin – ein Zusammenhang, der unabhängig von sozialer Schicht und allgemeiner Schulleistung besteht (Moffitt & Henry, 1991).

Diese frühen Umweltrisiken können z. T. auf elterliche Risikofaktoren zurückgeführt werden. Die Umweltrisiken des Kindes vor und während der Geburt sind oft durch das Verhalten der Mutter

während der Schwangerschaft bedingt (z. B. Rauchen, Alkoholkonsum, Drogen, mangelndes Gesundheitsbewußtsein), wobei dieses Verhalten wiederum durch Risiken in der mütterlichen Persönlichkeitsstruktur und in der Umwelt der Mutter mitbedingt ist (z. B. mangelnde Bildung, Partnerprobleme, Arbeitslosigkeit). Die Umweltfaktoren von Kind und Mutter wiederum können mit genetischen Risikofaktoren des Kindes kovariieren, bedingt durch aktive Genom-Umwelt-Kovarianz der Mutter und passive Genom-Umwelt-Kovarianz des Kindes (vgl. Abschn. 6.2.5).

> ! **Schon vor ihrer Geburt können Kinder einem Komplex aus genetischen und Umweltrisiken für eine spätere antisoziale Persönlichkeit ausgesetzt sein, der durch die kausale Vernetzung der Risiken besonders wirksam ist.**

Kleinkinder, die diesen Risiken ausgesetzt waren, haben eher ein schwieriges Temperament (Thomas & Chess, 1977), d. h. sie sind eher motorisch unruhig, irritierbar, schwer zu beruhigen und haben keine stabilen Biorhythmen. So fand Hertzig (1983), daß neuropsychologische Probleme unabhängig von der sozialen Schicht und dem IQ der Kinder in der frühen Kindheit mit einem schwierigen Temperament korrelieren.

Ein schwieriges Temperament ist schon für psychisch stabile Eltern ein Problem, und es wird um so mehr zu einem Problem, je labiler die Eltern selbst sind. Auf insensitive Mütter, die wenig in der Lage sind, auf die Bedürfnisse des Kindes einzugehen, reagieren viele Kinder mit schwierigem Temperament in Streßsituationen mit einem unsicher-vermeidenden Verhalten der Mutter gegenüber (Bindung vom Typ A an die Mutter; vgl. Abschn. 5.3). Typ A Bindung im 2. Lebensjahr wiederum korreliert mit späterer Aggressivität in Kindergarten und Schule (Renken et al., 1989).

Bindungstheoretiker, die in der Tradition von Bowlby (1969) in der Mutter-Kind-Bindung den Prototyp späterer sozialer Beziehungen sehen (vgl. Abschn. 5.3), ziehen hier einen direkten Kausalschluß von der frühkindlichen Bindungsqualität zum Verhalten Gleichaltrigen gegenüber. Das hier präferierte Modell dagegen betrachtet eine unsicher-vermeidende Bindung an die Mutter nur als einen von vielen Indikatoren für ein schwieriges Temperament, der zudem nur bei Insensitivität der Mutter zu beobachten ist. Diese Insensitivität ist nur eine von mehreren Variablen, die eine antisoziale Tendenz fördern; im Modell wird angenommen, daß unter ungünstigen Umständen auch eine sehr sensitive Mutter eine antisoziale Karriere ihres Kindes nicht verhindern kann.

> ! **Insensitive Mütter fördern bei Kindern mit schwierigem Temperament eine unsicher-vermeidende Bindung, die wiederum späteres aggressives Verhalten fördert.**

Zentraler als die Bindung zur Mutter (oder zum Vater) ist im Modell das schwierige Temperament. Es stellt die Geduld der Eltern vor eine harte Probe. Als Antwort darauf entwickeln die meisten Eltern (nicht nur die insensitiven) einen rigide-autoritären Erziehungsstil dem Kind gegenüber, um die Kontrolle zu behalten (Bell & Chapman, 1986); versagt auch das, kommt es häufig zu Kurzschlußreaktionen bis hin zur Kindesmißhandlung (Hunter et al., 1978). Hier nimmt also das Temperament des Kindes Einfluß auf das Erziehungsverhalten seiner Eltern.

Umgekehrt sagt aber auch ein rigide-autoritärer Erziehungsstil der Eltern unabhängig vom Temperament des Kindes späteres aggressives Verhalten der Kinder vorher (Weiss et al., 1992). Aber auch mangelnde Aufsicht über das Kind, mangelndes Engagement in der Erziehung („laissez-faire") und eine ablehnende Haltung gegenüber dem Kind korrelieren mit einer antisozialen Tendenz im Kindesalter (Loeber & Stouthamer-Loeber, 1986), wobei diese Umweltfaktoren sowohl Ursachen als auch Konsequenzen des kindlichen Problemverhaltens sein können. Alle diese kritischen Aspekte des elterlichen Verhaltens dem Kind gegenüber sind im Modell als „inadäquater Erziehungsstil" zusammengefaßt.

> ! **Ein inadäquater Erziehungsstil der Eltern verstärkt frühe Risiken für antisoziales Verhalten.**

Unabhängig von den ursprünglichen Risiken (auf seiten des Kindes, seiner Eltern oder auf beiden Seiten; genetisch oder umweltbedingt) etabliert sich in den betroffenen Familien ein Teufelskreis aus Aggression des Kindes – erfolglosem Kontrollversuch der Eltern oder Geschwister – erneuter Aggression des Kindes. Für Patterson (1982) ist dieser Prozess der gegenseitigen Nötigung (der „coercive

process") der kritische Faktor, der Aggressivität stabilisiert und aufrecht erhält.

Patterson (1982) begründete diese Hypothese durch ausgedehnte Verhaltensbeobachtungen in Familien mit aggressiven Jungen sowie Kontrollfamilien. Die beiden Familientypen unterschieden sich kaum im ersten Auftreten aggressiven Verhaltens bei den Jungen. Der Hauptunterschied bestand vielmehr in der Länge der Verhaltensketten, die aus Aggression (Junge) – Aggression (andere) – Aggression (Junge) – ... bestanden, wobei sowohl Eltern als auch Geschwister an diesen Aggressionsketten beteiligt waren. Während in den Kontrollfamilien die Gegenaggression der anderen Familienmitglieder meist erfolgreich war, so daß es bei Aggression (Junge) – Aggression (andere) blieb, reagierten aggressive Jungen auf Gegenaggression mit hoher Wahrscheinlichkeit wieder mit Aggression, so daß die Ketten sehr lang ausfielen.

> ! **Aggressive Jungen sind durch Gegenaggression kaum zu bremsen; dadurch kommt es zum Prozeß der gegenseitigen Nötigung.**

Verstärkt wird dieser Prozesses ist nach Dodge (1980, 1986) durch einen feindseligen Attributionsstil des Kindes: Mehrdeutig (aggressiv oder nicht aggressiv) interpretierbares Verhalten von Interaktionspartnern wird als feindselig wahrgenommen und mit Aggression beantwortet (Tafel 6.9 für empirische Evidenz).

Tafel 6.9. Feindseliger Attributionstil aggressiver Jungen

Dodge (1980) konnte einen solchen Attributionsstil experimentell nachweisen. Jungen der 2. bis 6. Klasse konnten einen Preis gewinnen, wenn sie ein Puzzle schnell zusammensetzten. Nach einiger Zeit trug die Versuchsleiterin das Puzzle auf einem Tablett in den Nachbarraum, um es angeblich einem anderen Jungen zu zeigen. Über Lautsprecher wurde angeblich das Geschehen im Nachbarraum übertragen (tatsächlich wurde ein Tonband abgespielt). Entweder schien der Junge im Nachbarraum aggressiv zu reagieren (es war zu hören, wie er Teile fluchend herunterwarf), nicht aggressiv zu reagieren (es war zu hören, daß er versuchte, es weiter zusammenzusetzen, wobei ihm gegen seinen Willen Teile herunterfielen) oder seine Reaktion blieb mehrdeutig (zu hören war nur, daß Teile herunterfielen).
Anschließend kam die Versuchsleiterin mit zwei Puzzle zurück: dem beschädigten der Versuchsperson und einem anderen Puzzle, das angeblich von dem Jungen im Nachbarraum stammte. Ausgewertet wurde das anschließende Verhalten der Versuchsperson. Aggressive und nichtaggressive Jungen reagierten aggressiver, wenn der Partner aggressiv zu reagieren schien, als wenn er nicht aggressiv zu reagieren schien. Aggressive Jungen unterschieden sich von nichtaggressiven nur in der mehrdeutigen Bedingung: Sie reagierten darauf mit mehr Aggression.

Aggressive Jungen neigen also dazu, das Verhalten anderer, das aggressiv gedeutet werden kann (aber nicht muß), eher als feindselig zu interpretieren als nichtaggressive Jungen. Das führt zu einer erhöhten Rate aggressiven Verhaltens und fördert ihren Ruf bei Gleichaltrigen, aggressiv zu sein. Wie Dodge (1980) in einem zweiten Experiment zeigen konnte, fördert dieser negative Ruf bei den Gleichaltrigen Mißtrauen und die Erwartung aggressiven Verhaltens; sie gehen sozusagen gleich in Abwehrstellung. Das wiederum wird von aggressiven Jungen als aggressives Verhalten wahrgenommen. So entsteht ein Teufelskreis aus sich selbst verstärkender Aggression-Gegenaggression, der die ursprüngliche Aggressivität noch weiter fördert.

Ein weiteres Problem ist, daß die Aggressionen aggressiver Kinder für die Opfer der Aggression oft völlig überraschend kommen, nämlich dann, wenn sie auf einer feindseligen Fehlinterpretation mehrdeutigen Verhaltens der Opfer beruhen. Das führt bei den Opfern, aber auch bei Zuschauern, z. B. Lehrern, zu der Meinung, es mit einem unberechenbaren oder absichtlich grausamen Kind zu tun zu haben: Das Kind hat sich einen schlechten Ruf erworben.

> ! **Aggressive Jungen attribuieren mehrdeutiges Verhalten anderer als feindselig; das festigt ihren Ruf, aggressiv zu sein.**

Dieser schlechte Ruf schlägt sich in sozialer Ablehnung durch Gleichaltrige nieder, wie zahlreiche soziometrische Studien (vgl. Abschn. 5.2) belegen: Vom Kindergartenalter an korreliert Aggressivität in der Gruppe mit einem bestenfalls kontroversen, meist jedoch durchweg negativen soziometrischen Status (Coie et al., 1990). Aber auch Erzieher und Lehrer bilden sich ein negatives Urteil. Diese negativen Beziehungen in Kindergarten und Schule wirken auf das negative Bild der Eltern von ihrem Kind zurück und verstärken es. Deshalb ist die Konsistenz des Aggressivitätsurteils zwischen Eltern, Lehrern und Gleichaltrigen höher als bei den meisten anderen Persönlichkeitsbeurteilungen (Ramsey et al., 1990).

> **!** **Aggressive Kinder werden von Gleichaltrigen meist abgelehnt.**

Wichtig für die weitere Entwicklung des Kindes sind die Konsequenzen aus der Ablehnung durch Gleichaltrige, Eltern und Lehrer. Die Ablehnung kann (muß aber nicht) zu einer sozialen Außenseiterposition des Kindes führen. In diesem Fall ist Aggressivität mit sozialer Isolation gepaart, und dieses aggressiv-zurückgezogene Verhaltensmuster geht mit einem negativen sozialen Selbstwertgefühl einher (Hymel et al., 1993). Im Gegensatz zu schüchtern-zurückgezogenen Kindern, deren soziales Selbstwertgefühl noch stärker beeinträchtigt ist (Hymel et al., 1993), fallen aggressiv-zurückgezogene Kinder weiterhin durch antisoziales Verhalten auf, eingeschlossen kriminelles Verhalten (Moskowitz & Schwartzman, 1989). Da es sich eher um Einzelgänger handelt, fallen aggressiv-zurückgezogene Jugendliche weniger stark auf als der zweite Typ aggressiver Jugendlicher, der gruppenweise auftritt.

Oft schließen sich nämlich aggressiv-abgelehnte Kinder mit Beginn des Jugendalters devianten Gruppen an (Cliquen ähnlich strukturierter Gleichaltriger, in denen bestimmte Formen antisozialen Verhaltens die Gruppennorm sind; vgl. Dishion et al., 1991). In solchen Cliquen können auch aggressiv-abgelehnte Kinder eine soziale Bestätigung finden, die ihr Selbstwertgefühl stabilisiert (es tendiert dann eher in Richtung Selbstüberschätzung; Hymel et al., 1993). Ihr antisoziales Verhalten wird aber durch die Gruppennormen noch weiter verstärkt: Um den anderen zu imponieren, schlagen diese Jugendlichen vollends über die Stränge. Fehlende elterliche Sorge, fehlende sozialverträgliche Lebensperspektiven und mangelnder Erwerb positiver Konfliktverarbeitungskompetenzen fördern diesen Prozeß der antisozialen Gruppensozialisation. Ein Abgleiten in die Kriminalität ist dann nur noch schwer zu verhindern (Elliott et al., 1985).

> **!** **Ablehnung durch Gleichaltrige kann zu einem selbstwertmindernden sozialen Rückzug führen, aber auch zu einem selbstwertfördernden Anschluß an eine deviante Gruppe.**

Die zentrale Frage danach, unter welchen Bedingungen Kinder auf Ablehnung mit sozialem Rückzug und unter welchen sie mit Anschluß an eine deviante Gruppe reagieren, ist derzeit noch offen; hierfür kommen sowohl Persönlichkeitsmerkmale der Kinder als auch Merkmale ihrer sozialen Umwelt in Betracht. Auch ist wenig darüber bekannt, inwiefern sich aggressiv-zurückgezogene von aggressiv-gruppenorientierten Jugendlichen in der spezifischen Art ihres antisozialen Verhaltens unterscheiden.

Patterson und Bank (1989) untersuchten in einer Stichprobe von 102 Jungen den Prozeß von antisozialen Tendenzen in der 4. Klasse über die Ablehnung durch Gleichaltrige, Anschluß an eine deviante Gruppe bis hin zu polizeilich registriertem antisozialem Verhalten in der 6. Klasse. Bestimmt wurden jeweils nicht nur die Wahrscheinlichkeiten dieser Verhaltensweisen (die Basisraten), sondern auch die Übergangswahrscheinlichkeiten von einer Phase des Prozesses zur nächsten und die Wahrscheinlichkeit, daß jemand das Verhalten einer Phase zeigte, ohne in der vorangehenden Phase auffällig gewesen zu sein. Abbildung 6.22 zeigt das Ergebnis dieser Analyse. Die Basisraten sind in den Kästchen angegeben, die Übergangswahrscheinlichkeiten an den Pfeilen von Kästchen zu Kästchen und die Fehlerwahrscheinlichkeiten (Wahrscheinlichkeit, daß ein Junge antisoziales Verhalten in einer Phase zeigte, ohne in der Phase davor auffällig gewesen zu sein) an den Pfeilen, die von außen auf die Kästchen zielen.

Die Übergangswahrscheinlichkeiten waren substantiell, nahmen aber im Verlauf des Gesamtprozesses ab. Während 60% der Viertklässler, die antisoziales Verhalten zeigten, auch von ihren Klassenkameraden abgelehnt wurden, wurden nur 31% der Jungen, die sich einer devianten Gruppe ange-

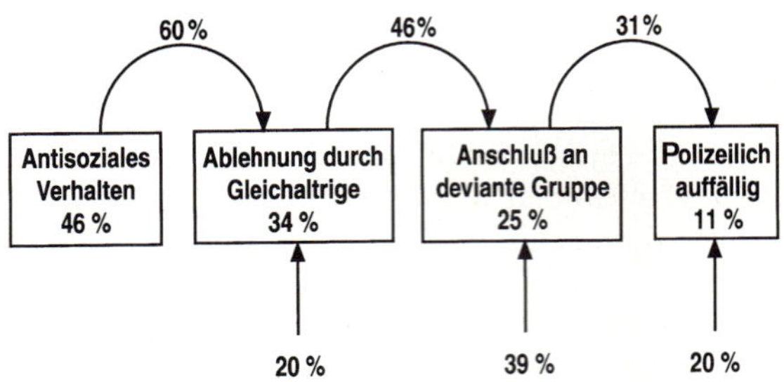

Abb. 6.22. Basisraten (*in Kästchen*), Übergangswahrscheinlichkeiten (*Bögen*) und unerklärte Varianzanteile (*Pfeile*) in einem Prozeßmodell für antisoziales Verhalten. (Nach Patterson & Bank, 1989)

schlossen hatten, polizeilich auffällig. Diese Abnahme besagt nicht, daß die Modellvorhersagen schwächer wurden, denn diese Übergangswahrscheinlichkeiten müssen mit dem Anteil der durch das Modell nicht erfaßten Jungen in den jeweiligen Phasen verglichen werden. Wie Abb. 6.22 zeigt, waren 80% der abgelehnten Jungen schon vorher durch antisoziales Verhalten aufgefallen, und 80% der polizeilich auffälligen waren Mitglieder einer devianten Gruppe.

Die Abnahme der Übergangswahrscheinlichkeiten geht vielmehr auf abnehmende Basisraten (bzw. eine zunehmende Striktheit des Verhaltenskriteriums) zurück: Nur 11% der Stichprobe wurden in der 6. Klasse polizeilich auffällig, aber 46% zeigten antisoziales Verhalten in der 4. Klasse. Dies ist eher ein Methodenproblem als ein inhaltlicher Effekt, denn das Verhaltenskriterium für eine Phase ist relativ frei wählbar. Besser (aber sicherlich nur schwer zu erreichen) wäre es gewesen, für alle Phasen Verhaltenskriterien mit ähnlicher Basisrate zu wählen.

Diese Analyse verdeutlicht exemplarisch die Möglichkeiten längsschnittlicher Prozeßanalysen der Persönlichkeitsentwicklung, die Schwierigkeiten bei der Interpretation von Übergangswahrscheinlichkeiten und Basisraten und die mit solchen Modellen erreichbaren Trefferquoten. Charakteristisch ist, daß von Phase zu Phase einzelne Personen nicht den erwarteten Phasenübergang mitmachen, sondern „aus dem Modell fallen", und daß in jeder Phase einzelne Personen neu hinzukommen, die vorher nicht durch das Modell erfaßt wurden.

> **!** **Modelle von Entwicklungspfaden können empirisch durch Prozeßanalysen überprüft werden, in denen Basisraten und Übergangswahrscheinlichkeiten zwischen Entwicklungsphasen bestimmt werden.**

Was die Frage der Kausalität angeht, ist das hier diskutierte Modell der Entwicklung der antisozialen Persönlichkeit stark interaktionistisch ausgerichtet. Es wird angenommen, daß neuropsychologische Risiken eine Funktion von Umweltrisiken und genetischen Risiken sind, daß eine unsicher-vermeidende Bindung an die Mutter auf der Insensitivität der Mutter und dem Temperament des Kindes beruht, daß der Prozeß der gegenseitigen Nötigung von der Mutter-Kind-Beziehung, dem Temperament des Kindes und dem Erziehungsstil der Eltern abhängt und daß die Reaktion auf soziale Ablehnung durch die Ablehnung seitens der Eltern und der Gleichaltrigen bedingt ist. Die „und"-Verknüpfung ist dabei wie in vielen Risikofaktormodellen eher multiplikativ als additiv zu verstehen: Die einzelnen Risikofaktoren addieren sich nicht nur, sondern potenzieren sich darüber hinaus wechselseitig; mit konstant zunehmender Zahl von Risikofaktoren wächst das Gesamtrisiko nicht linear, sondern exponentiell.

Das liegt an positiven Rückkopplungseffekten zwischen den beteiligten Risikofaktoren. Dies soll hier am Beispiel des Prozesses der gegenseitigen Nötigung etwas genauer ausgeführt werden (vgl. auch schon die Diskussion in Abschn. 2.6.2). Empirisch läßt sich im Verlauf der Kindheit eine deutliche positive Korrelation zwischen Problemen des Kindes (schwieriges Temperament, aggressives Verhalten) und seiner Eltern (inadäquater Erziehungsstil) feststellen. Traditionellerweise wurde dies einseitig kausal so interpretiert, daß die Probleme des Kindes durch die Probleme der Eltern verursacht seien. Seit Bell und Harper (1977) darauf aufmerksam machten, daß ja auch umgekehrt die Probleme der Eltern durch Probleme des Kindes verursacht sein könnten, und eine Vielzahl von Beobachtungen zusammentrugen, die diese Sichtweise stützten, hat sich mehr und mehr eine dynamisch-interaktionistische Sicht der Eltern-Kind-Beziehung durchgesetzt, nach der Probleme von Eltern und Kindern sich wechselseitig verstärken.

Lytton (1990) gab eine Übersicht über Argumente, die für einen Einfluß des Kindes auf die Eltern sprechen; sieben davon sind in der folgenden Übersicht zusammengestellt. Darunter finden sich experimentelle Laborstudien, deren Aussagekraft begrenzt ist, weil dort nur kurzfristige Effekte beobachtbar sind, aber auch einfache, alltagspsychologisch gut repräsentierte Befunde wie der massive Geschlechtsunterschied in aggressivem Verhalten, der zumindest durch geschlechtsunabhängige Effekte des elterlichen Verhaltens nicht erklärt werden kann.

- Medikamentöse Dämpfung hyperaktiver Kinder (z. B. durch Ritalin) wirkt sich auch auf das elterliche Erziehungsverhalten aus.

- Kinder, die in einer Laborstudie instruiert wurden, sich aggressiv zu gebärden, riefen bei Müttern rigide-autoritäres Verhalten ihnen gegenüber hervor.
- In einer Laborstudie riefen aggressive Jungen bei Müttern nichtaggressiver Jungen rigide-autoritäres Verhalten hervor, während Mütter aggressiver Jungen nichtaggressive Jungen nicht zu aggressivem Verhalten provozierten.
- Bestrafung vermehrt aggressives Verhalten bei aggressiven Kindern, vermindert es aber bei nichtaggressiven Kindern.
- Bei aggressiven Kindern finden sich gehäuft minimale körperliche Anomalien, die auf pränatale Störungen hinweisen.
- Jungen sind im Durchschnitt wesentlich aggressiver als ihre Schwestern.
- Adoptierte Jungen ähneln in ihrer Aggressivität ihrem leiblichen Vater stärker als ihrem erziehenden Vater.

> **!** **Im Falle antisozialen Verhaltens ist die Korrelation zwischen kindlichem und elterlichem Problemverhalten zumindest teilweise durch das Kind verursacht.**

Schon Bell (1977) versuchte, Eltern→Kind- und Kind→Eltern-Effekte in einem einheitlichen Modell der wechselseitigen Kontrolle zu integrieren. Patterson und Mitarbeiter legten die bisher umfassendsten detaillierten Beobachtungsdaten zur Eltern-Kind-Interaktion bei antisozialen Kindern und Jugendlichen vor. Ein wesentliches Ergebnis war, daß kindliches und elterliches Problemverhalten eng gekoppelt sind und eine hohe Stabilität über die Zeit aufweisen. In den wenigen Fällen, in denen das Problemverhalten bei einem Partner deutlich zu- oder abnahm, nahm es parallel auch beim anderen Partner der Eltern-Kind-Dyade zu oder ab (vgl. Patterson & Bank, 1989). Diese enge Koppelung beruht auf einem Teufelskreis der gegenseitigen Nötigung, und es ist nach Patterson diese Beziehungsqualität und nicht ein individuelles Merkmal des Kindes oder seiner Eltern, die die zentrale verursachende Variable für eine antisoziale Persönlichkeit ist. An entsprechend zentraler Stelle ist diese Variable in Abb. 6.21 plaziert.

Der Prozeß der gegenseitigen Nötigung ist deshalb so zentral, weil er alle möglicherweise vorhandenen Risikofaktoren bündelt und durch positive Rückkopplungseffekte noch weiter verstärkt. Eine insensitive Mutter, ein schwieriges Temperament oder ein inadäquater Erziehungsstil alleine führen noch nicht unbedingt zu einer überdauernden antisozialen Tendenz, aber wenn erst einmal Kind und Eltern (aber auch Geschwister) im Teufelskreis der gegenseitigen Nötigung gefangen sind und diese pathologischen Beziehungsmuster früh beginnen und über viele Jahre lang erhalten bleiben, gibt es kaum noch ein Entrinnen. Denn so bekommt das Kind keine Chance, in der Familie positive soziale Fertigkeiten einzuüben, auf die es in späteren Beziehungen zu Gleichaltrigen, Partnern, Arbeitskollegen und eigenen Kindern zurückgreifen könnte. Deshalb ist der Anschluß an eine deviante Gruppe für diese Kinder weitaus fataler als für Kinder, die vorher positive soziale Kompetenzen erwerben konnten.

> **!** **Der zentrale Prädiktor für die antisoziale Persönlichkeit ist der Prozeß der gegenseitigen Nötigung im Kindesalter.**

Pubertätsgebundene antisoziale Tendenz

Beachtet werden muß, daß die Mehrheit antisozialer Jugendlicher nicht die in Abb. 6.21 skizzierte Karriere hinter sich hat, die zu einer antisozialen Persönlichkeit führt. Während nur etwa 5 % der männlichen Jugendlichen überdauernde antisoziale Tendenzen zeigen, fallen bis zu zwei Drittel der Jugendlichen phasenhaft durch antisoziales Verhalten auf (vgl. Abb. 6.20). Sich während einer kurzen Phase der Pubertät antisozial zu verhalten, ist also für männliche Jugendliche normal. Es setzt weder den Prozeß gegenseitiger Nötigung in der Familie noch Ablehnung durch Eltern oder Gleichaltrige voraus, und das antisoziale Verhalten zeigt eine geringe transsituative und zeitliche Stabilität. Wegen ihrer Häufigkeit und Instabilität sollte die pubertätsgebundene Form der antisozialen Tendenz nicht als Persönlichkeitseigenschaft betrachtet werden, sondern eher als Entwicklungsphänomen, das den Übergang zwischen Kindheit und Erwachsenheit markiert.

> **!** **Im Jugendalter ist gelegentliches antisoziales Verhalten normal.**

Erklärungen dieses Entwicklungsphänomens müssen also begründen, warum es so häufig auftritt, warum nicht alle Jugendlichen phasenhaft antisozial reagieren und warum die pubertätsgebundene antisoziale Tendenz keine Kontinuität ins Erwachsenenalter hinein zeigt. Moffitt (1993) begründete das Auftreten der pubertätsgebundenen Form antisozialen Verhaltens durch die Reifungslücke zwischen dem Einsetzen der Pubertät und der Möglichkeit der Übernahme einer Erwachsenenrolle (Erikson, 1960). Durch den säkularen Trend hin zu einer immer früheren Pubertät und einer immer längeren Ausbildungszeit entstehe eine wachsende Lücke zwischen „biologischem" und „sozialem Alter". Ansprüche nach Sexualität und Sozialprestige könnten nicht in Übereinstimmung mit sozialen Normen erfüllt werden. Sie versuchte, diese Annahme durch kulturvergleichende Studien zu belegen, die zeigten, daß der Anstieg der Kriminalitätsrate mit Einsetzen der Pubertät stärker in modernen Industriegesellschaften ist als in traditionellen Gesellschaften (Greenberg, 1985) und daß dieser Anstieg in Industriegesellschaften im Verlauf dieses Jahrhunderts steiler geworden ist (vgl. Abb. 6.19).

Nach Moffitt (1993) übernehmen Gleichaltrige mit antisozialer Persönlichkeit eine Vorbildfunktion in devianten Gruppen: Sie machen vor, wie man durch Überschreiten sozialer Normen bekommen kann, was man haben möchte (sie machen z. B. ihre ersten sexuellen Erfahrungen oft sehr früh und verschaffen sich durch Diebstahl Prestigegüter). Tatsächlich weisen einige empirische Befunde darauf hin, daß überdauernd-antisoziale Jugendliche in dieser Phase weniger stark abgelehnt werden. Sie entwickeln zwar keine positiven Beziehungen, aber kurzfristig werden sie von Gleichaltrigen bewundert und nachgeahmt.

Dieser Erklärungsansatz geht davon aus, daß Jugendliche letztlich danach strebten, Erwachsenen möglichst schnell ähnlich zu werden. Das widerspricht aber der Tatsache, daß Jugendliche ganz im Gegenteil dazu tendieren, sich in ihrer äußeren Erscheinung (Kleidung, Frisur, Schmuck) und ihrem Verhalten (Benutzung des gerade aktuellen Repertoires von Steigerungs- und Schimpfformen) von Erwachsenen zu unterscheiden. Harris (1995) sah in diesem Verhalten deshalb eher einen Fall der In-Group-Out-Group-Kontrastierung (Abgrenzung von Mitgliedern anderer Gruppen) und versuchte, antisoziales Verhalten im Jugendalter als einen Aspekt dieses Kontrastierungsversuchs in einer Phase extremer In-Group-Orientierung zu begreifen (starke Identifizierung mit der eigenen Gruppe). Die vergleichsweise große Beliebtheit antisozialer Gruppenmitglieder würde dann lediglich darauf beruhen, daß ihr aktueller Wert als In-Group-Mitglied höher ist als vor oder nach dieser Phase extremer In-Group-Orientierung.

Nach Moffitt (1993) durchlaufen nicht alle Jugendlichen diese Phase, weil sie entweder die Reifungslücke nicht erleben (bedingt durch ein spätes Einsetzen der Pubertät oder eine oftsehrfrüh Übernahme der Erwachsenenrolle) weil sie wenig Gelegenheit zur Beobachtung antisozialen Verhaltens bei Gleichaltrigen haben (z. B. in ländlichen Gebieten), weil ihnen alternative soziale Rollen angeboten werden, die sie befriedigend für sich und andere auszufüllen in der Lage sind, oder weil sie zuviel Angst vor den mit antisozialem Verhalten verbundenen Gefahren haben: Sie würden gerne, trauen sich aber nicht.

Nach Moffitt (1993) zeigt die pubertätsgebundene antisoziale Tendenz deshalb keine Kontinuität, weil die Reifungslücke begrenzt ist, das antisoziale Verhalten auf Widerstand stößt und nicht zuletzt längerfristig bei den meisten die Einsicht überwiegt, daß es sich letztlich nicht auszahlt (wie schon Bertold Brecht bemerkte: Was ist schon das Ausrauben einer Bank gegen das Gründen einer Bank!).

> **!** **Antisoziale Tendenzen im Jugendalter sind ein gutes Beispiel dafür, daß dieselben Verhaltenstendenzen einerseits durch eine stabile Persönlichkeitseigenschaft und andererseits durch ein instabiles Entwicklungsphänomen bedingt sein können. In Querschnittstudien überlagern sich beide Formen untrennbar; erst in Längsschnittstudien wird sichtbar, daß es sich um zwei ganz unterschiedliche Quellen individueller Besonderheiten handelt.**

6.3.4 Diskussion

Bei beiden exemplarischen Vertiefungen – intellektuelle Leistungen und antisoziale Persönlichkeit – wurde deutlich, daß die heutigen empirisch begründeten Erklärungsansätze für Persönlichkeits-

unterschiede die simplen monokausalen Erklärungsmuster der Alltagspsychologie weit hinter sich gelassen haben. Persönlichkeitserklärung besteht heute aus komplexen Modellen von Entwicklungspfaden, die eine Vorhersage individueller Eigenschaften nur probabilistisch ermöglichen. Dabei steigt die Genauigkeit der Vorhersage im Einzelfall mit der Zahl identifizierter Risikofaktoren im Modell.

Nur für wenige Persönlichkeitseigenschaften gibt es zur Zeit eine so breite empirische Datenbasis wie für die beiden hier diskutierten Eigenschaften, aber es ist zu erwarten, daß mit dem Umfang der empirischen Analysen die Komplexität der Beschreibungsmodelle steigt. Das Entwicklungsmodell in Abb. 6.21 scheint nicht ungewöhnlich komplex zu sein, sondern dürfte in seiner Komplexität eher typisch für Persönlichkeitseigenschaften im allgemeinen sein. Bei anderen Eigenschaften sind die derzeit diskutierten Entwicklungsmodelle einfacher, aber das dürfte eher an einer unzureichenden einschlägigen Forschung liegen.

6.4 Zufall und Notwendigkeit in der Persönlichkeitsentwicklung

Das Erklärungsmodell für die antisoziale Persönlichkeit könnte den Eindruck erweckt haben, als sei Persönlichkeitsentwicklung im großen und ganzen gut vorhersagbar: Es konnte eine kohärente Geschichte erzählt werden, die von der pränatalen Entwicklung bis zum Erwachsenenalter führte. Dieser Eindruck wäre aber trügerisch. Zum einen handelt es sich bei der antisozialen Persönlichkeit um eine ungewöhnlich stabile Eigenschaft; andere Persönlichkeitseigenschaften sind weniger stabil (vgl. Abschn. 6.1.2). Zum anderen haben die Einflußschätzungen in Abschn. 6.2 gezeigt, daß jedenfalls im Erwachsenenalter der Einfluß systematischer, von Geschwistern geteilter Umweltbedingungen auf die Persönlichkeit minimal ist; was überwiegt, ist der Einfluß ganz individueller Umweltfaktoren.

Hierzu zählen insbesondere irreguläre, emotional stark negativ oder stark positiv erlebte Ereignisse, die nicht Teil der überdauernden persönlichen Umwelt sind, aber oft Einfluß auf die weitere Persönlichkeitsentwicklung haben: der Tod der besten Freundin durch einen Autounfall, der zu Depressionen führt und in Alkoholismus endet; die Arbeitslosigkeit durch Pleite des Betriebes, die durch die erzwungene schöpferische Pause zum Beginn einer großen Schriftstellerkarriere wird; der Lotteriegewinn, der zu Großspurigkeit, Mißtrauen gegenüber den Freunden und dadurch zu sozialer Isolation führt; die Begegnung mit dem Mäzen, der im Geburtstagsständchen für die Freundin die musikalische Begabung erkennt und durch seine Förderung zur Blüte bringt. Die geringe Vorhersagbarkeit dieser Ereignisse bringt eine große Portion Zufall in die Persönlichkeitsentwicklung und erschwert dadurch die Persönlichkeitsvorhersage.

Solche kritischen Lebensereignisse treten zwar irregulär auf, lassen sich aber dennoch klassifizieren und nach ihrem Einfluß quantifizieren. Sie sind um so einflußreicher, je stärker sie die vorhandene Person-Umwelt-Passung stören und dadurch zu einer Änderung der Persönlichkeit oder der Umwelt zwingen. Holmes und Rahe (1967) stellten ein Inventar aus 43 kritischen Lebensereignissen zusammen und ließen Versuchspersonen die Bedeutsamkeit dieser Ereignisse beurteilen. Tabelle 6.18 zeigt eine Modifikation dieses Inventars für Stu-

Tabelle 6.18. Bedeutsamkeit von Lebensereignissen für Studenten. (Nach Insel & Roth, 1985)

Nr	Ereignis	Stärke
1	Tod eines nahen Angehörigen	100
2	Tod eines engen Freundes	73
3	Scheidung der Eltern	65
4	Gefängnisaufenthalt	63
5	Schwere Krankheit oder Verletzung	63
6	Eheschließung	58
7	Verlust des Arbeitsplatzes	50
8	Durchfallen in einem wichtigen Prüfungsfach	47
9	Veränderungen des Gesundheitszustands eines Familienmitglieds	45
10	Schwangerschaft	45
27	Veränderung der Häufigkeit familiärer Zusammenkünfte	26
28	Zuviele verpaßte Seminare	25
29	Wechsel der Ausbildungsstätte	24
30	Mehr als ein Seminar auslassen	23
31	Kleinere Übertretungen der Verkehrsregeln	20

Angegeben sind die Mittelwerte der Bedeutsamkeitsschätzung von vielen Versuchspersonen.

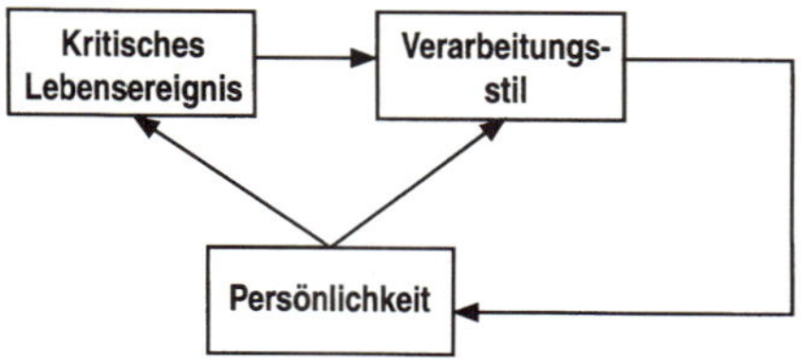

Abb. 6.23. Wechselwirkung zwischen kritischen Lebensereignissen und Persönlichkeit

denten (angegeben sind die zehn bedeutsamsten und die fünf am wenigsten bedeutsamen Ereignisse dieses Inventars; die Bedeutsamkeitswerte wurden so normiert, daß das bedeutsamste Ereignis den Wert 100 erhielt).

Auf den ersten Blick scheinen sich kritische Lebensereignisse gegen systematische Erklärungen gänzlich zu sperren: Die auslösenden Ereignisse scheinen vollständig unvorhersagbar und die Reaktionen auf die Ereignisse viel zu einzigartig, um systematisch behandelbar zu sein. Auf den zweiten Blick lassen sich aus dynamisch-interaktionistischer Perspektive zwei mögliche Einflüsse der Persönlichkeit auf kritische Lebensereignisse und ihre Wirkungen ausmachen: Ob jemand überhaupt ein bestimmtes Ereignis erlebt, könnte zumindest zu einem Teil persönlichkeitsabhängig sein, und wichtiger als das Ereignis selbst könnte dessen individuelle Verarbeitung sein, die wiederum von der Persönlichkeit abhängt. Abbildung 6.23 skizziert ein entsprechendes Einflußmodell.

Kritische Lebensereignisse sind Situationen und damit im Prinzip persönlichkeitsabhängig. Zwar sind sie per Definition nicht Teil der persönlichen Umwelt, also der überdauernden Situationsexposition (vgl. Abschn. 5.1), aber dennoch könnte die Wahrscheinlichkeit dieser singulären Ereignisse begrenzt persönlichkeitsabhängig sein. Welcher Lottospieler gewinnt, ist zwar rein zufällig, aber ob jemand überhaupt an Lotterien teilnimmt, könnte durchaus von bestimmten Persönlichkeitsmerkmalen abhängen. Insofern könnte die Wahrscheinlichkeit, im Lotto zu gewinnen, zumindest minimal persönlichkeitsabhängig sein. Entsprechendes gilt auch allgemein:

> **!** **Das Auftreten kritischer Lebensereignisse kann persönlichkeitsabhängig sein.**

Gut untersucht wurde der Persönlichkeitseinfluß z. B. auf Unfälle am Arbeitsplatz. Auch wenn es keine „Unfallpersönlichkeit" im Sinne einer generellen Unfallneigung gibt, so gibt es durchaus Persönlichkeitseinflüsse auf die Unfallneigung in bestimmten Arbeitssituationen, z. B. Einflüsse von Risikobereitschaft, Gewissenhaftigkeit, Erfahrung mit gefährlichen Situationen oder fachlicher Kompetenz (vgl. Wenninger, 1991).

Offensichtlicher ist, daß die Persönlichkeit Einfluß auf die Verarbeitung kritischer Lebensereignisse hat. Hierauf lassen sich die Modelle der Bewältigungsforschung (vgl. Abschn. 4.5.3) mühelos übertragen. Das kritische Lebensereignis führt zu einer aktuellen Störung der Person-Umwelt-Passung. Diese Störung löst vielfältige Bemühungen aus, die alte oder eine neue Person-Umwelt-Passung herzustellen; das kann durch Veränderung der Umwelt oder der Persönlichkeit geschehen. Insofern ist die Wirkung kritischer Lebensereignisse auf die Persönlichkeitsentwicklung wiederum selbst persönlichkeitsabhängig:

> **!** **Die Persönlichkeit kanalisiert die Wirkung kritischer Lebensereignisse.**

Auch die Wirkung kritischer Lebensereignisse entspricht damit der hier vertretenen allgemeinen Sicht, daß Persönlichkeitsentwicklung aus einem lebenslangen Prozeß der dynamischen Person-Umwelt-Interaktion besteht, in dessen Verlauf die Persönlichkeit zwar durch genetische und Umweltbedingungen beeinflußt wird, aber auch umgekehrt diese Einflüsse im Zaum halten kann. Hieraus ergibt sich eine große Dynamik, eine fragile Stabilität und eine deutlich begrenzte Vorhersagbarkeit der Persönlichkeitsentwicklung.

Weder sind Personen Spielbälle ihrer Umwelt und damit ihr Verhalten lediglich eine Funktion von Umweltbedingungen, noch besitzen sie eine unveränderliche Persönlichkeitsstruktur, die ihr Verhalten unabhängig von allen Umweltbedingungen determiniert. Vielmehr entwickeln sie im Verlauf ihres Lebens eine zunehmend stabilere Persönlichkeitsstruktur, die Einfluß auf die Umwelt nimmt und deren Wirkungen teilweise unter ihre Kontrolle bringt, aber gänzlich immun gegenüber Umweltwirkungen wird diese Persönlichkeitsstruktur nie.

> **! Persönlichkeitsentwicklung ist ein ständiger Kompromiß zwischen Eigendynamik der Persönlichkeit und Fremdbestimmung durch die Umwelt.**

Dieser Kompromiß ist deshalb so schwer zu fassen, weil die eigendynamischen und die fremdbestimmenden Wirkungen nicht konstant sind, sondern sich ständig ändern können. Nicht nur die Umwelt kann sich ändern, sondern auch die Eigendynamik: Gleiche Umweltbedingungen können zu unterschiedlichen Zeitpunkten der Persönlichkeitsentwicklung unterschiedliche Wirkungen haben, weil sich die Persönlichkeit inzwischen geändert hat. Hinzu kommt, daß es meist keine einfachen linearen Beziehungen zwischen Ursache und Wirkung gibt: Kleine Umweltänderungen können massive Auswirkungen auf die Persönlichkeit haben (wie der berühmte Tropfen, der das Faß zum Überlaufen bringt), und drastische Umweltänderungen können an der Persönlichkeit fast spurlos vorübergehen.

Der individuelle Verlauf der Persönlichkeitsentwicklung ist wegen dieses Wechselspiels von Eigendynamik und Fremdbestimmung weder völlig zufällig noch stark vorbestimmt, sondern mittelmäßig vorhersagbar:

> **! Persönlichkeitsentwicklung ist das Produkt von Zufall und Notwendigkeit.**

Die Zufälle einer Biographie beeindrucken uns Alltagspsychologen immer wieder, wenn wir unser Leben rückblickend betrachten: Auf wievielen Zufällen beruht es doch, daß wir so geworden sind, wie wir sind! Hätte ich damals nicht rein zufällig X getroffen, hätte ich nie seinen Freund Y kennengelernt und damit keine Chance gehabt, jemals Z zu heiraten... Aber vielleicht doch? Vielleicht hätte ich Z nicht durch Y kennengelernt, sondern auf einem ganz anderen Wege, wenn ich X nicht getroffen hätte? Wie zufällig sind Zufälle in der Persönlichkeitsentwicklung wirklich?

In einem lang andauernden Prozeß wie der Persönlichkeitsentwicklung können sich Phasen zufälliger und notwendiger Zustandsbestimmtheit miteinander abwechseln. Lassen wir einen Würfel über einen Tisch rollen, so ist das Ergebnis rein zufällig. Seine Zufälligkeit beruht auf einem Wechselspiel von Zufall und Notwendigkeit. Fast immer ist das Rollen des Würfels gut bestimmbar aus der Resultante seines Bewegungsimpulses (Eigendynamik) und der Erdanziehung (Fremdbestimmung). Es gibt aber immer wieder Zeitpunkte, zu denen der Würfel auf einer Kante steht. Zu diesen Zeitpunkten ist er extrem labil: Sein Schicksal steht auf der Kippe. Zwischendurch ist seine Bewegung aber wieder gänzlich vorhersagbar. Ähnliches gilt für den Prozeß der Persönlichkeitsentwicklung, nur daß es dort kaum Phasen der völligen Unberechenbarkeit gibt. Abbildung 6.24 kontrastiert die Rolle von Zufall und Notwendigkeit beim Würfeln und bei der Persönlichkeitsentwicklung.

Abbildung 6.24 beruht auf der Annahme, daß selbst die zufälligsten Phasen der Persönlichkeitsentwicklung immer noch weit vom vollständigen Zufall entfernt sind. Ganz so zufällig, wie uns viele Ereignisse scheinen, von denen wir glauben, daß sie entscheidende Weichen für unsere weitere Entwicklung gestellt haben, sind diese Ereignisse nämlich gar nicht. Das liegt vor allem daran, daß wir die Zufälligkeit von Ereignissen dann drastisch überschätzen, wenn die Ereignisse nicht ganz wahrscheinlich sind und einen Sinn für uns ergeben. Bei zehnmaligem Würfeln ist z. B. das Ergebnis „6666666666" genauso wahrscheinlich wie das Ergebnis „3152261435" oder eine beliebige andere Kette aus 10 Zahlen zwischen 1 und 6. „6666666666" erscheint uns aber viel unwahrscheinlicher, weil diese Kette einen Sinn ergibt. Der typische Roulettespieler geht davon aus, daß es nach fünfmal Rot unwahrscheinlicher ist, daß noch einmal Rot kommt, als daß Schwarz kommt, weil

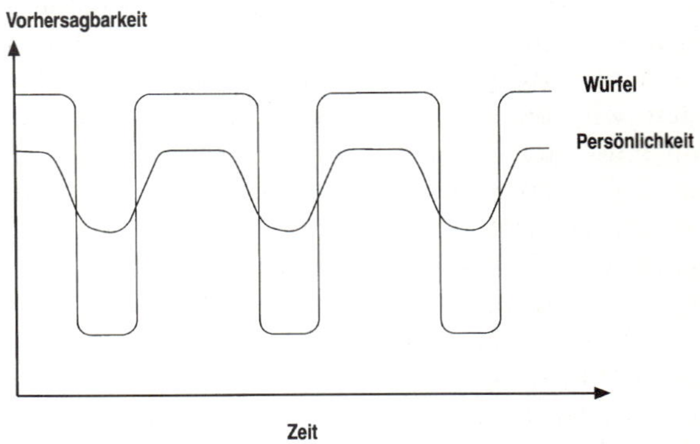

Abb. 6.24. Zufall und Notwendigkeit beim Würfeln und bei der Persönlichkeitsentwicklung

sechsmal Rot unwahrscheinlicher sei als fünfmal Rot plus einmal Schwarz (was aber nicht stimmt: Beide Sequenzen sind gleich wahrscheinlich, weil sie aus voneinander unabhängigen Ereignissen gleicher Wahrscheinlichkeit bestehen). Davon profitieren die Spielbanken, denn ohne diese falsche Überzeugung würden nicht so viele Spieler ihr Glück versuchen.

Entsprechend verblüfft sind wir, wenn wir unwahrscheinlichen Verkettungen von Umständen begegnen, die insofern einen Sinn ergeben, als sie uns eine mögliche Erklärung unserer Biographie an die Hand geben. Wir übersehen dabei, daß der Alltag aus ebenso unwahrscheinlichen Verkettungen von Umständen besteht – sie fallen uns nur nicht auf. Die Wahrscheinlichkeit, an einem bestimmten Tag dem zukünftigen Ehepartner zum ersten Mal zu begegnen, ist nicht unbedingt geringer, als an diesem Tag an der Kasse eines Supermarkts hinter einer bestimmten Person zu stehen. Die Unwahrscheinlichkeit des ersten Treffens mit dem künftigen Ehepartner beeindruckt uns aber mehr, weil uns dieses Ereignis wichtiger ist. Letztlich ist diese Unwahrscheinlichkeit aber trivial, weil der Alltag immer aus unwahrscheinlichen Verkettungen von Umständen besteht.

> ! **Wir überschätzen die Zufälligkeit der individuellen Persönlichkeitsentwicklung, weil wir die Unwahrscheinlichkeit bedeutsamer Ereignisse überschätzen.**

Zudem beeindruckt uns die Wahrscheinlichkeit unwahrscheinlicher Ereignisse auch deshalb so stark, weil wir im konkreten Einzelfall nicht an die riesige Zahl nicht realisierter Alternativen denken. Selbst dann, wenn wir unseren Ehepartner dadurch kennenlernten, daß wir ihm zufällig im Gewühl auf dem Bahnsteig auf die Füße traten: Nicht jeden, dem wir zufällig auf die Füße treten, würden wir auch heiraten! Immerhin korrelieren Alter, Körpergröße, Intelligenz, Einstellungen, Interessen und Wohnort beim Kennenlernen zwischen Ehepartnern so hoch, daß die Wahl des Ehepartners längst nicht so zufällig ist, wie sie vielleicht scheint. Welche Person genau es sein wird, läßt sich zwar nicht vorhersagen (Lykken & Tellegen, 1993), aber welche Persönlichkeit diese Person haben wird, läßt sich schon besser eingrenzen, und daß sie sich so eingrenzen läßt, ist Ausdruck der Notwendigkeit in der Persönlichkeitsentwicklung.

> ! **Wir überschätzen die Unwahrscheinlichkeit der individuellen Persönlichkeitsentwicklung auch deshalb, weil wir die nicht realisierten Alternativen nicht einbeziehen.**

Daß in der Persönlichkeitsentwicklung trotz aller Zufälligkeit mehr Notwendigkeit herrscht, als wir oft glauben, macht Max Frisch in seinem Theaterstück „Biographie: Ein Spiel" deutlich (Frisch, 1967). Herr Kürmann bekommt die Möglichkeit, zu wichtigen Verzweigungspunkten seiner Biographie zurückzukehren und sich anders zu verhalten, als er es einst tatsächlich tat. Es gelingt ihm aber nur begrenzt. Was sich bei seinen verschiedenen Versuchen ergibt, sind mögliche Abwandlungen einer Biographie, die in allen diesen Varianten unverkennbare Züge der gleichen Persönlichkeit trägt.

Fragen

6.17 Wie wirkt das Genom auf Verhalten? Sind genetische Wirkungen durch Umwelteingriffe veränderbar?
6.18 Ist die Genomanalyse eine Alternative zur psychologischen Persönlichkeitsdiagnostik?
6.19 Welche Argumente sprechen dafür, den Wissenserwerb unabhängig vom IQ als eigenständige Bedingung intellektueller Leistungen zu betrachten?
6.20 Welche motivationalen Faktoren beeinflussen die Schulleistung?
6.21 Welche Faktoren beeinflussen die Entwicklung von antisozialem Verhalten bis zum Ende der Kindheit?
6.22 Welche Argumente sprechen dafür, daß die Aggressivität eines Kindes Einfluß auf den Erziehungsstil seiner Eltern hat?
6.23 Wodurch kommt die pubertätsgebundene antisoziale Tendenz zustande?
6.24 Werfen uns kritische Lebensereignisse immer aus der Bahn?
6.25 Wie zufällig ist die Persönlichkeitsentwicklung?

Weiterführende Literatur

Asendorpf, J.B. (1988). *Keiner wie der andere: Wie Persönlichkeits-Unterschiede entstehen.* München: Piper, Kap. V-VI.
Heatherton, T.F. & Weinberger, J.L. (Eds.) (1994). *Can personality change?* Washington, DC: American Psychological Association.

7 Geschlechtsunterschiede

Das Thema dieses Kapitels, psychologische Geschlechtsunterschiede, ist immer noch stark emotional und ideologisch besetzt, auch wenn die Töne in der Diskussion gegenüber den 70er und 80er Jahren moderater und differenzierter geworden sind (Bilden, 1991). Hier geht es um eine nüchterne, wissenschaftliche Betrachtung dieser Geschlechtsunterschiede: Wie groß sind Geschlechtsunterschiede in welchen Persönlichkeitsmerkmalen in welchem Alter in welchen Kulturen, wie entwickeln sich diese Unterschiede und wie ist ihre Entwicklung zu erklären? Im Gegensatz zu den vorangegangenen Kapiteln wird also im folgenden die interkulturelle Perspektive mit einbezogen. Bei Geschlechtsunterschieden ist das leichter möglich als bei individuellen Besonderheiten innerhalb der beiden Geschlechter, denn es gibt inzwischen umfangreiche interkulturelle empirische Studien zu Geschlechtsunterschieden.

7.1 Geschlecht und Geschlechtsstereotyp

Das Geschlecht ist ein biologisches Faktum. Ob jemand ein Junge oder ein Mädchen, ein Mann oder eine Frau ist, läßt sich meist sehr genau aus den äußeren Geschlechtsorganen schließen (Scheide oder Penis), deren Beschaffenheit fast perfekt mit dem chromosomalen Geschlecht (XX oder XY) korreliert.

Das Geschlecht eines Menschen ist zumindest ab der Geburt aber auch ein kulturelles Faktum. Rubin et al. (1974) interviewten Eltern am Tag nach der Geburt ihres Kindes. Väter und Mütter schätzten ihr Kind wesentlich kleiner ein, wenn es ein Mädchen war, obwohl sich die Mädchen und Jungen weder in ihrer Größe noch in ihrem Gewicht unterschieden. Eltern verfügen über ein ausgeprägtes Geschlechtsstereotyp, ein kulturell geprägtes Meinungssystem über Eigenarten der beiden Geschlechter, das von früh an ihre Erwartungen prägt und dadurch ihre Wahrnehmung beeinflußt. Dieses Geschlechtsstereotyp ist primär ein Merkmal der Kultur, kann sekundär aber auch individuelle Züge aufweisen.

> **!** **Das Geschlecht ist biologisch definiert und im Geschlechtsstereotyp einer Kultur bzw. eines Individuums sozial verankert.**

Wie im folgenden deutlich werden wird, sind die im Geschlechtsstereotyp enthaltenen Meinungen über Geschlechtsunterschiede selten völlig falsch. Meist enthalten sie einen wahren Kern an tatsächlichen Geschlechtsunterschieden, die aber unzulässig verallgemeinert oder übertrieben wahrgenommen werden. Daß Eltern die Größe ihres neugeborenen Mädchens unterschätzen, ist z. B. eine unzulässige Verallgemeinerung der Tatsache, daß erwachsene Frauen im Durchschnitt kleiner sind als erwachsene Männer.

Wie Übertreibungen tatsächlicher Geschlechtsunterschiede im Geschlechtsstereotyp aussehen, ist in Abb. 7.1 schematisch dargestellt. Ein psychologisches Merkmal ist geschlechtstypisch verteilt, so daß die Mittelwerte der Verteilungen sich unterscheiden (in diesem Beispiel ist der Mittelwert für die Männer höher als für die Frauen). Typischerweise überlappen sich die beiden Verteilungen erheblich, d. h. ein breiter Merkmalsbereich ist durch Männer und Frauen besetzt. Nur wenn die Verteilungen sich nicht überlappen würden, also in diesem Beispiel alle Männer höhere Merkmalswerte hätten als alle Frauen, wäre das Merkmal wirklich

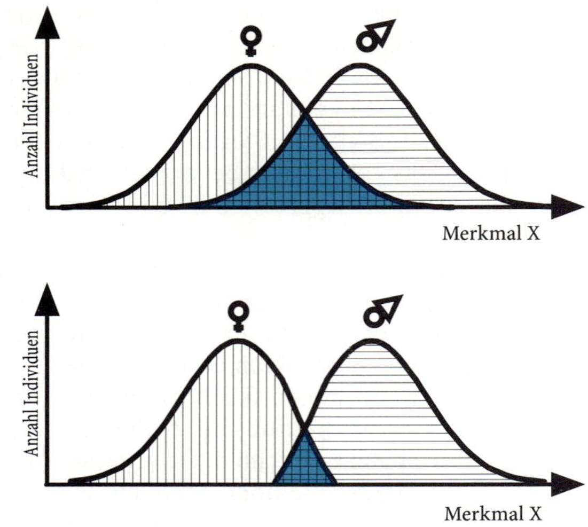

Abb. 7.1. Tatsächliche Verteilung von Geschlechtsunterschieden (*oben*) und Geschlechtsstereotyp (*unten*). (Nach Bischof, 1980)

geschlechtsspezifisch. Dann könnte aus Kenntnis des Merkmals eindeutig geschlossen werden, ob es sich um einen Mann oder eine Frau handelt. Dieser Fall ist bei psychologischen Merkmalen extrem selten.

> **!** **Psychologische Merkmale sind oft geschlechtstypisch verteilt, aber die Verteilungen der beiden Geschlechter überlappen sich meist stark. Im Geschlechtstereotyp werden tatsächlich vorhandene Unterschiede in den Verteilungen übertrieben.**

7.2 Geschlechtsentwicklung

Geschlechtsunterschiede können auf verschiedenen Ebenen betrachtet werden: auf der genetischen, der hormonellen, der neuronalen und der Verhaltensebene. Geschlechtsstereotype wiederum sind Wissensbestände auf der Ebene kognitiver Repräsentationen. Beziehungen zwischen diesen Ebenen werden im Verlauf der individuellen Entwicklung Schritt für Schritt aufgebaut. Deshalb ist es sinnvoll, sich Geschlechtsunterschieden und Geschlechtsstereotypen von vorneherein aus entwicklungspsychologischer Perspektive zu nähern: Wie entwickeln sie sich auf den genannten Ebenen?

7.2.1 Genetisches Geschlecht

Das naive Konzept des biologischen Geschlechts geht vom möglichst einfach Beobachtbaren aus (äußere Geschlechtsmerkmale) und schließt daraus auf nicht direkt Wahrnehmbares (chromosomales Geschlecht). Das ist einfach und praktisch, hat aber, wie wir gleich sehen werden, seine Tücken. Die wissenschaftliche Betrachtungsweise dagegen geht von möglichst fundamentalen Ursachen von Geschlechtsunterschieden aus, auf denen sich alle anderen möglichen Geschlechtsdefinitionen aufbauen lassen (auf die sie aber natürlich nicht reduzierbar sind). Deshalb sollte das biologische Geschlecht auf genetischer Ebene gesucht werden und nicht, wie im Alltag, auf anatomischer Ebene.

Auf genetischer Ebene ist das Geschlecht des Menschen durch ein einziges Gen bestimmt: das Y-Antigen auf dem Y-Chromosom (Bull, 1983). Dieses eine Gen bestimmt das genetische Geschlecht und damit weitgehend, aber nicht ausschließlich, die weiteren biologischen Geschlechtsmerkmale. Die anderen Gene auf dem Y-Chromosom sind nach unserem heutigen Wissen nicht wesentlich für die Geschlechtsfestlegung, wenn es auch durchaus möglich ist, daß weitere geschlechtstypische Gene mit dem Y-Antigen assoziiert sind. Primär ist damit das genetische Geschlecht (Y-Antigen vorhanden oder nicht).

Da das Y-Antigen ausschließlich auf dem Y-Chromosom vorkommt, ist das genetische Geschlecht auch definierbar durch das chromosomale Geschlecht (Y-Chromosom vorhanden oder nicht). Normalerweise ist ein väterliches Geschlechtschromosom (X oder Y) mit einem mütterlichen X-Chromosom gepaart. Ist das väterliche Geschlechtschromosom ein X-Chromosom, entsteht ein chromosomal weiblicher Typ XX; ist das väterliche Geschlechtschromosom ein Y-Chromosom, entsteht ein chromosomal männlicher Typ XY. In sehr seltenen Fällen hat jemand nur ein X-Chromosom (Turner-Syndrom) oder mehr als zwei Geschlechtschromosomen, z. B. XXY (Klinefelter-Syndrom); diese Fälle betreffen aber nur etwa 0,2 % der Bevölkerung. Die Geschlechtsentwicklung folgt dabei einer einfachen Regel:

> **!** **Mindestens ein X-Chromosom ist notwendig für die fetale Entwicklung überhaupt; ist mindestens ein Y-Chromosom vorhanden, wird sie in die männliche Richtung gelenkt.**

7.2.2 Hormonelles und neuronales Geschlecht

Die Aktivität des Y-Antigens und hiermit möglicherweise assoziierter Gene führt im Alter von etwa sieben Wochen nach der Zeugung zur Differenzierung der Geschlechtsdrüsenanlage in Hodenvorformen, die mit der Produktion der „männlichen Geschlechtshormone" (Androgene, insbesondere Testosteron) beginnen. Ansonsten entwickeln sich aus den frühen Geschlechtsdrüsen Eierstöcke. Nach etwa 12 Wochen Schwangerschaft sind die Eierstöcke des weiblichen Fetus soweit entwickelt, daß sie primär die „weiblichen Geschlechtshormone" Östrogen und Progesteron zu produzieren beginnen. Es wäre aber falsch anzunehmen, daß ab diesem Alter Östrogen/Progesteron nur von genetisch weiblichen und Androgene nur von genetisch männlichen Feten produziert würde. Vielmehr handelt es sich um ein quantitatives Verhältnis. Normalerweise produzieren genetisch weibliche Feten weitaus mehr Östrogen und Progesteron und weitaus weniger Androgene als genetisch männliche Feten. Dieser quantitative Unterschied in der Hormonproduktion definiert das hormonelle Geschlecht des Menschen.

> **!** **Das hormonelle Geschlecht ist ein quantitatives, kein qualitatives Merkmal.**

Das pränatale hormonelle Geschlecht beeinflußt die Entwicklung des späteren psychologischen Geschlechts. Das wird z. B. in Untersuchungen zu Wehenhemmern deutlich, die eine frühzeitige Geburt verhindern sollen und dies auf unterschiedlichen Wegen durch eine Verschiebung des Hormonspiegels in männliche Richtung erreichen. So fand Reinisch (1981), daß Kinder, deren Mütter während der Schwangerschaft so behandelt worden waren, im Alter von 11 Jahren mehr physische Aggression als eigene Reaktion auf vorgestellte Konfliktsituationen angaben als Geschwister, deren pränatale Entwicklung normal verlief („fetale Androgenisierung").

Es gibt auch eine vererbbare genetische Störung, die zu einer Überproduktion männlicher Geschlechtshormone in frühen Stadien der Fetalentwicklung führt („kongenitale adrenale Hyperplasie"). Mädchen mit dieser Störung spielen lieber mit Spielzeug, das von Jungen bevorzugt wird, und neigen zu erhöhter Aggressivität und besserem räumlichen Vorstellungsvermögen (typisch männlichen psychologischen Geschlechtsmerkmalen; vgl. Abschn. 7.3), während Jungen mit dieser Hormonstörung unauffällig zu sein scheinen (vgl. Money & Ehrhardt, 1968; Resnick et al., 1986).

Diese seltenen Störungen der hormonellen Entwicklung legen einen Einfluß des frühen hormonellen auf das spätere psychologische Geschlecht nahe. Die vorliegenden Befunde sprechen aber für komplexe, geschlechtstypische Zusammenhänge; einfache Prinzipien wie „je mehr Testosteron im Mutterleib, desto mehr Mann später" gelten nicht. Beispielsweise bestimmten Jacklin et al. (1983) und Jacklin et al. (1988) männliche Geschlechtshormone in der Nabelschnur von Mädchen und Jungen bei der Geburt und korrelierten den Androgenspiegel mit ihren späteren psychologischen Merkmalen. Bei Jungen (nicht aber bei Mädchen) fanden sie eine negative Korrelation mit ängstlichem Verhalten in unbekannten Situationen im Alter von 6–18 Monaten und bei Mädchen (nicht aber bei Jungen) eine negative Korrelation mit räumlichem Vorstellungsvermögen im Alter von sechs Jahren. Diese geschlechtstypischen Beziehungen widersprechen im Falle des räumlichen Vorstellungsvermögens nicht nur einem gut etablierten Geschlechtsunterschied (vgl. Abschn. 7.3), sondern auch den Befunden von Resnick et al. (1986) – jedenfalls dann, wenn man von einer einfachen linearen Beziehung zwischen Hormonspiegel und psychologischem Geschlecht ausgeht.

> **!** **Es gibt keine einfachen linearen Zusammenhänge zwischen hormonellem Geschlecht und geschlechtstypischem Verhalten.**

Das liegt wohl vor allem daran, daß das hormonelle Geschlecht seine Wirkung auf Verhalten durch Wirkungen auf komplexe Regulationssysteme des autonomen und zentralen Nervensystems ausübt, wobei es zu Gegenregulationsphänomenen kommen kann, wenn eine Hormonkon-

zentration zu stark in die eine oder andere Richtung vom Normalbereich abweicht: Die Abweichung löst Gegenmaßnahmen aus, die zu einer genau entgegengesetzten Abweichung führen können („Überkompensation"). Dadurch können „paradoxe" Effekte auftreten, die hormonellen Wirkungen im Normalbereich widersprechen.

Im Verlauf der individuellen Entwicklung können hormonelle Unterschiede Parameter neuronaler Prozesse verändern und neuroanatomisch verfestigen; es entsteht das neuronale Geschlecht. Diese Wirkungen sind mit der Geburt keineswegs abgeschlossen; während Pubertät, Schwangerschaft und Menopause kommt es zu erheblichen geschlechtsspezifischen hormonellen Veränderungen, die im Prinzip neuronale Wirkungen haben können und dadurch auch neue psychologische Geschlechtsunterschiede erzeugen können.

Klare Nachweise geschlechtsspezifischer hormoneller Wirkungen auf Verhalten über neuronale Strukturen und Funktionen sind jedoch bisher auf das Tierexperiment beschränkt, da die hierzu nötigen experimentellen Eingriffe beim Menschen ethisch nicht vertretbar sind (vgl. z. B. die Übersicht von Yahr, 1988). Beim Menschen gibt es möglicherweise eine hormonell bedingte stärkere Dominanz der rechten Großhirnhälfte bei Männern (größere kortikale Lateralisierung); dies ist aber umstritten (vgl. Halpern, 1992).

Im Mittelpunkt dieses Kapitels steht das psychologische Geschlecht: das typische Erleben und Verhalten von Menschen weiblichen und männlichen Geschlechts. Bis zur Geburt wird das psychologische Geschlecht fast nur vom hormonellen Geschlecht bestimmt; im Gegensatz zur Ausprägung der Geschlechtsorgane sind viele Merkmale des psychologischen Geschlechts von der Konzentration „männlicher" und „weiblicher" Hormone abhängig. Ab der Geburt wird das psychologische Geschlecht von Geschlechtsstereotypen beeinflußt; dadurch können vorhandene Geschlechtsunterschiede verstärkt, vermindert oder überhaupt erst erzeugt werden, und spätestens von da ab ist auch an Rückwirkungen der psychologischen Entwicklung auf die physiologische und hormonelle Entwicklung zu denken. Deshalb kann aus korrelativen Zusammenhängen zwischen gleichzeitig erhobenem Hormonspiegel und psychologischem Geschlecht nicht ohne weiteres auf einen Kausalzusammenhang von Hormonen auf Verhalten geschlossen werden; es könnte sich auch umgekehrt um einen Einfluß des Verhaltens auf die Hormonproduktion handeln. Abbildung 7.2 faßt die Entwicklung vom genetischen zum psychologischen Geschlecht zusammen.

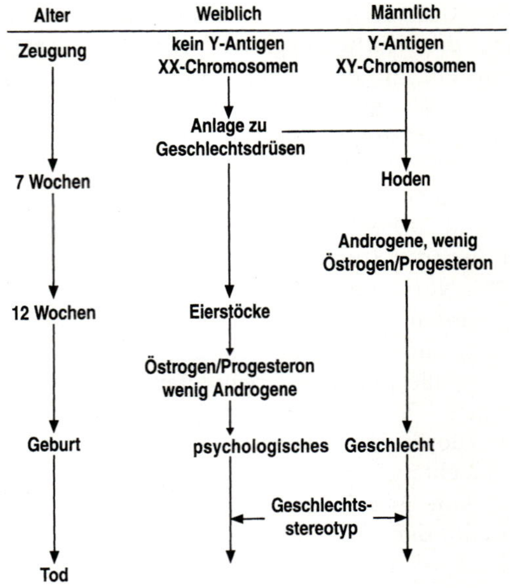

Abb. 7.2. Entwicklung vom genetischen zum psychologischen Geschlecht

7.2.3 Entwicklung des Geschlechtsverständnisses

Die Geschlechtsentwicklung nach der Geburt wird wesentlich durch das Geschlechtskonzept der jeweiligen Kultur geprägt. Um das Geschlechtskonzept ihrer Kultur zu übernehmen, müssen Kinder drei Leistungen erbringen:

- Sie müssen lernen, welche Merkmale als „männlich" und welche als „weiblich" angesehen werden (Erwerb des Geschlechtsstereotyps der Kultur).
- Sie müssen lernen, welche Geschlechtsrollen in der Kultur vorherrschen (Geschlechtsrollenerwerb).
- Sie müssen erkennen, daß das Geschlecht (außer bei medizinischer Geschlechtsumwandlung) ein unveränderliches Merkmal einer Person ist (Erwerb des Konzepts der Geschlechtskonstanz).

Das Geschlechtsstereotyp und die Geschlechtsrollen der Kultur beginnen Kinder im zweiten Lebensjahr zu erwerben; im dritten Lebensjahr, üblicherweise also vor Eintritt in den Kindergarten, ist das Verständnis hierfür schon recht detailliert ausgeprägt (vgl. Huston, 1983) und wird während der Vorschulzeit noch differenzierter (vgl. Trautner et al., 1988). Typische Ergebnisse finden sich z. B. in einer Studie von Edelbrock und Sugawara (1978). Nordamerikanische Kinder im Vorschulalter wurden nach ihrem Geschlechtsverständnis befragt, indem sie aufgefordert wurden, Bilder von geschlechtstypisch benutzten Objekten (z. B. Hammer – Bügeleisen) Jungen bzw. Mädchen richtig zuzuordnen. Tabelle 7.1 zeigt, daß bei beiden Geschlechtern das Geschlechtsschema schon im Alter von 3–4 Jahren gut ausgeprägt war und während der Vorschulzeit noch weiter zunahm. Dies läßt sich auch allgemein behaupten: Das Geschlechtsverständnis wächst rapide während der Vorschulzeit und ist am Ende der Grundschulzeit weitgehend ausgebildet.

Signorella et al. (1993) fanden in einer Analyse von 45 derartigen Studien für die Altersgruppe von 3–7 Jahren einen deutlichen Anstieg der Geschlechtsstereotypisierung sowohl bei Mädchen als auch bei Jungen. Alle diese Studien benutzten ein erzwungenes Antwortformat, d. h. die Kinder mußten geschlechtstypische Merkmale einem der beiden Geschlechter zuordnen. Diese Methode ist geeignet, den Erwerb eines rigiden Geschlechtsstereotyps über geschlechtsspezifisches Verhalten und geschlechtsspezifische Rollen abzutesten, nicht aber den Erwerb eines flexiblen Stereotyps über quantitativ variierendes geschlechtstypisches Verhalten und geschlechtstypische Rollen.

Tabelle 7.1. Entwicklung des Geschlechtsverständnisses und der geschlechtstypischen Präferenz. (Nach Edelbrock & Sugawara, 1978).

	Jungen		Mädchen	
	3–4,5	4,5–5	3–4,5	4,5–5
Geschlechtsverständnis				
– für das eigene Geschlecht	88,1	94,7	84,3	94,6
– für das andere Geschlecht	72,2	87,8	83,2	94,7
Geschlechtstypische Präferenz	58,4	62,1	54,3	57,9

Angegeben ist die Rate richtiger Zuordnungen von Objekten/Aktivitäten zum eigenen bzw. anderen Geschlecht bzw. die Präferenz für Objekte/Aktivitäten, die typisch für das eigene Geschlecht sind.

Die Flexibilität des Geschlechtsstereotyps wird meist durch ein Frageverfahren geprüft, bei dem die Kinder auch „beide“ antworten können (Jungen *und* Mädchen, Männer *und* Frauen). Signorella et al. (1993) fanden in einer Metaanalyse von 54 solchen Studien für die Altersgruppe von 3–10 Jahren für die „beide“-Antworten eine U-förmige Beziehung derart, daß diese Antworten während der Vorschulzeit zunächst abnahmen (bedingt durch die Übernahme eines zunächst rigiden Geschlechtsstereotyps), dann aber während der Grundschulzeit wieder zunahmen. Dies weist auf eine Flexibilisierung eines anfänglich rigiden Geschlechtsverständnisses hin.

Trautner et al. (1988) konnten die zunehmende Flexibilität des Geschlechtsverständnisses während der Grundschulzeit besonders überzeugend durch eine Längsschnittstudie nachweisen, in der die Kinder nicht nur drei, sondern fünf Antwortmöglichkeiten hatten und ihre Antworten nachträglich begründen sollten.

> **!** **Bis zum Ende der Vorschulzeit erwerben Kinder ein rigides Geschlechtsstereotyp, das im Verlauf der Grundschulzeit flexibler wird.**

Die zunehmende Flexibilisierung des Geschlechtsstereotyps wurde von Kohlberg (1966) durch die Festigung der Geschlechtskonstanz erklärt: Wer genau weiß, daß das Geschlecht ein konstantes Merkmal von Personen ist unabhängig von ihrem speziellen Verhalten in bestimmten Situationen, kann ein differenzierteres Bild von den Handlungsmöglichkeiten der beiden Geschlechter gewinnen.

Daß jüngeren Kindern die Geschlechtskonstanz noch nicht bewußt ist, überrascht Erwachsene meist, weil eine Geschlechtskonstanz für sie absolut selbstverständlich ist. Kleinen Kindern bereitet es aber keine Schwierigkeiten anzunehmen, daß jemand sein Geschlecht wechselt wie seine Kleider (Tafel 7.1).

Tafel 7.1. Entwicklung der Geschlechtskonstanz

Nach Kohlberg (1966) durchlaufen Kinder mehrere Stufen in der Entwicklung der Geschlechtskonstanz. Mit etwa drei Jahren können sie sich und andere zuverlässig dem richtigen Geschlecht zuordnen. Erst im Verlauf des Kindergartenalters erwerben sie das Konzept einer zeitlichen Konstanz des Geschlechts (Geschlechtsstabilität), und erst im Grundschulalter ist ihre Meinung gefestigt, daß das Geschlecht unveränderbar sei. Empirisch wird das Verständnis der Geschlechtskonstanz durch Interviews geprüft, in denen z. B. ein Foto eines typischen Jungen gezeigt und dann gefragt wird: „Wenn dieser Junge groß ist, wird er dann eine Mutter oder ein Vater?" (Geschlechtsstabilität) oder „Wenn dieser Junge sich ein Kleid anzieht und Zöpfe macht, ist er dann noch ein Junge?" (Unveränderbarkeit des Geschlechts).

Im Falle der eigenen Person wird von Geschlechtsidentität statt von Geschlechtskonstanz gesprochen. Die Geschlechtsidentität der eigenen Person entwickelt sich etwas früher als die Geschlechtskonstanz für andere Personen, d. h. Kinder verneinen dann zwar, daß sie ihr eigenes Geschlecht ändern können, können sich aber gleichzeitig eine „Geschlechtsumwandlung" bei anderen noch vorstellen (Eaton & von Bargen, 1981).

7.2.4 Entwicklung geschlechtsbezogener Einstellungen

Geschlechtstypische Einstellungen, z. B. die Bevorzugung bestimmter Aktivitäten in Abhängigkeit vom eigenen Geschlecht, werden in der Literatur zu Geschlechtsunterschieden meist in einem Atemzug mit dem Geschlechtsverständnis genannt. Die oft gar nicht explizit ausgesprochene Annahme ist dabei, daß sich die eigene Einstellung zu bestimmten Dingen („Ich würde das gerne tun") nach dem Geschlechtsverständnis richtet („Mädchen tun das"). Dies ist aber nicht notwendigerweise der Fall; zumindest ist es vorstellbar, daß sich geschlechtstypische Einstellungen relativ unabhängig vom Geschlechtsverständnis entwickeln.

Typische Ergebnisse zu geschlechtstypischen Einstellungen finden sich z. B. in einer Analyse aller 1978 an „den Nikolaus, Nordpol" adressierten Briefe des Postamts von Seattle (Richardson & Simpson, 1982; Tabelle 7.2). Die Autoren schätzten das mittlere Alter der Briefeschreiber auf sechs Jahre. Abgesehen von Gesellschaftsspielen, die von etwa 20 % der Jungen und Mädchen genannt wurden, waren die meistgewünschten Geschenke bereits deutlich geschlechtstypisch ausgeprägt.

Tabelle 7.2. Geschlechtsunterschiede in Wünschen an den Nikolaus. (Nach Richardson & Simpson, 1982)

Geschenke	% Jungen	% Mädchen
Typisch männlich		
Fahrzeuge	43,5	8,2
Sportausrüstung	25,1	15,1
Technik	24,5	15,6
Kriegsspielzeug	23,4	0,8
Rennwagen	23,4	5,1
Weibliche Puppe	0,6	27,4
Babypuppe	0,6	23,0
Haushaltssachen	1,7	21,7
Kunst/Gestalten	11,4	21,4
Kleidung	11,1	18,9

Angegeben sind die in 855 Briefen nordamerikanischer Kinder an den Nikolaus 1978 genannten fünf häufigsten Wünsche von Jungen und Mädchen, die einen signifikanten Geschlechtsunterschied aufwiesen.

Während der Vorschulzeit findet sich ähnlich wie bei der Entwicklung des Geschlechtsverständnisses ein Trend zu einer stärkeren Geschlechtsstereotypisierung der Einstellungen. Als Beispiel kann hier wieder die Studie von Edelbrock und Sugawara (1978) dienen, in der die Kinder auch gefragt wurden, welche der beiden Objekte bzw. Aktivitäten (z. B. Hammer – Bügeleisen) sie selbst bevorzugen würden. Die Wahlen entsprachen in dieser Studie zunehmend dem Geschlechtsstereotyp, wobei das Ausmaß der Präferenz in Anbetracht des guten Wissens über das Geschlechtsstereotyp allerdings gering war (vgl. Tabelle 7.1).

Signorella et al. (1993) fanden in einer Analyse von 11 einschlägigen Studien keine bedeutsamen Zusammenhänge zwischen geschlechtstypischer Spielzeugpräferenz und rigidem oder flexiblem Wissen über das Geschlechtsstereotyp (erzwungenes Antwortformat bzw. „beide"-Antworten; s. oben). Die Parallelität zwischen zunehmendem Geschlechtsverständnis und zunehmend geschlechtstypischen Einstellungen täuscht einen engen Kausalzusammenhang vor, der nicht zu bestehen scheint.

> **!** **Geschlechtstypische Präferenzen korrelieren nur gering mit dem Geschlechtsverständnis.**

Es gibt große interindividuelle Unterschiede in dem Ausmaß, in dem sich geschlechtstypische Präferenzen herausbilden. Mit der zunehmenden Hinterfragung und Ablehnung traditioneller Geschlechtsrollen und geschlechtstypischer Präferenzen in den 70er und 80er Jahren kam das Androgyniekonzept auf: die Annahme, daß das psychologische Geschlecht nicht auf einer Dimension Maskulinität-Femininität verteilt sei, sondern daß Maskulinität und Femininität unabhängig voneinander variieren können. Danach gibt es androgyne Menschen, die in ausgewogener Weise sowohl stark maskuline als auch feminine Züge haben. Gemessen wird das Ausmaß an Maskulinität, Femininität und Androgynität meist durch entsprechende Fragebogeninventare zur Erfassung der Geschlechtsrollenorientierung (vgl. Bierhoff-Alfermann, 1989), so daß Androgynität eher als Einstellungs- denn als Verhaltenskonstrukt aufgefaßt werden sollte.

Korrelative Untersuchungen, die die Androgynität von Jugendlichen und jungen Erwachsenen auf Sozialisationsbedingungen bezogen, fanden positive Zusammenhänge zwischen Androgynität und sozioökonomischem Status, wahrgenommener elterlicher Unterstützung, Androgynität der Eltern und größerer emotionaler Nähe zu gleichgeschlechtlichen Modellen. Die Zusammenhänge sind meist stärker für subjektive Einstellungen als für konkretes geschlechtsbezogenes Verhalten (vgl. Bierhoff-Alfermann, 1989).

Die in der Literatur zu Androgynität verbreiteten einseitigen Kausalinterpretationen der gefundenen Korrelate von Androgynie als Entwicklungsbedingungen für Androgynie sollten mit Vorsicht betrachtet werden. So könnte z. B. die Korrelation zwischen Androgynie und empfundener Nähe zu gleichgeschlechtlichen Modellen auf einer besonderen Zuwendung androgyner Menschen zum gleichen Geschlecht beruhen, die Korrelation zwischen eigener Androgynie und der wahrgenommenen Androgynie der Eltern könnte die Projektion eines eigenen Geschlechtsstereotyps widerspiegeln und die Korrelation mit wahrgenommener elterlicher Unterstützung könnte durch die Drittvariable „sozioökonomischer Status" bedingt sein. Der Zusammenhang zwischen Androgynie und sozioökonomischem Status schließlich könnte schlicht Ausdruck der Übernahme eines „modischen" schichttypischen Geschlechtsstereotyps sein.

7.2.5 Entwicklung geschlechtstypischen Verhaltens

Geschlechtstypisches Verhalten zeigt einen besonders geringen Zusammenhang mit dem Geschlechtsverständnis. Gegen einen solchen Zusammenhang sprechen schon die äußerst heterogenen Entwicklungsverläufe für Geschlechtsunterschiede im Verhalten. Eine Zunahme der Geschlechtsunterschiede mit wachsendem Alter findet sich z. B. bei der motorischen Aktivität oder dem mathematischen Verständnis (vgl. Abschn. 7.3). Geschlechtsunterschiede in der motorischen Aktivität bestehen aber schon vor der Geburt (vgl. Abschn. 7.3), so daß sie sich jedenfalls anfangs unabhängig vom Geschlechtsverständnis entwickeln. Ebenso gibt es Beispiele für eine klare Abnahme von Geschlechtsunterschieden mit wachsendem Alter, z. B. für offene Aggressivität (vgl. Hyde, 1984).

Ein Beispiel für einen deutlich nichtlinearen Verlauf der Entwicklung von Geschlechtsunterschieden ist die Entwicklung der Geschlechtsbevorzugung (auch Geschlechtssegregation genannt) in der sozialen Interaktion. Bei sehr jungen Kindern, etwa in Kinderkrippen, gibt es noch keine Bevorzugung des eigenen Geschlechts, aber schon zu Beginn der Kindergartenzeit lassen sich deutliche Präferenzen für das eigene Geschlecht feststellen, die sich während der Grundschulzeit bis hin zur Vorpubertät zu einer extremen Geschlechtertrennung steigern; mit Einsetzen der Pubertät nimmt dieser Geschlechtsunterschied dann wieder ab (vgl. Maccoby & Jacklin, 1987).

Das Ausmaß der Bevorzugung gleichgeschlechtlicher Gleichaltriger wird z. B. in der Längsschnittstudie LOGIK an Münchner Kindern deutlich (Weinert & Schneider, in Druck). Die Kinder wurden jeweils an 10–12 Tagen im Alter von 4, 5 und 6 Jahren in der Kindergartengruppe während des Freispiels beobachtet; notiert wurden alle Kontaktaufnahmeversuche. Im Alter von 12 Jahren wurde ihr soziales Netzwerk erhoben. Abbildung 7.3 zeigt den Anteil der gleichgeschlecht-

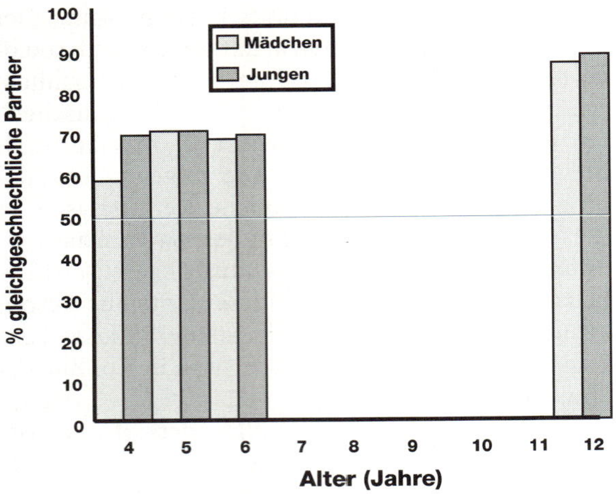

Abb. 7.3. Geschlechtertrennung im Verlauf der Kindheit (unverff. Daten des Autors)

lichen, gleichaltrigen Partner, mit denen die Kinder im Kindergarten Kontakt aufzunehmen versuchten bzw. die sie im Alter von 12 Jahren als Freunde benannten. Danach gibt es schon zu Beginn der Kindergartenzeit eine Bevorzugung des eigenen Geschlechts, die kurz vor der Pubertät extreme Ausmaße annimmt.

Mit dem Einsetzen der Pubertät nimmt die Geschlechtertrennung zwischen Gleichaltrigen ab, bleibt aber noch bis ins junge Erwachsenenalter hinein deutlich vorhanden. So fanden z. B. Hays und Oxley (1986) in ihrer Untersuchung des sozialen Netzwerks von Erstsemestern, daß zu Beginn des Studiums das Netzwerk von Studenten, die noch zu Hause wohnten, zu 80 % (Studentinnen) bzw. 59 % (Studenten) aus gleichgeschlechtlichen Personen bestand.

Insgesamt finden sich also höchst unterschiedliche Verläufe für Geschlechtsunterschiede in bestimmten Verhaltensmerkmalen; dies weist darauf hin, daß die Entwicklung des Geschlechtsverstehens, das eine kontinuierliche Zunahme mit wachsendem Alter zeigt, und die Entwicklung von Geschlechtsunterschieden im Verhalten relativ unabhängig voneinander verlaufen.

> ! Die Größe psychologischer Geschlechtsunterschiede im Verhalten nimmt im Verlauf der individuellen Entwicklung je nach Verhaltensmerkmal zu, ab oder zeigt einen nichtlinearen Verlauf; ihr Verlauf ist relativ unabhängig von der Entwicklung des Geschlechtsverständnisses.

Daß sich Geschlechtsstereotyp, geschlechtstypische Einstellungen und geschlechtstypisches Verhalten so unterschiedlich und weitgehend unabhängig voneinander entwickeln, ist eine Tatsache, die jede Erklärung von Geschlechtsunterschieden berücksichtigen muß. Geschlechtsunterschiede können z. B. nicht einfach durch die Übernahme des Geschlechtsstereotyps der Kultur erklärt werden.

7.3 Die Größe psychologischer Geschlechtsunterschiede

Da unsere Vorstellung über das Ausmaß von Geschlechtsunterschieden durch das Geschlechtsstereotyp unserer Kultur geprägt ist, ist es vor jeder Diskussion der Ursachen von Geschlechtsunterschieden zunächst einmal wichtig, einen Eindruck von der tatsächlichen Größe psychologischer Geschlechtsunterschiede zu bekommen.

Da sich die Verteilungen bei psychologischen Merkmalen fast immer überlappen (vgl. Abb. 7.1), ist es sinnvoll, die Größe des Geschlechtsunterschieds quantitativ zu erfassen. Hierfür ist die Effektgröße *d* geeignet (Tafel 7.2). Abbildung 7.1 macht deutlich, daß im Geschlechtsstereotyp die geschlechtstypischen Verteilungen nicht nur in ihrem Mittelwert weiter auseinanderliegen, sondern auch noch in ihrem Überlappungsbereich gestaucht werden, so daß der Überlappungsbereich besonders stark unterschätzt wird.

Tafel 7.2. Messung der Größe von Geschlechtsunterschieden

Als quantitatives Maß für die Größe von Geschlechtsunterschieden ist die Effektgröße *d* geeignet (Cohen, 1977). Die Effektgröße ist die Mittelwertsdifferenz, geteilt durch die Standardabweichung (genauer handelt es sich um ein gewichtetes Mittel der Standardabweichungen innerhalb der beiden Geschlechter). Haben z. B. in einem IQ-Test Männer und Frauen die Mittelwerte 103 bzw. 98 bei gleicher Standardabweichung von 15, so beträgt die Größe des Geschlechtsunterschieds

$$d = (103 - 98)/15 = 0{,}33:$$

Die Mittelwerte der Männer und Frauen unterscheiden sich um eine drittel Standardabweichung. Noch einfacher ist die Interpretation der Effektgröße, wenn man *z*-transformierte Werte zugrunde legt (vgl. Abschn. 2.4.3): In diesem Fall ist sie einfach die Mittelwertsdifferenz. Da die Effektgröße auf *z*-Werten beruht, ist sie direkt zwischen verschiedenen Eigenschaften, Stichproben und

Populationen vergleichbar. Abbildung 7.1 illustriert die zweifache Wirkung des Geschlechtsstereotyps auf die Effektgröße: Sie steigt sowohl durch Zunahme der Mittelwertsdifferenz als auch durch Abnahme der Standardabweichungen.

Wie in Tafel 7.2 dargelegt ist, läßt sich die Größe von Geschlechtsunterschieden unabhängig von der betrachteten Eigenschaft und Stichprobe durch die Effektgröße *d* messen. Damit ist es möglich, die Ergebnisse vieler Studien zu der gleichen Eigenschaft zusammenzufassen, indem die Effektgrößen für jede Studie einzeln berechnet und dann gemittelt werden. Dieses Verfahren wird als Metaanalyse bezeichnet (Tafel 7.3).

Tafel 7.3. Metaanalyse

In Metaanalysen werden viele Studien zusammengefaßt, die sich auf ein ähnliches Merkmal oder eine ähnliche Population beziehen, indem für jede Studie die Effektgröße *d* bezüglich des betrachteten Kriteriums bestimmt wird (vgl. Tafel 7.2) und die Effektgrößen dann gemittelt werden. Entweder erfolgt eine einfache Mittelung oder ein gewichtetes Mittel, in das die Ergebnisse von Studien mit größerer Stichprobe stärker eingehen als die Ergebnisse von Studien mit kleinerer Stichprobe.
Beispielsweise analysierten Eaton und Enns (1986) 127 Studien mit insgesamt über 8 600 Versuchspersonen zu Geschlechtsunterschieden in der motorischen Aktivität, gemessen durch subjektive Beurteilung, direkte Beobachtung oder sogenannte Aktometer, die Bewegungen direkt messen. Die motorische Aktivität läßt sich sogar in den letzten zwei Monaten vor der Geburt durch einen elastischen Gürtel erfassen, der um den Bauch der Schwangeren gelegt wird und dessen Spannung von den Bewegungen des Kindes beeinflußt wird, so daß sich bei kontinuierlicher Messung der Gürtelspannung die kindliche motorische Aktivität objektiv messen läßt (vgl. Robertson et al., 1982). Geordnet nach dem Alter ergab sich folgendes Ergebnis (Tabelle 7.3.):

Tabelle 7.3. Die Ergebnisse einer Metaanalyse von 127 Studien zu Geschlechtsunterschieden in der motorischen Aktivität. (Nach Eaton & Enns, 1986)

Altersbereich	Pränatal	0–1 Jahre	1–6 Jahre	Älter	Total
Zahl von Studien	6	14	58	49	127
Mittlere Effektgröße	0,33	0,29	0,44	0,64	0,49

Positive Effektgrößen bezeichnen hier höhere Werte der Jungen. Die Geschlechtsunterschiede waren also schon vor der Geburt vorhanden und nahmen mit wachsendem Alter zu (die Korrelation zwischen Alter und Effektgröße betrug 0,26).

Inzwischen gibt es zehntausende von Studien zu psychologischen Geschlechtsunterschieden, so daß es möglich ist, die Größe der Geschlechtsunterschiede in bestimmten Persönlichkeitseigenschaften oder bestimmten Populationen jeweils durch Metaanalysen zu schätzen. Die folgende Darstellung stützt sich primär auf solche Metaanalysen. In diesem Abschnitt werden Studien zu Geschlechtsunterschieden in westlichen Industriegesellschaften behandelt, die den Großteil dieser Untersuchungen ausmachen. Auf die Verallgemeinerbarkeit ihrer Ergebnisse auf andere Kulturen wird in Abschn. 7.4 eingegangen.

Die Metaanalyse in Tafel 7.3 widerlegt das Vorurteil, psychologische Geschlechtsunterschiede entstünden erst nach der Geburt durch entsprechende Sozialisation, also mehr oder weniger bewußte Anpassung des Verhaltens an kulturelle Normen. Jungen unterscheiden sich nach der Metaanalyse von Eaton und Enns (1986) bereits vor der Geburt von Mädchen durch eine durchschnittlich leicht höhere motorische Aktivität.

! Es gibt Geschlechtsunterschiede im Verhalten schon vor der Geburt.

Im folgenden werden exemplarisch einige Metaanalysen zu Geschlechtsunterschieden für den kognitiven und den sozialen Bereich vorgestellt. Für jeweils einen vieldiskutierten Geschlechtsunterschied (kognitiver Bereich: mathematische Fähigkeiten; sozialer Bereich: Partnerwahl) wird die Darstellung weiter vertieft (vgl. Feingold, 1994, und Golombok & Fivush, 1994, für Geschlechtsunterschiede in weiteren Persönlichkeitsmerkmalen).

7.3.1 Kognitive Geschlechtsunterschiede

Eine scheinbar einfach zu beantwortende Frage ist die nach Geschlechtsunterschieden in der allgemeinen Intelligenz, gemessen durch IQ-Tests: Welches der beiden Geschlechter schneidet besser ab? Diese Frage kann auf der Basis von IQ-Werten nicht sinnvoll beantwortet werden, weil diese Tests so konstruiert wurden, daß möglichst geringe Geschlechtsunterschiede im IQ bestehen. Deshalb ist es nicht erstaunlich, daß Geschlechtsunterschiede im IQ minimal sind und von Test zu Test und von Stichprobe zu Stichprobe schwanken.

Bei spezifischeren intellektuellen Fähigkeiten gibt es z. T. Geschlechtsunterschiede, die aber nur in wenigen Fällen wirklich groß sind (d. h. eine Effektgröße von 0,5 überschreiten; vgl. Tafel 7.2). Dank des Testeifers in den USA, wo jährlich Hunderttausende von Schülern und Studienplatzbewerbern standardisierte Fähigkeitstests mitmachen, gibt es eine extrem große Datenbasis zu solchen Geschlechtsunterschieden, und entsprechend groß ist die Zahl statistisch signifikanter, aber in ihrer Effektgröße geringer Unterschiede. Die praktische Relevanz ermißt sich aber nicht an der Signifikanz, sondern an der Effektgröße. Deshalb wird in der folgenden Darstellung Wert darauf gelegt, die Größe der gefundenen Effekte deutlich zu machen.

Räumliche Fähigkeiten

In westlichen Industriegesellschaften finden sich im kognitiven Bereich die größten Geschlechtsunterschiede in einer bestimmten Klasse nichtverbaler Fähigkeiten, den räumlichen Fähigkeiten. Diese sind wiederum nicht einheitlich, sondern zerfallen in mindestens drei spezielle Fähigkeiten: Kontextabhängigkeit der räumlichen Wahrnehmung, mentale Rotation und räumliche Visualisierung (vgl. Abschn. 4.4.1).

Wie eine Metaanalyse von Linn und Petersen (1985) zeigt, erreichen männliche Versuchspersonen in allen drei Fähigkeiten im Durchschnitt höhere Werte als weibliche. Während der Geschlechtsunterschied für räumliche Visualisierung minimal ist ($d = 0{,}13$ in 81 Studien), ist er für die räumliche Wahrnehmung substantiell ($d = 0{,}44$ in 62 Studien) und für die mentale Rotation, gemessen durch den Test von Vandenberg und Kuse (1978), groß ($d = 0{,}94$ in 18 Studien). Da mentale Rotation in vielen Berufen gefordert wird (z. B. Piloten, Architekten, Designer, Bildhauer), hat dieser große Geschlechtsunterschied durchaus eine praktische Bedeutung.

> **!** **Männer haben im Durchschnitt etwas bessere räumliche Fähigkeiten als Frauen, wobei der Geschlechtsunterschied je nach Art der betrachteten Fähigkeit variiert; bei mentaler Rotation ist er am größten.**

Tabelle 7.4. Geschlechtsunterschiede in verbalen Fähigkeiten. (Nach Hyde & Linn, 1988)

Fähigkeit	*d*	*n*	Alter Jahre	*d*	*n*
Alle Tests	0,11	119	unter 6	0,13	24
Wortschatz	0,02	40	6–10	0,06	29
Analogien	−0,16	5	11–18	0,11	39
Leseverständnis	0,03	18	19–25	0,06	18
Sprachlicher Ausdruck	0,33	12	über 25	0,20	9
Textqualität	0,09	5			
Anagramme	0,22	5			
SAT, verbaler Wert	−0,03	4			

Angegeben sind die Zahl der Studien *n* und ihre mittlere Effektgröße *d*; positive Werte bezeichnen höhere Werte der Frauen. Ignoriert wurde eine unvergleichbar große SAT- Stichprobe mit über 950 000 Probanden mit $d = -0{,}11$ (SAT = Scholastic Aptitude Test).

Verbale Fähigkeiten

Während Männer in manchen räumlichen Fähigkeiten im Durchschnitt etwas besser abschneiden als Frauen, gilt nach weit verbreiteter Meinung das Gegenteil für verbale Fähigkeiten: Dort seien Frauen besser als Männer. Diese Meinung ist eher dem Streben nach ausgleichender Gerechtigkeit zu verdanken als den Tatsachen. Tabelle 7.4 zeigt die Ergebnisse einer Metaanalyse von 120 Studien zu verbalen Fähigkeiten.

Die gefundenen Unterschiede sind bestenfalls minimal und weisen bei weiterer Aufgliederung in spezifische Fähigkeiten nicht einmal in dieselbe Richtung. Eine Analyse der jährlichen Ergebnisse der verbalen Testwerte für Studienbewerber in den USA zwischen 1967 und 1990 zeigt einen nur minimalen Geschlechtsunterschied (Abb. 7.4). Dieser Unterschied ist wesentlich geringer als der historische Trend zu schlechteren Ergebnissen (der dem säkularen Trend für den IQ widerspricht; vgl. Abschn. 4.4.1) und er kehrt sich während dieser Testperiode um zugunsten der männlichen Bewerber – möglicherweise bedingt durch eine steigende Rate von männlichen Schulversagern, so daß die getesteten Männer bereits stärker ausgelesen sind als die getesteten Frauen.

Wirklich klare Unterschiede gibt es nur im unteren Extrembereich. Starke Leseschwierigkeiten

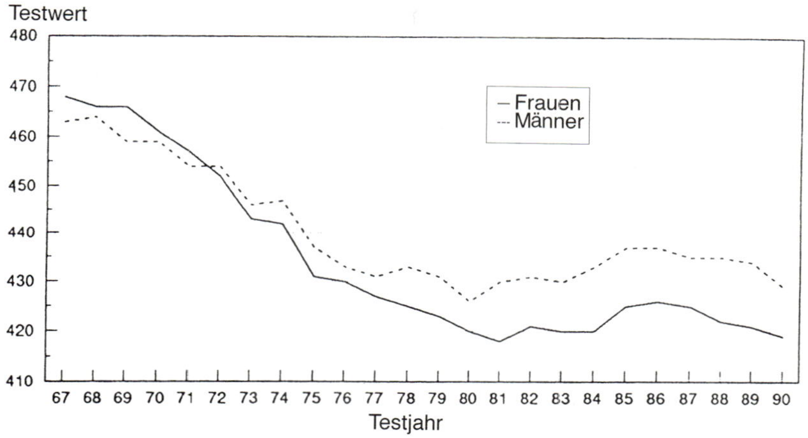

Abb. 7.4. Verbale Testwerte für weibliche und männliche Studienplatzbewerber in den USA 1967–1990. (Aus Halpern, 1992)

und Legasthenie sind bei Jungen etwa fünfmal häufiger als bei Mädchen (Halpern, 1992). Daß viel mehr Jungen als Mädchen stottern, wird auch oft bei der Diskussion verbaler Fähigkeiten herangezogen, gehört aber eigentlich nicht hierher, weil Stottern kein Ausdruck mangelnder verbaler Fähigkeit ist, sondern ein Ausdruck mangelnder Sprechfähigkeit, bedingt durch eine emotionale und/oder motorische Störung.

> ! **Außer im unteren Extrembereich sind Frauen in verbalen Fähigkeiten kaum besser als Männer.**

Mathematische Fähigkeiten

Ein populäres Thema der letzten Jahre sind Geschlechtsunterschiede in mathematischen Fähigkeiten. Liegt die extrem geringe Zahl von Mathematikprofessorinnen, Mathematikerinnen und Mathematikstudentinnen an einer durchschnittlich geringeren mathematischen Begabung von Frauen, an einem besonderen Vorteil des männlichen Geschlechts bei mathematischen Spitzenleistungen oder an dem Geschlechtsstereotyp, daß Mädchen mathematisch unbegabt seien, das mathematisch durchaus fähige Mädchen während der Schulzeit entmutigt?

In einer Metaanalyse von 254 Studien zu mathematischen Fähigkeiten von über drei Millionen Personen, bestimmt durch Mathematiktests, fanden Hyde et al. (1990) für unausgelesene Stichproben insgesamt keine männliche Überlegenheit, sondern praktisch identische Werte für beide Geschlechter. Eine Aufteilung nach spezifischen Fähigkeiten ergab nur minimale Unterschiede, während eine Aufteilung nach dem Alter der Getesteten einen klaren Trend zu zunehmender durchschnittlicher Überlegenheit des männlichen Geschlechts zeigte (Tabelle 7.5). Klar ausgeprägt ist der Geschlechtsunterschied vor allem bei Studienplatzbewerbern in den USA, wo die SAT-Werte in mathematischen Fähigkeiten seit 1967 eine konstante Überlegenheit der männlichen Schulabgänger signalisieren (Abb. 7.5, die direkt mit Abb. 7.4 verglichen werden kann).

Der mit dem Alter zunehmende Geschlechtsunterschied in standardisierten Tests legt die Interpretation nahe, daß hier möglicherweise das Geschlechtsstereotyp gewirkt hat, daß Mädchen weniger mathematisch begabt seien als Jungen, vor allem vermittelt durch entsprechende Erwartungshaltungen der Lehrer. Dieser Interpretation widerspricht der Befund, daß Mädchen die ganze Schulzeit hindurch bis in die Eingangsklassen der Universität durchschnittlich etwas bessere Mathematiknoten haben als Jungen (vgl. Kimball, 1989). Testleistung und Note entwickeln sich also auseinander. Hierfür gibt es zahlreiche Interpretationsmöglichkeiten (z. B. Bevorzugung von Mädchen als „mathematisch benachteiligtem Geschlecht" durch die Lehrer; bessere Noten wegen größerer Anstrengung bei gleichem oder geringerem Verständnis; größere Testangst von Mädchen bei standardisierten Tests; vgl. Kimball, 1989), die alle zugleich gültig sein mögen; ausschließen läßt sich derzeit keine dieser Interpretationen.

Tabelle 7.5. Geschlechtsunterschiede in mathematischen Fähigkeiten. (Nach Hyde et al., 1990)

Angegeben sind die Zahl der Studien *n* und ihre mittlere Effektgröße *d*; positive Werte bezeichnen höhere Werte der Männer.
[a]Ohne SAT-Studien.

Stichprobe/ Fähigkeit	*d*	*n*	Alter Jahren	*d*	*n*
Alle Stichproben	0,20	259	8–10	−0,06	67
Unausgelesene	−0,05	184	11–14	−0,07	93
Hochbegabte	0,54	18	15–18	0,29	53[a]
Frühbegabte	0,41	15	19–25	0,41	31
Niedrigbegabte	0,11	12	über 25	0,59	9
Rechnen	−0,14	45			
Konzepte	−0,03	41			
Problemlösen	0,08	48			

Ausgeprägter als in diesen Untersuchungen der Normalvariation sind die Geschlechtsunterschiede in den Extrembereichen der mathematischen Begabung. Das männliche Geschlecht ist in beiden Extrembereichen überrepräsentiert, d. h. es gibt besonders viele männliche mathematische Hochbegabte und Versager, wenn auch der Geschlechtsunterschied nur bei den Hochbegabten substantiell ist (vgl. Tabelle 7.4).

Eine extreme Dominanz des männlichen Geschlechts unter mathematisch Hochbegabten ist dank der systematischen Suche in den USA nach solchen Schülern (jährlich werden ca. 100 000 Schüler nur zu diesem Zweck getestet) gut belegt. So gab es unter den 144 Gewinnern der mathematischen Olympiade in den USA zwischen 1972 und 1989 nur zwei Frauen (Stanley, 1990). Stanley und Benbow (1982) fanden für Schüler 7. und 8. Klassen folgendes Geschlechtsverhältnis von Jungen zu Mädchen für hohe Mathematikwerte im SAT: 2 : 1 für SAT-Werte über 500, 5 : 1 für Werte über 600 und 17 : 1 für Werte über 700.

Diese Proportionen für Extremwerte widersprechen nicht dem Befund, daß das männliche Geschlecht in den (überwiegend jungen) unausgelesenen Stichproben dem weiblichen insgesamt nicht überlegen ist. Ein wirklich realistisches Bild geben letztlich nur die tatsächlichen Verteilungen der Werte. Abbildung 7.6 zeigt die Verteilungen der SAT-Werte von Siebtklässlern. Es wird deutlich, daß sich Jungen und Mädchen in einem sehr breiten Mittelbereich praktisch nicht unterscheiden und daß sich die Häufung männlicher Versager und Hochbegabter auf relativ wenige Fälle bezieht.

> **!** **Im Schulalter sind Jungen insgesamt betrachtet nicht besser als Mädchen in mathematischen Fähigkeiten. Nur bei sehr guten oder sehr schlechten Leistungen sind Jungen überrepräsentiert.**

Abb. 7.5. Mathematiktestwerte für weibliche und männliche Studienplatzbewerber in den USA 1967-1990. (Aus Halpern, 1992)

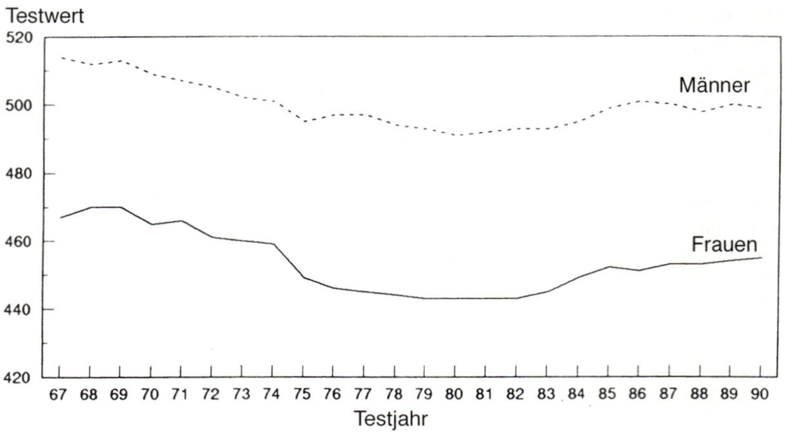

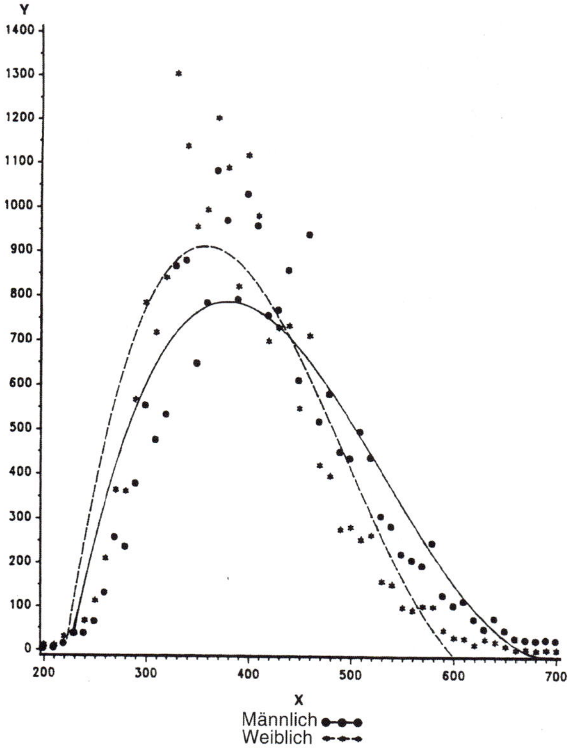

Abb. 7.6. Mathematiktestwerte für Mädchen und Jungen der 7. Klasse in den USA 1980-1983 X=Testwert, Y=Häufigkeit. (Aus Benbow, 1988)

7.3.2 Soziale Geschlechtsunterschiede

Aggressivität

Bei Geschlechtsunterschieden im sozialen Verhalten fällt den meisten Menschen offene physische Aggression ein: Männer gelten als aggressiver im offenen Verhalten als Frauen. Um zu prüfen, was hinter diesem Geschlechtsstereotyp wirklich steckt, analysierten Eagly und Steffen (1986) nur solche Studien an Jugendlichen und Erwachsenen, in denen aggressives Verhalten tatsächlich beobachtet wurde. In 50 Studien mit fast 5 000 beobachteten Personen ergab sich ein überraschend geringer mittlerer Geschlechtsunterschied von nur $d = 0{,}29$. Selbst wenn nur physische Aggression betrachtet wurde, stieg der Geschlechtsunterschied nur auf $d = 0{,}40$. Andere Variationen wie Feld vs. Labor oder frei gewähltes vs. provoziertes aggressives Verhalten hatten einen noch geringeren Effekt auf die Geschlechtsunterschiede (Tabelle 7.6).

Bei der Interpretation dieser Ergebnisse muß berücksichtigt werden, daß es sich fast nur um Beobachtungen von Aggression zwischen Unbekannten handelt. Physische Auseinandersetzungen zwischen Ehepartnern werden öfter vom Mann begonnen und enden mit stärkeren Verletzungen der Frau (Straus et al., 1980), während nichtsexuelle Kindesmißhandlung von beiden Elternteilen ähnlich häufig und stark ausgeübt zu werden scheint (Engfer, 1986).

Aus diesen Daten zur offenen Aggression kann nicht eindeutig geschlossen werden, daß Männer stärkere aggressive motivationale Tendenzen haben als Frauen; möglicherweise zeigen sie diese Tendenzen nur offener im Verhalten. Als Indiz hierfür wird manchmal das weitgehende Fehlen von Geschlechtsunterschieden in projektiven Aggressivitätstests angeführt, in denen der Aggressionsgehalt freier Beschreibungen von mehrdeutigen sozialen Situationen erfaßt wird. In den vier von Hyde (1984) und Asendorpf et al. (1994) vorgelegten Studien zu projektiven Aggressivitätstests waren die Geschlechtsunterschiede unbedeutend (*d* variierte zwischen −0,03 und 0,12). Da aus projektiven Tests aber nicht unbedingt auf Aggressionstendenzen der Getesteten geschlossen werden kann, sondern nur auf Themasensitivitäten (vgl.

Tabelle 7.6. Geschlechtsunterschiede in aggressivem Verhalten. (Nach Eagly & Steffen, 1986)

Kriterium		*d*	*n*		*d*	*n*
Alle Stichproben		0,29	50			
Beobachtung	Feld	0,21	13	Labor	0,35	37
Aggressionsart	psychisch	0,18	20	physisch	0,40	30
Freie Wahl	ja	0,24	27	nein	0,37	23

Angegeben sind die Zahl der Studien *n* und ihre mittlere Effektgröße *d*; positive Werte bezeichnen höhere Werte der Männer.

Abschn. 4.5.1), scheint nur der Schluß zulässig, daß beide Geschlechter in gleicher Weise sensitiv für das Thema der Aggressivität sind.

> **!** **Männer neigen mehr als Frauen zu offener Aggressivität. Unklar ist, ob das auch für latente Aggressionstendenzen gilt; beide Geschlechter sind in gleicher Weise sensitiv für das Thema der Aggressivität bei sich oder anderen.**

Sexualität

Oliver und Hyde (1993) analysierten die vorliegenden Daten zu Geschlechtsunterschieden in der Einstellung gegenüber unterschiedlichen Formen der Sexualität und im selbstberichteten sexuellen Verhalten (Tabelle 7.7). Die Daten bestätigen das Geschlechtsstereotyp, daß Frauen das treuere, mehr auf emotionale Bindung eingestellte Geschlecht sind. Die Effektgrößen für Geschlechtsunterschiede in der Akzeptanz von „one night stands" und der berichteten Häufigkeit von Masturbation sind groß, jedenfalls relativ zu den bisher berichteten Geschlechtsunterschieden.

Daß Männer über häufigeren Geschlechtsverkehr und mehr Geschlechtspartner berichten als Frauen, ist auf den ersten Blick überraschend (gehören nicht immer Mann und Frau zu einem Geschlechtsakt, so daß kein Geschlechtsunterschied auftreten dürfte?). Auf den zweiten Blick bieten sich jedoch mehrere mögliche Erklärungen an: Überschätzung der Häufigkeiten durch die Männer relativ zu den Frauen, bedingt durch die positivere Einstellung der Männer zu vielen Partnern; die ab der Geschlechtsreife mit wachsendem Alter zunehmend größere Zahl von Frauen relativ zu gleichaltrigen Männern; möglicherweise größere Verbreitung von Homosexualität bei Männern; und Unterrepräsentation weiblicher Prostituierter in den analysierten Studien.

Diese Ergebnisse dürfen nicht unbesehen als allgemeingültige Aussagen über die Natur des Menschen verstanden werden. Die analysierten Studien beziehen sich nur auf angloamerikanische Erhebungen in den Jahren 1963 bis 1990. Für diesen Zeitraum zeigen sie fast durchweg negative, z. T. hoch negative Korrelationen zwischen Erhebungsjahr und Größe des Geschlechtsunterschieds, nicht nur in den Einstellungs-, sondern auch in den Verhaltensurteilen, also eine starke Abhängigkeit vom Zeitpunkt der kulturellen Entwicklung (die einzelnen Korrelationen sind – mit Ausnahme der Korrelation für die Häufigkeit des Geschlechtsverkehrs – nur mit Vorsicht interpretierbar, da sie auf kleinen bis sehr kleinen Stichproben von Studien beruhen, in denen ein einziger „Ausreißer" die ganze Korrelation bestimmen kann).

Unklar ist weiterhin, wieweit dieser historische Trend zu einer Verringerung von Geschlechtsun-

Tabelle 7.7. Geschlechtsunterschiede in sexuellem Verhalten. (Nach Oliver & Hyde, 1993)

Kriterium	Effektgröße		Korrelation[a] mit	
	d	*n*	Erhebungsjahr	Alter
Akzeptanz vorehelicher GV	0,37	46	−0,19	−0,11
– ohne emotionale Bindung	0,81	10	−0,05	−0,77
– mit emotionaler Bindung	0,49	10	−0,45	−0,47
Akzeptanz außerehelicher GV	0,29	17	−0,36	−0,31
Akzeptanz Masturbation	0,09	12	−0,12	0,45
Akzeptanz Homosexualität	−0,01	28	−0,47	0,69
Alter bei erstem GV[b]	0,38	8	−0,30	0,01
Häufigkeit GV	0,33	135	−0,26	−0,33
Zahl Geschlechtspartner	0,25	12	−0,45	−0,17
Häufigkeit Masturbation	0,96	26	−0,57	0,54
Häufigkeit homosexueller GV	0,33	19	0,08	0,17

Angegeben sind die Zahl der Studien *n* und ihre mittlere Effektgröße *d*; positive Werte bezeichnen höhere Werte der Männer. GV = Geschlechtsverkehr.
[a]Partialkorrelationen zwischen Effektgröße und Erhebungsjahr bzw. Alter bei Kontrolle der jeweils anderen Variablen.
[b]Positive Effektgrößen besagen, daß Männer jünger waren.

terschieden im sexuellen Bereich Veränderungen des tatsächlichen Sexualverhaltens widerspiegelt oder lediglich Veränderungen im Geschlechtsstereotyp – es handelt sich hier ja nur um Fragebogenantworten, die anfällig gegenüber Verfälschungen durch die Tendenz zu sozial erwünschten Antworten sind. Da sich sexuelles Verhalten in wissenschaftlichen Untersuchungen kaum direkt beobachten läßt, muß diese Frage letztlich unbeantwortet bleiben.

> **!** **Männer berichten über mehr Masturbation und Geschlechtsverkehr, insbesondere homosexueller Natur, und akzeptieren eher Sexualität ohne emotionale Bindung als Frauen. Die Größe einiger dieser Geschlechtsunterschiede scheint im Verlauf der letzten Jahrzehnte deutlich abzunehmen.**

Partnerwahl

Welche Rolle die Erhebungsmethode für die Erfassung von Geschlechtsunterschieden spielt, wird aus einer Metaanalyse von Feingold (1990) deutlich. Er analysierte Geschlechtsunterschiede in der Bevorzugung physisch attraktiver gegengeschlechtlicher Partner, wobei er u. a. fünf verschiedene Arten von Studien unterschied: Fragebogeneinschätzung, wie wichtig es ist, daß ein „idealer Partner" gut aussieht; Erwähnung guten Aussehens bei der Beschreibung des gesuchten Partners in Heiratsannoncen; und Zusammenhang zwischen gutem Aussehen und Rendezvoushäufigkeit, Interaktionshäufigkeit insgesamt mit dem anderen Geschlecht und Sympathieurteil eines gegengeschlechtlichen Partners nach kurzem Kennenlernen im psychologischen Labor. Einbezogen wurden alle Studien nach 1960 an jungen Erwachsenen in Nordamerika.

Tabelle 7.8 zeigt, daß die Ergebnisse sehr stark mit der Untersuchungsmethode variierten. Nicht überraschend ist, daß Männer bei der Beschreibung ihrer idealen Partnerin in Fragebögen oder in Heiratsannoncen mehr Wert auf gutes Aussehen legen als Frauen bei ihrem idealen Partner – das entspricht dem Geschlechtsstereotyp. Sonderlich verhaltenswirksam scheint dieser Unterschied in der Einstellung zum anderen Geschlecht aber nicht zu sein. Die Korrelation zwischen physischer Attraktivität und selbstberichteter Häufigkeit von Rendezvous betrug im Mittel über alle Studien bei Frauen 0,39 und bei Männern 0,21 – ein nur geringfügiger Unterschied, der einer Effektgröße von 0,20 entspricht (ähnlich wie für Mittelwertsunterschiede läßt sich auch für Korrelationsunterschiede eine Effektgröße bestimmen; vgl. Cohen, 1977).

Tabelle 7.8. Geschlechtsunterschiede in der Bedeutung der physischen Attraktivität des Partners. (Nach Feingold, 1990)

Erhebungsart	Effekt	*n*
Fragebogeneinschätzung	0,53	28
Nennung in Heiratsannoncen	0,45	6
Korrelation mit Rendezvoushäufigkeit[a]	0,20	10
Korrelation mit Interaktionshäufigkeit[b]	−0,33	5
Korrelation mit Sympathieurteil[c]	0,07	6

Angegeben sind die Zahl der Studien *n* und ihre mittlere Effektgröße *d* bzw. *q* für Korrelationsunterschiede (vgl. Cohen, 1977); positive Werte bezeichnen eine größere Bedeutung physischer Attraktivität bei Frauen aus Sicht von Männern.
[a]Korrelation zwischen eigenem Aussehen und selbsteingeschätzter Häufigkeit romantischer Treffen mit dem anderen Geschlecht.
[b]Korrelation zwischen eigenem Aussehen und selbsteingeschätzter Häufigkeit aller sozialer Interaktionen mit dem anderen Geschlecht.
[c]Korrelation zwischen eigenem Aussehen und dem Sympathieurteil eines gegengeschlechtlichen Partners nach einer kurzen Laborinteraktion.

Interessanterweise kehrt sich der Geschlechtsunterschied sogar um, wenn nicht Rendezvous, sondern alle sozialen Interaktionen mit dem anderen Geschlecht betrachtet wurden: Bei Männern korrelierte gutes Aussehen im Mittel über alle Studien zu 0,37 mit der Zahl weiblicher Kontaktpartner, während die entsprechende Korrelation bei Frauen mit 0,05 praktisch Null war. Das Aussehen einer Frau scheint nichts damit zu tun zu haben, mit wieviel Männern sie alltäglichen Kontakt hat, während gut aussehende Männer etwas mehr Kontakt mit Frauen haben als schlecht aussehende. Feingold (1990) führt als mögliche Erklärung hierfür an, daß für Frauen eine romantische Beziehung eine längere Bekanntschaftsdauer voraussetzt als für Männer (vgl. bestätigend hierzu Buss & Schmitt, 1993), so daß gut aussehende Männer länger von einzelnen Frauen und damit häufiger von Frauen insgesamt umschwärmt werden als vergleichbar attraktive Frauen von Männern.

Laborexperimente, in denen zwei einander unbekannte gegengeschlechtliche Partner kurz zu-

sammengebracht werden, ergaben praktisch keinen Geschlechtsunterschied für den Einfluß der physischen Attraktivität des Partners auf die ihm oder ihr entgegengebrachte Sympathie: Die Korrelationen waren für weibliche (0,28) und für männliche Partner (0,21) nahezu gleich groß und ausgesprochen niedrig. Hierbei muß beachtet werden, daß in dieser Analyse die physische Attraktivität von Dritten (also nicht vom Partner) beurteilt wurde. Beurteilungen des Aussehens durch den Partner korrelierten wesentlich höher mit Sympathie (0,71 bzw. 0,67), aber diese hohen Korrelationen dürften wesentlich auf einen Halo-Effekt zurückgehen (vgl. Abschn. 3.2.4).

Insgesamt sprechen diese Befunde dafür, daß es einen deutlichen Geschlechtsunterschied in der subjektiven Bedeutung physischer Attraktivität für die Partnerwahl gibt: Für Männer spielt sie eine größere Rolle als für Frauen. Wie eine Metaanalyse von Feingold (1992 b) zeigt, legen Frauen dafür mehr Gewicht auf den sozialen Status des Partners (ein großer Effekt: $d = 0{,}75$), Ambitioniertheit (d. h. Streben nach Leistung oder Kultur; $d = 0{,}55$), guten Charakter ($d = 0{,}29$), Intelligenz ($d = 0{,}25$) und Humor ($d = 0{,}22$).

Wie im Methodenvergleich für physische Attraktivität deutlich wurde, kann man aus diesen Einstellungseffekten kaum auf das tatsächliche Verhalten schließen, vor allem deshalb, weil Einstellungen für einzelne, isolierte Merkmale erfragt werden können, während das Verhalten einem Partner gegenüber immer eine Funktion aller seiner/ihrer Merkmale ist: Jemand kann ja bildschön und strohdumm, hochintelligent und extrem häßlich sein. Das schmälert notwendigerweise den Einfluß einzelner eigener Merkmale auf das Verhalten des Partners.

> **!** **Männer legen bei der Partnerwahl mehr Wert auf physische Attraktivität, Frauen mehr Wert auf sozialen Status und Ambitioniertheit. Die Bevorzugung einzelner Partnermerkmale hat aber keine allzu großen Konsequenzen auf das Verhalten, weil die Partnerwahl durch viele wenig korrelierende Merkmale beeinflußt wird.**

7.4 Geschlechtsunterschiede im Kulturvergleich

Im Kulturvergleich zeigt sich ein gemeinsamer Kern psychologischer Geschlechtsunterschiede, um den herum die Kulturen variieren. Die Variation ist dabei graduell: Wenn es Kulturen gibt, in denen ein starker Geschlechtsunterschied in einem bestimmten Merkmal besteht, ist dieser Geschlechtsunterschied in anderen Kulturen oft schwächer ausgeprägt, kehrt sich aber nicht um. So gibt es z. B. Kulturen, in denen Jungen nicht mehr Aggression im offenen Verhalten zeigen als Mädchen, aber es gibt keinen durch die Beobachtung vieler Kinder statistisch gesicherten Nachweis, daß es irgendeine Kultur gibt, in der Mädchen mehr offene Aggression zeigen als Jungen.

7.4.1 Geschlechtsstereotype im Kulturvergleich

Williams und Best (1982) führten die wohl umfangreichste Untersuchung über Geschlechtsstereotype durch. Dabei zeigte sich für viele Persönlichkeitsmerkmale eine hohe Übereinstimmung zwischen den Kulturen. Männer werden generell für stärker, dominanter, unternehmungslustiger und unabhängiger gehalten; Frauen für gefühlsbetonter, submissiver und abergläubischer (Tafel 7.4).

> **Tafel 7.4. Geschlechtsstereotype im Kulturvergleich**
>
> **Williams und Best (1982) ließen in 30 Ländern insgesamt 2800 Studenten beiderlei Geschlechts 300 Eigenschaftsworte daraufhin beurteilen, ob das jeweilige Wort in ihrer Kultur „häufiger mit Männern oder häufiger mit Frauen assoziiert wird" (die 300 Worte wurden dazu in die jeweiligen Sprachen übersetzt und die Übersetzung durch Rückübersetzung kontrolliert). Ein Wort wurde als Beschreibung eines Geschlechtsstereotyps betrachtet, wenn mindestens zwei Drittel der Befragten das Wort demselben Geschlecht zuordneten (Tabelle 7.9).**

Eine Faktorenanalyse aller Geschlechtsstereotype ergab drei Faktoren: soziale Bewertung, Aktivität und Stärke. Die interkulturelle Analyse der Faktorenwerte zeigte, daß die männlichen Stereotype in allen Kulturen höhere Aktivitäts- und Stärkewerte erhielten als die weiblichen (der seltene Fall nichtüberlappender Verteilungen). Im Mittel über alle Kulturen gab es keinen signifikanten Un-

Tabelle 7.9. Aufstellung derjenigen Worte, die in mindestens 90 % der Kulturen ein Geschlechtsstereotyp beschreiben. (Nach Williams & Best, 1982)

Typisch männlich		Typisch weiblich	
active	aktiv	affectionate	herzlich
adventurous	abenteuerlich	attractive	attraktiv
aggressive	aggressiv	dependent	abhängig
autocratic	selbstherrlich	dreamy	träumerisch
courageous	mutig	emotional	emotional
daring	wagemutig	fearful	furchtsam
dominant	dominant	sensitive	sensibel
enterprising	unternehmungslustig	sentimental	gefühlsbetont
forceful	kraftvoll	softhearted	weichherzig
independent	unabhängig	submissive	unterwürfig
progressive	progressiv	superstitious	abergläubisch
robust	robust	weak	schwach
severe	hart		
stern	streng		
strong	stark		
unemotional	unemotional		
wise	weise		

terschied in der sozialen Bewertung zwischen männlichem und weiblichem Stereotyp. Dies widerspricht der verbreiteten Meinung, Frauen seien schon vom Geschlechtsstereotyp her generell benachteiligt. Darüber hinaus ergaben sich aber durchaus deutliche Unterschiede zwischen den Kulturen in der sozialen Bewertung des männlichen bzw. weiblichen Stereotyps. Das männliche Stereotyp war besonders erwünscht in Japan, Nigeria und Südafrika; das weibliche Stereotyp war besonders erwünscht in Italien und Peru.

Der Einwand, es handele sich hier um eine Studie an Studenten, die eher durch eine „Medien-Weltkultur" als durch die Kultur ihres Landes geprägt seien, wird durch eine weitere Studie von Williams und Best (1982) an Kindern im Alter von 5–6 und 7–9 Jahren in 24 Ländern nur teilweise entkräftet. Auch dort zeigte sich eine ähnlich starke Übereinstimmung im Geschlechtsstereotyp, aber in diesem Alter ist das Geschlechtsstereotyp schon weitgehend ausgebildet (vgl. Abschn. 7.2), das in den meisten Kulturen wesentlich durch die „Medien-Weltkultur" direkt oder indirekt über die Eltern beeinflußt wird.

> **!** **Der interkulturelle Vergleich zeigt ein universelles Geschlechtsstereotyp der Art, daß Männer für aktiver und stärker gehalten werden. Die Geschlechtsstereotypen für Mann und Frau unterscheiden sich hinsichtlich ihrer sozialen Erwünschtheit von Kultur zu Kultur; im Mittel über alle Kulturen läßt sich jedoch keine Bevorzugung des männlichen Stereotyps nachweisen.**

In einer weiteren Studie untersuchten Williams und Best (1990) die Einstellung von Studenten gegenüber dem Geschlechtsstereotyp der eigenen Kultur. Es ergaben sich erhebliche Unterschiede in der „Geschlechtsrollenideologie", die weitgehend unabhängig vom Geschlecht der Befragten waren. Sie reichten von mehr egalitärer zu mehr traditioneller Einstellung (Tafel 7.5), wobei die traditionelle Einstellung mit einer Höherbewertung männlicher Eigenschaften einherging. Auch hier wird wieder die relative Unabhängigkeit von Geschlechtsstereotyp und Einstellung deutlich: Viele Geschlechtsstereotype sind universell, aber wie weit sie für das eigene Handeln als verbindlich erachtet werden, variiert stark von Kultur zu Kultur.

Tafel 7.5. Geschlechtsrollenideologie im Kulturvergleich

Williams und Best (1990) ließen in 14 Ländern insgesamt 1 563 Studenten beiderlei Geschlechts die Sex Role Ideology Scale von Kalin und Tilby (1978) ausfüllen. Diese Skala erhebt auf einer Zustimmungsskala (1–7) ein „traditionelles" Geschlechtsrollenverständnis (Beispiel: „Die erste Pflicht einer jungen Frau ist es, zu Hause bei den Kindern zu sein") und ein „egalitäres" Geschlechtsrollenverständnis (Beispiel: „Heirat sollte die Berufskarriere der Frau genausowenig stören wie die des Mannes"); die Antworten zum traditionellen Verständnis wurden umgepolt, so daß hohe Werte immer ein egalitäres Verständnis bedeuten (Tabelle 7.10).

Studenten in Ländern mit hohem Bruttosozialprodukt, einem hohen Anteil an Protestanten, einem hohen Anteil weiblicher Studenten und mit

Tabelle 7.10. Mittelwerte von Frauen und Männern, geordnet nach den Mittelwerten der Länder. (Nach Williams & Best, 1990)

Land	Frauen	Männer	
Niederlande	5,72	5,47	"egalitärer"
Westdeutschland	5,62	5,35	
Finnland	5,69	5,30	
England	5,15	4,73	
Italien	4,90	4,54	
Venezuela	4,90	4,51	
USA	4,66	4,05	
Kanada	4,54	4,09	
Singapur	4,39	3,61	
Malaysia	4,01	4,05	
Japan	4,01	3,70	
Indien	3,88	3,81	
Pakistan	3,30	3,34	

hoher Wertschätzung von Individualismus (Hofstede, 1979) wiesen eine eher egalitäre Einstellung auf, d. h. fühlten sich dem Geschlechtsstereotyp ihrer Kultur nicht so stark verpflichtet. Wie zu erwarten, war in den vier „traditionellsten" Ländern (Nigeria, Pakistan, Indien und Japan) das männliche Stereotyp in der früheren Studie von Williams und Best (1982) positiver bewertet worden als das weibliche, während in den vier „egalitärsten" nord- und mitteleuropäischen Ländern das männliche und weibliche Stereotyp gleich positiv bewertet worden war.

! Die Einstellung von Studenten zum Geschlechtsstereotyp der eigenen Kultur variiert deutlich zwischen Kulturen auf einer Dimension egalitär – traditionell.

7.4.2 Kognitive Geschlechtsunterschiede im Kulturvergleich

In Abschn. 7.3 wurden Geschlechtsunterschiede in räumlichen Fähigkeiten diskutiert. Besonders groß in nordamerikanischen Stichproben waren die Geschlechtsunterschiede in mentaler Rotation, gering in räumlicher Visualisierung (Gottschaldt-Figuren). Der Block Design Test von Kohs bezieht sich auf beide Fähigkeiten, so daß insgesamt höhere Testwerte für männliche Personen zu erwarten sind. Berry (1976) ließ diesen Test in 17 verschiedenen Kulturen durchführen. Die Geschlechtsunterschiede variierten sehr stark zwischen verschiedenen Kulturen, von höheren Werten bei Frauen bei den Cree-Indianern (die allerdings auf eine einzige Testerin zurückgingen) über gar keine Geschlechtsunterschiede in zwei Stichproben von Eskimos bis hin zu höheren Werten bei Männern in westlichen Industriegesellschaften.

Berry (1976) konnte diese hohe Variabilität z. T. aufklären durch einen „ökokulturellen Index", der Kulturen charakterisiert. Höhere räumliche Fähigkeiten bei Männern fanden sich in Kulturen, die durch Seßhaftigkeit, Vorratswirtschaft und starke soziale Kontrolle gekennzeichnet waren, während bei nomadisierenden Jägern, Fischern und Sammlern mit wenig sozialer Kontrolle kein Geschlechtsunterschied bestand.

! Ob Männer im Durchschnitt etwas bessere räumliche Fähigkeiten aufweisen als Frauen, ist deutlich kulturabhängig; z. B. bestand bei nomadisierenden Jägern und Fischern mit wenig sozialer Kontrolle kein Geschlechtsunterschied.

Vergleichbar umfangreiche interkulturelle Studien zu Geschlechtsunterschieden in mathematischen oder verbalen Fähigkeiten scheint es noch nicht zu geben. Die Ergebnisse von Berry (1976) jedenfalls sollten eine Warnung sein: Die Aussagen der Metaanalysen in Abschn. 7.3 bezogen sich ausschließlich oder primär auf nordamerikanische Stichproben, so daß das dort gezeichnete Bild von Geschlechtsunterschieden einseitig sein könnte; es charakterisiert Nordamerika oder bestenfalls westliche Industriegesellschaften, kann aber nicht unbesehen auf andere Kulturen verallgemeinert werden.

7.4.3 Soziale Geschlechtsunterschiede im Kulturvergleich

Dominantes/aggressives Verhalten ist vielleicht das beste Beispiel für einen universellen Geschlechtsunterschied im sozialen Bereich. Whiting und Whiting (1975) untersuchten die Häufigkeit dominanter und aggressiver Akte, die durch systematische Beobachtung im Freien bei 3- bis 6- und 7- bis

11jährigen Kindern in fünf nicht-westlichen Kulturen gefunden wurden. Jungen beider Altersstufen waren durchweg dominanter/aggressiver, wenn auch die Größe des Geschlechtsunterschieds zwischen den Kulturen stark schwankte, bis hin zu minimalen Unterschieden. Eine genauere Analyse derselben Daten durch Lambert und Tan (1979) zeigte, daß Jungen genausooft wie Mädchen von anderen attackiert wurden, aber eine höhere Gegenaggressionsrate hatten als die Mädchen (ein Drittel bei Jungen gegenüber einem Viertel bei Mädchen). Dies erinnert an die höhere Gegenaggressionsrate hochaggressiver Jungen (vgl. Abschn. 6.3.3).

Whiting und Edwards (1988) untersuchten in dieser und einer weiteren, methodisch ähnlichen Beobachtungsstudie die Geschlechtertrennung bei Kindern. Es ergab sich ein ähnliches Bild wie in westlichen Studien, wobei das Ausmaß der Geschlechtertrennung aber wesentlich davon abhing, wie stark Kinder über Spielpartner ähnlichen Alters verfügten. Je altershomogener die Spielgruppen waren, desto geschlechtshomogener waren sie auch. Besonders deutlich war die Geschlechtertrennung in allen Kulturen, wenn nicht nur die räumliche Nähe von Partnern, sondern an Gleichaltrige gerichtete soziale Initiativen analysiert wurden: Sie wurden etwa fünfmal so häufig an gleichgeschlechtliche Partner gerichtet wie an gegengeschlechtliche.

Eine interkulturelle Ähnlichkeit besteht auch in den Kriterien von Männern und Frauen bei der Partnerwahl. Feingold (1992 b) kontrastierte zwei Metaanalysen für Geschlechtsunterschiede in der Beschreibung des idealen Partners: eine nur mit nordamerikanischen Studien und eine nur mit Studien aus 33 nicht-nordamerikanischen Ländern, die von Buss (1989) berichtet wurde. Die Ergebnisse fielen sehr ähnlich aus: Männer legten mehr Wert auf gutes Aussehen als Frauen, während Frauen hohen sozialen Status und Streben nach Leistung und Kultur (Ambitioniertheit) stärker gewichteten (Tabelle 7.11).

Eine genauere Analyse der Daten von Buss (1989) zeigt, daß hoher sozialer Status des Partners, in diesen Studien repräsentiert durch die Frage nach hohem Einkommen, in allen Kulturen von Frauen für wichtiger gehalten wurde als von Männern und gutes Aussehen in allen Kulturen von Männern für wichtiger gehalten wurde als von Frauen.

Tabelle 7.11. Geschlechtsunterschiede in der Partnerwahl im Kulturvergleich. (Nach Feingold, 1992b)

Erwünschtes Partnermerkmal	Nordamerika		Sonstige	
	d	*n*	*d*	*n*
Gutes Aussehen	−0,53	28	−0,61	33
Hoher Sozialstatus	0,75	15	0,73	33
Hohe Ambitionen	0,55	10	0,40	33

Angegeben sind die Zahl der Studien *n* und ihre mittlere Effektgröße *d*; positive Werte bezeichnen eine stärkere Präferenz der Frauen für das betreffende Partnermerkmal.

Dennoch bestand eine große Variabilität im Ausmaß dieser Geschlechtsunterschiede zwischen den Kulturen. In einem Kommentar zu Buss (1989) bezog Glenn Daten zur durchschnittlichen Lebenserwartung, die für 19 Länder erhältlich waren, auf die von Buss (1989) berichteten Geschlechtsunterschiede in diesen Kulturen und fand, daß die Größe der Geschlechtsunterschiede durchweg negativ mit der durchschnittlichen Lebenserwartung korrelierte (für gutes Aussehen und sozialen Status jeweils −0,59; für Ambitioniertheit −0,81). Derartige Ergebnisse finden sich öfter in kulturvergleichenden Studien; sie signalisieren eine Verringerung „traditioneller“ Geschlechtsunterschiede mit zunehmender sozioökonomischer Entwicklung.

> **!** **In allen Kulturen zeigen Jungen mehr dominant/aggressives Verhalten als Mädchen. Jungen und Mädchen bevorzugen vor der Pubertät Spielpartner gleichen Geschlechts. Erwachsene bevorzugen in allen Kulturen die gleichen geschlechtstypischen Partnermerkmale, wobei die Größe dieser Unterschiede jedoch zwischen den Kulturen variiert. Viele Geschlechtsunterschiede im sozialen Bereich verringern sich mit zunehmender sozioökonomischer Entwicklung der Kultur.**

7.5 Erklärungsansätze für psychologische Geschlechtsunterschiede

In den vorangegangenen Abschnitten wurde ein Bild der vorliegenden empirischen Ergebnisse zu Geschlechtsunterschieden skizziert, das selektiv sein mußte und daher sicherlich keinen völlig aus-

gewogenen Überblick über die inzwischen immense Literatur zu diesem Thema bietet (dies würde eine Art Meta-Metaanalyse erfordern). Das Bild ist aber differenziert genug, um vor diesem Hintergrund die vorliegenden Erklärungsansätze zu psychologischen Geschlechtsunterschieden kritisch zu beleuchten: Wie weit sind sie mit diesem Wissen vereinbar?

7.5.1 Psychoanalytische Erklärungsansätze

Klassische Auffassung

Freud glaubte, daß sich Geschlechtsunterschiede während der phallischen Phase durch die Entdeckung der anatomischen Geschlechtsunterschiede und nachfolgende Identifizierung mit dem gleichgeschlechtlichen Elternteil als Folge der Verarbeitung des Ödipuskomplexes entwickeln (vgl. Abschn. 2.2.2).

Bei Jungen richteten sich die phallischen Triebimpulse auf die Mutter; der Vater werde als Rivale erlebt, der Angst vor Kastration auslöse. Diese Angst werde vom Jungen bewältigt, indem er sich mit dem Vater identifiziere und seine Triebimpulse gegenüber der Mutter in Zärtlichkeit verwandle. So werde schon während der Kindheit eine heterosexuelle Orientierung aufgebaut.

Bei Mädchen richteten sich die phallischen Triebimpulse auf den Vater; die Mutter werde als Rivalin erlebt. Während Kastrationsangst wegen des Fehlens des Penis nicht aufkommen könne, empfände das Mädchen Penisneid und würde ihn der Mutter anlasten; der Wunsch nach Übernahme des väterlichen Penis werde später durch den Wunsch ersetzt, von ihm ein Kind zu bekommen. Gefördert werde die Zuwendung zum Vater durch Identifikation mit der Mutter und Angst vor Liebesentzug und Bestrafung durch die Mutter. Der Penisneid sei der Grund für stärkere Minderwertigkeitsgefühle, masochistischere Tendenzen und stärkere Eifersucht bei Frauen.

Sofern diese Annahmen zur Entwicklung von Geschlechtsunterschieden überhaupt empirisch überprüfbar sind, können sie heute durchweg als widerlegt gelten (vgl. Trautner, 1991; Tafel 7.6). Deshalb spielen sie in der heutigen empirisch orientierten Entwicklungs- und Persönlichkeitspsychologie keine Rolle mehr.

Tafel 7.6. Argumente gegen Freuds Vorstellung über die Entwicklung von Geschlechtsunterschieden

- **Freuds Annahme, Kinder seien bis zur phallischen Phase im Alter von etwa drei Jahren geschlechtsneutral, ist falsch (vgl. Abschn. 7.2).**
- **Die Wahrnehmung von Penis bzw. Scheide spielt keine besonders hervorgehobene Rolle in der Entwicklung der Geschlechtsidentität. Diese orientiert sich zwar zunächst an äußerlichen Merkmalen, aber eher an Frisur, Kleidung oder Stimmlage als an den primären Geschlechtsorganen (Thompson & Bentler, 1971).**
- **Die Entwicklung des psychologischen Geschlechts beruht nach Freud letztlich auf dem Ödipuskonflikt und seiner unterschiedlichen Bewältigung durch Jungen und Mädchen. Das Konzept des Ödipuskonflikts ist aber nicht haltbar (vgl. Abschn. 2.2).**
- **Freud konzentrierte sich einseitig auf die Beziehung des Kindes zu seinen Eltern und ignorierte damit die Rolle Gleichaltriger in der Geschlechtsentwicklung (s. unten).**
- **Freud überschätzte die Identifikation mit dem gleichgeschlechtlichen Elternteil. Eine Folgerung aus dieser Annahme ist, daß Söhne ihren Vätern in vielen Persönlichkeitsmerkmalen ähnlicher werden müßten als ihren Müttern, während Töchter ihren Müttern ähnlicher sein müßten als ihren Vätern. Das läßt sich nicht bestätigen (vgl. Abschn. 7.5.2).**
- **Die kontinuierliche Entwicklung der Geschlechtertrennung bis zur Pubertät spricht gegen eine Entwicklung der heterosexuellen Orientierung schon während der Kindheit.**

Ein neoanalytischer Ansatz

In den 80er Jahre wurden vor allem in feministischen Zirkeln die Thesen von Chodorov (1978) populär. Sie entging den ersten beiden Kritikpunkten in Tafel 7.6, weil sie die psychologische Geschlechtsentwicklung früher ansetzte und nicht mehr einseitig auf anatomische Geschlechtsmerkmale bezog. Chodorov (1978) nutzte Vorstellungen der Objektbeziehungstheorien (vgl. Abschn. 2.2, Abschn. 5.3), um die unterschiedliche Entwicklung von Jungen und Mädchen aus der frühen Symbiose von Mutter und Kind heraus zu beschreiben, wobei sie eine abgeschwächte Variante des Ödipuskomplexes annahm.

Alle Kinder identifizierten sich zunächst mit der Mutter als der wesentlichen Bezugsperson. Die Übernahme der weiblichen Geschlechtsrolle sei deshalb bei Mädchen einfach eine Fortsetzung dieser frühen Identifikation mit der Mutter. Bei Jungen führe die ödipale Krise zu einem Bruch in

der Identifikation mit der Mutter. Um sich männlich zu fühlen, müsse ein Junge sich also getrennt von der Mutter definieren; Männlichkeit sei deshalb zunächst negativ definiert als nicht-mutterhaft. Dazu trage bei, daß der Vater kaum anwesend sei. Mädchen könnten sich unmittelbarer und emotionaler mit der weiblichen Rolle identifizieren durch Identifikation mit der Person der Mutter, während Jungen wegen der viel schwächeren emotionalen Beziehung zum Vater sich mit einer Identifikation mit der Rolle des Vaters begnügen müßten.

Chodorovs Argumentation baute auf Beziehungsmustern in traditionellen westlichen Kleinfamilien auf und versagte daher bei der Erklärung der Geschlechtsentwicklung bei starker Beteiligung des Vaters an der Erziehung. Wie Freud führte Chodorov den Ödipuskomplex ein, um die männliche Geschlechtsentwicklung zu erklären, überschätzte die Rolle der Identifikation mit den Eltern und unterschätzte die Bedeutung Gleichaltriger für die Geschlechtsentwicklung.

Die weiteren vier Kritikpunkte oben gelten deshalb ebenso für Chodorov (1978). Sogar noch mehr als Freud konzentrierte sie sich auf die Beziehung zur Mutter. Wegen der kontinuierlicheren und intensiveren Identifikation der Töchter mit ihren Müttern müßten Töchter ihren Müttern in ihrer Persönlichkeit ähnlicher werden als Söhne ihren Vätern. Diese Folgerung aus Chodorovs Ansatz läßt sich ebenfalls empirisch nicht bestätigen (vgl. Abschn. 7.5.2).

> ! **Wenn auch Chodorovs Auffassung manchen Kritikpunkten an Freud entging, gelten die meisten Einwände gegen Freuds Auffassung auch für ihren Erklärungsversuch. Die Annahme, daß Töchter sich stärker mit ihrer Mutter identifizieren als Söhne mit ihrem Vater, läßt sich nicht empirisch stützen.**

7.5.2 Lerntheoretische Erklärungsansätze

Diese Ansätze basieren auf der Annahme, geschlechtstypisches Verhalten werde erlernt, indem es entweder von Eltern und anderen Sozialisationsagenten bevorzugt bekräftigt werde oder indem Personen des gleichen Geschlechts bevorzugt imitiert würden.

Bekräftigungstheorie

Sie beruht auf der Annahme, Jungen und Mädchen würden für gleiches Verhalten in Abhängigkeit von ihrem Geschlecht unterschiedlich bekräftigt, indem geschlechtstypisches Verhalten belohnt und geschlechtsuntypisches Verhalten ignoriert oder bestraft werde, und diese Bekräftigung sei auch tatsächlich in der erwünschten Richtung wirksam. Genauer betrachtet läßt sich diese Annahme in drei Hypothesen zerlegen: differentielle Erwartungen, differentielle Bekräftigung und differentielle Bekräftigungeffekte (Tafel 7.7).

Tafel 7.7. Hypothesen der Bekräftigungstheorie für Geschlechtsunterschiede

Nach Trautner (1979) beinhaltet die Annahme, Geschlechtsunterschiede würden durch Bekräftigungslernen erworben, drei aufeinander aufbauende Hypothesen:

- **Interaktionspartner erwarteten von Jungen und Mädchen unterschiedliches Verhalten (differentielle Erwartungen);**
- **Interaktionspartner bekräftigten Jungen und Mädchen unterschiedlich entsprechend diesen Erwartungen (differentielle Bekräftigung);**
- **die differentielle Bekräftigung beeinflußt tatsächlich das Verhalten der Kinder im Sinne der differentiellen Erwartungen (differentielle Bekräftigungseffekte).**

Da die drei Hypothesen aufeinander aufbauen, müssen alle drei zutreffen, wenn Geschlechtsunterschiede tatsächlich durch Bekräftigungslernen erworben werden.

Wegen der in allen Kulturen bestehenden Geschlechtsstereotype scheint es offensichtlich zu sein, daß Eltern und Lehrer, aber auch ältere Gleichaltrige differentielle Erwartungen an das Verhalten von Mädchen und Jungen hegen. Allerdings wurde in Abschn. 7.2.3. deutlich, daß ein Geschlechtsstereotyp noch nicht automatisch eine positive Einstellung zu diesem Stereotyp nach sich zieht: Eltern könnten z. B. versuchen, ihre Kinder entgegen dem vorherrschenden Geschlechtsstereotyp zu erziehen. In diesem Fall würden ihre Erwartungen an die eigenen Kinder nicht mit dem vorherrschenden Geschlechtsstereotyp übereinstimmen. In relativ egalitär gesinnten Kulturen wie dem heutigen Deutschland (vgl. Tabelle 7.10) sind die Erwartungen zumindest an die eigenen

Kinder weniger geschlechtsspezifisch ausgeprägt als noch in den 50er Jahren oder in traditioneller eingestellten heutigen Kulturen wie z. B. Japan.

Ob Eltern ihre Kinder differentiell im Sinne des kulturellen Geschlechtsstereotyps bekräftigen, kann zumindest für den nordamerikanischen Raum inzwischen verläßlich beurteilt werden. Lytton und Romney (1991) führten eine Metaanalyse von 20 einschlägigen Studien durch, in denen differentielle Bekräftigung durch direkte Beobachtung oder durch Beurteilungen von Eltern oder Kindern erfaßt wurde. Die Ergebnisse zeigen einen mittelgroßen Effekt von $d = 0{,}43$, wobei in allen Studien die Effektgröße positiv war, d. h. eine differentielle Bekräftigung im Sinne des Geschlechtsstereotyps anzeigte.

Väter bekräftigten geschlechtstypische Verhaltensweisen etwas mehr ($d = 0{,}49$) als Mütter ($d = 0{,}34$), und der Effekt nahm signifikant mit dem Alter der bekräftigten Kinder ab. Die Methode (Beobachtung vs. Beurteilung) hatte keinen signifikanten Effekt auf die Ergebnisse. Für nicht-westliche Kulturen gibt es keine vergleichbar detaillierten Analysen, aber die in Barry et al. (1957) berichteten Beurteilungen von Sozialisationspraktiken in 110 Kulturen sprechen für eine differentielle Bekräftigung in ähnliche Richtung, wobei sich durchaus Unterschiede im Ausmaß differentieller Bekräftigung finden (z. B. war die differentielle Bekräftigung stärker in polygynen Ehen als in monogamen Ehen).

An dieser Stelle muß vor dem Mißverständnis gewarnt werden, daß diese korrelativen Daten einen kausalen Einfluß des Bekräftigungsverhaltens auf das geschlechtstypische Verhalten belegen würden. Unbestreitbar ist nur, daß Eltern, besonders Väter, sich Jungen und Mädchen gegenüber unterschiedlich verhalten, und zwar in einer Weise, die dem Geschlechtsstereotyp entspricht. Dieser Zusammenhang zwischen Geschlecht und elterlichem Verhalten könnte aber theoretisch ausschließlich auf Aktivitätspräferenzen der Kinder beruhen, die durch diese Präferenzen das Erziehungsverhalten der Eltern steuern. Daß jedenfalls ein Teil des elterlichen differentiellen Bekräftigungsverhaltens auf das Konto der Kinder geht, wird z. B. durch eine Beobachtungsstudie von Snow et al. (1983) nahegelegt, die fanden, daß bereits einjährige Jungen weniger mit Puppen spielten als gleichaltrige Mädchen.

Für einen strengeren Nachweis eines kausalen Zusammenhangs zwischen elterlicher Bekräftigung und geschlechtstypischem Verhalten ihrer Kinder müßten Längsschnittuntersuchungen durchgeführt werden, die differentielle Bekräftigungseffekte dadurch nachzuweisen versuchen, daß die Zunahme geschlechtstypischen Verhaltens bei Kindern mit dem Ausmaß erfahrener differentieller Bekräftigung durch ihre Eltern korreliert. Solche Studien scheint es nicht zu geben (Trautner, 1991). Die Frage, wie weit die elterliche differentielle Bekräftigung geschlechtstypisches Verhalten ihrer Kinder fördert, kann also derzeit nicht schlüssig beantwortet werden. Sowohl Kind→Eltern-Effekte als auch Eltern→Kind-Effekte sind denkbar.

Hinzu kommt der bislang noch nicht diskutierte mögliche Einfluß der differentiellen Bekräftigung anderer Sozialisationsagenten auf das Kind: Auch Lehrer und Spielkameraden verhalten sich Jungen und Mädchen gegenüber unterschiedlich. Obwohl es hierfür noch keine Metaanalyse zu geben scheint, sind die Ergebnisse und die Probleme der Interpretation kaum anders als beim elterlichen Bekräftigungsverhalten (Fagot, 1985).

> **!** **Während die differentielle Bekräftigung geschlechtstypischen kindlichen Verhaltens besonders durch die Eltern gut belegt ist, ist derzeit unklar, wie stark die differentielle Bekräftigung durch Aktivitätspräferenzen der Kinder selbst bedingt ist. Ob Geschlechtsunterschiede im Verhalten durch differentielle Bekräftigung entstehen oder verstärkt werden, muß deshalb offen bleiben.**

Imitationstheorie

Dieser zweite lerntheoretische Ansatz beruht auf der Annahme, Kinder würden geschlechtsspezifisches Verhalten durch Imitation erlernen. Dies kann im Prinzip auf drei verschiedene Weisen geschehen: durch differentielle Beobachtungsgelegenheiten, selektive Imitation oder Elternidentifikation (Tafel 7.8).

Tafel 7.8. Hypothesen der Imitationstheorie für Geschlechtsunterschiede

Nach Trautner (1979) können Geschlechtsunterschiede auf dreierlei Weise durch Imitationslernen erworben werden:

- **Kinder haben mehr Gelegenheit zur Beobachtung gleichgeschlechtlicher Modelle als zur Beobachtung**

- **gegengeschlechtlicher Modelle (differentielle Beobachtungsgelegenheiten);**
- **wenn gleich- und gegengeschlechtliche Modelle beobachtet werden können, werden eher gleichgeschlechtliche imitiert (selektive Imitation);**
- **der gleichgeschlechtliche Elternteil ist das am meisten imitierte Modell (Elternidentifikation).**

Die Imitationstheorie hat Gültigkeit, wenn mindestens eine dieser drei Hypothesen zutrifft.

Zumindest in westlichen Industriegesellschaften haben Kinder von früh an ausreichend Gelegenheit, das Verhalten von Kindern und Erwachsenen beiderlei Geschlechts zu beobachten: im öffentlichen Leben, in der Schule, in Massenmedien und in der Familie (auch bei Vaterabwesenheit; oft kommen ja auch männliche Verwandte und Bekannte der Mutter zu Besuch). In Kulturen mit anderen Sozialstrukturen (z. B. bei strikter Geschlechtertrennung im öffentlichen und familiären Leben), bei geschlechtshomogenen Schulklassen oder bei Fehlen von Massenmedien mag es differentielle Beobachtungsgelegenheiten geben.

Daß Kinder bevorzugt Modelle des eigenen Geschlechts imitieren, läßt sich nur mit Einschränkungen bestätigen (Huston, 1983). Erstens läßt sich eine solche selektive Imitation erst ab dem Schulalter feststellen, wenn geschlechtstypische Einstellungen und geschlechtstypisches Verhalten bereits stark ausgebildet sind; zu deren Erklärung kann selektive Imitation also nichts beitragen. Zweitens dominiert die Tendenz, typisches *Verhalten* des eigenen Geschlechts zu imitieren, die Tendenz, das Verhalten einer gleichgeschlechtlichen *Person* zu imitieren. Werden nämlich beide Tendenzen in Konkurrenz gebracht, ist die Imitationstendenz stärker für Verhalten des eigenen Geschlechts, das untypischerweise von einem Modell des anderen Geschlechts gezeigt wird, als für Verhalten des anderen Geschlechts, das von einem Modell des eigenen Geschlechts gezeigt wird (Barkley et al., 1977). Jungen imitieren also z. B. eher kriegerisches Verhalten eines Mädchens als bemutterndes Verhalten eines Jungen. Diese Asymmetrie legt die Interpretation nahe, daß die bei älteren Kindern gefundene selektive Imitationstendenz durch Verhaltenspräferenzen der Kinder gesteuert wird, die ohnehin schon da sind.

! Eine selektive Imitation geschlechtstypischen Verhaltens tritt erst bei älteren Kindern auf und dürfte nicht mehr bewirken als eine Festigung, bestenfalls eine Verstärkung geschlechtstypischen Verhaltens.

Die Hypothese von der Elternidentifikation (Kinder imitierten bevorzugt den gleichgeschlechtlichen Elternteil) ist ein Spezialfall der Hypothese zur selektiven Imitation. Für die Hypothese der Elternidentifikation gelten dieselben Einschränkungen, insbesondere daß derartige Tendenzen überhaupt erst relativ spät nachweisbar sind. Dies steht in krassem Gegensatz zu der von psychoanalytisch orientierten Autoren geteilten Meinung, geschlechtstypisches Verhalten werde primär durch Identifikation mit dem gleichgeschlechtlichen Elternteil erworben.

Im Gegensatz zu der allgemeineren Hypothese der selektiven Imitation läßt sich im speziellen Fall der Elternidentifikation eine relativ gut überprüfbare Vorhersage ableiten, daß nämlich Söhne mit wachsendem Alter ihren Vätern in ihrer Persönlichkeit ähnlicher werden müßten als ihren Müttern und Töchter ihren Müttern mehr ähneln müßten als ihren Vätern (wobei Geschlechtsunterschiede in Persönlichkeitsmerkmalen kontrolliert werden). Dies läßt sich durch Korrelationen einzelner Persönlichkeitsmerkmale zwischen Kindern und ihren Eltern testen. Familienstudien zeigen im allgemeinen keine stärkere Ähnlichkeit zwischen Kind und gleichgeschlechtlichem Elternteil als zwischen Kind und gegengeschlechtlichem Elternteil. Besonders gut läßt sich die Hypothese der Elternidentifikation durch Adoptionsstudien testen. Hier sind die Korrelationen zwischen beiden Adoptiveltern und ihren Kindern durchweg sehr ähnlich und niedrig (vgl. Loehlin, 1992).

Ebensowenig bestätigen derartige korrelative Analysen die Hypothese, daß Töchter ihren Müttern ähnlicher seien als Söhne ihren Vätern – eine Asymmetrie, die sich aus Chodorovs (1978) Annahme einer besonders kontinuierlichen und intensiven Tochter-Mutter-Identifikation ableiten läßt. Dies ist wenig erstaunlich, weil die zentrale Annahme der Identifikationstheorien, daß die Elternpersönlichkeit auf nichtgenetische Weise wesentlich die Kindpersönlichkeit beeinflußt, nicht haltbar ist (vgl. Abschn. 6.2).

! Entgegen Chodorovs Auffassung sind Söhne ihren Vätern in ihrer Persönlichkeit nicht ähnlicher als ihren Müttern und Töchter ihren Müttern nicht

ähnlicher als ihren Vätern; auch sind sich Töchter und Mütter nicht ähnlicher als Söhne und Väter.

Insgesamt ist es damit um psychoanalytische und lerntheoretische Erklärungen von Geschlechtsunterschieden nicht allzu gut bestellt. Unbestreitbar ist, daß die spezielle kulturelle Form von Geschlechtsunterschieden durch Lernen erworben wird – in welchen Situationen und in welcher Weise z. B. aggressives Verhalten gezeigt werden darf. Daß überhaupt Geschlechtsunterschiede in bestimmten Typen von Einstellungen und Verhalten existieren, läßt sich jedoch lerntheoretisch nicht zwingend erklären. Es könnte gut sein, daß im Verlauf der geschlechtstypischen Entwicklung die Kinder selber differentielle Bekräftigungen bei anderen hervorrufen und spontan zur Imitation geschlechtstypischen Verhaltens neigen.

Kein Zweifel kann daran bestehen, daß der fördernde Einfluß von Eltern und Erziehern auf die geschlechtstypische Entwicklung von Kindern lange Zeit überschätzt wurde. Beispielsweise war unter westdeutschen Studenten der späten 60er und frühen 70er Jahre der Glaube verbreitet, geschlechtsspezifisches Verhalten sei nicht mehr als eine erlernte Rolle. In Verbindung mit dem Ziel, die Benachteiligung von Frauen durch Einebnung psychologischer Geschlechtsunterschiede abzubauen, führte dieser Glaube zu dem Bemühen, Jungen und Mädchen „geschlechtsneutral" zu erziehen, z. B. in Kinderläden.

Zur Frustration der Eltern und Kinderladenerzieher waren diese Bemühungen von keinem Erfolg gekrönt. Jungen, die zum spielerischen Kochen angehalten wurden, benutzten Kochlöffel als Revolver, und Mädchen wiegten träumerisch Rennwagen in ihren Armen, als seien es rosaweiche Babys. Nickel und Schmidt-Denter (1980) verglichen die Konfliktlösungen zwischen Kinderläden und traditionellen Kindergärten und fanden, daß in den Kinderläden die Jungen aggressiver waren und Mädchen stärker dominierten als in traditionellen Kindergärten – vermutlich weil die Erzieher in traditionellen Kindergärten aktiver gegen aggressives oder dominantes Verhalten einschritten. Im Falle aggressiven Verhaltens mindert Erziehungsverhalten eher Geschlechtsunterschiede.

7.5.3 Kognitive Erklärungsansätze

Im Gegensatz zu den Lerntheorien betonen kognitive Erklärungsansätze wie z. B. Kohlberg (1966) die Entwicklung des Geschlechtsstereotyps und der Geschlechtsidentität, insbesondere der Geschlechtskonstanz, als treibende Kraft der Geschlechtsentwicklung. Das Erkennen des eigenen Geschlechts führe – aufgrund einer allgemeinen motivationalen Tendenz zur Erreichung kognitiver Konsistenz – zu dem Bestreben, das Selbstbild dem Geschlechtsstereotyp anzupassen und damit zu einer positiven Bewertung des eigenen Geschlechts, zu einer Bevorzugung von Situationen und Personen, die die eigene Geschlechtsidentität bestätigen, und schließlich zu einer Imitation und Identifikation mit gleichgeschlechtlichen Personen, insbesondere dem gleichgeschlechtlichen Elternteil. Geschlechtstypische Präferenzen und geschlechtstypisches Verhalten wären danach eine Konsequenz des Geschlechtsverständnisses.

Ein Vergleich mit den Ergebnissen zur geschlechtstypischen Entwicklung zeigt, daß Kohlbergs (1966) Ansatz nicht in der Lage ist, wesentliche Phänomene der geschlechtstypischen Entwicklung zu erklären. Geschlechtstypische Einstellungen, z. B. Spielzeugpräferenzen, gibt es schon im ersten Lebensjahr, lange vor den von Kohlberg (1966) diskutierten Prozessen, und geschlechtstypisches Verhalten schon vor der Geburt; wenn Geschlechtsverständnis und geschlechtstypische Einstellungen in Phasen der schnellen Entwicklung des Geschlechtsverständnisses korreliert werden, sind die Korrelationen nahe Null; Kinder imitieren eher Verhalten, das typisch für das eigene Geschlecht ist, als Personen des eigenen Geschlechts; eine spezielle Identifikation mit dem gleichgeschlechtlichen Elternteil läßt sich nicht nachweisen. Die von Kohlberg (1966) diskutierten Prozesse dürften tatsächlich einen gewissen Einfluß auf die geschlechtstypische Entwicklung ausüben, sind aber keineswegs in der Lage, die Entstehung von Geschlechtsunterschieden in Einstellungen und im Verhalten ausreichend zu erklären.

Neuere kognitive Ansätze kreisen um den Begriff des Geschlechtsschemas (Bem, 1981). Gemeint ist damit die erwartungsbildende und wahrnehmungsverzerrende Rolle des Geschlechts-

stereotyps. Geschlechtsstereotype stellen ja nicht nur einfach Wissen dar, sondern funktionieren als Erwartungen, die die Wahrnehmung und andere Informationsverarbeitungsprozesse beeinflussen. Ist ein Geschlechtsschema ausgebildet, werden schemakongruente Informationen betont und schemainkongruente ausgeblendet oder jedenfalls weniger gewichtet. Dies führt zu einer Stabilisierung des Geschlechtsschemas.

Es handelt sich hier lediglich um eine Anwendung des allgemeinen Schemabegriffs der Kognitionspsychologie (vgl. auch den Begriff des Selbstschemas; Abschn. 4.7.1) auf den speziellen Fall des Geschlechtsstereotyps. Untersucht wird die Funktion des Geschlechtsschemas, insbesondere seine selbststabilisierende Funktion. Dieser Ansatz kann gut erklären, wie es zu Übertreibungen tatsächlich vorhandener Geschlechtsunterschiede im Geschlechtsstereotyp kommt (vgl. Abb. 7.1). Er kann aber nicht erklären, wie es zu tatsächlichen Geschlechtsunterschieden kommt, es sei denn, der Ansatz wird verknüpft mit lerntheoretischen Vorstellungen über den Erwerb von tatsächlichen Geschlechtsunterschieden.

> **!** **Ohne weitere Zusatzannahmen können kognitive Erklärungsansätze die Natur von Geschlechtsstereotypen erklären, nicht aber tatsächliche Geschlechtsunterschiede.**

7.5.4 Kulturpsychologische Erklärungsansätze

Lerntheoretische Ansätze können nicht erklären, warum psychologische Geschlechtsunterschiede überhaupt bestehen, weil sie diese letztlich aus Geschlechtsstereotypen ableiten. Kognitive Ansätze können nicht erklären, warum Geschlechtsstereotype überhaupt bestehen, weil sie diese entweder voraussetzen oder durch verzerrte Wahrnehmung tatsächlicher Geschlechtsunterschiede erklären. Wo aber kommen Geschlechtsunterschiede und Geschlechtsstereotypen ursprünglich her? Klassische kulturpsychologische Ansätze versuchen, Gemeinsamkeiten und Unterschiede in Geschlechtsunterschieden und Geschlechtsstereotypen zwischen Kulturen durch Merkmale der Kulturen zu erklären (vgl. z. B. Segall et al., 1990, Kap. 11).

Interkulturelle Gemeinsamkeiten in geschlechtstypischen psychologischen Merkmalen werden auf nichtpsychologische, kulturell universelle Geschlechtsunterschiede zurückgeführt wie z. B. die größere Kraft und Schnelligkeit von Männern und die Einschränkung der Leistungsfähigkeit von Frauen während Schwangerschaft und Stillperiode. Diese letztlich körperlich bedingten Unterschiede führten zu kulturell universellen Formen der Arbeitsteilung (z. B. daß Frauen sich mehr als Männer an der Nahrungszubereitung und an der Kindererziehung beteiligten), die wiederum in Form von Geschlechtsstereotypen übertrieben, generalisiert und fixiert würden nach dem Motto „Frauen können besser Kinder erziehen, weil sie mehr mit ihnen zusammen sind; deshalb sollten sie dies auch tun“. Kinder würden dann entsprechend diesen Geschlechtsstereotypen durch andere Mitglieder der Kultur, speziell die Mütter, in Geschlechtsrollen hineinsozialisiert (der Begriff der Geschlechtsrolle impliziert nicht nur geschlechtstypisches Verhalten, sondern auch geschlechtsspezifische Sozialisation).

Interkulturelle Unterschiede in geschlechtstypischen psychologischen Merkmalen werden auf interkulturell variierende ökologische Bedingungen zurückgeführt, deren Folgen für die Arbeitsteilung die kulturell universellen Geschlechtsunterschiede überlagern. Damit werden interkulturelle Gemeinsamkeiten und Unterschiede durch einen gemeinsamen Ansatz zu erklären versucht (Abb. 7.7).

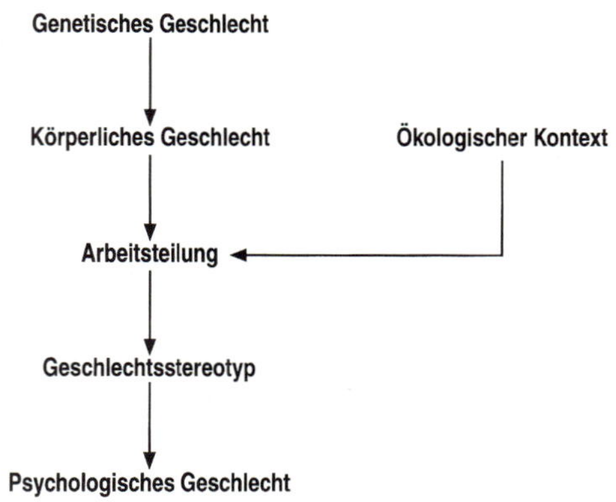

Abb. 7.7. Klassische kulturpsychologische Erklärung für Geschlechtsunterschiede

> ! **Nach kulturpsychologischer Auffassung beruhen psychologische Geschlechtsunterschiede auf der Arbeitsteilung zwischen Mann und Frau. Diese beruhe wiederum zum einen auf universellen körperlichen Geschlechtsunterschieden (wodurch universelle psychologische Geschlechtsunterschiede erklärt werden sollen), zum anderen auf ökologischen Bedingungen, die von Kultur zu Kultur variieren (wodurch interkulturelle Unterschiede in psychologischen Geschlechtsunterschieden erklärt werden sollen).**

Besonders verbreitet ist in der Kulturpsychologie der Ansatz, interkulturelle Unterschiede im Ausmaß von Geschlechtsunterschieden durch eine ökologisch bedingte unterschiedlich starke Arbeitsteilung zwischen Frau und Mann zu erklären. Schlegel und Barry (1986) beispielsweise analysierten den Zusammenhang zwischen dem Beitrag von Frauen zur Ernährung des Haushalts und geschlechtsrelevanten Merkmalen in 186 nichtindustriellen Kulturen. Der Beitrag der Frauen zur Ernährung relativ zu dem der Männer betrug durchschnittlich 35,5 % und variierte zwischen 0 und 75 %. Am geringsten war der Beitrag in Kulturen, die hauptsächlich von der Jagd lebten, am höchsten in Kulturen, die sich hauptsächlich vom Sammeln von Pflanzen und Früchten ernährten. Kulturen mit überdurchschnittlichem Beitrag von Frauen zur Ernährung waren u. a. gekennzeichnet durch ein längeres Geschlechtsverkehrtabu nach der Geburt (führt zu einer geringeren Belastung der Frauen durch Schwangerschaft und Stillen), besondere Bekräftigung von jungen Mädchen für Fleiß, geringere Sanktionierung vorehelichen Geschlechtsverkehrs bei Frauen, eine geringere Vergewaltigungsrate und eine höhere kulturelle Bewertung des weiblichen Geschlechts.

Diese Befunde ergeben ein konsistentes Bild, das sich mit der Erklärung von Geschlechtsstereotypen und ihrer kulturellen Bewertung durch Arbeitsteilung gut deckt. Allerdings waren die entsprechenden Befunde nur wegen der sehr großen Zahl einbezogener Kulturen überzufällig; z. B. betrug die Korrelation zwischen Beitrag von Frauen zur Ernährung und kultureller Bewertung von Frauen nur 0,18. Außerdem belegen sie nur einen Zusammenhang zwischen Arbeitsteilung und Bewertung von Frauen, nicht zwischen Arbeitsteilung und der Größe von Geschlechtsunterschieden.

Einfache Erklärungen von Geschlechtsunterschieden durch Arbeitsteilung allein mögen für bestimmte Geschlechtsunterschiede möglich sein, nicht aber für alle. So korreliert Berrys (1976) „ökokultureller Index", der deutlich mit Geschlechtsunterschieden in räumlichen Fähigkeiten zusammenhängt (vgl. Abschn. 7.4), nicht mit der Arbeitsteilung zwischen den Geschlechtern, und geringe Geschlechtsunterschiede in räumlichen Fähigkeiten wurden gerade bei Jäger-Fischer-Kulturen mit geringem weiblichem Beitrag zur Ernährung gefunden. Kulturen variieren auf sehr vielen unabhängigen Dimensionen, und die Größe von Geschlechtsunterschieden wird durch viele dieser Dimensionen mitbestimmt.

7.5.5 Soziobiologische Erklärungsansätze

Klassische kulturpsychologische Ansätze beschränken die Rolle genetischer Faktoren für Geschlechtsunterschiede auf körperliche Merkmale, aus denen dann psychologische Geschlechtsunterschiede durch Nutzung lerntheoretischer Erklärungen sekundär abgeleitet werden. Eine Alternative für die Erklärung kulturell universeller Geschlechtsunterschiede stellen soziobiologische Erklärungsansätze dar, die von genetisch prädisponierten geschlechtstypischen Präferenzen und Verhaltensweisen ausgehen, die im Verlauf der Evolution des Menschen entstanden seien. Lassen sich bestimmte psychologische Geschlechtsunterschiede als Resultat einer differentiellen natürlichen Selektion in der evolutionären Vergangenheit des Menschen verstehen, von Selektionskräften also, die auf Frauen und Männer unterschiedlich gewirkt haben?

Soziobiologische Erklärungen für Geschlechtsunterschiede beginnen stets mit der Feststellung einer grundlegenden Asymmetrie zwischen den beiden Geschlechtern: Ein Mann kann theoretisch wesentlich mehr Kinder zeugen, als eine Frau gebären kann. Hieraus lassen sich zahlreiche Annahmen darüber ableiten, wie sich Männer und Frauen verhalten sollten, um ihre inklusive Fitness (die Zahl genetisch Verwandter, insbesondere eigener Kinder und deren Kinder) unter den ökologischen Bedingungen der evolutionären Vergangenheit zu maximieren (Tafel 7.9).

Tafel 7.9. Soziobiologische Erklärung psychologischer Geschlechtsunterschiede

Ein Mann kann theoretisch wesentlich mehr und über einen längeren Zeitraum Kinder zeugen, als eine Frau gebären kann. Also sollte sich durch natürliche Selektion bei Männern eine andere Fortpflanzungsstrategie herausgebildet haben als bei Frauen. Männer könnten auf Quantität setzen (viele Kinder mit vielen Frauen zeugen, ohne sich viel um das einzelne Kind zu kümmern) oder auf Qualität (wenige Kinder zeugen und sich intensiv um sie kümmern, um deren Nachkommenzahl zu maximieren); Frauen könnten nur auf Qualität setzen. Aus dieser Überlegung lassen sich mehrere Schlußfolgerungen ziehen (vgl. Trivers, 1972; Buss & Schmitt, 1993):

- **Männer sollten bei Geschlechtspartnerinnen mehr Wert auf Jugend und gutes Aussehen als Indikator von Fruchtbarkeit und Gesundheit legen; Frauen sollten höher gewichten, ob der Partner Ressourcen für die Kinder bietet (z. B. guter Jäger/Fischer, viel Land, hoher sozialer Status).**
- **Polygynie (ein Mann hat mehrere Ehefrauen) sollte verbreiteter sein als Polyandrie (eine Frau hat mehrere Ehemänner).**
- **Männer sollten sich weniger als Frauen an der Kindererziehung beteiligen.**
- **Männer sollten weniger wählerisch bei der Wahl einer Geschlechtspartnerin sein und schneller bereit sein, mit ihr ins Bett zu gehen, als Frauen bei einem Geschlechtspartner.**
- **Männer sollten eifersüchtiger als Frauen auf sexuelle Seitensprünge reagieren, während Frauen eifersüchtiger als Männer reagieren sollten, wenn der Partner eine enge emotionale, nichtsexuelle Beziehung zu anderen Frauen eingeht.**

Die natürliche Selektion habe dann dafür gesorgt, daß sich langfristig tatsächlich das in Tafel 7.9 geschilderte „optimale Verhalten" in Form genetisch fixierter geschlechtstypischer Verhaltenspräferenzen herausgebildet habe. Der Erfolg der männlichen „quantitativen Strategie" ist allerdings doppelt begrenzt: erstens durch Rivalität der Männer untereinander (einen Harem zu unterhalten können sich ja niemals alle Männer einer Kultur erlauben) und zweitens durch eine Minimalinvestition in die eigenen Kinder, um deren Fortpflanzungsfähigkeit zu sichern. Deshalb ist der relative Selektionsvorteil der quantitativen Strategie für Männer nicht so groß, wie er auf den ersten Blick scheint, und deshalb ist er wesentlich von den ökologischen Bedingungen abhängig: In reichen Umwelten, in denen Frauen Kinder praktisch ohne väterliche Beteiligung aufziehen können, zahlt sich die quantitative Strategie mehr aus als bei knappen Umweltressourcen, in denen eine väterliche Beteiligung notwendig für das Überleben der Kinder ist.

Soziobiologen würden sofort zugestehen, daß die von ihnen postulierten geschlechtsspezifischen Verhaltenspräferenzen in Wechselwirkung mit anderen Verhaltenspräferenzen treten, die durch spezielle ökologische Bedingungen oder kulturelle Normen bedingt sind. Zumindest im Mittel über alle Menschen in allen Kulturen müßten sich aber die vorhergesagten Verhaltenspräferenzen statistisch nachweisen lassen. Damit lassen sich soziobiologische Vorhersagen empirisch testen.

Die fünf Vorhersagen von Tafel 7.9 sind empirisch weitgehend bestätigt. Die Hypothese einer geringeren emotionalen Bindung an den Geschlechtspartner bei Männern (vgl. Tabelle 7.7) läßt sich auch im interkulturellen Vergleich gut belegen. Daly und Wilson (1979) untersuchten die Familienformen in 849 Kulturen und fanden, daß 83 % Polygynie erlaubten (ein Mann hat mehrere Ehefrauen), aber Polyandrie (eine Frau hat mehrere Ehemänner) in nur vier Kulturen erlaubt war (0,05 %), und in diesen war gleichzeitig Polygynie erlaubt. Männer beteiligen sich in allen Kulturen typischerweise weniger als Frauen an der Kindererziehung während der ersten beiden Lebensjahre des Kindes. Zwischen zwei und fünf Jahren wird das Bild differenzierter: in 11 % der 82 untersuchten Kulturen bestand zwischen Vater und Kind typischerweise ein enges Verhältnis, in 33 % war die Mutter die Hauptbezugsperson, und in den meisten Kulturen waren beide Eltern an der Erziehung beteiligt (Katz & Konner, 1981). Die beiden letztgenannten Hypothesen in Tafel 7.9 konnten jedenfalls für nordamerikanische Studenten mehrfach bestätigt werden (vgl. Buss & Schmitt, 1993).

> **!** **Aus der Hypothese geschlechtsspezifischer optimaler Fortpflanzungsstrategien können zahlreiche Hypothesen über universelle Geschlechtsunterschiede abgeleitet werden, die weitgehend empirisch bestätigt werden konnten.**

Auch die starke Geschlechtertrennung gegenüber Gleichaltrigen bis zum Erreichen der Pubertät kann soziobiologisch erklärt werden, und zwar als „andere Seite des Inzesttabus". Nach soziobiologi-

scher Interpretation wird das Inzesttabu (kein sexueller Verkehr mit nahen Verwandten) dadurch eingehalten, daß das sexuelle Interesse an vertrauten Personen blockiert wird, mit denen man in der frühen bis mittleren Kindheit zusammen aufgewachsen ist (vor allem trifft dies auf Geschwister zu). Wenn dies so ist, wäre es sinnvoll, daß gleichzeitig eine starke Geschlechtertrennung stattfindet. Wäre das nämlich nicht der Fall, bestünde die Gefahr, daß das Inzesttabu auf vertraute, genetisch nicht verwandte Spielpartner angewendet wird, und das würde die Heiratsmöglichkeiten in kleineren sozialen Gruppen erschweren, weil alle potentiellen Partner eng vertraut sind (vgl. Maccoby & Jacklin, 1987).

Ein letzter soziobiologischer Zugang zu Geschlechtsunterschieden gründet auf der Annahme, daß die dominante Lebensweise unserer Vorfahren seit dem Homo erectus zu Beginn des Pleistozäns vor 1,7 Millionen Jahren bis zur Erfindung des Ackerbaus am Ende des Pleistozäns vor 10 000 Jahren die Jäger-Sammler-Kultur mit starker geschlechtsspezifischer Arbeitsteilung gewesen sei (vgl. z. B. Bischof-Köhler, 1985; Lee & DeVore, 1968).

Hieraus leiteten Silverman und Eals (1992) ab, daß Männer besser in mentaler Rotation sein sollten als Frauen, weil diese Fähigkeit mehr beim Jagen als beim Sammeln nützlich sei. Diese Argumentation stößt allerdings auf zwei Probleme. Eindeutig nachweisbar ist die Jagd erst seit ca. 40 000 Jahren. Für die Zeit davor beruht die Jäger-Sammler-Hypothese auf indirekter Evidenz: Ausgrabungen von gemeinsamen Anhäufungen von Tierknochen und Steinwerkzeugen. Wie die Assoziation von Knochen und Werkzeugen interpretiert werden sollte, ist inzwischen aber unter Anthropologen stark umstritten. Erklärt werden könnte sie z. B. auch durch die Nutzung des gleichen Ortes durch jagende Tiere und Vorfahren des heutigen Menschen in einem ähnlichen Zeitraum oder durch die Hypothese, daß diese Frühmenschen kleineren Jägern die Beute raubten oder sich gar von Aas ernährten (vgl. z. B. Binford, 1990). Falls die Jagd aber erst mit dem Auftreten von Homo sapiens vor ca. 100 000 Jahren oder später entstand, erscheint es fraglich, ob in diesem – evolutionär betrachtet – kurzen Zeitraum das Jagen der Männer einen Selektionsdruck zur Ausbildung von Geschlechtsunterschieden z. B. in mentaler Rotation ausgeübt hat.

Zweitens sind Männer zwar in westlichen Industriegesellschaften im Durchschnitt etwas besser als Frauen in mentaler Rotation (vgl. Abschn. 7.3), aber dies gilt nicht für alle Kulturen. Vor allem gilt es nicht für Jäger-Fischer-Kulturen wie Eskimos und Cree-Indianer mit starker Arbeitsteilung, die vermutlich eine besonders ungebrochene Tradition in der Jagd haben; gerade aber in diesen Kulturen scheint der Geschlechtsunterschied in mentaler Rotation minimal zu sein (vgl. Abschn. 7.4).

Soziobiologische Erklärungsansätze leiden unter mindestens drei Problemen:

- Sie beruhen auf Optimalitätsüberlegungen zur Wirkung der natürlichen Selektion, deren Ergebnis von der Art der berücksichtigten Bedingungen abhängt. Werden möglicherweise wichtige Bedingungen nicht berücksichtigt, z. B. bestimmte Wechselwirkungen zwischen ökologischen Bedingungen der Vergangenheit und Fortpflanzungsstrategien, könnten die Überlegungen in die Irre führen.
- Selbst wenn alle wichtigen evolutionären Bedingungen berücksichtigt wurden, muß der evolutionäre Prozeß nicht unbedingt dem vorhergesagten „optimalen Pfad“ gefolgt sein. Wie alle historischen Prozesse ist auch der evolutionäre Prozeß durch unsystematische Faktoren bestimmt (Waldrop, 1986; vgl. auch Abschn. 3.1.3). Bestimmte Geschlechtsunterschiede könnten auch auf singulären Ereignissen in der Evolution beruhen.
- Derzeit sind weder die Gene bekannt, die für die vermuteten geschlechtstypischen Verhaltensdispositionen verantwortlich sind, noch die vermittelnden Mechanismen zwischen der Aktivität dieser Gene und diesen Dispositionen.

Zudem gibt es durchaus Alternativerklärungen für soziobiologische Vorhersagen. So kann z. B. die hohe Polygynierate auch dadurch erklärt werden, daß Männer aufgrund ihrer körperlichen Überlegenheit über mehr Ressourcen verfügen als Frauen und daher leichter mehrere Partner ernähren können. Der soziobiologische Ansatz wird deshalb weniger durch die Erklärung bekannter Geschlechtsunterschiede bestätigt als durch die Ge-

nerierung neuer Hypothesen über Geschlechtsunterschiede, die sich dann bestätigen lassen. So scheint die letzte Hypothese in Tafel 7.9 zuerst von Symons (1979) formuliert worden zu sein, der sie soziobiologisch ableitete. Inzwischen gibt es erheblich differenziertere soziobiologische Hypothesen zu Geschlechtsunterschieden, als hier darstellbar ist (vgl. z. B. die Diskussion kurz- vs. langfristiger geschlechtstypischer Fortpflanzungsstrategien in Buss & Schmitt, 1993).

! **Soziobiologische Erklärungen für Geschlechtsunterschiede sind spekulativ, weil die vermittelnden Gene und ihre Wirkungen nicht bekannt sind; auch gibt es meist kulturpsychologische Alternativerklärungen. Die stärkste Bestätigung fand der soziobiologische Ansatz durch die Vorhersage von bis dahin unbeachteten Geschlechtsunterschieden, die sich empirisch bestätigen ließen (z. B. geschlechtstypische Eifersuchtsformen).**

7.5.6 Ein integratives Modell für Geschlechtsunterschiede

Während psychoanalytische Ansätze in zentralen Annahmen als widerlegt gelten können, sind lerntheoretische, kognitive, kulturpsychologische und soziobiologische Erklärungsansätze möglicherweise zutreffende Erklärungen für bestimmte zentrale Aspekte der Entwicklung von Geschlechtsunterschieden. Diese Erklärungsansätze stehen nicht in Konkurrenz, sondern können kombiniert werden zu einem integrativen Erklärungsmodell (vgl. Abb. 7.8).

Soziobiologische Erklärungen nutzen den Pfad 1→2→3→4, wobei sie empirisch Anfangspunkt (geschlechtstypische Umweltbedingungen in der evolutionären Vergangenheit des Menschen) und Endpunkt des Pfades (psychologische Geschlechtsunterschiede) miteinander korrelieren. Wichtig ist hierbei, daß unter dem genetischen Geschlecht nicht nur die An- oder Abwesenheit des Y-Antigens verstanden wird, sondern alle hiermit möglicherweise assoziierten genetischen Unterschiede zwischen den Geschlechtern (vgl. Abschn. 7.1).

Klassische kulturpsychologische Erklärungen ignorieren den direkten Pfad 4 vom neuronalen zum psychologischen Geschlecht. Sie setzen beim „motorischen Geschlecht“ an (Kraft und Geschwin-

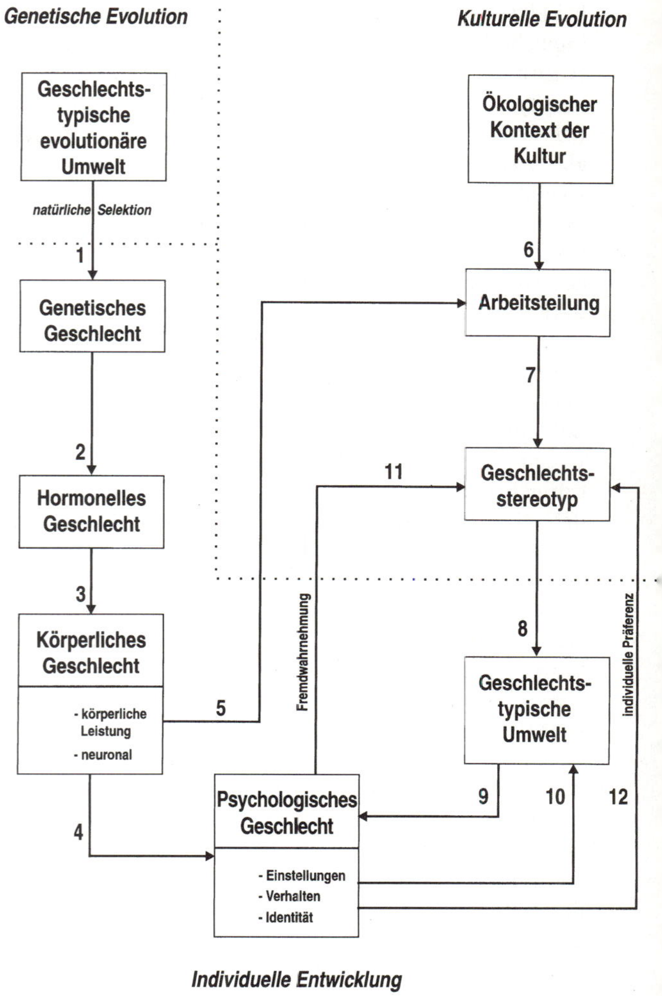

Abb. 7.8. Ein integratives Modell der Erklärung von Geschlechtsunterschieden

digkeit vs. motorisches Geschick und Ausdauer) und kommen über den Pfad (5+6)→7→ 8→9 zum psychologischen Geschlecht (vgl. auch Abb. 7.7). Dabei nutzen sie lerntheoretische Erklärungen für den Pfad 9 unter der Annahme, daß die soziale Umwelt, bestehend aus wichtigen Interaktionspartnern, geschlechtstypisches Verhalten bekräftige, und die soziale Umwelt, einschließlich der Medien, vielfältige Gelegenheiten für die Imitation geschlechtstypischen Verhaltens biete.

Dieses Modell macht deutlich, daß lerntheoretische Erklärungen Teil kulturpsychologischer

Erklärungen sind, und daß klassisch-kulturpsychologische Erklärungen weitgehend komplementär zu soziobiologischen Erklärungen sind (neuere kulturpsychologische Erklärungen versuchen, beide Erklärungstypen zu verbinden; vgl. z. B. Segall et al., 1990). Nichts spricht derzeit dagegen, daß sowohl der soziobiologische als auch der klassisch-kulturpsychologische Pfad Kausalketten beschreiben, die auf zwei unterschiedlichen Wegen auf dieselben psychologischen Geschlechtsunterschiede wirken.

Das Modell enthält zusätzlich drei weitere Pfade. Pfad 10 betont die aktive Rolle des Individuums beim Lernen durch Präferenzen für bestimmte Lerninhalte und die Auswahl und Gestaltung der Umwelt. Die Tendenz, Verhalten anderer zu imitieren, das typisch für das eigene Geschlecht ist, gehört ebenso hierzu wie die Bevorzugung gleichgeschlechtlicher Interaktionspartner bis zur Pubertät.

Pfad 11 trägt der Tatsache Rechnung, daß das Geschlechtsstereotyp sich nicht nur auf Persönlichkeitsmerkmale bezieht, die sich auf körperliches Geschlecht und Arbeitsteilung zurückführen lassen, sondern auf alle sozial beachteten Merkmale. Dieser Pfad spielt in klassisch-kulturpsychologischen Erklärungen keine Rolle, weil Pfad 4 ignoriert wird und Pfad (5+6)→7→8→9 der einzige ist, der zu psychologischen Geschlechtsunterschieden führt. Wird aber Pfad 4 erlaubt, besteht die Möglichkeit für genetisch evolvierte Einflüsse auf Geschlechtsstereotype unabhängig von der Arbeitsteilung (Pfad 1→2→3→4→11).

Pfad 12 schließlich beschreibt individuelle Präferenzen für bestimmte Merkmale von Geschlechtsunterschieden, also den Prozeß der kulturellen Selektion von Geschlechtsstereotypen. Damit ist der Kreisprozeß 12→8→9 die Grundlage für historische Veränderungen von Geschlechtsstereotypen. Dieser Kreisprozeß ist aber kein reiner Selbstläufer, sondern ist durch Pfad 6→7 an den ökologischen Kontext von Kulturen und durch die Pfade 1→2→3→4 und 1→2→3→5→7 an die evolutionäre Umwelt angebunden. Geschlechtsstereotypen können also eine gewisse Eigendynamik besitzen, aber diese ist begrenzt durch aktuelle und vergangene Umweltbedingungen.

Ein Modell wie dieses gibt natürlich keine ausreichende Antwort auf die Frage, wie Geschlechtsunterschiede entstehen. Es skizziert nur einen Rahmen, in dem sich vorhandene Erklärungsversuche integrieren lassen und der acht Erklärungen beschreibt. Wie bedeutsam die einzelnen Pfade und Pfadkombinationen sind, ist eine empirische Frage und kann nur empirisch beantwortet werden. Biologie, Psychologie und Kulturwissenschaften sind heute noch weit davon entfernt, die Stärke der einzelnen Pfade quantitativ zu bestimmen. Als Arbeitshypothese jedenfalls läßt sich heute aus gutem Grund behaupten, daß alle Pfade für die Entstehung von Geschlechtsunterschieden relevant sind:

> ! **Psychologische Geschlechtsunterschiede beruhen auf einer durch Geschlechtsstereotypisierung bedingten kulturellen Verstärkung genetisch und ökologisch bedingter Geschlechtsunterschiede auf hormoneller, neuraler und Verhaltensebene.**

7.6 Diskussion

In diesem Kapitel klangen noch einmal zentrale Themen dieses Buches an: die Kodetermination von Persönlichkeitsunterschieden durch Gene und Umweltbedingungen; die dynamische Interaktion zwischen Persönlichkeit und Umwelt; Stereotypisierung durch kognitive Schemata; und das weitgehende Versagen psychoanalytischer und die Begrenztheit lerntheoretischer Erklärungen für Persönlichkeitsunterschiede.

Darüber hinaus wurden zwei neue Erklärungsansätze für Persönlichkeitsunterschiede eingeführt. Der kulturpsychologische Ansatz untersucht kulturelle Gemeinsamkeiten und Unterschiede in Geschlechtsunterschieden und versucht, sie aus ökologischen Bedingungen von Mann und Frau in Gegenwart und evolutionärer Vergangenheit abzuleiten. Der soziobiologische Ansatz versucht, kulturelle Gemeinsamkeiten und Unterschiede in Geschlechtsunterschieden auf Unterschiede zwischen den erfolgreichen Fortpflanzungsstrategien von Männern und Frauen unter den ökologischen Bedingungen der evolutionären Vergangenheit zurückzuführen.

Beide Erklärungsansätze können im Prinzip

auch auf Persönlichkeitsunterschiede im allgemeinen angewendet werden: Warum beispielsweise unterscheiden sich Menschen in allen Kulturen in Aggresssivität oder bestimmten Intelligenzleistungen, und wie weit variiert das Ausmaß dieser Persönlichkeitsunterschiede und die kulturelle Bewertung dieser Unterschiede zwischen Kulturen? Die kulturvergleichende Perspektive wurde in diesem Buch nur auf Geschlechtsunterschiede angewandt, weil es hierzu ein unvergleichbar differenzierteres Wissen gibt als zu anderen Persönlichkeitsunterschieden (vgl. aber z. B. Goldstein & Segall, 1983, für Aggressivität, und Irvine & Berry, 1988, für Intelligenz aus kulturvergleichender Sicht). Für die Erklärung von Persönlichkeitsunterschieden innerhalb der beiden Geschlechter gibt es bisher kaum soziobiologische Erklärungsansätze (vgl. Asendorpf, 1996, für eine Übersicht).

So sind Geschlechtsunterschiede der bisher am weitesten erforschte und am breitesten theoretisch bearbeitete Gegenstandsbereich der Persönlichkeitspsychologie – von ihren evolutionären Grundlagen bis hin zu ihrem kulturellen Überbau. Daß Geschlechtsunterschiede auch ein Revier für Laienprediger und obskure Theoretiker sind, hängt eher mit der emotionalen Besetzung des Themas zusammen als mit mangelndem Wissen – man muß es nur zur Kenntnis nehmen.

Bei der Interpretation dieses Wissens muß man sich vor zwei Trugschlüssen hüten. Zum einen kann aus kulturellen Universalien nicht geschlossen werden, daß sie ewig Gültigkeit haben: Unter neuartigen kulturellen Bedingungen können sie sich plötzlich als nicht mehr universell erweisen. Zum Beispiel findet sich in fast allen traditionellen menschlichen Kulturen eine positive Korrelation zwischen dem sozialen Status der Männer und der Zahl ihrer Kinder (Betzig, 1986). In heutigen westlichen Kulturen gilt dies jedoch nicht mehr; vielmehr findet sich hier keine oder eine negative Korrelation zwischen männlichem sozialem Status und Kinderzahl (Vining, 1986). Dies könnte eine Konsequenz der leichteren Geburtenkontrolle in Verbindung mit der Einführung einer staatlichen Altersversorgung sein, die eine Versorgung durch die eigenen Kinder überflüssig macht.

Zum zweiten muß man sich vor dem naturalistischen Trugschluß hüten, empirische Tatsachen durch ihr Bestehen zu rechtfertigen. Wenn z. B. in allen untersuchten Kulturen mehr Männer als Frauen zu physischer Aggression neigen, läßt sich daraus nicht schließen, daß physische Aggression von Männern eher entschuldbar ist als physische Aggression von Frauen. Oder wenn in allen untersuchten Kulturen Männer eher als Frauen zu sexuellen Seitensprüngen neigen und sich das soziobiologisch gut begründen läßt, so kann diese Tatsache nicht als Entschuldigung herhalten, wenn ein Mann seine Frau auf diese Weise hintergeht. Die Psychologie kann Wissen bereitstellen, um ethische Normen zu beurteilen, aber sie kann ethische Normen nicht setzen. Das gilt für alle Erfahrungswissenschaften, nicht nur für die Psychologie.

> ! **Kulturelle Universalien im Verhalten allein rechtfertigen nichts. Aus Sein folgt nicht Sollen. Deshalb kann aus der Existenz universeller Geschlechtsunterschiede nicht abgeleitet werden, daß diese erstrebenswert oder nicht erstrebenswert seien.**

Fragen

7.1 In welcher Hinsicht unterscheiden sich das biologische Geschlecht, das psychologische Geschlecht und das Geschlechtsstereotyp?

7.2 Ist das psychologische Geschlecht eine Funktion der Konzentration von Geschlechtshormonen?

7.3 Sind geschlechtstypische Präferenzen Konsequenzen des Geschlechtsverständnisses?

7.4 Nehmen Geschlechtsunterschiede in Einstellungen und Verhalten mit wachsendem Alter generell zu?

7.5 Warum mißt man die Größe von Geschlechtsunterschieden nicht einfach durch Mittelwertsdifferenzen?

7.6 Sind Frauen besser in verbalen und Männer besser in räumlichen Fähigkeiten?

7.7 Sind Mädchen weniger mathematisch begabt als Jungen, und welche Erklärungen gibt es für die tatsächlich vorhandenen Unterschiede?

7.8 Welche Merkmale des Partners werden von Männern bzw. Frauen für besonders wichtig gehalten und warum?

7.9 Wie stark variieren Geschlechtsunterschiede, Geschlechtsstereotyp und Geschlechtsrollenideologie im Kulturvergleich?

7.10 Wie erklärten Freud und Chodorov die Entstehung von Geschlechtsunterschieden, und welche empirischen Argumente sprechen dagegen?

7.11 Wie weit sind lerntheoretische und kognitive Erklärungsversuche für Geschlechtsunterschiede miteinander vereinbar?

7.12 Wie weit sind kulturpsychologische und soziobiologische Erklärungsversuche für Geschlechtsunterschiede miteinander vereinbar?

7.13 Worin besteht der naturalistische Fehlschluß im Falle von Geschlechtsunterschieden?

Weiterführende Literatur

Trautner, H.M. (1991). *Lehrbuch der Entwicklungspsychologie* (Band 2). Göttingen: Hogrefe, Kap. 12.

Bischof-Köhler, D. (1990). Frau und Karriere in psychobiologischer Sicht. *Zeitschrift für Arbeits- und Organisationspsychologie, 34*, 17-28.

Nachwort: Unterschiede sind menschlich

Wenn es einen roten Faden gibt, der sich durch alle Kapitel dieses Buches zieht, dann ist es die enorme Variabilität der menschlichen Persönlichkeit. Deshalb lautet eine naheliegende, doch nur äußerst selten gestellte Frage der Persönlichkeitspsychologie: Warum sind nicht alle Menschen gleich? Warum gibt es überhaupt so große Persönlichkeitsunterschiede in jeder Kultur?

Ohne daß diese Frage hier systematisch diskutiert werden soll (vgl. dazu Asendorpf, 1996), hoffe ich doch, deutlich gemacht zu haben, daß ihre Beantwortung sowohl unser genetisches als auch unser kulturelles Erbe einbeziehen muß. Sie erfordert also biologische und kulturwissenschaftliche Überlegungen. Hierfür bietet sich das Konzept der genetisch-kulturellen Koevolution an, wie es z. B. von Durham (1991) entwickelt wurde. Danach hat sich im Verlauf der genetischen Evolution des Menschen eine Fähigkeit zur Weitergabe kulturellen Wissens vor allem durch sprachliche Kommunikation entwickelt, dessen Erwerb genetisch nicht prädisponiert ist (also nicht den in Abschn. 2.3 diskutierten genetischen Prädispositionen zum Erlernen spezifischer Lerninhalte unterliegt). Diese Weitergabe kann wie die Weitergabe von Genen „vertikal“ von Eltern auf ihre Kinder erfolgen, aber auch „horizontal“ zwischen Gleichaltrigen oder „diagonal“ zwischen nichtverwandten Mitgliedern unterschiedlicher Generationen. Die Transmission kulturellen Wissens von Mensch zu Mensch durch Kommunikation konstituiert einen Prozeß der kulturellen Evolution.

Biologische und kulturelle Evolution beruhen auf dem erstmals von Darwin (1859) erkannten Zusammenspiel von Variation und Selektion. Die Mutation einzelner Gene und die Durchmischung der Gene von Vater und Mutter bei der Weitergabe an ihre Kinder erzeugen ständig neue genetische Varianten, die durch die natürliche Selektion der Umwelt angepaßt werden (die ihrer Umwelt besser angepaßten Gene vermehren sich relativ stärker im Genpool der Art als die schlechter angepaßten). Entsprechend wird nach Durham (1991) neues kulturelles Wissen durch Innovation und Synthese vorhandener Wissensbestände erzeugt und durch die Mitglieder der Kultur mehr oder weniger stark in ihr Wissensrepertoire übernommen (kulturelle Selektion).

Genetische und kulturelle Evolution basieren beide auf einer hohen Variabilität der ausgelesenen Einheiten (Genome bzw. Kulturträger). Diese hohe Variabilität stellt so etwas wie ein Sicherheitsreservoir für das Überleben dar. Denn Gene bzw. kulturelle Inhalte sind nur den Umweltbedingungen ihrer evolutionären Vergangenheit gut angepaßt; ändert sich die Umwelt, ändern sich die Anpassungsbedingungen. Je variabler Genome bzw. Kulturträger sind, desto höher ist die Chance, daß jedenfalls einige diese Umweltveränderungen überleben werden.

Aus dieser Sicht ist die hohe genetische Variabilität und die hohe Variabilität in den Meinungen, Überzeugungen und Werten innerhalb von Kulturen nicht etwa nur ein Ausdruck von Unvollkommenheit (Betriebsunfällen bei der Genreplikation oder Mißverständnissen in der Kommunikation), sondern ein förderlicher Faktor für das langfristige Überleben. Leben beruht auf hoher genetischer Variabilität, menschliches Leben auf hoher genetischer und kultureller Variabilität. Das scheint mir der tiefere Grund für die hohe Variabilität der Persönlichkeit zu sein.

Nicht nur in westlichen Kulturen besteht aber eine starke Tendenz, nicht die vorhandene Vielfalt der Persönlichkeit, sondern ein einseitiges Persönlichkeitsideal als erstrebenswert anzusehen. Ob „gottesfürchtig“, „nordisch“, „allseits entwickelte sozialistische Persönlichkeit“ oder „dynamischer

Unternehmer" – die gerade vorherrschende Ideologie einer Kultur beinhaltet mit großer Regelmäßigkeit auch ein bestimmtes Persönlichkeitsideal.

Aus der Einsicht in die Vielfalt der Persönlichkeit und ihrer Notwendigkeit für das genetische und kulturelle Überleben erwächst dagegen die Forderung, gerade nicht einen bestimmten Persönlichkeitstyp anzustreben, sondern die Vielfalt der Persönlichkeit zu achten und zu bewahren. Nicht nur biologische Arten gilt es zu bewahren, sondern auch die Vielfalt der Persönlichkeitsvarianten innerhalb der Art Homo sapiens. Je stärker unser Wissen über die genetischen und Umweltbedingungen von Persönlichkeitseigenschaften und deren Wechselwirkungen zunimmt und damit auch die Eingriffsmöglichkeit in die Persönlichkeitsentwicklung, um so wichtiger wird es, diese Forderung zu einem ethischen Prinzip zu erheben:

> ! **Es gilt, die genetische und kulturelle Vielfalt der Menschheit zu bewahren.**

Hinweise zur Beantwortung

Kapitel 1

Zu Frage 1.1: siehe Abb. 1.1.
Zu Frage 1.2: siehe Tafel 1.1. und Abb. 1.2.
Zu Frage 1.3: universelle Merkmale (Beispiele angeben).
Zu Frage 1.4: mindestens fünf Kriterien.
Zu Frage 1.5: schnelle Orientierung, Anwendbarkeit.
Zu Frage 1.6: psychologische Tatsache, Ansatzpunkt für Theorienbildung, Verwechslungsgefahr.
Zu Frage 1.7: instabile Merkmale, nicht verhaltensrelevante körperliche Merkmale, pathologische Merkmale (Beispiele).

Kapitel 2

Zu Frage 2.1: s. Abb. 2.1.
Zu Frage 2.2: empirische Verankerung.
Zu Frage 2.3: Fixierung, an Beispiel erläutern.
Zu Frage 2.4: neurotische – moralische – Realangst, mindestens fünf Abwehrformen.
Zu Frage 2.5: Selbsterfüllende Prophezeiung.
Zu Frage 2.6: unbewußte Motive, Abwehrstile (Beispiel), frühe Objektbeziehungen.
Zu Frage 2.7: genetische Prädispositionen zum Lernen, individuelle Lernbereitschaft.
Zu Frage 2.8: Rekonstruktion der Lerngeschichte.
Zu Frage 2.9: Beobachtbarkeit – Operationalisierbarkeit.
Zu Frage 2.10: individuumzentrierte S-R-Funktionen – differentielle Merkmale.
Zu Frage 2.11: individuelle Besonderheiten sind relativ zu anderen Menschen.
Zu Frage 2.12: allgemeine Merkmale, Populationsabhängigkeit.
Zu Frage 2.13: z. B. Korrelationsforschung – transsituative Konsistenz.
Zu Frage 2.14: ja, aber dann in gleicher Weise (Beispiel Fröhlichkeit – Wetter).
Zu Frage 2.15: nein, z. B. Q-Sort-Vergleich durch Komparationsforschung.
Zu Frage 2.16: in intraindividuelle Vergleiche gehen interindividuelle Vergleiche ein.
Zu Frage 2.17: Items – Skala; Itemprofile parallel (warum?).
Zu Frage 2.18: z. B. Erfassung von Erleben – unklarer Situationsbezug.
Zu Frage 2.19: Mittelung über Reaktionen bzw. Situationen.
Zu Frage 2.20: große Varianz, Symmetrie.
Zu Frage 2.21: Vergleichbarkeit von Reaktionen und Untersuchungen.
Zu Frage 2.22: Abweichung von Diagonale (bei z-transformierten Werten).
Zu Frage 2.23: nein; z. B. U-förmiger Zusammenhang.
Zu Frage 2.24: Faktorenladungen bei Variablen.
Zu Frage 2.25: transsituative Konsistenz gegen Eigenschaftsbegriff – stabile Situationsprofile.
Zu Frage 2.26: personorientierte Profiltypen oder variablenorientiert Reaktionsklassen bilden.
Zu Frage 2.27: Bezug zu aktuellen und Entwicklungsprozessen, gefangen in Alltagspsychologie.
Zu Frage 2.28: vor Aufmerksamkeitsfilter – prozedurales Wissen – parallele Prozesse.
Zu Frage 2.29: emotionale – rationale Bewertung, spontanes Verhalten – willentliches Handeln.
Zu Frage 2.30: Geschwindigkeit, Schwellen, Wissen (konkrete Beispiele).
Zu Frage 2.31: direkte und indirekte Methoden (Beispiele).
Zu Frage 2.32: am Beispiel Prüfungsängstlichkeit erläutern.

Zu Frage 2.33: individuelle Lücken und Fehler im deklarativen oder prozeduralen Wissen.
Zu Frage 2.34: Abhängigkeit von der Untersuchungsdauer.
Zu Frage 2.35: Einbettung, Persönlichkeit; Nutzung von Alltagspsychologie bei Beurteilung.
Zu Frage 2.36: vgl. Abb. 2.24.
Zu Frage 2.37: Beispiele für Auswahl, Herstellung und Veränderung.
Zu Frage 2.38: vgl. Tafel 2.15.
Zu Frage 2.39: vgl. Abb. 2.25.
Zu Frage 2.40: Korrelationen; Interpretationsrichtung, Drittvariable, zeitliche Ordnung.
Zu Frage 2.41: direkte und indirekte Pfade.
Zu Frage 2.42: Wirkung von verborgenen Variablen an einem Beispiel erläutern.
Zu Frage 2.43: z. B. Genom-Umwelt bei antisozialem Verhalten; statistische Probleme, Person-Umwelt-Kovarianz, Altersabhängigkeit der Interaktion.
Zu Frage 2.44: sensitive Periode (Beispiel); frühe genetische Wirkungen auf die Umwelt.

Kapitel 3

Zu Frage 3.1: an Beispielen erläutern.
Zu Frage 3.2: pathologische Merkmale, keine universellen Fragen, Unterschiede zwischen Populationen, nicht innerhalb von Populationen.
Zu Frage 3.3: am Beispiel des Zusammenhangs von Freude und Ärger erläutern.
Zu Frage 3.4: zwei Ebenen von „differentiell".
Zu Frage 3.5: Einzelfallstudien.
Zu Frage 3.6: singuläre Ereignisse.
Zu Frage 3.7: Stabilität ist nicht gesichert (Beispiel Stimmungen).
Zu Frage 3.8: bei Lerneffekten besser Paralleltestreliabilität.
Zu Frage 3.9: Kontrolle der Meßfehler.
Zu Frage 3.10: parallele Messungen, Aufwand, Bedeutung der aggregierten Variable.
Zu Frage 3.11: diskriminante Validität.
Zu Frage 3.12: Multitrait-Multimethod-Analysen (Beispiel).
Zu Frage 3.13: Informiertheit, Bekanntschaft, Situationen, Urteilsverzerrungen.
Zu Frage 3.14: Fremd- vs. Selbsttäuschung.
Zu Frage 3.15: Feldexperimente, naturalistische Laborsituationen.

Kapitel 4

Zu Frage 4.1: Sedimentationshypothese, lexikalischer Ansatz, Faktorenanalyse.
Zu Frage 4.2: Kultur-Konventionalität, positive/negative Valenz, gesundheits- und sexualitätsbezogene Eigenschaften, manche Einstellungen und Werthaltungen.
Zu Frage 4.3: Fragebogenentwicklung, Klassifikation von Konstrukten.
Zu Frage 4.4: Oberflächeneigenschaften vs. funktionale Eigenschaften.
Zu Frage 4.5: Alterseinfluß, keine unabhängige Beurteilung.
Zu Frage 4.6: Beziehung zu Selbstwertgefühl, Altersabhängigkeit.
Zu Frage 4.7: Formmerkmale, drei Kriterien problematisieren.
Zu Frage 4.8: Faktoren von Eigenschaftsbeurteilungen, physiologische Ebene.
Zu Frage 4.9: Big Five Faktoren (Validierung am sozialen Verhalten und subjektiven Beschwerden), retikuläre und limbische Aktivierung.
Zu Frage 4.10: drei Systeme, warum nicht viertes; konditionierte-unkonditionierte Reize.
Zu Frage 4.11: Drehung E-N um 45°.
Zu Frage 4.12: Reaktionsprofile innerhalb der physiologischen und Verhaltensebene, Situationsspezifität.
Zu Frage 4.13: unterschwellige Wahrnehmung und interindividuelle Unterschiede in der Sensitivität.
Zu Frage 4.14: lineares Wachstum, Grundalter.
Zu Frage 4.15: Quotient, Normierung innerhalb Altersstufe.
Zu Frage 4.16: Beispiel Legasthenie.
Zu Frage 4.17: Korrelation spezifischer Faktoren.
Zu Frage 4.18: Varianzeinschränkung, Aggregationsniveau, Meßbarkeit des Kriteriums.
Zu Frage 4.19: Effektivität der Ausführung von Komponenten intelligenten Handelns.
Zu Frage 4.20: Spezifität der gemessenen Prozesse, Genauigkeit.
Zu Frage 4.21: divergentes Denken, Problem des Kriteriums.

Zu Frage 4.22: Alltagspsychologie, soziale Sensitivität, Handlungskompetenz.
Zu Frage 4.23: Uneinheitlichkeit, Abgrenzung von Intelligenz, Situationsherstellung.
Zu Frage 4.24: Sollwert wird bei Wachstumsbedürfnissen nicht erreicht.
Zu Frage 4.25: Attraktivität des Erfolgs hängt vom Erfolgsrisiko ab.
Zu Frage 4.26: mäßige Stabilität, Motiv vs. Thema-Sensitivität.
Zu Frage 4.27: jeweils vier Typen bei Kreuzklassifikationen von Annäherungs-/Vermeidungstendenz.
Zu Frage 4.28: simultane Wirkung mehrerer Motive, Motivationsdynamik, Motivkoppelung.
Zu Frage 4.29: Tabellen 4.16 und 4.17.
Zu Frage 4.30: Abhängigkeit der Ergebnisse vom eigenen Handeln.
Zu Frage 4.31: defensive vs. nichtdefensive Formen, Kontrollierbarkeit der Belastung.
Zu Frage 4.32: unbewußte/nicht vorhandene Erwartungen/Attributionen, interindividuelle Unterschiede im Zugang zu diesen Prozessen.
Zu Frage 4.33: Art der bewerteten Objekte, Verhaltensnähe.
Zu Frage 4.34: methodischer Ansatz, Ausnahme Honkong.
Zu Frage 4.35: Mischkonstrukt, F-Skala, Tabelle 4.21, historische Relativität.
Zu Frage 4.36: viele Situationen, subjektive Norm, Bogus Pipeline, Priming.
Zu Frage 4.37: Perspektive, Stabilität, Bewertungsaspekt.
Zu Frage 4.38: Studie von Pelham erläutern.
Zu Frage 4.39: Faktoren und ihre Kontinuität.
Zu Frage 4.40: vermuteter Eindruck anderer ist durch Selbstkonzept beeinflußt.
Zu Frage 4.41: Bezugsgruppeneffekt am Beispiel Übergang zum Gymnasium erläutern.
Zu Frage 4.42: Selbstüberwachung und ihre zwei Faktoren.
Zu Frage 4.43: private und öffentliche Selbstbewußtheit, Abhängigkeit von Situationen.

Kapitel 5

Zu Frage 5.1: Tagebuch, Logbuch, Piepsertechnik, Verhaltensbeobachtung.
Zu Frage 5.2: Grenzen des Settingansatzes.
Zu Frage 5.3: theoretisch ja, Operationalisierung nein.
Zu Frage 5.4: Beispiel Soziometrie.
Zu Frage 5.5: Beispiele für persönlichkeitsabhängige Definition von Beziehung(-squalität).
Zu Frage 5.6: am Beispiel von Kindergartengruppen erläutern.
Zu Frage 5.7: evolutionsbiologische Sicht, Operationalisierung von Bindungsstilen.
Zu Frage 5.8: vermeidender Stil, Bezug zum Bild selbst/andere, Allgemeinheit der Beziehung.
Zu Frage 5.9: empirische Belege für inneres Arbeitsmodell, Konsistenz und Stabilität des Bindungsstils.
Zu Frage 5.10: unterschiedlicher Bezug zur Belastungsverarbeitung an Beispiel darstellen.

Kapitel 6

Zu Frage 6.1: differentielle Veränderung an Beispiel erläutern.
Zu Frage 6.2: Testabstand, Alter bei erster Testung, Umweltstabilität, Art der Eigenschaft.
Zu Frage 6.3: Körpergröße während der Pubertät.
Zu Frage 6.4: Meßprobleme in der frühen Kindheit, Selbstkonzept, kumulative Stabilität.
Zu Frage 6.5: Zusammenhang mit Ich-Flexibilität und drei mögliche Erklärungen.
Zu Frage 6.6: mangelnde Konstruktvalidität, Diskontinuität des Konstrukts.
Zu Frage 6.7: heterotype Stabilität kann höher als homotype Stabilität sein.
Zu Frage 6.8: mehrere Ursachen – mehrere Wirkungen, Erklärungsregeln werden gesucht.
Zu Frage 6.9: Korrelation Prädiktoren-Eigenschaft, Korrelation zwischen Paar-Partnern.
Zu Frage 6.10: doppelte Differenz, nichtadditive Effekte, Kontrasteffekte.
Zu Frage 6.11: doppelte Differenz, nichtadditive Effekte, selektive Plazierung.
Zu Frage 6.12: für Körpergröße, IQ, Big Five und Werthaltungen erläutern.
Zu Frage 6.13: genetischer Einfluß, geteilte Umwelteinflüsse.
Zu Frage 6.14: mögliche Erklärung durch wachsende aktive Genom-Umwelt-Kovarianz.
Zu Frage 6.15: Beispiel antisoziales Verhalten.

Zu Frage 6.16: Erzeugung durch passive, aktive oder reaktive Genom-Umwelt-Kovarianz.

Zu Frage 6.17: Mehrebenenerklärung, Unabhängigkeit Wirkungsquelle – Eingriff.

Zu Frage 6.18: potentielle vs. realisierte Persönlichkeit, Erwartungsbereich zu groß.

Zu Frage 6.19: Expertenleistungen, hochautomatisiertes Problemlösen.

Zu Frage 6.20: Interessen, Leistungsmotiv, Selbstwirksamkeitserwartungen.

Zu Frage 6.21: vgl. Abb. 6.21.

Zu Frage 6.22: mindestens vier empirische Ansätze schildern.

Zu Frage 6.23: Hypothesen von Moffitt und Harris.

Zu Frage 6.24: persönlichkeitsabhängige Verarbeitung.

Zu Frage 6.25: zwei Gründe für Überschätzung des Zufalls.

Kapitel 7

Zu Frage 7.1: kultureller Einfluß, Übertreibung am Beispiel geschlechtstypischer Verteilung.

Zu Frage 7.2: beeinflußt ja (Beispiele), aber nicht linear (Beispiele).

Zu Frage 7.3: unterschiedlicher Entwicklungsverlauf (Beispiele), keine Korrelation.

Zu Frage 7.4: Beispiele für Abnahme und nichtlinearen Verlauf.

Zu Frage 7.5: Vergleichbarkeit, Rolle der Variabilität innerhalb der Geschlechter.

Zu Frage 7.6: verbal nur geringer Unterschied; abhängig von der Art der räumlichen Fähigkeit.

Zu Frage 7.7: nur bei sehr hoher Fähigkeit; genetische und kulturelle Erklärungsversuche.

Zu Frage 7.8: Schönheit; Status und Ambitioniertheit; soziobiologischer Erklärungsversuch.

Zu Frage 7.9: Beispiel räumliche Fähigkeiten und Partnermerkmal, Studien von Williams & Best.

Zu Frage 7.10: frühe Geschlechtsunterschiede, Geschlechtertrennung, Ähnlichkeit mit Eltern.

Zu Frage 7.11: Erklärungsversuche erläutern; Abb. 7.8.

Zu Frage 7.12: Erklärungsversuche erläutern; Abb. 7.8.

Zu Frage 7.13: aus Sein folgt nicht Sollen.

Literaturverzeichnis

Achenbach, T.M., McConaughy, S.H. & Howell, C.T. (1987). Child/adolescent behavioral and emotional problems: Implications of cross-informant correlations for situational specificity. *Psychological Bulletin, 101*, 213–232.

Adelson, B. (1984). When novices surpass experts: The difficulty of a task may increase with expertise. *Journal of Experimental Psychology: Learning, Memory, and Cognition, 10*, 483–495.

Adorno, T.W., Frenkel-Brunswik, E., Levinson, D.J. & Sanford, R.N. (1950). *The authoritarian personality.* New York: Harper & Row.

Ainsworth, M.D.S., Blehar, M.C., Waters, E. & Wall, S. (1978). *Patterns of attachment.* Hillsdale, NJ: Erlbaum.

Ajzen, I. & Madden, J.T. (1986). Prediction of goal-directed behavior: Attitudes, intentions, and perceived behavioral control. *Journal of Experimental Social Psychology, 22*, 453–474.

Aken, M.A.G. van & Asendorpf, J.B. (in Druck a). Support by parents, classmates, friends, and siblings in preadolescence: Covariation and compensation across relationships. *Journal of Social and Personal Relationships.*

Aken, M.A.G. van & Asendorpf, J.B. (in Druck b). A person-centered approach to development: The temporal consistency of personality and self-concept. In F.E. Weinert & W. Schneider (Eds.) *Individual development from 3 to 12: Findings of the Munich Longitudinal Study.* Cambridge, U.K.: Cambridge University Press.

Aken, M.A.G. van & Lieshout, C.F.M. van (1991). Children's competence and the agreement and stability of self- and child descriptions. *International Journal of Behavioural Development, 14*, 83–99.

Allport, G.W. (1937). *Personality: A psychological interpretation.* New York: Holt.

Allport, G.W. (1961). *Pattern and growth in personality.* New York: Holt, Rinehart & Winston.

Allport, G.W. & Odbert, H.S. (1936). Trait names: A psycholexical study. *Psychological Monographs, 47*, 1 (Whole No. 211).

Allport, G.W. & Vernon, P.E. (1933). *Studies in expressive movement.* New York: Macmillan.

Almagor, M., Tellegen, A. & Waller, N.G. (1995). The Big Seven model: A cross-cultural replication and further exploration of the basic dimensions of natural language trait descriptors. *Journal of Personality and Social Psychology, 69*, 300–307.

Altemeyer, B. (1988). *Enemies of freedom: Understanding right-wing authoritarianism.* San Francisco, CA: Jossey-Bass.

Amelang, M. (1987). *An investigation of the factorial structure and external validity of tests of social intelligence* (Tech.Rep. No. 59). Heidelberg: Psychologisches Institut, Universität Heidelberg.

Amelang, M. (Hrsg.) (1995). *Enzyklopädie der Psychologie. Band C/VIII/2: Verhaltens- und Leistungsunterschiede.* Göttingen: Hogrefe.

Amelang, M. (Hrsg.) (1996). *Enzyklopädie der Psychologie. Band C/VIII/3: Temperaments- und Persönlichkeitsunterschiede.* Göttingen: Hogrefe.

Amelang, M. & Bartussek, D. (1990). *Differentielle Psychologie und Persönlichkeitsforschung* (3. Aufl.). Stuttgart: Kohlhammer.

Amelang, M. & Borkenau, P. (1982). Über die faktorielle Struktur und externe Validität einiger Fragebogen-Skalen zur Erfassung von Dimensionen der Extraversion und emotionalen Labilität. *Zeitschrift für Differentielle und Diagnostische Psychologie, 3*, 119–146.

Amelang, M. & Borkenau, P. (1984). Versuche einer Differenzierung des Eigenschaftskonzepts: Aspekte intraindividueller Variabilität und differentieller Vorhersagbarkeit. In M. Amelang & H.-J. Ahrens (Hrsg.), *Brennpunkte der Persönlichkeitsforschung* (Bd. 1, S. 89–107). Göttingen: Hogrefe.

Amelang, M. & Ullwer, U. (1990). Untersuchungen zur experimentellen Bewährung von Eysencks Extraversionstheorie. *Zeitschrift für Differentielle und Diagnostische Psychologie, 11*, 127–148.

Amelang, M., Schwarz, G. & Wegemund, A. (1989). Soziale Intelligenz als Trait-Konstrukt und Test-Konzept bei der Analyse von Verhaltenshäufigkeiten. *Zeitschrift für Differentielle und Diagnostische Psychologie, 10*, 37–57.

Amthauer, R. (1953). *Intelligenz-Struktur-Test (IST).* Göttingen: Hogrefe.

Amthauer, R. (1973). *Intelligenz-Struktur-Test (IST-70).* Göttingen: Hogrefe.

Anastasi, A. (1971). *Differential psychology: Individual and group differences in behavior* (3rd ed.). New York: Macmillan.

Andersen, S.M., Glassman, N.S., Chen, S. & Cole, S.W. (1995). Transference in social perception: The role of chronic accessibility in significant-other representations. *Journal of Personality and Social Psychology, 69*, 41–57.

Anderson, C.A., Jennings, D.L. & Arnoult. L.H. (1988). The validity and utility of the attributional style construct at a moderate level of specificity. *Journal of Personality and Social Psychology, 55*, 979–990.

Anderson, J.R. (1983). *The architecture of cognition.* Cambridge, MA: Harvard University Press.

Anderson, J.R. (1993). *Rules of the mind.* Hillsdale, NJ: Erlbaum.

Anderson, L.W., Ryan, D.W. & Shapiro, B.J. (Eds.) (1989). *The IEA classroom environment study.* Oxford, U.K.: Pergamon Press.

Anderson, M. (1992). *Intelligence and development.* Oxford, U.K.: Blackwell.

Andrews, B. & Brown, G.W. (1993). Self-esteem and vulnerability to depression: The concurrent validity of interview and questionnaire measures. *Journal of Abnormal Psychology, 102*, 565–572.

Angleitner, A., Ostendorf, F. & John, O.P. (1990). Towards a taxonomy of personality descriptors in German: A psycho-lexical study. *European Journal of Personality, 4*, 89–118.

Asendorpf, J.B. (1987). Videotape reconstruction of emotions and cognitions related to shyness. *Journal of Personality and Social Psychology, 53*, 542–549.

Asendorpf, J.B. (1988a). *Keiner wie der andere: Wie Persönlichkeits-Unterschiede entstehen.* München: Piper.

Asendorpf, J.B. (1988b). Individual response profiles in the behavioral assessment of personality. *European Journal of Personality, 2*, 155–167.

Asendorpf, J.B. (1989a). *Soziale Gehemmtheit und ihre Entwicklung.* Berlin: Springer.

Asendorpf, J.B. (1989b). Shyness as a final common pathway for two different kinds of inhibition. *Journal of Personality and Social Psychology, 57*, 481–492.

Asendorpf, J.B. (1990a). Development of inhibition during childhood: Evidence for situational specificity and a two-factor model. *Developmental Psychology, 26*, 721–730.

Asendorpf, J.B. (1990b). Differentielle Verhaltensgenetik: Vergangenheit, Gegenwart und Zukunft. In M. Knopf & W. Schneider (Hrsg.), *Entwicklung. Festschrift zum 60. Geburtstag von Franz Emanuel Weinert* (S. 201–223). Göttingen: Hogrefe.

Asendorpf, J.B. (1991). *Die differentielle Sichtweise in der Psychologie.* Göttingen: Hogrefe.

Asendorpf, J.B. (1992). Beyond stability: Predicting inter-individual differences in intra-individual change. *European Journal of Personality, 6*, 103–117.

Asendorpf, J.B. (1993). Entwicklungsgenetik der Persönlichkeit im Kindesalter. In M. Markefka & B. Nauck (Hrsg.), *Handbuch der Kindheitsforschung* (S. 17–30). Neuwied: Luchterhand.

Asendorpf, J.B. (1994). Entwicklungsgenetik der Persönlichkeit. In K. Schneewind (Hrsg.), *Enzyklopädie der Psychologie. Pädagogische Psychologie* (Band 1, S.107–134). Göttingen: Hogrefe.

Asendorpf, J.B. (1995). Persönlichkeitspsychologie: Das empirische Studium der individuellen Besonderheit aus spezieller und differentieller Perspektive. *Psychologische Rundschau, 46*, 235–247.

Asendorpf, J.B. (1996). Die Natur der Persönlichkeit: Eine koevolutionäre Perspektive. *Zeitschrift für Psychologie, 204*, 97–115.

Asendorpf, J.B. (in Druck). Temperament. In H. Keller (Hrsg.), *Handbuch der Kleinkindforschung* (2. Aufl.). Berlin: Springer.

Asendorpf, J.B. & Aken, M.A.G. van (1991). Correlates of the temporal consistency of personality patterns in childhood. *Journal of Personality, 59*, 689–703.

Asendorpf, J.B. & Aken, M.A.G. van (1993). Deutsche Versionen der Selbstkonzeptskalen von Harter. *Zeitschrift für Entwicklungspsychologie und Pädagogische Psychologie, 25*, 64–86.

Asendorpf, J.B. & Aken, M.A.G. van (1994). Traits and relationship status. *Child Development, 65*, 1786–1798.

Asendorpf, J.B. & Meier, G.H. (1993). Personality effects on children's speech in everyday life: Sociability-mediated exposure and shyness-mediated reactivity to social situations. *Journal of Personality and Social Psychology, 64*, 1072–1083.

Asendorpf, J.B. & Schäfer, M. (1993). *Soziale Beziehungen in Gruppen aus persönlichkeitspsychologischer Perspektive* (Paper 13/1993). München: Max-Planck-Institut für psychologische Forschung.

Asendorpf, J.B. & Scherer, K.R. (1983). The discrepant repressor: Differentiation between low anxiety, high anxiety, and repression of anxiety by autonomic-facial-verbal patterns of behavior. *Journal of Personality and Social Psychology, 45*, 1334–1346.

Asendorpf, J.B., Wallbott, H.G. & Scherer, K.R. (1985). Die Paralleluntersuchung: Multi-modale Reaktionsunterschiede in emotionalen Situationen. In K.R. Scherer, H.G. Wallbott, F.J. Tolkmitt & G. Bergmann (Hrsg.), *Die Streßreaktion: Physiologie und Verhalten* (S. 163–181). Göttingen: Hogrefe.

Asendorpf, J.B., Weber, A. & Burkhardt, K. (1994). Zur Mehrdeutigkeit projektiver Testergebnisse: Motiv-Projektion oder Thema-Sensitivität? *Zeitschrift für Differentielle und Diagnostische Psychologie, 15*, 155–165.

Atkinson, J.W. (1957). Motivational determinants of risk-taking behavior. *Psychological Review, 64*, 359–372.

Atkinson, J.W., Heyns, R.W. & Veroff, J. (1954). The effect of experimental arousal of the affiliation motive on thematic apperception. *Journal of Abnormal and Social Psychology, 49*, 405–410.

Auhagen, A.E. (1991). *Freundschaft im Alltag: Eine Untersuchung mit dem Doppeltagebuch.* Bern: Huber.

Backhaus, K., Erichson, B., Plinke, W. & Weiber, R. (1994). *Multivariate Analysemethoden* (7. Aufl.). Berlin: Springer.

Baldwin, M.W. (1992). Relational schemas and the processing of social information. *Psychological Bulletin, 112*, 461–484.

Ball-Rokeach, S.J., Rokeach, M. & Grube, J.W. (1984). *The Great American Values Test: Influencing behavior and belief through television.* New York: Free Press.

Baltes, P.B., Smith, J. & Staudinger, U.M. (1992). Wisdom and successful aging. *Nebraska Symposium on Motivation* (Vol. 39, pp. 123-167). Lincoln, NE: University of Nebraska Press.

Bandura, A. (1965). Influence of models' reinforcement contingencies on the acquisition of imitative responses. *Journal of Personality and Social Psychology, 1*, 589–595.

Bandura, A. (1986). *Social foundations of thought and action.* Englewood Cliffs, NJ: Prentice-Hall.

Barker, R.G. (1968). *Ecological psychology: Concepts and methods for studying the environment of human behavior.* Stanford, CA: Stanford University Press.

Barkley, R.A., Ullman, D.G., Otto, L. & Brecht, J.M. (1977). The effects of sex typing and sex appropriateness of modeled behavior on children's imitation. *Child Development, 48*, 721-725.

Barry, H. III., Bacon, M.K. & Child, I.L. (1957). A cross-cultural survey of some sex differences in socialization. *Journal of Abnormal and Social Psychology, 55*, 327–332.

Bartholomew, K. (1990). Avoidance of intimacy: An attachment perspective. *Journal of Social and Personal Relationships, 7*, 147–178.

Bartholomew, K., & Horowitz, L.M. (1991). Attachment styles among young adults: A test of a four-category model. *Journal of Personality and Social Psychology, 61*, 226–244.

Bates, J.E. (1989). Concepts and measures of temperament. In G.A. Kohnstamm, J.E. Bates & M.K. Rothbart (Eds.), *Temperament in childhood* (pp. 3–26). Chichester: Wiley.

Baumann, U. & Laireiter, A. (1996). Individualdiagnostik interpersoneller Beziehungen. In K. Pawlik (Hrsg.), *Enzyklopädie der Psychologie. Band C/VIII/1: Differentielle Psychologie und Persönlichkeitsforschung: Grundbegriffe, Fragestellungen, Systematik* (S. 609-643). Göttingen: Hogrefe.

Baumeister, R.F., Tice, D.M. & Hutton, D.G. (1986). Self-presentational motivations and personality differences in self-esteem. *Journal of Personality, 57*, 547–579.

Baumrind, D. (1971). Current patterns of parental authority. *Developmental Psychology Monographs, 1*, 1-103.

Bayley, N. (1969). *Bayley Scales of Infant Development*. New York: Psychological Corporation.

Becker, P. (1982). *Interaktions-Angst-Fragebogen (IAF)*. Weinheim: Beltz.

Beckwith, L. & Parmelee, A. (1986). EEG patterns of preterm infants, home environment and later IQ. *Child Development, 57*, 777–789.

Bell, R.Q. (1977). Socialization findings re-examined. In R.Q. Bell & R.V. Harper (Eds.), *Child effects on adults* (pp. 53–84). Hillsdale, NJ: Erlbaum.

Bell, R.Q. & Chapman, M. (1986). Child effects in studies using experimental or brief longitudinal approaches to socialization. *Developmental Psychology, 22*, 595–603.

Bell, R.Q. & Harper, L.V. (1977). *Child effects on adults*. Hillsdale, NJ: Erlbaum.

Bem, S.L. (1981). Gender schema theory: A cognitive account of sex typing. *Psychological Review, 88*, 354–364.

Benbow, C.P. (1988). Sex differences in mathematical reasoning ability in intellectually talented preadolescents: Their nature, effects, and possible causes. *Behavioral and Brain Sciences, 11*, 169–232.

Benet, V. & Waller, N.G. (1995). The Big Seven factor model of personality description: Evidence for its cross-cultural generality in a Spanish sample. *Journal of Personality and Social Psychology, 69*, 701–718.

Bernard, H.R., Killworth, P., Kronenfeld, D., & Sailer, L. (1984). The problem of informant accuracy: The validity of retrospective data. *Annual Review of Anthropology, 13*, 495–517.

Berry, J.W. (1976). *Human ecology and cognitive style: Comparative studies in cultural and psychological adaptation*. New York: Sage.

Berscheid, E. (1994). Interpersonal relationships. *Annual Reviews of Psychology, 45*, 79–129.

Berscheid, E. & Walster, E. (1974). Physical attractiveness. In L. Berkowitz (Ed.), *Advances in Experimental Social Psychology* (Vol. 7, pp. 157–215). New York: Academic Press.

Betzig, L. (1986). *Depotism and differential reproduction: A Darwinian view of history*. Hawthorne, NY: Aldine de Gruyter.

Bierhoff-Alfermann, D. (1989). *Androgynie: Möglichkeiten und Grenzen der Geschlechterrollen*. Opladen: Westdeutscher Verlag.

Bilden, H. (1991). Geschlechtsspezifische Sozialisation. In K. Hurrelmann & D. Ulich (Hrsg.), *Neues Handbuch der Sozialisationsforschung* (S. 279–301). Weinheim: Beltz.

Bilsky, W. & Schwartz, S.H. (1994). Values and personality. *European Journal of Personality, 8*, 163–181.

Binet, A. & Henri, V. (1895). La psychologie individuelle. *Année Psychologique, 2*, 411–463.

Binet, A. & Simon, T. (1905). Méthodes nouvelles pour le diagnostique du niveau intellectuel des anormaux. *Année Psychologique, 11*, 191–244.

Binford, L.R. (1990). The hunting hypothesis, archaeological methods, and the past. In L.R. Binford (Ed.), *Debating archaeology* (pp. 282–290). New York: Academic Press.

Birbaumer, N. & Schmidt, R.F. (1991). *Biologische Psychologie* (2. Aufl.). Berlin: Springer.

Bischof, N. (1980). Biologie als Schicksal? Zur Naturgeschichte der Geschlechterrollendifferenzierung. In N. Bischof & H. Preuschoft (Hrsg.), *Geschlechtsunterschiede: Entstehung und Entwicklung* (S. 25–42). München: Beck.

Bischof, N. (1985). *Das Rätsel Ödipus*. München: Piper.

Bischof, N. (1989). Emotionale Verwirrungen. Oder: Von den Schwierigkeiten im Umgang mit der Biologie. *Psychologische Rundschau, 40*, 188–205.

Bischof, N. (1993). Untersuchungen zur Systemanalyse der sozialen Motivation. I: Die Regulation der sozialen Distanz – Von der Feldtheorie zur Systemtheorie. *Zeitschrift für Psychologie, 201*, 5–43.

Bischof-Köhler, D. (1985). Zur Phylogenese menschlicher Motivation. In L.H. Eckensberger & E.-D. Lantermann (Hrsg.), *Emotion und Reflexivität* (S. 3–47). München: Urban & Schwarzenberg.

Block, J. (1961). *The Q-sort method in personality assessment and psychiatric research*. Springfield, IL: Charles C. Thomas.

Block, J. (1995). A contrarian view of the five-factor approach to personality description. *Psychological Bulletin, 117*, 187–215.

Block, J.H. & Block, J. (1980). The role of ego-control and ego-resiliency in the organization of behavior. In W.A. Collins (Ed.), *Minnesota Symposium on Child Psychology* (Vol. 13, pp. 39–101). Hillsdale, NJ: Erlbaum.

Bloom, B.S. (1964). *Stability and change in human characteristics*. New York: Wiley.

Bohman, M., Cloninger, C.R., Sigvardsson, S. & Knorring, A.L. von(1982). Predisposition to petty criminality in Swedish adoptees. I. Genetic and environmental heterogeneity. *Archives of General Psychiatry, 39*, 1233–1241.

Bolger, N. & Schilling, E.A. (1991). Personality and the problems of everyday life: The role of neuroticism in exposure and reactivity to daily stressors. *Journal of Personality, 59*, 355–386.

Borkenau, P. & Liebler, A. (1992). Trait inferences: Sources of validity at zero acquaintance. *Journal of Personality and Social Psychology, 62*, 645–657.

Borkenau, P. & Liebler, A. (1993). Convergence of stranger ratings of personality and intelligence with self-ratings, partner ratings, and measured intelligence. *Journal of Personality and Social Psychology, 65*, 546–553.

Borkenau, P. & Liebler, A. (1995). Observable attributes as manifestations and cues of personality and intelligence. *Journal of Personality, 63*, 1–25.

Borkenau, P. & Ostendorf, F. (1993). *NEO-Fünf-Faktoren Inventar (NEO-FFI)*. Göttingen: Hogrefe.

Bornstein, M.H. (1989). Sensitive periods in development: Structural characteristics and causal interpretations. *Psychological Bulletin, 105*, 179–197.

Bornstein, M.H. & Sigman, M.D. (1986). Continuity in mental development from infancy. *Child Development, 57*, 251–274.

Bowlby, J. (1969). *Attachment and loss. Vol. 1. Attachment*. New York: Basic Books.

Bowlby, J. (1973). *Attachment and loss. Vol. 2. Separation: Anxiety, and anger*. New York: Basic Books.

Boyatzis, R.E. (1973). Affiliation motivation. In D.C. McClelland & R.S. Steele (Eds.), *Human motivation: A book of readings* (pp. 253-276). Morristown, NJ: General Learning Press.

Brackwede, D. (1980). Das Bogus-Pipeline-Paradigma: Eine Übersicht über bisherige experimentelle Ergebnisse. *Zeitschrift für Sozialpsychologie, 11*, 50–59.

Braithwaite, V. & Law, H. (1985). Structure of human values: Testing the adequacy of the Rokeach Value Survey. *Journal of Personality and Social Psychology, 49*, 250–263.

Brecht, B. (1967). *Gesammelte Werke* (Band 3). Frankfurt/Main: Suhrkamp.

Breitmayer, B. & Ramey, C. (1986). Biological nonoptimality and quality of postnatal environment as codeterminants of intellectual development. *Child Development, 57*, 1151–1165.

Brenner, C. (1982). *The mind in conflict*. New York: International Universities Press.

Breuer, F. (1991). *Wissenschaftstheorie für Psychologen* (5. Aufl.). Münster: Aschendorff.

Bridgman, P.W. (1927). *The logic of modern physics*. New York: Macmillan.

Briggs, S.R. (1988). Shyness: Introversion or neuroticism. *Journal of Research in Personality, 22*, 290–307.

Brigham, J.C., Maass, A., Snyder, L.D. & Spaulding, K. (1982). Accuracy of eyewitness identifications in a field setting. *Journal of Personality and Social Psychology, 42*, 673–681.

Brocke, B. & Battmann, W. (1985). Die Aktivierungstheorie der Persönlichkeit: Eine systematische Darstellung und partielle Rekonstruktion. *Zeitschrift für Differentielle und Diagnostische Psychologie, 6*, 189–213.

Brody, N. (1988). *Personality in search of individuality*. San Diego: Academic Press.

Bronfenbrenner, U. (1979). *The ecology of human development: Experiments by nature and design*. Cambridge, MA: Harvard University Press.

Brown, G.W., Andrews, B., Harris, T.O., Adler, Z. & Bridge, L. (1986). Social support, self-esteem, and depression. *Psychosomatic Medicine, 16*, 813–831.

Buck, R. (1980). Nonverbal behavior and the theory of emotion: The facial feedback hypothesis. *Journal of Personality and Social Psychology, 38*, 811–824.

Bull, J.J. (1983). *The evolution of sex determining mechanisms*. Menlo Park, CA: Benjamin & Cummings.

Burgemeister, B., Blum, L. & Lorge, J. (1972). *Columbia Mental Maturity Scale*. New York: Harcourt Brace Jovanovich.

Burisch, M. (1984). Approaches to personality inventory construction. *American Psychologist, 39*, 214–227.

Burks, B.S. (1928). The relative influence of nature and nurture upon mental development: A comparative study of foster parent - foster child resemblance and true parent - true child resemblance. *Yearbook of the National Society for the Study of Education, 27*, 219–236.

Buse, L. & Pawlik, K. (1984). Inter-Setting-Korrelationen und Setting-Persönlichkeit-Wechselwirkungen: Ergebnisse einer Felduntersuchung zur Konsistenz von Verhalten und Erleben. *Zeitschrift für Sozialpsychologie, 15*, 44–59.

Buse, L. & Pawlik, K. (1991). Zur State-Trait-Charakteristik verschiedener Meßvariablen der psychophysiologischen Aktivierung, der kognitiven Leistung und der Stimmung in Alltagssituationen. *Zeitschrift für experimentelle und angewandte Psychologie, 38*, 521–538.

Buse, L. & Pawlik, K. (1994). Differenzierung zwischen Tages-, Setting- und Situationskonsistenz ausgewählter Verhaltensmerkmale, Maßen der Aktivierung, des Befindens und der Stimmung in Alltagssituationen. *Diagnostica, 40*, 2–26.

Buss, A.H. (1991). The EAS theory of temperament. In J. Strelau & A. Angleitner (Eds.), *Explorations in temperament* (pp. 43-60). New York: Plenum.

Buss, A.H. & Plomin, R. (1984). *Temperament: Early developing personality traits*. Hillsdale, NJ: Erlbaum.

Buss, D.M. (1987). Selection, evocation, and manipulation. *Journal of Personality and Social Psychology, 53*, 1214–1221.

Buss, D.M. (1989). Sex differences in human mate preferences: Evolutionary hypotheses tested in 37 cultures. *Behavioral and Brain Sciences, 12*, 1–49.

Buss. D.M. (1991). Evolutionary personality psychology. *Annual Review of Psychology, 42*, 459–491.

Buss, D.M. & Schmitt, D.P. (1993). Sexual strategies theory: An evolutionary perspective on human mating. *Psychological Review, 100*, 204–232.

Cacioppo, J.T. Uchino, B.N., Crites, S.L., Snydersmith, M.A., Smith, G., Berntson, G.G. & Lang, P.J. (1992). Relationship between facial expressiveness and sympathetic activation in emotion. *Journal of Personality and Social Psychology, 62*, 110–128.

Cadoret, R.J., Cain, C.A. & Crowe, R.R. (1983). Evidence for gene-environment interaction in the development of adolescent antisocial behavior. *Behavior Genetics, 13*, 301–310.

Campbell, D.T. & Fiske, D.W. (1959). Convergent and discriminant validation by the multitrait-multimethod matrix. *Psychological Bulletin, 56*, 81–105.

Cantor, N. & Kihlstrom, J.F. (1987). *Personality and social intelligence*. Englewood Cliffs, NJ: Prentice-Hall.

Caprara, G.V. & Perugini, M. (1994). Personality described by adjectives: The generalizability of the Big Five to the Italian lexical context. *European Journal of Personality, 8*, 357–369.

Carey, S. (1984). Cognitive development: The descriptive problem. In M.S. Gazzaniga (Ed.), *Handbook of cognitive neuroscience* (pp. 37–66). New York: Freeman.

Carr, H.A. & Kingsbury, F.A. (1938). The concept of trait. *Psychological Review, 45*, 497–524.

Carver, C.S. & Scheier, M.F. (1981). *Attention and self-regulation: A control theory approach to human behavior.* New York: Springer.

Carver, C.S. & White, T.L. (1994). Behavioral inhibition, behavioral activation, and affective responses to impending reward and punishment: The BIS/BAS scales. *Journal of Personality and Social Psychology, 67*, 319–333.

Caspi, A., Bem, D.J. & Elder, G.H.Jr. (1989). Continuities and consequences of interactional styles across the life course. *Journal of Personality, 57*, 375–406.

Caspi, A., Herbener, E.S. & Ozer, D.J. (1992). Shared experiences and the similarity of personalities: A longitudinal study of married couples. *Journal of Personality and Social Psychology, 62*, 281–291.

Cattell, J.M. & Farrand, L. (1896). Physical and mental measurements of the students of Columbia University. *Psychological Review, 3*, 618–684.

Cattell, R.B. (1946). *The description and measurement of personality.* Yonkers, NY: World Book.

Cattell, R.B. (1950). *Personality: A systematic theoretical and factual study.* New York: McGraw-Hill.

Cattell, R.B. (1960). *Culture Fair Intelligence Test (CFT).* Champaign, IL: Institute for Personality and Ability Testing.

Cattell, R.B. (1963). Theory of fluid and crystallized intelligence: A critical experiment. *Journal of Educational Psychology, 54*, 1–22.

Ceci, S.J. (1991). How much does schooling influence general intelligence and its cognitive components? A reassessment of the evidence. *Developmental Psychology, 27*, 703–722.

Chase, W.G. & Simon, H.A. (1973). The mind's eye in chess. In W.G. Chase (Ed.), *Visual information processing* (pp. 215-281). New York: Academic Press.

Cheek, J.M. (1982). Aggregation, moderator variables, and the validity of personality tests: A peer rating study. *Journal of Personality and Social Psychology, 43*, 1254–1269.

Cheek, J.M. & Buss, A.H. (1981). Shyness and sociability. *Journal of Personality and Social Psychology, 41*, 330–339.

Chipuer, H.M., Rovine, M. & Plomin, R. (1990). LISREL modelling: Genetic and environmental influences on IQ revisited. *Intelligence, 14*, 11–29.

Chodorov, N. (1978). *The reproduction of mothering.* Berkeley: University of California Press (deutsch: *Das Erbe der Mütter.* München: Frauenoffensive, 1985).

Clark, J.V. & Arkowitz, H. (1975). Social anxiety and self-evaluation of interpersonal performance. *Psychological Reports, 36*, 211–221.

Clarke, A.M. & Clarke, A.D.B. (Eds.) (1977). *Early experience: Myth and evidence.* New York: Free Press.

Cohen, J. (1977). *Statistical power analysis for the behavioral sciences* (rev. ed.). New York: Academic Press.

Cohen, S. & Wills, T.A. (1985). Stress, social support, and the buffering hypothesis. *Psychological Bulletin, 98*, 310–357.

Coie, J.D., Dodge, K.H. & Kupersmidt, J.B. (1990). Peer group behavior and social status. In S.R. Asher & J.D. Coie (Eds.), *Peer rejection in childhood* (pp. 17–59). Cambridge, U.K.: Cambridge University Press.

Cole, M.G.H. (1989). Modern mind-brain reading: Psychophysiology, physiology and cognition. *Psychophysiology, 26*, 251–269.

Compas, B.E., Forsythe, C.J. & Wagner, B.M. (1988). Consistency and variability in causal attributions and coping with stress. *Cognitive Therapy and Research, 12*, 305–320.

Conley, J.J. (1984a). Longitudinal consistency of adult personality: Self-reported psychological characteristics across 45 years. *Journal of Personality and Social Psychology, 47*, 1325–1333.

Conley, J.J. (1984b). The hierarchy of consistency: A review and model of longitudinal findings on adult individual differences in intelligence, personality and self-opinion. *Personality and Individual Differences, 5*, 11–25.

Cook, M. & Mineka, S. (1989). Observational conditioning of fear to fear-relevant versus fear-irrelevant stimuli in Rhesus monkeys. *Journal of Abnormal Psychology, 98*, 448–459.

Cooley, C.H. (1902). *Human nature and the social order.* New York: Charles Scribner's Sons.

Coopersmith, S.A. (1967). *The antecedents of self-esteem.* San Francisco, CA: Freeman.

Costa, P.T.Jr. & McCrae, R.R. (1989). *The NEO PI/FFI manual supplement.* Odessa, FL: Psychological Assessment Resources.

Cronbach, L.J. & Snow, R.E. (1981). *Aptitudes and instructional methods.* New York: Irvington.

Crowell, J.A. & Feldman, S.S. (1988). Mothers' internal models of relationships and children's behavioral and developmental status: A study of mother-child interaction. *Child Development, 59*, 1273–1285.

Crowne, D.P. & Marlowe, D. (1960). A new scale of social desirability independent of psychopathology. *Journal of Consulting Psychology, 66*, 547–555.

Crowne, D.P. & Marlowe, D. (1964). *The approval motive: Studies in evaluative dependence.* New York: Wiley.

Csikszentmihalyi, M. & Larson, R. (1984). *Being adolescent. Conflict and growth in the teenage years.* New York: Basic Books.

Cutrona, C.E. & Russell, D. (1990). Type of social support and specific stress: Toward a theory of optimal matching. In I.G. Sarason, B.R. Sarason & G.R. Pierce (Eds.), *Social support: An interactional view* (pp. 319–366). New York: Wiley.

Cutrona, C.E., Russell, D. & Jones, R.D. (1984). Cross-situational consistency in causal attributions: Does attributional style exist? *Journal of Personality and Social Psychology, 47*, 1043–1058.

Daly, M. & Wilson, M. (1979). *Sex, evolution, and behavior.* North Scituate, MA: Duxbury.

Darwin, C. (1859). *On the origin of species by means of natural selection, or the preservation of favored races in the struggle for life.* London: John Murray.

Davis, P.J. (1987). Repression and the inaccessibility of affective memories. *Journal of Personality and Social Psychology, 53*, 585–593.

Davis, P.J. & Schwartz, G.E. (1987). Repression and the inaccessibility of affective memories. *Journal of Personality and Social Psychology, 52*, 155–162.

De Raad, B. (1994). An expedition in search of a fifth universal factor: Key issues in the lexical approach. *European Journal of Personality, 8*, 229–250.

Delespaul, P.A.E.G. (1992). Technical note: Devices and time-sampling procedures. In M.W. de Vries (Ed.), *The experience of psychopathology: Investigating mental disorders in their natural settings* (pp. 363–373). Cambridge: Cambridge University Press.

Deutsch, F.M., Kroll, J.F., Weible , A.L., Letourneau, L.A. & Goss, R.L. (1988). Spontaneous trait generation: A new method for identifying self-schemas. *Journal of Personality, 56*, 327–354.

Diehl, J.M. & Kohr, H.U. (1989). *Deskriptive Statistik*. Eschborn: Klotz.

Diener, C.I. & Dweck, C.S. (1978). An analysis of learnt helplessness: Continuous changes in performance, strategy, and achievement cognitions following failure. *Journal of Personality and Social Psychology, 36*, 451–462.

Diener, E., Larsen, R.J. & Emmons, R.A. (1984). Person x situation interactions: Choice of situations and congruence response models. *Journal of Personality and Social Psychology, 47*, 580–592.

Dishion, T.J., Patterson, G.R., Stoolmiller, M. & Skinner, M.L. (1991). Family, school, and behavioral antecedents to early adolescent involvement with antisocial peers. *Developmental Psychology, 27*, 172–180.

Dodge, K.A. (1980). Social cognition and children's aggressive behavior. *Child Development, 51*, 162–170.

Dodge, K.A. (1986). A social information processing model of social competence in children. In M. Perlmutter (Ed.), *Minnesota Symposia on Child Psychology* (Vol. 18, pp. 77–125). Hillsdale, NJ: Erlbaum.

Doherty, W.J. & Jacobson, N.S. (1982). Marriage and the family. In B.B. Wolman (Ed.), *Handbook of developmental psychology* (pp. 667–679). Englewood Cliffs, NJ: Prentice-Hall.

Doll, J., Mentz, M. & Witte, E.H. (1995). Zur Theorie der vier Bindungsstile: Meßprobleme und Korrelate dreier integrierter Verhaltenssysteme. *Zeitschrift für Sozialpsychologie, 26*, 148–159.

Dörner, D. (1989 a). Emotion, Kognition und Begriffsverwirrungen. Zwei Anmerkungen zur Köhler-Vorlesung von Norbert Bischof. *Psychologische Rundschau, 40*, 206–209.

Dörner, D. (1989 b). *Die Logik des Mißlingens*. Reinbek b. Hamburg: Rowohlt.

Dörner, D., Kreuzig, H.W., Reither, F. & Stäudel, T. (Hrsg.) (1983). *Lohhausen. Vom Umgang mit Unbestimmtheit und Komplexität*. Bern: Huber.

Dörner, D., Stäudel, T. & Strohschneider, S. (1986). *Moro: Programmdokumentation*. Bamberg: Lehrstuhl Psychologie II, Universität Bamberg, Memorandum Nr. 23.

Dudek, F. (1979). The continuing misinterpretation of the standard error of measurement. *Psychological Bulletin, 86*, 335–337.

Dunlap, W.P. & Cornwell, J.M. (1994). Factor analysis of ipsative measures. *Multivariate Behavioral Research, 29*, 115–126.

Durham, W.H. (1991). *Coevolution: Genes, culture, and human diversity*. Stanford: Stanford University Press.

Duval, S. & Wicklund, R.A. (1972). *A theory of objective self-awareness*. New York: Academic Press.

Eagly, A.H. & Chaiken, S. (1993). *The psychology of attitudes*. Orlando, FL: Harcourt Brace Jovanovich.

Eagly, A.H. & Steffen, V.J. (1986). Gender and aggressive behavior: A meta-analytic review of the social psychological literature. *Psychological Bulletin, 100*, 309–330.

Eaton, W.O. & Bargen, D. von (1981). Asynchronous development of gender understanding in preschool children. *Child Development, 52*, 1020–1027.

Eaton, W.O. & Enns, L.R. (1986). Sex differences in human motor activity level. *Psychological Bulletin, 100*, 19–28.

Eaves, L. & Eysenck, H. (1975). The nature of extraversion: A genetical analysis. *Journal of Personality and Social Psychology, 32*, 102–112.

Edelbrock, C. & Sugawara, A.I. (1978). Acquisition of sex-typed preferences in preschool-aged children. *Developmental Psychology, 14*, 614–623.

Eggert, D. (1974). *Eysenck-Persönlichkeits-Inventar E-P-I*. Göttingen: Hogrefe.

Eggert, D. (Hrsg.) (1978). *Hannover Wechsler Intelligenztest für das Vorschulalter (HAWIVA)*. Bern: Huber.

Elliott, D.S., Huizinga, D. & Ageton, S.S. (1985). *Explaining delinquency and drug use*. Beverly Hills, CA: Sage.

Endler, N.S. & Magnusson, D. (1976). Toward an interactional psychology of personality. *Psychological Bulletin, 83*, 956–974.

Endler, N.S., Hunt, J.M. & Rosenstein, A.J. (1962). An S-R inventory of anxiousness. *Psychological Monographs, 76*, (17, 536).

Engfer, A. (1986). *Kindesmißhandlung*. Stuttgart: Enke.

Epstein, S. (1983). A research paradigm for the study of personality and emotions. In M.M. Page (Ed.), *Personality: Current theory and research: 1982 Nebraska Symposium on Motivation* (pp. 91–154). Lincoln, NE: University of Nebraska Press.

Ericsson, K.A. & Charness, N. (1994). Expert performance: Its structure and acquisition. *American Psychologist, 49*, 725–747.

Erikson, E.H. (1950). *Childhood and society*. New York: Norton (deutsch: (1979). *Kindheit und Gesellschaft*. Stuttgart: Klett).

Erikson, E.H. (1960). Youth and the life cycle. *Children Today, 7*, 187–194.

Eschenröder, C.T. (1984). *Hier irrte Freud*. München: Urban & Schwarzenberg.

Eysenck, H.J. (1947). *Dimensions of personality*. London: Routledge & Kegan Paul.

Eysenck, H.J. (1953). *The structure of human personality*. London, U.K.: Methuen.

Eysenck, H.J. (1965). Persönlichkeitstheorie und psychodiagnostische Tests. *Diagnostica, 11*, 3–27.

Eysenck, H.J. (1967). *The biological basis of personality*. Springfield, IL: Thomas.

Eysenck, H.J. (1990). Biological dimensions of personality. In L.A. Pervin (Ed.), *Handbook of personality theory and research* (pp. 244–276). New York: Guilford.

Eysenck, H.J. (1991). Dimensions of personality: The biosocial approach to personality. In J. Strelau & A. Angleitner (Eds.), *Explorations in temperament* (pp. 87–103). New York: Plenum.

Eysenck, H.J. & Eysenck, M.W. (1985). *Personality and individual differences*. New York: Plenum.

Eysenck, H.J. & Eysenck, S.B.G. (1968). *Manual of the Eysenck Personality Inventory*. San Diego, CA: Educational and Industrial Testing Service.

Eysenck, H.J. & Eysenck, S.B.G. (1969). *Personality structure and measurement*. London: Routledge & Kegan Paul.

Eysenck, H.J. & Wilson, G.D. (Eds.) (1973). *The experimental study of Freudian theories*. London, U.K.: Methuen. (deutsch: *Experimentelle Studien zur Psychoanalyse Sigmund Freuds*. Wien: Europa, 1979).

Fagan, J.F. (1984). Recognition memory and intelligence. *Intelligence, 8*, 31–36.

Fagot, B.I. (1985). Beyond the reinforcement principle: Another step toward understanding sex role development. *Developmental Psychology, 21*, 1097–1104.

Fahrenberg, J. (1975). Die Freiburger Beschwerdenliste FBL. *Zeitschrift für Klinische Psychologie, 4*, 79–100.

Fahrenberg, J. (1986). Psychophysiological individuality: A pattern analytic approach to personality research and psychosomatic medicine. *Advances in Behaviour Research and Therapy, 8*, 43–100.

Fahrenberg, J. (1992). Psychophysiology of neuroticism and anxiety. In A. Gale & M. W. Eysenck (Eds.), *Handbook of individual differences: Biological perspectives* (pp. 179–226). Chichester, U.K.: Wiley.

Fahrenberg, J. & Selg., H. (1970). *Das Freiburger Persönlichkeitsinventar FPI*. Göttingen: Hogrefe.

Fahrenberg, J., Hampel, R. & Selg, H. (1985). Die revidierte Form des Freiburger Persönlichkeitsinventars FPI-R. *Diagnostica, 31*, 1–21.

Fahrenberg, J., Foerster, F., Schneider, H.-J., Müller, W. & Myrtek, M. (1986). Predictability of individual differences in activation processes in a field setting based on laboratory measures. *Psychophysiology, 23*, 323–333.

Farrington, D.P. (1986). Age and crime. In M. Tonry & N. Morris (Eds.), *Crime and Justice: An Annual Review of Research* (Vol. 7, pp. 189–250). Chicago, IL: University of Chicago Press.

Farrington, D.P., Ohlin, L. & Wilson, J.Q. (1986). *Understanding and controlling crime*. New York: Springer.

Fazio, R.H. & Williams, C.J. (1986). Attitude accessibility as a moderator of the attitude-perception and attitude-behavior relations: An investigation of the 1984 presidential election. *Journal of Personality and Social Psychology, 51*, 505–514.

Fazio, R.H., Sanbonmatsu, D.M., Powell, M.C. & Kardes, F.R. (1986). On the automatic activation of attitudes. *Journal of Personality and Social Psychology, 50*, 229–238.

Feather, N.T. (1965). The relationship of expectations of success to need achievement and test anxiety. *Journal of Personality and Social Psychology, 1*, 118–126.

Feather, N.T. (1966). Effects of prior success and failure and expectations of success and subsequent performance. *Journal of Personality and Social Psychology, 3*, 287–298.

Feichtinger, L., Laireiter, A., Untner, A. & Baumann, U. (1992). Zum Zusammenhang zwischen Persönlichkeit und Sozialem Netzwerk bzw. Netzwerkressourcen – Literaturüberblick und Pilotstudie. *Zeitschrift für Diffrentielle und Diagnostische Psychologie, 4*, 233–247.

Feingold, A. (1990). Gender differences in effects of physical attractiveness on romantic attraction: A comparison across five research paradigms. *Journal of Personality and Social Psychology, 59*, 981–993.

Feingold, A. (1992 a). Good-looking people are not what we think. *Psychological Bulletin, 111*, 304–341.

Feingold, A. (1992 b). Gender differences in mate selection preferences: A test of the parental investment model. *Psychological Bulletin, 112*, 128–139.

Feingold, A. (1994). Gender differences in personality: A meta-analysis. *Psychological Bulletin, 116*, 429–456.

Fenigstein, A., Scheier, M.F. & Buss, A.H. (1975). Public and private self-consciousness: Assessment and theory. *Journal of Consulting and Clinical Psychology, 43*, 522–527.

Ferring, D. & Filipp, S.-H. (in Druck). Messung des Selbstwertgefühls: Befunde zu Reliabilität, Validität und Stabilität der Rosenberg-Skala. *Diagnostica*.

Filipp, S.-H. & Freudenberg, E. (1989). *Der Fragebogen zur Erfassung dispositionaler Selbstaufmerksamkeit (SAM)*. Göttingen: Hogrefe.

Filipp, S.-H. & Klauer, T. (1988). Ein dreidimensionales Modell zur Klassifikation von Formen der Krankheitsbewältigung. In H. Kächele & W. Steffens (Hrsg.), *Bewältigung und Abwehr* (S. 51–68). Berlin: Springer.

Filipp, S.-H., Klauer, T., Freudenberg, E. & Ferring, D. (1990). The regulation of well-being in cancer patients: An analysis of coping effectiveness. *Psychology and Health, 4*, 305–317.

Fishbein, M. & Ajzen, I. (1974). Attitudes toward objects as predictors of single and multiple behavioral criteria. *Psychological Review, 81*, 59–74.

Fishbein, M. & Ajzen, I. (1975). *Belief, attitude, intention, and behavior: An introduction to theory and research*. Reading, MA: Addison-Wesley.

Fisher, R.A. (1918). The correlation between relatives on the supposition of Mendelian inheritance. *Transactions of the Royal Society of Edinburgh, 52*, 399–433.

Fisher, S. & Greenberg, R.P. (1977). *The scientific credibility of Freud's theory and therapy*. New York: Basic Books.

Flynn, J.R. (1984). The mean IQ of Americans: Massive gains 1932 to 1978. *Psychological Bulletin, 95*, 29–51.

Flynn, J.R. (1987). Massive IQ gains in 14 nations: What IQ tests really measure. *Psychological Bulletin, 101*, 171–191.

Fodor, J.A. (1983). *The modularity of mind*. Cambridge, MA: MIT Press.

Foerster, F., Schneider, H.J. & Walschburger, P. (1983). The differentiation of individual-specific, stimulus-specific, and motivation-specific response patterns in activation processes: An inquiry investigating their stability and possible importance in psychophysiology. *Biological Psychology, 17*, 1–26.

Folkman, S. & Lazarus, R. (1980). An analysis of coping in a middle-aged community sample. *Journal of Health and Social Behavior, 21*, 219–239.

Fölsing, A. (1993). *Albert Einstein: Eine Biographie*. Frankfurt/Main: Suhrkamp.

Forer, B.R. (1949). The fallacy of personal validation: A classroom demonstration of gullibility. *Journal of Abnormal and Social Psychology, 44*, 118–123.

Fowles, D.C. (1980). The three-arousal model: Implications of Gray's two-factor learning theory for heart rate,

electrodermal activity, and psychopathy. *Psychophysiology, 17*, 87–104.

Fox, N.A., Kimmerly. N.L. & Schafer, W.D. (1991). Attachment to mother/attachment to father: A meta-analysis. *Child Development, 62*, 210–225.

Freud, S. (1982). *Studienausgabe*. Frankfurt/Main: Fischer Taschenbuch.

Frisch, M. (1967). *Biographie: Ein Spiel*. Frankfurt/Main: Suhrkamp.

Funder, D.C. (1991). Global traits: A neo-Allportian approach to personality. *Psychological Science, 2*, 31–39.

Funder, D.C. & Colvin, C.R. (1988). Friends and strangers: Acquaintanceship, agreement, and the accuracy of personality judgments. *Journal of Personality and Social Psychology, 55*, 149–158.

Funke, U. (1991). Die Validität einer computergestützten Systemsimulation zur Diagnose von Problemlösekompetenz. In H. Schuler & U. Funke (Hrsg.), *Eignungsdiagnostik in Forschung und Praxis* (pp. 114–122). Stuttgart: Verlag für angewandte Psychologie.

Funkenstein, D.H., King, S.H. & Drolette, M. (1954). The direction of anger during a laboratory stress-inducing situation. *Psychosomatic Medicine, 16*, 404–413.

Galton, F. (1884). Measurement of character. *Fortnightly Review, 42.*

Galton, F. (1888). Co-relations and their measurement, chiefly from anthropometric data. *Proceedings of the Royal Society of London, 45*, 135–145.

Gardner, H. (1983). *Frames of mind: The theory of multiple intelligences*. New York: Basic Books.

Gardner, H. (1993). *Frames of mind: The theory of multiple intelligences* (2nd ed.). New York: Basic Books.

Garmezy, N. (1983). Stressors of childhood. In N. Garmezy & M. Rutter (Eds.), *Stress, coping and development in children* (pp. 43–84). New York: McGraw-Hill.

Gell-Mann, M. (1994). *Das Quark und der Jaguar*. München: Piper.

Ghiselli, E.E. (1966). *The validity of occupational aptitude tests*. New York: Wiley.

Giesen, H. et al. (1981). *Vom Schüler zum Studenten*. München: Reinhard.

Ginsburg, G.P. & Whittemore, R.G. Creativity and verbal ability: A direct examination of their relationship. *British Journal of Educational Psychology, 38*, 133–139.

Goffman, E. (1956). *The presentation of self in everyday life*. Edinburgh: University of Edinburgh Press (deutsch: *Wir alle spielen Theater: Die Selbstdarstellung im Alltag*. München: Piper, 1969).

Goldberg, L.R. (1981). Language and individual differences: The search for universals in personality lexikons. In L.Wheeler (Ed.), *Review of Personality and Social Psychology* (Vol. 2, pp. 141–165). Beverly Hills, CA: Sage.

Goldberg, L.R. (1990). An alternative „Description of personality“: The Big-Five factor structure. *Journal of Personality and Social Psychology, 59*, 1216–1229.

Goldsmith, H.H. & Alansky, J.A. (1987). Maternal and infant temperamental predictors of attachment: A meta-analytic review. *Journal of Consulting and Clinical Psychology, 55*, 805–816.

Goldstein, A.P. & Segall, M.H. (Eds.) (1983), *Aggression in global perspective*. Elmsford, NY: Pergamon.

Golombok, S. & Fivush, R. (1994). *Gender development*. Cambridge, U.K.: Cambridge University Press.

Göttert, R. & Asendorpf, J. (1989). Eine deutsche Version des California-Child-Q-Sort, Kurzform. *Zeitschrift für Entwicklungspsychologie und Pädagogische Psychologie, 21*, 70–82.

Gottlieb, G. (1991). Experiential canalization of behavioral development: Theory. *Developmental Psychology, 27*, 4–13.

Gottschaldt, K. (1926). Über den Einfluß der Erfahrung auf die Wahrnehmung von Figuren. I. Über den Einfluß gehäufter Einprägung von Figuren auf ihre Sichtbarkeit in umfassenden Konfigurationen. *Psychologische Forschung, 8*, 261–317.

Graumann, C.F. & Willig, R. (1983). Wert, Wertung, Werthaltung. In H. Thomae (Hrsg.), *Enzyklopädie der Psychologie. Band C/IV/1: Theorien und Formen der Motivation* (S. 312–396). Göttingen: Hogrefe.

Grawe, K., Donati, R. & Bernauer, F. (1993). *Psychotherapie im Wandel: Von der Konfession zur Profession*. Göttingen: Hogrefe.

Gray, J.A. (1982). *The neuropsychology of anxiety: An enquiry into the functions of the septo-hippocampal system*. Oxford: Oxford University Press.

Gray, J.A. (1987). Perspectives on anxiety and impulsivity. A commentary. *Journal of Research in Personality, 21*, 493–509.

Gray, J.A. (1991). The neuropsychology of temperament. In J. Strelau & A. Angleitner (Eds.), *Explorations in temperament* (pp. 105–128). New York: Plenum.

Greenberg, D.F. (1985). Age, crime, and social explanation. *American Journal of Sociology, 91*, 1–21.

Greenwald, A.G. & Breckler, S.J. (1985). To whom is the self presented? In B.R. Schlenker (Ed.), *The self and social life* (pp. 126–145). New York: McGraw-Hill.

Griffin, D. & Bartholomew, K. (1994). Models of the self and other: Fundamental dimensions underlying measures of adult attachment. *Journal of Personlity and Social Psychology, 67*, 430–445.

Grillo, C.M. & Pogue-Geile, M.F. (1991). The nature of environmental influences on weight and obesity: A behavior genetic analysis. *Psychological Bulletin, 110*, 520–537.

Grob, A. (1995). Subjective well-being and significant life-events across the life span. *Swiss Journal of Psychology, 54*, 3–18.

Groeben, N. & Westmeyer, H. (1975). *Kriterien psychologischer Forschung*. München: Juventa.

Grote, J. et al. (1969). Untersuchungen zur Kreativität. *Zeitschrift für Pädagogik, 15*, 135–171.

Grünbaum, A. (1988). *Die Grundlagen der Psychoanalyse: Eine philosophische Kritik*. Stuttgart: Reclam.

Gubler, H. & Bischof, N. (1993). Untersuchungen zur Systemanalyse der sozialen Motivation II: Computerspiele als Werkzeug der motivationspsychologischen Grundlagenforschung. *Zeitschrift für Psychologie, 201*, 287–315.

Gubler, H., Paffrath, M. & Bischof, N. (1994). Untersuchungen zur Systemanalyse der sozialen Motivation III: Eine Ästimationsstudie zur Sicherheits- und Erregungs-

regulation während der Adoleszenz. *Zeitschrift für Psychologie, 202*, 95–132.

Guilford, J.P. (1950). Creativity. *American Psychologist, 5*, 444–454.

Guilford, J.P. (1956). The structure of intellect. *Psychological Bulletin, 53*, 267–293.

Guilford, J.P. (1964). *Persönlichkeit*. Weinheim: Beltz.

Guilford, J.P. (1967). *The nature of human intelligence*. New York: McGraw-Hill.

Günther, H. (1975). Ein Versuch der Anwendung der "Rokeach Value Scale" in der Bestimmung von Werthaltungen deutscher Austauschschüler. *Psychologische Beiträge, 17*, 304–320.

Haan, N. (1977). *Coping and defending*. New York: Academic Press.

Halpern, D.F. (1992). *Sex differences in cognitive abilities* (2nd ed.). Hillsdale, NJ: Erlbaum.

Halverson, C. & Victor, J. (1976). Minor physical anomalies and problem behavior in elementary school children. *Child Development, 47*, 281–285.

Hampson, S.E., Goldberg, L.R. & John, O.P. (1987). Category-breadth and social-desirability values for 573 personality terms. *European Journal of Personality, 1*, 241–258.

Hanke, B., Lohmöller, J.-B. & Mandl, H. (1980). *Schülerbeurteilung in der Grundschule: Ergebnisse der Augsburger Längsschnittuntersuchung*. München: Oldenbourg.

Harrell, T.W. & Harrell, M.S. (1945). Army General Classification Test scores for civilian occupations. *Educational and Psychological Measurement, 5*, 229–239.

Harris, J.R. (1995). Where is the child's environment? A group socialization theory of development. *Psychological Review, 102*, 458–489.

Harter, S. (1982). The Perceived Competence Scale for Children. *Child Development, 53*, 87–97.

Harter, S. (1990). Causes, correlates, and the functional role of general self-worth: A life-span perspective. In R.J. Sternberg & J. Kolligian, Jr. (Eds.), *Competence considered* (pp. 67–97). New Haven, CT: Yale University Press.

Harter, S. & Pike, R. (1984). The Pictorial Scale of Perceived Competence and Social Acceptance for Young Children. *Child Development, 55*, 1969–1982.

Hartmann, H. (1958). *Ego psychology and the problem of adaptation*. New York: International Universities Press (l. Auflage 1939).

Hartmann, H., Mößner, U., & Härle, F. (1972). Zur Frage der Intelligenz und sozialen Entwicklung von Kindern mit Lippen-, Kiefer-, Gaumenspalten. *Praxis der Kinderpsychologie und Kinderpsychiatrie, 21*, 1–9.

Hartshorne, H. & May, M.A. (1928). *Studies in the nature of character. Vol. 1: Studies in deceit*. New York: MacMillan.

Hassebrauck, M. & Niketta, R. (Hrsg.) (1993). *Physische Attraktivität*. Göttingen: Hogrefe.

Hays, R.B. & Oxley, D. (1986). Social network development and functioning during a life transition. *Journal of Personality and Social Psychology, 50*, 305–313.

Hazan, C. & Shaver, P. (1987). Conceptualizing romantic love as an attachment process. *Journal of Personality and Social Psychology, 52*, 511–524.

Heath, R.L. & Fogel, D.S. (1978). Terminal and instrumental? An inquiry into Rokeach's value survey. *Psychological Reports, 42*, 1147–1154.

Hebb, D.O. (1949). *The organization of behavior*. New York: Wiley.

Heckhausen, H. (1963). *Hoffnung und Furcht in der Leistungsmotivation*. Meisenheim am Glan: Anton Hain.

Heckhausen, H. (1980). *Motivation und Handeln*. Berlin: Springer.

Heckhausen, H. (1982). Task-irrelevant cognitions during an exam: Incidence and effects. In H.W. Krohne & L. Laux (Eds.), *Achievement, stress, and anxiety* (pp. 247–274). Washington, DC: Hemisphere.

Heckhausen, H. (1989). *Motivation und Handeln*. Berlin: Springer.

Heim, E., Augustiny, K., Blaser, A. & Schaffner, L. (1991). *Berner Bewältigungsformen (BEFO)*. Bern: Huber.

Heinemann, W. (1979). The assessment of private and public self-consciousness: A German replication. *European Journal of Psychology, 9*, 331–337.

Helmke, A. (1992). *Selbstvertrauen und schulische Leistungen*. Göttingen: Hogrefe.

Hertzig, M. (1983). Temperament and neurological status. In M. Rutter (Ed.), *Developmental neuropsychiatry* (pp. 164–180). New York: Guilford.

Hessing, D.J., Elffers, H. & Weigel, R.H. (1988). Exploring the limits of self-reports and reasoned action: An investigation of the psychology of tax evasion behavior. *Journal of Personality and Social Psychology, 54*, 405–413.

Heyns, R.W., Veroff, J. & Atkinson, J.W. (1958). A scoring manual for the affiliation motive. In J.W. Atkinson (Ed.), *Motives in fantasy, action, and society* (pp. 205–218). Princeton, NJ: Van Nostrand.

Hofstede, G. (1979). Value systems in forty countries: Interpretation, validation and consequences for theory. In L. Eckensberger, W. Lonner & Y.H. Poortinga (Eds.), *Cross-cultural contributions to psychology* (pp. 389–407). Lisse, NL: Swets & Zeitlinger.

Hofstee, W.K.B., Brokken, F.B. & Land, H. (1981). Constructie van een Standaard-Persoonlijkheids-Eigenschappenlijst (S.P.E.L.). *Nederlands Tijdschrift voor de Psychologie, 36*, 443–452.

Holmes, T.H. & Rahe, R.H. (1967). The social readjustment rating scale. *Journal of Psychosomatic Research, 11*, 213–218.

Holt, R.R. (1976). Drive or wish? In M.M. Gill & P.S. Holzman (Eds.), *Psychology versus metapsychology: Psychoanalytic essays in memory of George S. Klein. Psychological Issues, 9*, (4, Monograph No. 36).

Holz-Ebeling, F. & Metzger, A. (1988). Analyse von Komponenten der Selbstaufmerksamkeit. *Zeitschrift für Differentielle und Diagnostische Psychologie, 9*, 279–294.

Horn, W. (1983). *Leistungsprüfsystem*. Göttingen: Hogrefe.

Huber, H.P. (1973). *Psychometrische Einzelfalldiagnostik*. Weinheim: Beltz.

Huesmann, L.R., Eron, L.D., Lefkowitz, M.M. & Walder, L.O. (1984). Stability of aggression over time and generations. *Developmental Psychology, 20*, 1120–1134.

Hunt, E. (1978). The mechanics of verbal intelligence. *Psychological Review, 85*, 109–130.

Hunter, R.S., Kilstrom, N., Kraybill, E.N. & Loda, F. (1978). Antecedents of child abuse and neglect in premature infants: A prospective study in a newborn intensive care unit. *Pediatrics, 61*, 629–635.

Huston, A.C. (1983). Sex-typing. In P.H. Mussen & E.M. Hetherington (Eds.), *Handbook of child psychology* (4th ed.; Vol. 4, pp. 387–467). New York: Wiley.

Hyde, J.S. (1984). How large are gender differences in aggression? A developmental meta-analysis. *Developmental Psychology, 20*, 722–736.

Hyde, J.S. & Linn, M.C. (1988). Gender differences in verbal ability: A meta-analysis. *Psychological Bulletin, 104*, 53–69.

Hyde, J.S., Fennema, E. & Lamon, S.J. (1990). Gender differences in mathematics performance: A meta-analysis. *Psychological Bulletin, 107*, 139–155.

Hymel, S., Bowker, A. & Woody, E. (1993). Aggressive versus withdrawn unpopular children: Variations in peer and self-perceptions in multiple domains. *Child Development, 64*, 879–896.

Insel, P.L. & Roth, W.T. (1985). *Core concepts in health*. Palo Alto, CA: Mayfield.

Irvine, S.H. & Berry, J.W. (Eds.) (1988). *Human abilities in cultural context*. Cambridge, U.K.: Cambridge University Press.

Jacklin, C.N., Maccoby, E.E. & Doering, C.H. (1983). Neonatal sex-steroid hormones and timidity in 6–16-month-old boys and girls. *Developmental Psychobiology, 16*, 163–168.

Jacklin, C.N., Wilcox, K.T. & Maccoby, E.E. (1988). Neonatal sex-steroid hormones and intellectual abilities of six-year-old boys and girls. *Developmental Psychobiology, 21*, 567–574.

Jackson, D.N. (1974). *Manual for the Personality Research Form*. (2nd ed.). Goshen: Research Psychologists.

Jäger, A.O. (1984). Intelligenzstrukturforschung: Konkurrierende Modelle, neue Entwicklungen, Perspektiven. *Psychologische Rundschau, 35*, 21–35.

James, W. (1890). *The principles of psychology* (Vol. 1). New York: Holt.

Jencks, C., Smith, M., Acland, H., et al. (1972). *Inequality: A reassessment of the effects of family and schooling in America*. New York: Basic Books.

Jensen, A.R. (1980). *Bias in mental testing*. New York: Free Press.

John, O.P., Angleitner, A. & Ostendorf, F. (1988). The lexical approach to personality: A historical review of trait taxonomic research. *European Journal of Personality, 2*, 171–203.

Jones, E.E. & Pittman, T.S. (1982). Toward a general theory of strategic self-presentation. In J. Suls (Ed.), *Psychological perspectives on the self* (Vol. 1, pp. 231-262). Hillsdale, N.J.: Erlbaum.

Jones, E.E. & Sigall, H. (1971). The bogus-pipeline: A new paradigm for measuring affect and attitude. *Psychological Bulletin, 76*, 349–364.

Jones, S.S. (1985). On the motivational bases for attachment behavior. *Developmental Psychology, 21*, 848–857.

Jones, W.H., Briggs, S.R. & Smith, T.G. (1986). Shyness: Conceptualization and measurement. *Journal of Personality and Social Psychology, 51*, 629–639.

Jung, C.G. (1921). *Psychologische Typen*. Zürich: Rascher.

Kagan, J. (1980). Perspectives on continuity. In O.G. Brim, Jr. & J. Kagan (Eds.), *Constancy and change in human development* (pp. 26–74). Cambridge, MA: Harvard University Press.

Kalin, R. & Tilby, P. (1978). Development and validation of a sex-role ideology scale. *Psychological Reports, 42*, 731–738.

Kashy, D.A. & Kenny, D.A. (1990). Do you know whom you were with a week ago Friday? *Social Psychological Quarterly, 53*, 55–61.

Katz, M.M. & Konner, M.J. (1981). The role of the father: An anthropological perspective. In M.E. Lamb (Ed.), *The role of the father in child development* (2nd ed., pp.158–186). New York: Wiley.

Keating, D.P. (1978). A search of social intelligence. *Journal of Educational Psychology, 70*, 218–223.

Keating, D.P., List, J.A. & Merriman, W.E. (1985). Cognitive processing and cognitive ability: A multivariate validity investigation. *Intelligence, 9*, 149–170.

Kelly, G.A. (1955). *The psychology of personal constructs* (Vol. 1). New York: Norton.

Kenny, D.A. (1994). *Interpersonal perception: A social relations analysis*. New York: Guilford. *Psychological Bulletin, 116*, 245–258.

Kenny, D.A. & DePaulo, B.M. (1993). Do people know how others view them? An empirical and theoretical account. *Psychological Bulletin, 114*, 145–161.

Kenny, D.A. & LaVoie, L. (1984). The social relations model. In L. Berkowitz (Ed.), *Advances in Experimental Social Psychology* (Vol. 18, pp. 141–182). Orlando, FL: Academic Press.

Kenny, D.A. & Malloy, T.E. (1988). Partner effects in social interaction. *Journal of Nonverbal Behavior, 12*, 34–57.

Kenny, D.A., Albright, L., Malloy, T.E. & Kashy, D.A. (1994). Consensus in interpersonal perception: Acquaintance and the Big Five. *Psychological Bulletin, 116*, 245–248.

Kiener, F. (1978). Empirische Kontrolle psychoanalytischer Thesen. In L.J. Pongratz (Hrsg.), *Handbuch der Psychologie: Bd. 8. Klinische Psychologie* (S. 1200–1241). Göttingen: Hogrefe.

Kihlstrom, J.F. (1987). The cognitive unconscious. *Science, 237*, 1445–1452.

Kihlstrom, J.F. (1990). The psychological unconscious. In L.A. Pervin (Ed.), *Handbook of personality: Theory and research* (pp. 445–464). New York: Guilford.

Kimball, M.M. (1989). A new perspective on women's math achievement. *Psychological Bulletin, 105*, 196–214.

Kindermann, T.A. & Skinner, E.A. (1992). Modeling environmental development: Individual and contextual trajectories. In J.B. Asendorpf & J. Valsiner (Eds.), *Stability and change in development* (pp. 155–190). Newbury Park, CA: Sage.

Kirkpatrick, L.A. & Davis, K.E. (1994). Attachment style, gender, and relationship stability: A longitudinal analysis. *Journal of Personality and Social Psychology, 66*, 502–512.

Klauer, K.J. (1984). Kontentvalidität. *Diagnostica, 30*, 1–23.

Klauer, T. & Filipp, S.-H. (1994). *Trierer Skalen zur Krankheitsbewältigung (TSK)*. Göttingen: Hogrefe.

Klein, M. (1948). *Contributions to psycho-analysis, 1921–1945*. London: Hogarth.

Klein, M. (1971). *Das Seelenleben des Kindes* (2. Aufl.). München: Kindler (l. Auflage 1932).

Klein, R.G. (1989). *The human career: Human biological and cultural origins*. Chicago: University of Chicago Press.

Kline, P. (1981). *Fact and fantasy in Freudian theory* (2nd ed.). London, U.K: Methuen.

Klinger, E. (1971). *Structure and functions of fantasy*. New York: Wiley.

Kluckhohn, C., Murray, H.A. & Schneider, D.M. (1953). *Personality in nature, society, and culture*. New York: Knopf.

Kluwe, R.H. (1992). Gedächtnis und Wissen. In H. Spada (Hrsg.), *Lehrbuch Allgemeine Psychologie* (S. 115–187). Bern: Huber.

Kluwe, R.H., Schilde, A., Fischer, C. & Oellerer, N. (1991). Problemlöseleistungen beim Umgang mit komplexen Systemen und Intelligenz. *Diagnostica*, *37*, 291–313.

Kohlberg, L.A. (1966). A cognitive-developmental analysis of children's sex-role concepts and attitudes. In E.E. Maccoby (Ed.), *The development of sex differences* (pp. 82–173). Stanford, CA: Stanford University Press.

Kohlmann, C.-W. (1990). *Streßbewältigung und Persönlichkeit*. Bern: Huber.

Kohut, H. (1971). *The analysis of the self*. New York: International Universities Press (deutsch: (1992). *Narzißmus* (8. Aufl.). Frankfurt/Main: Suhrkamp).

Kopp, C.B. & McCall, R.B. (1982). Predicting later mental performance for normal, at-risk, and handicapped infants. In P.B. Baltes & O.G. Brim (Eds.), *Life-span development and behavior* (Vol. 4, pp. 33–61). New York: Academic Press.

Kornadt, H.-J. (1982). *Aggressionsmotiv und Aggressionshemmung* (Bd. 1–2). Bern: Huber.

Krampen, G. (1987). *Handlungstheoretische Persönlichkeitspsychologie*. Göttingen: Hogrefe.

Kranzler, J.H. & Jensen, A.R. (1989). Inspection time and intelligence: A meta-analysis. *Intelligence*, *13*, 329–347.

Kretschmer, E. (1921). *Körperbau und Charakter*. Berlin: Springer.

Kretschmer, E. (1961). *Körperbau und Charakter* (23.Aufl.). Berlin: Springer.

Krohne, H.W. (Ed.) (1993). *Attention and avoidance*. Seattle, WA: Hogrefe & Huber.

Krohne, H.W., Schumacher, A. & Egloff, B. (1992). *Das Angstbewältigungs-Inventar (ABI)*. Mainz: Psychologisches Institut der Universität.

Kuhl, J. (1983). *Motivation, Konflikt und Handlungskontrolle*. Berlin: Springer.

Kuhl, J. (1990). *Kurzanweisung zum Fragebogen HAKEMP 90*. Osnabrück: Universität Osnabrück, Fachbereich Psychologie.

Kuhl, J. & Beckmann, J. (Eds.) (1994). *Volition and personality*. Seattle, WA: Hogrefe & Huber.

Kuhn, T.S. (1967). *Die Struktur wissenschaftlicher Revolutionen*. Frankfurt/Main: Suhrkamp.

Kurdek, L.A. (1993). Predicting marital dissolution: A 5-year longitudinal study of newlywed couples. *Journal of Personality and Social Psychology*, *64*, 221–241.

Lacey, J.I. (1950). Individual differences in somatic response patterns. *Journal of Comparative and Physiological Psychology*, *43*, 338–350.

Laireiter, A. (Hrsg.) (1993). *Soziales Netzwerk und soziale Unterstützung*. Bern: Huber.

Laireiter, A. & Thiele, C. (1995). Psychologische Soziodiagnostik: Tagebuchverfahren zur Erfassung sozialer Beziehungen, sozialer Interaktionen und sozialer Unterstützung. *Zeitschrift für Differentielle und Diagnostische Psychologie*, *16*, 125–151.

Lamb, M.E., Thompson, R.A., Gardner, W.P., Charnov, E.L. & Estes, D. (1984). Security of infantile attachment as assessed in the „strange situation": Its study and biological interpretation. *Behavioral and Brain Sciences*, *7*, 127–171.

Lambert, W.W. & Tan, A.L. (1979). Expressive styles and strategies in the aggressive actions of children of six cultures. *Ethos*, *7*, 19–36.

Lamiell, J.T. (1982). The case for an idiothetic psychology of personality: A conceptual and empirical foundation. In B.A. Maher & W.B. Maher (Eds.), *Progress in experimental personality research* (Vol. 11, pp. 1–64.). New York: Academic Press.

Lang, P.J. (1971). The application of psychophysiological methods to the study of psychotherapy and behavior modification. In A.E. Bergin & S.L. Garfield (Eds.), *Handbook of psychotherapy and behavior change* (pp. 75–125). New York: Wiley.

Lang, P.J. (1995). The emotion probe. *American Psychologist*, *50*, 372–385.

LaPiere, R.T. (1934). Attitudes versus action. *Social Forces*, *13*, 230–237.

Larsen, R.J. (1987). The stability of mood variability: A spectral analytic approach to daily mood assessments. *Journal of Personality and Social Psychology*, *52*, 1195–1204.

Lasky, J.J., Hover, G.L., Smith, P.A., Duffendack, S.C. & Nord, C.L. (1956). Post-hospital adjustment as predicted by psychiatric patients and their staff. *Journal of Consulting Psychology*, *23*, 213–218.

Lau, R.R. & Russell, D. (1980). Attributions in the sports pages. *Journal of Personality and Social Psychology*, *39*, 29–38.

Laucken, U. (1974). *Naive Verhaltenstheorie*. Stuttgart: Klett-Cotta.

Laux, L. & Weber, H. (1990). Bewältigung von Emotionen. In K.R. Scherer (Hrsg.), *Enzyklopädie der Psychologie. Psychologie der Emotion* (S. 560–629). Göttingen: Hogrefe.

Laux, L. & Weber, H. (1993). *Emotionsbewältigung und Selbstdarstellung*. Stuttgart: Kohlhammer.

Laux, L., Glanzmann, P., Schaffner, P. & Spielberger, C.D. (1981). *Fragebogen zur Erfassung von State- und Trait-Angst (STAI-G)*. Weinheim: Beltz.

Lazarus, R.S. (1966). *Psychological stress and the coping process*. New York: McGraw-Hill.

Lazarus, R.S. (1983). The costs and benefits of denial. In S. Breznitz (Ed.), *The denial of stress* (pp. 1–30). New York: International Universities Press.

Lazarus, R.S. & Folkman, S. (1984). *Stress, appraisal, and coping*. New York: Springer.

Lazarus, R.S. & Launier, R. (1978). Stress-related transactions between person and environment. In L.A. Pervin & M.

Lewis (Eds.), *Perspectives in interactional psychology* (pp. 287–327). New York: Plenum.
Leahy, A.M. (1935). Nature-nurture, and intelligence. *Genetic Psychology Monographs, 17,* 236–308.
Leary, M.R. & Atherton, S.C. (1986). Self-efficacy, social anxiety, and inhibition in interpersonal encounters. *Journal of Social and Clinical Psychology, 4,* 256–267.
Leary, M.R. & Kowalski, R.M. (1990). Impression management. A literature review and two-component model. *Psychological Bulletin, 107,* 34–47.
Lederer, G. (1993). Authoritarianism in German adolescents: Trends and cross-cultural comparisons. In W.F. Stone, G. Lederer & R. Christie (Eds.), *Strength and weakness: The authoritarian personality today* (pp. 182–198). New York: Springer.
LeDoux, J.E. (1987). Emotion. In F. Plum & V. Mountcastle (Eds.), *Handbook of physiology, nervous system. Vol.5: Higher function* (pp. 419–459). Washington, DC: American Physiological Society.
Lee, R.B. & DeVore, I. (Eds.) (1968). *Man the hunter.* Chicago, IL: Aldine.
Lennox, R. (1988). The problem with self-monitoring: A two-sided scale and a one-sided theory. *Journal of Personality Assessment, 52,* 58–73.
Leventhal, H. & Scherer, K.R. (1984). The relationship of emotion to cognition: A functional approach to a semantic controversy. *Cognition and Emotion, 1,* 3–28.
Lieshout, C.F.M. van, Aken, M.A.G. van & Seyen, E.T.J. van (1990). Perspectives on peer relations from mothers, teachers, friends, and self. *Human Development, 33,* 225–237.
Linn, M.C. & Petersen, A.C. (1985). Emergence and characterization of sex differences in spatial ability: A meta-analysis. *Child Development, 56,* 1479–1498.
List, J.A., Keating, D.P. & Merriman, W.E. (1985). Differences in memory retrieval: A construct validity investigation. *Child Development, 56,* 138–151.
Loeber, R. & Stouthamer-Loeber, M. (1986). Family factors as correlates and predictors of juvenile conduct problems and delinquency. In M. Tonry & N. Morris (Eds.), *Crime and justice: An annual review of research* (Vol.7, pp. 29–149). Chicago, IL: University of Chicago Press.
Loehlin, J.C. (1992). *Genes and environment in personality development.* Newbury Park, CA: Sage.
Loehlin, J.C. & DeFries, J.C. (1987). Genotype-environment correlation and IQ. *Behavior Genetics, 17,* 263–277.
Loehlin, J.C., Horn, J.M. & Willerman, L. (1989). Modeling IQ change: Evidence from the Texas Adoption Project. *Child Development, 60,* 993–1004.
Loevinger, J. (1976). *Ego development.* San Francisco: Jossey-Bass.
Loftus, E. (1980) *Memory.* Reading, MA: Addison-Wesley.
Lohaus, A., Kessler, T., Thomas, H. & Gediga, G. (1994). Individuelle Unterschiede bei räumlichen Fähigkeiten im Kindesalter. *Zeitschrift für Entwicklungspsychologie und Pädagogische Psychologie, 26,* 373–390.
Lovejoy, A.O. (1950). Terminal and adjectival values. *Journal of Philosophy, 47,* 593–608.
Lück, H.E. & Timaeus, E. (1969). Skalen zur Messung Manifester Angst (MAS) und Sozialer Wünschbarkeit (SDS-E und SDS-CM). *Diagnostica, 15,* 134–141.
Lüer, G. & Spada, H. (1992). Denken und Problemlösen. In H. Spada (Hrsg.), *Lehrbuch Allgemeine Psychologie* (2. Aufl., S. 289–289). Bern: Huber.
Lykken, D.T. & Tellegen, A. (1993). Is human mating adventitious or the result of lawful choice? A twin study of mate selection. *Journal of Personality and Social Psychology, 65,* 56–68.
Lytton, H. (1990). Child and parent effects in boys' conduct disorder: A reinterpretation. *Developmental Psychology, 26,* 683–697.
Lytton, H. & Romney, D.M. (1991). Parents' differential socialization of boys and girls: A meta-analysis. *Psychological Bulletin, 109,* 267–296.
Maccoby, E.E. & Jacklin, C.N. (1987). Gender segregation in childhood. In H.W. Reese (Ed.), *Advances in Child Development and Behavior* (Vol. 20, pp. 239–287). Orlando, FL: Academic Press.
MacLean, P.D. (1954). The limbic system and its hippocampus formation: Studies in animals and their possible application to man. *Journal of Neurosurgery, 11,* 29–44.
Magnusson, D. (1990). Personality development from an interactional perspective. In L.A. Pervin (Ed.), *Handbook of personality: Theory and measurement* (pp. 193–222). New York: Guilford.
Mahler, M., Pine, F. & Bergman, A. (1975). *The psychological birth of the human infant: Symbiosis and individuation.* New York: Basic Books.
Malina, R.M. & Bouchard, C. (1991). *Growth, maturity, and physical activity.* Champaign, IL: Human Kinetics.
Mandl, H. & Spada, H. (Hrsg.) (1988). *Wissenspsychologie.* München: Psychologie Verlags Union.
Mandl, H., Friedrich, H.F. & Hron, A. (1988). Theoretische Ansätze zum Wissenserwerb. In H. Mandl & H. Spada (Hrsg.), *Wissenspsychologie* (S. 123–160). München: Psychologie Verlags Union.
Markus, H. (1977). Self-schemata and processing information about the self. *Journal of Personality and Social Psychology, 35,* 63–78.
Marsh, H.W. (1993). Relations between global and specific domains of self: The importance of individual importance, certainty, and ideals. *Journal of Personality and Social Psychology, 65,* 975–992.
Marsh, H.W. & O'Neill, R. (1984). Self Description Questionnaire III: The construct validity of multidimensional self-concept ratings by late adolescents. *Journal of Educational Measurement, 21,* 153–174.
Marsh, H.W., Smith, I.D. & Barnes, J. (1983). Multitrait-multimethod analyses of the Self-Description Questionnaire: Student-teacher agreement on multidimensional ratings of student self-concept. *American Educational Research Journal, 20,* 333–357.
Marsh, H.W., Craven, R.G. & Debus, R. (1991). Self-concepts of young children 5 to 8 years of age: Measurement and multidimensional structure. *Journal of Educational Psychology, 83,* 377–392.
Martin, W. & Rovira, M. (1982). Response bias in eye-gaze perception. *Journal of Psychology, 110,* 203–209.
Martinson, F.M. (1980). Childhood sexuality. In B. Wolman & J. Money (Eds.), *Handbook of human sexuality* (pp. 30–59). Englewood Cliffs, NJ: Prentice-Hall.

Mascie-Taylor, C.G.N. & Vandenberg, S.G. (1988). Assortative mating for IQ and personality due to propinquity and personal preference. *Behavior Genetics, 18*, 339–345.

Masling, J. (Ed.) (1983). *Empirical studies of psychoanalytical theories* (Vol. 1). Hillsdale, NJ: Erlbaum.

Maslow, A.H. (1954). *Motivation and personality*. New York: Harper & Row.

Maslow, A.H. (1955). Deficiency motivation and growth motivation. In M.R. Jones (Ed.), *Nebraska Symposium on Motivation* (Vol. 3, pp. 1–30). Lincoln, NE: University of Nebraska Press.

Maslow, A.H. (1968). *Toward a psychology of being*. Princeton, NJ: Van Nostrand.

Matarazzo, J.D. (1972). *Wechsler's measurement and appraisal of adult intelligence* (5th ed.). Baltimore, MD: Williams & Wilkins.

McAdams, D.P. (1980). A thematic coding system for the intimacy motive. *Journal of Research in Personality, 14*, 413–432.

McCall, R. (1991). So many interactions, so little evidence. Why? In T.D. Wachs & R. Plomin (Eds.), *Conceptualization and measurement of organism environment interaction*. Washington, DC: American Psychological Association.

McCall, R.B. & Carriger, M.S. (1993). A meta-analysis of infant habituation and recognition memory performance as predictors of later IQ. *Child Development, 64*, 57–79.

McCallister, L. & Fischer, C.S. (1983). A procedure for surveying personal networks. In R.S. Burt & M.J. Minor (Eds.), *Applied network analysis* (pp. 75–88). Beverly Hills, CA: Sage.

McCartney, K., Harris, M.J. & Bernieri, F. (1990). Growing up and growing apart: A developmental meta-analysis of twin studies. *Psychological Bulletin, 107*, 226–237.

McClelland, D.C. (1985). How motives, skills, and values determine what people do. *American Psychologist, 40*, 812–825.

McClelland, D.C., Koestner, R. & Weinberger, J. (1989). How do self-attributed and implicit motives differ? *Psychological Review, 96*, 690–702.

McCrae, R.R. & Costa, P.T., Jr. (1987). Validation of the five-factor model of personality across instruments and observers. *Journal of Personality and Social Psychology, 52*, 81–90.

McFarland, S., Ageyev, V. & Abalakina, M. (1993). The authoritarian personality in the United States and the former Soviet Union: Comparative studies. In W.F. Stone, G. Lederer & R. Christie (Eds.), *Strength and weakness: The authoritarian personality today* (pp. 199–225). New York: Springer.

Mead, G.H. (1934). *Mind, self, and society*. Chicago: University of Chicago Press.

Mednick, M.P. & Andrews, S.M. (1967). Creative thinking and level of intelligence. *Journal of Creative Behavior, 1*, 428–431.

Mednick, S.A., Gabrielli, W.F., Jr. & Hutchings, B. (1984). Genetic influences in criminal convictions: Evidence from an adoption cohort. *Science, 224*, 891–894.

Mehrabian, A. (1970). The development and validation of measures of affiliative tendency and sensitivity to rejection. *Educational and Psychological Measurement, 30*, 417–428.

Mehrabian, A. (1991). Outline of a general emotion-based theory of temperament. In J. Strelau & A. Angleitner (Eds.), *Explorations in temperament* (pp. 75–86). New York: Plenum.

Meier, G. (1993). *Persönlichkeit und soziales Verhalten von Kindern im Alltag*. Hamburg: Kovac.

Meloen, J.D. (1993). The F Scale as a predictor of facism: An overview of 40 years of authoritarianism research. In W.F. Stone, G. Lederer & R. Christie (Eds.), *Strength and weakness: The authoritarian personality today* (pp. 47–69). New York: Springer.

Metalsky, G.L., Halberstadt, L.J. & Abramson, L.Y. (1987). Vulnerability to depressive mood reactions. *Journal of Personality and Social Psychology, 52*, 386–393.

Meyer, W.-V. (1973). *Leistungsmotiv und Ursachenerklärung von Erfolg und Mißerfolg*. Stuttgart: Klett.

Miller, S.M. (1990). To see or not to see: Cognitive informational styles in the coping process. In M. Rosenbaum (Ed.), *Learnt resourcefulness* (pp. 95–126). New York: Springer.

Millham, J. & Jacobson, L.I. (1978). Social desirability and need for approval. In H. London & J. Exner (Eds.), *Dimensions of personality*. New York: Wiley.

Mineka, S., Davidson, M., Cook, M. & Keir, R. (1984). Observational conditioning of snake fear in Rhesus monkeys. *Journal of Abnormal Psychology, 93*, 355–372.

Mischel, W. (1968). *Personality and assessment*. New York: Wiley.

Mischel, W. & Peake, P.K. (1982). Beyond déjà vu in the search for cross-situational consistency. *Psychological Review, 89*, 730–755.

Mischel, W. & Shoda, Y. (1995). A cognitive-affective system theory of personality: Reconceptualizing situations, dispositions, dynamics, and invariance in personality structure. *Psychological Review, 102*, 246–268.

Mitchell, S.A. (1988). *Relational concepts in psychoanalysis: An integration*. Cambridge, MA: Harvard University Press.

Moffitt, T.E. (1993). Adolescence-limited and life-course-persistent antisocial behavior: A developmental taxonomy. *Psychological Review, 100*, 674–701.

Moffitt, T.E. & Henry, B. (1991). Neuropsychological studies of juvenile delinquency and violence: A review. In J. Milner (Ed.), *The neuropsychology of aggression* (pp. 67–91). Norwell, MA: Kluwer Academic.

Money, J. & Ehrhardt, A.A. (1968). Prenatal hormonal exposure: Possible effects on behavior in man. In R.P. Michael (Ed.), *Endocrinology and human behavior* (pp. 32–48). Oxford, U.K.: Oxford University Press.

Montemayor, R. (1982). The relationship between parent-adolescent conflict and the amount of time adolescents spend alone and with parents and peers. *Child Development, 53*, 1512–1519.

Moreno, J.L. (1934). *Who shall survive? A new approach to the problem of human interrelations*. Washington, DC: Nervous and Mental Disease Publishing Co.

Moruzzi, G. & Magoun, H.W. (1949). Brain stem reticular formation and activation of the EEG. *Electroencephalogical Clinical Neurophysiology, 1*, 455–473.

Moser, K., Diemand, A. & Schuler, H. (in Druck). Inkonsistenz und soziale Fertigkeiten als zwei Komponenten von Self-Monitoring. *Diagnostica*.

Moskowitz, D.S. & Schwartzman, A.E. (1989). Painting group portraits: Studying life outcomes for aggressive and withdrawn children. *Journal of Personality, 57*, 723–746.

Moskowitz, D.S. & Schwarz, J.C. (1982). Validity comparison of behavior counts and ratings by knowledgeable informants. *Journal of Personality and Social Psychology, 42*, 518–528.

Mummendey, H.D. (1995a). *Die Fragebogen-Methode* (2. Aufl.). Göttingen: Hogrefe.

Mummendey, H.D. (1995b). *Psychologie der Selbstdarstellung* (2. Aufl.). Göttingen: Hogrefe.

Murray, H.A. (1938). *Explorations in personality*. New York: Oxford University Press.

Murray, H.A. (1943). *Thematic Apperception Test manual*. Cambridge, MA: Harvard University Press.

Myrtek, M. (1980). *Psychophysiologische Konstitutionsforschung*. Göttingen: Hogrefe.

Myrtek, M., Stiels, W., Herrmann, J.M., Brügner, G., Müller, W., Höppner, V. & Fichtler, A. (1995). Emotional arousal, pain, and ECG changes during ambulatory monitoring in patients with cardiac neurosis and controls. In D. Vaitl & R. Schandry (Eds.), *The psychophysiology of circulation-brain interaction*. Frankfurt/Main: Lang.

Neisser, U. (1967). *Cognitive Psychology*. New York: Appleton.

Neubauer, A.C. (1993). Intelligenz und Geschwindigkeit der Informationsverarbeitung: Stand der Forschung und Perspektiven. *Psychologische Rundschau, 44*, 90–105.

Newcomb, A.F. & Bukowski, W.M. (1984). A longitudinal study of the utility of social preference and social impact sociometric classification schemas. *Child Development, 55*, 1434–1447.

Newcomb, T.M., Koenig, K.E., Flacks, R. & Warwick, D.P. (1967). *Persistence and change: Bennington College and its students after twenty-five years*. New York: Wiley.

Newton, T.L. & Contrada, R.J. (1992). Repressive coping and verbal-automatic response dissociation: The influence of social context. *Journal of Personality and Social Psychology, 62*, 159–167.

Nickel, H. & Schmidt-Denter, U. (1980). *Sozialverhalten von Vorschulkindern*. München: Reinhardt.

Nisbett, R.E. & Wilson, T.D. (1977). Telling more than we know: Verbal reports on mental processes. *Psychological Review, 84*, 231–259.

Norman, T. (1967). *2,800 personality trait descriptors: Normative operating characteristics for a university population* (Tech. Rep.). Ann Arbor, MI: Department of Psychological Sciences, University of Michigan.

Nowack, W. & Kammer, D. (1987). Self-presentation: Social skill and inconsistency as independent facets of self-monitoring. *European Journal of Personality Psychology, 1*, 61–77.

Öhman, A. (1986). Face the beast and fear the face: Animal and social fears as prototypes for evolutionary analyses of emotion. *Psychophysiology, 23*, 123–145.

Öhman, A. (1993). Stimulus prepotency and fear learning: Data and theory. In N. Birbaumer & A. Öhman (Eds.), *The structure of emotion* (pp. 218–239). Seattle, WA: Hogrefe & Huber.

Oliver, M.B. & Hyde, J.S. (1993). Gender differences in sexuality: A meta-analysis. *Psychological Bulletin, 114*, 29–51.

Opwis, K., Spada, H., Bellert, J. & Schweizer, P. (1994). Kognitive Modellierung als Individualdiagnostik: Qualitatives und quantitatives physikalisches Wissen. *Zeitschrift für Differentielle und Diagnostische Psychologie, 15*, 93–111.

Orlik, P. (1978). Soziale Intelligenz. In K.J. Klauer (Hrsg.), *Handbuch der Pädagogischen Diagnostik* (S. 341–354). Düsseldorf: Schwann.

Ostendorf, F. (1990). *Sprache und Persönlichkeitsstruktur: Zur Validität des Fünf-Faktoren-Modells der Persönlichkeit*. Regensburg: Roderer.

Ostendorf, F., Angleitner, A. & Ruch, W. (1986). *Die Multitrait-Multimethod Analyse*. Göttingen: Hogrefe.

O'Sullivan, M., Guilford, J.P. & deMille, R. (1965). *The measurement of social intelligence* (Tech. Rep. No. 34). Los Angeles, CA: University of Southern California.

Otto, J.H. & Schmitz, B. (1986). Befindlichkeitserfassung mit verschiedenen Selbstberichtstechniken. *Zeitschrift für experimentelle und angewandte Psychologie, 33*, 458–474.

Oyama, S. (1989). Ontogeny and the central dogma: Do we need the concept of genetic programming in order to have an evolutionary perspective? In M.R. Gunnar & E. Thelen (Eds.), *The Minnesota Symposia on Child Psychology. Vol. 22: Systems and development* (pp. 1–34). Hillsdale, NJ: Erlbaum.

Ozer, D.J. (1985). Correlation and the coefficient of determination. *Psychological Bulletin, 97*, 307–315.

Ozer, D.J. (1986). *Consistency in personality: A methodological framework*. Berlin: Springer.

Patterson, G.R. (1982). *Coercive family process*. Eugene, OR: Castalia.

Patterson, G.R. & Bank, L. (1989). Some amplifying mechanisms for pathologic processes in families. In M.R. Gunnar & E. Thelen (Eds.), *The Minnesota Symposia on Child Psychology. Vol. 22: Systems and development* (pp. 167–209). Hillsdale, NJ: Erlbaum.

Paulhus, D.L. (1984). Two-component models of socially desirable responding. *Journal of Personality and Social Psychology, 46*, 598–609.

Paulhus, D.L. & Martin, C.L. (1986). Predicting adult temperament from minor physical anomalies. *Journal of Personality and Social Psychology, 50*, 1235–1239.

Paulhus, D.L. & Martin, C.L. (1988). Functional flexibility: A new conception of interpersonal flexibility. *Journal of Personality and Social Psychology, 55*, 88–101.

Paunonen, S.V. (1989). Consensus in personality judgments: Moderating effects of target-rater acquaintanceship and behavior observability. *Journal of Personality and Social Psychology, 56*, 823–833.

Paunonen, S.V. & Jackson, D.N. (1985). The validity of formal and informal personality assessments. *Journal of Research in Personality, 19*, 331–342.

Pawlik, K. (1988). „Naturalistische" Daten für Psychodiagnostik: Zur Methodik psychodiagnostischer Felderhebungen. *Zeitschrift für Differentielle und Diagnostische Psychologie, 9*, 169–181.

Pawlik, K. (Hrsg.) (1996). *Enzyklopädie der Psychologie. Band C/VIII/1: Differentielle Psychologie und Persönlichkeitsforschung: Grundbegriffe, Fragestellungen, Systematik* (S. 609–643). Göttingen: Hogrefe.

Pawlik, K. & Buse, L. (1982). Rechnergestützte Verhaltensregistrierung im Feld: Beschreibung und erste psychometrische Überprüfung einer neuen Erhebungsmethode. *Zeitschrift für Differentielle und Diagnostische Psychologie, 3*, 101–118.

Pelham, B.W. (1993). The idiographic nature of human personality: Examples of the idiographic self-concept. *Journal of Personality and Social Psychology, 64*, 665–677.

Pennebaker, J.W. (1982). *The psychology of physical symptoms*. New York: Springer.

Pennebaker, J.W. (1989). Confession, inhibition, and disease. In L. Berkowitz (Ed.), *Advances in Experimental Social Psychology* (Vol. 22, pp. 211–244). New York: Academic Press.

Pennebaker, J.W., Gonder-Frederick, L., Cox, D.J. & Hoover, C.W. (1985).The perception of general vs. specific visceral activity and the regulation of health-related behavior. In E.S. Katkin & S.B. Manuck (Eds.), *Advances in Behavioral Medicine* (Vol. 1, pp. 165–198). San Francisco, CA: JAI Press.

Perrez, M., & Reicherts, M. (1989). Belastungsverarbeitung: Computerunterstützte Selbstbeobachtung im Feld. *Zeitschrift für Differentielle und Diagnostische Psychologie, 10*, 129–139.

Perrig, W.J., Wippich, W. & Perrig-Chiello, P. (1993). *Unbewußte Informationsverarbeitung*. Bern: Huber.

Pervin, L.A. (1968). Performance and satisfaction as a function of individual environment fit. *Psychological Bulletin, 69*, 56–68.

Pervin, L.A. (1993). *Persönlichkeitstheorien* (3. Aufl.). München: Reinhardt.

Peterson, C., Semmel, A., Baeyer, C. von, Abramson, L.Y, Metalsky, G.L. & Seligman, M.E.P. (1982). The Attributional Style Questionnaire. *Cognitive Therapy and Research, 6*, 287–299.

Peterson, C., Seligman, M.E.P. & Vaillant, G. (1988). Pessimistic explanatory style is a risk factor for physical illness. A thirty-five year longitudinal study. *Journal of Personality and Social Psychology, 55*, 23–27.

Pfingstmann, G., & Baumann, U. (1987). Untersuchungsverfahren zum Sozialen Netzwerk und zur Sozialen Unterstützung: Ein Überblick. *Zeitschrift für Differentielle und Diagnostische Psychologie, 8*, 75–98.

Pfister, H.-R. & Jäger, A.O. (1992). Topografische Analysen zum Berliner Intelligenzstrukturmodell BIS. *Diagnostica, 38*, 91–115.

Piaget, J. & Inhelder, B. (1971). *Die Entwicklung des räumlichen Denkens beim Kinde*. Stuttgart: Klett.

Plomin, R. (1986). *Development, genetics, and psychology*. Hillsdale, NJ: Erlbaum.

Plomin, R. (1990). The role of inheritance in behavior. *Science, 248*, 183–188.

Plomin, R. (1994). The Emanuel Miller Memorial Lecture 1993: Genetic research and identification of environmental influences. *Journal of Child Psychology and Psychiatry, 35*, 817–834.

Plomin, R. & DeFries, J.C. (1980). Genetics and intelligence: Recent data. *Intelligence, 4*, 15–24.

Plomin, R. & McClearn, G.E. (1990). Human behavioral genetics of aging. In J.E. Birren & K.W. Schaie (Eds.), *Handbook of the psychology of aging* (3rd ed., pp. 67–78). San Diego: Academic Press.

Plomin, R., DeFries, J.C. & Loehlin, J.C. (1977). Genotype-environment interaction and correlation in the analysis of human behavior. *Psychological Bulletin*, 84, 309–322.

Plomin, R., Loehlin, J.C. & DeFries, J.C. (1985). Genetic and environmental components of 'environmental' influences. *Developmental Psychology, 21*, 391–402.

Plomin, R., Chipuer, H.M. & Neiderhiser, J.M. (1994 a). Behavioral genetic evidence for the importance of nonshared environment. In E.M. Hetherington, D. Reiss & R. Plomin (Eds.), *Separate social worlds of siblings* (pp. 1–31). Hillsdale, NJ: Erlbaum.

Plomin, R., McClearn, G.E., Smith, D.L., Vignetti, S., Chorney, M.J. et al. (1994 b). DNA markers associated with high versus low IQ: The IQ Quantitative Trait Loci (QTL) Project. *Behavior Genetics, 24*, 107–118.

Plomin, R., Pedersen, N.L., Lichtenstein, P. & McClearn, G.E. (1994 c). Variability and stability in cognitive abilities are largely genetic later in life. *Behavior Genetics, 24*, 207–215.

Plomin, R., Reiss, D., Hetherington, E.M. & Howe, G.W. (1994 d). Nature and nurture: Genetic contributions to measures of the family environment. *Developmental Psychology, 30*, 32–43.

Plomin, R., McClearn, G.E., DeFries, J.C. & Rutter, M. (1996). *Behavioral genetics: A primer* (3rd ed.). San Francisco, CA: Freeman.

Posner, M.I. & Mitchell, R.F. (1967). Chronometric analysis of classification. *Psychological Review, 74*, 392–409.

Probst, P. (1975). Eine empirische Untersuchung zum Konstrukt der Sozialen Intelligenz. *Diagnostica, 21*, 24–47.

Ramsey, E., Patterson, G.R. & Walker, H.M. (1990). Generalization of the antisocial trait from home to school settings. *Journal of Applied Developmental Psychology, 11*, 209–223.

Rapaport, D. (1959). *Die Struktur der psychoanalytischen Theorie*. Stuttgart: Klett.

Raven, J.C. (1938). *Progressive matrices*. London: Lewis.

Reicherts, M. (in Druck). Règles congnitivo-comportementales: bases théoriques et méthodologiques. Développement et fondation empirique d'un système de règles pour la maîtrise du stress. Fribourg/Suisse: Editions Universitaires Fribourg.

Reicherts, M. & Perrez, M. (1993). *Fragebogen zum Umgang mit Belastungen im Verlauf*. Göttingen: Hogrefe.

Reinisch, J. (1981). Prenatal exposure to synthetic progestins increases potential for aggression in humans. *Science, 211*, 1171–1173.

Reis, H.T., & Wheeler, L. (1991). Studying social interaction with the Rochester Interaction Record. In M.P. Zanna (Ed.), *Advances in Experimental Social Psychology* (Vol. 24, pp. 269–318). San Diego, CA: Academic Press.

Reiss, D., Plomin, R., Hetherington, E.M., Howe, G., Rovine, M., Tryon, A. & Stanley, M. (1994). The separate worlds of teenage siblings: An introduction to the study of the nonshared environment and adolescent development. In E.M. Hetherington, D. Reiss & R. Plomin (Eds.), *Separate worlds of siblings* (pp. 63–109). Hillsdale, NJ: Erlbaum.

Renken, B., Egeland, B., Marvinney, D., Mangelsdorf, S. & Sroufe, L.A. (1989). Early childhood antecendents of

aggression and passive-withdrawal in early elementary school. *Journal of Personality, 57*, 257–281.

Resnick, L.B. & Omanson, S.F. (1987). Learning to understand arithmetic. In R. Glaser (Ed.), *Advances in Instructional Psychology* (Vol. 3, pp. 41–95). Hillsdale, NJ: Erlbaum.

Resnick, S.M., Berenbaum, S.A., Gottesman, I.I. & Bouchard, T.J., Jr. (1986). Early hormonal influences of cognitive functioning in congenital adrenal hyperplasia. *Developmental Psychology, 22*, 191–198.

Reuman, D.A. (1982). Ipsative behavioral variability and the quality of thematic apperceptive measurement of the achievement motive. *Journal of Personality and Social Psychology, 43*, 1098–1110.

Revers, W.J. & Allesch, C.G. (1985). *Thematischer Gestaltungstest (Salzburg)*. Weinheim: Beltz.

Richardson, J.G. & Simpson, C.H. (1982). Children, gender, and social structure: An analysis of the contents of letters to Santa Claus. *Child Development, 53*, 429–436.

Riemann, R. (1991). *Repertory Grid Technik*. Göttingen: Hogrefe.

Riggio, R.E. (1986). Assessment of basic social skills. *Journal of Personality and Social Psychology, 51*, 649–660.

Rinn, W.E. (1984). The neuropsychology of facial expression: A review of the neurological and psychological mechanisms for producing facial expressions. *Psychological Bulletin, 95*, 52–77.

Robertson, S.S., Dierker, L.J., Sorokin, Y. & Rosen, M.G. (1982). Human fetal movement: Spontaneous oscillations near one cycle per minute. *Science, 218*, 1327–1330.

Robinson, J.P. (1985). The validity and reliability of diaries versus alternative time use measures. In F.T. Juster & F.P. Stafford (Eds.), *Time, goods, and well-being* (pp. 33–62). Ann Arbor, MI: University of Michigan, Institute for Social Research.

Rogers, C.R. (1961). *On becoming a person*. Boston, MA: Houghton Mifflin (deutsch: (1973). *Entwicklung der Persönlichkeit*. Stuttgart: Klett).

Rogosa, D. (1980). A critique of cross-lagged correlation. *Psychological Bulletin, 88*, 245–258.

Rokeach, M. (1973). *The nature of human values*. New York: Free Press.

Rokeach, M. (1979). *Understanding human values*. New York: Free Press.

Rokeach, M. (1985). Inducing change and stability in belief systems and personality structures. *Journal of Social Issues, 41*, 153–171.

Rose, R.J. & Ditto, W.B. (1983). A developmental-genetic analysis of common fears from early adolescence to early adulthood. *Child Development, 54*, 361–368.

Rose, S.A. & Feldman, J.F. (1995). Prediction of IQ and specific cognitive abilities at 11 years from infancy measures. *Developmental Psychology, 31*, 685–696.

Rosenberg, M. (1965). *Society and the adolescent self-image*. Princeton, NJ: Princeton University Press.

Rosenthal, R., Hall, J.A., Archer, D., DiMatteo, M.R. & Rogers, P.L. (1979). *Sensitivity to nonverbal communication: The PONS test*. Baltimore, MD: John Hopkins University Press.

Ross, H.S. & Lollis, S.P. (1989). A social relations analysis of toddler peer relationships. *Child Development, 60*, 1082–1091.

Rotter, J.B. (1954). *Social learning and clinical psychology*. Englewood Cliffs, NJ: Prentice-Hall.

Rubin, J.Z., Provenzano, F.J. & Luria, Z. (1974). The eye of the beholder: Parents' views on sex of newborns. *American Journal of Orthopsychiatry, 44*, 512–519.

Rubin, K.H., LeMare, L.J. & Lollis, S. (1990). Social withdrawal in childhood: Developmental pathways to peer rejection. In S.R. Asher & J.D. Coie (Eds.), *Peer rejection in childhood* (pp. 217–249). Cambridge, U.K.: Cambridge University Press.

Rumelhart, D.E. (1980). Schemata: The building blocks of cognition. In R.J. Spiro, B.C. Bruce & W.F. Brewer (Eds.), *Theoretical issues in reading comprehension* (pp. 33–58). Hillsdale, NJ: Erlbaum.

Rumelhart, D.E. & McClelland, J.L. (Eds.) (1986). *Parallel distributed processing: Explorations in the microstructure of cognition*. Cambridge, MA: MIT Press.

Runyan, W.M. (1982). *Life histories and psychobiography: Explorations in theory and method*. Oxford, U.K.: Oxford University Press.

Russell, D., Cutrona, C.E., Jones, W.H. (1986). A trait-situational analysis of shyness. In W.H. Jones, J.M. Cheek & S.R. Briggs (Eds.), *Shyness: Perspectives on research and treatment* (pp. 239–249). New York: Plenum.

Rutter, M. (1984). Continuities and discontinuities in socio-emotional development. In R.N. Emde & R.J. Harmon (Eds.), *Continuities and discontinuities in development* (pp. 41– 68). New York: Plenum.

Sackeim, H.A. & Gur, R. (1978). Self-deception, self-confrontation, and consciousness. In G.E. Schwartz & D. Shapiro (Eds.), *Consciousness and self-regulation: Advances in research* (Vol. 2, pp. 139–197). New York: Plenum.

Sagi, A., Lamb, M.E., Lewkowicz, K.S., Shoham, R., Dvir, R. & Estes, D. (1985). Security of infant-mother, -father, and -metapelet attachments among kibbutz-reared Israeli children. In I. Bretherton & E. Waters (Eds.), *Growing points of attachment theory and research* (pp. 257–275). *Monographs of the Society for Research in Child Development, 50* (1–2, Serial No. 209).

Saltz, E. & Epstein, S. (1963). Thematic hostility and guilt responses as related to self-reported hostility guilt and conflict. *Journal of Abnormal and Social Psychology, 67*, 469–479.

Sameroff, A.J. (1983). Developmental systems: Contexts and evolution. In W. Kessen (Ed.), *Handbook of child psychology. History, theory, and methods* (4th ed.; Vol. 1, pp. 237–294). New York: Wiley.

Sameroff, A.J., Seifer, R., Baldwin, A. & Baldwin, C. (1993). Stability of intelligence from preschool to adolescence: The influence of social and family risk factors. *Child Development, 64*, 80–97.

Sandler, J. (1987). *From safety to superego: Selected papers of Joseph Sandler*. New York: Guilford Press.

Sandler, J. & Rosenblatt, B. (1962). The concept of the representational world. *Psychoanalytic Study of the Child, 17*, 128–145 [deutsch (1984). Der Begriff der Vorstellungswelt. *Psyche, 38*, 235–253].

Sandler, J. (1987). *From safety to superego: Selected papers of Joseph Sandler*. New York: Guilford Press.

Sarason, B.R., Shearin, E.N., Pierce, G.R. & Sarason, I.G. (1987). Interrelations of social support measures: Theo-

retical and practical implications. *Journal of Personality and Social Psychology, 52*, 813–832.

Sarason, B.R., Pierce, G.R. & Sarason, I.G. (1990 a). Social support: The sense of acceptance and the role of relationships. In B.R. Sarason, I.G. Sarason & G.R. Pierce (Eds.), *Social support: An interactional view* (pp. 97–128). New York: Wiley.

Sarason, B.R., Sarason, I.G. & Pierce, G.R. (Eds.) (1990 b). *Social support: An interactional view*. New York: Wiley.

Sarason, B.R., Pierce, G.R., Shearin, E.N., Sarason, I.G., Waltz, J.A. & Poppe, L. (1991). Perceived social support and working models of self and actual others. *Journal of Personality and Social Psychology, 60*, 273–287.

Saucier, G. (1994). Trapnell versus the lexical factor: More ado about nothing? *European Journal of Personality, 8*, 191–198.

Saudino, K.J., McGuire, S., Reiss, D., Hetherington, E.M. & Plomin, R. (1995). Parent ratings of EAS temperaments in twins, full siblings, half siblings, and step siblings. *Journal of Personality and Social Psychology, 68*, 712–733.

Scarr, S. & McCartney, K. (1983). How people make their own environments: A theory of genotype → environment effects. *Child Development, 54*. 424–435.

Scheer, J.W. & Catina, A. (Hrsg.) (1993). *Einführung in die Repertory Grid Technik* (Band 1 & 2). Göttingen: Hogrefe.

Scheier, M.F. & Carver, C.S. (1987). Dispositional optimism on psychological and physical well-being. *Cognitive Therapy and Research, 16*, 201–228.

Scherer, K.R. (1984). On the nature and function of emotion: A component process approach. In K.R. Scherer & P. Ekman (Eds.), *Approches to emotion* (pp. 293–317). Hillsdale, NJ: Erlbaum.

Scherer, K.R. (1989). Von den Schwierigkeiten im Umgang mit den Emotionen oder: Terminologische Verwirrungen. *Psychologische Rundschau, 40*, 209–216.

Schiefele, U. (1991). Interest, learning, and motivation. *Educational Psychologist, 26*, 299–323.

Schiefele, U., Krapp, A. & Schreyer, I. (1993). Metaanalyse des Zusammenhangs von Interesse und schulischer Leistung. *Zeitschrift für Entwicklungspsychologie und Pädagogische Psychologie, 25*, 120–148.

Schiff, M., Duyme, M., Dumaret, A. & Tomkiewicz, S. (1982). How much could we boost scholastic achievement and IQ scores? A direct answer from a French adoption study. *Cognition, 12*, 165–196.

Schlegel, A. & Barry, H., III. (1986). The cultural consequences of female contribution to subsistance. *American Anthropologist, 88*, 142–150.

Schmuck, P. (1992). Zum Zusammenhang zwischen der Effizienz exekutiver Kontrolle und dem mehrfachen Lösen eines komplexen Problems. *Sprache und Kognition, 11*, 193–207.

Schmuck, P. & Strohschneider, S. (1995). Exekutive Kontrolle und Verhaltensstabilität beim Bearbeiten eines komplexen Problems. Eine Replikation. *Diagnostica, 41*, 150–171.

Schneewind, K.A. (1991). *Familienpsychologie*. Stuttgart: Kohlhammer.

Schneider, D.J. (1981). Tactical self-presentations: Toward a broader perspective. In J.T. Tedeschi (Ed.), *Impression management: Theory and social psychological research* (pp. 23–40). New York: Academic Press.

Schneider, W. (1989). Problems of longitudinal studies with children: Practical, conceptual and methodological issues. In M. Brambring, F. Lösel & H. Skowronek (Eds.), *Children at risk: Assessment of longitudinal research* (pp. 313–335). New York: De Gruijter.

Schneider, W. & Bjorklund, D.F. (1992). Expertise, aptitude, and strategic remembering. *Child Development, 63*, 461–473.

Schröder, K.E.E. (1993). *Probleme der Begriffsbildung in der Handlungskontrolltheorie von J. Kuhl*. Egelbach: Hänsel-Hohenhausen, Reihe DHS.

Schwartz, S.H. (1992). Universals in the content and structure of values: Theoretical advances and empirical tests in 20 countries. In M.P. Zanna (Ed.), *Advances in Experimental Social Psychology* (Vol. 25, pp. 1–65). Orlando, FL: Academic Press.

Schwartz, S.H. & Bilsky, W. (1987). Toward a psychological structure of human values. *Journal of Personality and Social Psychology, 53*, 550–562.

Schwartz, S.H. & Bilsky, W. (1990). Toward a theory of the universal content and structure of values: Extensions and cross-cultural replications. *Journal of Personality and Social Psychology, 58*, 878–891.

Schwarz, N. & Strack, F. (1991). Evaluating one's life: A judgment model of well-being. In F. Strack, M. Argyle & N. Schwarz (Eds.), *Subjective well-being* (pp. 27–47). Oxford, U.K.: Pergamon.

Schwarzer, R. (Ed.) (1992). *Self-efficacy: Thought control of action*. Washington, DC: Hemisphere.

Schwarzer, R. & Jerusalem, M. (1989). Erfassung leistungsbezogener und allgemeiner Kontroll- und Kompetenzerwartungen. In G. Krampen (Hrsg.), *Diagnostik von Attributionen und Kontrollüberzeugungen* (pp. 127–133). Göttingen: Hogrefe.

Schwarzer, R., Lange, B. & Jerusalem, M. (1982). Selbstkonzeptentwicklung nach einem Bezugsgruppenwechsel. *Zeitschrift für Entwicklungspsychologie und Pädagogische Psychologie, 14*, 125–140.

Schweizer, K. (1993). Verbal ability and speed of information-processing. *Personality and Individual Differences, 15*, 645–652.

Schwenkmezger, P. (1990). Ärger, Ärgerausdruck und Gesundheit. In R. Schwarzer (Hrsg.), *Gesundheitspsychologie* (S. 295–310). Göttingen: Hogrefe.

Schwenkmezger, P., Hodapp, V. & Spielberger, C. D. (1992). *Das State-Trait-Ärgerausdrucks-Inventar (STAXI)*. Bern: Huber.

Segall, M.H., Dasen, P.R., Berry, J.W. & Poortinga, Y.H. (1990). *Human behavior in global perspective: An introduction to cross-cultural psychology*. New York: Pergamon.

Seligman, M.E.P. (1970). On the generality of the laws of learning. *Psychological Review, 77*, 406–418.

Selye, H. (1950). *The physiology and pathology of exposure to stress*. Montreal, Canada: Acta medica.

Shavelson, R.J., Hubner, J.J. & Stanton, G.C. (1976). Validation of construct interpretations. *Review of Educational Research, 45*, 407–441.

Sheldon, W.H., Stevens, S.S. & Tucker, W.B. (1940). *The varieties of human physique.* New York: Harper.

Sheppard, B.H., Hartwick, J. & Warshaw, P.R. (1988). A theory of reasoned action: A meta-analysis of past research with recommendations for modifications and future research. *Journal of Consumer Research, 15,* 325–343.

Shoda, Y., Mischel, W. & Wright, J.C. (1994). Intraindividual stability in the organization and patterning of behavior: Incorporating psychological situations into the idiographic analysis of personality. *Journal of Personality and Social Psychology, 67,* 674–687.

Shrauger, J.S. & Schoeneman, T.J. (1979). Symbolic interactionist view of self-concept: Through the looking glass darkly. *Psychological Bulletin, 86,* 549–573.

Signorella, M.L., Bigler, R.S. & Liben, L.S. (1993). Developmental differences in children's gender schemata about others: A meta-analytic review. *Developmental Review, 13,* 147–183.

Silverman, I. & Eals, M. (1992). Sex differences in spacial abilities: Evolutionary theory and data. In J.H. Barkow, L. Cosmides & J. Tooby (Eds.), *The adapted mind: Evolutionary psychology and the generation of culture* (pp. 533–549). Oxford, U.K.: Oxford University Press.

Simpson, J.A., Roles, W.S. & Nelligan, J.S. (1992). Support seeking and support giving within couples in an anxiety-provoking situation: The role of attachment styles. *Journal of Personality and Social Psychology, 62,* 434–446.

Skinner, B.F. (1938). *The behavior of organisms: An experimental analysis.* New York: Appleton-Century-Crofts.

Skinner, B.F. (1956). A case history in scientific method. *American Psychologist, 11,* 221–233.

Smith, C.A. & Lazarus, R.S. (1990). Emotion and adaptation. In L.A. Pervin (Ed.), *Handbook of personality* (pp. 609–637). New York: Guilford.

Snow, M.E., Jacklin, C.N. & Maccoby, E.E. (1983). Sex-of-child differences in father-child interaction at one year of age. *Child Development, 54,* 227–232.

Snyder, C.R. & Shenkel, R.J. (1975). The P.T. Barnum effect. *Psychology Today, 8,* 53–54.

Snyder, M. (1974). Self-monitoring of expressive behavior. *Journal of Personality and Social Psychology, 30,* 526–537.

Snyder, M. (1987). *Public appearance/ Private realities. The psychology of self-monitoring.* New York: Freeman.

Spada, H. (Hrsg.) (1992). *Lehrbuch Allgemeine Psychologie.* Bern: Huber.

Spada, H. & Reimann, P. (1988). Wissensdiagnostik auf kognitionswissenschaftlicher Basis. *Zeitschrift für Differentielle und Diagnostische Psychologie, 9,* 183–192.

Spangler, W.D. (1992). Validity of questionnaire and TAT measures of need for achievement: Two meta-analyses. *Psychological Bulletin, 112,* 140–154.

Spearman, C. (1904). "General intelligence", objectively determined and measured. *American Journal of Psychology, 15,* 201–293.

Spence, D.P. (1982). *Narrative truth and history truth: Meaning and interpretation in psychoanalysis.* New York: Norton.

Sroufe, L.A. (1983). Infant-caregiver attachment and patterns of adaptation in preschool. In M. Perlmutter (Ed.), *Minnesota Symposium on Child Psychology* (Vol. 16, pp. 41–83). Hillsdale, NJ: Erlbaum.

Stanley, J. (1990). We need to know why women falter in math. *The Chronicle of Higher Education,* January 10.

Stanley, J. & Benbow, C.P. (1982). Huge sex ratios at upper end. *American Psychologist, 37,* 972.

Stanovich, K.E. & Cunningham, A.E. (1993). Where does knowledge come from? Specific associations between print exposure and information acquisition. *Journal of Educational Psychology, 85,* 211–229.

Steiner, J.W. & Fahrenberg, J. (1970). Die Ausprägung autoritärer Einstellung bei ehemaligen Angehörigen der SS und der Wehrmacht. *Kölner Zeitschrift für Soziologie und Sozialpsychologie, 22,* 551–566.

Steinkamp, G. & Stief, W. (1979). Familiale Lebensbedingungen und Sozialisation. *Soziale Welt, 30,* 172–204.

Stemmler, G. (1992). *Differential psychophysiology: Persons in situations.* Berlin: Springer.

Stemmler, G. & Fahrenberg, J. (1989). Psychophysiological assessment: Conceptual, psychometric, and statistical issues. In G. Turpin (Ed.), *Handbook of clinical psychophysiology* (pp. 71–104). New York: Wiley.

Stemmler, G. & Meinhardt, E. (1990). Personality, situation and physiological arousability. *Personality and Individual Differences, 11,* 293–308.

Stemmler, G., Schäfer, H. & Marwitz, M. (1992). Zum Konzept und zu den Operationalisierungen von Stilen der Ärgerverarbeitung. In V. Hodapp & P. Schwenkmezger (Hrsg.), *Ärger und Ärgerausdruck* (S. 71–111). Bern: Huber.

Stephenson, W. (1953). *The study of behavior.* Chicago: University of Chicago Press.

Stern, D.N. (1985). *The interpersonal world of the infant: A view from psychoanalysis and developmental psychology.* New York: Basic Books.

Stern, E. (1986). *Reaktivitätseffekte in Untersuchungen zur Selbstprotokollierung des Verhaltens im Feld.* Frankfurt/ Main: Lang.

Stern, W. (1911). *Die differentielle Psychologie in ihren methodischen Grundlagen.* Leipzig: Barth (Reprint 1994, Bern: Huber).

Stern, W. (1912). Die psychologischen Methoden der Intelligenzprüfung. In F. Schumann (Hrsg.), *Bericht über den 5. Kongreß für Experimentelle Psychologie in Berlin* (S. 1–109). Leipzig: Barth.

Sternberg, R.J. (1985). *Beyond IQ: A triarchic theory of human intelligence.* Cambridge, U.K.: Cambridge University Press.

Sternberg, R.J. (Ed.) (1988). *The nature of creativity.* Cambridge, U.K.: Cambridge University Press.

Sternberg, R.J. & Ruzgis, P. (Eds.) (1994). *Personality and intelligence.* Cambridge, U.K.: Cambridge University Press.

Sternberg, S. (1966). High-speed scanning in human memory. *Science, 153,* 652–654.

Steyer, R. & Eid, M. (1993). *Messen und Testen.* Berlin: Springer.

Stiensmeier, J., Kammer, D., Pelster, A. & Niketta, R. (1985). Attributionsstil und Bewertung als Risikofaktoren der depressiven Reaktion. *Diagnostica, 31,* 300–311.

Stiksrud, H.A. (1976). *Diagnose und Bedeutung individueller Werthierarchien*. Frankfurt/Main: Lang.

Stone, A.A. & Neale, J.M. (1984). New measure of daily coping.: Development and preliminary results. *Journal of Personality and Social Psychology, 46*, 892–906.

Stone, A.A., Kessler, R.C., & Haythornthwaite, J.A. (1991). Measuring daily events and experiences: Decisions for the researcher. *Journal of Personality, 59*, 575–607.

Stone, W.F., Lederer, G. & Christie, R. (1993 a). Introduction: Strength and weakness. In W.F. Stone, G. Lederer & R. Christie (Eds.), *Strength and weakness: The authoritarian personality today* (pp. 3–21). New York: Springer.

Stone, W.F., Lederer, G. & Christie, R. (Eds.) (1993 b). *Strength and weakness: The authoritarian personality today*. New York: Springer.

Straus, M.A., Gelles, R.J. & Steinmetz, S.K. (1980). *Behind closed doors: Violence in the American family*. Garden City, NY: Anchor Books.

Strelau, J. (1987). The concept of temperament in personality research. *European Journal of Personality, 1*, 107–117.

Strelau, J., Angleitner, A., Bantelmann, J. & Ruch. W. (1990). The Strelau Temperament Inventory-Revised (STI-R): Theoretical considerations and scale development. *European Journal of Personality, 4*, 209–235.

Streufert, S., Pogash, R. & Piasecki, M. (1988). Simulation-based assessment of managerial competence: Reliability and validity. *Personnel Psychology, 41*, 537–557.

Strohschneider, S. (1986). Zur Stabilität und Validität von Handeln in komplexen Realitätsbereichen. *Sprache und Kognition, 5*, 42–48.

Strube, G. (1990). Neokonnektionismus: Eine neue Basis für die Theorie und Modellierung menschlicher Kognition? *Psychologische Rundschau, 41*, 129–143.

Stumpf, H., Angleitner, A., Wieck, T., Jackson, D.N. & Beloch-Till, H. (1985). *Deutsche Personality Research Form (PRF)*. Göttingen: Hogrefe.

Suess, G., Grossmann, K.E. & Sroufe, L.A. (1992). Effects of infant attachment to mother and father on quality of adaptation in preschool. *International Journal of Behavioral Development, 15*, 43–65.

Süß, H.-M., Kersting, M. & Oberauer, K. (1991). Intelligenz und Wissen als Prädiktoren für Leistungen bei computersimulierten komplexen Problemen. *Diagnostica, 37*, 334–352.

Swann, W.B., Jr. (1983). Self-verification: Bringing social reality into harmony with the self. In J. Suls & A.G. Greenwald (Eds.), *Psychological perspectives on the self* (Vol. 2., pp. 33–66). Hillsdale, NJ: Erlbaum.

Swann, W.B., Jr., Wenzlaff, R.M., Krull, D.S. & Pelham, B.W. (1992). Allure of negative feedback: Self-verification strivings among depressed persons. *Journal of Personality and Social Psychology, 101*, 293–306.

Symons, D. (1979). *The evolution of human sexuality*. Oxford, U.K.: Oxford University Press.

Szirmák, Z. & De Raad, B. (1994). Taxonomy and structure of Hungarian personality traits. *European Journal of Personality, 8*, 95–117.

Tanner, J.M. (1978). *Fetus into man: Physical growth from conception to maturity*. Cambridge, MA: Harvard University Press.

Taylor, J.A. (1953). A personality scale of manifest anxiety. *Journal of Abnormal and Social Psychology, 48*, 285–290.

Taylor, S.E. & Brown, J.D. (1988). Illusion and well-being: A social-psychological perspective on mental health. *Psychological Bulletin, 103*, 193–210.

Teasdale, T.W. & Owen, D.R. (1984). Heredity and familial environment in intelligence and educational level: A sibling study. *Nature, 309*, 620–622.

Teglasi, H. & Hoffmann, M.A. (1982). Causal attributions of shy subjects. *Journal of Research in Personality, 16*, 376–385.

Tellegen, A. & Waller, N.G. (in Druck). Exploring personality through test construction: Development of the Multidimensional Personality Questionnaire. In S.R. Briggs & J.M. Cheek (Eds.), *Personality measures: Development and evaluation* (Vol. 1). Greenwich, CT: JAI Press.

Tesser, A. (1993). The importance of heritability in psychological research: The case of attitudes. *Psychological Review, 100*, 129–142.

Tewes, U. (1983). *Hawik-R: Hamburg-Wechsler Intelligenztest für Kinder (Revision 1983)*. Bern: Huber.

Tewes, U. (1991). Hamburg-Wechsler Intelligenztest für Erwachsene, Revision 1991 (HAWIE-R). Bern: Huber.

Thomae, H. (1988). *Das Individuum und seine Welt* (2. Aufl.). Göttingen: Hogrefe.

Thomas, A. & Chess, S. (1977). *Temperament and development*. New York: Brunner & Mazel. (Deutsch: *Temperament und Entwicklung*. Stuttgart: Enke, 1980).

Thompson, S.K. & Bentler, P.M. (1971). The priority of cues in sex discrimination by children and adults. *Developmental Psychology, 5*, 181–185.

Thorndike, E.L. (1920). Intelligence and its uses. *Harper's Magazine, 140*, 227–235.

Thurstone, L.L. (1938). *Primary mental abilities*. Chicago: University of Chicago Press.

Toch, H.H. & Schulte, R. (1961). Readiness to perceive violence as a result of police training. *British Journal of Psychology, 52*, 389–393.

Tooby, J. & Cosmides, L. (1990). On the universality of human nature and the uniqueness of the individual: The role of genetics and adaptation. *Journal of Personality, 58*, 17–67.

Trapnell, P.D. (1994). Openness versus intellect: A lexical left turn. *European Journal of Personality, 8*, 273–290.

Trautner, H.M. (1979). Psychologische Theorien der Geschlechtsrollenentwicklung. In A. Degenhardt & H.M. Trautner (Hrsg.), *Geschlechtstypisches Verhalten* (S. 50–84). München: Beck.

Trautner, H.M. (1991). *Lehrbuch der Entwicklungspsychologie* (Bd. 2). Göttingen: Hogrefe.

Trautner, H.M., Helbing, N., Sahm, W.B. & Lohaus, A. (1988). Unkenntnis – Rigidität – Flexibilität: Ein Entwicklungsmodell der Geschlechtsrollen-Stereotypisierung. *Zeitschrift für Entwicklungspsychologie und Pädagogische Psychologie, 20*, 105–120.

Trivers, R. (1972). Parental investment and sexual selection. In B. Campbell (Ed.), *Sexual selection and the descent of man* (pp. 136–179). Chicago, IL: Aldine-Atherton.

Ullrich de Muynck, R. & Ullrich, R. (1987). *Das Assertiveness-Training-Programm ATP (Teil I)*. München: Pfeiffer.

Vaitl, D. (1995). Interozeption: ein neues interdisziplinäres Forschungsfeld. *Psychologische Rundschau, 46*, 171–185.

Valsiner, J. (1986). Between groups and individuals: Psychologists' and laypersons' interpretations of correlational findings. In J. Valsiner (Ed.), *The individual subject and scientific psychology* (pp. 113–151). New York: Plenum.

Vandenberg, S.G. & Kuse, A.R. (1978). Mental rotations: A group test of three-dimensional spacial visualization. *Perceptual and Motor Skills, 47*, 599–604.

Veiel, H.O.F. & Baumann, U. (Eds.) (1992). *The meaning and measurement of social support*. New York: Hemisphere.

Vining, D.R. (1986). Social versus reproductive success: The central theoretical problem of human sociobiology. *Behavioral and Brain Sciences, 9*, 167–187.

Wachs, T.D. (1992). *The nature of nurture*. Newbury Park, CA: Sage.

Wahlsten, D. (1990). Insensitivity of the analysis of variance to heredity-environment interaction. *Behavioral and Brain Sciences, 13*, 109–161.

Wahlsten, J. (1990). Gene map of mental retardation. *Journal of Mental Deficiency Research, 34*, 11–27.

Waldmann, M. & Weinert, F.E. (1990). *Intelligenz und Denken: Perspektiven der Hochbegabtenforschung*. Göttingen: Hogrefe.

Waldrop, M.M. (1986). How unusual are unusual events? *Science, 233*, 1385–1388.

Wallach, M.A. (1976). Tests tell us little about talent. *American Scientist, 64*, 57–63.

Ward, M.J. & Carlson, E.A. (1995). Associations among adult attachment representations, maternal sensitivity, and infant-mother attachment in a sample of adolescent mothers. *Child Development, 66*, 69–79.

Warner, R., Kenny, D.A. & Stoto, M. (1979). A new round robin analysis of variance for social interaction data. *Journal of Personality and Social Psychology, 37*, 1742–1757.

Wartner, U.G., Grossmann, K. Fremmer-Bombik, E. & Suess, G. (1994). Attachment patterns at age six in south Germany: Predictability from infancy and implications for preschool behavior. *Child Development, 65*, 1014–1027.

Waters, E., Crowell, J., Treboux, D., Merrick, S. & Albersheim, L. (1995). *Attachment security from infancy to early adulthood: A 20-year longitudinal study*. Poster presented at the Biennial Meeting of the Society for Research in Child Development. Indianapolis, IN, USA.

Watson, J.B. (1913). Psychology as the behaviorist sees it. *Psychological Review, 20*, 158–177.

Watson, J.B. (1930). *Behaviorism* (2nd ed.). New York: Norton.

Weber, H. & Laux, L.C. (1988). Idiographische und biographische Ansätze in der Persönlichkeitspsychologie. In H. Häcker, H.-D. Schmalt & P. Schwenkmezger (Hrsg.), *Handbuch der Persönlichkeitspsychologie*. Weinheim: Beltz.

Wechsler, D. (1939). *The measurement of adult intelligence*. Baltimore, MD: Williams & Wilkins.

Weidle, R. & Wagner, A.C. (1982). Die Methode des lauten Denkens. In G.L. Huber & H. Mandl (Hrsg.), *Verbale Daten* (S. 81–103). Weinheim: Beltz.

Weigel, R.H. & Newman, I.S. (1976). Increasing attitude-behavior correspondance by broadening the scope of the behavioral measure. *Journal of Personality and Social Psychology, 33*, 793–802.

Weinberger, D.A., Schwartz, G.E. & Davidson, R.J. (1979). Low-anxious, high-anxious, and repressive coping styles: Psychometric patterns and behavioral and physiological responses to stress. *Journal of Abnormal Psychology, 88*, 369–380.

Weiner, B. (1980). *Human motivation*. New York: Holt, Rinehart & Winston.

Weinert, F.E. (1990). Der aktuelle Stand der psychologischen Kreativitätsforschung und einige daraus ableitbare Schlußfolgerungen für die Lösung praktischer Probleme. In H.P. Hofschneider & K.U. Mayer (Hrsg.), *Generationsdynamik und Innovation in der Grundlagenforschung* (S. 21–44). München: Max-Planck-Gesellschaft.

Weinert, F.E. (1994). Entwicklung und Sozialisation der Intelligenz, der Kreativität und des Wissens. In K. Schneewind (Hrsg.), *Enzyklopädie der Psychologie. Pädagogische Psychologie* (Bd. 1, S. 259–284). Göttingen: Hogrefe.

Weinert, F.E. & Helmke, A. (1993). Wie bereichsspezifisch verläuft die kognitive Entwicklung? In R. Duit & W. Gräber (Hrsg.), *Kognitive Entwicklung und Lernen der Naturwissenschaften* (S. 27–45). Kiel: Institut für die Pädagogik der Naturwissenschaften.

Weinert, F.E. & Schneider, W. (in Druck). *Individual development from 3 to 12: Findings of a longitudinal study*. Cambridge, UK: Cambridge University Press.

Weinert, F.E., Helmke, A. & Schneider, W. (1989a). Individual differences in learning performance and in school achievement: Plausible parallels and unexplained discrepancies. In H. Mandl, E. de Corte, N. Bennett & H.F. Friedrich (Eds.), *Learning and instruction* (pp. 461–479). Oxford, U.K.: Pergamon.

Weinert, F.E., Schrader, F.-W. & Helmke, A. (1989b). Quality of instruction and achievement outcomes. *International Journal of Educational Research, 13*, 895–914.

Weingart, P., Kroll, J. & Bayertz, K. (1988). *Rasse, Blut und Gene: Geschichte der Eugenik und Rassenhygiene in Deutschland*. Frankfurt/Main: Suhrkamp.

Weisberg, R.W. (1986). *Creativity*. New York: Freeman. (Deutsch: *Kreativität und Begabung*. Heidelberg: Spektrum, 1989).

Weiß, R. & Osterland, J. (1979). *Grundintelligenztest CFT (Culture Fair Intelligence Test)*. Braunschweig: Westermann.

Weiß, R.H. (1987). *Grundintelligenztest Skala 2 (CFT 20)* (3. Aufl.). Göttingen: Hogrefe.

Weiss, B., Dodge, K.A., Bates, J.E. & Pettit, G.S. (1992). Some consequences of early harsh discipline: Child aggression and a maladaptive social information processing style. *Child Development, 63*, 1321–1335.

Weiss, V. (1995). The advent of a molecular genetics of general intelligence. *Intelligence, 20*, 115–124.

Weizsäcker, C.F. von (1985). *Aufbau der Physik*. München: Hanser.

Wender, K.F. (1992). Ausgewählte Methoden. In H. Spada (Hrsg.), *Lehrbuch Allgemeine Psychologie* (S. 561–595). Bern: Huber.

Wenninger, G. (1991). *Arbeitssicherheit und Gesundheit.* Heidelberg: Asanger.
Werner, E. & Smith, R. (1982). *Vulnerable but invincible.* New York: McGraw-Hill.
Weston, D. (1990). Psychoanalytic approaches to personality. In L.A. Pervin (Ed.), *Handbook of personality: Theory and research* (pp. 21–65). New York: Guilford.
Westphal, K. (1931). Körperbau und Charakter der Epileptiker. *Nervenarzt, 4,* 96–99.
Whiting, B.B. & Edwards, C.P. (1988). *Children of different worlds: The formation of social behavior.* Cambridge, MA: Harvard University Press.
Whiting, B.B. & Whiting, J.W.M. (1975). *Children of six cultures: A psycho-cultural analysis.* Cambridge, MA: Harvard University Press.
Wicker, A.W. (1969). Attitude versus action: The relationship of verbal and overt behavioral responses to attitude objects. *Journal of Social Issues, 25,* 41–78.
Williams, J.E. & Best, D.L. (1982). *Measuring sex stereotypes: A thirty nation study.* London: Sage.
Williams, J.E. & Best, D.L. (1990). *Sex and psyche: Gender and self viewed cross-culturally.* Newbury Park, CA: Sage.
Willson, V.I. (1983). A meta-analysis of the relationship between science achievement and science attitude: Kindergarten through college. *Journal of Research in Science Teaching, 20,* 839–850.
Wilson, R.S. (1983). The Louisville twin study: Developmental synchronies in behavior. *Child Development, 54,* 298–316.
Windelband, W. (1894). *Geschichte und Naturwissenschaft.* Straßburg: Heitz.
Winter, D.G. (1973). *The power motive.* New York: The Free Press.
Winter, D.G. & Stewart, A.J. (1977). Power motive reliability as a function of retest instructions. *Journal of Consulting and Clinical Psychology, 43,* 436–440.
Wissler, C. (1901). The correlation of mental and physical traits. *Psychological Monographs, 3* (Whole No.16).
Witkin, H.A. (1950). Individual differences in ease of perception of embedded figures. *Journal of Personality, 19,* 1–15.
Wittmann, W.W. (1987). Grundlagen erfolgreicher Forschung in der Psychologie: Multimodale Diagnostik, Multiplismus, multivariate Reliabilitäts- und Validitätstheorie. *Diagnostica, 33,* 209–227.
Wolpe, J. & Lang, P.J. (1964). A Fear Survey Schedule for use in behavior therapy. *Behavior Research and Therapy, 2,* 27–30.
Wright, S. (1934). The method of path coefficients. *Annals of Mathematical Statistics, 5,* 161–215.
Wundt, W. (1903). *Grundzüge der physiologischen Psychologie* (5. Aufl.; Bd. 3). Leipzig: Barth.
Wylie, R. (1989). *Measures of self-concept.* Lincoln, NB: Nebraska University Press.
Yahr, P. (1988). Sex differentiation of behavior in the context of developmental psychobiology. In E.M. Blass (Ed.), *Handbook of behavioral neurobiology* (Vol. 9, pp. 197–243). New York: Plenum.
Ziegler, R. (1987). Netzwerkanalyse: Metapher, Methode oder strukturales Forschungsprogramm für die Sozialwissenschaften? *Zeitschrift für Klinische Psychologie, 16,* 339–352.
Zimbardo, P.G. (1995). *Psychologie* (6. Aufl.). Berlin: Springer.
Zimmermann, P., Fremmer-Bombik, E., Spangler, G. & Grossmann, K. (1995). *Attachment in adolescence: A longitudinal perspective.* Poster presented at the Biennial Meeting of the Society for Research in Child Development. Indianapolis, IN, USA.
Zoch, H.-D. (1974). Untersuchungen über Gütekriterien von Tests zur Messung der sozialen Intelligenz. *Diagnostica, 20,* 95–106.
Zuckerman, M. (1979). *Sensation seeking: Beyond the optimal level of arousal.* Hillsdale, NJ: Erlbaum.
Zuckerman, M. (1991). *The psychobiology of personality.* Cambridge, U.K.: Cambridge University Press.

Namenverzeichnis

Kursive Seitenzahlen beziehen sich auf das Literaturverzeichnis.

Sachverzeichnis

Englisch-deutsches Glossar

Das folgende Glossar enthält Übersetzungen englischsprachiger Fachausdrücke aus dem Bereich der Persönlichkeitspsychologie, die nicht selbstverständlich sind. Es soll das Lesen englischsprachiger Texte erleichtern.

achievement – Leistung
acquaintances – Bekannte
acquisition – Erwerb
action – Handlung
adolescent – Jugendlicher (ca. 13–17 Jahre)
adult – Erwachsener (ab ca. 18 Jahre)
affiliation – sozialer Anschluß
agreeableness – Verträglichkeit
appraisal – Bewertung
approach – Annäherung
arousal – Aktivierung (physiologische)
assertiveness – Durchsetzungsfähigkeit
assessment – Erhebung, Messung
attachment – Bindung (soziale)
attention – Aufmerksamkeit
attenuation (correction for) – Minderung(skorrektur)
attitude – Einstellung
attrition – Schrumpfung (Stichprobe)
authoriatarian – autoritätshörig
avoidance – Vermeidung
awareness – Bewußtsein (Aufmerksamkeit)

beeper technology – Piepsertechnik
behavior – Verhalten
belief – Überzeugung
between-subject analysis – interindividuelle Analyse

child – Kind (2–ca.12 Jahre)
coercive process – Prozeß gegenseitiger Nötigung
conscientiousness – Gewissenhaftigkeit
consciousness – Bewußtsein
consequence – Folge (einer Handlung)
coping style – Bewältigungsstil
correlation plot – Korrelationsdiagramm
cross-sectional study – Querschnittstudie
cross-situational consistency – transsituative Konsistenz

defense mechanism – Abwehrmechanismus
deficiency need – Mangelbedürfnis
denial – Verleugnung
desirability – Erwünschtheit
development – Entwicklung
diary – Tagebuch
displacement – Verschiebung
distractability – Ablenkbarkeit
distribution – Verteilung
dizygotic twin – zweieiiger Zwilling
drive – Trieb

ecology – Ökologie
educational level – Bildungsniveau
ego – Ich
ego-control – Ich-Kontrolle
ego-resiliency – Ich-Flexibilität
encoding – Einspeicherung
endorsement (item) – Mittelwert (eines Items)
environment – Umwelt
estrogene – Östrogen
evaluation – Bewertung
expectancy – Erwartung
expectation – Erwartung
experience – Erleben, Erfahrung

failure – Mißerfolg
fight/flight system – Angriff/Fluchtsystem
fit – Passung

gender – Geschlecht (sozial definiertes)

height – Körpergröße

I – Ich
id – Es
imitation – Beobachtungslernen, Nachahmungslemen
individual – individuell, Individuum
infant – Säugling (bis 1 Jahr)
inhibition – Hemmung, Gehemmtheit
instruction – Instruktion, Unterricht

jealousy – Eifersucht

knowledge – Wissen

loneliness – Einsamkeit
longitudinal study – Längsschnittstudie

marital relationship – eheliche Beziehung
maturation – Reifung
Me – Mich
memory – Gedächtnis
monozygotic twin – eineiiger Zwilling

naive psychology – Alltagspsychologie
need – Bedürfnis
need for achievement – Leistungsbedürfnis
need for affiliation – Anschlußbedürfnis
neglected – ignoriert (Soziometrie)
nonshared environment – nicht geteilte Umwelt

observability – Beobachtbarkeit (Eigenschaft)
observation – Beobachtung
occupational status – Berufsstatus
other-deception – Fremdtäuschung
other-description – Beschreibung durch andere
other-rating – Beurteilung durch andere
outcome – Ergebnis (einer Handlung)

parallel processing – Parallelverarbeitung
parent – Elternteil
parenting style – Erziehungsstil
peer – Gleichaltriger
percentile – Prozentrang
perception – Wahrnehmung
physique – Gestalt
popular – beliebt (Soziometrie)
popularity – Beliebtheit
preconscious – vorbewußt
prejudice – Vorurteil

questionnaire – Fragebogen

random – zufällig
reassessment – Neubewertung
recognition – Erinnerung, Wiedererkennung
reference group – Bezugsgruppe
reinforcement – Bekräftigung
rejected – zurückgewiesen (Soziometrie)
rejection – soziale Ablehnung
relation – logische Beziehung
relationship – soziale Beziehung
repression – Verdrängung
resistance – Widerstand
response – Reaktion
response scale – Antwortskala

sample – Stichprobe
science – Wissenschaft
score – Wert (Zahl)
self – Selbst
self-actualization – Selbstverwirklichung
self-awareness – Selbstaufmerksamkeit
self-consciousness – Selbstbewußtheit
self-deception – Selbsttäuschung
self-description – Selbstbeschreibung
self-efficacy – Selbstwirksamkeit
self-esteem – Selbstwertgefühl
self-monotoring – Selbstüberwachung
self-presentation – Selbstdarstellung
self-rating – Selbstbeurteilung
sex – Geschlecht (biologisch definiertes)
shared environment – geteilte Umwelt
shyness – Schüchternheit
sibling – Geschwister
significant other – Bezugsperson
single case – Einzelfall
skewed distribution – schiefe Verteilung
skill – Fertigkeit
sociability – Geselligkeit
sociable – gesellig
social class – soziale Schicht
state – Zustand
state orientation – Lageorientierung
stimulus – Reiz
subconscious – unbewußt
subject – Versuchsperson, Person
super-ego – Über-Ich

support (social) – Unterstützung (soziale)
surgency – Extraversion

task – Aufgabe
threat – Bedrohung
threshold – Schwelle
trait – Eigenschaft
transference – Übertragung (Psychoanalyse)
transitional probability – Übergangswahrscheinlichkeit
twin – Zwilling

unconscious – unbewußt

value – Wert, Werthaltung
volition – Wille
vulnerability – Verletzbarkeit

weight – Körpergewicht
withdrawn – sozial zurückgezogen
within-subject analysis – intraindividuelle Analyse

Springer

Berlin
Heidelberg
New York
Barcelona
Budapest
Hongkong
London
Mailand
Paris
Santa Clara
Singapur
Tokio

Springer-Lehrbuch